Adenauer
Rhöndorfer Ausgabe

Adenauer

Rhöndorfer Ausgabe

Stiftung Bundeskanzler-Adenauer-Haus

Herausgegeben

von Rudolf Morsey und

Hans-Peter Schwarz

Siedler Verlag

Adenauer – Heuss

Unter vier Augen

Gespräche aus den Gründerjahren

1949 – 1959

Bearbeitet

von Hans Peter Mensing

Siedler Verlag

»Herrn Bundespräsident Theodor Heuss in Erinnerung an gemeinsame
Mühen, Sorgen und Erfolge. Bonn, 12.9.1959   K. Adenauer«

»Dem Wanderkameraden durch zehn Schicksalsjahre, Konrad Adenauer,
freundschaftlich zugeeignet. Bonn, 12. Sept. 1959   Theodor Heuss«

Inhalt

Einführung in die Edition

»Bundespräsident Dr. Heuss hatte eine engere Aussprache mit Bundeskanzler Dr. Adenauer über aktuelle innen- und außenpolitische Fragen.«[1] Diese kleine Notiz fand der aufmerksame Zeitungsleser im Gründungsjahrzehnt der Bundesrepublik Deutschland häufiger unter den Meldungen über das politische Geschehen in Bonn.
Einzelheiten zum »eingehenden Gespräch über die augenblicklichen politischen Probleme« (wie der Standardsatz auch lauten konnte) brachten aber selbst Kenner der Hauptstadt-Szenerie nicht heraus. Korrespondenten und Agenturen mußten sich mit der offiziellen Verlautbarung begnügen (»... nach Mitteilung des Bundespräsidialamtes«, dieses Versatzstück gehörte gleichfalls zur Routine), es sei denn, daß sie aus der jeweiligen Themenlage ihre Spekulationen ableiteten: »Es wird angenommen, daß in der Aussprache besonders die Situation der Bundesrepublik in den bevorstehenden internationalen Konferenzen erörtert wurde« (Associated Press am 26. April 1955[2]). – »In der Bonner Haupt- und Staatsaktion, die zum Teil hinter den Kulissen, zum Teil aber nur hinter einem dünnen Gazevorhang aufgeführt wird, ist eine neue Figur aufgetreten: Bundespräsident Heuss. ... Als offizieller Anlaß des Besuches galt der Namenstag des Kanzlers. Der Gratulationsspruch füllte aber volle zwei Stunden aus, und es braucht keine Phantasie, um sich vorzustellen, was der eigentliche Inhalt des Gesprächs war. Über seinen Verlauf ist vorläufig nichts zu erfahren« (die »Neue Zürcher Zeitung« am 28. November 1955[3]). – »In Bonner politischen Kreisen wird angenommen, daß der Bundeskanzler seine Pläne zur ›Straffung‹ des Kabinetts vorgetragen hat« (United Press am 10. Juli 1956[4]).

I

Was in den fünfziger Jahren in den Zeitungen stand, ist inzwischen Geschichte – beansprucht aber immer noch und immer wieder das öffentliche Interesse an den Persönlichkeiten und der Politik der »Gründungsväter« und beschäftigt die Forschung. Daher gibt die hiermit vorgelegte Edition die Antwort auf die oft gestellte Frage nach jenen

Unterredungen zwischen dem ersten Bundespräsidenten und dem ersten Bundeskanzler. Mit dem Originalwortlaut der damals im Bundespräsidialamt angefertigten Gesprächsaufzeichnungen dokumentiert der Band erstmals, was sich Konrad Adenauer und Theodor Heuss unter vier Augen zu sagen hatten.

Auf der amtlichen Aktengrundlage umfaßt die Veröffentlichung alle Niederschriften vom 28. November 1949 bis zum 7. August 1959. Sie stammen in der Regel von den Staatssekretären des Bundespräsidialamtes, *Manfred Klaiber* und *Karl Theodor Bleek* (der Wechsel im Amt und bei der Protokollführung erfolgte im Frühsommer 1957[5]), gelegentlich vom Persönlichen Referenten des Bundespräsidenten, *Hans Bott*[6], oder auch in Ausnahmefällen von Heuss selbst[7]. Die 74 Aufzeichnungen (mit einer durchschnittlichen Länge von ca. 4,5 Blatt pro Protokoll) spiegeln nahezu das ganze Spektrum der Innen- und Außenpolitik der Bundesrepublik Deutschland in den ersten zehn Jahren ihres Bestehens.

Im bereits 1989 erschienenen Briefwechsel Adenauer-Heuss (»Unserem Vaterlande zugute«) lösten sich noch in lockerer Folge ›leichte‹ und ›schwere‹ Themen einander ab. Hin und wieder klang durchaus der dienstliche Charakter an, etwa beim Austausch ihrer rechtswirksamen Stellungnahmen zum »Lied der Deutschen« als Nationalhymne der Bundesrepublik Deutschland[8]. Mitunter kam es auch – bei Mißverständnissen und sachlichen Differenzen – zum einen oder anderen »Krach«[9], am deutlichsten bei der Präsidentschaftskrise vom Frühjahr 1959, die aus Adenauers aufsehenerregender Kandidatur für die Heuss-Nachfolge und der dafür öffentlich gegebenen Begründung resultierte: »Die Stellung, die Aufgabe und die Arbeit des Bundespräsidenten werden in der deutschen Öffentlichkeit und damit auch in der internationalen Öffentlichkeit zu gering eingeschätzt. Sie ist viel größer, als man schlechthin glaubt.«[10] Den Hauptton der Korrespondenz aber machte die freundliche Vertraulichkeit ihres ausgesprochen persönlichen Umgangs aus, der in dieser Form und solchem Umfang zwischen den Inhabern höchster Staatsämter wohl selten ist.

In idealer Ergänzung des erwähnten Briefbandes mit seinen insgesamt 274 Dokumenten aus den Jahren 1948-1963 kommen nunmehr durch den freimütigen Gedanken- und Informationsaustausch zur Sprache:

– die nationale Frage und die Folgen der deutschen Teilung, die prinzipiell wie prozedural im Mittelpunkt stehen, so nach dem »Grotewohl-Brief« vom November 1950[11] oder während der 1952 einsetzenden sowjetischen Neutralisierungsoffensive[12];

– die Stationen auf dem Weg zum Deutschlandvertrag vom 28. Mai 1952[13] und zur Erlangung der Souveränität am 5. Mai 1955[14] (auf dem 1952 nach dem Gutachten-Ersuchen des Bundespräsidenten zur Verfassungsmäßigkeit der Westverträge »der schwierigste innen- und außenpolitische Konflikt seit der Gründung der Bundesrepublik«[15] zu überwinden war[16]);

– die Anfänge und ersten Höhepunkte der europäischen Einigung[17], das wachsende westdeutsche Gewicht in den westeuropäisch-atlantischen Bündnissystemen[18] und in der großen Diplomatie, zumal durch den ostpolitischen Impuls der Moskaureise Adenauers vom September 1955[19];

– die Beständigkeit und der Wandel in den Beziehungen zu den USA[20], zu Großbritannien[21] und zu Frankreich[22], prononciert hervorgehoben durch die Verbindungen zu *John J. McCloy* und *John F. Dulles, Winston S. Churchill* und *Harold Macmillan, Robert Schuman* und *Charles de Gaulle*[23];

– die internationalen Konferenzen und Krisen der fünfziger Jahre sowie die ersten Bemühungen um Entspannung zwischen den Weltmachtblöcken[24];

– als kardinales Anliegen der deutschen Nachkriegszeit der Neubeginn der Kontakte zum Judentum[25], bei dem es auf Kompetenz und Zuständigkeit weniger ankam als auf die moralische Autorität des Bundespräsidenten und die Durchsetzungskraft des Bundeskanzlers.

Auf den ersten Blick scheint die Außenpolitik zu dominieren, zumal Adenauer vom März 1951 bis Juni 1955 als erster Außenminister der Bundesrepublik amtierte[26]. Doch gehen Adenauer und Heuss ausführlich auch auf die unterschiedlichsten Aspekte der inneren Entwicklung ein – auf die wirtschaftlichen Aufbauleistungen und die soziale Neuordnung[27], auf alle wesentlichen Gebiete der Gesetzgebung (mit beachtlicher Intensität die Wehrgesetze von 1955/56[28]) sowie auf die Veränderungen im Parteiengefüge, die sich aus den Verschiebungen im liberalen Lager[29] und auch aus der Bekämpfung extremistischer Gruppierungen ergaben[30].
Zum ständig wiederkehrenden Gesprächsstoff gehören weiter die vielfältigen Personalfragen, namentlich bei den Regierungsbildungen 1953[31] und 1957[32] wie auch bei den Revirements und den Regierungsumbildungen von 1955[33] und 1956[34], nicht zuletzt beim Aufbau des

Diplomatischen Dienstes und bei der Besetzung der entsprechenden Schlüsselstellen[35].

So ermöglicht die Edition eine erweiterte und differenzierte Sicht der »Adenauerzeit« und »Präsidentenära Heuss«. Die von Konrad Adenauer bereits 1954 gezogene Zwischensumme verdichtet sich zum Gesamteindruck: »Meine Gespräche mit dem Bundespräsidenten waren ein Gewinn, vielleicht gerade weil verschieden angelegte Charaktere und verschiedene Grundpositionen bei ihrem Zusammentreffen fruchtbare Gesichtspunkte ergeben.«[36]

II

Mit diesem zwölften Band der »Rhöndorfer Ausgabe« gewinnt erneute Bedeutung, was der in die USA emigrierte Publizist *Edgar Alexander* (einer der gemeinsamen Bekannten von Heuss und Adenauer) 1956 leitmotivisch beschrieb:

»… daß manche Leistungen des Staatsmannes Adenauer auf dem Gebiet der institutionellen Erfordernisse der Politik ohne die gleichzeitige geistig-politische Konsolidierung durch die hervorragende kulturpolitische Tätigkeit von Theodor Heuss gar nicht möglich gewesen wären oder sich doch nicht derartig erfolgreich hätten auswirken können, wie es tatsächlich im innerstaatlichen Aufbau der Fall war. Weder die staatsmännische Leistung des Bundeskanzlers noch die Geschichte der Bundesrepublik können vollauf verstanden und gerecht beurteilt werden, wenn nicht auch die fundamentalen kultur- und verfassungspolitischen Leistungen des Bundespräsidenten berücksichtigt werden.«[37]

Wie stark diese Konstellation und die personellen Gegebenheiten die Verfassungspraxis und die Abläufe der Bundespolitik von Anfang an beeinflußten, geht schon daraus hervor, daß sich Heuss und Adenauer auf Formen schriftlicher und mündlicher Information verständigten, lange bevor dafür ein beiderseits zufriedenstellendes Regelwerk vorhanden war. Heuss am 18. September 1949 an den Berliner Bürgermeister *Ferdinand Friedensburg*: »Wie das Amt des Bundespräsidenten in die deutsche Politik einwirken wird, wird sich ja erst zeigen, wenn eine Konvention sich herausbildet.«[38]

Das Grundgesetz legt für die gemeinsame Abstimmung ja lediglich die Anlässe und den verfassungsmäßigen Ablauf fest, so bei der Gegenzeichnung der Anordnungen und Verfügungen des Bundespräsidenten durch den Bundeskanzler (Artikel 58), bei der Ernennung und Entlassung der Bundesminister (Artikel 64) oder bei Verkündung und beim Inkrafttreten der Gesetze (Artikel 82)[39]. Fühlungnahme setzen auch die weiteren, nicht in der Verfassung verankerten Funktionen des Staatsoberhauptes voraus (wenngleich sie nicht zwingend mit Gesprächen oder anderen direkten Kontakten verknüpft sind): Planung und Durchführung von Staatsbesuchen; Beglaubigung, Empfang und Entsendung von Botschaftern; Verleihung von Orden und Ehrenzeichen – durchweg Themen, die wegen ihrer politischen bzw. personalpolitischen Implikationen auf den folgenden Seiten oft behandelt werden.

Ob nun die Amtsinhaber lediglich der protokollarischen Form genüge tun oder aber darüber hinaus – nicht nur dem Buchstaben, sondern auch »dem Geiste des Grundgesetzes entsprechend« (Adenauer 1959[40]) – einen angemessenen, ansprechenden oder gar einvernehmlichen Umgang pflegen, stand nicht von vornherein fest. Dank der guten persönlichen Beziehungen aber waren die Vorbedingungen günstig.

Adenauer im Januar 1950, nach nur einem Vierteljahr gemeinsamer Amtsausübung: »Ich freue mich, wenn Sie heruntersteigen nach Bonn und wenn man dann öfter sich austauschen kann, ich habe ein dienstliches und ein menschliches Verlangen danach.«[41] – Heuss im Februar 1955: »So unterschiedlich die landsmannschaftlichen und die politischen Herkünfte sein mochten – die verwandte Erkenntnis der Wirklichkeit besaß eine bindende Kraft und schuf von Anbeginn der Begegnung das Verhältnis der freien, unbefangenen Aussprache, das sich, ohne jeden Bruch, in das spätere ›amtliche‹ Verhältnis fortsetzte.«[42]

Dabei wirkten sich auch die anderen Kontakte zwischen den Ämtern und die Zusammenarbeit auf ihren anderen Ebenen aus. Wie kaum ein zweiter trug dazu *Manfred Klaiber* bei, der als erster Chef des Bundespräsidialamtes (1949-1957) von Amts wegen für die Arrangements mit der Bundesregierung, dem Bundestag und dem Bundesrat zuständig war und durch seine Teilnahme an den Kabinettssitzungen den Informationsfluß ohnehin sicherte[43]. Als engster politischer Berater hatte *Klaiber* den Bundespräsidenten beim »täglichen Vortrag … über die laufenden Regierungsgeschäfte, die Gesetzgebung und parteipolitische und alle Vorgänge des öffentlichen Lebens zu informieren.«[44]

In gleicher Funktion sorgte ab 1957 *Karl Theodor Bleek* (bis 1961 auch Staatssekretär des Heuss-Nachfolgers *Heinrich Lübke*) für den

reibungslosen Ablauf der dienstlichen Angelegenheiten. Bei ihm kam
hinzu, daß er beim Amtsantritt auf eine sechsjährige Tätigkeit als
Staatssekretär im Bundesministerium des Innern (1951-1957 unter den
Ressortchefs *Robert Lehr* und *Gerhard Schröder*) zurückblicken und
auf entsprechende Erfahrungen mit den Interna des Regierungssystems zurückgreifen konnte[45]. Ebenso verbindlich agierte auch *Hans
Bott*, Vertrauter von Heuss seit Jahrzehnten und nun sein Persönlicher
Referent, »der ja auch der Dirigent meines Lebens und der Inspizient
meines Tuns ist« (Heuss 1956[46]).
Auf der anderen Seite war es vor allem *Hans Globke* (im Kanzleramt
zunächst Ministerialdirektor, ab 1953 Staatssekretär Adenauers), der
an Terminierung, thematischer Vorbereitung und anschließender Aufbereitung der Adenauer-Heuss-Gespräche maßgeblich beteiligt war[47].
Als er 1958 mit dem Großen Verdienstkreuz mit Stern und Schulterband des Verdienstordens der Bundesrepublik Deutschland ausgezeichnet wurde, dankte ihm der Bundespräsident nur folgerichtig »für
die freundschaftliche und zuverlässige Bereitschaft, mit der Sie die
dienstlichen und menschlichen Dinge, die zwischen dem Bundeskanzleramt und dem Bundespräsidialamt zu behandeln sind, führen.«[48]
Mit seinem Pendant beim Präsidenten, *Klaiber* oder *Bleek*, konnte
Globke vieles, was nicht unbedingt zur »Chefsache« gemacht werden
mußte, im Vorfeld der eigentlichen Beratungen klären. Zudem hielt er
die Verbindungsfäden zusammen, wenn Zeitplan und Sachzwang bei
Abwesenheit von Adenauer oder Heuss offizielle Zwischenschritte erforderten[49].
In ähnlichen Situationen hatten bereits *Otto Lenz* (1951-1953 Vorgänger Globkes) und *Walter Hallstein* (1950/51 Staatssekretär für auswärtige Angelegenheiten im Bundeskanzleramt, bevor er Adenauer
1951 auch ins Auswärtige Amt folgte) ihren Anteil am Aufbau der bilateralen Beziehungen und am dienstlichen Austausch erbracht[50]. Eine
vergleichbare Rolle in diesem »dramatis personae« spielte *Herbert
Blankenhorn*, Adenauers Persönlicher Referent bereits vor der Kanzlerzeit (1949-1951 dann Leiter der Verbindungsstelle zur Alliierten
Hohen Kommission, häufig Mittelsmann des Bundeskanzlers zu den
führenden Vertretern anderer staatlicher Stellen und Parteien). *Blankenhorn* nannte später seine Memoiren »Verständnis und Verständigung« und fand damit zugleich das Leitmotiv für seine regelmäßig in
Anspruch genommene Vermittlertätigkeit zwischen Heuss und Adenauer[51], die durch einen interessanten biographischen Berührungspunkt erleichtert wurde: »Ich habe Theodor Heuss schon in der Wei

marer Zeit gekannt. Er hat damals – es war Ende der zwanziger Jahre – uns junge Attachés im Auswärtigen Amt in Moderner Geschichte unterrichtet.«[52]

III

Mit dem fünften Paragraphen der im Artikel 65 des Grundgesetzes vorgesehenen, aber erst am 11. Mai 1951 in Kraft getretenen Geschäftsordnung der Bundesregierung (GGO) wurde für die Abstimmung des Bundeskanzlers mit dem Bundespräsidenten auch die »Konvention« (Heuss) gefunden: »Der Bundeskanzler unterrichtet den Bundespräsidenten laufend über seine Politik und die Geschäftsführung der einzelnen Bundesminister durch Übersendung der wesentlichen Unterlagen, durch schriftliche Berichte über Angelegenheiten von besonderer Bedeutung sowie nach Bedarf durch persönlichen Vortrag.«[53]
Zu diesem Zeitpunkt hatte es bereits die ersten der insgesamt (wie noch zu zeigen sein wird) wenigen Meinungsverschiedenheiten gegeben: Zum einen wegen der Nationalhymnen-Frage (bei der sich der Bundespräsident im April 1950 vom Bundeskanzler regelrecht provoziert fühlte[54]), zum anderen wegen eines personalpolitischen Details vom Oktober 1950, dessen Handhabung Heuss brieflich monierte: »... und darauf würde ich hingewiesen haben, wenn das Problem mit mir erörtert worden wäre ...«[55]. Von daher kann es nicht überraschen, daß Heuss in dieser Hinsicht auf die Einbeziehung und genaue Formulierung der genannten Bestimmung der Geschäftsordnung starken Einfluß nahm, darin tatkräftig unterstützt *Manfred Klaiber*.
Durch *Hans Globke* ließ Adenauer am 15. Dezember 1950 zwar noch mitteilen: »Der Herr Bundeskanzler hat bei der Fassung des Entwurfs der Geschäftsordnung«, die bis auf eine geringfügige redaktionelle Variante der endgültigen entsprach[56], »Bedenken geäußert, diese Bestimmung ... aufzunehmen, auch wenn eine gleiche Bestimmung in der Geschäftsordnung der Reichsregierung enthalten war. Nach Auffassung des Herrn Bundeskanzlers betrifft die Vorschrift nicht die Geschäfte der Bundesregierung, sondern bezieht sich auf das Verhältnis zwischen Bundespräsidenten und Bundeskanzler. Sachlich wird er selbstverständlich die Unterrichtung des Bundespräsidenten in einer der in Aussicht genommenen Vorschrift entsprechenden Weise vornehmen.« Am folgenden Tag aber insistierte *Klaiber* in einem an alle Bundesminister gerichteten Rundschreiben auf der Position des Präsi-

denten: »Diese Bestimmung entspricht § 4 der Geschäftsordnung der Reichsregierung[57]. Eine Änderung der staatsrechtlichen Lage ist auf diesem Gebiet nicht eingetreten.« Und als er die Interessenlage dem Kanzleramt anschließend auch noch einmal telefonisch verdeutlichte – Heuss fürchte »nachteilige Schlüsse für die Stellung des Bundespräsidenten«[58] –, war die Sache erledigt, und die für unser Thema der Adenauer-Heuss-Gespräche elementare Spielregel konnte in der vom Bundespräsidenten gewünschten Form bald wirksam werden.

Es ist Konrad Adenauer zu verdanken, daß er die daraus abgeleitete Praxis in seinem in den letzten Lebensjahren verfaßten Memoirenwerk in aller Deutlichkeit und Ausführlichkeit würdigte: »Die Bundesminister und ich hätten Heuss von allen wichtigen Vorkommnissen unterrichtet. Ich hätte die wichtigen laufenden Fragen mit ihm besprochen, insbesondere auch die Zusammensetzung des Kabinetts, und in einzelnen Fällen, und zwar sehr wichtigen Fällen, hätte ich bei der Ernennung von Ministern seinen Bedenken Rechnung getragen. Das Verhältnis zwischen Heuss und mir sei ausgezeichnet. Meinungsverschiedenheiten, die selbstverständlich hier und da bestanden, hätten wir durch Aussprachen beseitigen können. ... Es habe eine regelmäßige und fortgesetzte Unterrichtung des Bundespräsidenten über die Regierungsarbeit und die gesamte innen- und außenpolitische Situation durch mich stattgefunden. ... Wenn der Bundespräsident bei irgendeinem besonderen Anlaß gewünscht habe, durch mich unterrichtet zu werden, dann habe er mich gebeten, ich möge zu ihm kommen. Außerdem sei eine ständige Unterrichtung des Bundespräsidenten durch die einzelnen Bundesminister erfolgt, zwar nicht in allen Fällen und durch den einen Bundesminister mehr, durch den anderen weniger, aber so, daß er über die laufende Entwicklung ständig im Bilde und dadurch auch in die Lage versetzt war, seinen Funktionen, die ihm kraft des Grundgesetzes zustanden, gerecht zu werden.«[59]

Diese Schilderung veranschaulicht, daß es Theodor Heuss 1950/51 nicht etwa darum gehen konnte, sich auf dem Umweg über die Geschäftsordnung einen Ausgleich für die verfassungsrechtliche Beschränkung seiner amtlichen Möglichkeiten zu schaffen. Dem stand a priori die im Grundgesetz vor allem definierte Richtlinienkompetenz entgegen: »Der Bundeskanzler bestimmt die Richtlinien der Politik und trägt dafür die Verantwortung« (Artikel 65)[60].

Grundsätzlich blieb sich Heuss daher stets bewußt, »daß ich auf der einen Seite nicht nur ein Dekorationsschildchen sein will, auf der anderen Seite aber auch die wesenhafte Tendenz des Grundgesetzes zu wahren habe« (18. September 1949[61]). Oder zehn Jahre später:»Nach den Erfahrungen der sogenannten ›Weimarer Republik‹ ist die Stellung des Bundespräsidenten verhältnismäßig schwach für die Entscheidungen der Tagespolitik ausgestattet worden; es ist ein Glück, daß das wechselseitige Verhältnis zwischen Bundespräsidenten und Bundeskanzler menschlich durchwärmt war und ist und daß ich in der elementaren Bewegung der Regierungspolitik sachlich zustimmte – eine ›Kraftprobe‹ bei divergierender Ansicht … wäre bei der dauernd ungesicherten Lage des Staates unsinnig gewesen, ja gefährlich«, wie es in seinen am 10. Januar 1959 fertiggestellten »Bemerkungen zur Bundespräsidenten-Frage«[62] heißt. Bald darauf fügte er hinzu,»daß es mir unmöglich erschien, eine ›dynamische‹ staatsrechtliche, staatspolitische Kraftprobe zwischen dem Bundespräsidenten und Bundeskanzler zu unternehmen. Das hätte dieses fragwürdige Staatsunternehmen ›Bundesrepublik‹ nach dem, was die Deutschen erlebt haben, gefährdet.«[63]

Wer weiß, ob es bei allem persönlichen Wohlwollen ohne die Vorkehrung der Geschäftsordnung so häufig zu diesen Besprechungen gekommen wäre? Ob sich Adenauer und Heuss während der Turbulenzen der innenpolitischen und internationalen Krisen jener Jahre und bei der starken anderweitigen Beanspruchung dafür tatsächlich auch immer Zeit genommen hätten? Derartige Vorbehalte für den Ernstfall gravierender Verstimmungen oder anderer situationsbedingter Umstellungen waren um so eher angebracht, als beide 1949 nicht eine so lange gemeinsame Amtszeit erwarten konnten – Adenauer wurde als Bundeskanzler 87 Jahre alt, Heuss als Bundespräsident 75 – und also, früher oder später, auch mit personellen Wechseln und dann anderen, vielleicht weniger vertrauten Ansprechpartnern zu rechnen hatten.

Wie schon an ersten Beispielen gezeigt, kam ihnen der informelle Kontakt ohnehin gelegen, er entsprach der Natur ihrer Beziehungen und ihrem Naturell. Nimmt man die nicht protokollierten Gespräche und Plaudereien[64] hinzu, gehörten diese Mittags- oder Nachmittagsstunden in der Villa Hammerschmidt (manchmal auch vis-à-vis im Palais Schaumburg) wohl zu den sympathischen Seiten des Alltags im Amt. Ihr Briefwechsel machte dies überdeutlich:»Vielleicht wäre es ganz gut, wenn wir uns in den kommenden Tagen einmal kurz über die taktische und psychologische Behandlung des Komplexes unterhalten könnten, ohne daß ich Sie aus Ruhe (?) oder Arbeit herausreiße. Entweder komme ich einmal zu Ihnen herüber, um mich am Palais

Schaumburg, das ich noch nie betrat, zu erfreuen, oder Sie sehen sich an, was wir aus dem Kasten der ›Villa Hammerschmidt‹ gemacht haben« (Heuss am 28. Dezember 1950[65]). – »Ich bin immer wieder froh, wenn ich mit meinen Kümmernissen bei Ihnen war, so viel Verständnis gefunden zu haben« (Adenauer am 22. Dezember 1954[66]). – »Ich möchte Sie brennend gern von Zeit zu Zeit sprechen und meine politischen Sorgen, die jetzt besonders groß sind, vor Ihnen ausbreiten. Hoffentlich gibt sich doch bald einmal die Gelegenheit dazu« (Adenauer am 29. September 1960[67]).

An dieser Stelle ist bereits darauf hinzuweisen, daß die Edition einen Anhang mit mehreren bisher unveröffentlichten Briefen enthält, die die Farbigkeit und Vielfalt der Korrespondenz bestätigen und weitere dieser sehr persönlichen Akzente setzen: »Lassen Sie mich … Ihnen auch herzlich danken für die Hilfe und das Verständnis, das Sie mir bei meiner Arbeit gezeigt haben. Bei mir ist daraus ein mich beglückendes Gefühl der Sympathie und menschlicher Verbundenheit entstanden« (Adenauer am 28. Januar 1954[68]).

Daß solche Mosaiksteinchen erst neuerdings entdeckt wurden und nun in das Gesamtbild eingefügt werden können, zeigt neben den zeitgeschichtlich-methodischen Problemen (die mit anderen übertragbaren Aspekten vom Bearbeiter in »Unserem Vaterlande zugute« erläutert wurden[69]) auch hier wieder die Erfordernisse koordinierter Adenauer-Heuss-Forschung. Denn trotz der guten Materiallage muß offenbleiben, ob die Dokumenten- und Indizienkette jemals lückenlos geschlossen werden kann. Dies gilt nicht zuletzt für die Vorgeschichte und Frühzeit der wechselseitigen Beziehungen, in der Adenauer und Heuss vor 1948/49 als zentrale Figuren der christlichen Demokratie einerseits, des politischen Liberalismus andererseits durch Hörensagen und über Dritte zuerst voneinander erfuhren. Der Bundeskanzler aus Anlaß des 70. Geburtstages des Bundespräsidenten am 31. Januar 1954: »Politiker, die auf lange Jahre öffentlicher Tätigkeit zurückblicken, wissen voneinander, auch wenn sie sich persönlich noch nicht begegnet sind.«[70]

IV

Anders als die Briefausgabe, stützt sich die Veröffentlichung der Gesprächsaufzeichnungen auf eine einheitliche, in sich geschlossene Quellenüberlieferung aus den Akten des Bundespräsidialamtes[71]. Die Erschließung dieses Bestands steht am Ende eines langen Weges über-

lieferungs- und wissenschaftsgeschichtlicher Schwierigkeiten. Lesen
wir dazu vorab, was vor gut dreißig Jahren ein Mitarbeiter von *Heinrich Lübke* (1959-1969 zweiter Bundespräsident) über einen Aufenthalt im Theodor Heuss Archiv berichtete[72], das 1964-1971 im Heuss-
Wohnhaus auf dem Stuttgarter Killesberg der Heuss-Forschung erste
Anstöße gab[73].

Die Überprüfung jener Vorgänge, »die zwar im Besitz des Theodor
Heuss Archivs, jedoch im Eigentum des Bundespräsidialamtes ste-
hen«, habe – so der Ende Juni 1966 angefertigte Vermerk – gezeigt:
»Im Nachlaß des Herrn Altbundespräsidenten Heuss befindet sich
eine größere Kiste mit der Aufschrift ›Akten aus Bonn‹. Offenbar ist
diese Kiste bei Ablauf der zweiten Amtsperiode des Herrn Bundespräsidenten Heuss auf Anordnung von [Ministerialdirektor] Bott nach
Stuttgart verbracht worden und auf diese Weise in den Besitz des
Theodor Heuss Archivs gelangt. Eine erste Sichtung ... ergab, daß die
Aktenvorgänge nach ihrem Inhalt nicht Privateigentum von Bundespräsident Heuss, sondern Eigentum des Bundes sein müßten.« Man
habe dann zwar »diese Akten in ein besonderes Behältnis sekretiert.
Allerdings entspricht die Aufbewahrung der Akten nicht den Vorschriften, die in der Verschlußsachen-Anweisung ... getroffen sind .... .
Abgesehen hiervon befindet sich der Raum, in dem die Akten aufbewahrt werden, unmittelbar neben der Gas-Zentralheizungsanlage. Die
Akten wären daher unrettbar verloren, wenn in der Beheizungsanlage
des Hauses Feuerbacherweg 46, Stuttgart, ein Brand ausbrechen
würde.«
Die späteren Schritte der Sicherung und ordnungsgemäßen Archivie-
rung, dann sukzessive der ersten Benutzung[74] und schließlich der Of-
fenlegung zeugen vom wachsenden Verständnis für die Interessen der
Forschung und den geschichtlichen Orientierungsbedarf der Öffentlichkeit, so daß die Schlüsseldokumente jetzt dank Unterstützung der
zuständigen Stellen in Bonn sowie des Bundesarchivs (Koblenz) zugänglich gemacht werden können.

Zur Verzahnung der Korrespondenz mit den hier edierten Protokollen
sind Niederschriften und Schriftverkehr durch die zahlreichen und
umfangreichen Anlagen verschränkt, die in der Adenauer-Heuss-Akte
des Präsidialamtes zusätzlich erhalten sind. Maßgeblich war das von
Heuss einmal so beschriebene Prinzip: »Vielleicht haben Sie die
Freundlichkeit, mir auch vertraulich einen Durchschlag dieser Zu-
schrift zuzuleiten. Wie Sie sich denken können, ist in dieser Materie

bei uns auch allerhand an Aktenstoff angewachsen, und es würde der
Vollständigkeit halber erwünscht sein, auch dieses Dokument hier zu
besitzen.«[75]
Diese ergänzenden Vorgänge ebenfalls ganz einzubeziehen, war aus
Platzgründen nicht realisierbar, aber auch nicht erforderlich; denn
was nach der Geschäftsordnung der Bundesregierung »durch Übersendung der wesentlichen Unterlagen« amtlich übermittelt wurde,
kann der interessierte Leser – wie im Kommentar jeweils vermerkt –
nicht selten in früheren Publikationen nachschlagen[76]. Als hilfreich
erweisen sich dabei vor allem die oben zitierten Erinnerungen Konrad
Adenauers. Dafür exemplarisch, finden sich schon dort im vollen
Wortlaut die Heuss zugesandten schriftlichen Belege zur Koalitions-
bzw. FDP-Krise vom Herbst 1955[77], die wesentlichen Teile einer Gesprächswiedergabe zu den Beratungen des Bundeskanzlers mit dem
stellvertretenden sowjetischen Ministerpräsidenten *Anastas Mikojan*
im April 1958[78] oder auch Adenauers große Lageanalyse vom Januar
1959[79].
Als weitere Stücke von zeitgeschichtlicher Bedeutung fallen unter den
Anlagen der besagten Aktensammlung die informativen Aufzeichnungen über andere Unterredungen des Bundespräsidenten auf.
Stand eine derartige Besprechung im unmittelbaren Zusammenhang
mit den Kanzler-Kontakten oder wurde sie mit Adenauer *und* im ad
hoc erweiterten Kreis geführt, wird sie direkt in die Dokumentation
integriert. Als unverzichtbar erweist sich vor allem die zusammenfas-
sende Darstellung *Manfred Klaibers* über die Beratungen vom 19. Dezember 1952 mit *Hermann Höpker Aschoff* und Konrad Adenauer[80].
In diese Kategorie fallen auch *Klaibers* Berichte vom 26. November
1955, die Adenauers eben erwähnte Auseinandersetzungen mit dem
FDP-Fraktionsvorsitzenden *Thomas Dehler* in den Kontext der anderen Diskussionen jener Tage stellen und so die Forschung um die
Chronik eines »Insiders« bereichern[81].
Darüber hinaus empfing Heuss mehrfach die Oppositionsführer *Kurt
Schumacher*[82] und *Erich Ollenhauer*[83], wiederholt Vizekanzler *Franz
Blücher*[84] und Bundesaußenminister *Heinrich von Brentano*[85], je ein-
mal den britischen Außenminister *Herbert Morrison*[86], den franzö-
sischen Hohen Kommissar *André François-Poncet*[87], die Staats-
sekretäre *Otto Lenz*[88] und *Walter Hallstein*[89], den Regierenden
Bürgermeister von Berlin, *Ernst Reuter*[90], den DGB-Vorsitzenden
Christian Fette[91], eine Delegation der FDP-Bundestagsfraktion und
erneut *Dehler*[92].

Wann immer für das Verständnis der Unterhaltungen des Präsidenten mit dem Kanzler vonnöten, werden diese Dokumente im wissenschaftlichen Apparat herangezogen. Ihr kompletter Abdruck hätte den Rahmen der »Rhöndorfer Ausgabe« gesprengt. Dies nachzuholen, mag eine Aufgabe künftiger Heuss-Editionen sein, die auch auf anderswo archivierte Protokolle und Notizen, mit denen Theodor Heuss im Gespräch zu erleben und zu belegen ist, zurückgreifen können[93].

Folgt man dabei dem Heuss-Itinerar[94], läßt sich relativ leicht aufspüren, welche Begegnungen mit wem, wann und wo in Frage kommen. Kennt man dann Partner, Datum und Ort, kann zeitgeschichtliche Recherche in Archive führen, in denen sich die relevanten Unterlagen ermitteln lassen. Auch hierzu ein Beispiel: Zu den amtlich *nicht* registrierten Unterredungen Adenauer-Heuss gehört ein Termin vom 30. Juni 1950; nach dem Protokoll sucht man im Dokumententeil also vergeblich. Ein Heuss-Brief an *Erich Ollenhauer* aber liefert uns die gewünschten Informationen dennoch, überdies zu einer der heiß umstrittenen Fragen der Adenauerzeit: »Bei dieser Unterredung hat mir der Herr Bundeskanzler versichert, daß der Fall Globke von der Hohen Alliierten Kommission untersucht und daß ihm durch Herrn [James W.] Riddleberger die Zustimmung der Alliierten zur Ernennung Globkes mitgeteilt worden sei. Auch die SPD – so erklärte der Herr Bundeskanzler – habe ihre ursprünglichen politischen Bedenken gegen Dr. Globke zurückgestellt. Am 4. Juli ist der Vorschlag der Ernennung des Herrn Dr. Globke zum Ministerialdirektor vom Bundeskabinett einstimmig gebilligt worden. Daraufhin habe ich keine Bedenken mehr gesehen, die mir von dem Herrn Bundeskanzler vorgelegte Ernennungsurkunde des Herrn Globke am 8. Juli 1950 zu unterzeichnen« (29. Juli 1950)[95].

Für die ersten sechs Amtsjahre von Theodor Heuss ist die Forschung auf die Hilfsmittel seines Nachlasses und der Präsidialamts-Bestände[96] angewiesen. Vom 28. Mai 1955 an verändert und verbessert sich die Situation entscheidend; denn nun setzen seine Tagebuchbriefe an *Toni Stolper* ein[97] (die seit der Emigration 1933 in den USA lebende Ehefrau des 1947 verstorbenen Wirtschaftsjournalisten, Publizisten und engsten Heuss-Freundes *Gustav Stolper*). Auch wenn 1970 nur teilweise publiziert, geben diese Mitteilungen für fast alles, was folgt, Ereignisgerüst und thematische Anhaltspunkte zugleich – als die nach »Unserem Vaterlande zugute« ohne Zweifel wichtigste und dichteste Parallelüberlieferung zum vorliegenden Band. Stellt man die Quellen quasi

synoptisch einander gegenüber – hier die offizielle Version, da die
Hintergrundfassung –, muten die Tagebuchbriefe in den entsprechenden Teilen wie Annotationen zu den amtlichen Protokollen an, bestätigen oder ergänzen sie inhaltlich und füllen vor allem atmosphärisch auf, was dienstlich in eher dürren Worten erscheint. Da
diese Veröffentlichung des Theodor Heuss Archivs heute nicht mehr
ohne weiteres greifbar ist, zeigt der Kommentar der neuen Adenauer-
Heuss-Edition oft mit längeren Auszügen derartige Zusammenhänge
auf[98].
Zudem sind diese spätabendlichen Nachbetrachtungen des Bundespräsidenten ein nützliches Korrektiv gegenüber Harmonisierung und
Verklärung, wie sie das historische Erscheinungsbild seiner Adenauer-
Verbindung bisweilen verfärben. Sicher schrieb ihm Konrad Adenauer
nicht ohne guten persönlichen Grund zum 75. Geburtstag am 31. Januar 1959: »Sie wissen, daß ich die Politik für ein notwendiges Übel
halte und daß ich der Auffassung bin, die intensive Beschäftigung mit
ihr trägt nicht sehr zur inneren Hebung des Menschen bei. Ihr Menschentum und Ihre Bildung brachten in diese politische Atmosphäre
einen warmen Glanz hinein, die mich mit vielen üblen Seiten der Politik versöhnt haben.«[99]
Hinter der Fassade aber werden auch die anderen Facetten ihres Verhältnisses sichtbar. Wenn die beiden Politiker es mit anderen zu tun
hatten oder zueinander auf Distanz gingen, ›konnten sie auch ganz
anders‹ – Heuss (im Kontrastmittel der Tagebuchbriefe »ein bissiger
Intellektueller und ziemlich illusionsloser Beobachter des Bonner Trei-
bens«[100]) ebenso wie Adenauer, der 1949 Parteifreunden anvertraute,
kurz vor der Wahl von Heuss zum Bundespräsidenten: »Alles in allem
genommen, glaube ich, daß Herr Heuss ... uns keine großen Schwierigkeiten machen wird. Der Bundespräsident kann überhaupt keine
Schwierigkeiten machen, wenn der Bundeskanzler genügend Nerven
hat, um ihm das unmöglich zu machen.«[101]

V

Generell gelten die Editionskriterien der »Rhöndorfer-Ausgabe« mit
ihrem wichtigsten Ziel der authentischen Textwiedergabe auch für
diesen Band[102]. Gleichwohl ist die spezifische Beschaffenheit der Niederschriften – wie sie in ähnlicher Weise von der Stiftung Bundeskanzler-Adenauer-Haus früher noch nicht veröffentlicht wurden – zu

berücksichtigen und das editorische Verfahren behutsam anzupassen. Zunächst wird, allerdings nur sechsmal, vom Grundsatz des ansonsten unveränderten und vollständigen Abdrucks abgewichen, wenn vereinzelte Textpassagen Persönlichkeitsschutzrechte tangieren. Bei solchen geringfügigen Eingriffen werden die ausgelassenen Halbsätze oder Sätze ‹mit keilförmigen Klammern und alphabetischen Anmerkungen›[a] markiert und im Kommentar kurz charakterisiert.

Adäquate Veränderungen waren auch im Formalen erforderlich, da die Originale nicht von Anfang an einheitlich gestaltet und gegliedert wurden. Selbst als man nach und nach eine verbindlichere Norm gefunden hatte, wurde sie nicht überall befolgt: Mal ist der Protokollcharakter stärker ausgeprägt und eine eigene Zählung nach Tagesordnungspunkten eingefügt – mal die inhaltliche Betonung bevorzugt und, Absatz für Absatz, der eine oder andere Kernbegriff durch Zwischentitel und *durch Kursivschrift* sichtbar gemacht. Die Intention aber von *Klaiber* und *Bleek* ebenso wie von *Bott* und Heuss (von den evidenten stilistischen Unterschieden abgesehen) war stets die gleiche: die Unterredung mit dem Bundeskanzler zuverlässig zu rekonstruieren und die Ergebnisse für spätere offizielle Verwendungszwecke ohne große Umstände oder längere Suche verfügbar zu machen.

So entspricht es der Struktur der Aufzeichnungen und erleichtert zugleich ihre heutige Benutzung, daß der Bearbeiter aus den genannten Variablen das Grundmuster ableitet und [in eckigen Klammern] immer die Punkte des Gesprächsverlaufs beziffert, so daß die Numerierung auch den Rückbezügen und Querverweisen des Kommentars zugutekommt. Auch werden, erstmals in dieser Editionsreihe, thematisch ausgerichtete Kopfregesten formuliert, die – im Dokumentenverzeichnis aufgegriffen und dort praktisch zum Sachindex kondensiert – die zwischen Adenauer und Heuss erörterten Personalfragen und Sachverhalte zusammenfassen und auffächern, stets in Anlehnung an die vorgegebene Wortwahl und Gewichtung der Vorlagen.

Anordnung und Technik der zeitgeschichtlichen, biographischen und bibliographischen Erläuterungen im Apparat sind jedem vertraut, der die »Rhöndorfer Ausgabe« kennt und nun die Gespräche 1949-1959 in die Hand nimmt. Um so stärker ist der herzliche Dank des Bearbeiters für die vielfältige Hilfestellung hervorzuheben, die ihm von Zeitzeugen und Institutionen bei der Beschaffung und Zusammenstellung der benötigten Materialien und Informationen gegeben wurde, namentlich von *Dr. Wolfram Werner* (Bundesarchiv, Koblenz) und *Professor Dr. Jürgen C. Heß* (Amsterdam). Die weiteren Angaben finden sich im Quellenverzeichnis und Nachweis schriftlicher und mündlicher Auskünfte.

In besonderer Verbundenheit ist abschließend für die verständnisvolle Förderung durch die Familien Heuss und Adenauer zu danken.

Rhöndorf im Januar 1997

Hans Peter Mensing

Anmerkungen

1   Eine umfangreiche Sammlung solcher Meldungen in BA, B 122 Anhang/85, 101. Dazu auch die Hinweise in der Einführung der Edition des Briefwechsels Heuss-Adenauer: »Unserem Vaterlande zugute«, S. 10. (Die vollständigen bibliographischen Angaben zu den hier und nachfolgend verkürzt zitierten Titeln im Quellen- und Literaturverzeichnis).

2   Bezieht sich auf das Gespräch vom 25.4.1953; vgl. Nr. 37.

3   Zum Gespräch vom 26.11.1955 Nr. 45, 45A.

4   Zum Gespräch vom 9.7.1956 Nr. 50.

5   Vgl. Nr. 54 (Anm. *).

6   Vgl. Nr. 22, 46, 47, 66.

7   Vgl. Nr. 8, 9, 44.

8   Vgl. »Unserem Vaterlande zugute«, S. 111-113 (mit der vorbereitenden Korrespondenz auf S. 72-74, 99-102, 109f., und den späteren Schreiben auf S. 293-295). Dazu in diesem Band Nr. 2 (TOP 1), 3 (TOP I, 5), 8 (TOP 3), 9 (TOP 3), 10 (TOP 5), 15 (TOP 4).

9   Vgl. ebd., S. 35f., 137-140, 245-249, 252.

10   Vgl. »Unserem Vaterlande zugute«, S. 1 (mit der anschließenden schriftlichen Auseinandersetzung vom 9., 13. und 14.4.1959 auf S. 268-283). Zum Problem der dritten Bundespräsidentenwahl in diesem Band Nr. 67 (TOP 7), 69 (TOP 2), 70 (TOP 3), 71 (TOP 6), 72 (TOP 2), 73, 74 (TOP 1).

11   Vgl. Nr. 4 (TOP I, 3), mit den entsprechenden Dokumenten in »Unserem Vaterlande zugute«, S. 51f. Vgl. a. Nr. 3 (TOP I, 6), 39 (TOP 2), 50 (TOP 5), 68 (TOP 1, 3), 71 (TOP 2).

12   Vgl. Nr. 14 (TOP 1), 16 (TOP 2), 25 (TOP 2).

13   Vgl. Nr. 10 (TOP 1), 11 (TOP 1), 15 (TOP 1), 16 (TOP 1), 17 (TOP 2), 19 (TOP 3), 23 (TOP 2), 24 (TOP 2), 28.

14   Vgl. Nr. 32 (TOP 1), 33 (TOP 2), 36 (TOP 2), 37 (TOP 1).

15   Vgl. Eberhard *Pikart*, Theodor Heuss und Konrad Adenauer, S. 101.

16   Vgl. Nr. 13 (Ergänzungsnotiz), 17 (TOP 2), 19 (TOP 3), 20 (TOP 3), 21.

17   Vgl. Nr. 2 (TOP 2), 6 (TOP 3), 7 (TOP 1), 11 (TOP I), 12 (TOP 1), 24 (TOP 1).

18   Vgl. Nr. 11, 13, 14, 18, 22, 23, 24, 31, 32 (jeweils TOP 1), 33 (TOP 1, 2), 37 (TOP 3), 38 (TOP 2), 39 (TOP 1), 60 (TOP 2).

19   Vgl. Nr. 40 (TOP 4), 41 (TOP 1, 2), 42 (TOP 1), 43, 44 (TOP 7).

20   Vgl. Nr. 6 (TOP I, 3), 13 (TOP 1), 17 (TOP 6), 22 (TOP 1), 25 (TOP 2), 32 (TOP 1 b), 38 (TOP 2), 39 (TOP 1), 42 (TOP 2), 44 (TOP 1), 49 (TOP 4), 51 (TOP 1), 55 (TOP 2), 60 (TOP 2), 61 (TOP 1), 65 (TOP 1), 69 (TOP 1), 71 (TOP 1), 72 (TOP 1), 74 (TOP 3).

21   Vgl. Nr. 13 (TOP 1), 32 (TOP 1 a), 37 (TOP 3), 46 (TOP 1), 47 (TOP 1),

62 (TOP 2), 63 (TOP 1), 64 (TOP 2), 65 (TOP 3), 67 (TOP 1), 69 (TOP 1), 70 (TOP 1).
22   Vgl. Nr. 6 (TOP I, 5), 13 (TOP 1), 14 (TOP 2), 18 (TOP 1), 19 (TOP 2), 20 (TOP 1), 26 (TOP 1), 28, 29 (TOP 3), 33 (TOP 1, 3), 35 (TOP 5), 46 (TOP 1), 47 (TOP 1), 49 (TOP 1), 52 (TOP 2), 65 (TOP 2), 66, 67 (TOP 2), 68 (TOP 2), 70 (TOP 1), 74 (TOP 3).
23   Die entsprechenden Gesprächspassagen sind am schnellsten mit dem Personenregister aufzufinden.
24   Vgl. Nr. 40 (TOP 3), 42 (TOP 1), 46 (TOP 1), 55 (TOP 2), 62 (TOP 1), 65 (TOP 1), 69 (TOP 1), 70 (TOP 1), 71 (TOP 1), 74 (TOP 3).
25   Vgl. Nr. 8 (TOP 5), 9 (TOP 6), 10 (TOP 3), 12 (TOP 9), 13 (TOP 3), 15 (TOP 5).
26   Zur Ernennung Adenauers am 15.3.1951 der Heuss-Brief des gleichen Tages in »Unserem Vaterlande zugute«, S. 61f. – zum Ausscheiden aus dem Amt am 6.6.1955 Nr. 38 (TOP 1). – Auf das »bemerkenswerte Phänomen« der »fast durchgängigen außenpolitischen Übereinstimmung zwischen Adenauer und Heuss« verweist Hans-Peter *Schwarz*, Adenauer. Der Staatsmann, S. 384f.
27   Vgl. Nr. 5 (TOP 3), 6 (TOP 1), 42 (TOP 4), 49 (TOP 3).
28   Vgl. Nr. 27 (TOP 2), 33 (TOP 4), 40 (TOP 2), 46 (TOP 2, 4, 5), 47 (TOP 6), 50 (TOP 2), 52 (TOP 4).
29   Vgl. Nr. 19 (TOP 1), 25 (TOP 1), 26 (TOP 4), 27 (TOP 3), 34 (TOP 1), 36 (TOP 1), 42 (TOP 5), 45, 45A, 46 (TOP 6), 47 (TOP 2), 48 (TOP 3), 51 (TOP 2), 53 (TOP 2), 55 (TOP 5), 56 (TOP 6), 65 (TOP 6).
30   Vgl. Nr. 11 (Anm. 15), 19 (TOP 7), 22 (TOP 1), 23 (TOP 4), 24 (TOP 4).
31   Vgl. Nr. 25 (Anm. 1), 26 (TOP 6).
32   Vgl. Nr. 56-59.
33   Vgl. Nr. 35 (TOP 3), 38 (TOP 1).
34   Vgl. Nr. 50 (TOP 4), 51 (TOP 2), 52 (TOP 3).
35   Unter den zumeist gegen Ende der Unterredungen behandelten Personalprobleme werden besonders häufig die diffizilen Fragen der deutschen Vatikan-Vertretung (erstmals in Nr. 3 [TOP I, 4]) und der Besetzung der Gesandtschaft bzw. Botschaft in Bern angesprochen (erstmals in Nr. 9 [TOP 7]). Dazu Heuss im Schreiben vom 26.3.1954 an den Staatssekretär im Auswärtigen Amt, Walter *Hallstein*: »... erwarte natürlich auch nicht, daß über jede Konsularvertretung mit mir vorher gesprochen wird – dazu fehlt mir Personal und Kenntnis der wechselnden Aufgaben. Aber von der psychologischen und politischen Situation in der Schweiz glaube ich aus verwandtschaftlichen und freundschaftlichen Beziehungen einiges zu verstehen« (BA, B 122/2157). – Zu den Verbindungen mit der Schweiz die Heuss-Briefe an Adenauer vom 31.7., 30.8.1955 und 11.8.1957 in »Unserem Vaterlande zugute«, S. 194, 196, 239.
36   Aus dem Beitrag Adenauers zu: Hans *Bott*/Hermann *Leins* (Hrsg.), Begegnungen mit Theodor Heuss, S. 157-161 (hier S. 157); am 30.1.1954

vorab veröffentlicht in der »Schwäbischen Landeszeitung« (Augsburg). Vgl. a. den weiteren Auszug bei Anm. 70.

37   Vgl. Edgar *Alexander*, Adenauer und das neue Deutschland, S. 23. Zum Autor Nr. 62 (Anm. 19); vgl. a. die wegen dieser Publikation 1956 geführte Korrespondenz des Bundespräsidenten mit Alvin *Johnson* und Hans *Staudinger* (beide New York) in BA, NL Heuss, Nr. 156, 334.

38   Vgl. BA, NL Heuss, Nr. 66; daraus auch der Auszug bei Anm. 61.

39   Dazu u. a. Werner *Kaltefleiter*, Die Funktionen des Staatsoberhauptes in der parlamentarischen Demokratie, Köln-Opladen 1970, passim; Eberhard *Pikart*, a. a. O., S. 37-41, 77-114, und Udo *Wengst*, Staatsaufbau und Regierungspraxis, S. 71-74, 194-198, 274-290. Vgl. a. die in Anm. 73 genannten Titel. – Einen Überblick über die weitere Literatur gibt Jürgen C. *Heß*, »Im Schatten Adenauers«? Überlegungen aus Anlaß der Veröffentlichung des Briefwechsels zwischen Heuss und Adenauer, in: liberal, Jg. 32 (1990), H. 1, S. 103-114.

40   Vgl. Konrad *Adenauer*, a. a. O., S. 500.

41   Vgl. »Unserem Vaterlande zugute«, S. 40.

42   Vgl. a. a. O., S. 171.

43   In der Kabinettssitzung vom 28.9.1949 hatte Adenauer mitgeteilt, »daß er in Zukunft Min[isterial]Dir[ektor] Dr. Klaiber, den Leiter des Bundespräsidialamtes, zu den Kabinettssitzungen einladen werde«; vgl. Kabinettsprotokolle 1949, S. 91.

44   Aus dem Beitrag »Staatssekretär Dr. Manfred Klaiber«, den Walter *Henkels* am 20.7.1955 in der »Frankfurter Allgemeinen Zeitung« veröffentlichte. Vgl. a. das Porträt in der »Deutschen Korrespondenz«, Jg. 6, Nr. 9 vom 3.3.1956. – Korrespondenz Heuss-Klaiber in BA, NL Heuss, Nr. 68, 159; eine eigene Beschreibung der Tätigkeit im Bundespräsidialamt in Klaibers Beitrag zu: Hans *Bott*/Hermann *Leins* (Hrsg.), a. a. O., S. 167-172.

45   Zu *Bleeks* frühen Kontakten zum Bundeskanzler Adenauers Briefe 1951-1953, S. 34; Korrespondenz Heuss-Bleek in BA, a. a. O., Nr. 54, 63.

46   Aus einem Brief vom 24.7.1956 an Reinold *von Thadden-Trieglaff* in BA, B 122/299. Vgl. a. die für die Zusammenarbeit mit Heuss ergiebige Biographie: Hans *Bott*, Theodor Heuss in seiner Zeit, Göttingen 1966. – Mehrere Belege für direkte Kontakte *Botts* zum Bundeskanzler in den Tagebuchbriefen, u. a. zum 9.3.1956: »… immerhin hatte Ad[enauer] Bott zu sich gerufen, daß dieser mich orientiere« (S. 155).

47   Zur Einbeziehung *Globkes* z.B. Nr. 3 (TOP 7), 45 (TOP 3), 45A , 70 (Anm. 18). Dazu auch bereits die Hinweise im Briefwechsel Heuss-Adenauer; vgl. »Unserem Vaterlande zugute«, S. 77, 196, 220, 293, 304, 390, 439, 441, 462.

48   Vgl. BA, B 122/2156; dazu die Korrespondenz a. a. O., S. 258, 454.

49   Vgl. Nr. 70 (Anm. 18).

50   S. unten Anm. 88, 89. – Zahlreiche detaillierte Informationen aus dem

Zeitraum Januar 1951 bis Dezember 1952 auch im Lenz-Tagebuch: Im Zentrum der Macht.

51　Zahlreiche Beispiele dafür in den Tagebuchnotizen *Blankenhorns*: »15.30 Uhr Vortrag beim Bundespräsidenten in Gegenwart von Herwarth über Sicherheitsfragen und Revision des Besatzungsstatuts. Der Vortrag dauerte 2 1/2 Stunden. – Weiteres Thema der Aussprache: Rede des Bundespräsidenten aus Anlaß des Jahrestages der Gründung der Bundesrepublik am 7. September« (30.8.1950). – »13.45 beim Bundespräsidenten. Überbringung der Bitte des Bundeskanzlers, der Bundespräsident möchte auf die Bayernpartei mäßigend einwirken, damit sie ihre Angriffe auf Finanzminister Schäffer bis nach der New Yorker Konferenz zurückstellt. Es soll unter allen Umständen vermieden werden, daß eine Kabinettskrise nachteilige Wirkungen auf die New Yorker Konferenz ausübt« (8.9.1950); vgl. BA, NL Blankenhorn, Bd. 5.

52　Vgl. Herbert *Blankenhorn*, Verständnis und Verständigung, S. 182.

53　Zur GGO-Diskussion Nr. 3 (TOP I, 7); vgl. a. Geschäftsordnung der Bundesregierung. Kommentar von Heinz *Honnacker* und Gottfried *Linn*, München 1969 (passim), und Udo *Wengst*, a. a. O., S. 247-250, 281-283.

54　Vgl. Nr. 2 (TOP 1).

55　Vgl. »Unserem Vaterlande zugute«, S. 49.

56　»... unterrichtet ... fortlaufend« statt »laufend«; aus den nachfolgend verwendeten Unterlagen, die in BA, B 136/4646 überliefert sind. Auf diesen Bestand stützte sich erstmals Hans *Buchheim*, Die Richtlinienkompetenz unter der Kanzlerschaft Konrad Adenauers, S. 349f.; vgl. a. Udo *Wengst*, a. a. O., S. 281-283.

57　Geschäftsordnung der Reichsregierung vom 3.5.1924; Reichsministerialblatt, S. 173.

58　Zitiert nach einem am 19.12.1950 von Karl *Gumbel* (Referent im Bundeskanzleramt) für Adenauer angefertigten Vermerk in BA, a. a. O.

59　Vgl. Konrad *Adenauer*, a. a. O., S. 500-502.

60　Vgl. Hans *Buchheim*, a. a. O., passim; Thomas *Ellwein*/Joachim Jens *Hesse*, Das Regierungssystem der Bundesrepublik Deutschland, Opladen [6]1987, S. 319-322, und Karlheinz *Niclauss*, Kanzlerdemokratie. Bonner Regierungspraxis von Konrad Adenauer bis Helmut Kohl, Stuttgart-Berlin-Köln-Mainz 1983, S. 19-73.

61　S. oben Anm. 38.

62　Vgl. »Unserem Vaterlande zugute«, S. 262-269, hier S. 264.

63　Vgl. a.a.O., S. 275.

64　Dazu die Ausführungen des Bearbeiters a. a. O., S. 9f.; vgl. a. die weiter unten (S. 13f.) gegebenen Beispiele.

65　Vgl. a. a. O., S. 58.

66　Vgl. a. a. O., S. 172.

67　Vgl. a. a. O., S. 309. – In diesem Brief auch der Satz »Es drängt mich aber auch, Ihnen zu sagen, daß der außerordentlich große Erfolg, den Ihre Arbeit allenthalben hat, auch in fremden Ländern unserem Vaterlande zugute kommt«, dem der Zitattitel der Briefedition entnommen ist. Vergleichbar die Schlußformel im Heuss-Schreiben vom 26.12.1953: »Mit herzlichen Grüßen für Sie und die Familie und alle guten Wünsche für die Bewahrung Ihrer Kraft, um des Vaterlandes willen ...« (S. 152).

68 Dazu im Anhang S. 330; Abb. des Briefes auf S. 129-131.

69 Vgl. a. a. O., S. 12.

70 S. oben Anm. 36.

71 In BA, VS B 122/31269; zur Provenienz die detaillierten Angaben des Kommentars in der jedem Dokument vorgeschalteten *-Anmerkung.

72 Auf den 29.6.1966 datierter Vermerk (Aktenzeichen 3-5021-3800/65) von Dr. *Ottinger* (im Bundespräsidialamt Leiter des Referates 3, für die Verbindung zu den obersten Bundesbehörden und u. a. auch für Geheimschutz und Sicherheit zuständig).

73 Mit den Veröffentlichungen (neben bzw. vor der 1970 vorgelegten Edition der Tagebuchbriefe 1955/1963): Theodor Heuss. Aufzeichnungen 1945-1947, hrsg. von Eberhard *Pikart*, Tübingen 1966, und des Katalogs: Theodor Heuss. Der Mann, das Werk, die Zeit. Dazu die publizierten Vorträge: Karl Dietrich *Bracher*, Theodor Heuss und die Wiederbegründung der Demokratie in Deutschland, Tübingen 1965, und Ulrich *Scheuner*, Das Amt des Bundespräsidenten als Aufgabe verfassungsrechtlicher Gestaltung, Tübingen 1966. Zum Theodor Heuss Archiv auch die Informationen in der Vorbemerkung von Frauke *Laufhütte*/Jürgen *Real* (Bearb.), Nachlaß Theodor Heuss, Bestand N 1221, Koblenz 1994 (Findbücher zu Beständen des Bundesarchivs, Bd. 50).

74 Beispielsweise in den Editionen der Kabinettsprotokolle: 1951 (S. 229, 603, 619) und 1952 (S. 190). Die diesbezüglichen Angaben von Hans-Peter *Schwarz* (Adenauer. Der Staatsmann) und in Veröffentlichungen des Militärgeschichtlichen Forschungsamtes werden im Kommentar zu der jeweiligen Gesprächspassage im einzelnen nachgewiesen. – Zur Erschließung des Bestandes Hans Peter *Mensing*, Quellenforschung zur Adenauerzeit, S. 36f.

75 Am 28.8.1951 an Otto *Lenz*; vgl. Nr. 9 (Anm. 15).

76 Dafür Beispiele in Nr. 14 (Anm. 2), 30 (Anm. 1), 37 (Anm. 5), 42 (Anm. 10), 49 (Anm. 20).

77 Vgl. Konrad *Adenauer*, a. a. O., S. 71-73, 80-84.

78 Vgl. a. a. O., S. 380-395.

79 Vgl. a. a. O., S. 462-468.

80 Vgl. Nr. 21 (Anm. 10). Am 25.3.1953 kam es zu einem weiteren Gespräch des Bundespräsidenten mit dem Präsidenten des Bundesverfassungsgerichts; vgl. Nr. 24 (Anm. 8).

81 Vgl. Nr. 45, 45A.

82 Vgl. Nr. 3 (Anm. 32), 8 (Anm. 20, 28, 33, 35). – Die erste amtliche Unterredung Heuss-*Schumacher* hatte am 17.10.1949 stattgefunden; Druck der dazu von *Klaiber* angefertigten Aufzeichnung: DzD II/2 (1949), S. 684-686.

83 Vgl. Nr. 24 (Anm. 8), 28 (Anm. 9-11), 33 (Anm. 18).

84 Vgl. Nr. 8 (Anm. 7, 25); vgl. a. Nr. 2 (Anm. 5).

85 Vgl. Nr. 44 (Anm. 23), 46 (Anm. 20), 55 (Anm. 22), 61 (Anm. b), 63 (Anm. 17).

86 Vgl. Nr. 9 (Anm. 10).

87 Am 26.9.1950 (BA, VS B 122/31269, Bl. 205-209).

88 Vgl. Nr. 8 (Anm. 26).

89 Vgl. Nr. 8 (Anm. 10).

90 Vgl. Nr. 2 (Anm. 3, 5).

91 Vgl. Nr. 9 (Anm. 13).

92 Vgl. Nr. 12 (Anm. 33), 37 (Anm. 6).

93 Dazu z. B. die in Nr. 5 (Anm. 12) nachgewiesenen Niederschriften zu den Gesprächen des Bundespräsidenten vom Dezember 1950 mit Spitzenvertretern der Sozialpartner. Aus dem gleichen Zeitraum ist im Nachlaß Adenauer (StBKAH 12.07) eine Heuss-Aufzeichnung vom 31.10.1950 überliefert, in der er Verlauf und Ergebnisse einer am gleichen Tage mit dem Landesbischof der Evangelisch-Lutherischen Landeskirche von Hannover, Hans *Lilje*, geführten Unterredung festhielt; Druck: Kabinettsprotokolle 1950. Wortprotokolle, S. 227f.

94 Dazu die Tagesnotizbücher des Bundespräsidenten, seines Persönlichen Referenten bzw. des Vorzimmers in BA, NL Heuss, Nr. 482.

95 Vgl. Nr. 47 (Anm. 40).

96 Dazu Mechthild *Brandes* (Bearb.), Bundespräsidialamt, Amtszeit Prof. Dr. Theodor Heuss. Bestand B 122, Koblenz 1990 (Findbücher zu Beständen des Bundesarchivs, Bd. 38).

97 S. oben Anm. 73.

98 Vgl. Nr. 45 (Anm. 19), 51 (Anm. 1, 23), 53 (Anm. 6), 57 (Anm. 24), 59 (Anm. 10), 63 (Anm. 20), 67 (Anm. 37), 68 (Anm. 21, 23).

99 Vgl. »Unserem Vaterlande zugute«, S. 269.

100 Vgl. Hans-Peter *Schwarz*, Die Ära Adenauer. Epochenwechsel 1957-1963, S. 178.

101 Adenauer am 1.9.1949 vor der CDU/CSU-Bundestagsfraktion; vgl. Udo *Wengst* (Bearb.), Auftakt zur Ära Adenauer, S. 190.

102 Hierzu am ausführlichsten die Erläuterungen in Adenauers Briefen 1945-1947, S. XVIII-XXII. Vgl. a. Hans Peter *Mensing*, Die Edition der Adenauer-Briefe im Rahmen der »Rhöndorfer Ausgabe«. Ein Unternehmen der Stiftung Bundeskanzler-Adenauer-Haus, in: Jahrbuch der historischen Forschung in der Bundesrepublik Deutschland. Berichtsjahr 1987, München-New York-London-Paris 1988, S. 57-60.

Heuss bei der Vereidigung zum ersten Bundespräsidenten der Bundesrepublik Deutschland durch Bundestagspräsident Erich Köhler (12. September 1949)

Heuss überreicht Adenauer die Ernennungsurkunde zum Bundeskanzler. (20. September 1949)

Verzeichnis der Gespräche

Gespräche

Nr. 1
28. November 1949

Innenpolitische Lage. Auseinandersetzung zwischen dem SPD-Vorsitzenden Schumacher und dem Bundeskanzler. Besuch des Bundespräsidenten in Niedersachsen.

[1.] Der Herr Bundeskanzler erklärte, er habe das Bedürfnis, den Herrn Bundespräsidenten über die innerpolitische Lage zu informieren, die durch den Ausschluß des Abg. *Schumacher*[1] aus dem Bundestag für zwanzig Sitzungstage entstanden sei[2].
Die SPD habe seit der Wahl eine Reihe schwerer Enttäuschungen erlebt: Wahlniederlage[3] – Kleine Koalition[4] – Erfolg der Regierung bei Überwindung der Abwertung der D-Mark[5] – Außenpolitischer Erfolg mit Petersberger Abkommen[6].
Als sich herausgestellt habe, daß auch der Gewerkschaftsbund sich von der Politik der SPD distanziere und für einen deutschen Beitritt zum Ruhrstatut[7] sich ausgesprochen habe, sei das Faß übergelaufen.
Das übrige sei aus dem Protokoll des Bundestages bekannt. Der Ältestenrat habe Schumacher eine Brücke bauen wollen und ihm anheimgestellt, den beleidigenden Ausdruck »Bundeskanzler der Alliierten« zurückzunehmen. Dies habe aber Schumacher abgelehnt. Daraufhin sei der Ausschluß für zwanzig Tage beschlossen worden.
Die Sache müsse nun weiter ihren Lauf nehmen, und er bitte den Herrn Bundespräsidenten dringend, in dem Streit nicht zu intervenieren. Er, der Bundeskanzler, bleibe dabei, daß Herr Schumacher sich schriftlich entschuldigen müsse. Die Unstimmigkeiten innerhalb der SPD seien groß in dieser Frage, und Herr Schumacher habe seine Leute keineswegs geschlossen hinter sich.
Der Herr Bundespräsident erklärte, man erwarte von verschiedenen Seiten die Initiative einer Vermittlung von ihm[8]. Er hätte aber zuerst die Meinung des Kanzlers kennen lernen wollen. Sollte von SPD-Seite offiziell an ihn herangetreten werden, könne er einen Vermittlungsver-

such schwer ablehnen und würde sich dann erneut mit dem Bundeskanzler in Verbindung setzen[9].

[2.] Der Bundespräsident erklärte außerdem dem Bundeskanzler, er
habe sich überlegt, vor dem Landtag in Hannover anläßlich des
Staatsbesuches am 30. November einen Appell für eine ritterliche
Kampfesweise auf der parlamentarischen Ebene an die Öffentlichkeit
zu richten[10]. Er zweifele allerdings, ob Hannover hierfür der richtige
Platz sei. Der Bundeskanzler riet auch hiervon ab, da dieses Vorgehen
möglicherweise einseitig als gegen Schumacher gerichtet aufgefaßt
werden könnte.

Im Bundeshaus (1949)

Nr. 2

8. Mai 1950

Berlin-Besuch des Bundeskanzlers. Nationalhymne. Beitritt zum Europarat. Besetzung der Generalkonsulate.

[1.] Bei Beginn der Unterhaltung brachte der Herr Bundespräsident die Sprache auf den Berliner Besuch[1] des Kanzlers und das Absingen der dritten Strophe des Deutschlandliedes[2]. Der Bundeskanzler erklärte, nach seinen Informationen habe Oberbürgermeister *Reuter*[3] beabsichtigt gehabt, diese Strophe des Deutschlandliedes nach seiner ‹Schluß-›Rede[a] singen zu lassen. Alle Vorbereitungen hierzu seien bereits getroffen gewesen. Um nicht der SPD diesen »nationalen Ruhm« zu lassen, habe er selbst nach seiner ‹eigenen›[b] Ansprache zum Absingen der dritten Strophe aufgefordert. Er habe damit keineswegs einen Vorgriff in der Frage der Nationalhymne beabsichtigt und halte deshalb auch den Ausspruch des Bundesministers *Kaiser*[4] von dem »schönen Staatsstreich« für töricht. Im übrigen glaube er selbst nicht, daß die dritte Strophe des Deutschlandliedes sich zur Nationalhymne für die Bundesrepublik eigne.

Der Herr Bundespräsident erwiderte darauf, daß er von den Vorgängen im Titania-Palast wenig erfreut gewesen und auch keinesfalls gewillt sei, sich in der Frage der Nationalhymne überfahren zu lassen[5]. Er bedaure, daß das Deutschlandlied durch diesen Vorgang auf die parteipolitische Ebene herabgezerrt worden sei und lege dem Kanzler dringend nahe, das Absingen der dritten Strophe im Wahlkampf bei CDU-Versammlungen zu vermeiden. Im übrigen habe er einen bedeutenden Dichter[6] gebeten, eine neue Nationalhymne zu schaffen. Ein Entwurf liege ihm bereits vor.

[2.] Daraufhin berichtete der Bundeskanzler über die Frage des Eintritts in den Europarat[7]. Alle Bedenken gegen diesen Eintritt müßten zurückstehen bei der Überlegung, was ein Nichteintritt der Bundesrepublik für politische Folgen zeitigen würde. Er beabsichtige daher, morgen, den 9. Mai, einen positiven Beschluß des Kabinetts herbeizuführen[8], der dann für die kommende Londoner Konferenz[9] als Zeichen des guten Willens von unserer Seite gewertet werden könne.

[3.] Die weitere Unterhaltung bezog sich vor allem auf personelle Fragen der Besetzung der Generalkonsulate im Ausland. Der Kanzler

B e s u c h e r l i s t e

Montag, den 8. Mai 1950

11 Uhr	Herr Bundeskanzler nach Königswinter zur Tagung des Zonenausschusses
16 Uhr	Mr. Boultwood, Chefkorrespondet von AP
17 Uhr	Herr Bundeskanzler bei Herrn Bundespräsident
18 Uhr 50	Herr Michlich, Franz. Hohe Kommission

B e s u c h e r l i s t e

Freitag, den 17. November 1950

9 Uhr 30	Minister Schäffer
9 Uhr 40	Kabinett
11 Uhr 15	Minister Schäffer
12 Uhr 40	Ministerialrat Wirmer - Abschiedsbesuch als persönlicher Referent
16 Uhr 40	Presse-Tee
17 Uhr 40	Herr Bundeskanzler zu Herrn Bundespräsident

Termine des Bundeskanzlers (zu Nr. 2 und 3)

unterrichtete den Herrn Bundespräsidenten, daß beabsichtigt sei, als Generalkonsul in New York den Abgeordneten *Dr. Krekeler*[10] zu wählen. Dies sei ein ausdrücklicher Wunsch der FDP-Fraktion. Für den ursprünglich vorgesehenen *Dr. Sieveking*[11] solle ein anderer Posten vorgesehen werden.

Nr. 3
17. November 1950

Besetzung weiterer Generalkonsulate und der Vatikan-Vertretung. Nationalhymne. Angebliche Verbindung des Bundespräsidenten zum stellvertretenden DDR-Ministerpräsidenten Nuschke. Geschäftsordnung der Bundesregierung. Haltung der SPD. Europäische Verteidigung und geplantes deutsches Kontingent. Zusammenarbeit zwischen Bund und Ländern. Errichtung des Auswärtigen Amtes. Personalfragen.

[I.] Der Herr Bundespräsident brachte folgende Angelegenheiten zur Sprache:

1. Frage der Ernennung des ehemaligen Bundestagspräsidenten *Köhler*[1] zum Generalkonsul in Australien.
Bundespräsident wiederholte die in seinem Schreiben vom 20. Oktober 1950[2] an den Bundeskanzler niedergelegten Bedenken gegen diese Ernennung, die inzwischen auch in der deutschen Presse (»Zeit« vom 26. Oktober 1950 Nr. 43)[3] zum Ausdruck kamen. Er gab zu bedenken, ob es nicht besser wäre, Köhler als Generalkonsul nach Teheran zu entsenden, wo Ende Dezember d. J. die Hochzeit des Schahs[4] statt finde und die allgemeine politische [und] Deutschtumssituation einen besseren Einsatz Köhlers verspreche. Bundeskanzler sagte zu, diesen Vorschlag aufzunehmen und sich mit Köhler in Verbindung zu setzen[5].

2. Bundespräsident unterrichtete Bundeskanzler von dem Besuch des ehemaligen hessischen Ministerpräsidenten, Professor *Dr. Geiler*[6], der sich zu seiner Überraschung für Bundesaufgaben auf dem Gebiet der deutschen Auslandsvertretungen zur Verfügung gestellt habe. Geiler denke an eine Verwendung als deutscher Generalkonsul (Gesandter) in Bern. Bundeskanzler erklärte, Geiler persönlich nicht zu kennen, aber sein Anerbieten zu überlegen[7].

3. Bundespräsident brachte die *politischen Interviews deutscher Generalkonsuln* (*Schlange-Schöningen*[8]) zur Sprache und vertrat den Standpunkt, daß Beamte des Auswärtigen Dienstes keine politischen Interviews zu Tagesfragen zu geben hätten. Bundeskanzler zeigte völlig gleiche Auffassung und erklärte, er habe dies auch Schlange-Schöningen bereits deutlich wissen lassen[9].

4. Bundespräsident teilte Bundeskanzler mit, daß er von nicht-politischer Seite darauf hingewiesen worden sei, Bundeskanzler plane, an den *Vatikan* als deutschen Vertreter einen Katholiken zu entsenden. Er, Bundespräsident, halte die bisherige deutsche Tradition, als Botschafter einen Protestanten und als zweiten Mann einen Katholiken an den Vatikan zu schicken, für durchaus bewährt[10]. Ein Abweichen von dieser Tradition würde zu einer starken Beunruhigung weiter protestantischer Kreise führen. Bundeskanzler erwiderte, es sei ihm aus dem Vatikan die Bitte nahegebracht worden, einen katholischen Botschafter für den Vatikan auszuwählen. Er habe zwar noch keinen Kandidaten, da man an den Vatikan bei seiner Bedeutung nur einen Mann von besonderem Rang schicken könne, er neige aber zu der Auffassung, daß man den Wünschen des Vatikans Rechnung tragen müsse. Bundespräsident vertrat die Auffassung, daß es staatspolitisch nicht unbedingt notwendig oder zweckmäßig sei, in protestantische Länder nur protestantische Vertreter und in katholische Länder nur Katholiken zu entsenden. In der Vergangenheit habe man sich auch nicht an diesen Grundsatz gehalten und damit keine schlechten Erfahrungen gemacht (*Wolff-Metternich*[11], *Lichnowsky*[12] in London oder *Moltke*[13] und *Stohrer*[14] in Madrid).

5. Bundespräsident überreichte dem Bundeskanzler den Text der geplanten neuen *Nationalhymne*[15]. Bundeskanzler zeigte sich von der Hymne und ihrer christlichen Transparenz sehr beeindruckt. Bundespräsident stellte eine baldige Besprechung mit dem Kabinett unter Vorführung der Hymne in Aussicht[16] und teilte mit, auch mit Kardinal *Frings*[17] darüber vorher sprechen zu wollen.

6. Bundespräsident erzählte dem Bundeskanzler, es würden unsinnige Gerüchte kolportiert, wonach zwischen ihm und dem stellvertretenden Ministerpräsidenten der Ostzone, *Nuschke*[18], ein Verbindungsmann, nämlich der frühere Reichstagsabgeordnete, Legationsrat a.D. *Baron Hartmann von Richthofen*[19], zwecks Austauschs von In-

formationen hin- und herfahre. Bundeskanzler erklärte, von solchen
Gerüchten nichts gehört zu haben. Dem Bundeskanzler wurde die von
Vizekanzler *Blücher*[20] hierher gelangte »Information« darüber in Abschrift übergeben, ebenso die Richtigstellung des Barons Richthofen
(Brief an *Klaiber* vom 7.11.50)[21]. Klaiber erklärte, bei beiden Unterhaltungen anwesend gewesen zu sein und stellte vor allem die in der
Information enthaltenen böswilligen Behauptungen richtig, wonach
seitens des Bundespräsidenten kritische Bemerkungen über Bundeskanzler gefallen sein sollen.

7. Bundespräsident brachte die künftige *Geschäftsordnung der Bundesregierung*[22] zur Sprache und teilte mit, daß er zu dem ihm vorgelegten Entwurf des Bundeskanzleramtes verschiedene Änderungs-
vorschläge, insbesondere auch stilistischer Art gemacht habe.
Bundeskanzler erklärte, Ministerialdirektor *Globke*[23] habe ihn von
diesen wertvollen Anregungen bereits unterrichtet. Für ihn, Bundeskanzler, sei der wichtigste Punkt, daß er als allein parlamentarisch verantwortlicher Minister, der die politischen Richtlinien der Politik zu
bestimmen habe[24], die Verteilung der sachlichen Zuständigkeiten der
verschiedenen Ressorts entscheiden müsse. Bundespräsident erklärte
hierzu, sich nicht in die Frage einmischen zu wollen, ob Bundeskanzler oder Bundesregierung als Gremium über die Kompetenzverteilung
zuständig seien. Er könne sich allerdings hierzu befriedigende Lösungsmöglichkeiten denken, z. B. daß Bundeskanzler »im Benehmen«
oder »im Einverständnis« mit Regierung diese wichtigen Fragen entscheide.

8. Bundespräsident sprach den Wunsch aus, in den nächsten Wochen
dem Bundeskanzleramt und den anderen Ministerien einen persönlichen Besuch abzustatten[25], um sich ein Bild von der Unterbringung
der verschiedenen Ministerien machen zu können. Diese Gelegenheit
könne vom Bundeskanzler und den Ministern dazu benutzt werden,
ihm ihre engsten Mitarbeiter (Abteilungsleiter) vorzustellen. Bundeskanzler begrüßte diesen Plan.

[II.] Daraufhin brachte der Bundeskanzler folgende Angelegenheiten
zur Sprache:

1. Bundeskanzler zeigte sich besorgt über die *politische Haltung der
SPD* und die Verschärfung ihrer Opposition[26]. Gesamtnationale Fra-

gen wie die des deutschen Beitrags zur europäischen Verteidigung[27] würden rein parteipolitisch ausgewertet. Er habe versucht, mit *Dr. Schumacher* über den deutschen Verteidigungsbeitrag zu einer Verständigung zu kommen[28]. Er müsse aber nach den Erfahrungen der letzten Wochen diesen Versuch wohl aufgeben. Sein letztes Gespräch mit Schumacher habe am Tage vor der außenpolitischen Erklärung im Bundestag stattgefunden[29]. Zum Zeitpunkt dieser Besprechung habe man noch nicht an eine formulierte Regierungsentschließung gedacht. Diese sei erst zwei Stunden vor Beginn der Debatte im Bundestag zustande gekommen. Die Vorwürfe Schumachers, er habe ihm in der vorausgegangenen Unterredung die Entschließung verheimlicht und habe die Opposition überrumpeln wollen, seien daher ungerechtfertigt. Man frage sich, welche Ziele die SPD mit ihrer Politik verfolge. Es liege wohl nicht nur die Rücksicht auf die Wahlen in den süddeutschen Ländern[30] zugrunde, sondern die SPD wolle in die Regierung, um der jetzigen Regierungskoalition bei den nächsten Wahlen ‹für den›[a] Bundestag im Sommer 1953[31] nicht das alleinige Verdienst ‹an den›[b] inneren und äußeren Erfolgen beim Aufbau der Bundesrepublik überlassen zu müssen. Bundespräsident riet Bundeskanzler, den Draht zur Opposition nicht abreißen zu lassen, da dies in den Augen der Öffentlichkeit die Stellung des Bundeskanzlers nur heben könne[32].

2. Bundeskanzler unterrichtete den Bundespräsidenten darüber, daß in Bälde wohl die Anfrage an die Bundesrepublik erfolgen werde, sich an der *europäischen Verteidigung* durch ein *deutsches Kontingent* zu beteiligen[33]. Es müsse daher ein systematischer Aufklärungsfeldzug zu dieser Frage im Volke eingeleitet werden, und er werde den Regierungsparteien vorschlagen, für 14 Tage die Arbeiten des Bundestages auszusetzen und die Abgeordneten in ihre Wahlkreise zu entsenden[34]. Bundespräsident riet dringend, den Abgeordneten zu diesem Zweck eine klare »Sprachregelung« mitzugeben, um außenpolitisch unliebsame Reden zu vermeiden.

3. Bundeskanzler kam auf *unbefriedigende Zusammenarbeit zwischen Bund und Ländern* zu sprechen und führte aus, daß die überspitzte föderalistische Haltung der Länder (Nordrhein-Westfalen noch stärker als Bayern[35]) in 5-10 Jahren das föderalistische System ad absurdum und zur Errichtung eines stark zentralistischen Staates führen müsse.

4. Zur bevorstehenden *Einrichtung eines selbständigen deutschen Auswärtigen Amtes*[36] führte der Bundeskanzler folgendes aus:

Angesichts des vorläufigen Weiterbestehens der Hohen Kommission werde es nötig sein, daß der Bundeskanzler zunächst auch das Außenressort mit verwalte. Er beabsichtige aber, Staatssekretär *Hallstein*[37] dann aus der Bundeskanzlei herauszunehmen und allein mit den Geschäften des Staatssekretärs des Äußeren zu betrauen. Wenn er sich weiter bewähre, könne man daran denken, ihn später zum Außenminister zu machen. Als Staatssekretär im Bundeskanzleramt wolle er den bayerischen Wirtschaftsminister *Seidel*[38] gewinnen, der hoffentlich nach den Wahlen in Bayern zur Verfügung stehe.

Bundespräsident machte Bundeskanzler auf den derzeitigen Oberbürgermeister in Ulm, *Dr. Pfizer*[39], für einen wichtigen Posten auf der Bundesebene aufmerksam. Pfizer sei ein hervorragender und energischer Verwaltungsfachmann. Bundeskanzler erklärte, der Fraktionsvorsitzende der FDP, *Schäfer*[40], habe ihn bereits auf Pfizer aufmerksam gemacht für den Fall, daß im Innenministerium ein weiteres Staatssekretariat für Polizeifragen eingebaut werde. Jedenfalls habe er veranlaßt, daß Pfizer, den er noch nicht kenne, sich nächste Woche bei ihm vorstelle.

Nr. 4
16. Dezember 1950

Anerkennung der Vorkriegsschulden. NATO-Konferenz in Brüssel. Brief des DDR-Ministerpräsidenten Grotewohl. FDP-Bundestagsfraktion. Dänische Kulturpropaganda in Schleswig. Wahlrede des Ministerpräsidenten von Württemberg-Baden, Maier. Eröffnung des Jugendwerkes.

[I.] Bundeskanzler erklärte, folgende Punkte mit Bundespräsident besprechen zu wollen:

1. Anerkennung der Vorkriegsschulden[1]
Bundeskanzler führt aus: Diese Frage, die doch hauptsächlich politischer und moralischer Natur sei, werde zur Zeit von den Sachverständigen in unverständlicher Weise zerpflückt. Der Auswärtige Ausschuß des Bundestages und sein für diesen Zweck eingesetzter Unterausschuß haben sich nicht auf die Annahme der Regierungsvorlage (Unterschrift unter Verpflichtungserklärung und ‹...›[a] Begleitnote) einigen können[2]. Bundeskanzler werde jetzt noch eine Besprechung mit den

Fraktionsführern der Regierungsparteien haben, um von ihnen wenigstens Zustimmung zu Grundsatz der Schuldenanerkennung zu erhalten[3]. Die noch bei den Parteien vorhandenen Bedenken sollten von der Regierung später auf dem Verhandlungswege mit den Alliierten klargestellt werden. Wenn die Revision des Besatzungsstatuts[4] nicht verzögert werden solle, müsse er die Schuldenanerkennung nunmehr aussprechen. Das Kabinett sei mit ihm darüber einig[5]. Sowohl der amerikanische wie der britische Hohe Kommissar hätten ihm dringlichst nahegelegt, diesen Schritt auch im Hinblick auf die Brüsseler Atlantikpaktkonferenz[6] in der nächsten Woche vorzunehmen. Er verspreche sich ebenfalls eine günstige außenpolitische Wirkung für diese Konferenz.

Bundespräsident stimmte diesem Vorgehen zu und erklärte, es sei ihm von Anfang an klar gewesen, daß man als Rechtsnachfolger des Reiches und als honoriger Staat dieses Anerkenntnis leisten müsse, schon um die internationale Kreditfähigkeit der Bundesrepublik wiederherzustellen[7]. In einer Begleitnote sollten allerdings die nötigen Vorbehalte klar zum Ausdruck kommen[8].

2. *Brüsseler Konferenz der Atlantikpaktmächte*
Nach Ansicht des Bundeskanzlers steht diese Konferenz bereits im Schatten der geplanten Viererkonferenz[9]. Frankreich werde wohl versuchen, in der Frage des deutschen militärischen Beitrags dort keine endgültige Festlegung zuzulassen, um sich dieses Verhandlungsobjekt mit der Sowjetunion vorzubehalten. Man könne annehmen, daß die Sowjetunion einen hohen Preis für eine Verhinderung der deutschen Aufrüstung zahlen werde. England halte sich auch in dieser Frage eher zurück. Nach seiner, des Bundeskanzlers, Ansicht würde aber ein Abkommen der vier Mächte über eine allgemeine Demilitarisierung und Neutralisierung Deutschlands nur bedeuten, daß auch Westdeutschland unter sowjetischen Einfluß gerate[10]. Nur die Vereinigten Staaten seien bisher noch fest entschlossen, einer solchen Entwicklung sich zu widersetzen. Deshalb bleibe zur Zeit für uns nichts übrig als eine starke Anlehnung an die USA. ‹Eine laufende Unterrichtung über die Brüsseler Gespräche sei ihm zugesagt worden[11].›[b]

3. *Der Grotewohl-Brief*[12]
Bundeskanzler ist der Auffassung, daß es sich bei diesem Brief keineswegs nur um ein Propagandamanöver, sondern um einen ernsten politischen Schachzug handele, hinter dem die Sowjetunion stehe. Er stim-

me daher mit den in dem Schreiben des Bundespräsidenten[13] niedergelegten Gedankengängen überein. Eine sofortige Beantwortung sei
aber nicht möglich gewesen, weil die Angelegenheit sowohl mit den
Vorsitzenden der deutschen Parteien wie auch mit den Alliierten hinsichtlich einer Auswirkung auf die geplante Viererkonferenz habe besprochen werden müssen[14]. Man habe sich über die Form der Beantwortung aber nicht einigen können und wolle sich die Entscheidung
noch offenhalten. ‹Vielleicht werde als Antwort ein »Aide-mémoire«
der Regierung durch *Vockel*[15] an Grotewohl übergeben werden.›ᶜ Das
inzwischen erlassene Ostzonengesetz »zur Wahrung des Friedens«[16]
schlage dem Grotewohl-Brief und seiner Tendenz natürlich mitten ins
Gesicht und er, Bundeskanzler, werde wohl dies in der Öffentlichkeit
zum Ausdruck bringen müssen[17].

4. *FDP-Bundestagsfraktion*
Bundeskanzler erklärte, er werde den in den bekannten Schreiben des
Vizekanzlers *Blücher*[18] ausgesprochenen Wünschen der FDP teilweise
nachkommen können, verstehe aber die Unruhe und den Ehrgeiz
Minister Blüchers nicht. Er habe doch wichtige Aufgaben, z. B. neuer-
dings die dringend nötige Koordinierung der erforderlich werdenden
Importbeschränkungen zwischen den verschiedenen interessierten
Ressorts anvertraut erhalten[19]. Aus den Äußerungen des Bundeskanz-
lers ging hervor, daß er dem Vizekanzler mißtrauisch gegenübersteht.
Bundeskanzler deutete an, daß der Fraktionsvorsitzende der FDP
Schäfer sich selbst in manchen Fragen von Minister Blücher distanziere. Diese Angelegenheit (insbesondere auch die Frage des künftigen
Außenministers) konnte von Seiten des Bundespräsidenten nicht vertieft werden, da Bundeskanzler zu einer Besprechung mit dem britischen Hohen Kommissar[20] sich verabredet hatte und die Unterredung
frühzeitig abgebrochen werden mußte.

[II.] Bundespräsident konnte deshalb auch nur in gedrängter Form
folgende Fragen zur Sprache bringen:

1. *Dänische Kulturpropaganda in Schleswig*[21]
Bundespräsident bat Bundeskanzler, diese Frage in Anbetracht der allgemeinen schwierigen außenpolitischen Situation nicht zum Gegenstand von Vorstellungen bei der Hohen Kommission zu machen, wie
dies offenbar die schleswig-holsteinische Regierung wünsche. Bundeskanzler stimmte zu.

2. *Wahlrede des Ministerpräsidenten Reinhold Maier[22] zur württemberg-badischen Regierungswahl am 19. November 1950*
Bundespräsident erklärte, er verstehe nicht, weshalb Bundeskanzler diese Rede im Auswärtigen Ausschuß des Bundesrates als schädlich für die Außenpolitik der Bundesregierung habe bezeichnen können. Württemberg-Baden habe immer den Bund loyal unterstützt. Bundeskanzler zeigte sich insbesondere von dem Passus der Rede verärgert, in dem die »Einmann-Kanzlerpolitik« kritisiert ist[23].

3. *Eröffnung des Jugendwerkes am 18. Dezember 1950 im Bundestag*
Bundespräsident und Bundeskanzler stimmten in großen Zügen ihre bei dieser Gelegenheit zu haltenden Ansprachen dahingehend ab, daß Bundeskanzler die einzelnen Programmpunkte des geplanten Jugendwerkes der Bundesregierung bekanntmachen, während Bundespräsident über allgemeine Jugendprobleme sprechen wird[24].

Nr. 5
2. Februar 1951

Außenpolitische Lage. Wahlen zu einem gesamtdeutschen Parlament. Mitbestimmung in der Montanindustrie. Landtagswahlen in Niedersachsen. Bayern-Partei. Arbeitsweise der Bundesministerien für Wirtschaft sowie Ernährung, Landwirtschaft und Forsten. Einrichtung weiterer Konsulate. »Adenauer-Geburtstagsspende«. Nationalhymne.

[I.,1.] *Außenpolitische Lage*
Der Bundeskanzler unterrichtete den Bundespräsidenten über seine Auffassung zur außenpolitischen Lage. Seine Ausführungen entsprechen der anliegenden, dem Bundespräsidenten mit Schreiben vom 3.2.1951[1] übersandten vertraulichen Aufzeichnung, die der Bundeskanzler auch *Dr. Schumacher* als Unterlage für die geplanten Gespräche mit der Opposition übermittelt hat.
Bundeskanzler ergänzt die Aufzeichnung noch dahingehend, daß er die Auswirkungen des Berichts *Eisenhower*[2] an den amerikanischen Kongreß über seine Europareise[3] noch nicht genügend übersähe. Die Feststellung Eisenhowers, die politische Gleichberechtigung für die Bundesrepublik müsse vor ihrer Einreihung in die europäische Verteidigung verwirklicht werden, sei zwar sehr zu begrüßen. Andererseits sei es aber noch nicht klar, was mit der Verschiebung der deutschen Wiederbewaffnung[4] beabsichtigt sei. Entweder habe Frankreich hier

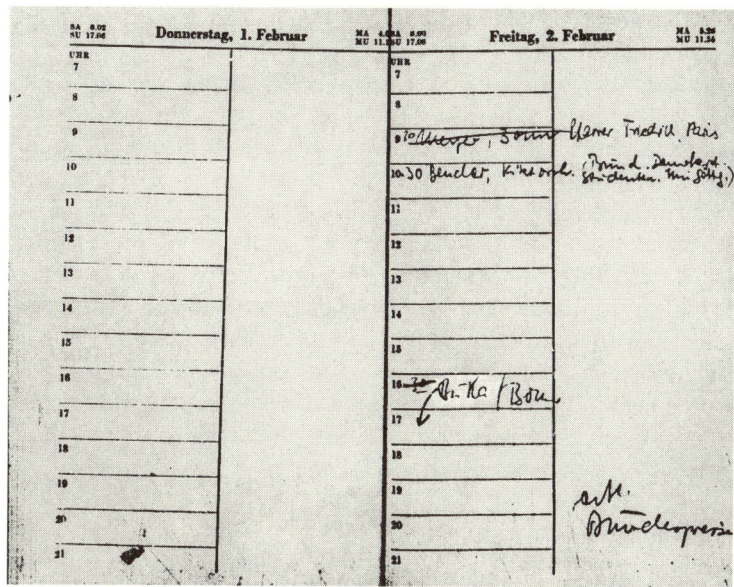

Termine des Bundespräsidenten (zu Nr. 5)

einen politischen Erfolg errungen oder man wolle sich seitens aller Westalliierten die Türe für Verhandlungen auf der Vierer-Konferenz[5] offen lassen. Auch die kürzliche Äußerung *Kirkpatricks*, die deutsche Wiederbewaffnung sei nicht so dringend, deute auf die letztere Vermutung hin. An sich sei nach seiner, des Bundeskanzlers, Ansicht diese Verschiebung nicht tragisch, da langwierige technisch-militärische Vorverhandlungen noch nötig sind.

[2.] *Grotewohl-Aktion*[6]

Der Bundeskanzler wertet den auch in der Presse veröffentlichten Brief Schumachers an ihn als Bereitschaft der SPD, wie bisher in dieser Frage eine gemeinsame Linie mit der Regierung zu finden[7]. Bundeskanzler will Gedanken des Briefes aufgreifen und sich nochmals an die vier Alliierten wegen freier, gleicher und geheimer Wahlen zu einem gesamtdeutschen Parlament wenden[8]. Eine Regierungserklärung vor dem Bundestag werde darüber erfolgen[9]. Bundespräsident spricht dringend die Erwartung aus, daß diese Bundestagssitzung nicht zu lange verzögert werde.

[3.] *Einigung über Mitbestimmungsrecht auf dem Gebiet von Kohle und Eisen*[10]

Bundeskanzler berichtet über Gang der Verhandlungen und Zustandekommen der Vereinbarung. Beide Sozialpartner hätten Konzessionen gemacht. Es sei falsch, die Vereinbarung als Sieg der Gewerkschaften und als durch die Streikdrohungen erpreßt zu bezeichnen. Der Fraktionsvorsitzende der FDP, *Euler*[11], habe bei der Besprechung des Kabinetts mit den Vorständen der Regierungsparteien etwas voreilig erklärt, die FDP werde im Bundestag gegen den Regierungsentwurf betreffend Mitbestimmungsrecht im Kohlenbergbau und in der eisenschaffenden Industrie stimmen. Bundespräsident erklärt, die Auffassung in der FDP hierüber sei keineswegs einheitlich. Voraussichtlich würde man in dieser Frage die Stimmenabgabe freistellen. Jedenfalls würde dadurch eine Gefahr für die Koalition nicht eintreten[12]. Bundeskanzler stimmt dieser Auffassung zu.

[4.] *Wahlen in Niedersachsen*

Bundeskanzler berichtet, daß CDU und Deutsche Partei der Überzeugung seien, die SPD werde angesichts des niedersächsischen Wahlgesetzes eine Mehrheit im Landtag erobern[13], wenn sich die Bonner Regierungsparteien nicht zusammenschlössen. Leider habe der FDP-Parteivorstand vorerst ein Zusammengehen mit den beiden anderen bürgerlichen Parteien abgelehnt[14]. Es werde aber nochmals eine gemeinsame Besprechung der drei Parteivorstände stattfinden, und er hoffe auf eine Einigung[15]. Bundespräsident erklärt, die Landesleitung der FDP in Niedersachsen sei für ihn undurchsichtig. Er habe aber gehört, daß der Widerstand gegen die bisherige Landesleitung in den Kreisen der FDP in Niedersachsen im Wachsen sei.

[5.] *Bayern-Partei*

Bundeskanzler berichtet, daß die Fraktion der Bayern-Partei im Bundestag Auflösungserscheinungen zeige[16]. *Baumgartner*[17] werde Generalsekretär der landwirtschaftlichen Genossenschaften in Bayern. Es sei zu hoffen, daß zahlreiche Bundestagsabgeordnete der Bayern-Partei zur CDU/CSU stoßen und daß dadurch diese Partei auf 150 Bundestagsmandate anwachse[18].

[6.] *Wirtschafts- und Landwirtschaftsministerium*

Bundeskanzler äußerte sich sehr unzufrieden über die Arbeit dieser beiden Ministerien. Minister *Erhard*[19] brauche einen tatkräftigeren

Staatssekretär[20]; sein Ministerium habe die Bearbeitung der deutschen Gegenvorschläge zur Dekartellisierung[21] ungebührlich hinausgezögert. Auch die Entwicklung der Kohlenlage[22] sei in diesem Ministerium nicht richtig vorausgesehen worden.

Minister *Niklas*[23] setze sich gegen Erhard zu wenig durch. Das dringend notwendig werdende Agrarprogramm[24] sei vom Landwirtschaftsministerium zu langsam und zu unentschlossen ausgearbeitet worden.

[II.] Bundespräsident schneidet seinerseits folgende Fragen an:

1. *Die Einrichtung weiterer deutscher Konsulate im Ausland* zögere sich ungebührlich hinaus[25]. Ausländische Diplomaten hätten dem Bundespräsidenten schon verschiedentlich ihr Erstaunen über die mangelnde deutsche Initiative ausgesprochen. Bundeskanzler erklärt, er habe kürzlich seine Zustimmung zur Ernennung weiterer Generalkonsulen gegeben[26]. Er werde *Blankenhorn*[27] beauftragen, darüber dem Bundespräsidenten zu berichten.

2. Bundespräsident spricht sein Befremden über die Initiativanfrage der Bundestagsfraktion der SPD über die »*Adenauer-Geburtstagsspende*«[28] aus. Die Behandlung dieser Frage im Plenum des Bundestages sei bei der jetzigen politischen Spannungslage nicht opportun. Die Frage müsse geeigneterweise im Ältestenrat geklärt und dann von der Tagesordnung des Plenums abgesetzt werden. Bundeskanzler erklärt, daß er bisher noch keinen Pfennig von der Spende gesehen habe.

3. *Hymne an Deutschland*[29]
Bundespräsident erklärt, er wolle jetzt die Auswirkung der Hymne in Schulen sowie bei den Sportorganisationen und Gesangsvereinen abwarten. Er sprach aber die Erwartung aus, daß außerhalb reiner Parteiveranstaltungen das Absingen des Deutschlandliedes nicht mehr von irgendeiner Seite favorisiert werde.

Nr. 6
2. März 1951

Wirtschaftspolitische Situation. Koordinierung wirtschaftspolitischer Maßnahmen im Kabinett. Paraphierung des Schuman-Plans. Revision des Besatzungsstatuts. »Landsberger Gnadenaktion«. Haltung der Opposition. Schwierigkeiten im deutsch-französischen Verhältnis. Errichtung konsularischer Vertretungen. Personalfragen. Auseinandersetzung Reinhold Maier–Eugen Gerstenmaier.

[I.] Bundeskanzler unterrichtet Bundespräsidenten über folgende Fragen, die in der allernächsten Zeit eine politische Entscheidung verlangen:

1. *Wirtschaftspolitische Situation*[1]
Anpassung der Inlandspreise (insbesondere Agrarprodukte, Kohle, Elektrizität) an die Entwicklung auf dem Weltmarkt. Die damit verbundene Erhöhung der Lebenshaltungskosten macht Heraufsetzung der Sozialrenten, der Gehälter der öffentlichen Bediensteten und neue Lohntarifabmachungen nötig. Um inflatorische Auswirkungen zu vermeiden, muß dieses Programm mit Maßnahmen zur Kreditrestriktion, zur Exportsteigerung, zur Drosselung des nicht lebensnotwendigen Verbrauchs, zur Umlenkung der Kaufkraft von der Verbrauchsgüterindustrie auf die kreditbedürftige Grundstoffindustrie sowie mit Maßnahmen zur Anpassung der Einfuhr an die jeweilige Devisenlage verbunden werden.
Bundeskanzler äußert sich unzufrieden mit der Arbeit des Bundeswirtschaftsministeriums. Die optimistischen wirtschaftspolitischen ‹Vor›aussagen[a] des Ministers *Erhard* seien nicht eingetroffen. Sein Ministerium habe die wirtschaftspolitische Entwicklung nicht genügend übersehen und die notwendigen Gegenmaßnahmen nicht getroffen[2]. Der jetzige Staatssekretär in diesem Ministerium sei seiner Aufgabe nicht gewachsen, und es sei beabsichtigt, ihn durch *Dr. Westrick*[3] von der Kohlenbergbauleitung zu ersetzen.
Man werde sich auch überlegen müssen, einen Wechsel im Posten des Bundesministers für Ernährung, Landwirtschaft und Forsten vorzunehmen, da Minister *Niklas* nicht gesund sei und sein Ministerium keine erstklassigen Kräfte besitze.

2. *Die Koordinierung der wirtschaftspolitischen Maßnahmen im Kabinett*
Bundeskanzler erklärt, er habe Vizekanzler *Blücher* die wichtige Aufgabe der wirtschaftspolitischen Koordinierung zwischen den verschiedenen Ressorts übertragen[4]. Er verstehe, daß Minister Blücher hierfür klar umrissene Vollmachten verlange. Er wolle ihn daher zu seinem

ständigen Vertreter im Wirtschaftspolitischen Ausschuß der Regierung machen[5]. Zur Unterstützung des Vizekanzlers für diese Aufgabe sei der Vorsitzende des Verwaltungsrates der Berliner Zentralbank, *Dr. Ernst*[6], vorgesehen, der über beste wirtschaftliche und finanzpolitische Erfahrungen verfüge und sich allgemeinen Ansehens erfreue. Dr. Ernst sei bereits in Bonn, habe sich aber noch nicht endgültig zur Übernahme dieser kommissarischen Aufgabe entschlossen.

3. Bundeskanzler berichtet dem Bundespräsidenten über seine *Unterredung mit McCloy*[7] vom 2. März 1951[8]. Der amerikanische Hohe Kommissar lege entscheidenden Wert auf eine baldige Paraphierung des *Schuman*[9]*-Planes*, da dies in den Vereinigten Staaten geradezu als ein Beweis für die europäische Gesinnung der Bundesrepublik angesehen werde. Er habe McCloy in Erinnerung gerufen, daß gerade die amerikanischen Schwierigkeiten in der Frage der Verbundwirtschaft und des zentralen Kohlenverkaufs die Paraphierung des Schuman-Planes hinausgezögert haben[10]. Die Besprechungen mit den Koalitionsparteien über den Schuman-Plan haben ergeben, daß diese im außenpolitischen Interesse unter Zurückstellung anderer Bedenken ihre Zustimmung zum Schuman-Plan nicht versagen werden. Dagegen sei es leider nicht gelungen, die SPD zu dieser Einsicht zu bewegen[11]. Bundespräsident erklärte, er habe immer den Standpunkt vertreten, der politische Schaden eines Scheiterns des Schuman-Planes könne schwer verantwortet werden, da dieser Plan die erste Verwirklichung auf dem Gebiet der europäischen Bestrebungen bedeute. Der materielle Inhalt des Abkommens trete vor dieser politischen Bedeutung zurück.
Bundeskanzler berichtet weiter, daß unsere Form der Anerkennung der Vorkriegsschulden[12] nunmehr die Billigung der drei westalliierten Regierungen gefunden haben und die kleine *Revision des Besatzungsstatuts* nunmehr in der kommenden Woche von den Alliierten verkündet werde[13].
Sehr beeindruckt zeigt sich der Bundeskanzler von der Enttäuschung McCloys über die Haltung der deutschen Öffentlichkeit zur *Landsberger Gnadenaktion*[14]. McCloy habe ihm mitgeteilt, daß er und seine Frau[15] sogar Drohbriefe erhalten haben, die ihm im Falle der Vollstreckung von Todesurteilen die Ermordung seiner Kinder angekündigt hätten. Er – Bundeskanzler – habe auf der heutigen Pressekonferenz[16] sich sehr deutlich gegen diese bedenkliche Geisteshaltung ausgesprochen.

4. *Haltung der Opposition*
Bundeskanzler drückt seine Enttäuschung über die Haltung der SPD
aus. Nach seinem letzten Gespräch mit *Schumacher*[17] habe er gehofft,
daß sich die Zusammenarbeit der Regierungskoalition mit der Opposition vor allem auf ‹dem außen›politischen[b] Gebiet verbessere. Nun
sei im »Sozialdemokratischen Pressedienst« vom 1. März d. J. ein Artikel mit Angriffen gegen ihn erschienen, in dem u. a. historisch völlig
falsch behauptet werde, die Bundesregierung habe sich in der Frage
der deutschen Einheit erst zu einer klaren Haltung bereit gefunden, als
die Opposition sie fest an die Kandare genommen hätte[18]. Außerdem
finde sich in diesem Artikel der gefährliche Satz, der Bundeskanzler
habe kein Geschick dafür gehabt, aus der Gegebenheit der Machtlo-
sigkeit Deutschlands die mannigfachen Chancen wahrzunehmen, die
in der zentralen politischen Position eben dieses machtlosen Deutschlands lagen.

5. Bundeskanzler berichtet weiter über die *Schwierigkeiten*, die der
Bundesregierung auf allen Gebieten *von französischer Seite* gemacht
würden. Der Pleven-Plan[19], von dem sich *Monnet*[20] übrigens distanziere, sei nichts anderes als ein unverschämter Versuch, die französische Hegemonie in Europa wieder herzustellen. Bundeskanzler hält
François-Poncet[21] für einen treibenden Faktor dieser französischen
Einstellung gegenüber der Bundesrepublik. Seine umstrittene Vergangenheit als französischer Botschafter in Berlin zur Hitlerzeit dränge
ihn wohl dazu, sich heute als 150%iger Franzose zu gebärden. Bundeskanzler macht den Bundespräsidenten auf einen Artikel der »Saarländischen Volkszeitung« vom 14. Februar 1951 aufmerksam, wonach François-Poncet als ehemaliges Mitglied des französischen
»Nationalrates« der Vichy-Regierung in Frankreich heute für unwür-
dig befunden werde, Gemeinderat oder Parlamentsabgeordneter zu
werden.

[II.,1.] Bundespräsident kommt seinerseits erneut auf die unverantwortliche *Verschleppung der Errichtung unserer konsularischen Vertretungen* im Ausland zu sprechen[22]. Bundeskanzler erklärt, in der
letzten Kabinettssitzung habe die Frage auf der Tagesordnung gestanden. Sie habe aber wegen der schlechten Vorbereitung der Unterlagen
durch das Bundeskanzleramt leider nicht diskutiert werden können[23].
Er werde aber für eine beschleunigte Erledigung Sorge tragen.
Bundespräsident erkundigt sich, weshalb die Absicht der Entsendung

des Geheimrats *Katzenberger*[24] nach Dublin offenbar zurückgenommen worden sei, nachdem ihm – dem Bundespräsidenten – durch *Blankenhorn* im Auftrag des Bundeskanzlers Katzenberger als Generalkonsul für Irland genannt worden sei. Bundeskanzler erklärt, daß er Katzenberger die Position des Bundespressechefs angeboten habe[25]. Katzenberger habe aber mit der befremdenden Begründung abgelehnt, die Arbeitslast dieses Postens sei ihm zu groß. Von der Dienststelle für Auswärtige Angelegenheiten sei ihm daraufhin zwar Katzenberger als Generalkonsul für Dublin vorgeschlagen worden, er habe aber dieser Kandidatur noch nicht zugestimmt.

[2.] Bundespräsident fragt den Kanzler, welche Eindrücke ihm der *Ulmer Oberbürgermeister Pfizer* gemacht habe, der sich ihm als Kandidat für einen Staatssekretärsposten auf der Bundesebene kürzlich vorgestellt hat[26]. Bundeskanzler erklärt, Pfizer habe ihm einen etwas unentschlossenen Eindruck gemacht. Er halte auch den jetzt von der FDP favorisierten Oberbürgermeister *Bleek*[27] (Marburg) für geeigneter und fähiger.

[3.] Bundespräsident kommt daraufhin auf die *Angelegenheit Ministerpräsident Maier – Bundestagsabgeordneter Gerstenmaier*[28] zu sprechen[29]. Er führt aus, daß er Reinhold Maier seit Jahren schätze und seine Verdienste um die Führung des Landes Württemberg-Baden seit 1945 unbestritten seien. Die Weigerung der CDU, in Württemberg-Baden weiter in der Regierungskoalition zu verbleiben, sei der wirkliche Hintergrund für die Verstimmung Reinhold Maiers. Bundespräsident legt dem Kanzler nahe, den Konflikt seinerseits nicht zu verschärfen und rät, sich mit Gerstenmaier, dessen Persönlichkeit und Geschäftsgebaren doch recht umstritten seien, nicht solidarisch zu erklären.

Bundeskanzler erklärt, er habe von der Schnaiter Rede des Ministerpräsidenten Maier erst durch die öffentliche Erwiderung Gerstenmaiers gehört. Er möchte ‹ausdrücklich›[c] feststellen, daß er mit Gerstenmaier bis heute noch kein Gespräch über den Fall geführt habe. An einer Verschärfung der entstandenen Differenz läge ihm – dem Bundeskanzler – nichts. Bundespräsident vertritt die Ansicht, daß durch eine direkte Aussprache zwischen Bundeskanzler und Ministerpräsident Maier, eventuell in seinem Beisein, eine Entspannung der Lage herbeigeführt werden könne[30]. Er sei zur Vermittlung einer solchen Aussprache bereit, ohne dazu bisher mit Reinhold Maier gesprochen zu haben. Bundeskanzler ist der Meinung, daß man vorerst noch einige Tage zur Beruhigung der Atmosphäre verstreichen lassen sollte. Er wolle auch zuerst einmal mit Gerstenmaier über die Angelegenheit sich unterhalten[31].

Nr. 7

24. April 1951

Schuman-Plan. »*Blitzgesetz*«. *Begegnung des Bundeskanzlers mit dem Ministerpräsidenten von Württemberg-Baden, Maier. Vertretung beim Vatikan.*

1. *Schuman-Plan*

Bundeskanzler berichtet über die Verhandlungen in Paris, die zur Unterzeichnung des Schuman-Plans geführt haben[1]. Die allgemeine Atmosphäre sei überraschend gut gewesen, der französische Außenminister *Schuman* habe sich aufrichtig bemüht, die der Unterzeichnung entgegenstehenden Schwierigkeiten aus dem Weg zu räumen. Der kritischste Punkt in den Verhandlungen sei die Saarfrage gewesen, die aber nach seiner, des Bundeskanzlers, Ansicht in einem gegenseitigen Briefwechsel zur Zufriedenheit geregelt worden sei[2]. Bundeskanzler sagte zu, dem Bundespräsidenten Abschrift des Briefwechsels, in dem praktisch beide Teile ihren bisherigen Standpunkt aufrecht erhalten, zuzusenden.

Bundeskanzler beklagte sich über die agitatorische Bekämpfung des Schuman-Plans durch den Führer der Opposition[3]. *Dr. Schumacher* habe sich durch seine Einstellung international völlig isoliert. Die sozialistischen Parteien in allen Schuman-Plan-Ländern – mit Einschluß des Saargebietes – bejahten den Schuman-Plan. Das Ausland bringe der Entwicklung der SPD zu einer nationalistischen und pan-germanischen Partei keinerlei Verständnis mehr entgegen.

Bundeskanzler erklärt, er bemühe sich, die Ratifizierung des Schuman-Plans durch den Bundestag, unabhängig von der innerpolitischen Entwicklung in Frankreich, beschleunigt in Gang zu setzen und habe hierfür die Unterstützung der Parteien der Regierungskoalition[4]. Es sei zu hoffen, daß die europäische Montan-Union noch vor den Sommerparlamentsferien zur Verabschiedung gelange.

Bundeskanzler berichtet ferner, daß seine Verhandlungen mit Schuman über die Kriegsgefangenenfrage günstig verlaufen seien. Es sei

Adenauer mit Mitgliedern seines ersten Kabinetts
Vordere Reihe (von links): Fritz Schäffer, Thomas Dehler, Robert Lehr, Ludwig
Erhard, Franz Blücher, Eberhard Wildermuth; hinten: Jakob Kaiser, Hans
Schuberth, Hans Christoph Seebohm

verabredet worden, General *Ramcke*[5] in den nächsten Tagen freizulas-
sen und die noch schwebenden Verfahren zu beschleunigen.
Bundespräsident dankt dem Bundeskanzler für seine Arbeit in Paris
und begrüßt die erreichten Erfolge. Als besonders erfreulich bezeichnet er die Abrede über die Auflösung der Ruhrbehörde nach Inkrafttreten des Schuman-Plans und die Tatsache, daß die Gewerkschaften
sich im Gegensatz zur SPD von der Zweckmäßigkeit der Unterzeichnung des Schuman-Plans offenbar überzeugt hätten.
Nach dem Eindruck über Generalkonsul *Hausenstein*[6] befragt, erklärt
der Bundeskanzler, er sei von seiner Tätigkeit und seinem Auftreten in
Paris recht befriedigt.

2. »*Blitzgesetz*«
Bundeskanzler befragt den Bundespräsidenten über seine weiteren
Absichten in der Frage der Ausfertigung des sogenannten »Blitzgeset-
zes« (»Erstes Gesetz zur Durchführung der Neugliederung in dem die
Länder Baden, Württemberg-Baden und Württemberg-Hohenzollern
umfassenden Gebiete gemäß Art. 118 S. 2 des Grundgesetzes«[7]). Bundespräsident erklärt, seine vom Bundeskanzler angeregte Rücksprache

mit den Fraktionsführern der großen Parteien habe ergeben, daß zur
Vermeidung einer Verfassungskrise eine sofortige parlamentarische
Behandlung des Hauptgesetzes über die Neugliederung im Südwesten
notwendig sei. Das »Zweite Gesetz über die Neugliederung in den
Ländern Baden, Württemberg-Baden und Württemberg-Hohenzollern« sei von den zuständigen Ausschüssen deshalb bereits dem Plenum vorgelegt und von diesem in zweiter Lesung am 18. April 1951
verabschiedet worden[8]. Am 25. April werde die dritte Lesung erfolgen. Dieses Verfahren erleichtere den Entschluß des Bundespräsidenten, das »Blitzgesetz« nunmehr auszufertigen; denn ein unmittelbarer
und objektiver Zusammenhang des Ersten mit dem Zweiten Neuglie-
derungsgesetz sei nunmehr hergestellt.
Bundeskanzler erklärt, er habe bisher die Weiterleitung des »Blitzge-
setzes« zum Zwecke der Klärung der entstandenen staatsrechtlichen
Streitfragen zurückgehalten, werde aber nach erfolgter dritter Lesung
im Bundestag die Weiterleitung an den Bundespräsidenten zur Ausfertigung veranlassen.

3. *Begegnung Bundeskanzler – Ministerpräsident Maier*
Bundespräsident erinnert an seine frühere Anregung, den Bundeskanzler mit Ministerpräsident Maier zu einer Aussprache zwanglos
zusammenzuführen[9]. Es biete sich nach erfolgter Verständigung
Maier-Gerstenmaier hierfür eine Gelegenheit am 11. Mai, und er
würde vorschlagen, daß Bundeskanzler und Ministerpräsident Maier
zum Mittagessen sich bei ihm, dem Bundespräsidenten, treffen sollten. Bundeskanzler erklärte sich einverstanden[10].

4. *Deutsche Vertretung beim Vatikan*
Bundespräsident teilt dem Bundeskanzler mit, er habe durch Ministerialdirektor *Klaiber* bei Ministerpräsident *Ehard*[11] vertraulich anregen
lassen, von bayerischer Seite eine Initiative in der Frage der Entsendung eines bayerischen Gesandten zum Vatikan zu ergreifen[12]. Bundeskanzler habe bei seiner letzten Besprechung durchblicken lassen,
daß die Entsendung eines katholischen bayerischen Gesandten an den
Vatikan die Entscheidung über die gleichzeitige Entsendung eines protestantischen Botschafters der Bundesrepublik zum Heiligen Stuhl erleichtern würde. Diese Kombination sei sicherlich geeignet, die Frage
der deutschen Vatikan-Vertretung aus der unerfreulichen konfessio-
nellen Erörterung herauszulösen. Bundeskanzler stimmt diesem Verfahren zu[13].

Nr. 8
21. August 1951

*Abstimmung des Bundeskanzlers mit Vizekanzler Blücher. Verhältnis
zwischen den Koalitionsparteien. Beurteilung des SPD-Vorsitzenden
Schumacher und des französischen Hohen Kommissars François-Poncet. Konstituierung des Bundesverfassungsgerichts. Verdienstkreuz.
Nationalhymne.*

[1.] Dr. Adenauer gab zunächst einen knappen Bericht über die personelle Situation zwischen ihm und dem Vizekanzler. Dessen Depesche
mit der ominösen Formulierung sei in dem Augenblick eingetroffen,
als die CDU-Vertretung bei ihm gewesen ist und hat dort stärkste Verstimmung erregt[1]. Schwer erträglich sei, daß ihm in seinem Verhältnis
zu den Gewerkschaften unfaire Motive unterlegt worden seien.
Blücher hätte sich durch eine kurze Rückfrage über den Ablauf der
Besprechung mit den DGB-Vertretern[2] orientieren können. Der Besuch der CDU-Vertretung sei schon vor der Urlaubsreise[3] verabredet
gewesen, weil die Herren nicht ganz ohne Grund der Meinung gewesen sind, daß man in Bonn zu einem umfassenden Parteigespräch
nicht gekommen sei. Er habe die Antwort auf die Depesche im Durchschlag an *v. Brentano*[4] und *Dr. Mühlenfeld*[5], DP, gegeben, gar nicht an
die Bundeskanzlei. Es sei noch nicht ganz geklärt, auf welchem Weg
die Sache in zum Teil unrichtigen Formulierungen in die Presse gekommen sei. Die Aussprache mit Blücher sei in angenehmer und guter
Form verlaufen[6]. Der Kanzler sei aber innerlich etwas unsicher, da
ihm mitgeteilt worden sei, daß Blücher gelegentlich recht unfreundlich
von ihm rede. Ich sagte dem Kanzler, daß er mir gegenüber immer mit
Respekt von ihm gesprochen habe[7] und daß ich auch nie berichtet bekommen hätte, daß er in den Kabinettssitzungen in unfairer Weise
vom Kanzler gesprochen habe. Es gäbe wohl in der FDP ein paar
Leute, die auf Krise zu arbeiten, aber Blücher wehre das ab.
Der Kanzler sagte, daß ihm berichtet worden sei, daß Blücher in der
Ruhrbehörde wohl zu politisch aufgetreten sei[8], er habe dann, soviel
wie ihm mitgeteilt wurde, rein sachlich die Erleichterung nicht erreicht, die er vielleicht hätte erreichen können. Ich sagte dem Kanzler,
daß ich gleich, nachdem Blücher die Vertretung in der Ruhrbehörde
übernommen hatte, meine Bedenken darüber zum Ausdruck gebracht
habe, teils wegen seiner zusätzlichen Belastung, teils weil die Stellung
der Regierung damit zu nahe an einer Behörde sei, in der das Regie-
rungsprestige zu sehr tangiert werden könne.

Die Idee, ein Außenhandelsministerium unter Blücher zu schaffen, ist vom Kanzler abgelehnt worden[9]. Ich sagte ihm, daß ich derselben Auffassung sei. Der Kanzler beabsichtige, den Vizekanzler mit der Vorbereitung der wirtschaftlichen Seite des evtl. Verteidigungsbeitrages[10] zu betrauen. Er meinte auf meine Frage, daß er den Eindruck habe, daß Blücher und *Ernst* gut zusammenarbeiten.

Der Kanzler will in Zukunft die Kabinettssitzungen in dem Sinn rhythmisieren, daß die politischen Sitzungen unter seiner Leitung und die legislativen Routinesitzungen unter Blüchers Leitung laufen sollen[11]. Ich stimmte diesem Gedanken zu, mit dem Anheimgeben, daß Blücher aber dann in der Gestaltung der Tagesordnung selber wirken müsse und nicht nur auf den gesetzgeberischen Teil beschränkt bleiben dürfe.

Hintergründig beschäftige den Kanzler die Frage, daß das Verhältnis der Koalitionsparteien nach ihrer politischen Seite kameradschaftlicher werden müsse, um psychologisch dem Wahlkampf in zwei Jahren besser gewachsen zu sein als heute. Die Parteien sollen ruhig ihre Spezialitäten weiter betreiben können, aber nicht meinen, daß Grenzerfolge – gegeneinander errungen – für die deutsche Politik wesentlich seien. Er habe von einigen Stellen gehört, daß es in der FDP Kreise gäbe, die auf eine Koalition mit der SPD zusteuern. Er vermutete darunter auch *Reinhold Maier* und wies auf die Bestrebungen in Schleswig-Holstein hin[12]. Ich konnte ihm auf die letzte Bemerkung nur erwidern, daß mir davon nichts bekannt sei[13]. Die Situation von Reinhold Maier sehe er falsch. Gewiß seien, wie auch bei mir, die persönlichen Beziehungen zu den württembergischen Sozialdemokraten aus der Entwicklung heraus vertrauensvoller als zu einigen der neuen Kräfte innerhalb der CDU. Aber Maier habe nie den Konflikt mit der CDU gesucht. Die Situation in Württemberg-Baden sei aus den inneren Gegensätzen zwischen Nord-Württemberg und Nord-Baden und der CDU entstanden.

Maier sei aus seiner guten Natur dem Typ *Schumacher* als Typus gegenüber ablehnend, bei allem Respekt vor dessen politischer Leidenschaft. Er habe ihn immer als sehr kalt empfunden. Maier habe jetzt etwas die ungeschickte Neigung, gegen »Bonn« zu projektieren, weil er sich ärgere, daß seine Sachleistungen in den vergangenen Jahren anderen weniger sparsamen Bezirken zugute kommen. Daß er für den Südweststaat seit über zwei Jahren eintrete, sei persönlich gesehen kontinuierlicher Selbstmord. In die gegenwärtige Situation, in der er auch von Leuten wie dem früheren Finanzminister *Kaufmann*[14] bedauert werde, sei er einfach hineingedrängt worden. An den Verhandlungen sei er selber gar nicht beteiligt gewesen.

Der Kanzler gab den Eindruck wieder, den Schumachers Auftreten in der Welt hervorrufe – eine Unsicherheit, ob die Abreden von heute nicht morgen denaturiert werden. Er höre, daß die SPD eine Broschüre gegen *François-Poncet* vorbereite[15]. Er habe diesem wegen Schumachers Taktlosigkeiten geschrieben[16]. François-Poncet werde vermutlich als Botschafter nicht zurückkehren, sondern will dann schriftstellerisch zu den deutschen Dingen Stellung nehmen. Er begrüßte sehr meinen Gedanken, François-Poncet eventuell auch zu einer Rücksprache einzuladen[17].

[2.] *Bundesverfassungsgericht*
Der Kanzler und ich waren uns einig über die peinliche Situation wegen der Nicht-Konstituierung des Bundesverfassungsgerichtes[18]. Ich erzählte ihm, daß Schumacher mir gegenüber die Auffassung vertreten habe, daß er, Dr. Adenauer, seine ursprüngliche Bereitwilligkeit, *Höpker Aschoff*[19] als Vorsitzenden zu akzeptieren, wegen dessen Arbeit in dem Ost-Kommissariat torpediert habe, um *Pünder*[20] aus der Fraktion los zu werden. Der Kanzler lächelte über diese letzte Version, berichtete aber, daß die ganze Ost-Kommissariatsgeschichte von *Menzel*[21] aufgebracht worden sei und er nur Höpker Aschoff davon berichtete und ihm gesagt habe, es läge an ihm, wie weit er diese Frage verwerten wolle. Er selber habe noch den Vorschlag im Kabinett gemacht, auf Höpker Aschoff zurückzugreifen. *Schäffer*[22] sei in diesem Sinne beauftragt, *Ehard* zur Zustimmung zu bearbeiten. Diese Frage steht im Zusammenhang mit dem Besuch von Staatspräsident *Wohleb*[23] am heutigen Nachmittag wegen der Durchführung der Volksabstimmung[24]. Der Kanzler habe, wie er mir berichtete, Wohleb mitgeteilt, daß die Abstimmung nicht mehr rückgängig gemacht werden kann, daß man aber auch kein Bundeskommissariat einsetzen wolle, sondern mit seiner bundes-loyalen Haltung rechne.
Das Kabinett will evtl. einen gesetzgeberischen Akt vorschlagen, der für die Wahl der Bundesverfassungsrichter nicht die 3/4, sondern die einfache Mehrheit verlangt. Natürlich sei offen, ob die Sozialdemokraten hier mitgehen. Er habe den Eindruck, daß die Zusicherung von Wohleb ein Möglichstes für die Beschleunigung der Konstituierung des Bundesverfassungsgerichtes zu tun, eine gewisse Erleichterung darstelle. Vielleicht hat er nur sagen wollen, daß er mit seinem Kabinett sprechen will.
Ein längeres Gespräch behandelte die Situation Schäffers gegenüber den Fraktionen. Ich berichtete dem Kanzler von dem Ablauf meiner

Besprechungen mit dem Bundesfinanzminister und von meinen Bemühungen, sein Verhältnis zur FDP zu applanieren[25]. Das Mißbehagen
gelte seiner ironischen Behandlung des Bundestages und seinen nicht
immer einheitlichen Erklärungen über Ertrag und Steuern und Notwendigkeit und Nichtnotwendigkeit von Steuern. Ich berichtete, daß
ich Schäffer erklärt hätte, daß ich seiner anti-inflationistischen Grund-
haltung durchaus zustimme, hätte ihm aber auch vorgeschlagen,
durch populäre Aufsätze das Problem von Staatskredit und Staats-
haushalt und Zahlungsbilanz als Faktoren der Währungssicherheit ins
breitere Bewußtsein tragen zu lassen.

[3.] *Verdienstkreuz*[26] *und Nationalhymne*[27]

Ich berichtete dem Kanzler von dem Gespräch mit Dr. Schumacher,
der dem Verdienstkreuz gegenüber seiner Befürchtung Ausdruck gab,
daß es leicht zu Eifersüchten und Gegensätzen führen könne[28]. Er sei
nicht grundsätzlich ablehnend, sondern nur skeptisch den vielen Klas-
sen gegenüber. Ich hatte ihm klar zu machen versucht, daß dies wesentlich mit Rücksicht auf die Auslandsverwendung notwendig sei.
Ich teilte dem Kanzler dann auch mit, daß sich Schumacher unsicher
in der Frage äußerte, ob der 1. Mai gewählt werden soll für die durchschnittlichen Auszeichnungen[29]. Er wollte diesen Tag reduziert wissen
auf das Problem der Arbeitsruhe. Ich pointisierte dagegen, welche Bedeutung es gehabt habe, daß man im Jahre 1919 diesen Tag aus einem
proletarischen zu einem allgemeinen staatlichen gemacht habe. Ich berichtete dem Kanzler dann noch von den inoffiziellen Gesprächen mit
Alliierten, auch von der Aussprache *von Herwarth*[30] – *Bérard*[31]. Ich
teilte ihm meine Auffassung mit, daß es mir das richtigste erschiene,
mit den Hohen Kommissaren die Geschichte in einem verabredeten
Briefaustausch zu regeln, bei dem die Hohen Kommissare mitteilen,
daß sie auf das Gesetz 7 – Militärauszeichnungen – verzichten, und
der Charakter der deutschen Mitteilung über die kommende Militär-
auszeichnung gesichert wäre[32].
Ich teilte auch dem Kanzler mit, daß Schumachers Haltung gegenüber
dem Vorschlag einer Nationalhymne sowohl für das Deutschlandlied
wie für die Schröder-Reuttersche-Hymne, die er als National-Choral
bezeichnete, ein weder noch zum Ausdruck gebracht habe[33]. Ich erzählte dem Kanzler, daß er auf meine Frage, ob er einen Militär-
marsch wünsche, da er doch ein Militarist sei [sie!], geantwortet habe,
ein Volkslied. Mir selbst komme es in der Frage darauf an, einen
Musikkörper, der für sich steht, zu haben. Ich hätte Schumacher klar-

gemacht, daß sie zwar bei mir durch *Severing*[34] und andere sehr früh gegen das Deutschlandlied opponiert haben (was ich gar nicht bringen wollte), daß sie sich aber nachher als Attendisten verhielten[35].

Die Argumentation über Verdienstkreuz – Hymne und »Verfassungstag« ist im Gespräch dann nicht durchgeführt worden, weil der Kanzler zu einer anderen Konferenz[36] gerufen wurde.

[4.] Ich habe dem Kanzler mitgegeben zur Kenntnisnahme den geplanten Schriftwechsel:
a) mit dem sogenannten Freikorps Deutschland[37]
b) mit Mr. McCloy[38]
nachdem ich ihn über den Inhalt der Dinge kurz orientiert habe.

[5.] Ich erzählte ihm, daß ich am Tag darauf den Besuch des ehemaligen Berliner Oberrabbiners *Dr. Baeck*[39] erwarte, daß mir viel daran gelegen sei, mit ihm die Behandlung des jüdischen Problems bei der Besprechung zur Klärung zu bringen. Er stimmte der Wichtigkeit dieser Sache zu und teilte mit, daß eine Erklärung dazu bereits in Vorbereitung sei[40]. Wir verabredeten für die nächsten Tage eine zweite Konferenz[41].

Nr. 9
24. August 1951

Bundesverfassungsgericht. Wehrbeitrag, Pleven-Plan und Atlantikpakt. Nationaler Gedenktag und Nationalhymne. Verdienstkreuz. Bundeswirtschaftsrat. Haltung gegenüber dem jüdischen Volk. Auswärtiges Amt (Kriegsgefangenenreferat).

[1.] *Verfassungsgericht*
Der Bundeskanzler berichtete etwas über den Verlauf der Kabinettssitzung[1]. *Laforet*[2], der wieder gesund ist, wird die Sitzung zur Wahl der Bundesverfassungsrichter auf den 4. September einberufen[3]. Ministerpräsident *Ehard* will wegen der Berufung von *Höpker Aschoff* noch mit seinem Kabinett Rücksprache nehmen. *Blücher* und *Wildermuth*[4] wollen an Höpker Aschoff herantreten, um seine erneute Zusage zu gewinnen. Ich machte darauf aufmerksam, daß vor dem Inkrafttreten ja die Vereidigung durch den Bundespräsidenten vollzogen sein muß, daß ich aber unglücklicherweise gerade am 4. September nach Berlin fliege und erst am 7. September zurückkomme[5]. Ich sei bereit, im Not-

fall auch am 6. September zurückzufahren. Immerhin muß die Frage vorher so weit geklärt sein, damit mit möglichster Beschleunigung nach dem Wahlakt die Vereidigung möglich ist.

[2.] *Wehrbeitrag*
Ein längeres Gespräch beschäftigte sich mit der Verzahnung von Pleven-Plan und Atlantik-Pakt. Es ergab sich, daß bei einem Besuch *Speidels*[6] in Garmisch *Eisenhower* den sogenannten Zwischenbericht über die Petersberger Verhandlungen[7] noch gar nicht kannte. Sein Stabschef bestätigte freilich, daß er vorgelegt sei. Das ist ein bißchen beschwerend. Speidel wird nun nach Paris gehen. Die beiden deutschen Generäle haben auch *Dr. Schumacher* wieder ins Bild gesetzt, der die strategische Situation unter bestimmten Voraussetzungen jetzt weniger dramatisch zu beurteilen scheint als zu jener Zeit, da er öffentlich immer Offensiv-Garantien forderte[8]. Der Kanzler rechnet damit, daß im September – Oktober ziemlich schwierige Entscheidungen auf uns zukommen werden, da Eisenhower Europa jetzt nur *mit* den Deutschen für verteidigungsfähig hält. Die Hauptproblematik erscheint dem Kanzler, wie weit *Acheson*[9] sich den Kopf für die deutschen, d. h. die europäischen Dinge freihalten kann. Er hat aus den Gesprächen mit *Morrison*[10] den Eindruck, daß dieser sich in der neuen Aufgabe nicht sicher fühlt und rechnet mit einer diplomatisch-politischen Überlegenheit von *Schuman* und *François-Poncet*, da sie sich in den verhandelten Materien wohl am intensivsten auskennen. Es beschäftigt den Kanzler der Gedanke, einen deutschen Vertreter unter irgendeiner Sonderaufgabe für diese Zeit mit nach Amerika zu schicken, damit er für Rückfragen zur Verfügung steht.

[3.] *Nationaler Gedenktag [und Nationalhymne]*
Der Kanzler teilt mit, daß Prof. *Spranger*[11] in Tübingen sich für die Gedenkrede bereit erklärt hat[12]. Er las einen Brief von *Christian Fette*[13] an Staatssekretär *Lenz*[14] vor, der nun, anders als Lenz das erwartet hatte, einen Entschluß des Gewerkschaftsvorstandes mitteilt, daß das sogenannte Deutschland-Lied ihnen als offizielle Nationalhymne nicht willkommen sei[15]. Mit der Stiftung eines Verdienstkreuzes seien sie einverstanden, würden es aber als eine unfreundliche Haltung ansehen, wenn gegenüber ihren Bedenken der 1. Mai als Verteilungstag akzeptiert würde[16].
Beim Bundeskanzler war angeregt worden, an dem Gedenktag die Haydn'schen Variationen (Kaiser-Quartett) spielen zu lassen, aber er

ist mit mir der Meinung, daß das doch nicht angängig sei. Es würde als Tarnung und doch offiziell wirken. Ich machte den Kanzler auf die Notiz in der »Frankfurter Allgemeinen Zeitung«[17] aufmerksam, daß die in ihrer Verursachung noch nicht geklärte Darbietung des Deutschland-Liedes in Stockholm in Norwegen zu unfreundlichen Kommentaren geführt habe. Wir müßten nun eben einfach mit dem Tatbestand rechnen, daß in den seinerzeit von den deutschen Truppen besetzten und von den Nazis verwalteten Gebieten Europas diese Melodie die Erinnerung an Demütigungen hervorrufe. Der Kanzler selbst scheint mir in der Sache nachdenksam zu sein, denn er meinte, wir müßten im kommenden Jahr Dinge vermeiden, die draußen eine gereizte Stimmung schaffen.

[4.] *Verdienstkreuz*
Ich trug dem Kanzler vor, daß nach meiner Meinung die Frage der Militärorden in einem Briefwechsel mit den Hohen Kommissaren geregelt werden könne[18]. Er will im Gespräch mit *McCloy* die Sache behandeln[19]. Ich machte ihn darauf aufmerksam, daß Dr. Schumacher diese Frage mit Verständnis beurteile und das auch in der Pressekonferenz des Vormittags zum Ausdruck gebracht habe[20]. Mein Wunsch sei, daß die Sache nicht zu amtlich behandelt werde, wie es jetzt offenbar im Innenministerium geschehe, sondern daß – womit auch Schumacher in der Unterhaltung mit mir sich einverstanden erklärte – eine kleine Kommission berufen werde, der Soldaten der verschiedenen Dienstgrade angehören und auch Leute der Kriegsversehrtenorganisationen, damit die Angelegenheit von den Beteiligten mit vor dem Volksbewußtsein getragen werde[21]. Staatssekretär *Dr. Strauß*[22] halte wegen der unumgänglichen Strafbestimmungen eine gesetzliche Regelung für nötig. Aber ich habe etwas Sorge vor einer Bundestagsdebatte über diesen Gegenstand.
Wegen der Verleihung des Verdienstkreuzes schlage ich vor, einen Termin wegzulassen und nun eben einmal mit Einzelverleihungen zu beginnen, wobei man sich auch dessen versichern müsse, daß ältere und hervorragende Männer der Gruppe, die heute politisch als Opposition fungiere, sich bereit erklären, das Verdienstkreuz anzunehmen. (Ich denke an den Typus *Severing, Tarnow*[23], *Löbe*[24].) Ich würde hier evtl. selber psychologisch mitzuwirken bereit sein. Als Stiftungstag würden wir eben dann vermutlich doch den 12. September nehmen. (Im Anschluß daran gab es eine muntere Unterhaltung über den 18. Januar[25], über *Friedrich I.*[26] und Hohenzollern-Traditionen.) Der Kanzler wird

die Frage selber in der nächsten Kabinettssitzung vollends zur Klärung
zu bringen versuchen[27].

Der Kanzler war mit den Briefentwürfen, die ich ihm zur Kenntnis
gegeben hatte (McCloy und die Stimmung der Deutschen gegenüber
den Militärs und mein Antwortschreiben an das sogen. Freikorps
»Deutschland«)[28] durchaus einverstanden. Er meinte, daß der Brief-
schreiber an McCloy, *Schopen*[29], ein früherer katholischer Geistlicher
sei, der aus der Kirche ausgetreten sei und dann eine Schule in Godesberg geführt habe. Er sei ein geistreicher und eigenwilliger Mann.

[5.] *Bundeswirtschaftsrat*

Ich erzählte dem Kanzler, daß ich sowohl den Arbeitgebern wie den
Arbeitnehmern in den Gesprächen vom ausgehenden Dezember 1950
gesagt habe[30], daß sie sich nach meiner Meinung über einen Bundeswirtschaftsrat[31] bald einigen könnten, daß sie sich aber keine zu großen Illusionen machen sollten.

Ich selber könnte darin nur einen Gewinn sehen, wenn eine Entlastung des Parlaments durch konkrete Vorarbeit, der auch ein gewisses
Initiativrecht legislativer Natur zugestanden werden würde, erfolgte.
Keine Sorge wäre, daß es ein Paradies der Syndici und Funktionäre
werde. Der Kanzler denkt an einen Kreis von etwa 60 Menschen, bei
denen in der persönlichen Begegnung dann auch eine persönliche Ver-
trauensatmosphäre entstehen könnte. Ich erzählte ihm, was ihn sehr
interessierte, denn der Vorgang war ihm fremd, daß *Bismarck*[32] Anfang der 80er Jahre, als er wieder einmal eine Malice auf das politische Parlament hatte, auch einen Reichswirtschaftsrat berufen wollte,
daß ihm aber der Reichstag das Geld dafür nicht bewilligte.

[6.] *Judenfragen*[33]

Ich erzählte dem Kanzler von den verschiedenen Konferenzen der letzten Zeit, die ich mit hervorragenden jüdischen Menschen, darunter
dem Oberrabbiner *Dr. Leo Baeck* gepflogen habe[34]. Er will in dieser
Sache *Blankenhorn* einmal zu mir senden[35]. Ich legte ihm nahe, daß
hier etwas Deutliches geschehe, weil nach meinem Gefühl bestimmte
Stimmungserweichungen festzustellen sind. Ich empfahl, Folgendes zu
überlegen, was freilich ein etwas momentaner Einfall war: da man das
Restitutionsproblem ohne Debatte gar nicht anschlagen könne, ob
nicht, wenn an dem Tag des jüdischen Neujahrsfestes[36] eine Plenarsitzung sei, der Kanzler sich vor der Tagesordnung zu einer Erklärung
das Wort geben lasse, ohne daß darauf eine Diskussion erfolge.

[7.] *Außenministerium*
Ich brachte die Rede auf die Beurlaubung von *Dr. Haas*[37]. Der Kanzler meinte, daß er selber, seinen Fleiß wohl schätzend, von Anfang an unter dem Eindruck gestanden habe, daß Haas wesentlich nur die alten Mitglieder des A[uswärtigen] A[mtes] habe heranziehen wollen[38] und sich zäh gegen neue Vorschläge wehrte. *Hallstein* habe schließlich selber die Geduld verloren.
Ich brachte das Gespräch auf die Vertretung in Bern und bezweifelte, ob *Holzapfel*[39] für die politische Beobachtungsstelle versiert genug sei. Der Kanzler meinte, er kenne ja nun eine ganze Anzahl der leitenden Herren der Schweiz. *Petitpierre*[40], den ich ihm selber schon als sehr qualifiziert beschrieben hatte, scheine ihm weit über das Maß der anderen hinauszugehen. Für die anderen habe Holzapfel gerade das richtige Maß.

[8.] *Kriegsgefangenenreferat*
Ich trug dem Kanzler vor, daß die Amtssituation von Frau *Dr. Bitter*[41] geklärt werden müsse. Es liegen offenbar Zusagen des Auswärtigen Amtes vor, sie in der dortigen Abteilung aufzunehmen, aber man hat eine gewisse Sorge vor ihrer insistenten Natur. Ich hätte das Problem neulich mit Staatssekretär *Strauß* durchgesprochen[42], der meine Auffassung unterstützt habe. Frau Dr. Bitter habe unzweifelhaft wesentliche Verdienste.

Nr. 10
27. September 1951

Europäische Verteidigungsgemeinschaft und Ablösung des Besatzungsstatuts. Außenpolitische Abstimmung mit der Opposition. Verhaftung eines Angestellten des Bundeskanzleramtes. Haltung gegenüber dem jüdischen Volk. Tapferkeitsauszeichnungen. Verband deutscher Soldaten. Nationalhymne.

[1.] Bundeskanzler informiert Bundespräsident über seine erste Besprechung mit den drei Alliierten Hohen Kommissaren über die Washingtoner Beschlüsse (Europäische Verteidigungsgemeinschaft und Ablösung des Besatzungsstatuts)[1]. Nach Auffassung des Kanzlers ist die jetzige Form der Vorschläge der Alliierten für Regierung und Bundestag noch nicht akzeptabel. Er sieht schwierige Verhandlungen voraus, glaubt aber, daß unsere Verhandlungsposition nicht ungünstig ist,

da die Westalliierten dringendes Interesse am baldigen Abschluß der Verträge haben müssen[2].
Über die Haltung des Bundestages (auch der Opposition) zur Regierungserklärung über das Grotewohl-Angebot zeigt sich der Bundeskanzler befriedigt[3]. Er werde versuchen, auch weiterhin mit der Opposition auf außenpolitischem Gebiet in Fühlung zu bleiben, wenn auch seine letzte Unterhaltung[4] mit dem Oppositionsführer *Schumacher* alles andere als ermutigend gewesen sei.

[2.] Sehr vertraulich unterrichtet Bundeskanzler den Bundespräsidenten darüber, daß ein Angestellter des Bundeskanzler‹amtes›[a] verhaftet werden mußte, da er von allen Vervielfältigungen amtlicher Dokumente des Bundeskanzleramtes der SPD Kopien gegen Bezahlung überlassen habe[5].

[3.] Bundespräsident sprach seine Befriedigung über die nunmehr erfolgte Regierungserklärung zur Judenfrage aus[6]. Die Geste, daß der Bundestag sich auf Aufforderung seines Präsidenten[7] von den Plätzen erhoben habe, werde sicherlich ihren Eindruck nicht verfehlen.

[4.] Dann teilt Bundespräsident dem Bundeskanzler mit, daß er – einer Anregung des Kabinetts folgend – Reichsminister a.D. *Gessler*[8] als Vorsitzenden für die Sachverständigenkommission gewonnen habe, die Vorschläge zur Regelung des Tragens ehemaliger Tapferkeitsauszeichnungen unterbreiten solle[9]. Von seiten des Verbandes deutscher Soldaten seien ebenfalls bereits zwei Mitglieder für diesen Ausschuß benannt worden, und auf der anderen Seite habe er – Bundespräsident – den Vorsitzenden des Kriegsopferausschusses des Bundestages, Abgeordneten *Pohle*[10], gewonnen, ebenfalls in den Ausschuß einzutreten.
Sowohl Bundespräsident wie Bundeskanzler zeigen sich sehr nachteilig beeindruckt über die Presseerklärungen, die Generaloberst a.D. *Friessner*[11], der Vorsitzende des Verbandes deutscher Soldaten, ausländischen Journalisten gewährt hat. Es besteht Einverständnis darüber, daß die politischen Kundgebungen des Soldatenbundes und insbesondere seines Vorsitzenden besonders scharf überwacht werden müssen[12].

[5.] ‹B[undes]Pr[äsident] übergibt dem B[undes]K[anzler] Kopie eines Schreibens von *Odd Nansen*[13] an den SPD-Bundestagsabg[eordneten]

Brandt[14] (Berlin), in dem vor dem Abspielen des Deutschlandliedes
bei der Winterolympiade in Norwegen dringend gewarnt wird[15].›[b]

Nr. 11
23. November 1951

*Außenminister-Konferenz in Paris. Ablösung des Besatzungsstatuts.
Wortlaut des Generalvertrags, Notstandsartikel und Annex-Abkom-
men. Ratifizierung des Schuman-Plans. Stimmung im Ausland.
Dankspende des deutschen Volkes. Verdienstkreuz.*

[I.] Am Tage seiner Rückkehr von der Konferenz mit den Außenministern der drei westalliierten Mächte in Paris (23. November [19]51)
suchte der Bundeskanzler den Bundespräsidenten auf, um ihm über
die Konferenz zu berichten, auf der eine Einigung über den Wortlaut
des Generalvertrages über die Ablösung des Besatzungsstatuts erreicht
werden konnte[1].
Nachdem der Bundespräsident dem Bundeskanzler seinen Glückwunsch und seine Befriedigung über das Ergebnis der Pariser Verhandlungen ausgesprochen hatte, gab der Bundeskanzler über den
Gang der Konferenz folgende Einzelheiten:
Die Verhandlungen der Konferenz waren durch Einzelbesprechungen
mit den drei Außenministern *Schuman, Acheson* und *Eden*[2], aber
auch mit dem französischen Verteidigungsminister *Bidault*[3] vorbereitet[4]. Besonderes Verständnis für die deutschen Notwendigkeiten habe
Außenminister Acheson gezeigt. Geist und Atmosphäre der Konferenz
selbst sei außerordentlich befriedigend gewesen. Zum ersten Mal habe
ein deutscher Außenminister völlig gleichberechtigt mit den Westalliierten verhandelt.
Der Bundeskanzler übergab dem Bundespräsidenten zur vertraulichen
Kenntnis den Wortlaut des Generalvertrags ‹liegt in Geheim-Akten
»K«›[a], über den eine Einigung erzielt worden ist.
Als das wichtigste Ergebnis der Konferenz bezeichnete der Bundeskanzler die Tatsache, daß es nach dem Wortlaut des Generalvertrags
nunmehr ausgeschlossen sei, daß zwischen den Westalliierten und der
Sowjetunion auf dem Rücken Deutschlands eine Vereinbarung getroffen werde. Die kommende friedensvertragliche Regelung werde nicht
mehr ein Diktat sein können, sondern müsse gleichberechtigt mit dem
deutschen Partner verhandelt werden. Im Falle einer Wiedervereini-

gung Deutschlands sei die Zusicherung gegeben worden, daß der Status des wiedervereinigten Deutschlands nicht schlechter sein dürfte als derjenige der Bundesrepublik nach Abschluß des jetzt geplanten Vertragswerkes. Der Gedanke einer Neutralisierung eines wiedervereinigten Deutschlands sei damit endgültig erledigt, die endgültige Regelung der deutschen Grenzen sei allerdings erst dem Friedensvertrag oder einer friedensvertraglichen Regelung vorbehalten[5]. Mit Rücksicht insbesondere auf Polen, dem man von seiten der Westalliierten in fernerer Zukunft eine wichtige Funktion etwa in der Art des Tito[6]-Jugoslawiens zu geben hoffe, sei es nicht zu erreichen gewesen, daß die drei Westalliierten sich schon heute auf die Grenzen Deutschlands von 1937 hätten verpflichten lassen. Andererseits sei von der deutschen Seite aus keinerlei Preisgabe der deutschen Gebiete östlich der Oder-Neisse-Linie erfolgt[7].

Der Artikel des Generalvertrags über den Notstand liege auch im deutschen Interesse[8]. Es sei aber gesichert, daß vor Verkündung eines Notstandes eine Konsultation mit der deutschen Regierung erfolge und daß die Wiederaufhebung des Notstandes gegebenenfalls durch eine Berufung der Bundesregierung an den Atlantikpaktrat erzwungen werden könne.

Die wichtigen Annex-Abkommen[9] zum Generalvertrag müßten nunmehr zu Ende verhandelt werden. Es handele sich vor allem um den Vertrag über die europäische Verteidigungsgemeinschaft, den Vertrag über die Sicherungstruppen in Deutschland, einen Vertrag über Finanzfragen und einen Schiedsgerichtsvertrag. Über die ganze Finanzierung der europäischen Verteidigungsgemeinschaft sei in Paris nicht gesprochen worden, da sich hierüber ein zu diesem Zweck eingesetztes alliiertes Gremium noch nicht schlüssig geworden sei[10]. Besonders von amerikanischer Seite aus werde aber ein starker Druck ausgeübt auf raschen Abschluß des gesamten Vertragswerkes, und zwar vor allem aus folgendem Grunde:

Im Frühjahr 1952 beginnen in USA bereits die Wahlvorbereitungen für die Präsidentschaftswahl[11], und Präsident *Truman*[12] habe das größte Interesse daran, bis dahin als außenpolitischen Erfolg einen Abschluß dieses Vertragswerkes vorweisen zu können. Er selber, der Bundeskanzler, dränge ebenfalls sehr stark auf baldigen Abschluß der Verträge, schon mit Rücksicht auf die dauernden Propagandamanöver der Ostzone. Er hoffe, daß die Detailverträge bis Ende dieses Jahres formuliert seien und daß das Vertragswerk noch im Laufe des Jahres 1952 dem Parlament zur Ratifizierung vorgelegt werden könne. Er

wolle deshalb versuchen, die Ratifizierung des Schuman-Plans durch das Parlament bereits im Dezember 1951 vornehmen zu lassen[13]. Die französische Kammer werde am 6. Dezember d. J. voraussichtlich den Schuman-Plan – wenn auch mit geringer Mehrheit – billigen[14].
Die Stimmung im Ausland gegenüber Deutschland sei – wie er habe feststellen können – durch die neonazistischen Umtriebe[15], aber auch vor allem durch die negative Opposition der SPD stark getrübt worden. Sehr gute Fortschritte hätten aber die Besprechungen über die europäische Verteidigungsgemeinschaft in Paris gemacht, die voraussichtlich schon Mitte Dezember d. J. ihren Abschluß fänden[16]. Das Urteil von französischer Seite über den Leiter der deutschen Delegation, Bundestagsabgeordneten *Blank*[17], sei sehr günstig, auch General *Heusinger*[18] werde gut beurteilt, wogegen offenbar General Speidel noch manchem Mißtrauen begegne.

[II.] Der Bundespräsident dankte dem Bundeskanzler für seinen ausführlichen Bericht und machte ihm noch Mitteilung von folgenden zwei Vorhaben:

1. Aufruf zur Dankspende des deutschen Volkes[19] am 27. November d. J. mit der Bitte an den Bundeskanzler, an der Veranstaltung im Hause des Bundespräsidenten ebenfalls teilnehmen zu wollen;

2. Auszeichnung mit dem großen Verdienstkreuz mit Stern an Landesbischof a.D. *Wurm*[20], Landtagspräsident *Keil*[21] und Justizminister a.D. *Beyerle*[22] am 3. Dezember 1951 anläßlich der Anwesenheit des Bundespräsidenten in Stuttgart[23].
Der Bundeskanzler sagte sein Erscheinen bei der Veranstaltung zur Inaugurierung der Dankspende des deutschen Volkes zu und begrüßte lebhaft die politisch so geschickt ausgewählte Auszeichnung der genannten drei württembergischen Persönlichkeiten.

Nr. 12
17. Januar 1952

Schuman-Plan. Kontakte der Bundesregierung zur Opposition. Deutsches Rotes Kreuz. Verdienstorden. Auswärtiger Dienst. Südweststaat. Rangordnung (Bundesminister – Ministerpräsidenten). Helgoland. Wormser Synagoge. Deutschlandreise von Ernst Jäckh.

1. Bundespräsident spricht seine Befriedigung über die Annahme des *Schumanplans* durch den Bundestag aus[1]. Zu der überraschend starken Mehrheit für den Schumanplan gratuliert er dem Bundeskanzler.

2. *Regierung – Opposition*

Bundespräsident berichtet, daß anläßlich des Abendempfangs zu Ehren von *Paul Löbe* (Überreichung der Insignien des Großkreuzes des Verdienstordens am 15. Januar 1952) an ihn sowohl von seiten der Fraktionsvorsitzenden der Koalitionsparteien wie auch von den Herren *Ollenhauer*[2] und *Carlo Schmid*[3] appelliert worden sei, zwischen Regierung und Opposition zu vermitteln, um den Versuch zu einer Verständigung über die bevorstehenden wichtigen außenpolitischen Entscheidungen (Generalvertrag, europäische Verteidigungsgemeinschaft)[4] zu machen.

Bundeskanzler zeigt sich skeptisch gegenüber einem solchen Versuch. SPD fühle sich nach der Niederlage in der Schumanplan-Abstimmung vereinzelt und wolle sich nicht mehr den immer lauter werdenden Vorwurf machen lassen, grundsätzlich zu jedem Schritt der Regierung von vornherein »nein« zu sagen. Die Versöhnungsangebote der SPD an Regierung und Koalition seien daher nur parteipolitische Manöver. Er – der Bundeskanzler – wolle gern mit der Opposition verhandeln[5] und habe dies auch im Bundestag deutlich zum Ausdruck gebracht. Er würde es naturgemäß begrüßen, wenn für den Wehrbeitrag eine möglichst breite Zustimmung im Parlament gefunden werden könne. Er sei aber auch fest entschlossen, Generalvertrag und Abkommen über die Europäische Verteidigungsgemeinschaft sowie später das Wehrgesetz[6] wenn nötig gegen die SPD im Bundestag durchzusetzen. Die Absicht der SPD, eine Feststellungsklage beim Bundesverfassungsgericht über die Verfassungsmäßigkeit eines Wehrgesetzes einzulegen[7], kennzeichne die Aufrichtigkeit ihrer angeblichen Verständigungsbereitschaft.

Bundespräsident erklärt, daß nach seiner Auffassung ein Wehrgesetz durch einfaches Bundesgesetz erlassen werden könne, da jedem demokratischen Staat das Recht der Selbstverteidigung und deshalb auch die gesetzliche Regelung dieser Materie zustehe, auch wenn es nicht ausdrücklich in der Verfassung erwähnt sei.

3. *Deutsches Rotes Kreuz*

Bundespräsident erwähnt, daß Minister *Gessler*, der Präsident des Deutschen Roten Kreuzes, gebeten habe, baldmöglichst unter Vorsitz des Bundespräsidenten als Schirmherr des Deutschen Roten Kreuzes[8] eine Besprechung über die künftigen Aufgaben dieser Organisation im Zusammenhang mit der europäischen Verteidigungsgemeinschaft abzuhalten, an der außer dem Bundeskanzler die Minister *Lehr*[9] und *Schäffer* sowie der Sicherheitsbeauftragte Abg. *Blank* teilnehmen sollten[10].

Bundeskanzler glaubt, angesichts des Mißtrauens weiter Kreise sei eine solche Besprechung, die doch nicht geheim bleiben könne, noch verfrüht. Er werde gern mit Minister Gessler am 11. Februar 1952 anläßlich des Abendempfangs beim Bundespräsidenten zu Ehren Prof. *Karl Burckhardts*[11] darüber sprechen. *Dr. Klaiber* wird beauftragt, dies Herrn Dr. Gessler mitzuteilen.

4. *Verdienstorden der Bundesrepublik*
Bundespräsident teilt mit, daß ihm aus der Umgebung des Kardinal *Frings* nahegelegt worden sei, diesem anläßlich seines 65. Geburtstages im Februar d. J. den Verdienstorden zu verleihen[12]. Mit Rücksicht auf berechtigte Empfindlichkeiten aus evangelischen Kreisen würde er – Bundespräsident – vorschlagen, gleichzeitig dem Bischof *Dibelius*[13] dieselbe Klasse des Verdienstordens zu verleihen. Er werde Dibelius anläßlich der »Grünen Woche« in Berlin am 27./28. Januar 1952 begegnen und Gelegenheit nehmen, mit ihm das Problem zu erörtern. Bundeskanzler äußerte sich beiden Vorschlägen gegenüber zurückhaltend und nimmt keine endgültige Stellung.

5. *Auswärtiger Dienst*
Bundespräsident fragt den Bundeskanzler erneut, wann endlich mit der Besetzung der noch offenen Posten in Spanien, Portugal, der Türkei, der Schweiz usw. zu rechnen sei. Was die Schweiz anbetreffe, sei die Veröffentlichung des Kandidaten für den Berner Gesandtenposten, Abg. *Holzapfel*, vor Eintreffen des Agréments von Schweizer Seite recht peinlich vermerkt worden[14]. Bundeskanzler bedauert ebenfalls die vorzeitige Veröffentlichung und teilt mit, Holzapfel solle sein Abgeordnetenmandat weiter behalten und nur für ein Jahr nach der Schweiz gehen. Bundespräsident verhehlt nicht sein Mißvergnügen über diese Regelung und fragt erneut, ob die Entsendung *Theophil Kaufmanns*[15] als Generalkonsul nach Basel unbedingt erfolgen müsse. Diese Regelung werde von der Öffentlichkeit sicherlich als reine Parteipatronage angesehen. Bundeskanzler gibt zu, selbst nicht mit dieser Lösung voll zufrieden zu sein. Theophil Kaufmann habe aber als Poli-

tiker Verdienste und müsse unbedingt versorgt werden, da er sich fi-
nanziell in schwierigster Lage befinde.

Bundeskanzler erklärt weiter, der Botschafterposten am Vatikan
müsse nunmehr bald besetzt werden[16]. Er übergibt dem Bundespräsidenten anliegende Aufzeichnung[17] über die wichtigen Aufgaben, die
dem künftigen deutschen Botschafter am Vatikan zufallen werden
und die seiner Meinung nach am besten von einer katholischen Persönlichkeit mit Erfolg durchgeführt werden könnten. Sein Plan, den
bisherigen Botschafter am Quirinal, *von Brentano*[18], an den Vatikan
zu versetzen, sei allerdings nicht durchzuführen, da der Vatikan an
einem Mißgeschick Brentanos aus seiner Junggesellenzeit Anstoß
nähme. Er beabsichtige deshalb, Brentano nach Madrid zu versetzen.
Den Botschafterposten am Quirinal wolle er zur Beruhigung der protestantischen Seite mit einer evangelischen Persönlichkeit besetzen
und schlage hierfür Ministerialdirektor Klaiber vor. Außerdem habe
er sich bereit erklärt, [die Leitung] der Kulturabteilung im Auswärtigen Amt mit einem Protestanten zu besetzen[19], so daß die Entsendung
eines Katholiken an den Vatikan damit auch für die evangelische Seite
tragbar werde. Bundespräsident erklärt erneut dazu, er könne die Unterschrift unter die Ernennung eines Katholiken als Botschafter beim
Vatikan an sich nicht verweigern, weil nach dem Grundgesetz alle
Konfessionen gleichgestellt seien. Er könne nur wieder aus politischen
Gründen warnen, dies zu tun, weil sich der Kanzler damit unnötige
innerpolitische Schwierigkeiten mache und eine solche Entscheidung
auch im Hinblick auf die überwiegend protestantische Ostzone unzweckmäßig sei. Von der Absicht, Dr. Klaiber an den Quirinal zu
schicken, bitte er abzusehen, da dieser als Leiter des Bundespräsidialamtes unabkömmlich sei und auch selbst eine Auslandsverwendung
erst erstrebe, wenn seine ‹Prof. Heuss›[a] Präsidentschaft abgelaufen
sei[20].

Nach Ablösung des Besatzungsstatuts sollen nach Auffassung des
Bundespräsidenten und des Bundeskanzlers die bisherigen Vertreter in
Paris (*Hausenstein*) und in London (*Schlange-Schoningen*) zu Bot-
schaftern ernannt werden. Dagegen genüge der jetzige Vertreter in
Washington[21] für diese Aufgabe nicht. Als voraussichtlichen Kandida-
ten für diesen wichtigsten Posten im deutschen Auswärtigen Dienst
bezeichnet der Bundeskanzler den früheren Leiter der Marshallplan-
Delegation in Paris, *Mangoldt*[22].

Für Lissabon erklärt der Bundeskanzler, den früheren Abgeordneten
Staatsrat *Seelos*[23] vorgesehen zu haben, und stimmt dem Bundespräsi-

denten zu, die übrigen noch offenen diplomatischen Posten beschleunigt besetzen zu wollen.
Bundeskanzler unterstreicht wiederum seine frühere Erklärung, nach Aufhebung des Besatzungsstatuts einen Außenminister ‹berufen›[b] zu wollen[24]. Die Auswahl werde besonders schwierig sein. Ganz vertraulich teilt der Kanzler mit, er denke daran, den sehr bewährten Bankfachmann *Dr. Abs*[25] (jetzt Bank deutscher Länder) in Vorschlag zu bringen, der keiner Partei angehöre. Bundespräsident nimmt diese Mitteilung zur Kenntnis und unterstreicht die Notwendigkeit, für Vizekanzler *Blücher* nach Auslauf des Marshallplans eine neue Basis im Kabinett zu schaffen[26]. Bundeskanzler erklärt, die Verhandlungen über die Schaffung eines wirtschaftlichen Koordinierungsministeriums unter Blücher seien im Gange.

6. *Südweststaat*[27]
Bundespräsident bittet, im Interesse des Ansehens der Demokratie, die Versuche, das Zustandekommen des Südweststaates bis zur allgemeinen Regelung der Länderreform hinauszuschieben, nicht zuzulassen. Bundeskanzler ist grundsätzlich derselben Auffassung, erklärt aber, der Antrag, den Entwurf eines »Gesetzes über die Aussetzung des Vollzugs von Bestimmungen des zweiten Neugliederungsgesetzes« an den Rechtsausschuß zur Beratung zu überweisen und nicht sogleich über den Antrag zur Tagesordnung überzugehen, sei nur gestellt, um das Prestige der südbadischen CDU zu wahren[28]. Bundespräsident erklärt dazu, daß bei seinem Abendempfang für *Paul Löbe* sich Ollenhauer ganz entschieden dem Abg. *Euler* gegenüber dahingehend ausgesprochen habe, die Länderreform (insbesondere die Frage Rheinland-Pfalz) dürfe keinesfalls übereilt werden und musse vernünftigerweise der nächsten Legislaturperiode überlassen werden[29].

7. *Rangordnung*
Bundespräsident erklärt dem Bundeskanzler, es sei ihm berichtet worden, daß die Äußerung des Bundeskanzlers in einer Kabinettssitzung, der Vizekanzler und die Bundesminister müßten vor den Ministerpräsidenten der Länder rangieren[30], im Bundesrat bereits bekannt sei und dort zu scharfer Kritik geführt habe. In der Weimarer Zeit sei es unbestritten gewesen, daß der preußische Ministerpräsident und die Staatspräsidenten der Länder zwar hinter dem Reichskanzler, aber vor allen Reichsministern rangiert hätten. Bundeskanzler bat, vor Besprechungen mit Bundesrat und Bundestag die Frage der Rangordnung im Ka-

binett besprechen [zu dürfen]. Der Innenminister sei mit einer Kabinettsvorlage beauftragt[31].

8. Helgoland-Feier

Bundespräsident erwähnt den Plan einer nationalen Feier aus Anlaß der Rückgabe Helgolands[32]. Er bittet den Kanzler, bei der Programmgestaltung für diese Feier, die man offenbar zu einer lauten vaterländischen Demonstration gestalten wolle, von seiner Person abzusehen. Es werde offenbar auch erwartet, daß er – Bundespräsident – bei diesem Anlaß das Deutschlandlied als Nationalhymne proklamiere. Zu dieser Frage sei sein Standpunkt unverändert geblieben: keine Entscheidung vor den Winterspielen in Oslo, später keine feierliche Proklamierung des Liedes. Über die geeignete Form der Wiedereinführung einer Nationalhymne behalte er sich noch eine Meinungsäußerung vor[33].

9. Wormser Synagoge

Bundespräsident erzählt dem Bundeskanzler, es sei an ihn die Anregung herangetragen worden, als Geste gegenüber dem Judentum eine Synagoge aufzubauen, und zwar maßgeblich mit Hilfe der beiden großen christlichen Kirchen. Er beabsichtige, diese Frage mit Kardinal *Frings* und Bischof *Dibelius* zu besprechen und denke an den Wiederaufbau der historisch berühmten Synagoge in Worms. Bundeskanzler stimmt dem Plan lebhaft zu und verspricht seine Unterstützung[34].

10. Prof. Ernst Jäckh[35]

Bundespräsident unterrichtet den Bundeskanzler, daß Prof. Ernst Jäckh demnächst eine Deutschlandreise unternehme und in seiner Geburtsstadt Urach zum Ehrenbürger gemacht werde. Jäckh sei zwar ein alter Freund von ihm, aus verschiedenen familiären und persönlichen Gründen müsse er sich aber etwas von ihm distanzieren. Er werde ihn selbstverständlich empfangen und nehme an, daß auch der Bundeskanzler ihn sehe. Die hochfliegenden Pläne Prof. Jäckhs müßten aber mit einiger Vorsicht und Nüchternheit betrachtet werden[36].

»Ganz unter uns«,
bei einem Emp-
fang in der Villa
Hammerschmidt
(über den die
»Münchner
Illustrierte« mit
diesen Fotos am
16. Februar 1952
berichtete)

Nr. 13
3. März 1952

EVG-Konferenz in London. Innenpolitische Lage. Führungsdiskussion in der SPD. Verhältnis zu Israel und moralische Wiedergutmachung. Rangordnung. Untersuchungsausschuß des Bundestages zur Personalpolitik im Auswärtigen Amt. Besetzung vakanter Botschafterposten. Angelegenheit Stern-Rubarth. Unterstützung emigrierter Journalisten. Bundesverfassungsgericht und Frage des Wehrgesetzes.

1. Bundeskanzler berichtet über die *Beerdigungsfeierlichkeiten* für den verstorbenen englischen König[1] und die anschließende Londoner Konferenz zur Frage der *Europäischen Verteidigungsgemeinschaft (EVG)*[2]. Bundeskanzler bezieht sich auf die hierüber von ihm im Kabinett und in der Öffentlichkeit gemachten Mitteilungen[3] und ergänzt diese durch einige persönliche Eindrücke.
Churchill[4] habe bei seinem Zusammentreffen mit dem Bundeskanzler einen müden, alten und abgespannten Eindruck gemacht. Dagegen habe sich *Eden* als Konferenzleiter ausgezeichnet bewährt und habe sich erfolgreich bemüht, als ehrlicher Makler zwischen den französischen und den deutschen Forderungen und Wünschen zu vermitteln. *Acheson*, der als Sohn eines schottischen Bischofs ganz unamerikanisch wirke, habe das ganze Gewicht der wirtschaftlichen und finanziellen Macht der USA im Interesse einer Einigung über die EVG in die Waagschale geworfen. Er habe dabei großes Verständnis für die deutsche Situation gezeigt und uns wertvolle Hilfestellung geleistet. Auch für die weitere innerpolitische Entwicklung in den USA[5] sei das günstige Ergebnis der Londoner Konferenz (und damit der Erfolg der NATO-Konferenz in Lissabon[6]) überaus wichtig gewesen, da noch im März dieses Jahres im amerikanischen Kongreß die wichtige Entscheidung über die künftige Europahilfe[7] fallen wird.
Um so besorgter sähe er – Bundeskanzler – die innerpolitische Lage in Frankreich an, das sich jetzt wieder in einer ernsten Regierungskrise befinde[8]. In weiten Kreisen Frankreichs stehe man der Eingliederung der Bundesrepublik in die EVG mit einer aus Minderwertigkeitskomplexen stammenden Angst gegenüber, und niemand könne die endgültige französische Haltung zur Ratifizierung des Abkommens über die EVG voraussehen[9]. Man könne nur hoffen, daß der massive wirtschaftliche und finanzpolitische Druck der USA auf Frankreich dieses zu einer vernünftigen Haltung zwingen werde.

2. Über die *Entwicklung der innerpolitischen Lage* in der Bundesrepublik spricht sich der Bundeskanzler ebenfalls besorgt aus. Die
Krankheit *Schumachers*, die vielleicht doch ernsterer Natur sei als
allgemein angenommen, führe bereits zu Diadochen-Kämpfen[10]. Die
Kandidaten für eine künftige Führerrolle in der SPD, ob es sich um
Ollenhauer, *Carlo Schmid* oder *Schoettle*[11] handele, wetteiferten in
radikaler Einstellung und in Verschärfung der Opposition zur Bundesregierung. Das zeige sich in der Feststellungsklage beim Bundesverfassungsgericht in der Frage Wehrgesetz[12], in dem Ruf nach Neuwahlen[13], die nach dem Grundgesetz nur in einem besonderen
Einzelfalle möglich seien, und in dem Versuch einer Einflußnahme auf
die Gewerkschaften. Indirekt werde sogar schon vom Vorstand der
SPD damit gedroht, daß man die Straße mobilisieren wolle[14], falls
der Europäische Verteidigungsbeitrag und das Wehrgesetz mit einfacher Mehrheit vom Bundestag verabschiedet würden. Bundeskanzler werde mit Bundesminister *Lehr* demnächst eine Unterredung
wegen Maßnahmen zur Niederschlagung von Putschversuchen haben
müssen.

3. Bundespräsident spricht den Bundeskanzler auf das *Verhältnis zu
Israel und die moralische Wiedergutmachung gegenüber dem Judentum*[15] an. Er teilt mit, daß er aus Anlaß der von den christlich-jüdischen Organisationen vorbereiteten »Woche der Brüderlichkeit« eine
Rundfunkansprache halten werde[16] und berichtet über den wesentlichen Inhalt seiner Ausführungen. Der am 17. März d. J. in Brüssel beginnenden Konferenz mit Vertretern Israels[17], bei der das Judentum
mit recht erheblichen finanziellen Forderungen kommen werde, sieht
der Bundeskanzler auch im Hinblick auf die Londoner Schuldenkonferenz[18] mit Besorgnis entgegen. Er bittet, die Frage der geplanten Berufung einer Sachverständigenkommission (Royal Commission), die
Vorschläge zur Frage der moralischen Wiedergutmachung am Judentum ausarbeiten solle, so lange zurückzustellen, bis man aus den Brüsseler Besprechungen mit Israel besser über die atmosphärischen Bedingungen Bescheid wisse.

4. Bundespräsident bittet den Bundeskanzler erneut, die Frage der
Rangordnung[19] nunmehr im Kabinett zur Sprache zu bringen, da von
seiten des Bundestagspräsidenten auf eine endgültige Entscheidung
dieser Frage gedrängt werde.

5. Bundespräsident teilt Bundeskanzler mit, er habe dem Fraktionsvorsitzenden der CDU *von Brentano* in einem Schreiben seine Besorgnis über die wenig sachliche *Arbeitsweise des Untersuchungsausschusses des Bundestages über die Personalpolitik im Auswärtigen Amt*
mitgeteilt[20]. Bundeskanzler bestätigt in vollem Umfange diesen Eindruck und äußert sich empört über die gehässige Einstellung insbesondere des Abgeordneten *Köhler* gegen die alten Beamten des Auswärtigen Amtes[21]. Bundeskanzler werde am Mittwoch mit den Delegierten
der Koalitionsparteien des Untersuchungsausschusses hierüber eine
ernste Unterredung haben[22].

6. Bundespräsident bittet den Bundeskanzler, ihm baldmöglichst Vorschläge für die *Besetzung der vakanten Botschafterposten in Belgrad*
und Madrid zu machen. Für Belgrad stelle Bundespräsident zur Erwägung, Herrn *von Twardowski*[23] mit diesem Posten zu beauftragen, da
er durch seine langjährige Tätigkeit in Rußland und in der Türkei für
diesen wichtigen balkanischen Beobachtungsplatz viel mitbringe.
Bundespräsident bittet außerdem, die Abreise des Gesandten *Holzapfel* nach Bern nunmehr zu beschleunigen[24].
Die notwendige Besetzung des *Botschafterpostens am Vatikan* wird in
der Unterhaltung nur gestreift[25]. Bundeskanzler teilt mit, daß seine
Absicht, Herrn *Clemens von Brentano* nach Madrid zu versetzen, am
Widerstand der Familie Brentano scheitere. Auf die Frage des Bundespräsidenten, welchen Eindruck der Bundeskanzler von dem als Kandidaten für den Vatikan genannten *Fürsten zu Hohenlohe-Langenburg*[26] (der ihm – dem Bundeskanzler – in London als Schwager der
Königin von England[27] vorgestellt wurde) gehabt habe, äußerte sich
der Bundeskanzler zurückhaltend und ausweichend.

7. Bundespräsident spricht den Bundeskanzler auf die *Angelegenheit
Stern-Rubarth*[28] an, der eine Gastprofessur in Deutschland anstrebe
und sich gleichzeitig als publizistischer Berater der Bundesregierung
zur Verfügung stellen wolle. Bundeskanzler will sich über den Stand
der Angelegenheit von Staatssekretär *Lenz* berichten lassen[29].

8. Bundespräsident macht den Bundeskanzler auf die von ihm in
einem Brief an Staatssekretär *Hallstein* angeschnittene Frage der *Unterstützung notleidender emigrierter deutscher Journalisten* (*Wertheimer*[30], *Feder*[31], *Hesslein*[32]) aus einem Fonds des Auswärtigen Amtes
aufmerksam[33]. Der Bundeskanzler war hierüber noch nicht unterrichtet, will sich aber darüber Vortrag halten lassen.

‹Ergänzungsnotiz des H[errn] B[undes] Pr[äsidenten] zu 2.›[a]

Der Bundeskanzler trug die Sorge wegen einer möglichen politischen Gruppierung des Bundesverfassungsgerichts vor[34]. Die bisherige Praxis empfehle in wohl nicht zu ferner Zeit eine Änderung des Gesetzes. Der Bundespräsident erzählte dem Bundeskanzler, daß der Gedanke ihn bewegt habe, zur Beschleunigung der Entscheidung eventuell ein Gutachten zu erbitten, bei dem beide Senate mitzuwirken hätten. Aber die rechtliche Grundlage für ein solches Verfahren sei wohl nicht gesichert genug, da die Einholung des Gutachtens sich ja nur auf die verfassungsmäßigen Rechte des Bundespräsidenten beziehe und nicht auf die Zuständigkeit der legislativen Organe. Der Bundespräsident teilte dem Bundeskanzler mit, daß er vor kurzem einmal dem Justizminister[35] die Anregung vorgetragen habe, daß die Frage des Wehrgesetzes eine Vorklärung einfach dadurch erhalte, daß in dem Kompetenzkatalog die Wehrzuständigkeit des Bundes ausgesprochen würde ganz ohne aktuelle Stellungnahme. Er glaubt, daß die SPD nach ihrer Grundtendenz hier nicht hätte widersprechen können. Widerstand sei vielleicht von der Bayern-Partei zu erwarten gewesen. Der Bundeskanzler meinte, daß die SPD auch diesen Antrag abgelehnt hätte.

Der Bundespräsident machte den Bundeskanzler darauf aufmerksam, daß in der Auseinandersetzung des Bundestages die Argumente nicht ausgeschöpft seien. Er habe feststellen lassen, in welcher Form die Wehrpflicht in den einzelnen geltenden Verfassungen formuliert sei. In der neuen französischen Verfassung[36] komme sie gar nicht vor, sondern werde mit der Staatlichkeit als essentiell hingenommen. Auch sei seines Wissens weder in der englischen noch in der amerikanischen Geschichte die Einführung der Wehrpflicht zum Gegenstand eines besonderen Wahlganges gemacht worden, sondern innerhalb der normalen Arbeitsleistung und Parlamentsepoche beschlossen worden.

Nr. 14
24. März 1952

Antwort der Westmächte auf die Note der Sowjetunion vom 10. März 1952. Saarfrage. Untersuchungsausschuß des Bundestages zur Personalpolitik im Auswärtigen Amt. Südweststaat. Bundesministerium für Wohnungsbau.

1. *Antwort der Alliierten auf die Sowjetnote*
Bundeskanzler übergab dem Bundespräsidenten den Wortlaut der alliierten Antwort auf die Sowjetnote[1] betreffend Abschluß eines Friedensvertrages mit Deutschland und teilte mit, daß die Antwortnote (siehe Anlage 1) am 26. März 1952 veröffentlicht werde[2].
Die Antwortnote sei in offener Aussprache mit ihm in Paris[3] von den Vertretern der drei Westalliierten (*Eden, Schuman* und dem neuen amerikanischen Botschafter *Dunn*[4]) formuliert worden. Unseren Wünschen sei durchweg Rechnung getragen worden, so daß wir mit dem Inhalt der Note durchaus zufrieden sein könnten.

2. *Saarfrage*
Bundeskanzler erinnert an die Entwicklung der Saarfrage von der Moskauer Konferenz[5] bis zur Übersendung unseres Saar-Memorandums an den Europarat[6]. Außenminister Schuman und er – Bundeskanzler – hätten vor der Situation gestanden, vor dem Europarat eine hitzige und erbitterte Saardebatte führen zu müssen und hätten sich überlegt, wie man im Interesse einer ruhigen europäischen Entwicklung eine solche Debatte vermeiden könne. Von englischer, aber insbesondere amerikanischer Seite aus habe man an die Bundesrepublik und Frankreich in dringendster Form appelliert, den Weg zu einer endgültigen Bereinigung der Saarfrage noch vor einem künftigen Friedensvertrag zu finden[7]. Da wir das größte Interesse daran hätten, den gefährlichen amerikanischen Isolationismus (Taft![8]) im Hinblick auf die kommenden Präsidentschaftswahlen in den USA[9] zu schwächen, habe er – Bundeskanzler – sich entschlossen, in einem Brief an Schuman eine Lösung der Saarfrage vorzuschlagen[10], die folgende wichtigste Punkte enthalte:
a) Saarbrücken wird Sitz der Schumanplan-Behörde.
b) Das Saargebiet wird ein selbständiges Gebiet unter der europäischen Oberhoheit des
Ministerrats des Europarates. Es besitzt in diesem ‹Rahmen›[a] völlige politische, wirtschaftliche und kulturelle Freiheit und Zuständigkeit.
c) Einige Teile des heutigen Saargebietes (nicht genau definiert, wohl die nach 1945 von den Franzosen zum Saargebiet geschlagenen deutschen Grenzlandstreifen) werden aus dem Saarterritorium ausgegliedert und fallen an die Bundesrepublik (Rheinland-Pfalz).
d) Im Saargebiet finden freie Landtagswahlen statt (die Vorbereitungen dazu prüft eine Kommission, in der Frankreich, Deutschland und die Saarregierung vertreten sind). Der neu gewählte Saarlandtag hat

zu entscheiden, ob er dieser vorgeschlagenen Regelung (Europäisierung des Saargebietes) zustimmen will. Zu diesem Punkt erklärt der Bundeskanzler, daß nach Zustimmung zu dieser Regelung die neue Landesregierung und der neue Landtag des Saargebietes auch frei sei, die wirtschaftlichen Beziehungen zu Frankreich einer Revision zu unterziehen. Stimme der Saarlandtag für eine politische Rückkehr zu Deutschland, entstehe eine neue Situation, und die Verhandlungen müßten erneut beginnen.

e) England und die USA sowie auf französischen Wunsch auch die Benelux-Staaten, werden aufgefordert, ebenfalls ihre Zustimmung zu dieser Europäisierung des Saargebietes auszusprechen.

Außenminister Schuman habe sich nach einigem Zögern und nach erneutem Appell von amerikanischer Seite mit diesem Vorschlag einverstanden erklärt, worauf er – Bundeskanzler – das deutsche Saarmemorandum von der Tagesordnung des Europarates zurückgezogen habe. Mit Außenminister Schuman habe er verabredet, den skizzierten Vorschlag über die Lösung der Saarfrage nunmehr ihren Regierungen als einen Weg zu einer endgültigen Bereinigung dieser Frage vorzuschlagen. Die Skizze über die Saarregelung[b] sowie die Aufzeichnung des Bundeskanzlers über sein Gespräch mit Außenminister Schuman ist streng vertraulich dem Bundespräsidenten in Abschrift vom Auswärtigen Amt zur Verfügung gestellt worden (Siehe Anlage 2[11]).

In dem Zusammenhang mit der Saarfrage fragt Bundespräsident den Bundeskanzler über die Gründe der *Suspendierung des Gesandten Strohm*[12], die vor allem in der SPD-Presse Aufsehen erregt habe. Strohm sei bekanntlich einer der wenigen höheren Beamten des Auswärtigen Amtes, der der SPD angehöre.

Bundeskanzler erklärte dazu, sein Mißtrauen gegen Strohm sei anläßlich der Wehrdebatte im Bundestag geweckt worden. Der Abgeordnete *Mommer*[13] (SPD) habe damals zur Saarfrage gesprochen[14], und Strohm habe sich damit gebrüstet, das Material für diese Rede Mommers geliefert zu haben. Der Grund für seine Suspendierung liege aber darin, daß Strohm kurz nach der Abreise des Bundeskanzlers zu der Pariser Europaratstagung einem hiesigen Journalisten (*von Wechmar*[15], UP) Mitteilungen über das beabsichtigte taktische Vorgehen der deutschen Delegation in der Saarfrage gemacht habe. Die Angelegenheit werde jetzt untersucht.

3. *Untersuchungsausschuß des Bundestages zur Personalpolitik im Auswärtigen Amt*[16]
Bundespräsident macht den Bundeskanzler darauf aufmerksam, wie bedenklich die Lage der Beamten des Auswärtigen Amtes durch die allgemeine Pressehetze im Zusammenhang mit dem Untersuchungsausschuß des Bundestages zur Personalpolitik geworden sei[17]. Die allgemeine Lähmung des Auswärtigen Dienstes scheine ihm allmählich zu einer außenpolitischen Gefahr zu werden, die die bisherigen Erfolge des Bundeskanzlers auf außenpolitischem Gebiet zu beeinträchtigen drohe. Die Beamten des Auswärtigen Amtes fühlten sich völlig schutzlos, jeder Diffamierung preisgegeben, und die Methoden des Untersuchungsausschusses bei seinen Vernehmungen schienen ebenfalls wenig objektiv zu sein. Er – Bundespräsident – habe den Oberlandesgerichtspräsidenten *Schetter*[18] zu sich gebeten, um ein objektives Bild über die Angriffe gegen Beamte des Auswärtigen Amtes zu gewinnen und habe den Eindruck, daß sich der Bundeskanzler persönlich dieser Angelegenheit annehmen müsse.
Bundeskanzler äußert sich ebenfalls empört über die unsachlichen Angriffe der Presse und die Arbeitsweise des Untersuchungsausschusses. Von der Pressekonferenz, die dieser Ausschuß abgehalten habe, sei ihm z. B. vorher nichts bekannt geworden. Er wolle sich darüber auch bei dem Vorsitzenden des Ausschusses[19] beschweren. Er habe auch veranlaßt, daß Staatssekretär *Hallstein* in Zukunft in Bonn bleiben müsse, wenn er – Bundeskanzler – zu Konferenzen ins Ausland fahre. Die Stärke seines jetzigen Staatssekretärs liege allerdings nicht in der Leitung eines Ministeriums; er müsse sich daher überlegen, für den inneren Betrieb den Posten eines Generalsekretärs im Auswärtigen Amt zu schaffen, damit die Behörde nicht wie bisher führerlos sei. Sobald als möglich – spätestens mit Abschluß des Generalvertrages – wolle er das Außenressort abgeben[20], da er bei seiner Überlastung beide Aufgaben nicht länger übernehmen könne.

4. *Südweststaat-Koalition*
Bundespräsident teilt dem Bundeskanzler mit, daß er seine Auffassung über die politische Notwendigkeit und Zweckmäßigkeit, für den Südweststaat als Regierungsgrundlage eine große Koalition zwischen CDU, FDP und SPD zu bilden, durch einen Vertrauensmann an Ministerpräsidenten *Reinhold Maier* habe mitteilen lassen[21].

‹5. *Wohnungsbauministerium*[22]
Aussprache über *Preusker*[23], *Schäfer*, ‹*Blank*[24]› – sachliche und politische Gesichtspunkte für die verschiedenen Namen. Bu[ndes]Präs[ident] macht Bu[ndes]Ka[nzler] darauf aufmerksam, daß politisch keine Schwächung der FDP im Kabinett eintreten dürfe.›[c]

Nr. 15
28. April 1952

EVG- und Deutschlandvertrag. Maifeier in Berlin. Südweststaat. Nationalhymne. Verhandlungen mit Israel. Auswärtiger Dienst.

1. *Generalvertrag, Annexverträge und Europäische Verteidigungsgemeinschaft*
Bundeskanzler unterrichtet Bundespräsident über den Stand der Verhandlungen betreffend den Generalvertrag und die EVG[1]. Die zuständigen Bundesminister und Vertreter der Koalitionsparteien seien jetzt über das bisherige Verhandlungsergebnis informiert worden, und die Enttäuschung über noch nicht erfüllte deutsche Erwartungen sei eingetreten. Man vergesse zu leicht, daß das Vertragswerk eine Art Vorfriedensvertrag bedeute nach einem Krieg, der von deutscher Seite mutwillig vom Zaun gebrochen worden sei. Man müsse deshalb das Vertragswerk als Ganzes sehen und sich überlegen, was eine Ablehnung oder Verzögerung für die Bundesrepublik und ganz Europa bedeuten würde. Von amerikanischer Seite werde dies deutlich zum Ausdruck gebracht, u. a. auch dadurch, daß die Entscheidung über die Europahilfe vom Senat bis Anfang Juni 1952 zurückgestellt worden sei[2], um die Entwicklung in Europa abzuwarten. Er – Bundeskanzler – hoffe noch, im letzten Stadium einige wichtige Verbesserungen zu unseren Gunsten durchzusetzen. Die Wahlschlacht *Taft/Eisenhower* sei noch nicht entschieden[3], und er fürchte, daß die Aussichten Tafts und seiner Isolationisten durch eine Verzögerung der Unterzeichnung der Verträge außerordentlich wachsen würden. Er habe die Warnung des Bundespräsidenten erhalten, in der Öffentlichkeit nicht – wie bei der Veranstaltung des Journalistenverbandes[4] – gegen Taft Partei zu ergreifen[5]. Er sehe das ein, in der Sache aber würde er eine Wahl Tafts als ein Unglück für Europa ansehen.

2. *Maifeier in Berlin*
Bundespräsident teilt Bundeskanzler den vorgesehenen Inhalt seiner
Rede anläßlich der 1. Mai-Feier in Berlin mit. Bundeskanzler begrüßt
vor allem die Formulierung des Bundespräsidenten zur Frage der
Neutralisierung und ist beruhigt, daß Bundespräsident nicht beabsich-
tigt, zur Frage der 40-Stunden-Woche sich zu äußern[6].

3. *Südweststaat*
Bundespräsident teilt dem Bundeskanzler den Inhalt seines Briefes an
Ministerpräsidenten *Dr. Reinhold Maier* vom 26. April 1952 mit, in
dem die Sorge wegen der künftigen Entwicklung im Südwesten ausgedrückt ist[7]. Bundeskanzler stellt sich sichtlich auf den Boden der im
neuen südwestdeutschen Bundesland geschaffenen Tatsachen und erklärt auch, er persönlich habe sich völlig von jeder Kritik über die
dortige Regierungsbildung ferngehalten und auch erste unbedachte
Äußerungen des Mißmuts in seiner Partei (*Brentano*) zurückgepfiffen.
Schwierig sei freilich die neue Situation im Bundesrat[8], weil auch eine
Stimmenthaltung des Südweststaates den SPD-Ländern bei Abstim-
mungen die Mehrheit verschaffe. Er habe deshalb veranlaßt, daß aus
dem Generalvertrag und den Annexverträgen diejenigen Bestimmungen entfernt werden, die eine Zustimmung im Sinne des Grundgesetzes durch den Bundesrat erforderlich machen würden[9].
Bundespräsident erklärt, er halte im staatspolitischen Interesse eine
eingehende politische Aussprache des Bundeskanzlers mit Ministerpräsident *Maier* für unbedingt nötig. Bundeskanzler zeigt sich zu einer
solchen Unterredung jederzeit bereit[10].
In diesem Zusammenhang macht Bundespräsident den Vorschlag, den
früheren Staatspräsidenten *Wohleb* vor seiner Abreise nach Lissabon
mit dem Verdienstorden der Bundesrepublik auszuzeichnen[11]. Eine
Anregung hierzu sei ihm vom Präsidenten des Bundesrates, *Hinrich
Kopf*[12], gemacht worden. Bundeskanzler hält die Idee für richtig und
erhebt keine Einwendungen.

4. *Nationalhymne*
Bundeskanzler teilt mit, daß er den verabredeten Text des Briefwechsels[13] dem Kabinett streng vertraulich am 29. April 1952 vorlegen[14]
und auch dem Wunsch des Bundespräsidenten Geltung verschaffen
werde, keine textlichen Änderungen des Briefwechsels im Kabinett
mehr zu diskutieren. Es wird verabredet, dem Brief des Bundeskanzlers das Datum des 29. April und dem Antwortschreiben des Bundes-

präsidenten das Datum des 2. Mai zu geben und die Veröffentlichung in der Presse am 6. Mai durch das Bundespräsidialamt vornehmen zu lassen. Bundespräsident teilt Bundeskanzler mit, daß er Ministerialdirektor *Klaiber* beauftragen werde, von dem Briefwechsel vertraulich die SPD vorher zu unterrichten.

5. Verhandlungen mit Israel

Bundespräsident berichtet dem Bundeskanzler über sein Gespräch mit *Nahum Goldmann*[15] und Professor *Böhm*[16] und über die Erwartungen Israels, am 5. Mai zur Zionistenfeier in Jerusalem bereits ein positives Ergebnis der Haager Verhandlungen[17] melden zu können. Bundeskanzler erklärt, er habe Goldmann auch mit dem Leiter der Londoner Schuldenkonferenz, *Abs*, zusammengebracht und hoffe auf eine Einsicht Israels, daß die Haager und Londoner Verhandlungen koordiniert werden müßten[18].

6. Deutscher Auswärtiger Dienst

Bundespräsident macht den Bundeskanzler auf die Dringlichkeit der Besetzung des Botschafterpostens in Madrid aufmerksam, insbesondere auch im Hinblick auf das bereits erfolgte Nachsuchen um das Agrément für Wohleb in Lissabon. Es besteht Einverständnis zwischen Bundespräsident und Bundeskanzler, daß Madrid schwerlich mit einem Mann besetzt werden kann, der als ausgeprägter Widerstandskämpfer im Dritten Reich gegolten habe. Bundespräsident schlägt dem Bundeskanzler als Kandidaten den Generalkonsul *Peter Pfeiffer*[19] vor, der jetzt die Ausbildung der Anwärter für den diplomatischen Dienst leitet.

Bundespräsident unterrichtet den Bundeskanzler von einem Gespräch mit dem Chefarzt des Deutschen Krankenhauses in Istanbul, *Dr. Quinke*[20], in dem aufs neue die Enttäuschung über die Verzögerung der Entsendung von Botschafter Haas zum Ausdruck kam. Bundeskanzler erklärte, er sei bereit, die Ausreise von *Dr. Haas* zu genehmigen, wenn der Untersuchungsausschuß des Bundestages[21] ihn zu Rückfragen nicht mehr benötige.

Die Frage der Entsendung eines Botschafters an den Vatikan[22] konnte wegen Zeitmangels nicht mehr besprochen werden.

Unterzeichnung des Deutschlandvertrages (26. Mai 1952; zu Nr. 16, TOP 1)

Nr. 16
29. Mai 1952

*EVG- und Deutschlandvertrag. Note der Sowjetunion vom 24. Mai
1952. Aktionen des DGB. Südweststaat. Personalfragen.*

1. *Deutschlandvertrag und Europäische Verteidigungsgemeinschaft
(EVG)*
Der Bundeskanzler berichtet dem Bundespräsidenten über die Unterzeichnung des Deutschlandvertrages in Bonn sowie des EVG-Vertrages in Paris[1]. Er kommt vor allem auf die Haltung Frankreichs zur
Unterzeichnung der Verträge zu sprechen und berichtet, daß es einer
energischen Intervention von amerikanischer Seite bedurft habe, um
Frankreichs Widerstand gegen verschiedene Bestimmungen der Verträge (Artikel 7 Abs. 3 des Deutschlandvertrages[2], Status der französischen Truppen in Deutschland[3] für die Übergangszeit sowie Reparati-
onsfrage[4]) zu brechen. Nunmehr bestehe eine gute Aussicht, daß
Frankreich die Verträge ratifizieren werde[5], nachdem die französischen Sozialisten bereit seien, für die Ratifizierung einzutreten und andererseits die »de Gaulle[6]-Bewegung« sich gespalten habe. Der gegenwärtige Ministerpräsident *Pinay*[7] mache einen guten Eindruck und
habe sich eine beachtliche Popularität in Frankreich geschaffen.

2. *Dritte Sowjetnote*
Als letztes Störmanöver sei kurz vor der Unterzeichnung eine dritte
Sowjetnote[8] eingegangen, die allerdings der westlichen psychologischen Situation nur schlecht Rechnung getragen habe. Das Verlangen
nach Rückkehr zum Potsdamer Abkommen[9] und damit zum Kon-
trollrat mit Vetorecht werde auch in Deutschland auf keine Gegenlie-
be stoßen.

3. *DGB*
Es müsse versucht werden, die störenden Aktionen des DGB abzubla-
sen[10]. Annäherungsversuche des DGB an die Regierung seien festzustellen. Der gemäßigte Flügel der Gewerkschaften wünsche sehr, aus
der jetzigen unerquicklichen Lage herauszukommen. Man werde in
der nächsten Woche Gespräche mit Vorstandsmitgliedern des DGB
einleiten, allerdings nur unter der Bedingung, daß die jetzt laufenden
Streikaktionen abgestellt würden[11].

4. Südweststaat
Die Anwesenheit *Reinhold Maiers* bei der Unterzeichnung des Deutschlandvertrages in Bonn sei viel beachtet worden. Er – der Bundeskanzler – sei nach wie vor bereit zu einem Gespräch mit dem badisch-württembergischen Ministerpräsidenten unter vier Augen[12].

5. Legationsrat Freudenberg
Bundespräsident spricht den Bundeskanzler auf eine etwaige Verwendung des früheren Legationsrats *Freudenberg*[13] im Rahmen des Auswärtigen Dienstes an. Er habe gehört, daß man überlege, ihm die Personalabteilung anzuvertrauen. Nach seiner Meinung werde Freudenberg für diese Aufgabe wohl kaum die genügende Energie und Tatkraft mitbringen, dagegen könnte er sich aufgrund seiner früheren Tätigkeit sehr wohl denken, wenn Freudenberg mit der Leitung der kulturpolitischen Abteilung des Auswärtigen Amtes betraut werden würde[14].

Nr. 17

23. Juni 1952

Verhältnisse an der Zonengrenze. EVG- und Deutschlandvertrag. Schlesier-Treffen in Hannover. Entsendung des neuen sowjetischen Botschafters Gromyko nach London. Auswärtiges Amt. Ausscheiden des amerikanischen Hohen Kommissars McCloy.

1. Verhältnisse an der Zonengrenze
Bundeskanzler berichtet, daß Nachrichten vorlägen, wonach mit weiteren Grenzverletzungen durch die Volkspolizei gerechnet werden müsse[1]. Damit werde die Frage des Einsatzes des Bundesgrenzschutzes akut. Er – Bundeskanzler – habe den britischen und den amerikanischen Hohen Kommissar gebeten, englische und amerikanische Truppen und Panzer in den Grenzgebieten sichtbar werden zu lassen, um dem Bundesgrenzschutz ein aktives Vorgehen aus naheliegenden Gründen zu ersparen[2]. Bundespräsident erklärt sich mit diesem Vorgehen einverstanden.

2. Deutschlandvertrag und EVG
Die Termine für die parlamentarische Behandlung der Verträge stellt sich der Bundeskanzler folgendermaßen vor:
Der amerikanische Senat werde voraussichtlich in den ersten Julitagen

ratifizieren[3]. Auf Bitten der FDP habe er – Bundeskanzler – sich damit
einverstanden erklärt, daß die erste Lesung erst in der zweiten Juli-
Woche (7./8. Juli) stattfinden solle[4]. Diese erste Lesung müsse seitens
der Koalitionsparteien besonders gut vorbereitet werden mit Rücksicht auf den Eindruck in Deutschland und im Ausland. Der Bundestag bestehe darauf, am 20. Juli auf Ferien zu gehen. Es müsse aber erreicht werden, daß die zuständigen Ausschüsse des Parlaments ab
Mitte August wieder zusammentreten, um die zweite und dritte Lesung der Gesetze für Mitte August/Anfang September zu sichern[5].
Diese Verzögerung der dritten Lesung habe vielleicht wenigstens den
Vorteil, daß bis dahin das Gutachten des Bundesverfassungsgerichts
vorliege und damit die politische Absicht, die den Bundespräsidenten
zur Einholung des Gutachtens u. a. veranlaßt habe[6], verwirklicht
würde. Zur Resolution des Bundesrates, das gesamte Vertragswerk sei
zustimmungspflichtig[7], erklärt der Bundeskanzler, diese umstrittene
Frage vorerst auf sich beruhen lassen zu wollen. Sollte die Mehrheit
des Bundesrates sich für die Verträge aussprechen, sei die Frage sowieso gegenstandslos. Er – Bundeskanzler – sei sich bewußt, daß dieses
Ziel nur erreicht werden könne, wenn Baden-Württemberg im Bundesrat sich positiv zu den Verträgen entscheide. Er habe deshalb
McCloy gebeten, bei seinem Abschiedsbesuch in Stuttgart mit Ministerpräsident *Maier* sehr ernst über die Folgen einer Nichtratifizierung
der Verträge zu sprechen. Nach dieser Aussprache sei er selbst zu einer
eingehenden Unterredung mit Reinhold Maier bereit[8].

3. Schlesier-Treffen in Hannover

Bundeskanzler kommt auf den Zwischenfall beim Schlesier-Treffen in
Hannover zu sprechen[9]. Dort wurde Ministerpräsident *Kopf*, als er
Angriffe gegen die Bundesregierung wegen Lastenausgleich[10] und
EVG-Vertrag vorbrachte, von der Versammlung durch Absingen des
Deutschlandliedes am Weitersprechen gehindert. Nach Ansicht des
Bundeskanzlers ist das Auftreten des Ministerpräsidenten Kopf, der ja
auch die Stellung des Bundesratspräsidenten inne habe, deshalb besonders bedauerlich, weil seine Rede vorbereitet und bereits vor der
Kundgebung an Presse und Rundfunk übergeben worden sei. Dem offensichtlichen Plan der SPD, ein gemeinsames politisches Vorgehen
mit den Vertriebenen-Verbänden im Hinblick auf die kommenden
Wahlen[11] vorzubereiten, sei allerdings durch das Vorgehen von Hinrich Kopf sicher kein guter Dienst geleistet worden. Leider sei die Haltung der an der Kundgebung teilnehmenden Regierungsmitglieder bei
dem Zwischenfall nicht einheitlich gewesen.

4. *Entsendung Gromykos nach London*

Bundeskanzler berichtet, daß nach Ansicht von McCloy, der soeben aus den Vereinigten Staaten zurückgekehrt sei, der Entsendung *Gromykos*[12] als Sowjetbotschafter nach London eine große politische Bedeutung zukomme. Offenbar werde England von der Sowjetunion als der schwächste Punkt der Atlantik-Organisation eingeschätzt. *Churchill* könne aus Gesundheitsgründen jeden Tag abtreten müssen, und die Möglichkeit von Neuwahlen mit guten Aussichten für Labour sei in diesem Zusammenhang nicht von der Hand zu weisen[13].

5. *Auswärtiges Amt*

Bundespräsident bittet Bundeskanzler erneut, sich bald persönlich damit zu beschäftigen, das Auswärtige Amt zu einer wirklich funktionierenden Behörde zu machen. Wichtige Spitzenstellen wie Generalsekretär, Personalchef, Leiter der Kultur- und Wirtschaftsabteilung seien unbesetzt. Für Madrid und den Vatikan seien immer noch keine Botschafter ernannt[14].

Bundeskanzler gibt zu, daß die Verhältnisse im Auswärtigen Amt unbefriedigend seien. Staatssekretär *Hallstein* habe nicht die Zeit und Fähigkeit, das Ressort wirklich zu leiten. Es bestehe außerdem die Möglichkeit, daß Hallstein zur Präsidentschaft des Schumanplan-Schiedsgerichts berufen werde. Da dieses Schiedsgericht auch für die EVG gleichzeitig tätig sein werde, komme einer solchen Berufung für die Bundesrepublik eine große Bedeutung zu. Er – Bundeskanzler – wisse dann nicht, wer Hallstein im Auswärtigen Amt ersetzen solle. Bundespräsident schlägt erneut Ministerialdirektor *von Maltzan*[15] vor und gibt zur Erwägung, Maltzan auf dem handelspolitischen Gebiet durch den Gesandten *Kroll*[16] zu ersetzen. Für Madrid schlägt Bundeskanzler als Botschafter den *Prinzen Adalbert von Bayern*[17] vor. Er habe allerdings die Zustimmung des Kandidaten noch nicht vorliegen. Mit dieser Wahl erklärt sich Bundespräsident einverstanden.

Was die Besetzung des Botschafterpostens beim Vatikan betrifft, ergab die Unterredung keine neuen Gesichtspunkte.

6. *Abschied McCloys*

Bundeskanzler berichtet, daß McCloy nach seinem Weggang[18] aus der Bundesrepublik voraussichtlich die internationale Politik nicht verlassen werde. Es werde erwogen, ihn zu einem »Botschafter für Europa« zu machen, was ihm die Möglichkeit einer ausgleichenden Funktion zwischen der Bundesrepublik, Frankreich und England sichern würde.

Bundespräsident teilt mit, daß er beabsichtige, McCloy zum Abschied sein Bild im Silberrahmen zu überreichen. Bundeskanzler plant seinerseits, McCloy im Namen der Bundesregierung ein Porzellanservice zu schenken.

Nr. 18
26. Juli 1952

Pariser Außenministerkonferenz der EGKS-Staaten. Saarfrage. Pläne zur Umbildung der Bundesregierung. Vertretung beim Vatikan.

1. *Konferenz der Außenminister der Schumanplan-Länder in Paris*
Bundeskanzler berichtet über den Verlauf der Pariser Außenminister-besprechung[1]. Nach langwierigen Verhandlungen sei folgendes Ergebnis erzielt worden:
Vorläufiger Sitz der Hohen Behörde[2] und des Schiedsgerichts: Luxemburg (nur mit Mühe konnte Turin als Sitz verhindert werden)[3]; Zusammentritt der Hohen Behörde am 10. August 1952.
Die Mitglieder der Hohen Behörde wurden einstimmig gewählt, und zwar für Deutschland als erster Vertreter Bundestagsabgeordneter *Franz Etzel*[4] und als sein Stellvertreter Professor *Potthoff*[5] (vom DGB vorgeschlagen, bisher deutscher Vertreter bei der Internationalen Ruhrbehörde).
Bundeskanzler berichtet, daß DGB ursprünglich sein Vorstandsmitglied *Deist*[6] in erster Linie vorgeschlagen habe. Es sei ihm – dem Bundeskanzler – aber mitgeteilt worden, daß Deist langjähriges Mitglied der NSDAP gewesen sei. Er habe *Fette* gegenüber deshalb Bedenken geäußert, worauf ihm jedoch der Vorsitzende des DGB erklärt habe, die Gewerkschaften ständen geschlossen hinter Deist und verlangten seine Nominierung zur Wahl[7]. Er – Bundeskanzler – habe jedoch vorsichtshalber mit *Schuman* darüber gesprochen[8], der zwar für sich persönlich keine Bedenken geäußert habe, aber doch – angesichts der Notwendigkeit einer einstimmigen Wahl durch alle Schumanplan-Länder – im Interesse der Bundesrepublik geraten habe, von der Nominierung Deists abzusehen. Daraufhin sei von ihm Potthoff zur Wahl als Mitglied der Hohen Behörde vorgeschlagen worden.
Bundeskanzler berichtet weiter, daß das Parlament der Schumanplan-Organisation am 10. September d. J. in Straßburg zusammenkommen werde[9]. Das deutsche Bestreben müsse es jetzt sein, den *endgültigen* Sitz der Montan-Union und damit zwangsläufig auch des EVG-Ver-

trages in eine rein deutschsprachige Stadt zu verlegen. Er habe daher mit Schuman den alten Plan wieder aufgenommen, Saarbrücken hierfür in Aussicht zu nehmen. Dies sei aber nur möglich, wenn die Saarfrage zwischen Deutschland und Frankreich im Sinne einer Europäisierung dieses Gebiets gelöst werden könne[10]. Er habe Schuman zu verstehen gegeben, daß die Verwirklichung einer solchen Idee und ihre Annahme in Deutschland wichtige Voraussetzungen verlange, und zwar:

Wiederherstellung der vollen Meinungsfreiheit an der Saar und Verschiebung der Saarlandtagswahlen,

Verschwinden *Grandvals*[11] aus dem Saargebiet,

Rückgabe eines saarländischen Grenzbezirks an die Bundesrepublik,

Europäisierung des restlichen Saargebiets unter Einbeziehung eines Teiles von Lothringen,

Lösung der einseitigen wirtschaftlichen Bindungen des europäisierten Saargebiets mit Frankreich,

Unterwerfung des europäischen Statuts des Saargebietes unter die Zustimmung eines neu gewählten Saarlandtages.

Nach Mitteilung des Bundeskanzlers werden die Verhandlungen hierüber mit Frankreich im August fortgesetzt[12].

2. Kabinetts-Umbildung
a) *Lukaschek*[13]

Bundeskanzler berichtet über eine Unterredung mit Minister Lukaschek, in der er dem Vertriebenenminister in aller Deutlichkeit seine Unzufriedenheit über seine Geschäftsführung mitgeteilt und ihm den freiwilligen Rücktritt nahegelegt habe[14]. Lukaschek sei ein schwacher, unbedeutender Mann, der sich vor allem von Finanzminister *Schäffer* habe restlos an die Wand drücken lassen und das Vertrauen der Vertriebenen verloren habe. Mit einem solchen Minister im Kabinett könne er – Bundeskanzler – nicht in den Wahlkampf im Jahre 1953 eintreten. Er habe die Entscheidung zwar bis nach den Ferien vertagt, sei aber entschlossen, dem Bundespräsidenten im Herbst eine Änderung vorzuschlagen[15].

Bundespräsident erklärt, er schätze die menschlichen Qualitäten und die Loyalität des Ministers Lukaschek hoch ein. Wenn ein Wechsel trotzdem notwendig werde, bitte er nur, ihm keinesfalls den Abgeordneten *Kather*[16] als Nachfolger vorzuschlagen, den er sowohl sachlich wie charakterlich einer solchen Aufgabe nicht für gewachsen halte.

Bundeskanzler gibt zur Überlegung, ob nicht der jetzige Botschafter in

Pakistan und frühere Flüchtlingskommissar in Bayern, *Jaenicke*[17], ein geeigneter Nachfolger wäre. Bundespräsident meint – ohne sich gegen Jaenicke auszusprechen –, seiner Ansicht nach wäre der jetzige BHE-Minister *Kraft*[18] in Schleswig-Holstein eine weit stärkere Figur. Die Nachfolgefrage für Lukaschek wird im übrigen nicht vertieft.

b) *Niklas*

Bundeskanzler teilt mit, er habe große Besorgnisse wegen des Gesundheitszustandes des Landwirtschaftsministers Niklas. Er sei jetzt wiederum im Krankenhaus, und eine neue Operation werde vielleicht notwendig sein. Wie lange er bei dieser Lage noch sein Ministeramt werde verwalten können, sei nicht abzusehen[19].

c) *Kaiser*

Ernste politische Sorgen mache ihm – dem Bundeskanzler – der Minister für gesamtdeutsche Fragen, Jakob Kaiser. Dieser Minister entferne sich immer wieder trotz ernster Vorstellungen von der politischen Linie des Kabinetts, und zwar sowohl in Fragen der Innen- wie Außenpolitik[20]. Sein Ministerium sei zu einer Sammelstelle von Persönlichkeiten mit typischem Grenzernationalismus geworden. Er – Bundeskanzler – werde immer wieder, insbesondere auch von französischer Seite, auf angebliche nationalistische Äußerungen des Ministers Kaiser und auf seine unkontrollierbaren Geldausstreuungen im Saargebiet hingewiesen[21].

3. *Botschafter Vatikan*[22]

Bundeskanzler teilt vertraulich mit, daß ein Finanzamtspräsident ihn habe wissen lassen, gegen *Fürst Hohenlohe-Langenburg* schwebe ein Devisenstrafverfahren. Der Fürst habe gebeten, dies dem Bundeskanzler mitzuteilen und ihn in Anbetracht seiner Kandidatur für den Posten des Botschafters am Vatikan um Schutz und Vermittlung zu bitten. Es bleibe abzuwarten, wie die Angelegenheit sich weiter entwickele.

Nr. 19

24. Oktober 1952

FDP. Saarfrage. Verabschiedung der Gesetze zum EVG- und Deutschlandvertrag. Aushebung einer »Partisanen-Organisation« in Hessen. Rangordnung. Personeller Konflikt bei der Interessenvertretung der Vertriebenen. Verbot der SRP. Untersuchungsausschuß des Bundestages zur Personalpolitik im Auswärtigen Amt.

Beim Besuch des italienischen Ministerpräsidenten Alcide De Gasperi in Bonn
(21.-24. September 1952)

1. FDP

Bundeskanzler gibt seiner Besorgnis Ausdruck, die vorhandenen
Spannungen innerhalb der FDP könnten zu einer Spaltung oder einer
erheblichen Schwächung dieser Partei im neuen Bundestag führen[1].
Seiner Auffassung nach müsse nach den nächsten Wahlen[2] die bisherige
Koalitionspolitik auch im außenpolitischen Interesse fortgesetzt
werden. Er hoffe, daß sich die CDU einigermaßen stabil halte, eine
starke Verminderung der FDP müsse dann aber evtl. dazu führen, zur
Mehrheitsbildung den BHE unter starken politischen Opfern heranzuziehen. Eine von manchen befürwortete Kombination CDU-SPD halte
er – Bundeskanzler – als Regierungsgrundlage nach den Weimarer Erfahrungen für unfruchtbar, sie führe nur zu einer Verstärkung des Ra-
dikalismus von rechts und links[3]. Bundeskanzler appelliert daher an
den Bundespräsidenten, alles zu versuchen, die Differenzen innerhalb
der FDP auszugleichen. Bundespräsident erklärt sich bereit, in diesem
Sinne seinen Einfluß auszuüben[4].

2. Saarfrage

Bundeskanzler berichtet über die weitere Entwicklung der Saarfrage[5].
Im jetzigen Zeitpunkt komme eine endgültige Lösung dieser Frage

nicht in Betracht. Sie müsse einem späteren Friedensvertrag vorbehalten bleiben. Diese Auffassung scheine sich jetzt auch in Frankreich durchzusetzen. Der britische Außenminister *Eden* habe bei seinem letzten Besuch in Paris sehr vermittelnd in dieser Richtung gewirkt[6]. Unser Bestreben müsse es sein, in einer provisorischen Lösung die politische und wirtschaftliche Beherrschung des Saargebiets durch Frankreich aufzulockern.

Der schriftliche Gedankenaustausch mit dem französischen Außenminister *Schuman* gehe weiter, und man wolle den Saarlandtag davon überzeugen, daß eine Verständigungsmöglichkeit zwischen den beiden Ländern in der Saarfrage durchaus im Bereich der Möglichkeit liege. Nur dann könne und wolle der Saarlandtag sich dazu bereit finden, seine Legislaturperiode durch verfassungs‹änderndes›[a] Gesetz um sechs Monate zu verlängern. Mit den Vertretern der noch nicht zugelassenen Saarparteien, *Dr. Ney*[7] (CDU), *Conrad*[8] (SPD) und *Becker*[9] (FDP), habe er verschiedentlich konferiert, aber keinen starken Eindruck von den drei Herren erhalten[10]. Die Vertreter dieser drei Parteien hätten sich über ihre künftigen Wahlchancen nicht eindeutig aussprechen können. Inzwischen habe Dr. Ney auf dem CDU-Parteitag in Berlin[11] wie ein Elefant im Porzellanladen gewirkt.

3. Verabschiedung der Vertragsgesetze betreffend EVG und Deutschlandabkommen

Bundeskanzler teilt mit, daß der Ältestenrat des Bundestages die zweite und dritte Lesung der Vertragsgesetze auf die Tagesordnung der letzten Novemberwoche gesetzt habe[12]. Bei dieser bedauerlichen Hinausschiebung der Parlamentsdebatte könne sich nun aber niemand mehr beklagen, die Behandlung der Angelegenheit sei zu überstürzt erfolgt. Er hoffe, daß dann Anfang Dezember das Gutachten des Bundesverfassungsgerichts[13] vorliege und der Bundesrat die Vertragsgesetze noch vor Weihnachten verabschieden könne[14]. Die Ausschußarbeiten im Bundestag schleppen sich nach Ansicht des Bundeskanzlers ungebührlich hin. Es seien jetzt acht verschiedene Ausschüsse des Bundestages mit der Materie beschäftigt. Der kranke Vorsitzende des Rechtsausschusses, Geheimrat *Laforet*, werde wohl durch den Abgeordneten Professor *Wahl*[15] ersetzt werden müssen.

Auf eine Frage des Bundespräsidenten, wer von der FDP sich seinerzeit bereit erklärt habe, mit der Ostzonendelegation[16] Verhandlungen aufzunehmen, nannte der Bundeskanzler die Namen der Abgeordneten *Stegner*[17] und *Onnen*[18].

Notizen des Bundespräsidenten zum Gespräch vom 24. Oktober 1952 (Nr. 19)

4. »*Partisanen*«-*Angelegenheit*

Bundeskanzler berichtet über den Fortgang der durch die Enthüllungen des hessischen Ministerpräsidenten[19] in der Öffentlichkeit bekannt gewordenen »Partisanen«-Angelegenheit[20]. Der amerikanische Abwehrdienst habe in dieser Frage unverantwortlich und ohne Fühlungnahme mit der Bundesregierung gehandelt. Die ganze Frage sei aber von Ministerpräsident *Zinn* über Gebühr aufgebauscht worden; Zinn habe sich auch nicht gescheut, in diesem Zusammenhang mit völlig unwahren Behauptungen zu operieren. In der »Proskriptionsliste« des sogenannten Technischen Dienstes seien keine SPD-Politiker aufgeführt. Dagegen sei bei dem BDJ (Bund Deutscher Jugend) eine Kartothek mit Angaben über bekannte Politiker, ihre politische Einstellung und ihre Lebensgewohnheiten geführt worden, wie dies bei vielen politischen Organisationen, Tageszeitungen usw. üblich sei. Diese beiden Listen habe Zinn bei seinen Enthüllungen wider besseres Wissen vermengt.

5. *Rangordnung*[21]

Bundespräsident erklärt dem Bundeskanzler, er halte es im allseitigen Interesse für wünschenswert, bald eine Klärung der strittigen Frage unter den obersten Vertretern der Bundesrepublik herbeizuführen. Der Protokollchef[22] leide am meisten unter dieser noch ungeklärten Situation, weil er sich immer wieder den Unwillen der betreffenden Herren zuziehe. Bundeskanzler teilt mit, daß eine Stellungnahme des Bundesinnenministeriums zu dieser Frage vorliege, die demnächst im Kabinett beraten werden müsse[23]. Dann werde der Bundespräsident unverzüglich von dieser Stellungnahme der Regierung unterrichtet werden.

6. *Lukaschek – Kather*[24]

Bundespräsident erkundigt sich beim Bundeskanzler über die Situation Kathers innerhalb der CDU. Bundeskanzler erklärt, er habe Kather unmißverständlich zu verstehen gegeben, daß er als Flüchtlingsminister nicht in Frage komme[25]. Man müsse ihn aber bei der Stange halten, um eine Abwanderung der Flüchtlinge zum BHE oder zur SPD bei den nächsten Wahlen zu verhindern. Eine Möglichkeit hierfür biete sich, wenn bei der Besetzung des Aufsichtsrats der Lastenausgleichsbank[26] die von Kather im Interesse seiner Flüchtlingsorganisation geforderten personellen Konzessionen gemacht würden. Außerdem werde er versuchen, die Spannungen zwischen Lukaschek und Kather auszugleichen und beide zu einer vernünftigen persönlichen und sachlichen Zusammenarbeit zu bewegen.

7. *Urteil des Bundesverfassungsgerichts betreffend Verbot der SRP*
Bundeskanzler begrüßt an sich das vom Bundesverfassungsgericht ausgesprochene Verbot der SRP[27]. Bedenken dagegen äußert er gegen die im Urteil enthaltene Entscheidung, den bisherigen Abgeordneten der SRP in den Länderparlamenten das Mandat abzusprechen und für die frei gewordenen Parlamentssitze Nachwahlen zu verbieten. Der Urteilsspruch des Bundesverfassungsgerichts sei zwar inappellabel, er zeige aber, daß man diesem Gericht ‹die Kompetenz›[b] eingeräumt habe, selbständig die Verfassungen der Bundesländer zu verändern. Man werde sich später überlegen müssen, das Gesetz über das Bundesverfassungsgericht so zu ändern, daß diese einschneidenden und weitgehenden Kompetenzen eingeschränkt werden.

8. *Parlamentarischer Untersuchungsausschuß über die Personalpolitik im Auswärtigen Amt*[28]
Bundespräsident spricht seine Genugtuung darüber aus, daß die Bundestagsdebatte am 22. Oktober über den Bericht des Untersuchungsausschusses verhältnismäßig ordentlich und würdig verlaufen sei[29]. Er gibt dem Bundeskanzler aber deutlich zu verstehen, daß er das Auswärtige Amt noch immer für eine schlecht funktionierende Behörde halte. Die Fragen des Bundespräsidenten über das Schicksal der Denkschrift *Maltzan*[30], über die Berufung eines Generalsekretärs, über die Besetzung der noch offenen Botschafterposten in Belgrad, Den Haag, Athen und Tokio konnten nicht vertieft werden, weil der Bundeskanzler zu einer Unterredung mit *Kirkpatrick* abberufen wurde[31].

Nr. 20
17. Dezember 1952

Kontakte des Bundeskanzlers zum französischen Ministerpräsidenten Pinay. Außenpolitische Lage, Stand der Beratungen über EVG- und Deutschlandvertrag. Angriffe auf das Bundesverfassungsgericht. Auswärtiges Amt. Großkreuz des Verdienstordens. Neujahrsansprache des Bundespräsidenten.

1. *Vorschlag eines geheimen Zusammentreffens mit dem französischen Ministerpräsidenten Pinay*
Bundeskanzler berichtet, Pinay habe ihn in eine schwierige Lage gebracht[1]. Der französische Ministerpräsident habe ihn durch einen privaten Mittelsmann zu einer vertraulichen Aussprache unter vier Augen an einen Ort außerhalb von Paris bitten lassen. Er – Bundeskanzler – kenne die Differenzen, die Pinay mit Außenminister *Schuman* habe, und wisse, daß die Position Pinays sehr labil sei[2]. Er habe daher mitteilen lassen, er schlage die Beiziehung Schumans zu der Unterredung vor und bitte, die Einladung dazu auf dem normalen Wege über *François-Poncet* übermitteln zu wollen. Nur durch diese Antwort habe er vermeiden können, daß er nicht von Schuman und dem französischen Hohen Kommissar einer illoyalen Haltung hätte bezichtigt werden können. Die Sache sei aber in Frankreich bekannt geworden und habe die befürchteten Verstimmungen ausgelöst. Pinay sei daraufhin auf seinen Vorschlag nicht mehr zurückgekommen.

2. *Außenpolitische Lage*
Bundeskanzler berichtet über die ernsten Sorgen, die ihm die letzte Entwicklung der deutschen Außenpolitik mache. Es sei ihm sowohl von amerikanischer wie von französischer Seite durch *Reber*[3] und François-Poncet im Auftrag ihrer Außenminister unmißverständlich mitgeteilt worden, daß im Falle der Ablehnung des EVG- und Deutschland-Vertrages durch die Bundesrepublik keine Aussicht auf neue Vertragsverhandlungen beständen[4]; vielmehr sei geplant, in diesem Fall die Lockerungen des Besatzungsstatuts wieder aufzuheben. Andererseits habe die SPD ebenso unmißverständlich erklärt – zuletzt *Ollenhauer* in seiner Pressekonferenz vom 12. Dezember 1952[5] –, daß sie den Verträgen in ihrer jetzigen Form auf keinen Fall zustimmen könnte. Wie unreal und unpolitisch die Vorstellungen der SPD von der außenpolitischen Lage seien, zeige ein ihm – dem Bundeskanzler – zugegangener Bericht über die letzte Vorstandssitzung der SPD[6]. Dort habe man folgende Ansichten geäußert:
Die Verträge seien tot. In Washington komme ein neues Team an die Macht[7], das nicht entschlossen sein werde, wie *Acheson* das war, große Geldsummen in eine noch aussichtslose französische Bewaffnung zu stecken. Man werde deshalb versuchen, zu einer globalen Lösung der Spannungen zwischen den Vereinigten Staaten und Sowjetrußland zu kommen und werde insbesondere an den Hauptspannungspunkten Deutschland und Korea[8] ansetzen. Unter diesem

Gesichtspunkt hingen die Fragen Deutschland und Korea eng miteinander zusammen. Sowjetrußland werde einen Vorschlag freier Wahlen
in der Sowjetzone und freier Wahlen in Korea nicht zurückweisen.
Deutschland solle dann eine Nationalarmee bekommen, die unter so-
wjetrussischer und amerikanischer Kontrolle stünde und in die UNO
aufgenommen werde, und so seine Sicherheit finden.

Alle Anregungen, durch Bildung einer großen Koalition oder neue
Wahlen aus dieser Situation herauszukommen, seien ‹nach Auffassung des Bundeskanzlers›[a] bei dieser Sachlage unsinnig. Er habe
Ollenhauer für den 18. Dezember gebeten[9], zu einer Aussprache zu
ihm zu kommen und werde ihn auf den Ernst der Lage hinweisen. Er
zweifle allerdings an einer besseren Einsicht der SPD.

3. Verfassungskonflikt[10]

Bundespräsident hält dem Bundeskanzler erneut vor, wie unerfreulich
und unpolitisch die Angriffe gegen das Bundesverfassungsgericht sich
auswirken. Der Justizminister, den er seit Wochen zur Zurückhaltung
in Reden und Interviews dringend mahne[11], habe alle diese Vorstellungen in den Wind geschlagen und neuerdings nun auch den bayerischen Ministerpräsidenten *Ehard*, den Vorsitzenden des Auswärtigen
Ausschusses des Bundesrats[12], beleidigt. Er – Bundespräsident –
könne auch nicht vergessen, daß Minister *Dehler* es für gut und ge-
schmackvoll gehalten habe, ihn bei der Besprechung über die Zurücknahme des Gutachtens an seinen Eid zu erinnern[13].

Bundeskanzler erkennt an, daß die Warnungen des Bundespräsidenten berechtigt sind und daß unsachliche Angriffe auf das BVG aufhören sollten. Er – Bundeskanzler – habe den Eindruck, daß Dehler
gesundheitlich nicht in bester Verfassung sei und einige Zeit auf Urlaub gehen sollte.

4. Auswärtiges Amt

Bundeskanzler beklagt sich über das Nichtfunktionieren des Auswärtigen Amtes[14]. Das Fehlen einer guten und sachverständigen Ostabteilung mache sich bemerkbar. Auch die wirtschaftspolitische Abteilung
des Auswärtigen Amtes sei noch nicht im nötigen Umfang eingerichtet. Es gebe deshalb keine Instanz in der Bundesrepublik, die eine
weitgehende Wirtschaftsplanung im europäischen Sinne vornehmen
könne. Die interessierten Fachressorts, wie das Bundeswirtschaftsministerium, das Bundesernährungsministerium und das Verkehrsministerium, seien zwar mit Plänen beschäftigt, die aber vor allem von

dem betreffenden Ressortstandpunkt ausgingen. Eine Koordinierung
der Ministerien fehle.

Bundespräsident macht den Bundeskanzler auf das Gutachten
Maltzan aufmerksam[15], in dem bereits eingehend auf diese Mängel
hingewiesen sei, ohne daß Abhilfe geschaffen wurde. Auch die Idee
des Generalsekretärs im Auswärtigen Amt sei nicht weitergediehen.
Bundeskanzler gibt dies zu und erklärt, Staatssekretär *Hallstein* sei
gegen einen Generalsekretär, weil er der Auffassung sei, im Auswärtigen Amt sei alles in bester Ordnung. Er – Bundeskanzler – werde über
die Feiertage sich erneut mit dem Gutachten Maltzan beschäftigen.

5. *Großkreuz des Verdienstordens für ehemalige Ministerpräsidenten*
Bundespräsident teilt dem Bundeskanzler mit, daß die Vorschläge von
Hessen und Baden-Württemberg, die ehemaligen Ministerpräsidenten
Geiler, Stock[16] und *Gebhard Müller*[17] mit dem Großkreuz auszuzeichnen, bisher hier noch zurückgehalten worden seien, um zu überlegen,
ob andere ehemalige Ministerpräsidenten wie *Steltzer*[18], *Lüdemann*[19],
Diekmann[20] und *Bartram*[21], bei dieser Gelegenheit nicht auch deko-
riert werden müßten. Für die vier Letztgenannten lägen allerdings
keine Vorschläge vor; Diekmann und Bartram kämen sowieso wegen
der Kürze ihrer Amtszeit für eine Auszeichnung nicht in Frage. Bundespräsident schlägt vor, die Verleihung an Geiler, Stock und Gebhard
Müller nunmehr vorzunehmen. Die Aushändigung der Insignien des
Großkreuzes werde er – Bundespräsident – dann persönlich vorneh-
men[22].
Bundeskanzler erklärt sich mit diesem Vorschlag einverstanden. Im
Zusammenhang mit dieser Erörterung über Ordensfragen erklärt
Bundeskanzler die Gründe, weshalb er gebeten habe, den Professor
Ludwig Klages[23] von der Vorschlagsliste zu streichen. Klages sei poli-
tisch eine höchst umstrittene Persönlichkeit und gelte weithin als wis-
senschaftlicher Wegbereiter des Antisemitismus in der Vornazizeit.
Bundespräsident ist mit der Streichung einverstanden und unterrichtet
Bundeskanzler, daß der Vorschlag Klages auf Bundesinnenminister
Lehr zurückgehe.

6. Neujahrsansprache
Bundeskanzler bittet den Bundespräsidenten, statt Silvester bereits an
Weihnachten seine Rundfunkansprache zu halten. Bundespräsident
kann jedoch auf diesen Vorschlag nicht eingehen, weil die Silvesteransprache traditionell vom Staatsoberhaupt gehalten werde, seine An-

sprache bereits im Wortlaut festliege und ein Abgehen von dieser Tradition nur zu Mißdeutungen führen würde[24].

Nr. 21
19. Dezember 1952

Zusammenfassender Bericht über die Beratungen dieses Tages zur Zurücknahme des vom Bundespräsidenten dem Bundesverfassungsgericht zugeleiteten Ersuchens um ein Rechtsgutachten zum EVG-Vertrag.

1. Am 19. Dezember 1952 um 8.30 Uhr teilt der Präsident des Bundesverfassungsgerichts *Höpker Aschoff* Ministerialdirektor *Dr. Klaiber* telefonisch mit, er möchte den Bundespräsidenten zu einer dringenden Rücksprache noch am selben Tage treffen. Die Unterredung wird auf 16 Uhr festgesetzt. Pressegerüchte aus Karlsruhe hatten diesen Besuch Höpker Aschoffs schon angekündigt und verlauten lassen, der Präsident des BVG wolle sich offiziell über die Angriffe des Bundesjustizministers gegen dieses Gericht beschweren[1].

2. Ministerialdirektor Klaiber teilt dem Bundeskanzler um 9.30 Uhr vor der Kabinettssitzung[2] mit, daß Höpker Aschoff am Nachmittag den Bundespräsidenten besuchen werde und aller Wahrscheinlichkeit nach die Frage des Verfassungskonflikts zur Sprache käme. Bundeskanzler stellt deshalb die Angelegenheit in der Kabinettssitzung zur Erörterung und vertritt die Auffassung, die Regierung müsse bei aller Wahrung ihres Rechtsstandpunktes die unpopulären Angriffe gegen das Bundesverfassungsgericht einstellen. Das Telegramm des Justizministers und seines Staatssekretärs an die Mannheimer und Heidelberger Rechtsanwälte (»Das BVG ist in erschütternder Weise vom Wege des Rechts abgewichen«)[3] sei zwar in der ersten Erregung abgesandt worden, aber politisch unklug gewesen. Das Kabinett formuliert daraufhin die in Anlage 1 beigefügte Regierungserklärung, die der Befriedung des Verfassungskonfliktes dienen soll[4]. Es wird verabredet, daß diese vom Kabinett einstimmig (auch vom Justizminister) gebilligte Erklärung von Ministerialdirektor Klaiber bei der Unterredung Bundespräsident – Höpker Aschoff vorgelegt werden soll. Bundeskanzler bittet außerdem, später zu der Unterredung zugezogen zu werden, um ihm Gelegenheit zu geben, den Präsidenten des BVG über die rechtli-

che und politische Auffassung der Regierung unterrichten zu können.
Die Regierungserklärung soll dann erst nach dieser Unterredung der
Presse übergeben werden.

3. Höpker Aschoff erscheint um 16 Uhr beim Bundespräsidenten und
erklärt, das Plenum des Bundesverfassungsgerichts habe ihn beauftragt, den Bundespräsidenten um Schutz gegen die dauernden Angriffe seitens der Bundesregierung und insbesondere des Bundesjustizministers zu bitten. Der Präsident des BVG zählt im einzelnen die in der
Presse bekannt gewordenen Vorwürfe gegen Karlsruhe auf.
Bundespräsident wiederholt nochmals seine Gründe für die Zurückziehung des Gutachtens, verhehlt auch nicht seine Bedenken über die
Rechtsgrundlage des Beschlusses des BVG vom 8. Dezember 1952[5]
und betont vor allem auch seine Sorge, daß durch die beschlossene
Bindung der Senate an ein Gutachten eine Verfahrensordnung eingeführt werde, die nicht nur für ihn, sondern auch für seine Nachfolger
im Amt eine politische Belastung werden könnte. Bundespräsident
führt weiter aus, er bedaure die Schärfe der Angriffe der Regierung
und insbesondere des Bundesjustizministers gegen das BVG und habe
davor von Anfang an gewarnt. Nach Verlesung der in der morgendli-
chen Kabinettssitzung beschlossenen Regierungserklärung durch Dr.
Klaiber erklärt der Bundespräsident, er begrüße diesen Schritt der Regierung und finde ihn für durchaus geeignet, zur Befriedung des Kon-
fliktes beizutragen.
Präsident Höpker Aschoff nimmt die Regierungserklärung entgegen
und spricht die Erwartung aus, daß damit die Angriffe gegen das
BVG, die auch die gesamte Öffentlichkeit beunruhigt hätten, aufhören
werden. Das Plenum des Gerichts habe mit 20 gegen 2 Stimmen den
bekannten Beschluß in der Überzeugung gefaßt, hier eine rechtmäßige
Gesetzesauslegung über das Gutachtenverfahren getroffen zu haben.
Die abweichende Auffassung des Verfassungsrichters *Geiger*[6] sei zwar
ohne Wissen des Gerichts versandt worden, aber die Pressemeldungen, wonach Geiger die Mißbilligung des BVG ausgesprochen worden
sei, seien falsch. Zu dem weiteren Verfahren nach Zurückziehung des
Gutachtens meint Höpker Aschoff, er wisse nicht, ob der Zweite
Senat die Klage der Parteien der Regierungskoalition[7] als zulässig anerkennen werde. Im Falle der Ablehnung stünden wiederum Bundestag (3. Lesung) und Bundesrat ohne verfassungsrechtliche Beratung
oder Entscheidung des BVG da. Ob sich die Parteien (Bundesregierung, Bundestag und Bundesrat) ihrerseits auf die Einholung eines

Gutachtens einigen würden, stehe dahin. Bundespräsident wirft ein,
daß ein solches freiwilliges Unterwerfen der Parteien unter ein Gutachten nur außerhalb oder unter Fallenlassen des erwähnten Beschlusses des BVG vom 8. Dezember 1952 erfolgen könne, da sonst seine
Begründung zu der Zurückziehung des Gutachtens nicht mehr verstanden werden könne.

[4.] Um 17.15 Uhr trifft der Bundeskanzler ein und wird zu der Unterredung zugezogen. Bundeskanzler gibt nochmals die Motive zu der
Regierungserklärung vom heutigen Tage bekannt und betont, der Regierung liege es bei aller Aufrechterhaltung ihres Rechtsstandpunkts
fern, die Stellung des BVG beeinträchtigen zu wollen. Eine Änderung
des Gesetzes über das BVG sei im jetzigen Zeitpunkt nicht geplant.
Ausführlich schildert der Bundeskanzler gegenüber Präsident Höpker
Aschoff die Schwierigkeiten der außen- und innenpolitischen Lage,
wie er dies bereits dem Bundespräsidenten gegenüber in der Besprechung vom 17. Dezember 1952 getan hatte (vgl. darüber Aufzeichnung vom 17. Dezember 1952)[8]. Bundeskanzler berichtet außerdem
über sein Gespräch mit dem Oppositionsführer und übergibt darüber
dem Bundespräsidenten eine Aufzeichnung (Anlage 2)[9].
Am Schluß der Unterredung wird das in der Anlage 3 beigefügte Pres-
sekommuniqué über die Unterhaltung entworfen und zusammen mit
der Regierungserklärung der Presse mitgeteilt[10].

77. Geburtstag Adenauers (5. Januar 1953)

Mit Hermann Höpker Aschoff (beim Neujahrsempfang des Bundespräsidenten am 7. Januar 1953)

Nr. 22

6. Februar 1953

Gespräche des Bundeskanzlers mit dem neuen amerikanischen Außenminister Dulles. »Fall Naumann«. Heinrich Brüning. Reise von Bundesminister Schuberth nach Rom. Vertretung beim Vatikan. Gespräche mit Robert Ellscheid.

[1.] Der Herr Bundeskanzler berichtete über seine Gespräche mit dem amerikanischen Außenminister Mr. *John Foster Dulles*[1]. Er habe einen guten Eindruck, sei angenehm enttäuscht, daß er kein enger Puritaner sei. Mr. Dulles sei sympathisch, jedoch zurückhaltend und vorsichtig[2]. Die Unterredungen hätten gezeigt, daß er gut im Bilde sei. Er habe nachdrücklich betont, daß Präsident *Eisenhower* seine Reise durch Europa gewünscht habe.

Von *De Gasperi*[3] habe Mr. Dulles den Eindruck eines echten Europäers. Bei den Franzosen sei die Regierung guten Willens, den EVG-Vertrag zu ratifizieren[4]. Sie wünsche keine Abänderung des Vertrages, sondern nur bestimmte Entwicklungen vorweg zu nehmen (Kolonialarmee). Die Lage in Frankreich sei im ganzen schwierig. In England erschien ihm *Churchill* undurchsichtig, doch sei *Eden* sehr verständig. Bei der Besprechung mit Vertretern der SPD seien die Herren *Ollenhauer, Schmid* und *Wehner*[5] zugegen gewesen[6]. Sie hätten den Standpunkt vertreten, daß der Abschluß des EVG-Vertrages die Wiedervereinigung Deutschlands verhindere. Mr. Dulles habe dem entgegengehalten, daß die Bundesrepublik eine selbständige Politik treiben müsse, und es falsch sei, die Wiedervereinigung mit der Ratifizierungsfrage des EVG-Vertrages zu koppeln, da man sich ja damit in die Abhängigkeit und in die Hand von Sowjetrußland begebe. Mr. Dulles sei überrascht gewesen, daß die Herren der SPD Nationalarmeen gefordert haben, die dann zu einer europäischen Koalitionsarmee verbunden würden. Daran hätten die USA nicht das geringste Interesse. Europa müsse ein Faktor der atlantischen Politik sein. Mr. Dulles erklärte, daß der tiefere Sinn seiner Reise der sei, vor dem 1. April in Europa sichtbare Zeichen für die Ratifizierung des EVG-Vertrages[7] zu erhalten, da davon die Bewilligung weiterer Mittel für die europäische Verteidigung und für den Ausbau der europäischen Industrie abhänge. Die USA müßten sich sonst entschließen – dies aber jedoch streng vertraulich –, Europa nur noch an der Peripherie – Griechenland, Türkei, Spanien und allenfalls England – zu verteidigen.

Im Gespräch mit John Foster Dulles und Harold E. Stassen (5. Februar 1953; zu Nr. 22, TOP 2)

Mr. Dulles habe dem Herrn Bundeskanzler ein persönliches Schreiben des Präsidenten Eisenhower überbracht[8], in welchem er den Kanzler nach den USA einlade[9] und den Wunsch zum Ausdruck bringe, daß recht bald zwischen den USA und der Bundesrepublik normale Beziehungen geschaffen und die Besetzung beendigt würden. Der Bundeskanzler erklärte, daß er erst nach den Franzosen *Mayer*[10] und *Bidault* wahrscheinlich Ende März/Anfang April nach Washington fahren werde. Auch habe er Mr. Dulles auf das Vertriebenenproblem, das durch die Austreibung aus der Sowjetzone wieder eine besondere Aufgabe sei, hingewiesen und die Notwendigkeit der Hilfe betont[11]. Auch für die deutsche Industrie sei es zur Erfüllung ihrer Aufgaben erforderlich, Darlehen und Kredite zu erhalten.
In einem Gespräch mit Mr. *Kirkpatrick* sei die Sprache auf den Kreis um *Naumann*[12] gekommen. Mr. Dulles habe aber erklärt, daß er das nicht so wichtig nähme, auch in den USA gäbe es verrückte Menschen, dagegen habe er besonders auch Minister *Blücher* gegenüber nach den Gründen gefragt, warum die anti-amerikanische Front sich besonders in Frankreich verstärke.

[2.] Der Herr Bundespräsident berichtete dem Herrn Bundeskanzler über seine Unterhaltungen mit Mr. Dulles und Mr. *Stassen*[13] (s. Aufzeichnungen *Weber*[14] von der Abteilung Protokoll) und teilte ihm mit,

daß er gebeten worden sei, Herrn *Brüning*[15] bald einmal zu empfangen. Der Herr Bundeskanzler solle das wissen, damit nicht falsche
Gerüchte aufkommen. Der Bundeskanzler erklärte, daß er mit Brüning gar nicht so schlecht stände, wie angenommen würde[16]. Brüning
habe auch ihn wissen lassen, daß er ihn gern einmal sprechen wolle,
aber nicht in Bonn. Er habe ihn dann nach Rhöndorf eingeladen.
Durch eine Grippeerkrankung von Brüning wäre das Gespräch bis
jetzt noch nicht zustande gekommen[17].

[3.] Der Bundespräsident regte bei dem Bundeskanzler an, daß er auch
einmal Bundesminister *Schuberth*[18] über seinen Besuch in Rom kommen und berichten lassen sollte. Er hätte ihm sehr locker und interessant darüber erzählt. U. a. auch, daß im Vatikan geäußert worden sei:
schickt endlich einen Botschafter[19], ganz gleich welcher Konfession, es
kann auch ein Jude sein. Der Bundeskanzler erwiderte, daß eine solche Äußerung nur durch untergeordnete Personen erfolgt sein könne,
da er mit den beiden Staatssekretären des Papstes[20] in direkter Verbindung gestanden habe und der Papst volles Verständnis dafür besitze,
daß vor den Wahlen[21] ein Botschafter beim Vatikan nicht mehr ernannt werden könne.

[4.] Der Bundespräsident berichtete dann noch von dem Abendessen
bei Herrn *Pferdmenges*[22], bei dem er auch einem Herrn *Dr. Ellscheid*[23] begegnet sei, der politische Fragen an ihn gerichtet habe. Er
habe es abgelehnt, fremden Personen darauf zu antworten. Dr. Ellscheid sei inzwischen bei ihm gewesen und hätte sehr interessant berichtet, darunter auch, daß er mit dem Bundeskanzler in Verbindung
sei. Der Bundeskanzler sagte, daß er Dr. Ellscheid auch erst seit 14
Tagen kenne[24]. Er gehöre nach seiner Meinung nicht der CDU an, sondern tendiere nach links. Er wäre ein sehr gescheiter Mann, aber sei
mit Vorsicht aufzunehmen, da Herr Pferdmenges auch öfters auf
Leute hereinfalle.
Die Besprechung mußte beendet werden, da der Bundeskanzler für
11.45 das Kabinett[25] und für 12.15 eine Pressekonferenz[26] einberufen
hatte.
Die Unterhaltung dauerte von 10.35 bis 11.25 Uhr.

Nr. 23
3. März 1953

Außenministerkonferenz der EVG-Länder in Rom. Ratifizierung des EVG- und Deutschlandvertrags. Ordensangelegenheiten. »Fall Naumann«. Diplomatischer Zwischenfall in den Niederlanden.

1. *Außenministerkonferenz in Rom*
Bundeskanzler berichtet dem Bundespräsidenten über die Konferenz der sechs Außenminister der EVG-Länder, die Ende Februar in Rom stattfand[1]. Die Bundesrepublik, Italien und die Benelux-Staaten seien sich völlig einig darüber gewesen, daß die von Frankreich gewünschten Zusatzprotokolle zum EVG-Vertrag mit dem Geist und Wortlaut dieses Vertrages nicht vereinbar seien[2]. Man sei deshalb auch gar nicht in die Besprechung der Zusatzprotokolle eingetreten, sondern habe den Interimsausschuß in Paris beauftragt, die vorgeschlagenen Protokolle mit dem Wortlaut des Vertrages in Übereinstimmung zu bringen. Mit dieser Regelung hätten sich die französischen Vertreter einverstanden erklärt. Im übrigen hätten alle Außenminister den Willen zu Europa und die Bereitschaft zu einer baldigen Ratifizierung der Verträge betont. Auch *De Gasperi* habe zugesagt, die Verträge seinem Parlament noch vor den im Juni stattfindenden Wahlen[3] in Italien zur Ratifizierung vorzulegen.
Er – Bundeskanzler – habe sich veranlaßt gesehen, auf der Konferenz nachdrücklich zur Gefahr aus dem Osten mit genauen Zahlen über die sowjetische Rüstung und die Aufrüstung in den Satellitenstaaten zu sprechen. Das Material sei den anderen Ministern zu seiner Überraschung völlig unbekannt gewesen und habe deshalb seinen Eindruck nicht verfehlt.
Der französische Außenminister *Bidault* spiele eine zweideutige Rolle. Er rede eine sehr verschiedene Sprache, je nachdem er sich an das Ausland oder an Frankreich wende. Er wolle offenbar die Unterstützung der Gaullisten nicht verlieren, während Ministerpräsident *René Mayer* wohl schon klar sehe, daß die Ratifizierung in Frankreich nur mit Hilfe der französischen Sozialisten möglich sein werde.
Auch über die Saarfrage habe Bundeskanzler eine Unterredung mit Bidault gehabt, die aber ohne Ergebnis verlaufen sei[4]. Er – Bundeskanzler – habe wiederum Besprechungen wirtschaftlicher Sachverständiger angeregt, Bidault habe sich aber über das ganze Problem recht unorientiert gezeigt. Im übrigen sei er – Bundeskanzler – der Meinung, daß

wir in unserer Saarpolitik große Fehler gemacht hätten: insbesondere
sei die Aufnahme der Verbindung mit den oppositionellen Parteien im
Saargebiet[5], die dann mit ihrer Wahlenthaltungsparole hereingefallen
seien, sicher falsch gewesen. Bundespräsident rät dem Bundeskanzler
dringend, das Saargespräch nur auf dieser wirtschaftlichen Ebene weiterzuführen und die Fragen des politischen Status des Saargebiets
schon im Hinblick auf unseren bevorstehenden Wahlkampf[6] möglichst zurückzustellen.

2. *Frage der Ratifizierung der Verträge in der Bundesrepublik*
Bundespräsident erkundigt sich nach den Plänen der Bundesregierung
in der Ratifizierungsfrage. Bundeskanzler deutet an, daß er aus Karlsruhe ein negatives Urteil in der Frage der Zulässigkeit der Klage der
Koalitionsparteien[7] erwarte. Wenn diese negative Entscheidung am 7.
März erfolge, dann sollen die Verträge im Bundestag in dritter Lesung
zwischen dem 15. und 21. März verabschiedet werden[8]. Falls dann
der Bundesrat etwa die Einholung eines gemeinsamen Gutachtens des
Bundestages, der Bundesregierung und des Bundesrates in Karlsruhe
vorschlage, werde die Bundesregierung dies ablehnen. Bundespräsident macht den Bundeskanzler darauf aufmerksam, daß dann wohl
der Bundesrat seinen Rechtsausschuß beauftragen werde, ein Votum
zur Verfassungsfrage auszuarbeiten[9]. Er – Bundespräsident – rate
unter diesen Umständen dem Bundeskanzler, noch vor seiner Abreise
nach den USA[10] den Präsidenten des Bundesrates[11], den Vorsitzenden
seines Auswärtigen Ausschusses (Ministerpräsident *Ehard*) und den
Vorsitzenden seines Rechtsausschusses (Justizminister *Renner*[12]) zu
einer eingehenden Aussprache über die außenpolitische Lage auch
unter Darlegung der Aufrüstung im Osten einzuladen.

3. *Ordensangelegenheiten*
Bundeskanzler berichtet über die Aushändigung des Großkreuzes des
Verdienstordens an die Staatssekretäre *Tardini*[13] und *Montini*[14] beim
Heiligen Stuhl in Rom, die er anläßlich seiner Romreise persönlich
vorgenommen habe[15]. Die beiden Staatssekretäre hätten sich hoch ge-
ehrt gefühlt, und die Möglichkeiten, mit einer Verleihung des Ver-
dienstordens im Ausland eine gute Atmosphäre zu schaffen, seien gar
nicht hoch genug zu bewerten.
Die Frage des künftigen deutschen Botschafters am Vatikan[16] sei mit
den Staatssekretären nicht besprochen worden; eine Audienz beim
Papst selbst habe er – Bundeskanzler – wegen der Erkrankung des
Heiligen Vaters nicht nachgesucht.

Bundespräsident teilt dem Bundeskanzler mit, daß er den deutschen Geschäftsträger in London, *Schlange-Schöningen*, beauftragt habe, bei *Victor Gollancz*[17] unverbindlich anzufragen, ob er eventuell bereit sei, den Verdienstorden der Bundesrepublik anzunehmen. Die Antwort Schlanges sei bereits eingetroffen, und Gollancz habe sich außerordentlich erfreut über diese freundschaftliche Absicht ausgesprochen. Bundeskanzler stimmt zu, daß der Ordensvorschlag nunmehr vom Auswärtigen Amt vorbereitet wird[18].

4. *Verhaftung des Naumann-Kreises durch den britischen Hohen Kommissar*[19]
Bundeskanzler unterrichtet den Bundespräsidenten, daß ihm *Kirkpatrick* nunmehr das Material über die Gründe der Verhaftungen übergeben habe. Das Material werde zur Zeit geprüft. Er – Bundeskanzler – habe hiervon absichtlich dem Kabinett noch keine näheren Mitteilungen gemacht. Eine flüchtige Durchsicht ergebe, daß die Unterlagen voraussichtlich zur Erhebung einer Anklage vor deutschen Gerichten ausreiche. Es sei ihm, dem Bundeskanzler, lieber, die Angelegenheit vor deutschen als etwa vor englischen Gerichten weiterbehandeln zu lassen[20].

5. *Deutscher Geschäftsträger im Haag*
Bundeskanzler teilt mit, daß er von dem Vorsitzenden der holländischen Arbeiterpartei die Mitteilung erhalten habe, der deutsche Geschäftsträger im Haag, *von Holleben*[21], habe bei der Beantragung des Agréments für *Dr. Mühlenfeld* als Botschafter im Haag im holländischen Außenministerium seine Aktentasche liegen lassen. Angeblich seien in der Aktentasche Schriftstücke über die Ablehnung Mühlenfelds durch die griechische Königin[22] enthalten gewesen. Ministerialdirektor *Dr. Klaiber* erklärt hierzu, diese Behauptung habe bereits im »Spiegel« gestanden, und er habe sich deshalb über den Vorfall beim Auswärtigen Amt erkundigt. Es sei ihm aber von dort mitgeteilt worden, die Behauptungen seien völlig unrichtig, und Holleben habe niemals im holländischen Außenministerium eine Aktentasche liegen lassen.

Nr. 24
17. März 1953

Außenministerkonferenz in Straßburg. Ratifizierung des EVG- und Deutschlandvertrags. Gespräch des Bundeskanzlers mit Oppositionsführer Ollenhauer. »*Fall Naumann*«. *Auswärtiger Dienst. Ordensangelegenheiten.*

1. *Straßburger Ministerrats-Besprechung*
Bundeskanzler berichtet über die feierliche Übergabe des von der Ad-hoc-Versammlung ausgearbeiteten Entwurfs einer Europa-Verfassung an den Ministerrat[1]. Der Präsident der »Gemeinsamen Versammlung« *Spaak*[2] habe aus diesem Anlaß eine sehr eindrucksvolle Rede gehalten, der gegenüber die blutleere Aussprache des derzeitigen Vorsitzenden des Ministerrats, *Bidault*, sehr abgefallen sei.
Die Haltung Bidaults zum EVG-Vertrag bleibe nach wie vor undurchsichtig. Man müsse immer mehr zu der Auffassung kommen, daß Bidault die Ratifizierung der Verträge überhaupt sabotieren wolle[3], während *René Mayer* mit Hilfe der französischen Sozialisten hoffe, die Verträge in seinem Parlament durchzubringen. Viel hänge von den Zusagen ab, die von englischer Seite noch an Frankreich gegeben würden.

2. *Ratifizierung der Europa-Verträge durch die Bundesrepublik*
Bundespräsident spricht den Bundeskanzler auf die neue Situation an, die durch die Mitteilung des badisch-württembergischen Ministerpräsidenten, der Bundesrat werde innerhalb der 14-Tage-Frist seine Entscheidung zu den Verträgen treffen, entstanden ist[4]. Bisher habe man angenommen, der Bundesrat werde – vielleicht nach einem vergeblichen Versuch, zur Einholung eines gemeinsamen Gutachtens zu gelangen – seinen Rechtsausschuß beauftragen, ein verfassungsrechtliches Votum auszuarbeiten. Bei seiner Erklärung gehe Ministerpräsident *Maier* offenbar davon aus, der umstrittenen Frage der Zustimmungsbedürftigkeit der Verträge seitens des Bundesrats auszuweichen und die Entscheidung des Bundesrats innerhalb der für normale Gesetze festgesetzten 14-Tage-Frist herbeizuführen. Reinhold Maier stehe auf dem Standpunkt, daß die Bundesratspolitik darauf aufgebaut gewesen sei, die politische Entscheidung zu den Verträgen erst dann zu treffen, wenn die verfassungsrechtliche Seite eine Klärung erfahren habe. Dieser Weg sei nunmehr unmöglich gemacht, und die

Gefahr einer negativen Entscheidung des Bundesrats sei nach den dem Bundespräsidenten vorliegenden Informationen in greifbare Nähe gerückt. Die unheilvollen außen- und innenpolitischen Konsequenzen einer solchen Entwicklung lägen auf der Hand.

Bundespräsident gibt deshalb zu bedenken, daß man versuchen müsse, insbesondere den Ländern Baden-Württemberg und Bremen, die für die Abstimmung im Bundesrat entscheidend seien, eine Brücke zu bauen, trotz der verfassungsrechtlichen Bedenken ihre Zustimmung zu den Verträgen geben zu können. Eine Besprechung zwischen Ministerialdirektor *Klaiber* und Reinhold Maier habe ergeben, daß mit größter Wahrscheinlichkeit sowohl Baden-Württemberg wie Bremen zu seiner positiven Entscheidung im Bundesrat veranlaßt werden könnten, wenn er – der Bundespräsident – erkläre, er werde die Vertragsgesetze erst dann ausfertigen und verkünden, wenn das von der SPD beabsichtigte Normenkontrollverfahren[5] in Karlsruhe seinen Abschluß gefunden habe. Diese angeregte Zurückstellung der Verkündung der Vertragsgesetze könne die Regierungspolitik nicht im geringsten stören. Abgesehen von der ungeklärten Lage in Frankreich, das ja doch nicht vor Spätherbst ratifizieren werde, hänge die Gültigkeit der Vertragsgesetze doch letzten Endes vom Karlsruher Spruch ab, so sehr man das auch bedauern möge.

Bundeskanzler ist ebenfalls der Auffassung, daß eine negative Entscheidung des Bundesrats, die das ganze Vertragswerk zerschlage, eine politische Katastrophe bedeuten würde. Auf der anderen Seite würde eine eindrucksvolle Mehrheit im Bundesrat für die Verträge ihren Eindruck nach dem Ausland, aber auch nach dem Inland und insbesondere gegenüber dem Bundesverfassungsgericht in Karlsruhe nicht verfehlen. Er – Bundeskanzler – sahe deshalb ein, daß den Ländern Baden Württemberg und Bremen eine goldene Brücke gebaut werden musse. Von einer ausdrücklichen Verpflichtung des Bundespräsidenten wolle er allerdings abraten, da dies mit der Stellung und Würde des Staatsoberhaupts sich nicht vereinbaren lasse. Aber er könne sich eine Verpflichtungserklärung der Regierung vorstellen, die Ratifizierungsurkunden dem Bundespräsidenten erst vorzulegen, wenn die Verfassungsfrage geklärt sei[6]. Er wolle darüber morgen mit Ministerpräsident Maier und dem Vorsitzenden des Rechtsausschusses des Bundesrats, Minister *Renner*, sprechen[7].

Der Bundespräsident erklärt nochmals, es dürfe auf keinen Fall eine Art Wettlauf der Regierung und der Opposition (eventuell mit Antrag auf einstweilige Verfügung beim Bundesverfassungsgericht) um seine Unterschrift über die Vertragsgesetze entstehen[8].

3. *Gespräch Bundeskanzler mit Ollenhauer*
Bundeskanzler berichtet, daß sein letztes Gespräch mit *Ollenhauer*
ohne Ergebnis geblieben sei[9]. Die politische Naivität Ollenhauers gehe
aus seiner hierbei gemachten Anregung hervor, die dritte Lesung im
Bundestag im Hinblick auf des Kanzlers Amerikareise[10] zu verschieben, um dadurch seine Verhandlungsposition in den USA zu stärken.

4. *Verhaftung der Naumann-Gruppe durch die Britische Hohe Kommission*[11]
Bundeskanzler unterrichtet den Bundespräsidenten, das außerordentlich umfangreiche Naumann-Material werde zur Zeit noch vom
Oberbundesanwalt[12] geprüft. Es stehe aber schon jetzt fest, daß auch
nach deutschem Recht gegen vier bis fünf Personen Anklage wegen
Geheimbündelei (verfassungsverräterische Vereinigungen § 90a StGB
‹s. Anl. 1›ª) und Vorbereitung des Hochverrats erhoben werden
könne. Unter den stark kompromittierenden Persönlichkeiten befinde
sich auch der Abgeordnete Rechtsanwalt *Dr. Achenbach*[13]. Daher
rühre auch die Ablehnung der Engländer, Achenbach als Anwalt die
Verbindung mit den Verhafteten zu gestatten.

5. *Auswärtiger Dienst*
Bundespräsident erklärt dem Bundeskanzler, er sei verschiedentlich
auf die Verzögerung der Besetzung des Generalkonsulats in Antwerpen[14] und des Konsulats in Leopoldville angesprochen worden. Bundeskanzler sagt Beschleunigung zu. Bundespräsident macht außerdem
den Bundeskanzler darauf aufmerksam, daß Staatsrat *Seelos* immer
noch keine Verwendung habe[15]. Bundeskanzler zeigt sich erstaunt
darüber, da er der Meinung gewesen sei, die Einberufung von Seelos
entweder zum Generalkonsul in Zürich oder in Istanbul sei längst beschlossene Sache. Er werde sich um die Angelegenheit kümmern.

6. *Ordensangelegenheiten*
Bundeskanzler erklärt sich auf Anfrage des Bundespräsidenten hin bereit, den Staatssekretär a.D. und Bundestagsabgeordneten *Dr. Pünder*
zu seinem 65. Geburtstag am 1. April 1953 zur Verleihung mit dem
Verdienstorden der Bundesrepublik Deutschland vorzuschlagen[16].

Nr. 25
15. Juni 1953

Situation der FDP. Initiativen der Sowjetunion, Strömungen in der amerikanischen Außenpolitik. Verdienstorden der Bundesrepublik Deutschland.

1. *Innere Situation der FDP*
Bundeskanzler trägt dem Bundespräsidenten seine Sorge um den inneren Bestand der FDP und die Wahlaussichten dieser Partei vor[1]. Die Naumann-Affäre[2] habe die Schwierigkeiten der FDP bekanntlich sehr vermehrt, und diese Partei ermangele einer starken Leitung. Nun stehe das Wahlgesetz[3] zur Beratung im Bundestag an, und es zeige sich, daß die FDP auch in dieser Frage auseinanderfalle und ein großer Teil gegen den Regierungsentwurf zusammen mit der SPD und KPD zu stimmen entschlossen sei[4]. Es sei dies ein sehr unerfreulicher Auftakt für den Wahlkampf, den die Regierungsparteien entschlossen und gemeinsam gegen die SPD führen sollten. Bundeskanzler bittet daher den Bundespräsidenten dringend, den Fraktionsvorstand der FDP und die FDP-Minister zu einer Besprechung zusammenzurufen und ihnen insbesondere im Hinblick auf die außenpolitische Situation ein einheitliches Vorgehen in der Frage des Wahlgesetzes mit den anderen Koalitionsparteien zu empfehlen. Der Bundespräsident erklärt sich bereit, die Herren zu seiner Information über die Haltung der FDP in der Frage des Wahlgesetzes zu empfangen[5].

2. *Russische Friedensfühler*
Bundeskanzler berichtet dem Bundespräsidenten über seine Auffassung von den sogenannten russischen Friedensfühlern[6]. Er halte dieses sowjetische Vorgehen für ein rein taktisches Manöver, das bezwecken solle, der Regierungskoalition und ihrer Politik im bevorstehenden Wahlkampf Schwierigkeiten zu machen und auf der anderen Seite die Uneinigkeit der Westmächte zu vergrößern. Die Haltung der SPD in dieser Frage und ihre Erwähnung des Potsdamer Abkommens seien ihm unverständlich und könnten nur so gedeutet werden, daß diese Partei nunmehr zu einer Neutralitätspolitik für Gesamtdeutschland umschwenken wolle[7].
Die Entsendung *Blankenhorns* nach Washington, Paris und London habe bezweckt, die westlichen Alliierten davon abzuhalten, Beschlüsse über ihr weiteres Vorgehen gegenüber der Sowjetunion ohne vorheri-

ge Beratung und Einschaltung der Bundesrepublik zu treffen[8]. Die außenpolitische Lage im allgemeinen sei recht unerfreulich nach dem Ausgang der italienischen Wahlen[9] und angesichts der dauernden Regierungskrisen in Frankreich[10]. Aber auch in den Vereinigten Staaten habe sich *Eisenhower* mit seiner klaren Politik noch nicht endgültig durchgesetzt, und jede Verzögerung der europäischen Integration müsse die Stellung Eisenhowers schwächen und dem Isolationismus Auftrieb geben[11]. Mit dem jetzigen amerikanischen Hohen Kommissar[12] sei man in Washington nicht sehr zufrieden. Seine Unerfahrenheit in der Politik trete immer deutlicher zutage, und man beklage sich, aus Mehlem so gut wie keine laufende Berichterstattung mehr zu erhalten.

3. *Verdienstorden der Bundesrepublik Deutschland*
Bundespräsident teilt dem Bundeskanzler mit, er höre von der Absicht, Herrn Präsidenten *Abs* für seine Verdienste um das Schuldenabkommen[13] und Professor *Böhm* nach Abschluß des Israelabkommens[14] zur Verleihung mit dem Verdienstorden vorzuschlagen[15]. Bundespräsident glaubt, daß eine Auszeichnung Böhms im jetzigen Augenblick nicht zweckmäßig sei. Die Auffassung, Böhm habe die Verhandlungen nicht mit dem nötigen Nachdruck geführt und sei der Bundesrepublik sehr teuer zu stehen gekommen, sei sehr verbreitet. Auf der anderen Seite würde eine Auszeichnung Böhms sicherlich im arabischen Lager, das mit Mühe nunmehr von seinen Boykottabsichten zurückgehalten werden konnte[16], neuen Anlaß zu Diskussionen geben. Bundeskanzler erklärt darauf, er möchte gern Abs nicht sofort, aber dann nach endgültiger Ratifizierung des Schuldenabkommens durch alle Staaten zum Bundesverdienstorden vorschlagen. Er habe sich in monatelangen Verhandlungen um dieses Abkommen große Verdienste erworben. Eine Auszeichnung von Böhm habe er gar nicht beabsichtigt. Dieser Gedanke scheine ihm rein auf Staatssekretär *Hallstein* zurückzugehen. Er halte diese Anregung ebenfalls für völlig unzweckmäßig.

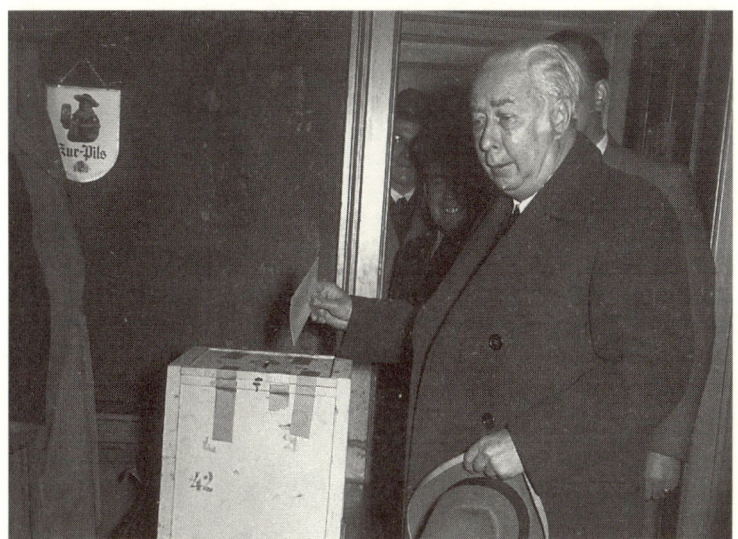

Bei der Stimmabgabe zur 2. Bundestagswahl am 6. September 1953

Nr. 26
20. November 1953

Außenpolitische Lage, Haltung Frankreichs zu EVG-Vertrag und Saarfrage. Regierungsbildung in Berlin. »Hitler-Film«. FDP. Militärischer Oberbefehl. Bundesministerium für das Post- und Fernmeldewesen. Verdienstorden der Bundesrepublik Deutschland. Auswärtiger Dienst. Vertretung beim Vatikan.

1. *Außenpolitische Lage*
Bundeskanzler berichtet dem Bundespräsidenten über seine Besorgnisse hinsichtlich der außenpolitischen Lage[1]. Die weitere Entwicklung hänge ganz von der Haltung Frankreichs zum EVG-Vertrag ab[2], und er wage dazu nichts zu prophezeien. In Frankreich werde jede Entscheidungsfreudigkeit zur Zeit durch die bevorstehende Wahl des Präsidenten[3] der Republik gehemmt; keiner der möglichen Kandidaten wolle sich vorher außenpolitisch festlegen. Herrn *Bidault* könne er nach seinen bisherigen Erfahrungen nur mißtrauen. Die Instruktionen, die Bidault dem Botschafter *François-Poncet* zu seinen Verhandlungen in der Saarfrage[4] nach Bonn schicke, seien sehr wechselnd in

Das zweite Kabinett Adenauer beim Bundespräsidenten (20. Oktober 1953)
1. Reihe (von links): Hermann Schäfer, Jakob Kaiser, Anton Storch, Gerhard Schröder, Waldemar Kraft; 2. Reihe: Heinrich Lübke, Heinrich Hellwege, Theodor Oberländer, Viktor-Emanuel Preusker, Ludwig Erhard, Robert Tillmanns; 3. Reihe: Franz-Josef Wuermeling, Hans Christoph Seebohm, Fritz Neumayer, Franz Josef Strauß, Fritz Schäffer

der Tonlage. Obwohl zwischen der Ratifizierung des EVG-Vertrages und der Saarfrage keinerlei Junctim bestehe, habe sich in Frankreich die politische Auffassung festgesetzt, ohne eine Saarregelung der europäischen Integration auf politischem und militärischem Gebiet nicht zustimmen zu können.

Bundeskanzler gibt dem Bundespräsidenten einen Überblick über die Entwicklung der Saarfrage seit der Potsdamer Konferenz im Jahre 1945. Über seinen Versuch, zu einer Regelung der Saarfrage mit Frankreich zu kommen, berichtet der Bundeskanzler vertraulich folgendes[5]:

a) Das zu erstrebende deutsch-französische Abkommen über die Saar soll bis zum Friedensvertrag gelten (also vorläufiger Charakter der Abmachung! D[er]U[nterzeichnete, d. i. Dr. Manfred Klaiber]).

b) Die wirtschaftlichen Interessen Frankreichs im Saargebiet (auch Währungs- und Zollunion) werden anerkannt.

c) Die deutschen wirtschaftlichen Interessen im Saargebiet müssen ebenfalls vertraglich festgelegt werden.

d) Kulturelle Freiheit für die Saarbevölkerung.

e) Europäisierung des Saargebietes im Sinne einer treuhänderischen Verwaltung durch Organe der Montan-Union bzw. der künftigen Europäischen Gemeinschaft.

f) Saarbrücken – exterritoriales Gebiet – als Sitz der europäischen supranationalen Behörden, insbesondere auch der EVG-Spitzenbehörden (um Paris als Sitz der EVG zu vermeiden).

Bundeskanzler teilt mit, daß er bei der bevorstehenden Haager Europa-Union-Konferenz versuchen werde, mit Bidault über diese Gedankengänge zu einer grundsätzlichen Einigung zu kommen; die Chancen für eine Abmachung hierüber könne er aber noch keineswegs beurteilen.

2. *Regierungskoalition in Berlin*

Bundeskanzler bedauert, daß es nicht möglich war, in Berlin zu einer Großen Koalition zu kommen. Nach einem Gespräch mit dem neuen Regierenden Bürgermeister *Dr. Schreiber*[6] habe er jedoch den Eindruck, daß für das Scheitern der Großen Koalition in Berlin keinesfalls die bürgerlichen Parteien verantwortlich seien[7].

3. *Hitler-Film*

Bundeskanzler berichtet, daß am Vormittag eine Besprechung des Bundesinnenministers mit den Innenministern der Länder in seinem Beisein stattgefunden habe, um sich über Maßnahmen gegen den Hitlerfilm »[Bis]5 Minuten nach 12« zu unterhalten[8]. Es sei gelungen, eine Vereinbarung dahingehend zu treffen, daß die Aufführung dieses innen- und außenpolitisch so schädlichen Films in allen Ländern wegen Gefährdung der öffentlichen Sicherheit und Ordnung verboten werde.

4. *FDP*

Bundeskanzler berichtet, daß ihn Vizekanzler *Blücher* vor seiner Abreise zur Kur nach Baden-Baden aufgesucht habe[9], um ihm seine Sorgen über die Entwicklung der FDP-Fraktion unter Führung *Dehlers* mitzuteilen. Er – Bundeskanzler – habe den Eindruck, daß Blücher zwar sähe, wie Dehler sich für den Parteivorsitz in den Vordergrund

schiebe, aber wohl erwarte, Dehler werde sich bis zum Parteikongreß
im März 1954 so starke Blößen geben, daß man auf ihn – Blücher –
als Vorsitzenden wieder zurückgreifen werde[10].

Die »Preußen-Rede« des Abgeordneten *Mende*[11] auf dem Parteitag
des Landesverbandes Nordrhein-Westfalen wurde sowohl vom Bundespräsidenten wie vom Bundeskanzler als unklug und unzeitgemäß
kritisiert[12].

5. *Militärischer Oberbefehl*

Bundeskanzler berichtet dem Bundespräsidenten, im Zusammenhang
mit den notwendigen Verfassungsänderungen vor Ratifizierung des
EVG- und Deutschland-Vertrages[13] sei die Frage aufgetreten, wer die
Zuständigkeit für den militärischen Oberbefehl in der Bundesrepublik
erhalten solle[14]. Der Abgeordnete *Blank* habe ihn darüber befragt,
und er habe sofort geantwortet, diese Kompetenz könne nur dem
Bundespräsidenten zukommen. Blank sei jedoch anderer Ansicht, da
es sich um eine politische Kompetenz handele, die der neutralen
Natur der Funktion des Bundespräsidenten widerspreche. Er – Bundeskanzler – werde aber untersuchen lassen, wie die Regelung in anderen Ländern getroffen sei.

Bundespräsident meldet gegen die von Blank erwogene Regelung
seine Bedenken an. Seiner Meinung nach müsse das, was nach Verwirklichung der EVG an nationalem Oberbefehl übrig bliebe – völlig
abgesehen von seiner Person –, beim Staatsoberhaupt bleiben, gerade
um die neutrale politische Handhabung dieser Kompetenz der Öffentlichkeit klarzumachen. Man dürfe nicht vergessen, daß man zur Verabschiedung des künftigen Wehrgesetzes[15] die SPD brauche.

6. *Postminister*

Bundespräsident erkundigt sich, ob die CSU nunmehr einen Kandidaten für den Postminister benannt habe. Bundeskanzler erklärt, es sei
ihm jetzt der Vorsitzende des Verbandes der Bayerischen Chemischen
Industrie, *Balke*[16], für diesen Posten vorgeschlagen worden. Er kenne
Balke persönlich nicht und werde ihn baldmöglichst zu einer Aussprache einladen.

7. *Verdienstorden der Bundesrepublik*

Bundespräsident teilt dem Bundeskanzler mit, er schlage vor, anläßlich seines 70. Geburtstages am 31. Januar 1954 einige hohe Ordens-
auszeichnungen zu verleihen[17]. Er bitte als ersten den Bundeskanzler,

zu diesem Zeitpunkt das Großkreuz anzunehmen[18]. Weiter sei geplant, die Ministerpräsidenten der Länder und auch die Landtagspräsidenten – soweit sie sich seit Jahren im Amt befänden – zu dekorieren. Er wolle auch den Bundestagspräsidenten *Ehlers* fragen, ob er bereit sei, das Großkreuz anzunehmen. Dazu kämen dann vor allem auch noch einige deutsche Missionschefs im Ausland, die vom Auswärtigen Amt vorgeschlagen werden müßten.

Der Bundeskanzler ist mit dem Plan einverstanden und erklärt sich auch endgültig bereit, selbst zu diesem Zeitpunkt das Großkreuz anzunehmen. Es wird auch die Frage besprochen, ob aktive Bundesminister, die schon dem vorhergehenden Kabinett angehörten, ebenfalls zu diesem Zeitpunkt berücksichtigt werden sollten. Bundespräsident und Bundeskanzler sind sich darüber einig, daß die Auszeichnung dieser Herren vorerst zurückgestellt werden muß. Bundespräsident teilt dem Bundeskanzler mit, daß Ministerpräsident *Arnold*[19] vorerst noch Bedenken trage, den Orden anzunehmen. Er wolle aber schriftlich an ihn appellieren[20], hier nicht aus der Reihe zu tanzen. Bundeskanzler erklärt sich seinerseits bereit, auf Arnold in diesem Sinne noch einzuwirken.

8. *Blankenhorn/Maltzan/Herwarth*

Bundespräsident spricht den Bundeskanzler auf die besonderen Verdienste der drei Obengenannten an. Sie seien alle drei in Bonn unentbehrlich und müßten daher vorerst auf verlockende Auslandsposten verzichten. Er bittet den Bundeskanzler zu überlegen, ob man diesen bewährten Beamten des Auswärtigen Dienstes eine Anerkennung bzw. Beförderung zukommen lassen könne. Bundeskanzler erklärt dazu, er habe sich diese Frage auch schon überlegt, und voraussichtlich würden Blankenhorn und Maltzan den Titel eines Botschafters erhalten. Herwarth dagegen sei ja erst kürzlich Gesandter geworden; er werde sich aber auch diese Frage noch einmal überlegen[21].

‹Nachtrag:

[…] *Vatikan-Vertretung*

B[undes]Pr[äsident] erinnert B[undes]K[anzler] an die längst fällige Besetzung des Botschafterpostens am Vatikan[22]. Er – B[undes]Pr[äsident] – hätte es lieber gehabt, wenn diese Besetzung schon im Zusammenhang mit der Kabinettsbildung erfolgt wäre. Aus den bekannten politischen Gründen sei er – B[undes]Pr[äsident] – nach wie vor für

einen protestant[ischen] Botschafter des Bundes [und] ev[entuell]
einen kathol[ischen] bayer[ischen] Gesandten›[a]

Nr. 27
13. Januar 1954

*Vier-Mächte-Außenministerkonferenz in Berlin. Verfassungsändern-
des Gesetz zur Wehrfrage. FDP-Landesverband Nordrhein-Westfalen.
Vertretung beim Vatikan. Auswärtiger Dienst. 70. Geburtstag des
Bundespräsidenten.*

1. *Berliner Konferenz*
Bundeskanzler berichtet über die außenpolitische Lage im Hinblick
auf die bevorstehende Berliner Konferenz[1]. Er habe den Eindruck, daß
die drei Westmächte – und vor allem die USA – entschlossen seien, die
EVG nicht etwa zum Handelsobjekt den Russen gegenüber zu benutzen. Auch auf die Forderung von freien Wahlen zu einer gesamtdeutschen Nationalversammlung werde nicht verzichtet werden. Die jetzigen langwierigen Verhandlungen über den Tagungsort in Berlin seien
allerdings nicht von guter Vorbedeutung für die Konferenz; außerdem
habe ihm der Britische Hohe Kommissar[2] erklärt, man vermute, daß
die Russen die Berliner Verhandlungen mit einem Antrag eröffnen
werden, diese Konferenz als Fortsetzung der Potsdamer Konferenz
vom Jahre 1945 zu erklären, um auf diesem Wege China als Konfe-
renzteilnehmer heranziehen zu können[3]. Er habe *Sir Frederic Hoyer
Millar* die Unmöglichkeit dieses Planes auseinandergesetzt und ihm
auch nochmals seinen dringenden Wunsch nahegelegt, freie Wahlen
nicht nur zu einer Nationalversammlung, sondern gleichzeitig auch
zur Volkskammer in der DDR durchzuführen[4]. Nur wenn in der Sowjetzone die dortige Bevölkerung die Aussicht vor sich sähe, daß das
kommunistische Regime in der Zone sich ändere, könnten dort wirklich freie Wahlen zur Nationalversammlung durchgeführt werden. Ein
besonderes Problem seien noch die 150.000 Mann schwerbewaffneter
kommunistischer Volkspolizei, die als Terror über der dortigen Bevölkerung laste. Es müsse darauf gedrungen werden, daß diese Volkspolizei vor Abhaltung der freien Wahlen aufgelöst werde.
Während der Dauer der Konferenz beabsichtige er – Bundeskanzler –,
als Chef der deutschen Sachverständigen Herrn *Blankenhorn* nach
Berlin zu entsenden[5]. Dieser habe mehr politisches Fingerspitzenge-

fühl als Professor *Grewe*[6], der Leiter der Rechtsabteilung des Auswärtigen Amtes, der sich in Berlin deshalb mit dem zweiten Platz begnügen müsse.

2. *Verfassungsänderndes Gesetz zur Wehrfrage*

Bundespräsident spricht sich dafür aus, daß man das verfassungsändernde Gesetz zur Wehrfrage[7] – unabhängig von der Berliner Konferenz – möglichst bald durch die gesetzgebenden Körperschaften verabschieden lassen sollte. Erst mit dieser Verabschiedung sei das Bundesverfassungsgericht in Karlsruhe endgültig einer Weiterbehandlung der Verfassungsklage[8] enthoben. Bundeskanzler schließt sich durchaus dieser Meinung an.

Zur Frage »Oberbefehl«[9] erklärt der Bundespräsident, er bedaure, daß diese Angelegenheit pressemäßig so stark in den Vordergrund gestellt werde. Besonders töricht sei ein Artikel der »Deutschen Zeitung« vom 30. Dezember mit der Überschrift »Soll Heuss [wie] Hindenburg[10] werden?«[11] Nachdem der Bundespräsident für alle Entscheidungen der Gegenzeichnung des Bundeskanzlers bzw. des Ressortministers bedürfe[12] und auch keine Möglichkeit mehr habe, mit einem Notverordnungsrecht im Sinne des Artikels 48 der Weimarer Verfassung zu regieren, sei doch die Vorstellung unsinnig, der Bundespräsident könne, gestützt auf eine militärische Kamarilla, die Regierung überspielen. Bundespräsident teilt dem Bundeskanzler, der zur Frage »Oberbefehl« sachlich keine Stellung nimmt, mit, er wolle demnächst mit dem Abgeordneten *Blank* über diese Angelegenheit sprechen.

3. *Middelhauve*[13]

Bundeskanzler unterrichtet den Bundespräsidenten, er habe vertrauliche Nachrichten, wonach Middelhauve zur Zeit mit der SPD wegen eines Zusammengehens bei den künftigen Landtagswahlen in Nordrhein-Westfalen[14] verhandele. Middelhauve solle dann in der neuen nordrhein-westfälischen Regierung einen Ministerposten erhalten und *Achenbach* Landesvorsitzender werden. Eine solche Absicht werde naturgemäß die Bonner Koalition in ihrem Zusammenhalt stark gefährden. Er habe den Abgeordneten *Euler* gebeten[15], auf Middelhauve im Sinne der Bonner Koalitionspolitik einzuwirken, falls sich die vertrauliche Nachricht bestätige. Bundespräsident bezweifelt die Richtigkeit der Nachricht, gibt allerdings zu bedenken, daß Middelhauve seinerzeit bei der Regierungsbildung in Nordrhein-Westfalen von Ministerpräsident *Arnold* hereingelegt worden sei[16].

4. *Botschafter beim Vatikan*
Bundespräsident erinnert den Bundeskanzler an die Frage der Besetzung der Vatikan-Botschaft[17]. Bundeskanzler berichtet, er wolle demnächst vorschlagen, den Botschafter in Pakistan, *Jaenicke*, der evangelisch sei und das Klima in Karachi gesundheitlich nicht mehr ertragen
könne, an den Vatikan zu versetzen. Da er schon in fortgeschrittenem
Alter stehe, werde dies dann sein letzter Posten sein. Gleichzeitig
werde der katholische Vortragende Legationsrat *Salat* an den Vatikan
als Botschaftsrat gehen. Es solle allerdings damit nicht der Grundsatz
aufgestellt werden, daß für den Vatikan etwa nur evangelische deutsche Botschafter ernannt würden. Der Bundespräsident nimmt von
der Mitteilung Kenntnis.

5. *Versetzung in den Ruhestand des Vortragenden Legationsrats Wolf*[18]
Bundespräsident spricht den Bundeskanzler auf die Versetzung in
den Ruhestand des Vortragenden Legationsrats Wolf in den einstweiligen Ruhestand an[19]. Er wisse, daß Wolf sich mit Botschafter *von
Brentano* nicht verstanden habe, er sei ihm früher aber immer sehr gelobt worden (Retter von Florenz). Bundeskanzler erklärt, die Versetzung von Wolf in den einstweiligen Ruhestand habe mit seinem damaligen Streit mit Brentano nichts zu tun. Er habe vielmehr jetzt im
Auswärtigen Amt die ihm übertragenen Aufgaben außerordentlich
vernachlässigt. Das Nähere bitte er den Bundespräsidenten, sich von
Staatssekretär *Hallstein* berichten zu lassen[20].

6. *70. Geburtstag*
Bundespräsident unterrichtet den Bundeskanzler über die geplanten
Feierlichkeiten aus Anlaß seines 70. Geburtstages, insbesondere auch
über das Programm der Ordensverleihungen am 30. Januar 1954[21].

Adenauers Glückwunschschreiben zum 70. Geburtstag von Heuss
(zu Nr. 27, TOP 6; Anhang Nr. 6)

[handschriftlicher Brief, schwer lesbar]

K. Adenauer

Nr. 28
26. Februar 1954

Scheitern der Berliner Vier-Mächte-Außenministerkonferenz. Ratifi-
zierung des EVG- und Deutschlandvertrags. Saarfrage.

Nach dem Diplomatendiner[1] am 26. Februar 1954 bat der Bundeskanzler den Bundespräsidenten um eine Unterredung über die Situation nach Verabschiedung der Verfassungsauslegung zur Wehrhoheit
und zu den Bonner Verträgen, die am selben Tage durch eine Zweidrittelmehrheit des Bundestages erfolgt war[2]. An der Unterredung
nahmen auch die Staatssekretäre *Hallstein* und *Klaiber* teil.

Bundeskanzler und Staatssekretär Hallstein berichten über die außenpolitische Situation nach dem Scheitern der Berliner Konferenz[3] und
über die außenpolitischen Folgerungen, die die Bundesregierung und
die Regierungskoalition daraus ziehen müssen. Wie aus der Regierungserklärung[4] im Parlament und den Äußerungen der Redner der
Koalitionsparteien hervorgehe, bleibe für die Bundesrepublik nur
mehr die konsequente Weiterverfolgung der bisherigen Politik der europäischen Integration und der Verwirklichung des EVG-Vertrages
übrig. Dieser Politik habe die überwiegende Mehrheit des deutschen
Volkes in den Wahlen vom 6. September 1953 zugestimmt.

Von seiten aller verantwortlichen Staatsmänner und Diplomaten der
USA sei sowohl dem Bundeskanzler wie Staatssekretär Hallstein nun
in dringender Form nahegelegt worden, die Ratifizierung des EVG-
und Deutschlandvertrages voranzutreiben[5]. Die Gegnerschaft gegen
die EVG sei in Frankreich bekanntlich immer noch sehr stark und die
dortige Ratifizierung noch im Ungewissen[6]. Die Bundesrepublik
müsse nach amerikanischer Auffassung durch zwei Aktionen der französischen Regierung ihre schwere Aufgabe erleichtern: einmal durch
eine deutsch-französische Verständigung in der Saarfrage[7] und zwei-
tens durch eine umgehende Ausfertigung und Verkündung der Bonner
Verträge (Deutschland- und EVG-Vertrag) und die Hinterlegung der
Ratifikationsurkunden. Er – der Bundeskanzler – bitte daher den Bundespräsidenten um Überlegung, ob er nicht bereits jetzt, nachdem der
Bundestag mit Zweidrittelmehrheit das Grundgesetz im Sinne der
Verfassungsmäßigkeit der Bonner Verträge ausgelegt habe, eine Ausfertigung und Verkündung dieser schon vor Jahresfrist von den gesetzgebenden Körperschaften verabschiedeten Verträge vornehmen
könne.

Der Bundespräsident rekapitulierte kurz das Schicksal der Bonner Vertragsgesetze. Nachdem ihre Verfassungsmäßigkeit von einer oppositionellen Minderheit angezweifelt worden sei, habe man das Bundesverfassungsgericht bekanntlich mit Klagen und Gutachten bemüht[8]. Er habe diese Entwicklung stets bedauert, weil er es immer als eine Überforderung des Bundesverfassungsgerichts angesehen habe, über diese hochpolitischen Fragen die letzte Entscheidung diesem Gericht zuzuschieben. Schon vor drei Jahren habe er im Hinblick auf die kommenden Dinge dem Bundeskanzler angeraten, den Versuch einer Verfassungsänderung zu machen und die Wehrhoheit in den Zuständigkeitskatalog des Bundes aufzunehmen[9]. Damals habe der Bundeskanzler den Standpunkt vertreten, es besteht keinerlei Aussicht, daß die SPD – deren Stimmen man damals zu jeder Verfassungsänderung gebraucht habe – einer solchen Verfassungsänderung zustimme. Nach der seinerzeitigen Verabschiedung der Vertragsgesetze durch Bundestag und Bundesrat habe die SPD im Hinblick auf das in Karlsruhe noch schwebende Normenkontrollverfahren den Erlaß einer einstweiligen Verfügung beim Bundesverfassungsgericht beantragt[10]. Danach sollte die Bundesregierung daran gehindert werden, dem Bundespräsidenten die Vertragsgesetze zur Verkündung weiterzuleiten. Damals habe er – Bundespräsident – (am 28. März 1953) mit *Ollenhauer* ein Gentleman-Agreement abgeschlossen[11], wonach er – der Bundespräsident – sich bereit erklärt habe, vor einer verfassungsrechtlichen Klärung der Streitfragen die Bonner Vertragsgesetze nicht zu verkünden, und wonach andererseits Ollenhauer sich verpflichtet habe, den Antrag einer einstweiligen Verfügung beim Bundesverfassungsgericht zurückzuziehen.

Er – Bundespräsident – fühle sich von seinem Wort der SPD gegenüber als entbunden, wenn sowohl Bundestag wie Bundesrat mit Zweidrittelmehrheit die Verfassungsauslegung gebilligt haben – aber nicht vorher. Es genüge nicht, daß der Bundestag gesprochen habe; denn damit sei das gesetzgeberische Verfahren noch nicht beendet. Wenn aber beide gesetzgebenden Körperschaften mit Zweidrittelmehrheit die Verfassungsauslegung verabschiedet hätten, könne er sich auf den Standpunkt stellen, daß damit nach Auffassung der überwiegenden Mehrheit, der er sich anschließt, die verfassungsrechtlichen Bedenken gegen die Bonner Verträge ausgeräumt seien.

Eine Frage von Staatssekretär Klaiber, ob die Zustimmung der Alliierten zu der Vertragsauslegung nach dem Besatzungsstatut nötig sei und erwartet werden könne, wird von Staatssekretär Hallstein dahinge-

hend beantwortet, daß jedenfalls Frankreich die Zustimmungsbedürftigkeit bejahen und eine positive Stellungnahme der Hohen Kommission zumindest vorerst verhindern werde. Der Bundespräsident erklärt dazu, daß er seine Entscheidung über die Ausfertigung und
Verkündung der Vertragsgesetze nicht von der alliierten Zustimmung
zur Verfassungsauslegung abhängig machen könne und wolle.
Es wurde daher verabredet, daß von seiten des Bundeskanzlers auf
einen möglichst beschleunigten Zusammentritt des Bundesrats gedrängt werden solle[12] und daß nach Verabschiedung der Verfassungsauslegung durch den Bundesrat die Bonner Vertragsgesetze dem Bundespräsidenten zur Verkündung[13] zugeleitet werden sollen, um
jedenfalls von seiten der Bundesrepublik alles zur Verwirklichung der
Europäischen Verteidigungs-Gemeinschaft zu tun.

Aus der »Westdeutschen Zeitung« vom 1. April 1954:
In der Villa Hammerschmidt, nach der Rückkehr des Bundeskanzlers vom Be-
such in Griechenland und in der Türkei (9.-26. März 1954; Adenauer im
Staatsgewand eines Großwesirs)

Nr. 29
12. Mai 1954

Lage der Regierungskoalition. Landtagswahlen in Nordrhein-Westfa-
len. Saarfrage. Neuwahl des Bundespräsidenten. Einführung des
neuen Präsidenten des Bundesverfassungsgerichts. Dankspende des
deutschen Volkes. Auswärtiger Dienst. Unterstützung für Staatsse-
kretär Sonnemann.

1. *Lage der Regierungskoalition*

Bundeskanzler berichtet über Schwierigkeiten innerhalb der Regierungskoalition[1], die um so bedauerlicher seien, als die gute außenpolitische Stellung der Bundesrepublik vor allem auf der Festigkeit und
Breite der jetzigen Regierungskoalition beruhe.

Ein Teil der FDP und des BHE habe bei der letzten außenpolitischen
Debatte im Bundestag zusammen mit der SPD gegen die Entschließung der Regierungskoalition gestimmt[2]. Was die FDP betreffe, so
verurteile *Dehler* selbst diese Haltung – seine Amerikareise habe ihm
sehr gut getan –, aber man vermute *Reinhold Maier* hinter der Opposition gegen die Regierungspolitik und ihre Koalition[3]. Der Wechsel
im Parteivorsitz des BHE sei völlig überraschend gekommen[4]. Er
werde erst am Freitag *Oberländer*[5] sprechen, der ja inzwischen die
Koalitionstreue seiner Partei versichert habe. Soweit bisher bekannt
geworden sei, habe *Kraft* nach Ablehnung der Wiederwahl seiner
außenpolitischen Beraterin, *Gräfin Finckenstein*[6], in den Parteivorstand sich geweigert, Vorsitzender der Partei zu bleiben. Offenbar
habe Oberländer, der zwar ein tüchtiger und kenntnisreicher, aber
auch rücksichtsloser Politiker sei, schon seit einiger Zeit nach dem
Parteivorsitz gestrebt. Er – Bundeskanzler – werde sich jedenfalls mit
allen Kräften bemühen, die Koalition zusammenzuhalten und hoffe,
daß die jetzigen Schwierigkeiten zum Teil nur als Wahlmanöver im
Hinblick auf die Landtagswahlen in Nordrhein-Westfalen[7] zu werten
seien.

2. *Landtagswahlen in Nordrhein-Westfalen*

Bundeskanzler unterstreicht die politische Wichtigkeit dieser Wahlen.
Ein stärkeres Anwachsen der SPD in diesem Raum wäre für die Bundespolitik von schädlicher Auswirkung[8]. Über die künftig zu erstrebende Regierungskoalition CDU/FDP habe man in diesem Land noch
keine Einigung treffen können. Die FDP sei bereit, *Arnold* zum Mini-

sterpräsidenten wiederzuwählen, und die CDU habe ihre Bedenken
gegen eine eventuelle Ministerschaft *Middelhauves* zurückgestellt.
Dagegen könne sich die CDU keinesfalls mit dem Plan abfinden,
Achenbach als Fraktionsführer der FDP im Landtag von Nordrhein-
Westfalen zu sehen. Auch *Dehler* habe zugesagt, alles gegen die Ver-
wirklichung dieses Planes zu tun[9].

3. *Stand der Saar-Verhandlungen*

Bundeskanzler erklärt, die Lösung der Saarfrage sei bekanntlich von
Frankreich – ob mit Recht oder Unrecht, sei leider unerheblich – zur
Voraussetzung der Annahme des EVG-Vertrages gemacht worden. Er
habe sich mit *Bidault* darüber geeinigt, den *van-Naters*-Plan[10] als
Grundlage der Diskussion anzunehmen[11]; allerdings mit zwei wichtigen Vorbehalten: der endgültige Status des Saargebiets könne erst im
Friedensvertrag festgelegt werden, und die Europäisierung der Saar sei
erst sinnvoll mit der Verwirklichung der Europäischen Politischen Gemeinschaft[12]. Wenn jetzt keine Lösung des Problems erfolge, bleibe
die Saar wie bisher unter rein französischem Protektorat und komme
von Jahr zu Jahr unter stärkeren französischen Einfluß. Beide Teile
müßten jetzt Opfer bringen, eine Einigung sei aber wohl nur unter
stärkster englisch-amerikanischer Vermittlerschaft möglich. In Frankreich stehe vor allem der Quai d'Orsay einer auch für die Bundesrepublik annehmbaren Lösung im Wege.

4. *Neuwahl des Bundespräsidenten*

Der Bundespräsident dankt dem Bundeskanzler für die Mitteilung,
daß die CDU bereit sei, für seine Wiederwahl sich einzusetzen[13]. Der
Bundeskanzler will nunmehr mit dem Vorsitzenden der SPD in dieser
Frage in Verbindung treten, und zwar vor ihrer Parteivorstandssitzung
am 3. Juni. Er ist überzeugt, daß sich auch die SPD für die Wiederwahl
des Bundespräsidenten aussprechen wird[14].
Einen Antrag der FDP[15], die Bundesversammlung in Berlin abzuhalten, erachtet der Bundeskanzler für technisch schlecht durchführbar
und für außenpolitisch bedenklich. Er hoffe, daß die FDP diesen Antrag zurückziehen werde, begrüße es aber, wenn der Bundespräsident,
kurze Zeit nach seiner Wiederwahl, am 20. Juli Berlin aus Anlaß der
zehnjährigen Wiederkehr des Attentats auf *Hitler* einen Besuch abstatten würde.

5. *Einführung des neuen Präsidenten des Bundesverfassungsgerichts*
Bundespräsident unterrichtet den Bundeskanzler, daß die Einführung des Präsidenten des Bundesverfassungsgerichts, *Wintrich*[16], für den 9. Juni in Aussicht genommen sei. Der Bundeskanzler ist damit einverstanden, wird aber selbst wegen anderer Termine kaum an der Feier teilnehmen können. Es wird vorgeschlagen, die Bundesregierung durch die Minister *Neumayer*[17] und *Schröder*[18] vertreten zu lassen[19].

6. *Dankspende des deutschen Volkes*[20]
Bundespräsident teilt dem Bundeskanzler mit, daß die Dankspende für die Schweiz nunmehr fertiggestellt sei und in absehbarer Zeit in Bern übergeben werden könne. Er schlägt dem Bundeskanzler vor, mit dieser Aufgabe aus verschiedenen Gründen nicht den Gesandten *Holzapfel*, sondern den bekannten Kunstmäzen und Sammler, Rechtsanwalt *Haubrich*[21] aus Köln, zu betrauen, der schon Vorsitzender der Jury der Dankspende gewesen sei und der ein internationales Ansehen genieße. Bundeskanzler erklärt, Haubrich zu kennen, gegen die Idee keine Einwendung zu haben; allerdings wolle er sich gern über die Persönlichkeit Haubrichs durch seinen Sohn, den Oberstadtdirektor in Köln[22], nochmals zur Sicherheit unterrichten lassen.

7. *Auswärtiger Dienst*
Bundespräsident fragt den Bundeskanzler, ob über die Besetzung des Leiters der Kulturabteilung im Auswärtigen Amt[23] bereits eine Entscheidung getroffen sei. Bundeskanzler erklärt, daß man sich überlege, den bisherigen Botschafter in New Delhi, Professor *Meyer*[24], mit dieser Aufgabe zu betrauen. Bundespräsident glaubt, daß Botschafter Meyer diesen Posten gut ausfüllen werde.
Auf die Frage der diplomatischen Beziehungen zu Moskau angesprochen erklärt der Bundeskanzler, er habe in Hamburg nur ganz allgemein auf eine Frage erklärt, sicherlich würden irgendwann in der Zukunft einmal auch diplomatische Beziehungen mit Moskau hergestellt werden[25]. Er halte den jetzigen Zeitpunkt im Hinblick auf die empfindliche Reaktion im Westen für weit verfrüht und auch die Idee des Abgeordneten *Pfleiderer*[26], jetzt mit einer Delegation von Abgeordneten nach Moskau zu fahren, für völlig abwegig[27].
Zu weiteren Besetzungen von Außenposten teilt der Bundeskanzler mit, man beabsichtige, *Podeyn*[28] nach Karachi zu entsenden und evtl. *Herwarth* nach Tokio. Nach Stockholm solle der bisherige Botschaftsrat in Brüssel, *Siegfried*[29], entsandt werden. ‹*Pfeiffer*[30] solle nicht als Beobachter zur U.N., sondern einen anderen Posten erhalten.›[a]

[8.] *Sonnemann*[31]*-Prozeß*
Bundespräsident bittet den Bundeskanzler, den Staatssekretär Sonnemann, der nur wegen seiner Äußerung gegen *Hertslet*[32] doch wohl un-
verschuldet in Prozeß-Schwierigkeiten gekommen sei, moralisch und
tatsächlich weiter zu unterstützen. Bundeskanzler sagt dies zu.

Nr. 30
14. Juli 1954

Bundesversammlung und Gedenkveranstaltung zum 20. Juli 1944.
Frage der deutschen Souveränität. Deutscher Evangelischer Kirchen-
tag in Leipzig. Vermutungen über einen Besuch des sowjetischen
Hohen Kommissars in der DDR beim Bundespräsidenten. Regie-
rungsbildung in Nordrhein-Westfalen.

1. Bundespräsident unterrichtet den Bundeskanzler über den voraussichtlichen Inhalt seiner Ansprachen vor der Bundesversammlung am
17. Juli[1] und vor der Berliner Veranstaltung zum Gedächtnis des 10-
Jahrestages des 20. Juli[2].

2. Bundeskanzler informiert den Bundespräsidenten über die Mitteilungen, die er von dem britischen Hohen Kommissar und dem stellvertretenden amerikanischen Hohen Kommissar[3] zur Frage der deutschen Souveränität erhalten habe. Die Vereinigten Staaten und
Großbritannien seien in London[4] übereingekommen, ‹– im Falle
der Nichtratifizierung des EVG- u[nd] Deutschlandvertrages durch
Frankreich[5] –›[a] den Deutschlandvertrag vom EVG-Vertrag zu lösen
und diesen baldmöglichst in Kraft zu setzen. Dazu bedürfe es allerdings der Zustimmung Frankreichs; die Stellungnahme Frankreichs
sei jedoch noch ungewiß. Sollte sich aber Frankreich weigern, diesen
Vorschlag anzunehmen, seien die beiden angelsächsischen Mächte
entschlossen, durch einseitige Erklärung in ihren beiden Zonen die
Souveränität – abgesehen von der Wiederbewaffnung – Deutschland
zurückzugeben.

3. Bundeskanzler kritisiert sehr scharf das Verhalten der ‹west›deutschen[b] offiziellen Vertreter beim Kirchentag in Leipzig[6]. Es habe einen
außerordentlich schlechten Eindruck, insbesondere in den Vereinigten
Staaten, aber auch in der Ostzone selbst hervorgerufen, daß sich Bun-

Bei der Ankunft auf dem Flughafen Berlin-Tempelhof, vor der Wiederwahl zum Bundespräsidenten (17. Juli 1954; zu Nr. 29, TOP 4 – Nr. 30, TOP 4 – Anhang Nr. 7)

destagspräsident *Ehlers* und Staatssekretär [Walter] *Strauß* an einen Tisch mit prominenten Vertretern der Ostzone wie *Dieckmann*[7], *Nuschke* gesetzt hätten. Besonders töricht hätten sich die Abgeordneten *Bausch*[8] und *Metzger*[9] auf einer Bonner Pressekonferenz über die Auswirkungen des Kirchentages und ihre persönliche Fühlungnahme mit Vertretern der Ostzone geäußert[10]. Er hätte es für richtiger gehalten, wenn der Präsident des Kirchentages[11] die westdeutschen Politiker nicht in die schwierige Situation gebracht hatte, sich mit Leuten wie Dieckmann und Nuschke an einen Tisch zu setzen.

4. Bundeskanzler fragt den Bundespräsidenten, ob im Bundespräsidialamt noch weitere Nachrichten über die angebliche Absicht *Semjonows*[12] vorlägen, dem Bundespräsidenten nach seiner Wiederwahl in Berlin einen Gratulationsbesuch zu machen[13]. Bundespräsident erklärt, daß diese Nachricht zwar mit allem Vorbehalt ‹über dpa›[c] ihm zugegangen sei; er könne natürlich nicht beurteilen, ob die ganze Sache als Zeitungsente anzusehen sei. Wie dem auch sei, bitte er – Bundeskanzler – den Bundespräsidenten dringend, jede etwaige Anfrage, ob ein solcher Besuch genehm sei, abzulehnen mit der Bemerkung, daß zwischen den beiden Ländern noch keine normalen diplo-

matischen Beziehungen bestünden[14]. Ein Gratulationsbesuch Semjonows beim Bundespräsidenten würde zu gröbsten Mißverständnissen
in der gesamten westlichen Weltöffentlichkeit führen und müsse bei
der ‹westlichen Empfindlichkeit›[d] (Rückkehr zur Rapallo-Politik[15])
unter allen Umständen vermieden werden.

5. Bundeskanzler unterrichtet den Bundespräsidenten darüber, daß die
CDU-FDP-Koalition in Nordrhein-Westfalen nunmehr beschlossene
Sache sei[16]. *Middelhauve* werde stellvertretender Ministerpräsident
und Wirtschaftsminister und *Dr. Weyer*[17] Wiederaufbauminister. Der
Entschluß dazu sei *Arnold* nicht leicht gefallen. Im Hinblick auf die
außenpolitische Situation begrüße er – Bundeskanzler – diese Lösung
außerordentlich.

Nr. 31

9. September 1954

*Scheitern der EVG. Vorbereitung der Londoner Neunmächtekonfe-
renz. »Fall John«.*

[1.] *EVG*
Bundeskanzler unterrichtet den Bundespräsidenten über seine Auffassung zur außenpolitischen Lage nach dem Scheitern der EVG im französischen Parlament[1]. Dieser schwere Rückschlag für die europäische
Entwicklung und die Zusammenarbeit der freien Nationen bedeute
einen weiteren Sieg der Sowjetunion im kalten Krieg und hätte nach
seiner (Bundeskanzlers) Ansicht durch *Mendès-France*[2] bei gutem
Willen vermieden werden können. Schon bei der Brüsseler Konferenz[3]
habe *Mendès-France* erklärt, er sei durch die Haltung der anderen
EVG-Mächte »gedemütigt« worden. Dies entspreche keineswegs den
Tatsachen. Bundeskanzler selbst habe sich völlig zurückgehalten, und
die Ablehnung der französischen Forderungen, deren Verwirklichung
den Charakter der EVG völlig geändert hätte, sei durchaus spontan
gewesen[4]. Sein Eindruck von Mendès-France sei, daß er zwar ein fähiger Wirtschaftspolitiker sei, aber durch seine sogenannten Erfolge (In-
dochina, Nordafrika, wirtschaftliche Vollmachten[5]) sich für einen un-
widerstehlichen Staatsmann gehalten habe. Sein Charakter sei aber
völlig undurchsichtig und unzuverlässig, und er scheue in der Politik
auch nicht vor glatten Unwahrhaftigkeiten zurück[6]. In Frankreich
tobe nun der innenpolitische Kampf, was aus dem in unserer Presse

kaum erwähnten Pronuntiamento der 6 ehemaligen französischen Ministerpräsidenten (s. Anlage[7]) hervorgehe, das die Politik von Mendès-France sehr scharf verurteile und auf die Isolierung Frankreichs aufmerksam mache.

In den USA habe die französische Haltung einen niederschmetternden Eindruck gemacht, wie die sehr deutliche Rede von *Dulles* gezeigt habe[8]. Die Gefahr eines Anwachsens des Isolationismus und der Idee der peripheren Verteidigung sei nicht von der Hand zu weisen.

Conant und Senator *Wiley*[9] hätten ihn – den Bundeskanzler – auf Bühlerhöhe aufgesucht[10] und ihm eine Note überreichen wollen, in der man der Bundesrepublik die im Deutschlandvertrag festgelegten Souveränitätsrechte angeboten habe. Er habe die Note zurückgewiesen, da die vor mehr als zwei Jahren ausgehandelten beschränkten Souveränitätsrechte heute nicht mehr zeitgemäß seien. Es sei mit Mühe noch rechtzeitig gelungen, die Überreichung der Note in London und Paris zu verhindern[11].

Geschickter habe sich England verhalten. Ein Vertreter des abwesenden Britischen Hohen Kommissars habe ihm in Bühlerhöhe eine Botschaft *Churchills* übersandt, die neben ermutigenden Worten den Vorschlag der Zuerkennung der vollen Souveränität an die Bundesrepublik enthalten habe mit dem Rat, auf Teile der Souveränität im Interesse der europäischen, militärischen und politischen Situation freiwillig zu verzichten[12]. Dies scheine ihm – dem Bundeskanzler – der richtige Weg. Nun sei ihm eben noch angekündigt worden, daß *Eden* am 12. September zu Besprechungen nach Bonn kommen würde[13].

[2.] *Die von England vorgeschlagene Konferenz der EVG-Mächte, der USA, Englands und Kanadas*[14]:

Bundeskanzler habe sich von Anfang an auf den Standpunkt gestellt, ohne eingehende diplomatische Vorbereitung sei eine solche Konferenz untunlich. Der vorgeschlagene Zeitpunkt (14. auf 16. September) sei infolge der für diese Tage im Bundestag angesetzten außenpolitischen Debatte[15] nicht annehmbar gewesen, aber noch wichtiger für die Verschiebung der Konferenz habe die Tatsache gesprochen, daß zum vorgeschlagenen Termin Dulles nicht hätte in London sein können[16].

Als Alternative für die EVG seien bisher von USA und England zwei Möglichkeiten angedeutet worden:

Eintritt der Bundesrepublik in die NATO mit entsprechenden Sicherungen; europäische Koalitions-Armee mit Einbeziehung Großbritanniens. Ihm – dem Bundeskanzler – scheine die erste Lösung die bessere zu sein; allerdings sei die Stellungnahme Frankreichs hierzu noch völlig ungewiß[17].

[3.] *Fall John*[18]
Bundeskanzler berichtet, daß eine Delegation der FDP-Fraktion (*Dehler, Euler, Preusker*) soeben bei ihm vorgesprochen hätte[19] und die Entlassung des durch die Behandlung des Falles John kompromittierten Innenministers *Schröder* verlangt habe[20]. Er – Bundeskanzler – habe den Herren von der FDP erklärt, durch eine solche Maßnahme würde dem Fall John eine noch viel stärkere Bedeutung gegeben als nötig. Es seien sicher Ungeschicklichkeiten bei der Behandlung des Falles vorgekommen. Bundespräsident machte hierzu insbesondere auf die Aussetzung einer Prämie von 1/2 Million DM aufmerksam, eine Maßnahme, die im Volke überhaupt nicht verstanden worden sei[21]. Bundeskanzler erklärt hierzu, Minister Schröder habe ihn von diesem Plan telefonisch nach Bühlerhöhe informiert und habe sich von dieser Maßnahme viel versprochen (Nachrichtenmaterial aus der Ostzone und Übertritt von Persönlichkeiten vom Osten nach dem Westen). Er – Bundeskanzler – habe trotzdem gewarnt, aber schließlich nach weiterem Drängen Schröders unter Aufrechterhaltung seiner Bedenken seine Zustimmung erteilt[22]. Wenn auch Schröder noch jung, eitel und unbeliebt in seinem Ministerium sei, so wäre jetzt eine Entlassung sicherlich ohne schwere Koalitions- und Kabinettskrise nicht möglich. Dies müsse schon aus außenpolitischen Rücksichten verhindert werden. Er – Bundeskanzler – bitte den Bundespräsidenten vorerst noch nicht um eine Intervention, weil er hoffe, die Wogen noch selbst glätten zu können[23].

Nr. 32
17. September 1954

Besprechungen des Bundeskanzlers mit den Außenministern Großbritanniens und der USA, Eden und Dulles. »Fall John«. Leitung der Kulturabteilung des Auswärtigen Amtes.

[1.] *Bundeskanzler berichtet dem Bundespräsidenten über die Besprechung mit dem britischen Außenminister Eden*[1] *und dem amerikanischen Staatssekretär des Äußeren Foster Dulles*[2]:

a) Die Reise Edens in die Hauptstädte der EVG-Länder sei von uns als diplomatische Vorbereitung der von England angeregten 9-Mächte-Konferenz[3] sehr begrüßt worden. Eden habe einen frischen und nach seiner langen Krankheit gereiften Eindruck gemacht. Die Atmosphäre der Besprechungen in Bonn sei betont freundschaftlich gewesen. Eden habe sich über seine Besprechung in Brüssel mit den Benelux-Staaten sehr zufrieden geäußert; diese Länder seien mit einer eventuellen Aufnahme Deutschlands in die NATO durchaus einverstanden. Da man aber über die Haltung Frankreichs zu dieser Frage skeptisch sei, habe Eden den Alternativplan[4] entwickelt, den im Jahre 1947 zwischen Großbritannien, Frankreich und den Benelux-Staaten unterzeichneten Brüsseler Pakt[5], der damals aus Sorge vor einer künftigen deutschen »Aggression« und vor einem etwaigen Wiederaufleben des deutschen »Militarismus« abgeschlossen worden sei, durch die Aufnahme der Bundesrepublik und Italiens zu erweitern. Diese Verteidigungsorganisation könne dann innerhalb der NATO eine Sondergruppe bilden und die Bundesrepublik wenigstens vorerst als assoziiertes Mitglied der NATO eine Stellung beziehen. Leider sei dieser Plan durch eine Indiskretion aus London in der Öffentlichkeit frühzeitig bekannt geworden. Dieser Plan habe den Vorteil, daß er verhältnismäßig rasch realisierbar sei, eine sofortige Vollaufnahme Deutschlands in die NATO zurückstelle und durch die uneingeschränkte Beteiligung Englands an dieser Kombination auf Frankreich beruhigend wirken müsse. Eden habe sich bei uns naturgemäß über das Maß der Beschränkung der Souveränität erkundigt, das sich die Bundesrepublik freiwillig aufzuerlegen bereit sei. Er – Bundeskanzler – habe darauf erklärt, die Beschränkungen des EVG-Vertrages könnten zur Grundlage der Verhandlungen hierüber genommen werden, abgesehen von einigen Bestimmungen, die heute durch die geschichtliche Entwicklung überholt seien[6]. Als Kontrollinstanz in Verteidigungsfragen sei nach Ansicht Edens und des Bundeskanzlers der Oberbefehlshaber der NATO die geeignete Stelle, die sowohl die Einhaltung der festzusetzenden Rüstungs- und Heeresstärken nach unten wie auch nach oben kontrollieren könnte. Eden habe erklärt, nach seinem Besuch in Bonn mit *Mendès-France* in Paris[7] auf dieser Grundlage verhandeln zu wollen, und von dem Ergebnis dieser Besprechungen die weitere Initiative zur Einberufung einer 9-Mächte-Konferenz abhängig zu machen. Auch Eden scheine die Haltung von Mendès-France skeptisch zu beurteilen. Er – Bundeskanzler – habe sich in seinen Äußerungen dazu sehr zurückgehalten. Auch über die deutsche innenpolitische Lage habe er

Begrüßung von John Foster Dulles auf dem Flughafen Köln-Wahn
(16. September 1954; zu Nr. 32, TOP 1b)

Herrn Eden unterrichtet und ihm die Notwendigkeit einer baldigen
Zuerkennung der Souveränität an die Bundesrepublik auseinandergesetzt.

Von Eden auf die Saarfrage angesprochen, habe er ihm erklärt, dieses
Problem sei für die Bundesrepublik zur Zeit nicht aktuell, da die
deutsch-französischen Besprechungen über die Europäisierung der
Saar[8] von der Verwirklichung der europäischen politischen Gemeinschaft[9] ausgegangen seien, die heute durch die Haltung Frankreichs in
weite Ferne gerückt sei.

b) Der Blitzbesuch *Dulles* in Bonn sei für ihn – Bundeskanzler – selbst
völlig überraschend gekommen. Dulles habe sich über die deutsche

Beurteilung der Lage nach dem Scheitern der EVG und nach den Besprechungen mit *Eden* unterrichten wollen. Die Engländer hätten
Murphy[10] bei seinem Londoner Besuch von den Absichten Edens offensichtlich nicht informiert. Die USA seien unsere besten Freunde
und bereit, ihre Außenpolitik in Europa unseren politischen Notwendigkeiten anzupassen. Aus den Besprechungen mit Dulles sei ersichtlich geworden, daß die USA zur Zeit keinen konstruktiven Plan hätten
und am liebsten den gleichberechtigten Eintritt der Bundesrepublik in
die NATO unter voller Zuerkennung der Souveränität sehen würden.
Sie seien auch bereit, falls Frankreich alle Alternativvorschläge ablehne, unter Ausschaltung Frankreichs gemeinsam mit England einseitige
Abkommen mit der Bundesrepublik über Souveränität und Verteidigungsbeitrag abzuschließen. Die Enttäuschung in den USA über
Frankreich und die Verschleppung der europäischen Integration sei
nach Mitteilung von Dulles sehr groß. Die Gefahr eines neuen amerikanischen Isolationismus sei nicht zu unterschätzen. Man habe sich
deshalb in dem Abschlußkommuniqué zum Besuch Dulles ausdrücklich über die Fortführung der Bestrebungen zur europäischen Integration, die Wiederherstellung der deutschen Souveränität und die
Herbeiführung eines Systems kollektiver Sicherheit unter voller
Gleichberechtigung der Bundesrepublik ausgesprochen[11].

Man sei außerdem übereingekommen, einer englischen Aufforderung
zu einer Konferenz nur dann nachzukommen, wenn beide Länder
(USA und Bundesrepublik) nach vorheriger Absprache dazu bereit
seien. Über Mendès-France habe sich Dulles außerordentlich verbittert geäußert. Durch seinen Besuch in Bonn und London unter Auslassung von Paris habe Dulles dieser Stimmung sehr deutlich Ausdruck
verliehen. Dulles habe den Bundeskanzler unterrichtet, der USA-Bot-
schafter in Paris[12] bedränge ihn sehr, von London aus wenigstens für
eine Stunde nach Paris zu fliegen. Er habe ihn – Bundeskanzler – um
seine Ansicht dazu gefragt. Er habe aber geglaubt, Dulles von einem
Pariser Besuch abraten zu sollen.

c) Edens Verhandlungen in Paris seien nach Auffassung des Bundeskanzlers nach Studium des sehr dürftigen Abschlußkommuniques[13]
wohl ein Mißerfolg gewesen. Trotzdem scheine England zu einer baldigen Konferenz einladen zu wollen, und es bleibe nun abzuwarten,
ob Frankreich durch unerfüllbare Forderungen wiederum eine Einigung unmöglich machen werde.

[2.] *Fall John*[14]
Bundeskanzler beklagt sich über die kritische und aggressive Rede *Reinhold Maiers* zum Fall John im Bundestag[15], die eine ernste Koalitionskrise herbeigeführt habe. Die CDU fühle sich betrogen, da ihr von der FDP eine maßvolle Rede Maiers in Aussicht gestellt worden sei und sie sich daraufhin mit der Stimmenthaltung der FDP zum Mißbilligungsantrag der SPD gegen Minister *Schröder* schließlich abgefunden habe[16]. Die CDU sei weiterhin dadurch verbittert worden, daß die FDP-Minister ostentativ bei der Abstimmung über den Mißbilligungsantrag gegen ihren Kollegen Schröder ferngeblieben seien und daß *Dehler* von der Rede Reinhold Maiers nicht klarer abgerückt sei[17]. Er – Bundeskanzler – hoffe, daß die Wogen sich aber glätten werden, denn unser Haupttrumpf auf außenpolitischem Gebiet sei die Festigkeit und Breite der Regierungskoalition, die eine solide Außenpolitik ermögliche.

[3.] *Leitung der Kulturabteilung des Auswärtigen Amtes*[18]
Bundespräsident kommt auf unsere kulturpolitischen Interessen und Bemühungen im Ausland zu sprechen, deren Bedeutung vom Bundeskanzler gerade im Hinblick auf das Wiederaufleben einer Deutschenhetze in verschiedenen Ländern durchaus akzeptiert wird. Er – Bundeskanzler – versuche immer wieder, von Finanzminister *Schäffer* hierfür erhöhte Mittel zu erhalten[19]. Bundespräsident legt dem Bundeskanzler nahe, nunmehr bald für eine Besetzung des Leiters der Kulturabteilung im Auswärtigen Amt mit einer besonders guten und angesehenen Persönlichkeit Sorge zu tragen, da von der richtigen Besetzung dieses Postens viel für unsere kulturpolitische Arbeit im Ausland abhänge. Bundeskanzler stimmt dieser Auffassung zu, erklärt aber, Staatssekretär *Hallstein* habe ihm bisher für diesen Posten Prof. *Bergstraesser*[20] oder unseren jetzigen Botschafter in New Delhi, *Meyer*, vorgeschlagen. Er – Bundeskanzler – zögere aber, neben all den anderen Professoren im Auswärtigen Amt jetzt wieder einen weiteren Professor für diese Aufgabe heranzuziehen, da man in der politischen Öffentlichkeit immer stärker gegen den Professoreneinfluß und die professoralen Berater des Bundeskanzlers opponiere. Er werde bestrebt sein, einen anderen geeigneten Bewerber bald vorzuschlagen.

Nr. 33

25. Oktober 1954

Bericht des Bundeskanzlers über die Pariser Konferenzen, das Abkommen über die Beendigung des Besatzungsstatuts, das Abkommen über die Änderung und Ergänzung des Brüsseler Vertrages, die deutsch-französischen Beziehungen und über das Saarstatut. Wehrgesetz. Note der Sowjetunion vom 23. Oktober 1954.

[1.] Bundeskanzler dankt dem Bundespräsidenten für den Brief des Dankes und der Anerkennung[1], den dieser ihm nach Rhöndorf anläßlich seiner Rückkehr von der Pariser Konferenz[2] geschrieben hat. Anschließend unterrichtet Bundeskanzler den Bundespräsidenten über die in Paris getroffenen Abmachungen betreffend die Beendigung des Besatzungsstatuts, die Aufnahme der Bundesrepublik in den Brüsseler Pakt und in die Atlantikpaktorganisation sowie die Unterzeichnung eines Saarabkommens.

Über die Atmosphäre der Pariser Verhandlungen äußert sich der Bundeskanzler befriedigt. Anders als bei den Londoner Besprechungen sei *Mendès-France* von englischer und amerikanischer Seite sehr schonend behandelt worden. Der französische Ministerpräsident gewinne auch sichtlich an innerpolitischem Boden in Frankreich, und es bestehe gute Aussicht, daß er sich mit den Verträgen im Parlament durchsetzen werde[3]. Er habe ihm – dem Bundeskanzler – auch erklärt, daß der Gedanke der europäischen Integration mit der Ablehnung der EVG keineswegs tot sei. Die späteren Verhandlungen über den Rüstungspool[4] böten sicher noch Gelegenheit, die Verwirklichung dieser Idee weiterzuentwickeln.

Die in Paris geschlossenen Abkommen sind in der Anlage im Wortlaut beigefügt (Anlage I)[5].

[2.] *Zum Abkommen über die Beendigung des Besatzungsstatuts* bemerkt der Bundeskanzler, daß dieses gegenüber dem Deutschlandvertrag Verbesserungen enthalte. Die Westalliierten hätten sich zwar wegen ihrer Position zu Sowjetrußland und wegen ihrer Stellung in Berlin das Recht auf Truppenstationierung in Deutschland vorbehalten, aber der Bundesrepublik gegenüber sich verpflichtet, auf die einseitige Geltendmachung dieses Rechts nach Abschluß eines Truppenvertrags mit der Bundesrepublik zu verzichten. Im übrigen werde der Bundesrepublik die volle Souveränität eingeräumt[6]. Auch die Notstandsklausel und die wirtschaftlichen Beschränkungen seien in Wegfall gekommen.

Zum Abkommen über die Änderung und Ergänzung des Brüsseler Vertrags, das den gleichberechtigten Eintritt Deutschlands und Italiens in dieses Verteidigungsbündnis ohne Diskriminierung vorsehe, sei festgelegt, diese Organisation nunmehr »Westeuropäische Union« zu benennen[7]. Dies solle aber nicht etwa zum Ausdruck bringen, daß dieser Union nur westeuropäische Länder beitreten könnten. Vielmehr stehe der Beitritt zu dieser Organisation auch z. B. Ländern wie der Türkei jederzeit offen. Der Umfang der deutschen Streitkräfte sei in diesem Abkommen nach dem Vorbild der EVG festgesetzt. Über die Art und den Umfang der Rüstungskontrolle habe man sich geeinigt. Die schwierige Frage des von Mendès-France vorgeschlagenen europäischen Rüstungspools sei aus dem Vertragswerk vorerst ausgeklammert und einer späteren Einigung vorbehalten worden.

Der Beschluß, an die Bundesrepublik die Aufforderung zu richten, nach Ratifizierung der Pariser Abkommen der NATO beizutreten, sei in der freundschaftlichsten Form erfolgt und habe besonders deutlich die Änderung der Gesinnung gegenüber Deutschland seit 1945 gezeigt. Mitglied der NATO werde die Bundesrepublik erst, wenn die 14 NATO-Mitgliedstaaten den Beschluß ratifiziert hätten[8].

[3.] *Die deutsch-französischen Beziehungen*

Bundeskanzler berichtet, daß die Pariser Konferenz auch Gelegenheit geboten habe, mit Mendès-France ausführlich über die Verbesserungen der deutsch-französischen Beziehungen, vor allem auf wirtschaftlichem und kulturellem Gebiet zu sprechen[9]. Es sei verabredet worden, das deutsch-französische Handelsabkommen zu einem Handelsvertrag auf drei Jahre zu erweitern, und man habe sich grundsätzlich darüber geeinigt, Frankreich im Jahr 500.000 Tonnen Weizen abzunehmen[10]. Auf die Frage des Bundespräsidenten, ob auch über eine Abnahmeverpflichtung für französischen Wein gesprochen worden sei, erklärt der Bundeskanzler, hierüber seien noch keine verbindlichen Gespräche geführt worden. Bundespräsident bittet, bei Abmachungen auf diesem Gebiet auf die Interessen des deutschen Weinbaus besonders achten zu wollen.

Bundeskanzler berichtet weiter, daß ein deutsch-französisches Kulturabkommen[11] sowie ein Abkommen über die Kriegsgräberfürsorge[12] in Paris unterzeichnet worden sei. Auch über Pläne für die Gründung einer deutsch-französischen Kulturakademie und über gemeinsame deutsch-französische Industrieprojekte in Nordafrika sei gesprochen worden.

Der wichtigste Punkt der deutsch-französischen Besprechungen in Paris sei aber die Ausarbeitung eines provisorischen *Saarstatuts* gewesen. Mendès-France habe sich von seinem Kabinett die Weisung geben lassen, die Pariser Verträge nur nach vorangegangener Saarvereinbarung zu unterzeichnen. Die Erreichung eines Einverständnisses über das Saarstatut (s. Anlage II)[13] sei außerordentlich schwierig gewesen und habe zeitweise das Gelingen der ganzen Konferenz gefährdet. Daher habe er – Bundeskanzler – auch die Vorsitzenden der Fraktionen des Bundestages nach Paris berufen, um die Verantwortung in dieser schwierigen Frage nicht allein tragen zu müssen[14]. Es handele sich jetzt um eine provisorische Lösung – die Franzosen hätten aber ursprünglich verlangt, die Bundesrepublik solle sich verpflichten, diese provisorische Lösung in einem späteren Friedensvertrag als endgültig anzunehmen –. Diese französische Forderung sei jedoch von ihm – Bundeskanzler – abgelehnt und dann auch von Frankreich fallengelassen worden.

Das neue provisorische Saarstatut bringe der Saarbevölkerung die innerpolitische Freiheit, erhalte aber für Frankreich die Währungs- und Zollunion. Die Saarbevölkerung werde zu einer Volksabstimmung über das Saarstatut und gleichzeitig zu Neuwahlen zu ihrem Saarlandtag aufgefordert werden. Eine neugebildete Saarregierung müsse dann die Wirtschaftsverträge mit Frankreich der neuen Situation im Saargebiet, auch unter Berücksichtigung der wirtschaftlichen Verbindungen mit der Bundesrepublik, anpassen. Ein europäischer Kommissar, der weder Deutscher noch Franzose noch Saarländer sein dürfe und dem Ministerrat der westeuropäischen Union verantwortlich sei, stehe an der Spitze des Saargebiets und vertrete das Gebiet in außenpolitischer Hinsicht[15]. Nach Art. IX[16] des provisorischen Saarstatuts unterliegen die Bestimmungen im Friedensvertrag über die Saar im Wege der Volksbefragung der Billigung durch die Saarbevölkerung. Die Bevölkerung müsse sich hierbei ohne irgendwelche Beschränkungen aussprechen können. Nach Ansicht des Bundeskanzlers bedeute dies, daß bei einer Ablehnung der friedensvertraglichen Saarbestimmungen durch die Saarbevölkerung den Vertragspartnern nichts anderes übrig bleibe, als sich über eine andere Saarregelung zu einigen.

[4.] Bundespräsident macht den Bundeskanzler erneut auf die dringende Notwendigkeit aufmerksam, die SPD zeitig zur Mitarbeit am

Wehrgesetz[17] heranzuziehen[18], da es undenkbar sei, das Wehrgesetz und damit die deutsche Wiederbewaffnung etwa gegen eine Opposition der SPD im Parlament durchsetzen zu wollen. Außerordentlich wichtig sei auch die gute und richtige Auswahl der führenden Offiziere der neuen Wehrmacht, um von Anfang an einen politischen Einfluß des neuen Militärs auszuschalten und der neuen deutschen Wehrmacht die richtige staatspolitische Gesinnung einzupflanzen[19]. Bundeskanzler sagt zu, auch seinerseits hierfür sorgen zu wollen. Er – Bundeskanzler – bedauere, daß die SPD sich offenbar der neuen Saarregelung nicht anschließen und die Saarfrage als politische Oppositionspropaganda in den kommenden Landtagswahlen[20] benutzen werde.

Zur inzwischen eingegangenen neuen Sowjetnote[21] erklärt der Bundeskanzler, daß ihr Text in Paris noch nicht bekannt gewesen sei. Inzwischen habe man feststellen müssen, daß sie keineswegs ein neues Angebot enthalte und sogar die Behauptung der Westalliierten, es bestehe ein militärischer und wirtschaftlicher Sowjet-Ostblock, als »unrichtig« zurückweise. Inzwischen habe er zu seiner Genugtuung gehört, daß die drei Westalliierten sich entschlossen hätten, die Sowjetnote erst nach der Ratifizierung der Pariser Abkommen beantworten zu wollen[22].

Mit Erich Ollenhauer

Nr. 34
6. Dezember 1954

FDP. Kritik des Bundeskanzlers an Mitgliedern der Bundesregierung.
Bundestagspräsident Gerstenmaier. Verdienstorden. Politische Situa-
tion in Frankreich. Schleswig-Holsteinischer Landtag.

1. *FDP*
Bundeskanzler äußert sich besorgt über die Entwicklung der FDP,
deren Wahlmißerfolge[1] er im Interesse der innerpolitischen Konsolidierung sehr bedauere. Er beklagt den Mangel an wirklich führenden
Persönlichkeiten in der FDP, den geringen Einfluß der FDP-Bundesmi-
nister in ihrer Fraktion und die sprunghaften rednerischen Eskapaden
des Parteivorsitzenden *Dehler*[2]. Die Einstellung gegen das Saarabkommen und die antiklerikale Propaganda seitens der FDP in den
Wahlkämpfen habe offensichtlich ihre Wirkung beim Wähler verfehlt,
und er hoffe, daß die FDP hieraus die Folgerungen ziehe. Er werde
morgen eine Koalitionsführer-Besprechung[3] abhalten und dort Klarheit über die künftige Haltung der FDP als Koalitionspartner verlangen müssen. Er bittet den Bundespräsidenten seinerseits, auf Dr. Dehler Einfluß auszuüben[4]. Bei der Koalitionsbesprechung hoffe er –
Bundeskanzler –, auch eine Einigung über das Festhalten an dem Termin für die außenpolitische Debatte (15./16. Dezember)[5] zu erreichen,
da er es für außenpolitisch falsch halten würde, diese Debatte wegen
der Verschiebung der Aussprache im französischen Parlament auf den
20. Dezember[6], nun auch unsererseits bis zum 18. Januar 1955 (erster
Zusammentritt des Plenums des Bundestages nach den Weihnachtsfe-
rien) hinauszuzögern.

2. *Bundesregierung*
Bundeskanzler drückt seine Unzufriedenheit mit verschiedenen Kabi-
nettsministern aus. Abgesehen von der mangelnden Initiative der FDP-
Minister in ihrer Partei und Fraktion machten ihm *Wuermeling*[7],
Schröder und *Blank* Sorgen. Mit Wuermeling habe die beabsichtigte
Aussprache noch nicht stattgefunden, aber er glaube, diesen Minister
wegen seiner verschiedenen törichten Reden und Aussprüche nicht
länger halten zu können, zumal dieser seine Fehler auch gar nicht einsehe[8]. Auch mit Innenminister Schröder habe er seine Sorgen. Den
Brief des Bundespräsidenten wegen der Manöver des Bundesgrenzschutzes habe er erhalten[9], und sei ebenfalls der Auffassung, daß man

auf die Generäle nicht genug aufpassen könne. In dieser Beziehung scheine ihm, daß sich Theo Blank nicht genügend bei seinen militärischen Mitarbeitern durchsetzen könne, und er suche deshalb für ihn einen energischen zivilen Staatssekretär[10], der die Gewähr biete, daß die künftige Wehrmacht unter rein ziviler Leitung stehen werde. Es wurde in diesem Zusammenhang die Person des Staatssekretärs *Ripken*[11] in Erwägung gezogen.

3. *Bundestagspräsident*[12]

Bundespräsident unterrichtet den Bundeskanzler, daß sich *Gerstenmaier* zu einem Gespräch wegen Rangfragen[13] bei ihm angemeldet habe. Er – Bundespräsident – glaube zwar nicht, daß Gerstenmaier dieselben Ambitionen wie *Ehlers* (zweiter Mann im Staate) habe; er werde aber sicherlich von Persönlichkeiten des Bundestages, insbesondere von *Carlo Schmid*, gedrängt, seine Ansprüche anzumelden. Bundeskanzler bat, falls Gerstenmaier Schwierigkeiten mache, diesen zu ihm zu schicken. Es wurde außerdem festgestellt, daß zur Zeit der Bundeskanzler als Inhaber des Großkreuzes des Verdienstordens mit goldenem Lorbeer auf alle Fälle vor dem Bundestagspräsidenten rangiere.

4. *Verdienstorden der Bundesrepublik*

Bundeskanzler unterrichtet den Bundespräsidenten, daß seiner Meinung nach verschiedene Politiker, wie z. B. *Brentano*, Dr. [*Ludwig*] *Schneider*[14] und *Merkatz*, mit dem Verdienstorden ausgezeichnet werden sollten. Er habe auch nichts dagegen, wenn der Parteivorsitzende der SPD, *Ollenhauer*, den Verdienstorden erhalte. Es wurde erwogen, ob dies evtl. anläßlich des nächsten Geburtstages des Bundespräsidenten erfolgen sollte[15].

5. *Außenpolitik*

Die politische Situation in Frankreich erfüllt den Bundeskanzler mit Besorgnis. Die Stellung des Ministerpräsidenten *Mendès-France* werde offensichtlich schwächer[16]. Er habe sich auch durch seine Gegenmaßnahmen gegen den Alkoholismus in Frankreich zusätzlich Feinde geschaffen[17]. Es sei zu hoffen, daß Mendès-France die Pariser Verträge noch zur Ratifizierung im französischen Parlament durchbringen werde[18], denn nur er sei dazu in der Lage. Sein weiteres Schicksal als Regierungschef erscheine ihm – dem Bundeskanzler – jedoch recht ungewiß.

P.S.
6. *Kieler Landtag*
Der Bundespräsident macht den Bundeskanzler darauf aufmerksam, daß die bürgerlichen Koalitionsparteien im Landtag von Schleswig-Holstein die oppositionelle SPD von dem Vorsitz der Parlamentsausschüsse ausgeschlossen haben[19]. Er halte diesen Beschluß mit den parlamentarischen Gebräuchen für nicht vereinbar. Eine solche Regelung müsse die Opposition nur unnötig erregen. Bundeskanzler war über diesen Vorgang noch nicht unterrichtet und versprach, sich der Angelegenheit anzunehmen[20].

Nr. 35
7. Januar 1955

Regierungsbildung in Berlin. Bayern. Geplante Umbildung der Bundesregierung. DGB. Bevorstehendes Gespräch des Bundeskanzlers mit dem französischen Ministerpräsidenten Mendès-France. Verdienstorden der Bundesrepublik Deutschland. Spionageverdacht gegen zwei hohe Beamte.

1. *Berliner Koalition*
Bundespräsident teilt dem Bundeskanzler mit, daß er beabsichtige, Ende Januar zur Grünen Woche nach Berlin zu fliegen[1], und fragt den Bundeskanzler, wie sein Gespräch mit dem künftigen Regierenden Bürgermeister von Berlin, Prof. *Suhr*[2], abgelaufen sei. Bundeskanzler äußert sich befriedigt über seine Unterhaltung mit Suhr und teilt mit, daß inzwischen eine Einigung über die SPD/CDU-Koalition in Berlin getroffen sei[3]. Er bedaure die Nichtbeteiligung der FDP.

2. *Bayern*
Auf eine Frage des Bundespräsidenten berichtet der Bundeskanzler, sein Gespräch mit dem neuen bayerischen Ministerpräsidenten *Hoegner*[4] sei unpolitisch verlaufen. Die CSU habe nun Zeit, die gemachten Fehler zu bedenken[5]. Er – Bundeskanzler – könne den übersteigerten Klerikalismus nicht ausstehen und halte ihn für einen großen Fehler. Er habe deshalb auch darauf gehalten, daß der Bundestagspräsident wiederum ein evangelischer Christ werde[6], da er naturgemäß innerhalb der CDU das Interesse habe, die beiden Konfessionen auszubalancieren. Bundespräsident verbreitet sich zur Unterrichtung des Bundeskanzlers über Geschichte des Klerikalismus und Liberalismus in

Bayern und teilt dem Bundeskanzler mit, er werde am 20. Januar der neuen bayerischen Regierung seinen offiziellen Besuch abstatten[7].

3. Die Bundesregierung

Der Bundeskanzler erklärt, er denke in absehbarer Zeit an eine Umbildung des Kabinetts[8]. ‹Den Außenministerposten wolle er an *Brentano* abgeben, um mehr Zeit für dringende innerpolitische Fragen zu behalten,›[a] aber erst dann, wenn die Verträge nach Hinterlegung der Ratifikationsurkunden in Kraft seien[9]. Er denke daran, statt *Neumayer* wieder *Dehler* in das Kabinett zurückzunehmen[10]. Dann werde wohl *Preusker* Vorsitzender der FDP werden. Schwere Sorge mache ihm *Schäffer*, der sich durch seine Intransigenz alle Minister verprellt habe[11]. *Wuermeling* müsse wohl auch aus dem Kabinett entfernt werden, da er nur Schaden stifte[12]. Die beabsichtigte Aussprache habe er mit ihm noch nicht gehabt. Die Minister für Sonderaufgaben hätten die an ihre Tätigkeit geknüpfte Erwartung wenig erfüllt; das gelte vor allem von Minister *Schäfer*, der keinerlei Resonanz in der FDP habe. Minister *Storch*[13] und Abgeordneter *Blank* hätten in ihren Leistungen sehr nachgelassen[14]. Bundespräsident kommt vor allem auf die dauernden ungeschickten Interviews und Erklärungen des Büros *Blank* in Wehrfragen zu sprechen, die geradezu die »Ohne mich-Bewegung« stärkten[15]. Er habe Blank offenbar ohne Erfolg vor einiger Zeit schon darauf hingewiesen. Bundeskanzler teilt in dieser Frage völlig die Auffassung des Bundespräsidenten.

4. DGB

Auf eine Frage des Bundespräsidenten berichtet der Bundeskanzler, sein Gespräch im Hause des DGB-Vorsitzenden *Freitag*[16] sei sehr harmonisch verlaufen. Freitag habe sehr ruhige und vernünftige Ansichten, und er hoffe auch, daß er sich durchsetzen werde, da er nur noch zwei Jahre im Amt sei und sich dann nicht wiederwählen lassen wolle[17]. Bundespräsident teilt mit, daß er beabsichtigt habe, am 9. oder 10. Februar ein Abendessen zu Ehren des Vorstands des DGB in seinem Hause zu geben. Nachdem aber die außenpolitische Debatte (zweite und dritte Lesung der Verträge)[18] auf diese Tage verlegt sei, werde er das Abendessen verschieben[19].

5. Außenpolitisches

Bundeskanzler berichtet, daß er morgen nach Bühlerhöhe fahren werde[20]. Sein dortiger Aufenthalt werde aber durch eine wichtige und

schwierige Besprechung mit *Mendès-France* in Baden-Baden unter-
brochen werden[21]. Weder die Engländer noch die Amerikaner trauten
Herrn Mendès-France über den Weg. Dieser versuche, seine Idee vom
Rüstungspool[22] und seinen Plan einer Viermächtekonferenz mit der
Sowjetunion im Mai zu verwirklichen[23], unabhängig davon, ob bis
dahin die Verträge schon tatsächlich in Kraft seien.

6. *Verdienstorden der Bundesrepublik*[24]
Der Plan, einige Politiker (*Brentano, Carlo Schmid, Schoettle, Schnei-
der*, evtl. *Ollenhauer*) zum Geburtstag des Bundespräsidenten am 31.
Januar d. J. zu dekorieren, wird nach Rücksprache Bundespräsident –
Bundeskanzler zurückgestellt, weil der Termin im Hinblick auf die be-
vorstehende große außenpolitische Debatte ungünstig erscheint.

7. *Sowjetspionage*
Bundeskanzler teilt dem Bundespräsidenten streng vertraulich mit,
daß ein dringender Verdacht wegen Spionage für die Sowjetunion
gegen zwei hohe Beamte (H. und M.) vorliege[25]. Die Informationen
darüber würden zur Zeit vom Bundesamt für Verfassungsschutz geprüft.

Nr. 36
18. März 1955

*FDP. Ratifizierung der Pariser Verträge und des Saarstatuts im Bun-
desrat. 10. Jahrestag der Kapitulation der Wehrmacht am 8. Mai. Leitung der Kulturabteilung des Auswärtigen Amtes. Beifallsbekundungen im Bundestag.*

[1.] *FDP*
Bundeskanzler kommt auf die unerfreulichen Vorgänge zurück, die
sich bei der Vertragsdebatte im Bundestag durch die Reden des Abgeordneten *Becker*, die Erwiderung des Bundeskanzlers und die scharfe
Replik des Abgeordneten *Dehler* ereignet haben[1]. Die Rede Dehlers
sei so haßerfüllt gegen ihn, den Bundeskanzler, gewesen und habe Indiskretionen aus vertraulichsten Gesprächen enthalten, daß er es in
Zukunft ablehnen müsse, mit Dehler unter vier Augen politische Unterhaltungen zu führen. Er habe den Eindruck, daß Dehler die FDP
zum Niedergang, wenn nicht zur Spaltung führe, und fürchte, daß die
nächsten Landtagswahlen in Niedersachsen[2] und Rheinland-Pfalz[3]

dies klar zeigen werden. Er – Bundeskanzler – habe ein staatspoliti-
sches Interesse an der Erhaltung einer starken zweiten bürgerlichen
Partei, schon um das Entstehen einer nationalistischen Gruppe zu verhindern. Er werde unter diesen Umständen das Rücktrittsgesuch
Blüchers[4] selbstverständlich gar nicht an den Bundespräsidenten wei-
terleiten.
Bundespräsident teilt die Sorge des Bundeskanzlers um die Weiterent-
wicklung in der FDP, betont aber, daß die Gruppe Dehler bei der Auseinandersetzung innerhalb der Partei keinen Sieg errungen habe. Das
geplante Mißtrauensvotum gegen Blücher sei vermieden worden, der
Wille zur Aufrechterhaltung der bisherigen Koalition sei klar zum
Ausdruck gekommen. Er – Bundespräsident – habe sich in Besprechungen mit den FDP-Ministern und mit einer vernünftigen Gruppe
der Fraktion der FDP für diese Lösung eingesetzt[5]. Was nun bei dem
Parteitag in Oldenburg[6] mit der Neuwahl des Partei-Vorsitzenden und
des Partei-Vorstands geschehe, übersehe er im Augenblick noch zu
wenig.

[2.] *Die Ratifizierung der Pariser Verträge*
Bundeskanzler berichtet über die Verabschiedung der Pariser Verträge
und des Saarstatuts im Bundesrat[7]. Er teilt mit, daß die betreffenden
Vertragsgesetze und die Ratifikationsurkunden noch heute dem Bundespräsidenten vorgelegt würden. Angesichts der Verfassungsklage
der SPD[8], die durch die Mitzählung der Berliner SPD-Abgeordneten allerdings sehr fragwürdig sei, werde das Problem einer einstweiligen
Verfügung des Bundesverfassungsgerichts gegen die Bundesregierung
akut. Der mögliche Erlaß einer solchen einstweiligen Verfügung –
gegen die Bundesregierung – sei jedoch durch die Weiterleitung der
Vertragsdokumente an den Bundespräsidenten hinfällig, und das
Karlsruher Gericht werde wohl kaum dazu übergehen, gegen den
Bundespräsidenten selbst eine einstweilige Verfügung auf Unterlas-
sung der Unterzeichnung der Verträge oder der Hinterlegung der Ratifikationsurkunden zu erlassen. Er – Bundeskanzler – schlage jetzt vor,
die Vertragsgesetze und die Ratifikationsurkunden vorerst ruhig liegen zu lassen. Mit der Unterzeichnung der Gesetze könne jedenfalls
bis nach Verabschiedung der Verträge durch den Rat der Republik in
Frankreich[9] gewartet werden, und der Zeitpunkt der Hinterlegung
der Ratifikationsurkunden müsse mit den anderen Vertragspartnern,
insbesondere mit Frankreich, vorher verabredet werden[10].
Bundespräsident erklärt, daß er an sich gegen die sofortige Ausferti-

gung und Verkündung der Vertragsgesetze nichts einzuwenden gehabt hätte. Auch *Conant* habe dafür bei Staatssekretär *Klaiber* im Hinblick auf die öffentliche Meinung in den USA plädiert. Jedenfalls müsse aber die Hinterlegung der Ratifikationsurkunden vorher mit Frankreich verabredet werden. Bundespräsident sei also mit dem vom Bundeskanzler vorgeschlagenen Modus procedendi einverstanden, und es werde nun vom Bundespräsidialamt der Presse mitgeteilt werden, daß der Bundespräsident mit der Prüfung der verfassungsrechtlichen Frage noch befaßt und eine *sofortige* Entscheidung nicht zu erwarten sei[11]. Bundeskanzler erklärt sich damit einverstanden und teilt mit, daß er am Montag, den 21. März, eine Unterredung mit Conant habe, um ihn über dieses Verfahren zu informieren[12].

Bundespräsident teilt dem Bundeskanzler mit, er sei dahingehend informiert worden, daß die Regierung in Niedersachsen erwäge, unabhängig von der beabsichtigten Klage des Drittels des Bundestages ihrerseits eine Normenkontrollklage bei dem Bundesverfassungsgericht wegen der angeblichen Unvereinbarkeit des Saarstatuts mit dem Grundgesetz einzubringen. Er habe deshalb heute mit Ministerpräsident *Kopf* eine Unterhaltung über diese Frage gehabt[13] und dabei den Standpunkt vertreten, in diesem Falle bedeute die Verfassungsklage Niedersachsens, daß ein Land die gesamte Außenpolitik des Bundes an sich reiße und damit die ganze Konstruktion unseres Staatsaufbaues auf den Kopf stelle[14]. Der Verfassungs- und Gesetzgeber habe diese Auswirkung sicher nicht beabsichtigt gehabt, sondern die Länder nur zu Normenkontrollklagen aktiv legitimieren wollen, die wirklich auch typische Länderaufgaben betreffen, z. B. bei Konflikten zwischen Bund und Ländern oder der Länder untereinander. Bei der Unterredung habe Ministerpräsident Kopf versucht, die Notwendigkeit einer Normenkontrollklage mit innenpolitischen Argumenten (Rücksicht auf die bevorstehende Landtagswahl in Niedersachsen, Gefahr einer verstärkt wiederkehrenden SRP) zu vertreten, sei aber in seinem Entschluß zum mindesten schwankend geworden.

Bundeskanzler begrüßt diese Besprechung des Bundespräsidenten mit Kopf, von der er vorher informiert war. Auf eine Frage des Bundespräsidenten erklärt der Bundeskanzler, nach seinen Informationen sei in Hessen eine Koalitionsvereinbarung getroffen worden, wonach Ministerpräsident *Zinn* zwar den Antrag auf Anrufung des Vermittlungsausschusses gegen das Saarstatut im Bundesrat stellen solle, dafür von einer Klageerhebung in Karlsruhe für das Land Hessen absehen müsse.

[3.] *Zehnter Jahrestag der Kapitulation am 8. Mai*
Bundespräsident informiert den Bundeskanzler, daß er am 8.
Mai zur Schiller-Feier in Stuttgart zusammen mit *Thomas Mann*[15] sprechen
werde und bei dieser Gelegenheit auch der zehnjährigen Wiederkehr
des Kapitulationstages gedenken könne[16].
Er höre, daß bei der nächsten Kabinettssitzung die Frage von Feiern
aus diesem Anlaß zur Debatte stehen werde, und wisse, daß verschiedene Organisationen (Stahlhelm, Kriegsgefangenen- und Flüchtlings-
verbände) Feiern planten. Er – Bundespräsident – glaube aber, daß
man von offizieller Seite keinen Anlaß habe, diesen Tag in besonderen
Feiern (Trauer- oder Freudenfeiern?) herauszustellen. Bundeskanzler
ist völlig der Auffassung des Bundespräsidenten und will sich dafür
einsetzen, daß dieser Tag möglichst geräuschlos vorübergehe[17].

[4.] *Leiter der Kulturabteilung im Auswärtigen Amt*[18]
Bundespräsident beschwert sich beim Bundeskanzler, daß er durch die
Ernennung *Trützschlers*[19] zum Leiter der Kulturabteilung des Auswärtigen Amtes völlig überrascht worden sei. Er habe sich bekanntlich für die Besetzung dieses wichtigen Postens immer persönlich interessiert und hätte es begrüßt, wenn er hier vorher um Rat gefragt
worden wäre. Bundeskanzler gibt dieses Versäumnis zu und bittet, es
zu entschuldigen. Auf eine Frage des Bundeskanzlers erklärt Bundespräsident, er habe an sich gegen Trützschler nichts einzuwenden, habe
aber von wenigen Begegnungen mit ihm das Gefühl, an diesen Posten
hätte eine markantere, energischere und unabhängigere Persönlichkeit
gehört.

[5.] *Beifallsbekundungen bei den Debatten im Bundestag*
Bundespräsident macht den Bundeskanzler auf die Nachteile der
Rundfunk- und Fernsehübertragungen von wichtigen Bundestagsde-
batten aufmerksam[20]. Es gehöre zwar nicht zu seiner Zuständigkeit,
auf den Stil des Parlaments einzuwirken, er möchte aber dazu einmal
seine Auffassung persönlich dem Präsidenten des Bundestages mitteilen. Besonders unschön finde er die Beifallsbekundungen im Parlament durch Klatschen der Abgeordneten. Er habe sich bei *Löbe* informiert[21], daß auch im alten Reichstag das Klatschen nicht üblich
gewesen und diese Unsitte erst in der Nazizeit eingerissen sei. Er wolle
demnächst den Bundeskanzler als Außenminister bitten, durch unsere
Auslandsvertretungen feststellen zu lassen, wie in dieser Frage die Ge-
bräuche in den anderen Parlamenten seien[22].

Nr. 37
25. April 1955

*Landtagswahlen in Niedersachsen. Lage der Regierungskoalition. Ra-
tifizierung der Pariser Verträge. Deutsch-englische Gespräche. Beziehungen zur SPD. Auswärtiges Amt.*

[1.] *Wahlen in Niedersachsen*
Bundeskanzler äußert sich über den Ausgang der Landtagswahl in
Niedersachsen[1]. Die bisherige Regierungskoalition SPD-BHE habe
ihre Majorität im Landtag verloren. Die bisherigen Oppositionspar-
teien (CDU, DP und FDP) hätten zwar auch keine Mehrheit errungen,
aber ein Abkommen getroffen, nach den Wahlen nicht getrennt mit
der SPD über die Regierungsbildung zu verhandeln. Ob diese Vereinbarung nun wirklich eingehalten werde, sei fraglich. Es werde nun auf
die Haltung des BHE und der FDP ankommen, ob es gelinge, in Niedersachsen eine Koalition nach Bonner Muster zu bilden. Es bestehe
aber die Gefahr, daß es Ministerpräsident *Kopf* gelinge, zu seiner bisherigen Koalition die Niedersächsische FDP dazuzugewinnen und sich
damit in der Regierung zu halten. Bundespräsident erklärt, er könne
die Tendenzen in der niedersächsischen FDP nicht beurteilen, da sich
dort neue, ihm noch undurchsichtige Kräfte in den Vordergrund ge-
schoben hätten.

[2.] *Bonner Koalition*
Bundeskanzler beklagt die innere Krise seiner beiden Koalitionsparteien BHE[2] und FDP[3]. 14 Abgeordnete des BHE (mit den Bundesministern *Kraft* und *Oberländer*), die in Opposition gegen die derzeitige
Leitung der Bundestagsfraktion ständen, hätten bei ihm angefragt, ob
die CDU evtl. bereit sei, sie in ihre Reihen aufzunehmen. Man habe
die Frage noch nicht vertieft, um den Ausfall der niedersächsischen
Wahlen und die dortige Regierungsbildung abzuwarten. Andererseits
habe er – Bundeskanzler – der Leitung der Deutschen Partei nahegelegt, ihre Partei mit der CDU zu vereinigen, da die DP noch keine gesicherte Zukunft habe[4]. Ob diese Besprechungen fortgesetzt würden, sei
allerdings nach dem relativen Erfolg der DP in Niedersachsen noch
ungewiß.
Gegen die FDP sei nach wie vor bei der CDU eine starke Verstimmung
vorhanden. Er – Bundeskanzler – habe zwar den Briefwechsel mit
Dehler[5] (vergl. Aufzeichnung über das Gespräch Bundespräsident mit

Dehler vom 14. April 1955[6]) nicht der Öffentlichkeit übergeben, um
die Situation nicht zu verschärfen. Nun höre er aber, daß die FDP sich
über eine sogenannte dritte Lösung der Außenpolitik in der Öffentlichkeit unterhalte[7]. Dies müsse unserer außenpolitischen Position
außerordentlich schaden, da die westlichen Alliierten an unserer Vertragstreue zu zweifeln begännen. Diese Extratouren der FDP gäben
den Anhängern des reinen Mehrheitswahlrechts in der CDU Auftrieb.
Der Abgeordnete *Stücklen*[8] (CDU) bereite auch schon den Entwurf
eines Mehrheitswahlgesetzes vor[9], das nach seiner evtl. Annahme im
Parlament die FDP praktisch vernichten müsse. Bundespräsident gibt
dem Bundeskanzler Kenntnis von seiner letzten Unterredung mit Dehler und fordert Staatssekretär *Klaiber* auf, die diesbezügliche Aufzeichnung zu verlesen. Bundeskanzler dankt dem Bundespräsidenten
für die klare Stellungnahme, die er gegenüber Dehler eingenommen
habe.

[3.] *Außenpolitisches*
Bundeskanzler berichtet, er hoffe, daß nunmehr die Partner der Pariser Verträge bereit seien, am 5. Mai die Ratifikationsurkunden zu hin-
terlegen[10]. Er werde dann am 6. Mai nach Paris zur Ministerpräsiden-
tenkonferenz der Westeuropäischen Union fahren[11] und dort auch
Besprechungen wegen gemeinsamer Ostpolitik[12] führen können. Der
Eintritt der Bundesrepublik in die NATO soll dann am 9. Mai in Paris
erfolgen. Die Frage des Bundespräsidenten, ob der Bundeskanzler
über die Entwicklung beim Bundesverfassungsgericht eine Vorstellung
habe, wird verneint. Er wisse nur, daß es auf eine vertrauliche Anregung des Präsidenten des Bundesverfassungsgerichts zurückgehe,
wenn die Bundesregierung nicht nur die Unbegründetheit der SPD-
Klage[13] vertrete, sondern auch ihre Unzulässigkeit. (Bei Zustim-
mungsgesetzen zu völkerrechtlichen Verträgen werde kein materielles
Recht geschaffen; sie könnten daher auch nicht der Normenkontrolle
des Bundesverfassungsgerichts unterliegen[14].)
Auf die überraschende Hinterlegung der Ratifikationsurkunde zum
Deutschlandvertrag durch die USA[15] angesprochen, erklärt der Bundeskanzler, *Conant* habe eine ausdrückliche Weisung seiner Regierung
gehabt, am Mittwoch, dem 20. April, um 12 Uhr mittags die Hinterlegung vorzunehmen, offenbar mit dem Ziel, Frankreich dadurch zu beeindrucken. Man habe unsererseits dem nicht widersprechen können,
und er habe es auch für richtig gehalten, die Hinterlegung der deutschen Ratifikationsurkunde im Anschluß daran vorzunehmen. Bun-

deskanzler glaubt, daß dieser Akt – obwohl er ohne Fühlungnahme
mit England und Frankreich erfolgt sei – politisch in Richtung Frankreich gut gewirkt habe.
Bundespräsident macht den Bundeskanzler darauf aufmerksam, daß
die deutsch-englischen Parlamentarier-Gespräche in Königswinter[16]
offenbar kein guter Erfolg gewesen seien und daß auf deutscher Seite
die SPD fast ausschließlich das Feld beherrscht habe. Bundeskanzler
war über den Mißerfolg dieser Gespräche bereits informiert, und beklagt die Trägheit der Abgeordneten der Regierungsparteien, die sich
trotz Aufforderung vor einer Teilnahme an den deutsch-englischen
Gesprächen gedrückt hätten.

[4.] *Beziehungen zur SPD*
Bundeskanzler berichtet, er habe zur Verbesserung der Beziehungen
mit der Opposition der SPD den Posten des Staatssekretärs im Verteidigungsministerium angeboten[17]. In einem Gespräch, das er nach dem
Abendessen für den dänischen Ministerpräsidenten *Hansen*[18] mit
Ollenhauer gehabt habe[19], sei er aber mit dieser Idee auf keine Gegen-
liebe gestoßen. Ollenhauer habe nur vorgeschlagen, den Posten mit
einer Persönlichkeit zu besetzen, die auch das Vertrauen der SPD genieße. Er habe Ollenhauer gebeten, ihm bestimmte Namen zu nennen,
sei aber bisher ohne Antwort geblieben. Inzwischen sei ihm – dem
Bundeskanzler – der Gedanke gekommen, den früheren SPD-Finanz-
senator in Hamburg (*Dudek*[20]) für den Posten in Aussicht zu nehmen.
Dudek habe grundsätzlich zugesagt, müsse nun aber noch das Plazet
seiner Partei einholen. Bundeskanzler erklärt, er wolle selbstverständlich die schwierigen Fragen unserer politischen Strategie gegenüber
der Sowjetunion bei den künftigen Konferenzen[21], soweit möglich,
mit der SPD abstimmen. Schwierig sei, daß der unbestreitbare SPD-
Experte für Wiedervereinigungsfragen der Abgeordnete *Wehner* sei,
dem er nicht trauen könne. Ollenhauer habe ihm zwar erklärt, sein
Mißtrauen gegen Wehner sei unbegründet, und ihn gebeten, Wehner
bald zu einer Unterredung zu empfangen, was er auch tun wolle[22]. Er
fürchte nur, daß, wenn es zu vertraulichen Gesprächen über die Ostpolitik in einem kleinen Kreis von Vertretern aller Parteien käme,
Wehner den Inhalt dieser Besprechungen nach dem Osten weiterbe-
richten werde.

[5.] *Auswärtiges Amt*

Bundeskanzler berichtet, daß er nach Ratifizierung der Verträge dem Bundespräsidenten die Ernennung *Heinrich von Brentanos* zum Außenminister vorschlagen werde[23]. Es sei ihm klar, daß er bei der Unerfahrenheit und mangelnden Standfestigkeit Brentanos sich auch künftig noch stark in die außenpolitischen Dinge einschalten müsse. *Hallstein* werde Staatssekretär bleiben; er – Bundeskanzler – habe aber davon abgesehen, *Blankenhorn* zum zweiten Staatssekretär zu machen, da dieser sehr darum gebeten habe, ihn zum NATO-Botschafter zu ernennen[24].

Bundespräsident erinnert den Bundeskanzler daran, daß verschiedene wichtige Außenposten wie Belgrad, Brüssel, Bern, Madrid bald neu besetzt werden müßten[25]. Bundeskanzler konnte sich dazu jedoch noch nicht äußern, da über diese Personalfragen noch keine klaren Pläne vorhanden sind. Er berichtete nur dem Bundespräsidenten, er überlege sich, den Abgeordneten *Pfleiderer* zum Botschafter in Moskau vorzuschlagen[26], falls sich die Sowjetunion dazu entschließe, die diplomatischen Beziehungen mit der Bundesrepublik aufzunehmen.

5. Mai 1955: Erklärung des Bundeskanzlers nach der Unterzeichnung der Proklamation über die Aufhebung des Besatzungsstatuts; links André François-Poncet (zu Nr. 37, TOP 3)

Nr. 38
6. Juni 1955

Umbildung der Bundesregierung. USA-Reise des Bundeskanzlers.
Auswärtiger Dienst.

1. *Umbildung des Kabinetts*
Bundeskanzler bittet den Bundespräsidenten, ihn vom Amt des Bundesministers des Auswärtigen zu entlassen und an seiner Stelle den Fraktionsvorsitzenden der CDU *Heinrich von Brentano* zu ernennen[1]. Wie er dem Bundespräsidenten schon mitgeteilt habe[2], beabsichtige er, in besonderen außenpolitischen Fragen (z. B. Verhältnis zu USA und zur Sowjetunion) nach wie vor persönlich aktiv zu bleiben, um sein internationales Prestige, falls nötig, in die Waagschale werfen zu können. Er müsse daher auch auf eine besonders gute laufende Unterrichtung durch das Auswärtige Amt dringen. Brentano habe diese Beschränkungen seiner künftigen Position akzeptiert[3].
Bundeskanzler bittet ferner, nunmehr den Abgeordneten *Theodor Blank* zum Bundesminister für Verteidigung zu ernennen. Bundeskanzler schildert seine Sorgen um die Arbeit des künftigen Verteidigungsministeriums. Blank sei schon stark im Fahrwasser der Offiziere und müsse einen energischen zivilen Staatssekretär mit Verwaltungserfahrung erhalten[4]. Die Forderung der FDP[5], mit diesem Posten den Abgeordneten *Mende* zu beauftragen, müsse er auf alle Fälle ablehnen, da diesem die nötige Eignung fehle. Vielleicht könne man Mende irgendwo als Militärattaché verwenden. Neuerdings denke er für diesen wichtigen Posten an Staatssekretär *Sonnemann*, der sich durch seine bisherige Tätigkeit im Landwirtschaftsministerium gut qualifiziert habe und früher Korvettenkapitän in der deutschen Marine gewesen sei.
Die militärpolitische Denkschrift des Ministers *Franz Josef Strauß*[6], in der dieser die Errichtung eines nationalen Sicherheits- oder Verteidigungsrates für die zivile Verteidigung mit Koordinierungsaufgaben und sich selbst als dessen Generalsekretär vorschlage, sei schon jetzt bei Minister *Blücher* auf schwerste Bedenken gestoßen[7]. Blücher habe bisher die wirtschaftliche Koordinierung sehr gut bewerkstelligt, und er – Bundeskanzler – wolle Blüchers Position im Kabinett und in der FDP nicht schwächen. Bundespräsident erinnert daran, daß er dem Bundeskanzler zur Erwägung anheimgestellt habe, einen allgemeinen Verteidigungsrat (wie in Frankreich) an das Amt des Bundespräsiden-

ten zu binden, um die Autorität des Bundespräsidenten, wenn im allgemeinen Interesse nötig, in die Waagschale werfen zu können[8]. Bundeskanzler erwidert, all diese Fragen seien noch keineswegs durchgedacht, und er werde zu gegebener Zeit dem Bundespräsidenten Vorschläge unterbreiten. Vorläufig handele es sich darum, das kurze Freiwilligen-Gesetz[9] unter Zurückstellung aller grundsätzlichen Fragen noch vor den Sommerferien durchs Parlament zu bringen, weil dem Verteidigungsminister sonst bis zum Frühjahr nächsten Jahres selbst für die Einberufung von Freiwilligen die Hände gebunden seien. Gerade im Hinblick auf unsere politische Position gegenüber der kommenden Viererkonferenz[10] sei es dringend erforderlich, wenigstens den Beginn unserer Aufrüstung dokumentieren zu können.

Bundeskanzler bittet außerdem, den Bundesminister *Hellwege*[11], der zum Ministerpräsidenten in Niedersachsen gewählt worden ist[12], aus seinem Amte zu entlassen und an seiner Stelle den Fraktionsführer der Deutschen Partei, *von Merkatz*[13], zum Bundesminister für Angelegenheiten des Bundesrates zu ernennen.

Der Bundespräsident ist mit den Vorschlägen zur Umbildung des Kabinetts einverstanden, und teilt dem Bundeskanzler mit, er werde die neuernannten Bundesminister morgen zur Überreichung der Ernennungsurkunden empfangen.

2. Reise des Bundeskanzlers nach USA

Bundeskanzler teilt dem Bundespräsidenten mit, daß er am 12. Juni nach den Vereinigten Staaten zu Besprechungen mit *Eisenhower* und *Dulles* fahren werde[14]. Der willkommene Anlaß hierzu sei die Zuerkennung der Ehrendoktorwürde der Universität Harvard[15]. Die schwankende Außenpolitik der USA mache dem Bundeskanzler namlich schwere Sorgen. Der merkwürdige Ausspruch Eisenhowers über die neutrale Zone in Europa, von dem Dulles vorher gar nicht unterrichtet gewesen sei, zeige diese Unsicherheit der amerikanischen Außenpolitik[16]. Er sei auch davon unterrichtet worden, daß von russischer Seite aus direkte Fühler zu einigen amerikanischen Senatoren ausgestreckt worden seien. In den Vereinigten Staaten hoffe er auch den britischen Außenminister[17] zu treffen, der um diese Zeit auf der Reise nach San Francisco zur UNO-Konferenz sich befinde. Auf dem Rückweg von den Vereinigten Staaten sei er – Bundeskanzler – zu einem kurzen Besuch in London aufgefordert worden und werde bei dieser Gelegenheit auch Premierminister *Eden*[18] sprechen können. Zur Zeit sei das Auswärtige Amt damit beschäftigt, die Grundlinien unserer politischen Haltung zur kommenden Viererkonferenz auszuarbeiten. Bundeskanzler könne voraussichtlich am Sonnabend, dem 11. Juni, über Staatssekretär *Klaiber* den Herrn Bundespräsidenten unterrichten[19].

‹P.S. B[undes]Pr[äsident] erinnert den B[undes]K[anzler] erneut an die Besetzung der Botschafterposten in Brüssel u[nd] Belgrad, sowie an das Abberufen von Gesandten *Holzapfel*.
B[undes]K[anzler] teilt mit, daß er als Botschafter in Belgrad den Abg. *Dr. Pfleiderer* nehmen wolle[20].›[a]

Nr. 39
27. Juni 1955

USA-Reise des Bundeskanzlers. »*Außenpolitische Eskapaden von Politikern*«. *Errichtung von Atommeilern. Auswärtiger Dienst.*

[1.] Bundeskanzler berichtet über seinen Besuch in den Vereinigten Staaten[1]. Er habe den Eindruck gehabt, daß sich Präsident *Eisenhower* und Außenminister *Dulles* in ihren politischen Auffassungen nicht immer einig seien. Zudem sei ihm eine sehr begründete Information zugegangen, wonach der Bruder Eisenhowers[2] direkten Kontakt mit der Sowjetunion aufgenommen habe. Er habe von dieser Information auch offen Außenminister Dulles Mitteilung gemacht, der jedoch nur ein vages Dementi dazu habe geben können. Inzwischen sei allerdings wieder eine einheitliche politische Linie Eisenhowers und Dulles festzustellen, insbesondere auch in der Frage der deutschen Wiedervereinigung. Er habe die bestimmte Zusage seitens der Vereinigten Staaten erhalten, daß bei der Genfer Konferenz[3] der Abschluß eines Sicherheitspaktes zwischen Ost und West auf der Basis der Teilung Deutschlands abgelehnt würde.
Bundeskanzler hat Präsident Eisenhower unseren Geheimvorschlag[4] für entmilitarisierte und demilitarisierte Zonen in Mitteleuropa überreicht, der außerordentlich interessiert habe, da man auf diesem Gebiet für die Genfer Konferenz keine klaren Pläne in den USA gehabt habe.

[2.] Bundeskanzler berichtet dem Bundespräsidenten über verschiedene außenpolitische Eskapaden von Politikern: u. a. habe Bundesminister *Schäffer* in Ostberlin versucht, mit Botschafter *Puschkin*[5] Verbindung aufzunehmen[6]. Puschkin habe ihn zwar nicht empfangen. Der Zweck dieser Verbindungsaufnahme sei ihm unklar. Auf Vorhaltungen habe Minister Schäffer lediglich erklärt, man müsse alle gebotenen Möglichkeiten ausnutzen. Bundespräsident und Bundeskanzler sind sich darüber einig, daß eine solche Extratour im Hinblick auf die Leitung der deutschen Außenpolitik eine Unmöglichkeit bedeutet. Dann habe sich Minister *Franz Josef Strauß* nach Spanien begeben und dort mit spanischen Politikern sich unnötigerweise und gegen den Rat des Bundeskanzlers unterhalten[7]. Es liege nahe, daß die Presse darüber alle möglichen Kombinationen angestellt habe. *Ollenhauer* und *Pfleiderer* hätten ohne Verbindung mit dem Auswärtigen Amt *Nehru*[8] in Salzburg aufgesucht[9], und der erstere habe auch mit dem österreichischen Minister *Schärf*[10] in Wien vermutlich über die deutsche Eigentumsfrage gesprochen[11].

[3.] Bundespräsident erzählt dem Bundeskanzler über ein Gespräch mit dem Atomphysiker *Otto Hahn*[12], der dringend darum bitte, endlich über die Frage der Errichtung von Atommeilern in der Bundesrepublik zu entscheiden[13]. Eine längere Hinauszögerung dieser Entscheidung werfe die Bundesrepublik in der Atomforschung hinter Länder wie die Schweiz und Liberia zurück. Bundeskanzler teilt dazu mit, daß er in den nächsten Tagen mit Vertretern der bayerischen und baden-württembergischen Regierung über die Errichtung von Atommeilern eine Aussprache habe[14]. Das [sic!] Kompromiß werde ungefähr so sein: München erhält für Prof. *Heisenberg*[15] einen Atommeiler für Forschungszwecke, während Karlsruhe einen Atomreaktor erhält, der für die friedliche Verwendung der Atomkraft für die Industrie von großer Bedeutung sein würde.

[4.] Bundespräsident erinnert den Bundeskanzler erneut an die Frage der Ersetzung des Gesandten *Holzapfel* in Bern und die Besetzung der freien Botschafterposten in Belgrad und Brüssel[16].

Nr. 40
14. Juli 1955

Auflösungserscheinungen im BHE. Freiwilligen- und Personalgutachtergesetz. Genfer Gipfelkonferenz. Einladung des Bundeskanzlers nach Moskau. DGB.

[1.] *Situation des BHE*
Bundeskanzler berichtet über die Auflösungserscheinungen im BHE[1].
Die beiden Bundesminister *Oberländer* und *Kraft* seien mit fünf weiteren BHE-Abgeordneten aus dieser Partei ausgetreten, und die Minister hätten ihm ihren Rücktritt angeboten. Inzwischen hätten sie um
ihre Aufnahme als Hospitanten bei der CDU nachgesucht. Der Fraktionsvorsitzende des Rest-BHE *Mocker*[2] sei nun vorgestern zusammen
mit dem BHE-Minister *von Kessel*[3] (bisher Stellvertretender Parteivorsitzender) bei ihm gewesen und habe angekündigt, daß der BHE im
Bundestag noch über 18 Abgeordnete (also Fraktionsstärke) verfüge
und in der Regierungskoalition zu verbleiben gedenke[4]. Sie hätten ihn
– den Bundeskanzler – gebeten, die Entlassung der beiden Minister
Oberländer und Kraft nunmehr dem Bundespräsidenten vorzuschlagen; daraufhin werde der BHE andere Ministerkandidaten an ihrer
Stelle vorschlagen. Bundeskanzler berichtet, daß er den Herren
Mocker und von Kessel erklärt habe, er könne die Bundesregierung
nicht als einen Dauerfraktionsausschuß ansehen und müsse die neue
Lage nunmehr mit den übrigen Koalitionsparteien besprechen. Damit
habe er – Bundeskanzler – Entscheidungen in dieser Angelegenheit
über die Sommerferien hinaus verzögert, um die weitere Entwicklung
des BHE abzuwarten[5].

[2.] *Freiwilligen- und Personalgutachtergesetz*[6]
Bundeskanzler erklärt, beide Gesetze seien für ihn unbefriedigend,
aber nachdem sich die überwiegende Mehrheit auch in der CDU für
den neuen veränderten Text ausgesprochen habe, müßten sie eben in
der jetzigen Form akzeptiert werden. Das Wichtigste sei, daß sie vom
Parlament noch vor der Genfer Konferenz[7] verabschiedet würden.
Aus der Tatsache, daß die SPD wenigstens dem Personalgutachtergesetz zustimmen wolle, könne man aber sicher nicht den Schluß auf
eine wirklich sachliche Mitarbeit der SPD an der künftigen Wehrgesetzgebung[8] ziehen. Die Unstimmigkeiten innerhalb der SPD selbst
seien nach seinen Informationen sehr groß. Im Führungsgremium dieser Partei werde der Abgeordnete *Wehner* immer maßgebender und
beeinflusse auch sehr stark den Parteivorsitzenden *Ollenhauer*. Bundespräsident ist dagegen der Auffassung, daß man die Zustimmung
der SPD zum Personalgutachtergesetz begrüßen müsse. Wenn sie sich
dann evtl. später einer sachlichen Mitarbeit an der Wehrgesetzgebung
verschließe, könne sie in die Gefahr kommen, daß eine solche Haltung
in künftigen Wahlkämpfen agitatorisch stark gegen sie ausgenutzt
werde.

Bundeskanzler beklagt die psychische und physische Unstabilität seines Verteidigungsministers. Es sei dringend notwendig, nun einen geeigneten Staatssekretär für ihn zu finden[9]. Neuerdings sei ihm für diesen Posten der bisherige Präsident des Rechnungshofes in Rheinland-Pfalz, *Dr. Dahlgrün*[10], vorgeschlagen worden, der jetzt als Staatssekretär bei *Blücher* fungiere – allerdings in dieser neuen Eigenschaft noch wenig in Erscheinung getreten sei –. Bundespräsident erklärt, mangels Kenntnis der Person Dahlgrün zu dieser Idee sich nicht äußern zu können.

[3.] *Genfer Konferenz*
Bundeskanzler warnt vor zu großem Optimismus gegenüber den voraussichtlichen Ergebnissen der Genfer Konferenz. *Eisenhower*, dessen schwankende politische Haltung ihm Sorge mache, habe zu dieser übertriebenen optimistischen Auffassung durch seine Reden viel beigetragen. Auch *Dulles* teile seine – des Bundeskanzlers – Sorgen, und habe ihm bei seinem letzten Besuch in den USA[11] unmißverständlich erklärt, falls in der Zukunft seine außenpolitischen Auffassungen erheblich von denen des Präsidenten abweichen sollten, die Konsequenzen zu ziehen und von seinem Amt zurückzutreten. Die Hauptgefahr für die Genfer Konferenz sehe er – Bundeskanzler – in dem Versuch der Sowjets, wegen der China-Frage einen Keil zwischen die Westmächte zu treiben[12]. Mit Dulles habe er abgesprochen, daß er im Notfall von Bern aus durch eine direkte unkontrollierte Telefoneinrichtung mit Außenminister Dulles in Genf in Verbindung treten könne[13].

[4.] *Zur Einladung des Bundeskanzlers nach Moskau*[14]
Bundeskanzler glaubt, in der ersten Hälfte des Septembers nach Moskau reisen zu können. Er werde sich weigern, deutsche Industrielle, die am Ostgeschäft interessiert seien, mitzunehmen[15].
Im Zusammenhang mit der Moskau-Reise halte er die für den 11. September in Berlin geplante Großkundgebung der Landsmannschaften[16] für politisch bedenklich. Leider seien die Versuche von Minister *Kaiser* und Oberländer, den Vorsitzenden des Verbandes der Landsmannschaften, Abgeordneten Baron *Manteuffel*[17], zu einer Verlegung der Kundgebung zu bewegen, gescheitert. Manteuffel weigere sich auch, seine Kundgebung mit der Stuttgarter Tagung des Bundes der Vertriebenen (31. Juli)[18] zusammenzulegen. Er bittet den Bundespräsidenten, Baron Manteuffel zu sich kommen zu lassen und an ihn im Sinne einer Verlegung der Berliner Kundgebung zu appellieren. Bundespräsident erklärt sich hiermit einverstanden[19].

[5.] *DGB*

Bundeskanzler berichtet über ein längeres Gespräch[20] mit dem DGB-Vorsitzenden *Freitag*, der ihm einen gemäßigten und vernünftigen Eindruck gemacht habe. Als präsumtiver Gegner Freitags für die im Herbst fällige Neuwahl des Vorsitzenden trete immer stärker Herr *Reuter*[21] vom Vorstand des DGB in den Vordergrund, während die Kandidatur des Vorsitzenden des Metallarbeiterverbandes *Brenner*[22] nicht mehr so aktuell sei[23]. Freitag habe sich dem Bundeskanzler gegenüber offen über Versuche der SPD beklagt, auf die Politik des DGB Einfluß zu nehmen. So sei Freitag kürzlich vor den Vorstand der SPD zitiert worden, und man habe dort versucht, ihn – Freitag – zur Veranstaltung von Protestkundgebungen des DGB gegen die Wehrgesetze[24] zu veranlassen, was er jedoch rundweg abgelehnt habe. Bundespräsident berichtet seinerseits über seine Gespräche einerseits mit Freitag, andererseits mit dem Präsidenten und Vizepräsidenten der Bundesvereinigung der deutschen Arbeitgeberverbände *Paulssen*[25] und *Bilstein*[26]. Er habe den Eindruck, daß von seiten der beiden Sozialpartner Verständigungsbereitschaft bestehe. Falls jedoch wieder Spannungen[27] eintreten sollten, habe Paulssen ihn – den Bundespräsidenten – gebeten, sich dann für eine Vermittlungsaktion evtl. zur Verfügung zu stellen. Er habe sich im Interesse des sozialen Friedens hierzu bereit erklärt. Auch der Bundeskanzler begrüßt dies sehr und wäre dem Bundespräsidenten für eine solche Vermittlungsaktion im Notfall dankbar.

Bundespräsident unterrichtet den Bundeskanzler in diesem Zusammenhang davon, daß er eine Einladung der Roten Falken (sozialistische Jugend) zu einer Tagung Ende Juli[28] abgesagt habe – obwohl er auch bei einer Tagung z. B. der katholischen Jugendverbände gesprochen habe[29] –, da die Falken verschiedentlich Resolutionen gegen die Wiederaufrüstung gefaßt hätten.

Nr. 41
16. Juli 1955

Geplante Kundgebung der Landsmannschaften in Berlin. Einladung des Bundeskanzlers nach Moskau.

[1.] *Kundgebung der Landsmannschaften in Berlin am 11. September*
Bundespräsident unterrichtet den Bundeskanzler über seine Ausspra-

che mit Baron *Manteuffel* über die geplante Kundgebung der Landsmannschaften in Berlin[1]. Er teilt dem Bundeskanzler mit, daß es nicht gelungen sei, den Vorsitzenden der Landsmannschaften zur Verlegung der Berliner Kundgebung zu bewegen. Manteuffel sei der Auffassung, daß diese Kundgebung, für deren ruhigen Verlauf er garantiere, der Politik des Kanzlers und seinen Gesprächen in Moskau nur nützen könne. Eine Verlegung der Kundgebung sei deshalb nicht möglich, weil ihm niemand einen neuen Termin für die Tagung nennen könne, da dieser ja wiederum von den Ergebnissen der Moskauer Besprechungen[2] abhängen müsse. Manteuffel habe außerdem ausgeführt, daß er es auch ablehnen müsse, etwa Ende Juli in Stuttgart gemeinsam mit dem Bund der Vertriebenen[3] eine Kundgebung zu veranstalten. Der Bund der Vertriebenen verliere immer mehr an Anhängern, was teilweise an der Person *Kathers*, aber auch an der Entwicklung im BHE[4] liege. Die Teilnahme der Landsmannschaften an der Stuttgarter Kundgebung würde nur einen Erfolg Kathers bedeuten und den sterbenden Bund der Vertriebenen unnötig stützen.

Bundespräsident berichtet weiter, daß Baron Manteuffel sehr an einer Aufrechterhaltung der Zusage des Bundespräsidenten liege, bei der Berliner Kundgebung im September zu sprechen, da er gerade dadurch sich einen mäßigenden Einfluß verspreche. Falls der Bundespräsident jetzt ablehne, könne und wolle er – Manteuffel – eine radikalere Tonart auf der Tagung nicht verhindern. Die Landsmannschaften seien über die Reise des Bundeskanzlers nach Moskau stark beunruhigt. Der Bundeskanzler hätte nach ihrer Ansicht einen dritten Ort zum Zusammentreffen mit den Sowjets vorschlagen sollen und überhaupt seine Verhandlungsbereitschaft von einer vorherigen Rückkehr der Kriegsgefangenen[5] abhängig machen müssen. Bundespräsident gibt dem Bundeskanzler zur Überlegung, ob er unter diesen Umständen nicht doch seine Zusage für Berlin aufrechterhalten und dann bei der Großkundgebung im Berliner Stadion die Reise des Bundeskanzlers nach Moskau ausdrücklich begrüßen und für alle Kundgebungsteilnehmer die guten Wünsche aussprechen solle.

Bundeskanzler beharrt auf seiner Auffassung, daß der Zeitpunkt der Kundgebung der Landsmannschaften in Berlin politisch denkbar ungünstig sei. Wenn diese Kundgebung durch die Anwesenheit des Staatsoberhauptes in ihrer Bedeutung noch besonders unterstrichen werde und damit einen hochoffiziellen Charakter erhalte, so könne dies seine politischen Verhandlungen mit den Sowjets bedauerlich stören und werde auch in den USA und in England kaum verstanden

werden. Er bitte daher den Bundespräsidenten dringend, von einer
Teilnahme an der Kundgebung abzusehen. Er nehme dann gerne in
Kauf, daß dort radikalere Töne geredet werden und könne diese evtl.
bei seinen Gesprächen in Moskau politisch ausnutzen. Bundespräsident erklärt sich bereit, den außenpolitischen Bedenken des Kanzlers
Rechnung zu tragen und seine Teilnahme an der Berliner Kundgebung
abzusagen[6].

[2.] *Einladung nach Moskau*
Bundeskanzler unterrichtet den Bundespräsidenten von seiner Absicht, außer der offiziellen Delegation, der u. a. die Minister *Brentano*
und *Erhard* und vom Auswärtigen Amt voraussichtlich *Hallstein* und
vielleicht *Blankenhorn* angehören sollten, auch Parlamentarier mitzunehmen[7]. Er habe an den Vorsitzenden und Stellvertretenden Vorsitzenden des Auswärtigen Ausschusses des Bundestages, die Abgeordneten *Kiesinger*[8] und *Carlo Schmid*, gedacht und bei diesen auch
bereits anfragen lassen, ob sie zur Teilnahme an der Moskau-Reise bereit seien[9]. ‹...›[a]

Nr. 42
5. September 1955

Genfer Gipfelkonferenz und Moskau-Reise des Bundeskanzlers.
Briefwechsel des Bundeskanzlers mit dem amerikanischen Außenmi-
nister Dulles. Bundesministerium für Verteidigung. Wirtschafts- und
sozialpolitische Entwicklung. FDP. Auswärtiger Dienst.

[1.] *Genfer Konferenz und Moskauer Reise*
Bundeskanzler unterrichtet den Bundespräsidenten über seine verschiedenen politischen Gespräche, die er während seines Ferienaufent-
haltes in Mürren[1] geführt hat. Die Genfer Konferenz[2] sei für die deutsche Sache dadurch verhältnismäßig günstig ausgegangen, daß die
Russen auf das Abrüstungsangebot der USA[3] nicht eingegangen seien.
Hätten sie diesen Fehler nicht begangen, wäre die deutsche Frage restlos in den Hintergrund gedrängt worden. Die etwas schwankende
Haltung *Eisenhowers* in Genf habe ihm verschiedentlich Sorge bereitet. Nur in Außenminister *Dulles* hätten wir in den Vereinigten Staaten einen zuverlässigen Partner. Überraschend gut habe sich der französische Außenminister *Pinay*, aber auch Ministerpräsident *Faure*[4]

gehalten, und *Eden* hoffe man infolge der dauernden Beratung durch *Kirkpatrick* bei der Stange halten zu können[5].

Bundeskanzler berichtet, daß die Delegation für Moskau nunmehr endgültig zusammengestellt sei. Er habe darauf bestanden, daß von Parlamentariern nur der Vorsitzende und Stellvertretende Vorsitzende des Auswärtigen Ausschusses des Deutschen Bundestages und der Vorsitzende des Auswärtigen Ausschusses des Bundesrates mitreisen sollten[6]. Dagegen habe er einen Wunsch der FDP ablehnen müssen, Vertreter der Bundestagsfraktionen mit nach Moskau[7] zu nehmen. Bei der Besprechung mit den Fraktionsführern[8] habe sich *Ollenhauer* recht vernünftig gezeigt. Er habe erklärt, daß die SPD zwar nach wie vor gegen die Pariser Verträge sei, aber anerkannt, daß man in Moskau mit den Russen nunmehr nur auf der Basis dieser Verträge verhandeln könne. Die Ergebnisse der Verhandlungen in Moskau schätze er – Bundeskanzler – sehr gering ein: Er werde versuchen, in der Kriegsgefangenenfrage etwas zu erreichen, müsse aber auf seine Vertragstreue zu dem Westen bestehen und alles vermeiden, das nach einer Anerkennung der DDR aussehen würde. Wahrscheinlich käme deshalb auch die Wiederherstellung voller diplomatischer Beziehungen mit Moskau noch nicht in Frage. Wie er höre, planten die Russen große Empfänge mit Paraden, Nationalhymnen usw. Er werde sich aber durch diese äußeren Formen nicht beeindrucken lassen[9].

[2.] *Briefwechsel Bundeskanzler – Dulles*
Bundeskanzler berichtet, daß der auch dem Bundespräsidenten streng vertraulich mitgeteilte Briefwechsel zwischen ihm und dem amerikanischen Außenminister Dulles[10] offenbar durch eine Indiskretion einem amerikanischen Journalisten in die Hände gefallen sei. Es sei noch nicht abzusehen, was nun aus diesem Briefwechsel in die Öffentlichkeit gelange; er habe aber große Besorgnisse, auch im Hinblick auf seine Reise nach Moskau.

[3.] *Verteidigungsministerium*
Bundeskanzler erklärt, er könne sich mit dem Plan des Verteidigungsministers *Blank* nicht einverstanden erklären, die ersten Offizierskurse ausgerechnet auf der alten Ordensburg Sonthofen stattfinden zu lassen[11]. Das uns unfreundliche Ausland würde sofort feststellen, daß die neue deutsche Wehrmacht da wieder beginne, wo der SS-Staat aufgehört habe. Auch der Bundespräsident ist dieser Auffassung, und berichtet, daß bereits das Gerücht gehe, er werde bei der Eröffnung der

Offizierskurse in Sonthofen sprechen. Er habe dieses Gerücht dementiert[12], sei auch von Blank nie auf die Dinge angesprochen worden.
Bundeskanzler berichtet, daß für Blank immer noch nicht der richtige
Staatssekretär gefunden sei[13]. Man denke jetzt an Persönlichkeiten
wie Staatssekretär *Bleek* und Staatssekretär *Bergemann*[14].
Bundespräsident unterrichtet den Bundeskanzler davon, daß er beabsichtige, den Personalgutachterausschuß[15] für die Streitkräfte am 4.
oder 11. Oktober d. J. zu einem Abendessen bei sich einzuladen. Er
würde es begrüßen, wenn der Bundeskanzler an dieser Veranstaltung
auch teilnehmen könnte. Bundeskanzler sagt zu, falls nicht andere
dringende politische Abhaltungen dazwischenkommen.

[4.] *Innenpolitische Sorgen*
Bundeskanzler unterrichtet den Bundespräsidenten über seine Sorgen
zur Lohn- und Preisbewegung[16]. Leider seien Minister *Erhard* und der
Bundesverband der Industrie in diesen Fragen nicht einig. Der Vorsitzende des DGB *Freitag* habe ihn in Mürren aufgesucht, um mit ihm
über Fragen der 40-Stundenwoche zu sprechen[17]. Er – Bundeskanzler
– habe Freitag erklärt, die Einführung der 40-Stundenwoche habe so
weitgehende Konsequenzen auf das wirtschaftliche, soziale und politische Leben, daß zuerst eine eingehende Untersuchung über diese
Frage vorgenommen werden müsse. Freitag habe für diese Einstellung
Verständnis gezeigt, scheine aber im Hinblick auf die Neuwahl des
Vorsitzenden des DGB[18], die im Oktober stattfinden werde, zu versuchen, für seine Wiederwahl eine propagandistische Grundlage zu
schaffen.

[5.] *FDP*
Bundeskanzler berichtet erneut über seine Sorgen wegen der Entwicklung innerhalb der FDP[19]. *Dehler* sei nach wie vor sprunghaft und unzuverlässig. Er versuche deshalb, *Blücher* in jeder Weise herauszustellen, um seinen Einfluß in der FDP zu stärken. Nun habe der
Vizepräsident des Bundestages [Ludwig] *Schneider* offenbar aus Verärgerung über die Nichtbeteiligung der FDP an der Moskauer Reise
eine Rede[20] in seinem Wahlkreis gehalten, in der die Politik der Bundesregierung angegriffen werde. Wie nach den Wahlen im Jahre
1957[21] die Haltung der FDP in bezug auf die künftige Koalitionsbildung aussehen werde, sei noch völlig offen.

FLUGMELDUNG
FLIGHT BULLETIN

VON KAPITÄN
FROM CAPTAIN

ERNIE PRETSCH

STRECKE   KÖLN / BONN - MOSKAU
FLIGHT

DATUM   8 - 9 - 1955   ORTSZEIT   13 16 MEZ
DATE   LOCAL TIME   15 16 MOSKAU ORTSZEIT

STANDORT   NAROCZ SEE   FLUGHÖHE (m)   5200
POSITION   ALTITUDE (ft.)   17000

GESCHWINDIGKEIT (km/h)   450   AUSSENTEMPERATUR (Celsius)   - 10 °C
SPEED (knots)   248   OUTSIDE-TEMPERATURE (Fahrenheit)

Wir erreichen   MOSKAU   voraussichtlich um   1700 Uhr
We shall arrive at   at about   o'clock
ORTSZEIT
15.00 MEZ

Um Ihr Wohlergehen sind bemüht:
You are being cared for by
LANDEZEIT   1700 UHR   VON MOSKAU FESTGELEGT
(1500 MEZ)

Wir wünschen Ihnen einen angenehmen Flug und gute Unterhaltung!
Our best wishes for a pleasant, joyful trip!   GUTES LANDE WETTER
ANGESAGT.

DEUTSCHE LUFTHANSA

Wbg 5/455-EL   Printed in Germany

Bitte schnell weiterreichen!
Please pass on quickly!

Zur Moskau-Reise des Bundeskanzlers (8.-14. September 1955; zu Nr. 43)

[6.] *Gesandter Holzapfel*
Bundespräsident unterrichtet den Bundeskanzler über seinen Aufenthalt in der Schweiz bei *Carl Burckhardt*[22]. Er habe auf seiner Reise in der Schweiz Bern absichtlich vermieden, um eine Begegnung mit Gesandten Holzapfel zu vermeiden. Bundeskanzler erklärt dazu, er habe kürzlich Holzapfel in der Schweiz getroffen[23] und sich gewundert, daß er immer noch an seinem Posten sei. Seine Abberufung sei ja eine längst beschlossene Angelegenheit. Von dem Generalkonsul in Basel *Gördes*[24] hat der Bundeskanzler einen sehr wenig günstigen Eindruck. Bundespräsident macht den Kanzler darauf aufmerksam, daß er seinerzeit vor der Ernennung Gördes nach Basel dringend gewarnt und nur auf Drängen des Auswärtigen Amtes seine Ernennungsurkunde unterzeichnet habe. Gördes stehe ja wieder vor dem Eintritt in den Ruhestand, und sein Nachfolger müsse für diese wichtige Schweizer Stadt eine erstklassige Persönlichkeit werden[25].

Nr. 43
16. September 1955

Moskau-Reise des Bundeskanzlers: deutsche Delegation, sowjetische Verhandlungspartner, Atmosphäre und Ergebnisse der Verhandlungen. Besprechungen mit den Bundestagsfraktionen.

Bundeskanzler berichtet dem Bundespräsidenten über seinen Moskauer Besuch und das Ergebnis der Verhandlungen mit der Sowjetunion[1].

[1.] *Zur deutschen Delegation*
Die Zusammensetzung der deutschen Delegation, auch unter Einschluß der Parlamentarier, habe sich im allgemeinen bewährt. Auch der Stellvertretende Vorsitzende des Auswärtigen Ausschusses, Prof. *Carlo Schmid*, habe gut mit den anderen Delegationsmitgliedern zusammengearbeitet. Sorge habe ihm die gesundheitliche Verfassung des Außenministers *von Brentano* gemacht, der im entscheidenden Stadium der Verhandlungen nahe daran gewesen sei, die Nerven zu verlieren. Scharf kritisiert der Bundeskanzler das Auftreten des Pressereferenten des Auswärtigen Amtes, Legationsrat *Diehl*[2]. Sehr gut bewährt habe sich die Mitnahme des Sonderzuges, der als »rollende Botschaft« gute Dienste geleistet habe. Dort habe die einzige Möglichkeit bestanden, sich ohne Furcht vor Abhörgeräten frei zu unterhalten.

10. September 1955: Gruß aus Moskau (zu Nr. 43)

[2.] *Die sowjetischen Verhandlungspartner und die Atmosphäre der Verhandlungen*

Bundeskanzler berichtet, daß die Nachfolge *Stalins*[3] offensichtlich ein Duumvirat, nämlich Ministerpräsident *Bulganin*[4] und der Parteigeneralsekretär *Chruschtschow*[5], angetreten habe. Bei aller Bonhomie sei Bulganin ein eiskalter, energischer und zielbewußter Rechner, während Chruschtschow eine aufbrausende, emotionale und polternde Art habe. Die beiden kennten sich jedoch schon seit 30 Jahren und hätten sich immer die Bälle zugespielt. Dagegen sei der Einfluß *Molotows*[6] sehr zurückgegangen. Interessant sei auch, daß bei dem Besuch der deutschen Delegation die Führer der russischen Armee völlig im Hintergrund gehalten worden seien.

Der Empfang sei äußerlich sehr herzlich gewesen. Hinter diesen Freundschaftsbezeugungen zittere aber klar die Psychose des Krieges, zwar der Respekt, aber auch die Furcht vor den Deutschen nach. Die Verhandlungen hätten zum Teil außerordentlich hart geführt werden müssen, und die Russen hätten in eiskalter Weise die Frage der Kriegsgefangenen[7] zum politischen Verhandlungsobjekt gemacht. Die deutsche Delegation habe unter stärkster Pression gestanden, als die Russen die Freigabe der Kriegsgefangenen von der Wiederaufnahme normaler Beziehungen klar abhängig gemacht hätten. Von sowjetischer Seite sei dagegen kein Versuch gemacht worden, uns mit Vertretern der DDR zusammenzubringen. Auch die Forderung, die Kriegsgefangenenfrage an einem Tisch mit der DDR zu besprechen[8], sei später fallengelassen worden.

Deprimierend habe auf alle Mitglieder der deutschen Delegation der Eindruck des Moskauer Straßenlebens gewirkt. Die Menschen sähen halb verhungert, vergrämt und ernst aus. Der Einsatz der Frauen zu härtester Arbeit falle überall auf. Die Wohnungsnot scheine immer noch ungeheuer groß zu sein. Pro Person werde jedem Russen nur eine Fläche von 8 qm Wohnraum zugeteilt. Die Preise von Gebrauchsartikeln seien im Vergleich zu den Preisen in der Bundesrepublik außerordentlich hoch. Allerdings lebe ein kleiner Kreis von hohen Funktionären, Künstlern und Wissenschaftlern auf einem hohen Standard. Einen überraschenden Eindruck mache in Moskau die Untergrundbahn, die 60 m unter dem Boden gebaut sei und jederzeit als Luftschutzkeller für die gesamte Moskauer Bevölkerung dienen könne. Riesig breite Straßen führten durch Moskau, die nach Auffassung des Bundeskanzlers angelegt worden sind, um evtl. Aufstandsversuche durch Einsatz großer Panzerverbände sofort im Keim ersticken zu können. Überraschend sei die Pflege der geschichtlichen Tradition, auch aus der Zeit der Zaren. Das Hotel[9] der Delegation sei etwa im Stil von 1905 eingerichtet gewesen, und bezeichnenderweise seien die ganzen für die Delegation gelieferten Lebensmittel und auch das Wasser von einem russischen Arzt jeweils vorher untersucht worden.

[3.] Das Verhandlungsergebnis

Bundeskanzler berichtet, daß der deutschen Delegation nach Herstellung des russischen Junktims zwischen Kriegsgefangenenfrage und Herstellung der diplomatischen Beziehungen gar nichts anderes übrig geblieben sei, als dem baldigen Austausch von Botschaftern[10] zuzustimmen. Die Frage der deutschen Wiedervereinigung habe nur wenig vorwärtsgetrieben werden können. Immerhin habe die Sowjetunion erneut die Verpflichtung der vier Siegermächte zur Wiederherstellung der deutschen Einheit[11] anerkannt. Die russische Taktik gehe jedoch dahin, die deutsche Frage auf eine gemeinsame Verhandlung zwischen DDR und Bundesrepublik abzudrehen. Die DDR sei nach dem Eindruck der Delegation für die Sowjetunion weniger ein Sicherheitsproblem als eine ideologische Frage. In den Augen der Russen habe sich die DDR ein fortschrittliches, soziales und wirtschaftliches System geschaffen, dessen freiwillige Preisgabe an das westliche »kapitalistische« Regime ein schwerer Prestigeverlust für die Sowjetunion und besonders auch eine Gefahr für die Entwicklung in den anderen Satellitenstaaten bedeuten würde. Über wirtschaftliche Probleme sei nur am Rande gesprochen worden[12]. Die Russen hätten aber interne Schwierigkeiten, da sie keinesfalls gleichzeitig den Rüstungswettlauf und eine Hebung des Lebensstandards der Bevölkerung finanzieren könnten. Auch das Problem China[13] spiele wirtschaftlich eine große Rolle, da die Sowjetunion offensichtlich nicht imstande sei, die wirtschaftlichen Bedürfnisse Chinas zu decken. Hier erhoffe sich die Sowjetunion aus einer engen wirtschaftlichen Zusammenarbeit mit Deutschland eine Entlastung.

Die bekannten Vorbehalte der deutschen Delegation (Grenzfestsetzung erst durch Friedensvertrag und keine Anerkennung der DDR) seien mit den Russen besprochen worden. Sie hätten ihren Niederschlag in einem Schreiben des Bundeskanzlers an Ministerpräsident Bulganin[14] gefunden. Ihrerseits hätten die Russen auf Ehrenwort zugesagt, die 9.626 Deutschen zurückzugeben, und zwar in der Weise, daß sie die Mehrzahl begnadigen, die restlichen jedoch nur unter der

Bedingung freigeben würden, wenn sie je nach Wohnsitz entweder in der Bundesrepublik oder in der DDR erneut vor ein deutsches Gericht gestellt würden. Die in dieser Zahl nicht einbegriffenen zivilen Verschleppten seien die Russen auch bereit, freizugeben, falls von deutscher Seite genaue Unterlagen vorgelegt würden.

Mit den Botschaftern der drei Westmächte[15] habe in Moskau ein laufender Gedankenaustausch über die Verhandlungen stattgefunden[16]. Jedenfalls habe die deutsche Delegation keinerlei Anlaß zu dem Verdacht gegeben, daß die Bundesrepublik nicht fest zu den Pariser Verträgen stehe. Die Sowjets hätten auch nie von der Bundesrepublik verlangt, etwa aus dem westlichen Vertragssystem auszubrechen.

[4.] *Besprechungen mit den Fraktionsvorsitzenden*
Bundeskanzler berichtet noch über seine Besprechungen, die er mit den Vorsitzenden der Bundestagsfraktionen über die Ergebnisse der Moskauer Reise geführt habe[17]. Es sei zu hoffen, daß der Bundestag die Ergebnisse von Moskau, deren Zwangssituation jedermann einsehe, mit großer Mehrheit billigen würde[18]. Von den Fraktionsvorsitzenden mache ihm nur die unbeherrschte und sprunghafte Art *Dehlers* immer noch große Sorgen[19].

Der Bundespräsident spricht in Friedland zu Spätheimkehrern aus der Sowjetunion (18. Oktober 1955)

Nr. 44
1. November 1955

Außenministerkonferenz in Genf. Kritik des Bundeskanzlers an den Bundesministern von Brentano und Kaiser. Weitere Schwierigkeiten in der Bundesregierung. Nachfolge Adenauers im CDU-Parteivorsitz. Schmeißer-Prozeß. Vertretung in Moskau. Saarfrage.

Zuerst auf Wunsch des Bu[ndes]Ka[nzler]-Amtes im Arbeitszimmer Wochenschau[1], um guten Eindruck zu vermitteln. Meine Regiefunktion: Entfernung des [weißen] Kissens hinter dem Kopf! (Spätere Mitteilung: die Szene soll im Kino »gut ankommen«).

[1.] Zu den politischen Dingen: Sorge um Genf[2]. *Brentano* ist ihm zu viel mit *Ollenhauer* zusammen bzw. macht daraus zu viel Publizität[3]. Er (A[denauer]) sieht diese Dinge wohl unter dem Gesichtspunkt, daß man in USA mißtrauisch werden könne über gewissen Kurs. Auf m[eine] Frage: zwischen Br[entano] u[nd] *Hallstein* gehe es. ‹…›[a] [Er] erzählte, daß *Gr[ewe]* bei der Berliner Konferenz nicht *Blankenhorn* unterstellt sein wollte. Professoren-Eitelkeit.

[2.] Sehr scharf über *Kaiser*, der intellektuell gegenüber früher stark nachgelassen habe, ganz unter dem Einfluß s[einer] Frau[4] stehe u[nd] diese unter dem von *Schütz*[5] – dieser aber habe neuerdings wieder Neutralitätspolitik propagiert[6]. Er will in diesem Ministerium Personenwechsel: *Tillmanns*[7], auch weil die Mehrzahl der Mittel- u[nd] Ostdeutschen Protestanten.

[3.] Wegen *Kraft* u[nd] *Oberländer* wisse er selber noch nicht, was er machen wolle[8]. Ich trug ihm vor, daß Min[ister] *Schäfer* größte Sorge habe, daß die Budget-Entscheidungen die Koalition gefährden, da das Budgetrecht nun eben anders sei als es der grundgesetzlich herausgehobenen Stellung des Bu[ndes]Ka[nzlers] [entspreche]. Wechselseitiges Abschießen von Sonderministern (und nicht nur diesen) durch Routine-Abstimmungen. A[denauer] will bald Besprechung mit *Dehler* und *Euler*[9].

[4.] Ich sagte ihm, daß einige, vor allem der zivilen Mitglieder des Personalgutachter-Ausschusses mir einen wenig günstigen Eindruck gemacht hätten[10], auch *Blank* nicht überlegen; er meinte, *Rust* werde

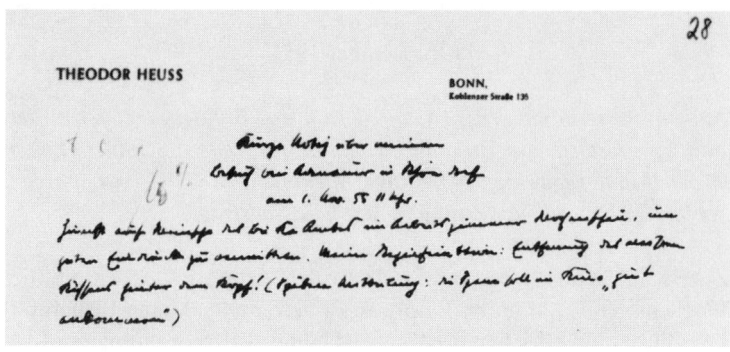

Aus den Notizen des Bundespräsidenten zum Gespräch vom 1. November 1955 (Nr. 44)

sich nicht überfahren lassen. Sein Zorn galt schier unvermittelt *Dr. Jaeger*[11], ‹...›[b]. (Wurde aber nicht konkretisiert.)

[5.] Mit Ironie: Die wichtigen CDU-Minister interessieren sich im Augenblick wesentlich um seine Nachfolge. Er wolle *Blücher,* der gelobt wurde, nicht in s[einem] Rang mindern. Ich erinnerte an ein früheres Gespräch, das er Min[ister] *Meyers*[12] für den Parteivorsitz geeignet halte; der müsse aber dann doch über N[ord-] Rh[ein-] Westf[alen] hinaus sichtbar gemacht werden. Das beabsichtige er (A[denauer]) auf dem nächsten Parteitag der CDU ein[zu]leiten[13].

[6.] Erzählte, wie er, sehr bedrängt von dem Anwalt[14], in den
Schmeißer[15]-Kompro[miß] nicht einwilligte. Die Sache scheint ihm
keine Sorgen zu machen[16]. *Augstein*[17] sei in Düsseldorf FDP-Mitglied
geworden u[nd] wolle dort eine Zeitschrift aufmachen (was mir später
bestätigt wurde)[18].

[7.] Über deutsche Vertretung in Moskau[19]. Ich meinte, [in] Erinnerung an *Brockdorff-R[antzau]*[20], jemand mit historischem Namen,
Bismarck[21]? *Etzdorff*[22]? ‹...›[c] Auf E[tzdorff] ging er nicht ein. Offenbar ist (von wem? Brentano? *Globke*) bei *Westrick* angefragt[23]. Er
u[nd] s[eine] Frau[24] kennen slawische Sprachen. W[estrick] scheint
bereit, wenn ihm eventuell Rückkehr nach Probe zugestanden.

[8.] Nachtrag. Ziemlich zu Beginn des Gesprächs: er sei froh, daß er
trotz Fieber nach Luxemburg gefahren[25]. Mit *Faure* sei eine fast ver-
trauensvolle Atmosphäre, wie vorher nur mit *Pinay*, entstanden. Jetzt
in der Saarfrage[26] kurz treten. Größte Sorge: man habe in Paris Material über finanzielles Einwirken von amtlicher deutscher Stelle, auch
von dem Presse-Amt, das bei ihm ressortiere; er habe aber nichts
davon gewußt.

[Nachschrift:] Die Unterhaltung, in der auch Gesundheitliches u[nd]
Persönliches drankam – wie ich denn meine Vorträge (»Würdigun-
gen«[27]) bewältige? –, dauerte etwa eine Stunde, mit mäßiger Cognac-
Begleitung. A[denauer] wirkte im Gespräch durchaus frisch.

Nr. 45
26. November 1955

*Zusammenfassender Bericht über die Auseinandersetzungen des Bun-
deskanzlers mit dem FDP-Fraktionsvorsitzenden Dehler, über die deswegen geführten Verhandlungen des Bundespräsidenten mit Vertretern der FDP und über das in Rhöndorf geführte Gespräch
Bundespräsident-Bundeskanzler.*

[1.] *Vorgeschichte*
Am Dienstag, 22. November d. J., übersendet Bundeskanzler dem
Bundespräsidenten Durchschlag eines Briefes, den er an den Frakti-
onsvorsitzenden der FDP, *Dr. Dehler*, gerichtet hat (Anlage 1)[1]. In die-

sem Brief beschwert sich Bundeskanzler, daß von maßgeblichen Mitgliedern der FDP (Dehler, *Middelhauve, Euler*) durch Äußerungen und Reden die Grundlagen der bisherigen Außenpolitik der Koalition in Frage gestellt würden. Bundeskanzler verlangt im Hinblick auf schwierige außenpolitische Lage Geschlossenheit der Koalition und – vor allem mit Rücksicht auf die außenpolitische Debatte am 1. und 2. Dezember im Bundestag[2] – eine Erklärung der Bundestagsfraktion der FDP, ob sie wie bisher auf dem Boden der Pariser Verträge ohne Änderung stehe, und ob sie bereit sei, darüber hinaus bis zu den Bundestagswahlen 1957[3] in wichtigen Fragen mit den anderen Koalitionspartnern gemeinsam vorzugehen. Außerdem erklärt Bundeskanzler in seinem Schreiben an Dr. Dehler, er teile die Auffassung der Zweckmäßigkeit eines zweiten Staatssekretärs im Verteidigungsministerium[4], wolle für diesen Posten jedoch einen qualifizierten Verwaltungsfachmann und lehne einen politischen Staatssekretär ab.
Der wesentliche Inhalt dieses Briefes wird der Öffentlichkeit bekannt und gibt der in- und ausländischen Presse Anlaß zu Meldungen über »drohende Koalitionskrise«, über »Ultimatum Adenauers an FDP« usw.[5]

[2.] *Verhandlungen des Bundespräsidenten mit Vertretern der FDP*
Der Bundespräsident entschließt sich aus Sorge um die schwierige außenpolitische Situation der Bundesrepublik nach dem Scheitern der Genfer Konferenz[6] zu einer persönlichen Intervention und bittet am Donnerstag, den 24. November, die FDP-Minister *Blücher* und *Preusker* zu einer Besprechung zu sich[7]. Die beiden FDP-Minister beschweren sich über die etwaigen Störungen der außenpolitischen Atmosphäre durch die Dehler'schen Reden, und sind der Auffassung, daß Dehler sowohl vom Parteivorsitz wie vom Fraktionsvorsitz entsetzt [sic!] werden müsse. Die Mißverständnisse über die Äußerungen Middelhauves seien angeblich auf einen Übersetzungsfehler der UP zurückzuführen[8], während das überraschende Referat Eulers mit Vorschlägen über die Loslösung der Bundesrepublik aus der NATO, die einseitige starke Aufrüstung der Bundesrepublik und die dann anzustrengenden direkten Verhandlungen der Bundesrepublik mit der Sowjetunion über die Wiedervereinigung im engsten Außenpolitischen Ausschuß der Partei erfolgt und von niemand ernst genommen worden sei[9].
Andererseits beklagen die FDP-Minister die ultimative Form des Kanzler-Briefes vom 22. November, insbesondere auch sein Verlangen

an die FDP, über die Außenpolitik hinaus in allen anderen Fragen mit den Koalitionsparteien in Zukunft gemeinsam vorzugehen. Auch die indirekte Ablehnung *Mendes* als Staatssekretär[10] halten sie im jetzigen Zeitpunkt für unglücklich. Sie fürchten, daß ein starres Festhalten des Kanzlers an seinen Forderungen die Stellung Dehlers in der Fraktion wieder erneut stärken würde.

Vizekanzler Blücher erklärt, er wolle zu diesen Fragen dem Kanzler einen Brief schreiben und dem Bundespräsidenten eine Abschrift zukommen lassen (s. Anlage 2)[11]. Bundespräsident unterrichtet die FDP-Minister, daß er bereit sei, mit Dr. Dehler und dem Bundeskanzler ein Gespräch zu führen und den Versuch zu machen, im Interesse der nationalen Disziplin nunmehr zu einer Koalitionsbesprechung zusammenzutreten, um alle Streitpunkte zu klären und weitere unnütze und nur die Situation verschärfende Briefwechsel zu vermeiden[12].

Am Freitag, den 25. November, erscheint Dr. Dehler nach einer Vorbesprechung mit Staatssekretär *Dr. Klaiber* beim Bundespräsidenten. Er gibt dem Bundespräsidenten Kenntnis von einem Schreiben des Außenministers *von Brentano* vom 24. November (s. Anl. 3)[13], in dem nochmals auf die Gefährdung der deutschen Außenpolitik durch Äußerungen verschiedener FDP-Vertreter und auf die Gefahr hingewiesen wird, daß bei einer sichtlichen Unglaubwürdigkeit der deutschen Außenpolitik eine direkte Verständigung der Westmächte mit der Sowjetunion auf der Grundlage des Status quo immer stärker in dem Bereich der Möglichkeiten liege. Dr. Dehler berichtet, daß er auf diesen Brief hin zusammen mit Euler und Mende eine Aussprache mit dem Außenminister gehabt habe[14], die sehr zufriedenstellend verlaufen sei. Man habe sich über die Grundlagen der Außenpolitik völlig geeinigt, und zwar nicht nur für die bevorstehende außenpolitische Debatte, sondern auch für die Zukunft. Er – Dehler – werde selbst bei der Debatte im Parlament nicht für die FDP sprechen. Auf eine eindeutige Anfrage des Bundespräsidenten erklärt Dehler, daß weitaus die Mehrheit der FDP-Fraktion die bisherige Koalition fortzusetzen gedenke und daß die Gerüchte, er – Dehler – plane nach den Wahlen von 1957 eine FDP-SPD-Koalition, falsch seien. Er halte vielmehr die Fortsetzung der bisherigen Koalition auch nach den Wahlen im außenpolitischen und wirtschaftspolitischen Interesse für notwendig. Inzwischen habe aber der Bundeskanzler trotz des zufriedenstellenden Gesprächs mit Herrn von Brentano am 25. November einen neuen Brief an ihn geschrieben (s. Anl. 4)[15]. Darin werde erneut die Beantwortung der Fragen seines ersten Briefes verlangt, insbesondere auch darüber, ob die FDP bereit sei, die bisherige Außenpolitik auch in Zukunft konsequent weiterzuführen. Dies hätten jedoch die Vertreter der FDP bereits Herrn von Brentano wissen lassen.

Bundespräsident nimmt die Mitteilung Dehlers zur Kenntnis und ermahnt ihn dringend aufs neue, sich bei seinen Reden, die immer wieder berichtigt werden müßten und zu Mißdeutungen Anlaß gäben, gerade auf außenpolitischem Gebiet einer ganz anderen Zurückhaltung zu befleißigen wie bisher. Er teilt Dr. Dehler mit, daß er nunmehr über den ganzen Fragenkomplex mit dem Bundeskanzler eine Unterredung haben werde.

[3.] *Gespräch mit dem Bundeskanzler am 26. November in Rhöndorf*[16]

Bundeskanzler unterrichtet den Bundespräsidenten eingehend über die besorgniserregende außenpolitische Situation der Bundesrepublik. Er kommt auf die Störung der Außenpolitik der Koalition durch die Äußerungen von maßgeblichen Vertretern der FDP zu sprechen und auf die tiefe Verärgerung, die hierdurch auch bei der CDU/CSU-Fraktion eingetreten sei. Er legt dem Bundespräsidenten die neueste Nummer der »Neue Zürcher Zeitung« vor, in der bereits über den merkwürdigen Vorschlag Eulers ausführlich berichtet wird[17]. Er sehe keine Aussicht für eine Besserung der Situation, solange nicht die vernünftigen Kräfte in der Fraktion der FDP die Oberhand erhielten. Der Vizekanzler und die FDP-Minister seien offenbar zu schwach, um sich in ihrer Partei und Fraktion durchzusetzen. (Es zeigt sich, daß der Bundeskanzler von den verschiedenen Vertretern der FDP über die innere Auseinandersetzung in dieser Partei sehr verschieden und je nach eigener Interessenlage unterrichtet ist.)

Bundespräsident informiert den Bundeskanzler über seine Gespräche mit den FDP-Ministern und mit Dr. Dehler. Er habe den Eindruck, daß das Unbehagen innerhalb der FDP-Fraktion mit ihrem Vorsitzenden nunmehr sehr gewachsen sei und Veränderungen nicht ausgeschlossen seien[18]. Eine starre und ultimative Haltung des Bundeskanzlers würde im jetzigen Augenblick seiner Ansicht nach nur dazu beitragen, die Stellung Dehlers wieder zu festigen. Daher schlage er vor, jetzt den Briefkrieg abzubrechen und zu einer Koalitionsaussprache baldmöglichst überzugehen. Man könne dann die Ergebnisse dieser Besprechung protokollarisch niederlegen, um eine schriftliche Vereinbarung für die Zukunft zu erhalten[19].

Bundeskanzler erklärt sich bereit, mit den Fraktionsvorsitzenden der

CDU/CSU und der DP[20] darüber in Verbindung zu treten[21]. Falls eine Koalitionsbesprechung mit der FDP zustande komme, könne er auf die direkte Beantwortung seiner Briefe durch die FDP verzichten, falls die Ergebnisse dieser Besprechung als schriftliche Vereinbarung der Koalitionsparteien mit der Unterschrift der Besprechungsteilnehmer niedergelegt werde. Bundespräsident schlägt vor, zu dieser Besprechung auch die FDP-Minister und nach dem Ermessen des Bundeskanzlers auch Minister der CDU/CSU und der DP zuzuziehen.

Von diesem Ergebnis der Unterredung des Bundespräsidenten mit dem Bundeskanzler unterrichtet Staatssekretär Klaiber den Vorsitzenden der FDP-Fraktion, Vizekanzler Blücher, Bundesminister *Schäfer* und Staatssekretär *Dr. Globke*.

Nr. 45 A
26. November 1955

»Nachwort zu der Unterhaltung des Bundespräsidenten mit dem Bundeskanzler vom 26. November 1955 über die Koalitionskrise«.

Am Montagvormittag, den 28. November, teilt der Fraktionsvorsitzende der FDP, *Dr. Dehler*, dem Staatssekretär *Klaiber* mit, daß er einen Brief des CDU[CSU]-Fraktionsvorsitzenden *Dr. Krone*[1] soeben erhalten habe, in dem der FDP mitgeteilt werde, die beiden anderen Koalitionspartner seien zu einer Koalitionsbesprechung nicht bereit, bevor nicht seitens der Fraktion der FDP die Fragen der Kanzlerbriefe unmißverständlich beantwortet seien[2]. Auf eine Rückfrage des Staatssekretärs Klaiber bei Herrn *Globke* wurde ihm dazu von diesem mitgeteilt, der Kanzler habe gemäß Absprache mit dem Bundespräsidenten den Herren Dr. Krone und Prof. *Schüßler*[3] für Montag, den 28. November, eine Koalitionsbesprechung mit der FDP vorgeschlagen[4]. Beide Herren hätten dies jedoch mit dem Hinweis abgelehnt, bevor sich die FDP nicht zu den Kanzlerbriefen geäußert habe, sei keine Sicherheit vorhanden, ob eine evtl. zu erreichende Koalitionsabsprache auch nachher von der Fraktion der FDP gebilligt werde. Ohne Zweifel spielten bei dieser Ablehnung auch die Meldungen der Montagmorgen-Presse eine Rolle, wonach die Position Dehlers als Fraktionsvorsitzender erschüttert sei und die umlaufenden Informationen, wonach der Landesverband der FDP Nordrhein-Westfalen von Dehler abrücke[5]. Man fürchtete offenbar, durch die Anberaumung einer

Koalitionsbesprechung die Stellung Dehlers innerhalb seiner Partei wieder zu festigen.

Am selben Tage informiert *Dr. Euler* den Staatssekretär Klaiber über einen Brief, den er – Euler – an den Bundeskanzler am 23. November zur Richtigstellung seiner Ausführungen im Außenpolitischen Ausschuß der FDP übersandt hatte[6]. Von diesem Brief war dem Herrn Bundespräsidenten bisher eine Abschrift nicht zugegangen. Auf dieses Schreiben Eulers kam auch der Bundeskanzler bei seiner Unterredung mit dem Bundespräsidenten nicht zu sprechen, obwohl er damals bereits in seinem Besitz gewesen sein mußte. (Beweis: Bei der Aussprache der Abgeordneten Dehler, Euler und *Mende* mit Außenminister *von Brentano* am Abend des 24. November[7] war Herr von Brentano über den Bundeskanzler bereits von dem Eulerschen Brief informiert.)

Am Nachmittag des 28. November wurden die FDP-Minister *Blücher* und *Preusker* zusammen mit dem Abgeordneten Euler vom Bundeskanzler empfangen[8]. Angeblich soll der Bundeskanzler Mißverständnisse über verschiedene Formulierungen seiner beiden Briefe an die FDP aufgeklärt haben. Außerdem wurde über die innere Auseinandersetzung innerhalb der FDP gesprochen.

Nr. 46
23. Januar 1956

Lage im westlichen Bündnis, geplante Gipfelkonferenz. Freiwilligengesetz. Notstandsgesetzgebung. Einberufung der ersten Bundeswehreinheiten. Ordensgesetz. Strömungen in der FDP. Wahlrechtsfrage. Entlassungsgesuche der Bundesminister Kraft und Oberländer, weitere Schwierigkeiten in der Bundesregierung.

[1.] Der Bundeskanzler berichtete über eine Mitteilung *Dulles*, nach der *Eden* die feste Absicht habe, bei seinem Amerikabesuch eine weitere Konferenz auf höchster Ebene anzuregen[1]. Nach den Berichten in der »Times«, »Manchester Guardian« und anderen englischen Blättern müsse damit gerechnet werden, daß Eden, der sich in einer schwachen Position befinde[2], den Status quo vorschlage. *Dowling* habe deshalb auch eine schriftliche Bestätigung des Bundeskanzlers für Dulles erbeten[3], mit freien Wahlen in Gesamtdeutschland einverstanden zu sein, damit für ein Nachgeben Edens gegenüber den Sowjetrussen durch diese Voraussetzung und Bedingung eine Grenze ge-

setzt werde und die Wiedervereinigung Deutschlands der Ausgangs-
punkt für die Verhandlungen bleibe.

Da in Frankreich kurzfristig nicht mit einer neuen Regierung gerechnet werden könne[4], bliebe die Stellung der Bundesrepublik bei der
weichen Haltung der Engländer und der Unzuverlässigkeit Frankreichs in Amerika auch nur gefestigt, wenn sich dort das Mißtrauen,
das sich durch die Verschleppung der Aufstellung einer Armee ergeben habe, durch deren Beschleunigung beseitigen ließe.

[2.] Das Freiwilligengesetz liefe am 31. März [19]56 ab[5]. Durch die
von Vizepräsident *Jaeger* mitverschuldete Verzögerung der Verhandlungen im Sicherheitsausschuß[6] des Bundestages über die Verfassungsänderung und das Soldatengesetz[7] müsse ein Vakuum entstehen. Er
lehne deshalb ein Junktim zwischen Verfassungsänderung und Soldatengesetz ab und werde alle Anstrengungen unternehmen, dieses Soldatengesetz bis Ende März zu verabschieden. Er glaube nicht an die
Ehrlichkeit der SPD, ihre Taktik sei hinhaltend. Im übrigen könne die
CDU/CSU sich keinesfalls auf eine parlamentarische Verantwortlichkeit des Wehrministers einlassen. Er habe auch stärkste Bedenken gegenüber dem Parlamentsbeauftragten.

Der Bundespräsident weist darauf hin, daß es zwar nicht verfassungsrechtlich notwendig, aber doch verfassungspolitisch entscheidend sei,
wenn die Ergänzungen des Grundgesetzes entsprechend einer früheren Vereinbarung gemacht werden. Er erinnert an die Stellungnahme
des Bundesrates und warnt vor einer Verfassungsbeschwerde in Karlsruhe. Eine Armee der Koalition wäre ungut. Auch müsse mit der SPD
für die Zukunft eine anständige Atmosphäre geschaffen werden. Er
sei gern bereit, mit *Ollenhauer* und *Erler*[8] zu sprechen. Überrascht
habe ihn, daß aus seinem Memorandum[9] über den Oberbefehl die
SPD schon von seiner ablehnenden Haltung zur Sonderstellung des
Verteidigungsministers und von seiner Formulierung der Scheiben-
schützenvereine erfahren habe. Der Parlamentsbevollmächtigte brauche nicht im Grundgesetz verankert zu werden.

Der Bundeskanzler wiederholt, daß die SPD in ihrer Mehrheit neutra-
listisch und pazifistisch sei, und Erler nur mit einigen wenigen für die
Verfassungsänderung eintrete[10]. Ollenhauer sei zu schwach. Entscheidend müsse bleiben, daß das Soldatengesetz bis zum 31. März verabschiedet sei. Er könne deshalb vorher auch nicht, wie ihm seine
Parteifreunde bestätigten, in Urlaub gehen.

[3.] Der Bundespräsident kommt dann auf die Notstandsgesetzgebung[11] zu sprechen. Er warnt vor einer Verschiebung unter der Argumentation, daß dies nicht eilig sei, weil ja die Alliierten sich dieses Recht vorbehalten hätten. Es handele sich dabei ja nur um den Schutz der eigenen Truppen. Er halte es für gefährlich, von der Souveränität noch Teilrechte auszuschließen, denn souverän ist, wer den Ausnahmezustand verkündet. Eine Zustimmung zur Einschränkung dürfte für die Opposition ein Wahlschlager werden. Eine Mitwirkung bei der Verfassungsänderung, wenn auch nicht Zustimmung zum Soldatengesetz, würde die Position der Regierung stärken.

Der Bundeskanzler erklärt, daß die Auffassung, er wolle die Notstandsgesetzgebung zurückstellen, falsch sei. Er müsse nur das Soldatengesetz jetzt beschleunigen. Die Notstandsgesetzgebung müsse daneben weitergetrieben werden. Der ihm vorgelegte Entwurf[12] sei allerdings miserabel. Es sei nichts über einen Teilnotstand gesagt, wenn z. B. in Hamburg ein Hafenstreik ausbricht. Der eingesetzte ständige Ausschuß könne Gesetze verordnen, auch wenn der Bundestag tagen würde. Der Bundespräsident, nicht dem Parlament verantwortlich, hätte alle Macht, wenn er den Antrag des Bundeskanzlers auf Verkündung des Notstandes ablehne. Dann bliebe dem Bundeskanzler und der Regierung nichts anderes übrig, als zurückzutreten.

Der Bundespräsident bemerkt, daß dieser als Amtsperson bei der Verkündung des Notstandes unbedingt beteiligt sein müsse. Einfach zuzusehen würde die Funktion dieses Amtes völlig herabwürdigen.

[4.] Der Kanzler berichtete dann von seinen Eindrücken in Andernach[13] und unterstrich die Notwendigkeit, jeder weiteren Diffamierung der Soldaten entgegenzuwirken[14]. Er beschwerte sich über *Brentano*, der sich über ihn hinweg beim Bundespräsidenten für den Wegfall des Ehrenzuges in einem Brief eingesetzt habe[15] und wiederholte die bereits in der Kabinettssitzung am Mittwoch, den 18. Januar [19]56, ihm durch *Blank* gegebene falsche Darstellung, daß vom Bundespräsidenten auch die Ehrenposten abgelehnt worden seien. Das habe die Soldaten sehr verschnupft.

Der Bundespräsident berichtigte, daß Brentano ihm nur in einem privaten Weihnachtsbrief seine Eindrücke mitgeteilt habe und daß die Entscheidung über den Wegfall des Ehrenzuges schon vorher gefallen sei[16]. Die Ehrenposten habe nicht er abgelehnt, sondern das Verteidigungsministerium. Er wolle aber Blank bei einer nächsten Begegnung sagen, daß er an die Parole *Schlieffens*[17]: Mehr sein als scheinen, den-

ken müsse. Seine Sorge sei die »Angabe«. Seine Ablehnung des Ehrenzuges habe ihm begeisterte Briefe und auch Presseberichte gebracht[18].
Im Grunde wäre es nur eine Sache für die Filmoperateure gewesen,
wobei nachher bei der Vorführung ein Teil des Publikums lache, der
andere sich freue. In Andernach habe er Panzer für höchst überflüssig
gehalten. Es wäre ein Irrtum, wenn Blank glaube, daß er über ihn verfügen könne. Gerade heute habe er einen Brief eines Professors erhalten, der ihm eine sehr eindrucksvolle Denkschrift »Unsichtbarkeit und
Unhörbarkeit des Militärs« geschickt habe[19]. Er habe den Eindruck,
daß mit der »Tradition« viel Unfug getrieben werde[20] und sei über die
ihm vorgelegten neuen Abzeichen der Formationen und über die
Wünsche der Soldaten erschrocken, wieviel alte Orden sie zugelassen
haben möchten.

Der Bundeskanzler bemerkte, daß er den Entwurf des Ordens-
gesetzes[21] mit dem Bemerken zurückgegeben habe, mehr als 20 dürfen
es nicht sein. Er halte jedoch das Sichtbarmachen der neuen Wehrmacht für notwendig und sei überzeugt, daß die Masse der Bevölkerung begeistert sei. Als Beispiel führte er an, daß man ihn auf der Hin-
fahrt nach Andernach kaum beachtet habe, ihm jedoch auf der
Rückfahrt in jeder Ortschaft auch von Bauarbeitern begeisterte Ova-
tionen gemacht worden sind. Er habe von den jungen Soldaten den
besten Eindruck und habe selbst seinem jüngsten Sohn[22] gesagt:
Warum willst du eigentlich nicht Offizier werden? Besonders beeindruckt haben ihn die Äußerungen mehrerer Spätestheimkehrer, sich
sofort zum Militär zu melden, da nur ein starkes Deutschland auf
Sowjetrußland Eindruck mache.

Er berichtete dann über sein Gespräch mit einigen Herren des Personalgutachterausschusses[23], das gut verlaufen sei, und in dem man ihm
insbesondere zum Fall *Fett*[24] eine nochmalige Überprüfung zugesagt
habe. Er erwähnte dann, daß ein Mitglied des Ausschusses (General)
einen ehemaligen Kollegen (ebenfalls General) um Bestätigung gebeten habe, daß der und der sich dann und dann zur nationalsozialistischen Staatsauffassung bekannt hätte. Letzterer habe aber dann mitgeteilt, daß sicher die Beförderung des Anfragers vom Kommandeur
zum Führer einer Heeresgruppe innerhalb eines Jahres nicht erfolgt
wäre, wenn auch er sich nicht zur nationalsozialistischen Weltan-
schauung bekannt hätte. Er wolle damit nur zum Ausdruck bringen,
wie schwierig die ganze Beurteilung sei.

[5.] Der Bundespräsident erinnerte an den Abend mit den Mitgliedern
des Personalgutachter-Ausschusses, bei dem er von Blank einen sehr
ungünstigen Eindruck erhalten habe[25]. Er weise auf die Behandlung
von *Baudissin*[26] hin, über den er mit Blank gesprochen habe, und der
empfahl, ihn einmal zu empfangen. Nach der Rückkehr aus Amerika
habe dann Baudissin mit Zustimmung von Blank ihm über seine Eindrücke berichtet. Er selbst habe Baudissin gefragt, wie er über einen
Ehrenzug usw. denke.
Der Bundeskanzler bemerkte, daß er Baudissin persönlich noch nicht
gesprochen habe, ihn jedoch für einen begabten und sehr fähigen
Mann halte. Er selbst habe auch verschiedene Vorbehalte bei Blank,
müsse aber zu ihm stehen. Der Bundespräsident sagte, daß er die Be-
zeichnung »Bundeswehr« der Benennung »Wehrmacht« vorziehe, da
letztere eine Erfindung *Hitlers* sei[27] und »Macht« zu abschreckend
wirke. Der Bundeskanzler stimmte ohne besondere Vorbehalte dieser
Auffassung zu.

[6.] Er ging dann über auf die FDP, bei der er sich völlig im unklaren
sei, was diese nun eigentlich wolle[28]. Die Verhandlungen über das
Wahlgesetz[29] seien bisher gescheitert. Die CDU hätte ein offenes und
nicht an Weisungen gebundenes Gespräch führen wollen. Die FDP
hätte jedoch die Verhandlungspartner mit einer ganz festen Marsch-
route in die Besprechung[30] entsandt. In Kürze würde noch eine letzte
Aussprache unter seinem Vorsitz stattfinden[31].
Der Bundespräsident weist auf die erfolgreichen Bemühungen des
Bundespräsidialamtes hin, daß *Wellhausen*[32] sich bei der Wahl des
Fraktionsvorsitzenden gestellt habe. Er halte es für richtig und notwendig, daß die Koalition beisammen bleibt. Er empfiehlt einen Kompromiß in der Wahlrechtsfrage, der die liberalen Kräfte in der FDP
stärken würde.
Der Bundeskanzler weist auf die verschiedenen Strömungen in der
FDP, insbesondere auf die nationalistischen Gruppen in Niedersachsen und Nordrhein-Westfalen[33] hin und die titoistische Auffassung
Dehlers sowie auf sein immer wieder bekundetes Wollen, direkt mit
dem Osten zu verhandeln[34]. Er wolle aber nochmals einen Versuch
machen.

[7.] Der Bundeskanzler erwähnte seine Antwort auf die Anfrage des
BHE wegen der Entlassungsgesuche der Minister *Kraft* und *Oberländer*[35] und führte an, daß er, um die Gruppe um Dehler in der FDP

nicht zu stärken, die auf ein Ausscheiden aus der Koalition drängt, besonders um *Blücher* und *Preusker* zu treffen, sich sehr vorsichtig ausgedrückt habe. Er schätze Blücher und habe ihm im Kabinett deshalb sehr wichtige Aufgaben überlassen. Er habe auch den Eindruck, daß er seine Sache in Indien sehr gut und mit viel Takt gemacht habe[36]. *Tillmanns* werde er nicht ersetzen. Mit dem Justizministerium sei er gar nicht zufrieden. *Neumayer* sei schwach, Staatssekretär *Strauß* zu formal und rechthaberisch.

Die Organisation im Bundeswirtschaftsministerium wäre sehr mangelhaft[37]. Auch das A[uswärtige] A[mt] funktioniere nicht. Die Briefe von Dulles und anderen hätten mehrere Wochen gebraucht, um ihn zu erreichen[38].

Brentano sei zu selbständig, so habe er sich bei drei Reisen zu Konferenzen nicht vorher mit ihm abgestimmt[39]. Das mangelhafte Zusammenwirken der Ministerien mache ihm Sorge. Es ginge nicht an, daß die Referenten Gesetzentwürfe ausarbeiten, bevor diese vorher im Grundsätzlichen ihre Weisungen vom Kabinett bekommen hätten. Auch das Parlament griffe viel zu stark in die Exekutive ein.

Der Bundespräsident weist auf das unfaire Verhalten im A[uswärtigen] A[mt] gegenüber Blücher während seines Indienaufenthaltes in Presseerklärungen hin und bestätigte die Schwerfälligkeit der Bürokratie. Er erinnerte an seine Silvesteransprache[40].

Nr. 47
19. März 1956

Außenpolitische Situation. Stationierungskosten. Zypernfrage. Spaltung innerhalb der FDP. Reise von Bundeswirtschaftsminister Erhard nach Großbritannien. Ehrenbürgerrecht für Großadmiral a. D. Raeder. Änderung des Grundgesetzes, Soldatengesetz. Auseinandersetzung um Staatssekretär Globke.

[1.] Der Bundeskanzler berichtet über die außenpolitische Situation, die nach seiner Ansicht in den letzten Jahren noch nie so schwierig gewesen sei.

Er charakterisierte *Pineau*[1] als nicht zuverlässig und bezweifelt auch, ob *Eden*, der nach dem Ausscheiden von *Churchill* sehr schwankend sei, wirklich ein Interesse an der Wiedervereinigung Deutschlands habe[2]. Er sei in größter Sorge, daß die Großmächte sich auf Kosten

Deutschlands einigen könnten, auch deshalb, weil in den Vereinigten
Staaten durch die vielen Reisen von *Dulles* und bei der weichen Haltung von *Murphy* eine Abkühlung gegenüber der Bundesrepublik eingetreten sei[3]. Die Schuld daran liege in der Verzögerung der Aufrüstung und in der Behandlung der Frage der Stationierungskosten[4]
besonders durch *Schäffer*, aber auch durch einen Zwischenruf, den
Erhard im Bundestag gemacht hatte[5].

Botschafter *Conant* habe ihn über ein Memorandum[6] unterrichtet,
daß die Westmächte sich in der Frage der Stationierungskosten nun
verbündet hätten. Er habe gebeten, sofort nach Washington zu ka-
beln, daß dieses Memorandum keinesfalls veröffentlicht würde, da die
Wirkung auf die deutsche Bevölkerung katastrophal sein müsse[7].

Botschafter *Hoyer Millar* habe ihn heute aufgesucht[8] und erklärt, daß
es dem Geist der NATO entspräche, wenn die Bundesrepublik über die
zugesagten Kostenbeiträge hinaus mehr leiste, weil ja schließlich englische Truppen, weil noch keine deutschen vorhanden seien, den Schutz
gegenüber dem Osten übernommen hätten. Eine Koppelung der Stationierungskosten mit der Vergebung von Bestellungen nach England
könne nicht akzeptiert werden. Er, als Kanzler, habe versucht klarzumachen, daß auch die Koalitionspartner im Bundestag mit der Zubil-
ligung rechtlich nicht verankerter Kostenbeiträge keinesfalls durch-
kommen würden und deshalb aus taktisch-politischen Gründen die
Koppelung notwendig sei. Er habe auch den Eindruck, daß *von Herwarth* in London für die schwierige politische Aufgabe nicht ausreiche
und darüber heute mit *Hallstein* gesprochen[9]. Er wisse aber noch
nicht, wen man noch nach London schicken kann. Hoyer Millar habe
ihm auch mitgeteilt, daß Eden, der ursprünglich im Mai nach Bonn
kommen wollte, diese Reise wegen zu vieler Arbeit nicht machen
könne[10]. Das erschien ihm jedoch nur als Vorwand.

Hallstein habe ihm auch über den an sich ganz guten Fortgang der
Saarverhandlungen[11] in Paris berichtet. *Joxe*, der mit ihm nach Bonn
zurückgereist sei, hätte jedoch auf der Fahrt erzählt, daß die Amerikaner nicht mehr die Absicht hätten, ihre neuesten Waffen nach Europa
zu geben aus Sorge, daß die Russen diese sofort nachbilden würden.
Diese würden ihr »Theater« fortsetzen und stempelten nun *Stalin* als
Mörder, um sich in der westlichen Welt als Demokraten einzuschmug-
geln. Pineau und *Mollet*[12] laufen sozusagen nach Moskau[13], und die
Engländer bereiten sich auf einen herzlichen Empfang von *Bulganin*
und *Chruschtschow* vor[14]. All das kann nur auf Kosten Deutschlands
gehen.

Weiter ausholend schildert Adenauer die schwierige Situation der Franzosen und Engländer in Afrika und im Nahen Osten. Er macht dabei auch einen Exkurs zur Zypernfrage[15], die nach seiner Meinung noch hätte 1953 bereinigt werden können. *Papagos*[16] habe ihm während seines Besuches in Athen berichtet[17], daß Eden, der damals mehrere Wochen zur Erholung beim englischen Botschafter in Athen wohnte, auf seine Bitte, doch den Unterricht über die griechische Geschichte auf Zypern zuzulassen, ihn scharf und von oben herab abgewiesen habe[18].

[2.] An der prekären außenpolitischen Situation sei natürlich auch die innenpolitische Entwicklung, wie sie sich in der Spaltung innerhalb der FDP zeige[19], mit schuld. Die westliche Welt sehe in der Entwicklung die Rückkehr zu einem nationalistischen Deutschland und habe sehr genau registriert, daß sich in dem größten Land, Nordrhein-Westfalen, Nationalisten, Nationalbolschewiken und Nazis zusammengefunden haben[20].

Das Mißtrauen gegenüber Deutschland habe natürlich seinen tieferen Grund besonders in England in dem wirtschaftlichen Aufschwung der Bundesrepublik und in der Angst und Sorge, daß ein wiedervereinigtes Deutschland von 70 Millionen Menschen mit einer solchen industriellen Kapazität als Konkurrent auf dem Weltmarkt zu gefährlich würde. Die Reden *Dehlers*[21] und anderer hätten außerdem dazu beigetragen, die Meinungen draußen zu verstärken, daß die Bundesrepublik ein sehr unsicherer Faktor für den Westen sei, da starke Tendenzen vorhanden wären, mit dem Osten nicht nur ins Geschäft zu kommen, sondern auch zu paktieren. Der Kanzler wisse nicht, wie man aus dieser Lage herauskomme, es sei denn, daß wir recht bald mindestens 6 Divisionen auf die Beine gestellt hätten, erst dann würden wir wieder mitsprechen können und auch die alte Unterstützung der USA zurückgewinnen. Sein Schwiegersohn *Werhahn*[22], der von einer Reise aus den Vereinigten Staaten und dem Nahen Osten zurückgekommen sei, habe ihm aus eigener Erfahrung die Berichte der Auslandspresse über das Mißtrauen gegenüber Deutschland bestätigt.

[3.] Der Bundespräsident wies darauf hin, daß der Besuch *Erhards* in England[23] doch die Wirkung gehabt habe, daß man dort mit den Deutschen nach den schlechten Erfahrungen mit Frankreich enger zusammenarbeiten wolle. Der Kanzler bezeichnete daraufhin Erhard als einen Optimisten, der die Höflichkeit und Freundlichkeit der Engländer für bare Münze genommen habe. Er sei erschüttert über seine gegenwärtig mangelnde Konzeption, wenn er auch seine großen Verdienste zur Entwicklung einer freien Wirtschaft habe. Auch *Schäffer* mache ihm in seiner Nervosität und Unüberlegtheit Sorge. *Hartmann*[24] wäre zu weich und sei beherrscht durch die machthungrigen Herren *Vialon*[25] und *Oeftering*[26]. Auch im Wirtschaftsministerium gäbe es keinen festen Kurs. *Westrick* folge blind Erhard. *Kattenstroth*[27] sei ein reiner Formaljurist. Der Vernünftigste wäre noch Herr *Krautwig*[28].

[4.] Zur Spaltung der FDP erwähnte der Bundespräsident, daß er beim Geburtstag von *Helene Weber*[29] mit *Krone* gesprochen[30] und sehr empfohlen habe, daß die CDU sich vorerst in jeder Weise zurückhält und nichts unternimmt. Trotz des Wimpfener Beschlusses[31] müsse der Parteitag in Würzburg im April[32] abgewartet werden. Auch in der sogenannten Dehler-Gruppe gäbe es eine ganze Reihe von Abgeordneten, die mit dessen Reden und Kurs keinesfalls einverstanden wären, doch sei der eigentliche Gegenspieler noch nicht sichtbar. Dehler habe zwar bei seinem letzten Besuch im November[33] ganz fest abgestritten, daß er 1957[34] auf eine Regierung zusammen mit der SPD hinsteuere und ausdrücklich erklärt, daß die bisherige Koalition erhalten bleiben müsse. Der Kanzler sagte unter Kopfschütteln, daß man ihm nicht mehr glauben könne und spricht dann allgemein von der Verwilderung der Politiker, die sich nicht nur in Beleidigungsklagen zeige. Die Parteien hätten in der Bevölkerung eine starke Einbuße an Vertrauen erlitten. Dies wäre eine der großen Gefahren für die Demokratie. Die Deutschen wissen leider mit ihrer Souveränität nichts anzufangen. Das liege in der Verdrehung des Gewissens, die auf die Nazizeit zurückzuführen sei.

[5.] Der Bundespräsident wies dann auf die erneute Auseinandersetzung um das Kieler Ehrenbürgerrecht für *Raeder*[35] hin. Eine Diskussion im Bundestag würde die Presse in der westlichen Welt auf Touren bringen. Er könne zwar schlecht sein eigenes Ehrenbürgerrecht[36] zurückgeben, doch würde er in einem solchen Falle nicht nach Kiel gehen. Der Kanzler ist der Meinung, daß hier sehr scharf erwidert werden müsse, da es sonst in der Weltöffentlichkeit hieße, daß der Bundespräsident auch zu den Nationalisten herübergewechselt habe.

[6.] Der Bundeskanzler legte dem Bundespräsidenten die beiden Gesetze zur Änderung des Grundgesetzes und das Soldatengesetz[37] zur Unterschrift vor. Der Bundespräsident nimmt dies zum Anlaß, um den Kanzler darauf hinzuweisen, daß die Mitwirkung der SPD bei den Grundgesetzänderungen doch der These von *Jaeger* recht gäbe und in der Zusammenarbeit von Koalition und Opposition etwas sehr Positives liege. Es wäre gut, wenn der Kanzler seine Absicht, jeden Monat nicht nur Koalitionsgespräche, sondern auch Unterredungen mit Herrn *Ollenhauer*[38] zu führen, wahr macht. Er fragte den Kanzler, ob die Behauptung von Herrn Dehler stimme, daß seit einem Jahr keine Koalitionsbesprechungen mehr stattgefunden hätten. Der Kanzler verneint das und berichtet über zwei Zusammenkünfte[39], bei denen sich aber Herr Dehler bei den an ihn direkt gerichteten Fragen sehr zurückgehalten und keine klare Stellung bezogen habe.

[7.] Der Herr Bundespräsident schneidet dann noch die erneut begonnene Polemik um Herrn *Globke*[40] an und bedeutet die Notwendigkeit, entweder klare und eindeutige Gegenerklärungen abzugeben oder die Konsequenzen zu ziehen. Der Kanzler erklärte, daß Globke ihn schon vor einigen Wochen davon unterrichtet, daß eine neue Kampagne, und zwar mit Hilfe von Herrn Dehler, gegen ihn gestartet würde[41], unter dem Motto: Da wir an Adenauer nicht direkt herankommen, wollen wir die Leute seiner näheren Umgebung abschießen. Die besonders beanstandeten Stellen in seinem Kommentar[42] hätte Globke, insbesondere der außereheliche Verkehr mit Juden, was auch von vielen jüdischen Menschen schriftlich bestätigt wurde, deshalb gewählt, weil ihm bekannt war, daß jedem unweigerlich das KZ drohe [sic!].

Nr. 18
8. Mai 1956

Staatsbesuch des Bundespräsidenten in Griechenland. Außenpolitische Lage. Innenpolitik, FVP. Organisation des Auswärtigen Amtes. Besuch des ehemaligen britischen Premierministers Churchill in Aachen und Bonn.

Nach Rückkehr des Herrn Bundespräsidenten von seinem kurzen Urlaub in Bad Mergentheim[1] berichtet der Bundeskanzler über die aktuellen Fragen der Außen- und Innenpolitik:

1. *Staatsbesuch des Bundespräsidenten in Griechenland*[2]
Bundeskanzler ist der Auffassung, daß von griechischer Seite der Bundespräsident bei seiner Besuchsreise voraussichtlich auf die heikle Zypernfrage[3] angesprochen und evtl. um eine Vermittlung gebeten werde. Sicherlich hätten die Engländer den Griechen gegenüber in Zypern große Dummheiten gemacht, und die Angelegenheit müsse eines Tages im Interesse der westlichen Verteidigung durch ein [sic!] Kompromiß gelöst werden. Auf eine Vermittlung sollten wir uns aber nach Auffassung des Bundeskanzlers nicht einlassen. Er bitte daher den Herrn Bundespräsidenten, zwar Verständnis für die griechische Situation zu zeigen, sich aber von einer deutschen Vermittlungsaktion mit verbindlichen Worten zu distanzieren[4].

2. *Außenpolitische Lage*
Bundeskanzler schildert seine Besorgnis zur außenpolitischen Lage:
Starre Ablehnung der Wiedervereinigung durch die Sowjets im gegenwärtigen Zeitpunkt[5].
Hochfahrende und dumme Politik der Engländer in Ägypten[6], Zypern und Indien[7].
Frankreichs Schwierigkeiten in Nordafrika[8].
Gefahrvolle Entwicklung im nahen Orient: Sowjets liefern an Ägypten Flugzeuge und bilden ägyptisches Flugpersonal in Gdingen aus[9]. Israel wohl militärisch nur noch für ein Jahr gegenüber den arabischen Ländern überlegen. Die Zeit arbeitet aber gegen Israel, so daß dadurch Präventivkriegsgefahr vorhanden[10].
Abrüstungskonferenz der UNO[11] in London zwar gescheitert, hatte aber einen englisch-französischen Plan[12] diskutiert, wonach für diese beiden Länder die Höchstgrenze der militärischen Streitkräfte auf 650.000 Mann, für ein wiedervereinigtes Deutschland und alle übrigen europäischen Länder jedoch nur auf 150.000 Mann festgesetzt werden solle. Botschafter *von Herwarth* habe vertraulich von diesem Plan, der Deutschland endgültig zu einer drittklassigen Macht stempeln sollte, erfahren[13], und er – Bundeskanzler – habe vor allem deshalb den Außenminister, Staatssekretär *Hallstein* und die Botschafter *Blankenhorn* und *Maltzan* nach seinem Urlaubsort Ascona zu einer Besprechung der Lage kommen lassen[14].

3. *Innenpolitik*
Der Verlauf des CDU-Parteitags in Stuttgart[15] wurde in der Unterredung nicht berührt. Die Sorge des Bundeskanzlers im Hinblick auf die

Koalitionsbildung nach der nächsten Bundestagswahl[16] ist vor allem, ob es der »Freien Volkspartei«[17] gelinge, bei den Wählern Fuß zu fassen. Bundeskanzler spricht sich darüber recht skeptisch aus, weil er von den führenden Männern dieser Partei nur in Minister *Preusker* eine vitale Persönlichkeit sehe. Eine Änderung in der Zusammensetzung des Kabinetts habe er auf Bitten der Vertreter der »Freien Volkspartei« bis nach ihrem Gründungsakt am 17. Mai zurückgestellt. Dann sei verabredet, daß von Seiten dieser Partei selbst Vorschläge für ihre künftige Vertretung im Kabinett gemacht würden, die der neuen, auch arithmetischen Situation Rechnung tragen sollen[18]. Die Frage der Minister *Oberländer* und *Kraft*, die zur CDU übergetreten seien, könne auch erst zu diesem Zeitpunkt dann entschieden werden[19].

4. *Organisation des Auswärtigen Amtes*
Bundeskanzler beklagt sich, daß es im Auswärtigen Amt organisatorisch immer noch nicht klappe. Als er in Ascona gewesen sei und *Mollet* seine bekannte Rede über die Zurückstellung der Wiedervereinigung gehalten habe[20], sei im Auswärtigen Amt in Bonn keine der leitenden Persönlichkeiten anwesend gewesen, und dies habe zu Unzuträglichkeiten geführt[21]. Bundespräsident erinnert den Bundeskanzler

Mit Sir Winston S. Churchill und Lady Clementine Churchill, am 10. Mai 1955 in Aachen (zu Nr. 48, TOP 5)

Haus des Bundeskanzlers
11. Mai 1956

Zu Ehren Seiner Exzellenz Sir Winston S. Churchill K.G., O.M., C.H., M.P.

Der Bundeskanzler
gibt sich die Ehre

Herrn Georg A d e n a u e r

zu einem Empfang am Freitag, dem 11. Mai 1956,
um 21.15 Uhr, im Haus des Bundeskanzlers, einzuladen.

Antwort erbeten an:
Auswärtiges Amt - Protokoll - Bonn
Tel.: 201 21, App. 24 31

Frack (Orden)

Zu Nr. 48 (TOP 5)

daran, daß er ihm schon vor langer Zeit vorgeschlagen habe, einen zweiten permanenten Staatssekretär oder Generalsekretär neben Hallstein zu stellen und daß von ihm damals für diesen Posten als geeignete Persönlichkeit Herr von Maltzan genannt worden sei[22]. Bundeskanzler erklärt, daß er hierüber sehr ernst mit dem Außenminister gesprochen habe, daß aber Hallstein sich bisher weigere, einen zweiten Staatssekretär neben sich zu dulden. Bundeskanzler halte auch den Außenminister noch in manchen Dingen für zu unerfahren und auch für zu nachgiebig; deshalb müsse er auf Auslandsreisen von Hallstein begleitet werden. Für den Posten eines Generalsekretärs oder zweiten Staatssekretärs den richtigen Mann zu finden, sei außerordentlich schwierig.

5. Churchill-Besuch in Aachen und Bonn[23]
Bundeskanzler berichtet, daß der Abgeordnete *Kather* plane, in Aachen eine Demonstration der Vertriebenen gegen die Aushändigung des Karls-Preises an *Churchill* zu organisieren[24]. Er habe Herrn *von Brentano* gebeten, mit Kather zu sprechen[25] und diesen dringend vor allen Ausschreitungen zu warnen. Die SPD-Pressekorrespondenz stoße nun in dasselbe Horn und gebärde sich wohl schon mit Rücksicht auf die kommenden Bundestagswahlen betont nationalistisch[26]. Er werde aufatmen, wenn der Churchill-Besuch in Aachen und Bonn ohne Zwischenfälle vorüber sei.

Nr. 49
8. Juni 1956

Besprechung des Bundeskanzlers in Luxemburg zur Saarfrage. Besuch des französischen Ministerpräsidenten Mollet in Moskau. Konjunkturkrise. Europa-Reise des ehemaligen amerikanischen Präsidenten Truman. Unterredung des Bundeskanzlers mit dem sowjetischen Botschafter Sorin.

Kurz vor seinem Abflug nach den USA[1] suchte der Bundeskanzler den Bundespräsidenten zu einer Besprechung über die außen- und innenpolitische Situation auf. Folgende Themen wurden angeschnitten:

1. Besprechungen in Luxemburg mit dem französischen Ministerpräsidenten und Außenminister

Rückkehr vom Staatsbesuch des Bundespräsidenten in Griechenland
(16.-22. Mai 1956; Nr. 48, TOP 1) – beim Eintreffen auf dem Bahnhof Bonn
(24. Mai 1956; in der Mitte Franz Blücher, rechts Heinrich von Brentano)

Der Bundeskanzler zeigte sich sehr befriedigt von dem Ergebnis der
Besprechungen hinsichtlich der Saarfrage in Luxemburg[2]. Die nunmehr für den 1. Januar 1957 vorgesehene politische Rückkehr der
Saar zur Bundesrepublik[3] sei als großer Erfolg zu werten, wenn man
daran zurückdenke, daß von den Westalliierten das Saargebiet den
Franzosen als Kriegsbeute versprochen gewesen sei. Für diese Rückkehr der Saar zu Deutschland habe man natürlich Opfer bringen müssen, und zwar vor allem die Zusage zur Moselkanalisierung[4] und
einen weiteren Abbau von Warndt-Kohle[5] durch die Franzosen. Auf
der anderen Seite habe man in der Frage der Regulierung des Oberrheins[6] günstige Zusagen von Frankreich eingehandelt und außerdem
sichergestellt, daß das Warndt-Kohlevorkommen auch vom Saargebiet aus mit zwei Schächten nutzbar gemacht werden könne. Letzteres
sei vor allem ein Petitum der Saarregierung gewesen, mit der man
während der Luxemburger Verhandlungen dauernd in Kontakt gestanden habe[7]. Inzwischen habe erfreulicherweise die Saarregierung
der Luxemburger Regelung zugestimmt[8].

2. *Äußerungen Mollets über seinen Besuch in Moskau*
Mollet habe sich außerordentlich offen über seine Eindrücke in Rußland den deutschen Delegationsmitgliedern gegenüber geäußert[9]. Die
Franzosen seien womöglich noch pessimistischer aus Rußland zurückgekommen wie seinerzeit er – Bundeskanzler[10] –. Die Äußerung
Chruschtschows, 17.000.000 Deutsche in der Hand seien im lieber als
ein vereinigtes neutrales Deutschland, sei genau unter 30 Zeugen in
diesem Wortlaut gefallen[11].

3. Konjunkturkrise

Bundespräsident spricht den Bundeskanzler auf die Konjunkturkrise[12] an und warnt ihn vor weiteren Angriffen gegen die Länder-Bank, die im Gefühl der öffentlichen Meinung als Schützer der Währung eine recht populäre Stellung einnehme. Bundeskanzler erklärt, er sei von dem eigenhändigen Vorgehen *Schäffers* und *Erhards* bei der Entscheidung über die Heraufsetzung des Diskontsatzes[13] außerordentlich betroffen und verärgert gewesen. Diese Entscheidung sei ohne Fühlungnahme mit ihm oder der Regierung erfolgt, und er habe sich daher in seiner Autorität als Bundeskanzler verletzt gefühlt. Die Klagen über Schäffer und Erhard seien mannigfach. Es sei aber unmöglich, Schäffer jetzt zu ersetzen, schon im Hinblick auf die Position der CSU in der Koalition. Das Wirtschaftsministerium andererseits sei schlecht geführt, und man müsse sich überlegen, ob nicht Staatssekretär *Westrick* ersetzt werden solle. Als eventueller Nachfolger wurde vom Bundeskanzler Staatssekretär *Bergemann* genannt.

4. Truman-Besuch

Bundeskanzler erklärt, er wisse aus bester Quelle, daß *Truman* mit dem Auftrag nach Europa gereist sei, die kommunistische Festigkeit [sic!] der verschiedenen europäischen Länder festzustellen[14]. Seine Besprechungen mit ihm seien sehr ordentlich verlaufen, und der Bundespräsident habe in seiner Ansprache[15] ihn richtig charakterisiert, als er »Mut und gesunden Menschenverstand« seine hervorstechendsten Eigenschaften genannt habe. *Eisenhower* selbst mache ihm wegen seiner neuerlichen politischen Haltung immer größere Sorgen. Er wolle offenbar seinen Wahlkampf[16] mit dem Schlagwort »Appeasement zwischen Ost und West« führen. Er sei sehr froh, daß er demnächst mit Eisenhower eine politische Aussprache in Washington haben könne[17].

5. Sorin[18]-Besuch beim Bundeskanzler

Bundeskanzler berichtet, daß der Sowjetbotschafter ihn am 7. Juni dringend um eine Unterredung gebeten habe[19]. Alles habe geglaubt, er wolle die von *Mollet* verbreiteten Äußerungen Chruschtschows bei dieser Gelegenheit berichtigen. Tatsächlich aber habe er ein Schreiben des Ministerpräsidenten *Bulganin*[20] übergeben, von dessen Inhalt (Vorschlag einer Abrüstungskonferenz außerhalb der UNO) er den Bundespräsidenten unterrichtet. Die deutsche Übersetzung des Briefes Bulganin ist in der Anlage beigefügt.

Nr. 50
9. Juli 1956

Besuch des Bundeskanzlers in Italien und im Vatikan. Wehrpflichtge-
setz. Besuch des indischen Premierministers Nehru in der Bundesre-
publik. Umbildung der Bundesregierung. Empfang protestantischer
Bischöfe aus der DDR durch den Bundespräsidenten.

[1.] *Italienbesuch des Bundeskanzlers*
Bundeskanzler berichtet dem Bundespräsidenten über seine Eindrücke
von seinem Staatsbesuch in Italien[1]. Er habe ursprünglich Rom erst im
September dieses Jahres besuchen wollen, Ministerpräsident *Segni*[2]
habe ihn aber dringend gebeten, schon Anfang Juli zu kommen. Den
wirklichen Grund für diese Eile habe er erst von Segni selbst in Rom
erfahren: Der Parteiführer der Rechtssozialisten, *Saragat*[3], sei in seiner
Koalitionstreue zur Democrazia Cristiana schwankend geworden und
habe eine stärkere Anlehnung an die Linkssozialisten von *Nenni*[4] erwogen. Er – Bundeskanzler – habe bei einem früheren Rom-Besuch[5]
Saragat näher kennen und auch schätzen gelernt, und Segni habe
daher den Bundeskanzler gebeten, Saragat vor dem Spielen mit einer
Volksfrontregierung zu warnen. Bundeskanzler glaubt, daß ihm dieser
an sich merkwürdige Auftrag gut gelungen sei, denn in der Beurteilung der außenpolitischen Situation sei er sich mit Saragat durchaus
einig gewesen[6].
Bundespräsident erklärt dem Bundeskanzler, es habe ihn doch etwas
befremdet, daß der Bundeskanzler in öffentlicher Form lt. Pressemit-
teilungen zum Sieg der Democrazia Cristiana bei den Bürgermeister-
wahlen in Rom und Genua gratuliert habe[7]. Eine solche Einmischung
in die Innenpolitik eines anderen Landes sei ungewöhnlich. Bundeskanzler berichtet dazu, daß ihm Segni bei einem Abendessen die Mitteilung von dem Wahlsieg gemacht und er ihm daraufhin gratuliert
habe. Wie dies in die Presse gekommen sei, wisse er nicht. Seit dem
Tode *De Gasperis* sei die Democrazia Cristiana nicht mehr so geschlossen wie früher; die Stellung des Generalsekretärs der Partei,
Fanfani[8], sei sehr mächtig geworden, und er werde nun in Italien als
eine Art Berater für die Politik dieser Partei betrachtet, da er nach dem
Tode De Gasperis und der politischen Ausschaltung *Robert Schumans*
der einzige »Überlebende« aus der Zeit der Zusammenarbeit der drei
großen christlich-demokratischen Parteien Westeuropas sei.
Der Staatspräsident *Gronchi*[9] spiele eine politische Sonderrolle in Ita-

lien. Er sei ein recht eitler und politisch eigenständiger Mann. Es sei wichtig, ihn für die Politik der Bundesregierung zu gewinnen. Seine Besprechungen mit ihm seien zufriedenstellend verlaufen, und er habe ihm auch die Einladung des Herrn Bundespräsidenten zu einem Deutschlandbesuch[10] überbracht, die ihn sichtlich erfreut habe. Der Besuch müsse aber trotz aller protokollarischer Bedenken bereits im Oktober stattfinden. «(Grund: Italiener möchten ihren Besuch in Moskau auf Frühjahr [19]57 verschieben[11].)»[a]

Beim Papst habe er – Bundeskanzler – eine lange Audienz gehabt und die völlige Übereinstimmung der politischen Ansichten über die Weltlage feststellen können[12].

[2.] *Wehrpflichtgesetz im Bundestag*
Nach seiner Rückkehr aus Rom habe er sofort an der dritten Lesung des Wehrpflichtgesetzes[13] im Bundestag teilnehmen müssen. Er habe bis zum Schluß der Debatte durchgehalten und damit auch bei seiner Partei die Neigung, nachts um 12 Uhr die Diskussion abzubrechen und die Fortführung der Debatte auf den nächsten Tag zu verschieben, unterbunden. Über die pressemäßige Auswertung dieser wichtigen Entscheidung des Bundestages zeigt sich der Bundeskanzler wenig zufrieden und kritisiert vor allem die Herausstellung der Rede des CDU-Abgeordneten *Nellen*[14] in der Presse, den er für ein »absolutes Rindvieh« halte.

[3.] *Besuch Nehru in der Bundesrepublik*[15]
Für den Besuch *Nehrus* zeigt sich der Bundeskanzler noch wenig vorbereitet, denn er spricht dem Bundespräsidenten gegenüber sein Erstaunen aus, daß der indische Botschafter ihm mitgeteilt habe, Nehru wolle vor allem über wirtschaftliche Fragen mit der Bundesrepublik verhandeln.

[4.] *Änderung in der Zusammensetzung des Bundeskabinetts*
Bundeskanzler berichtet dem Bundespräsidenten, daß er noch vor Antritt seines Urlaubs am 21. Juli[16] die geplanten personellen Änderungen im Bundeskabinett[17] dem Bundespräsidenten vorlegen wolle, und zwar denke er daran, die drei FVP-Minister *Blücher, Preusker* und *Schäfer* im Kabinett zu behalten, und beabsichtige, um die Ansprüche der CSU zu befriedigen, an Stelle des ausscheidenden Justizministers *Neumayer* den Vorsitzenden der CSU, *Dr. Seidel*, zum Bundesjustizminister vorzuschlagen. An der Stellung des Vizekanzlers Blücher wolle

er nicht rühren, da dieser sich große Verdienste für die wirtschaftliche Koordinierung erworben habe. Das Wirtschaftskabinett[18] solle aber durch Minister Seidel, der ein ausgleichendes Element darstelle, erweitert werden.

‹P.S. [5.] B[undes]Pr[äsident] teilt dem B[undes]K[anzler] mit, daß er eine Delegation der ostzonalen protestantischen Bischöfe empfangen habe[19]. Die Bischöfe hätten ihm sehr objektiv über die Auswirkungen der allg[emeinen] Wehrpflicht auf die Ostzone berichtet u[nd] ihn – B[undes]Pr[äsident] – darum gebeten, die künftige Wehrpropaganda in der Bundesrepublik mit möglichst wenig Lärm u[nd] möglichst ohne großen Aufwand an Reden zu führen[20].›[b]

Gästeliste

FÜR DAS ABENDESSEN
DES PRÄSIDENTEN DER
BUNDESREPUBLIK DEUTSCHLAND

AUS ANLASS DES BESUCHS
IHRER EXZELLENZEN DES
HERRN PRÄSIDENTEN DER REPUBLIK LIBERIA
UND FRAU W. V. S. TUBMAN

HAUS DES BUNDESPRÄSIDENTEN
8 OKTOBER 1956

Zum Besuch des liberianischen Staatspräsidenten Tubman
(zu Nr. 51, TOP 4; Anhang Nr. 11)

Tischordnung

für das Abendessen des Herrn Bundespräsidenten
am Montag, dem 8. Oktober 1956, im Haus des Bundespräsidenten

Herr Bott

Herr von Lieres	Herr Harkort
Herr Brumskine	Herr Hansen
Frau Neubert	Frau Gellbach
Herr Klaiber	Herr Schlange-Schöningen
Frau Hansen	Frau Bottler
Herr Blücher	S. E. der Botschafter von Liberia
Frau Berg	Frau Erhard
Hausherr	**S. E. der Präsident der Republik Liberia**
I. E. Frau Tubman	Frau Haberland
Herr Sieveking	Herr Dickerson
Frau Globke	Frau Pohle
Herr Hallstein	Herr McRae
Frau Johnson	Herr von Eckardt
Freiherr von Welck	Herr Mohr
Herr Swaray	Herr Reinhardt

SPEISESAAL

Herr Gellbach

Eingang →

Herr von Heyden

Herr Johnson	Herr Bottler
Herr Pohle	Frau Pappritz
Freifrau von Welck	Herr Berg
Herr Balke	Frau von Eckardt
I. E. Frau Cooper	S. E. Herr Anderson
Herr Adenauer	**Frau Klaiber**
I. E. Frau Tolbert jr.	S. E. Herr Grimes
Herr Erhard	Frau Mohr
Frau Swaray	Herr Townsend
Herr Haberland	Frau Harkort
Herr Globke	Dr. Meyer

GALERIE

Herr Neubert

Nr. 51
9. Oktober 1956

Außenpolitische Lage. Gespräche des Bundeskanzlers und des Bundespräsidenten mit dem FDP-Fraktionsvorsitzenden Dehler. Umbildung der Bundesregierung. Kundgebung des Bundes der vertriebenen Deutschen. Ausländische Staatsbesuche. Auswärtiges Amt.

1. *Außenpolitische Lage*
Bundeskanzler äußert ernste Besorgnisse über die politische Entwicklung in den Vereinigten Staaten. *Eisenhower* versuche, seine Wahlkampagne[1] unter dem Motto »Erhaltung des Friedens« zu führen, und es bestehe die Gefahr, daß eines Tages die beiden großen Atommächte USA und Sowjetunion sich auf dem Rücken Europas verständigen könnten. Er – Bundeskanzler – betreibe daher, wie aus seiner Brüsseler Rede[2] hervorgehe, die Aktivierung des europäischen Zusammenschlusses unter Einbeziehung Großbritanniens, um diesen beiden nuklearen Großmächten ein politisches und wirtschaftliches Gegengewicht entgegenstellen zu können. Der Besuch des Unterstaatssekretärs *Murphy* in Bonn[3] und seine Ausführungen zum »Radford-Plan«[4] hätten ihn – den Bundeskanzler – nicht restlos befriedigt. Murphy leugne überhaupt die Existenz eines solchen Planes. Alle Tatsachen und Informationen sprächen aber dagegen. Wenn schon der Isolationismus in den Vereinigten Staaten wieder im Wachsen sei, so fürchte er von einer etwaigen künftigen Bundesregierung, in der die SPD maßgebend beteiligt sei, eine Verstärkung dieser Tendenz in den Vereinigten Staaten. Eine solche Bundesregierung werde nämlich mit dem Gedanken eines Neutralismus spielen und durch eine Verlangsamung der Verteidigungsanstrengungen die NATO und die WEU schwächen. Bundeskanzler werde daher nach den Wahlen[5] erneut den Versuch machen, die jetzige Koalition fortzuführen. Er habe sich deshalb auch zu einem Gespräch mit *Dehler* im Haus *Pferdmenges* herbeigelassen[6], das nicht unbefriedigend verlaufen sei. Allerdings habe inzwischen der nordrhein-westfälische FDP-Abgeordnete *Döring*[7] die Fortsetzung der Gespräche vorerst verhindert.
Bundespräsident berichtet dem Bundeskanzler, daß er vor einigen Tagen Herrn Dehler auf dessen Wunsch empfangen habe[8]. Dies sei seit November vorigen Jahres[9] die erste Unterredung mit dem FDP-Vorsitzenden gewesen. Bundespräsident habe vor allem an Dehler appelliert, den Wahlkampf fair zu führen und insbesondere auch die

Verunglimpfungen des Bundeskanzlers zu unterlassen, da dieser als
außenpolitisches Atout für Deutschland und das Vertrauen der Welt
zur Bundesrepublik außerordentlich wichtig sei. Er habe ihm auch gesagt, es sei töricht anzunehmen, daß der Bundeskanzler seine staatsmännische Lebensaufgabe mit der Erreichung der Souveränität der
Bundesrepublik erfüllt sehe. Vielmehr sei es selbstverständlich das Bestreben jedes deutschen Staatsmannes, als Verwirklicher der Wiedervereinigung in die Geschichte einzugehen. Dehler habe ihn – den Bundespräsidenten – von seinen Fühlungnahmen mit dem Kanzler und
Preusker[10] unterrichtet und ihm auch zu verstehen gegeben, daß er
diese Fühlungnahmen nicht für beendet halte. Die Gründe hierfür
seien sehr naheliegend: Er fürchte nach den Neuwahlen die Herstellung einer großen schwarz-roten Koalition.

2. *Kabinettsumbildung*

Bundeskanzler berichtet dem Bundespräsidenten über seine Pläne zur
Kabinettsumbildung, die nach der Spaltung der liberalen Partei und
infolge des Drängens der CSU notwendig werde[11]. Die schwächsten
Punkte im Kabinett seien das Verteidigungs- und Arbeitsministerium.
Minister *Blank* habe offensichtlich nicht mehr die nötige Nervenkraft,
um mit seiner schwierigen Aufgabe fertig zu werden. Er wolle ihm
daher vorschlagen, das Arbeitsministerium zu übernehmen, das durch
die mangelnde Initiative und Aktivität des Ministers *Storch* sehr an
Ansehen verloren habe und nun vor der großen Aufgabe der Sozial-
und Rentenreform[12] stehe. Minister Storch müßte dann aus dem Kabinett ausscheiden, und an Stelle Blanks biete sich Atomminister
Franz Josef Strauß sehr dringend als Verteidigungsminister an. Er
habe die nötige Rücksichtslosigkeit und Vitalität, sich nach allen Seiten hin durchzusetzen und werde bei der Erfüllung seiner Aufgabe
sich sicherlich so mit der SPD zerstreiten, daß der CSU die Lust auf
eine große Koalition vergehe[13].
Was die vier FVP-Minister anbelange, so müßten mit Rücksicht auf
die Stärke dieser Fraktion[14] zwei Minister ausscheiden. Unter sich hätten sich die FVP zu diesem Punkt nicht geeinigt. Nun werde er dem
Herrn Bundespräsidenten seine Vorschläge dazu machen müssen.
Bundespräsident erklärt hierzu, daß diese Frage bei der engen persönlichen Kenntnis und Verbundenheit mit den Ministern der FVP besonders schwierig sei. Er glaube, daß die Entscheidung dieser Frage in die
Richtlinien der Politik[15], die der Bundeskanzler zu vertreten habe,
falle und er ihm – dem Bundeskanzler – hierzu keinen Rat erteilen

möchte. Bundespräsident verstehe, wenn Justizminister *Neumayer* nunmehr in den Ruhestand trete, hätte sich aber gedacht, daß Vizekanzler *Blücher* insbesondere für die wirtschaftliche Koordinierung nötig sei. Ebenso habe Preusker sein Ministerium gut geführt, und für Minister *Schäfer* hätte er sich ein eigenes Ressort für Fragen des Mittelstands vorgestellt. Bundeskanzler erwidert, daß es nicht möglich sei, drei FVP-Minister im Kabinett zu halten. Es werde am Freitag in Berlin[16] zwar noch eine Koalitionsbesprechung stattfinden, aber er

»Ich denke, Herr Bundespräsident, bei einer Wechselregierung brauchen wir keinen Regierungswechsel« (»Mittag« vom 16. Oktober 1956; Zeichnung: Reimann)

glaube doch, auf Minister Blücher verzichten zu müssen. Für Schäfer schwebe ihm das Postministerium vor, da er Herrn *Balke* gerne zum Atomminister vorschlagen möchte. Als Nachfolger für Justizminister Neumayer denke er sich Herrn *von Merkatz*, der gleichzeitig das Bundesratsministerium beibehalten könne. Für Vizekanzler Blücher werde diese Lösung sicher sehr bitter sein, aber er habe festgestellt, daß in der letzten Zeit Herr Blücher bei den Koalitionsparteien, einschließlich seiner eigenen Partei, stark an Ansehen verloren habe.
Für die wirtschaftliche Koordinierung im Kabinett und die Stellvertretung des Bundeskanzlers habe er an Ministerpräsident *Arnold* gedacht. Arnold habe noch keine Zusage gegeben, und er glaube auch nicht, daß Arnold bereit sei, in das Kabinett einzutreten[17]. Falls sich die Absage Arnolds verwirkliche, denke er, Minister Preusker mit dieser Koordinierung im Kabinett zu betrauen. – Aus dem Kabinett

müßte außerdem Minister *Kraft* ausscheiden, den er aber dann zum
Beauftragten für Wasserfragen machen würde[18]. Bundeskanzler hoffe,
Anfang nächster Woche nach seiner Rückkehr von Berlin mit endgültigen Vorschlägen an den Herrn Bundespräsidenten herantreten zu
können[19].

3. *Versammlung des Bundes der vertriebenen Deutschen auf dem
Marktplatz in Bonn*[20]
Bundespräsident unterrichtet den Bundeskanzler über die sehr uner-
freuliche Versammlung dieser Organisation auf dem Marktplatz in
Bonn mit Brandreden von *Linus Kather* und Landtagspräsident
Schneider[21] aus dem Saargebiet. Bundeskanzler will dafür Sorge tra-
gen, daß in künftigen Fällen der Marktplatz in Bonn für solche Zu-
sammenkünfte nicht mehr zur Verfügung gestellt wird.

4. *Ausländische Staatsbesuche*
Bundeskanzler dankt dem Herrn Bundespräsidenten für seinen Brief
zum Problem der ausländischen Staatsbesuche[22]. Er hat sich mit den
darin gemachten Vorschlägen durchaus einverstanden erklärt.

5. *Auswärtiges Amt*
Bundeskanzler berichtet seine Sorgen über die Führung des Auswärtigen Amtes[23]. Außenminister *von Brentano* sei bedauerlicherweise
krank geworden, und Staatssekretär *Hallstein* wolle noch in diesem
Jahr einen Monat nach Indien zur UNESCO-Konferenz nach New
Delhi und darauf einen weiteren Monat Urlaub in Süd- und Ostasien
verbringen. Da Herr von Brentano ja häufig zu Konferenzen im Ausland sein werde, fehle es an einer ausreichenden Vertretung des Auswärtigen Amtes in Bonn, denn er halte Ministerialdirektor *Grewe*
hierfür nicht für geeignet. Er denke deshalb daran, *Blankenhorn* wenigstens für fünf Tage in der Woche nach Bonn zurückzuholen, ohne
daß dieser seinen NATO-Botschafterposten aufgeben würde. Die Spit-
zengliederung im Auswärtigen Amt sei nach wie vor ein Sorgenkind:
Außenminister von Brentano dränge auf einen zweiten Staatssekretär,
während Hallstein zwei Unterstaatssekretäre vorschlage. Da die Beziehungen Brentano – Hallstein nicht die allerbesten seien, werde der
reibungslose Ablauf der Geschäfte im Auswärtigen Amt immer wieder
behindert[24].

Nach der Überreichung der Ernennungsurkunden an die Bundesminister Siegfried Balke und Hans-Joachim von Merkatz (16. Oktober 1956; zu Nr. 51,
TOP 2)

Nr. 52
12. November 1956

*Internationale Lage: Ungarn-Aufstand und Suezkrise. Besuch des
Bundeskanzlers in Paris. Ernennung eines neuen Bundesministers für
das Post- und Fernmeldewesen. Durchführung der allgemeinen Wehrpflicht. Kundgebung des Bundes der vertriebenen Deutschen. Schaffung eines Rates zur kulturpolitischen Koordinierung.*

1. Internationale Krise

Bundeskanzler berichtet dem Bundespräsidenten über die Entwicklung der internationalen Krise, die durch die Revolution in Ungarn[1],
den Einmarsch der sowjetischen Truppen in diesem Land sowie durch
die Intervention Englands und Frankreichs im ägyptisch-arabischen
Konflikt[2] entstanden ist. Er beschwert sich vor allem über den Unver-
stand der deutschen Presse und Öffentlichkeit, die Frage Ungarn und
Ägypten in einen Topf zu werfen. Nachdem die ungarische Revolution sich so weit überschlagen habe, für Ungarn ein bürgerliches West-

regime zu verlangen, sei es für die Sowjets und ihre Machtposition in
den Satellitenstaaten ganz unmöglich geworden, dieser Entwicklung
nachzugeben. Die blutige sowjetische Niederschlagung des ungari-
schen Aufstandes wäre daher auf alle Fälle auch ohne die englisch-
französische Intervention in Ägypten erfolgt.
Im vorderen Orient hätten vor allem die Vereinigten Staaten grobe
psychologische Fehler begangen. Aus unerfindlichen Gründen hätten
sie und die Engländer plötzlich die Unterstützung des Assuan-Stau-
damm-Projekts[3] abgesagt und damit *Nasser*[4] einen empfindlichen Prestigeverlust zugefügt. Acht Tage nach dieser Absage habe daraufhin
Nasser die Verstaatlichung der Suez-Kanal-Gesellschaft erklärt, um
sich an dem Westen zu rächen. Ob er schon damals mit sowjetischer
Übereinstimmung gehandelt habe, sei unklar. Jedenfalls hätten die
Kriegsereignisse gezeigt, daß bereits seit längerer Zeit erhebliche Mengen sowjetischer Waffen (Düsenjagdflugzeuge und Bomber sowie Panzer) nach Ägypten geliefert worden seien[5]. Der Beginn einer indirekten
Einflußnahme Sowjetrußlands im Mittelmeer habe sich abgezeichnet,
und man könne daher dem Gegenschlag der Engländer und Franzosen
eine Berechtigung nicht absprechen.

2. *Besuch des Bundeskanzlers in Paris*
Bundeskanzler erklärte, daß er trotz der Warnungen der Oppositions-
parteien seinen schon länger vorgesehenen Besuch in Paris am 6. November[6] auf dem Höhepunkt der Suezkrise durchgeführt habe. Er
habe zwar die Besuchsdauer aufs äußerste gekürzt; von französischer
Seite sei es sehr begrüßt worden, daß er trotz der internationalen
Spannungslage nach Paris gekommen sei. Eine Absage des Besuchs
wäre einer Brüskierung Frankreichs gleichgekommen und hätte schon
im Interesse einer glatten parlamentarischen Verabschiedung der Saarverträge im französischen Parlament vermieden werden müssen[7].
Bei seiner Ankunft in Paris hätten die massiven Drohungen
Bulganins[8] dort vorgelegen, und er habe den Franzosen geraten, der
USA die klare Frage zu stellen, ob sie bei der Verwirklichung dieser
Drohung ihre Bündnisverpflichtungen aus dem NATO-Pakt für gegeben erachteten. Die Antwort auf diese Anfrage sei jedoch eine Rückfrage seitens der USA gewesen, ob England und Frankreich bereit sei,
den Anweisungen der UNO sich zu unterwerfen[9]. Bei dieser unbefrie-
digenden Antwort sei man in London und in Paris der Auffassung gewesen – und er – Bundeskanzler – habe diese Auffassung geteilt –,
nunmehr in Ägypten einen Waffenstillstand anbieten zu müssen.

Schuld an der bedauerlichen Entwicklung sei vor allem die langsame
militärische Durchführung der Suez-Aktion durch die Engländer und
Franzosen. Der bedauerliche Riß zwischen den westlichen Alliierten
müsse nunmehr schleunigst wieder geheilt werden, und es sei zu hoffen, daß nach der Wiederwahl *Eisenhowers*[10] in den Vereinigten Staaten nun auch dort die Politik des Zögerns und der Zweigleisigkeit
vorüber sei. Unter den obwaltenden Umständen habe er – Bundeskanzler – nun auch in Frankreich eine bedeutend größere Geneigtheit
vorgefunden, den Europäischen Gemeinsamen Markt und EURATOM
zu verwirklichen[11].

3. *Ernennung eines neuen Postministers*[12]

Bundeskanzler berichtet dem Bundespräsidenten, daß seine Besprechungen mit dem Bundestagsabgeordneten *Lemmer*[13] positiv verlaufen seien und dieser nunmehr zur Übernahme des Postministeriums
unter Aufrechterhaltung seines Berliner Wohnsitzes bereit sei. Er begrüße es sehr, daß mit dem Abgeordneten Lemmer nunmehr eine politische Figur dem Kabinett zutrete, die nach seiner Auffassung völlig
auf dem Boden der Politik der Bundesregierung stehe. Bundespräsident begrüßte die Ernennung des Abgeordneten Lemmer zum Postminister, da er ihn und seine Qualitäten seit Jahrzehnten kenne.

4. *Durchführung der allgemeinen Wehrpflicht*

Bundeskanzler berichtete von den Differenzen, die er im Verteidigungsrat am 9. November mit Verteidigungsminister *Strauß* in der
Frage der Durchführung der allgemeinen Wehrpflicht gehabt habe[14].
Minister Strauß habe versucht, die schon bei seiner Ernennung ausdrücklich gegebene Zusage, die ersten Wehrpflichtigen am 1. April
1957 einzuberufen[15], wieder rückgängig zu machen. Er begründe es
damit, daß durch eine solche Aktion Tausende von wertvollen Frei-
willigen-Meldungen unberücksichtigt bleiben müßten und darunter
die Schlagkraft der Bundeswehr leiden müsse. Er – Bundeskanzler –
müsse jedoch aus außen- und innenpolitischen Gründen unbedingt
Wert darauf legen, daß am 1. April nächsten Jahres wenigstens eine
kleine Tranche der Wehrpflichtigen des Jahrgangs 1937 einberufen
werde. Bundespräsident unterstützt den Bundeskanzler in dieser politischen Erwägung, da die Bundesrepublik sonst nach der grundsätzlichen Einführung der allgemeinen Wehrpflicht, vor allem im Ausland,
unglaubwürdig werde. Bundeskanzler beklagt sich sehr über die
schlechte Leitung des Bundesministeriums für Verteidigung unter Mi-

nister *Blank*. Alle Zusagen, die ihm in der Frage der Aufrüstung und
ihren Terminen von Blank gemacht worden seien, könnten nunmehr
nicht eingehalten werden, und zwar wegen fehlender Unterbringungs-
und Ausbildungsmöglichkeiten. Ein Wechsel der militärischen Spitzen
im Verteidigungsministerium sei beabsichtigt. Bundespräsident macht
den Kanzler darauf aufmerksam, daß er bei der letzten Kriegsbeschä-
digten-Tagung[16] in München sich ausdrücklich gegen die Belästigung
von Uniformierten der Bundeswehr durch die Zivilbevölkerung
schärfstens verwahrt habe. Er überlege sich auch, in seiner Neujahrsansprache[17] gegen die Kriegsdienstverweigerer-Organisationen ein
Wort zu sagen, die in ihren Geschäftsstellen den Wehrpflichtigen gegenüber Gewissensaufklärung betreiben wollten.

5. *Bundespräsident erzählt dem Bundeskanzler von dem Schriftwechsel Oberländer-Dr. Kather wegen der so ärgerlichen Kundgebung des
BvD auf dem Marktplatz in Bonn*[18]. Besonders demagogisch habe
sich bei dieser Kundgebung der Präsident des Saarlandtages *Schneider*
gezeigt, so daß er der Begegnung mit diesem bei seinem wohl für Januar anstehenden Besuch im Saargebiet[19] mit gemischten Gefühlen
entgegensehe.

6. *Bundespräsident erinnert den Bundeskanzler an das Schreiben in
der Frage der Schaffung eines Rates zur kulturpolitischen Koordinierung*[20]. Der Bundeskanzler schien sich mit diesem Schreiben noch
nicht näher befaßt zu haben.

Nr. 53
19. November 1956

*Außenpolitische Situation, Vorgänge in der Sowjetunion. FDP und
FVP. Haushalt 1957.*

1. *Außenpolitische Situation*
Bundeskanzler äußert ernste Besorgnisse über die gegenwärtige
außenpolitische Lage, insbesondere hinsichtlich der machtpolitischen
Vorgänge in der Sowjetunion[1]. Wenn auch die Sowjetunion durch die
Vorgänge in den Satellitenstaaten[2] militärisch geschwächt sei, so zeige
die Verteidigungsbilanz in Europa jedoch die größten Lücken. Französische Truppen ständen praktisch überhaupt keine in Europa. Die

Engländer hätten ihre Stationierungsdivisionen um ein Drittel vermindert, die Bundeswehr sei im Aufbau und noch nicht einsatzfähig – es blieben also nur die wenigen amerikanischen Stationierungstruppen übrig[3]. Die innenpolitische Situation in Moskau sei völlig verworren: Es scheine, daß sich die beiden bisherigen Freunde *Chruschtschow* und *Bulganin* entzweit hätten. Chruschtschow gefalle sich darin, den Westen in der plumpsten Weise herauszufordern und zu beleidigen, die alten Stalinisten mit *Molotow* an der Spitze gewännen Oberwasser, und hinter wem die sowjetische Armee stehe, sei noch unklar. Bei dieser labilen innenpolitischen Lage und dem offensichtlichen Machtkampf unter den sowjetischen Führern sei in diesem totalitären System immer die Gefahr vorhanden, daß man durch außenpolitische und militärische Abenteuer von den inneren Schwierigkeiten abzulenken suche. Neben der Forcierung der Einsatzbereitschaft von Verbänden der Bundeswehr habe er – Bundeskanzler – daher Besprechungen mit den Ministern *Schröder* und *Strauß* über eine Vermehrung des Bundesgrenzschutzes und seine Ausrüstung mit schwereren, insbesondere panzerbrechenden Waffen geführt[4]. Mehr könne auf diesem Gebiet im Augenblick von uns aus nicht geschehen.

2. FDP/FVP

Bundeskanzler betont erneut, daß er die Spaltung der liberalen Partei im staatspolitischen und parteipolitischen Interesse bedauere. Er zweifle, ob die FVP[5] irgendeine Zugkraft beim Wähler besitze, und ihr Zusammengehen mit der DP scheitere offenbar an Ministerpräsident *Hellwege*. Er sei der Überzeugung, daß jetzt der Zeitpunkt gekommen sei, wo der Bundespräsident seine ganze Autorität einsetzen sollte, um bei seinen alten Parteifreunden auf eine Wiedervereinigung der beiden liberalen Gruppen hinzuwirken[6].

Bundespräsident erklärt, daß auch er die Spaltung der FDP besonders bedauert habe, ein Zweiparteiensystem in Deutschland für ein Unglück halten und im staatspolitischen Interesse eine starke liberale Partei nur begrüßen würde. Er habe sich im Interesse seines Amtes bisher bewußt aus dem Streit seiner ehemaligen Parteifreunde herausgehalten, zumal er die Person *Dehler* als immer wieder bestätigten Repräsentanten der FDP für verhängnisvoll halte. Er kenne auch zu wenig vor allem die hinter der FDP neuerdings in Nordrhein-Westfalen stehende Gruppe der *Döring*, *Weyer* und *Scheel*[7]. Bundeskanzler bemerkt, daß z. B. der ehemalige Botschafter *Rahn*[8] ein Mann sei, der diese Hintergründe genau kenne, selbst sich aber klug im Hintergrund gehalten habe. Bundespräsident erklärt sich bereit, demnächst Rahn zu einem vorbereitenden Gespräch zu empfangen[9] und dann weiter die Möglichkeiten einer Wiedervereinigung der FDP und FVP zu prüfen.

3. *Defizit-Deckung des Haushalts 1957*
Bundeskanzler stellt fest, daß das Defizit des Haushalts 1957[10] von 2,2 Milliarden bekanntlich durch einen Rückgriff auf den Juliusturm[11] gedeckt werden solle. Völlig unnötigerweise habe Ministerialdirektor *Oeftering* vom Bundesministerium der Finanzen der Presse die Mitteilung gemacht, daß diese 2,2 Milliarden den unverbrauchten Summen des Verteidigungshaushaltes 1955/56 entnommen würden, und habe verschwiegen, daß geplant sei, ab 1958 und in den folgenden Jahren für den Verteidigungshaushalt zum Ausgleich dafür höhere Mittel als bisher 9 Milliarden im Jahr einzusetzen[12]. Jetzt sei in der NATO wieder großer Lärm entstanden über die neuerliche Verzögerung der deutschen Aufrüstung und über die im Vergleich zu den Verteidigungshaushalten anderer NATO-Länder zu geringe Finanzierung der Verteidigung der Bundeswehr. Er – Bundeskanzler – frage sich, ob diese Erklärung Oefterings nicht beinahe an Landesverrat grenze, und habe sich hierüber ein Gutachten des Justizministers bestellt[13]. Seiner Aufforderung, Herrn Oeftering vorläufig vom Dienst zu beurlauben, sei Finanzminister *Schäffer* nicht nachgekommen[14].

Nr. 54
19. März 1957

Termin für die nächste Bundestagswahl. Gesetz über Titel, Orden und Ehrenzeichen. Protokollchef des Auswärtigen Amtes. »Fall Strack«.

Bundespräsident empfing Bundeskanzler nach seiner Rückkehr von seinem Urlaub am Comer See[1], um folgende Fragen mit ihm zu besprechen:

1. *Termin für die nächste Bundestagswahl*
Bundespräsident übergab dem Bundeskanzler die in der Anlage beigefügte Notiz[2], die seine Stellungnahme zu dem Wahltermin enthält. Bundespräsident erläutert mündlich, er müsse die Bundesregierung vor seiner Vorverlegung der Wahl auf den Monat Juli warnen[3]. Es

seien vor allem zwei Gründe, die für seine Stellungnahme ausschlagge-
bend seien, die Wahl am 15. September abzuhalten: Die für die Öffentlichkeit unverständliche staatsrechtliche Situation, daß bei einer
Wahl im Juli die neue Regierung erst nach dem 6. Oktober (frühester
Zusammentritt des neugewählten Bundestags) gebildet werden könne,
und daher monatelang auf der vagen Grundlage des alten Bundestags,
jedoch schon mit dem Blick auf das bereits neugewählte Parlament
tätig sein müsse. Außerdem würde bei einer Vorverlegung des Wahltermins auf Juli der Verdacht einer manipulierten Wahl entstehen und
dem Bundespräsidenten und der Bundesregierung der Vorwurf gemacht werden können, die frühe Festsetzung des Wahltermins hänge
mit dem drohenden Steigen der Lebenshaltungskosten[4] zusammen.
Der Bundeskanzler erklärt, er sei ursprünglich auch für einen Wahltermin im September gewesen, jedoch durch Vorstellungen aus seiner
Partei etwas schwankend geworden. Er könne sich jedoch den Gründen des Herrn Bundespräsidenten nicht verschließen, und werde in
der morgigen Kabinettssitzung[5] ebenfalls für den 15. September als
Wahltermin eintreten.

2. *Gesetz über Titel, Orden und Ehrenzeichen*[6]
Bundespräsident teilt dem Bundeskanzler mit, daß nach seinen Informationen das Ordensgesetz im Innenausschuß des Bundestags wegen
Obstruktion einiger CDU-Abgeordneter zur Zeit nicht weiterbehan-
delt werde. Es bestehe die Gefahr, daß das Gesetz in dieser Legislaturperiode nicht mehr verabschiedet werden könne. Da das Ordensgesetz
die Rechtsgrundlage des gesamten Ordenswesens und auch die Frage
des Tragens ehemaliger Kriegsauszeichnungen zum Inhalt habe, bat
der Bundespräsident den Kanzler, sich für eine rasche Verabschiedung
des Gesetzes im zuständigen Ausschuß des Bundestages einzusetzen.
Der Bundeskanzler, der über diese Situation noch nicht unterrichtet
war, sagte seine Unterstützung zu.

3. Bundespräsident erinnert den Bundeskanzler daran, er habe das
Auswärtige Amt gebeten, dem Protokollchef, Gesandten *Mohr*[7], den
Titel Botschafter zu verleihen. Er höre, daß auch er, Bundeskanzler,
sich dafür schriftlich eingesetzt habe. Obgleich sie beide beim Auswärtigen Amt auf die Zweckmäßigkeit und Notwendigkeit dieses
Vorschlags hingewiesen hätten[8], sei in dieser Sache bisher nichts erfolgt. Bundeskanzler versprach, sich auch dieser Angelegenheit anzunehmen.

4. *Fall Strack*

Bundespräsident bittet den Kanzler, sich einmal eingehend über den Streitfall des Ministerialrats im Wirtschaftsministerium *Strack*[9] gegen das Auswärtige Amt unterrichten zu lassen. Er habe den Eindruck, daß hier ein sehr peinlicher Prozeß bevorstehe, der in der Öffentlichkeit nur Schaden anrichten könnte. Bundeskanzler erklärte, daß ihm Staatssekretär *Globke* laufend über die Entwicklung dieser Sache berichtet habe. Er werde sich jetzt aber erneut über den letzten Stand informieren lassen, und hoffe, eine gütliche Regelung herbeiführen zu können.

Mit Heinrich von Brentano, während des Fluges zum Staatsbesuch in der Türkei (5.-13. Mai 1957)

Nr. 55
22. Juli 1957

Verlauf des Bundestagswahlkampfes. Auseinandersetzung des Bundeskanzlers mit der SPD. Verhältnis USA – Europa. Angriffe gegen den Bundesminister für Verteidigung, Strauß. Zustände im Auswärtigen Amt. Wahlaussichten von FVP und FDP. Simultanbenutzung des Domes in Altenberg. Staatssekretär Sonnemann. Ausscheiden der Präsidenten Vocke und Bernard.

[1.] *Bundeskanzler schilderte zunächst den bisherigen Verlauf des Wahlkampfes, und erwähnte besonders seine Versammlung in Nürnberg*[1]. Er knüpfte an an eine Versammlung, die er noch zur Zeit des Parlamentarischen Rates in Nürnberg gehalten habe[2]. Damals sei er fortgesetzt durch organisierte Störungen unterbrochen, und auf der Rückfahrt von der Versammlung sei sein Wagen mit Pflastersteinen bombardiert worden. Die jetzige große Versammlung habe ihm ungeteilten und lebhaften Beifall gebracht. Statt Pflastersteinen habe man ihm dieses Mal ein Paket mit Lebkuchen überreicht. Seine in der Öffentlichkeit teilweise kritisierte Äußerung[3] über die Folgen eines etwaigen Wahlsieges der SPD sei in der Presse erheblich entstellt worden. Er sei aber der festen Überzeugung, daß ein Wahlerfolg der SPD und die Verwirklichung der wesentlichen sozialdemokratischen Wahlparolen (Aufhebung der Wehrpflicht, Austritt aus der NATO) zur Folge haben werde, daß die USA sich an Europa desinteressiert zeigen und über den Rücken der westeuropäischen Staaten hinweg mit der Sowjetunion einigen würden. Eine solche Entwicklung werde aber über kurz oder lang unausweichlich zur Auslieferung Gesamteuropas an den sowjetischen Machtbereich führen. Er werde deshalb auch im weiteren Verlauf des Wahlkampfes die in Nürnberg angesprochene Grundtendenz unbeirrt beibehalten.

Sorge mache ihm die sich immer stärker bemerkbar machende Radikalisierung weiter Kreise der SPD. *Ollenhauer* sei, wie ihm – dem Bundeskanzler – *Kurt Schumacher* einmal erklärt habe, ein »durchschnittlicher Funktionärstyp«[4]. Es sei tief bedauerlich, daß nicht, wie nach 1918, bedachtsame und gewerkschaftlich geschulte Führer der SPD das Gepräge gäben. Der Abgeordnete *Wehner* sei zweifellos außerordentlich intelligent und fleißig, aber gerade deshalb in seiner radikalen Grundeinstellung sehr gefährlich. Bundeskanzler erwähnte in diesem Zusammenhang auch den Präsidenten des Berliner Abgeordnetenhauses *Brandt*, der dreimal seinen Namen gewechselt habe[5].

[2.] *Bundeskanzler kam dann nochmals auf das wachsende Desinteresse der USA an Europa zurück.* Die Mißstimmung gegen England wegen der Suezangelegenheit[6] sei immer noch nicht gewichen. *Eisenhower* habe eine Stunde lang nur auf England »geschimpft«. Auch gegenüber Frankreich sei in den USA wegen Suez und Algerien[7] ein weitgehendes Mißtrauen vorhanden. Nehme man dazu noch die labile Situation in Italien[8], so müsse man um die Zukunft Europas in der Tat ernstliche Sorgen haben.

Die Rolle, die *Stassen* bei den Londoner Abrüstungsverhandlungen[9] spiele, sei mehr als bedenklich. Im Grunde sei alles, was Stassen tue, nur durch den Ehrgeiz bedingt, 1960 die Nachfolge Eisenhowers als Präsident der USA anzutreten[10]. Durch die schwere Indiskretion, die Stassen durch die informelle Mitteilung der amerikanischen Abrüstungsvorschläge an *Sorin* begangen habe[11], sei der Sache des freien Westens erheblicher Schaden zugefügt. Es sei jetzt aber, namentlich durch das Eingreifen von *Dulles*, erreicht, daß Stassen die NATO laufend informiere. Erfreulich sei es, daß *Spaak* im Gegensatz zu seinem recht inaktiven Vorgänger *Lord Ismay*[12] eine ständig wachsende Rolle bei der NATO spiele.

Eisenhower sei leider weitgehend inaktiv, was ihm – dem Bundeskanzler – auch von *Nehru* bestätigt worden sei[13]. Eisenhower könne eigentlich nur noch eine Stunde täglich arbeiten. Politischen Gesprächen weiche er nach aller Möglichkeit aus. Bei dem Besuch des Bundeskanzlers auf der Farm Eisenhowers[14] sei diesem eigentlich nur daran gelegen gewesen, seinen Zuchtstier vorzuführen. An der klaren politischen Konzeption von Dulles sei nicht zu zweifeln. Er sei auch voll arbeitsfähig. Bei der Art seiner schweren Erkrankung vom vergangenen Jahr müsse man aber doch wohl ernste Sorgen haben[15]. Der Vizepräsident *Nixon*[16] habe eine sehr erfreuliche Entwicklung genommen.

[3.] *Das Gespräch wandte sich den innenpolitischen Fragen zu.* Der Bundeskanzler erklärte, er mache sich große Sorge um Bundesverteidigungsminister *Strauß*. Die massiven Angriffe, die von dem sowjetzonalen Propagandaapparat auf Strauß wegen seines Privatlebens gestartet worden seien[17], hätten den Minister tief getroffen. Wenn es auch gelungen sei, innerhalb der CSU den völlig ungerechtfertigten *Hundhammerschen*[18] Vorstoß gegen Strauß abzuwehren, so habe Minister Strauß sich doch völlig in sich selbst zurückgezogen. Er komme beispielsweise zu keinen Sitzungen mehr und halte auch im Lande keine Reden. Besonders schlimm sei, daß mit neuen Angriffen auf Strauß zu rechnen sei. Bei einem Zusammensein mit Presseleuten habe der Minister in vorgerückter Morgenstunde in sehr prononcierter Form äußerst abfällige Äußerungen über die Generale *Heusinger* und *Speidel* von sich gegeben. Diese Äußerungen seien so, daß, wenn die beiden Generale davon erführen, sie unweigerlich ihre Demission einreichen würden. Die Strauß'schen Äußerungen seien von nicht weniger als 14 Journalisten mitgeschrieben worden. Einem der Teilnehmer sei es zwar gelungen, eine pressemäßige Verwertung zu verhindern.

Wie lange das aber bei dem großen Kreis von Mithörern möglich sein
werde, sei sehr fraglich[19].
Im Zusammenhang mit der starken Aktivität des sowjetischen Propa-
gandaapparates sei mit weiteren Angriffen bis zu den Wahlen zu rechnen. Bei General Speidel sei ja ein solcher Angriff in den letzten Tagen
schon erfolgt[20]. Der Bundeskanzler meinte damit offensichtlich die sowjetzonalen Meldungen über die »Mitwirkung« Speidels an den Vorbereitungen für das Marseiller Attentat auf den jugoslawischen König
und den französischen Außenminister *Barthou*[21]. In der nächsten Zeit
werde wohl Außenminister *von Brentano* Ziel der sowjetzonalen
Attacken sein.

[4.] *Die Zustände im Auswärtigen Amt seien sehr unbefriedigend.* Der
Minister habe die Führung nicht recht in der Hand. Der Bundeskanzler erwähnte dabei, wie besorgt er sei, daß trotz mehrmaliger Warnung der Minister nicht von seinem Nikotinmißbrauch abzubringen
sei. Er rauche nach wie vor täglich 60 Zigaretten, und habe infolgedessen schon einmal einen ernstlichen Angina pectoris-Anfall gehabt.
Alles das sei besonders bedenklich, weil Staatssekretär *Hallstein* nach
seinem achtwöchigen Klinikaufenthalt nunmehr noch für weitere 6
Wochen ausfallen werde. Es sei ein ganz untragbarer Zustand, daß die
bedeutsameren ausländischen Diplomaten in Bonn sich immer stärker
an ihn – den Bundeskanzler – unmittelbar wendeten, weil sie im Auswärtigen Amt keinen rechten Gesprächspartner fänden[22]. Der amerikanische[23] und der britische Botschafter[24] hätten ihm gegenüber das
ganz offen zum Ausdruck gebracht. Ministerialdirektor *von Welck*[25]
sei zweifellos ein guter Beamter, aber doch weitgehend bürokratisch.
Professor *Grewe* sei sicher sehr befähigt, was aber bisher nur in juri-
stischer Beziehung, etwa bei der Formulierung von Verträgen zum
Ausdruck gekommen sei. Das eigentliche politische Fingerspitzenge-
fühl fehle ihm aber noch weitgehend. ‹...›[a]

[5.] *Über die Entwicklung und die Wahlaussichten der FVP zeigt sich
der Bundeskanzler ernstlich besorgt.* Minister *Preusker* wolle nicht
mehr zum Bundestag kandidieren[26]. ‹...›[b] Er – der Bundeskanzler –
habe versucht, Preusker doch zur Übernahme eines Mandats zu bewegen, dieser aber habe erneut abgelehnt. Bei den geringen Wahlchancen
der FVP müsse also bestenfalls mit einer sehr schmalen Koalitionsba-
sis gerechnet werden. Es zeige sich, wie übereilt und wie falsch die
Trennung von der FDP[27] im vergangenen Jahr vorgenommen worden

sei, und man könne nur hoffen, daß sich die beiden Parteien wieder zusammenfinden möchten.

Zwischen *Reinhold Maier, Mende, Döring* und einigen anderen Vertretern der FDP hätten vor kurzem wegen der Finanzierung des Wahlkampfes Besprechungen mit einigen Industriellen – darunter *Reusch*[28] – stattgefunden. Dabei habe auf eine entsprechende Frage von Seiten der Industriellen Reinhold Maier erwidert, die FDP werde nach den Wahlen zu einer Koalition mit der CDU bereit sein und auch einen Bundeskanzler Adenauer akzeptieren[29]. Ministerpräsident *Gebhard Müller* habe allerdings in einem Gespräch mit dem Bundeskanzler seine Befürchtung zum Ausdruck gebracht, die FDP werde bei Koalitionsverhandlungen auf die Betrauung Müllers mit dem Bundesjustizministerium dringen, um damit für Reinhold Maier den Weg zur Übernahme der Ministerpräsidentenschaft in Baden-Württemberg frei zu machen[30].

[6.] *Der Bundeskanzler erwähnte den an ihn gerichteten Brief des Bundespräsidenten wegen der Beibehaltung der Simultanbenutzung des Domes in Altenberg*[31]. Ohne seine Auffassung zu dieser Frage im einzelnen zu konkretisieren, bemerkte der Bundeskanzler, daß er sich in dieser Angelegenheit im Sinne des Bundespräsidenten einsetzen werde.

[7.] *Was den Brief des Bundespräsidenten wegen Staatssekretär Sonnemann anlange, so müsse er bemerken, daß Sonnemann nicht »vorbestraft« sei*[32]. Bundespräsident erwiderte, es komme aber darauf an, Sonnemann gegen etwaige wegen der Amnestie mögliche Angriffe abzuschirmen. Bundeskanzler erklärte, er sei bereit, Sonnemann einen entsprechenden Brief zu schreiben[33].

Schließlich erklärte der Bundeskanzler, daß mit dem demnächstigen Inkrafttreten des Bundesbankgesetzes[34] die Präsidenten *Vocke*[35] und *Bernard*[36] ausscheiden würden. Er beabsichtige, beim Abschiedsbesuch dieser beiden Herren diese zu einem Frühstück einzuladen. Sie hätten aber erklärt, sie würden gerne zu einem Frühstück kommen, aber nur dann, wenn es für jeden der beiden getrennt gegeben würde. Um die gespannte Stimmung etwas zu bereinigen, möchte er – Bundeskanzler – vorschlagen, beiden Herren das Großkreuz zu verleihen[37]. Es wurde verabredet, zu prüfen, ob diese außerordentlich hohe Dekorierung nach der bisherigen Praxis und wegen etwaiger Berufungsfälle unbedenklich sei. (Vermerk: Dies ist inzwischen geschehen.

Das Bundeskanzleramt wird beim Wirtschaftsministerium einen entsprechenden Antrag veranlassen.)

[8.] *Zum Schluß dankte Bundeskanzler dem Bundespräsidenten für die Übersendung seiner kleinen Schrift »Deutscher Geist und deutsche Geschichte«*[38], wobei sich eine erhebliche Abweichung im beiderseitigen Bismarck-Bild ergab[39].

Nr. 56
16. September 1957

Beendigung des Bundestagswahlkampfs. Kritik des Bundeskanzlers am Bundesminister der Finanzen, Schäffer. Ausbau der Bundeswehr. Fragen der Regierungsbildung, Bundesministerien für Wirtschaft bzw. der Justiz. Spaltung der FDP. Politische Haltung der Jugend. Aussichten der SPD. Ausscheiden des BHE aus dem Bundestag. Beziehungen zu Polen. Wahlrecht. Übergangsregelung bis zur Neubildung der Bundesregierung.

[1.] Bundeskanzler bemerkte, daß der Wahlkampf[1] für ihn doch sehr anstrengend gewesen sei. Als Bundespräsident ihm empfahl, zunächst einmal für 8 bis 10 Tage auszuspannen, erwiderte B[undes]K[anzler], das tue er sicher sehr gern, aber es bestünde doch die Gefahr, daß »andere Leute ihm Unkraut unter den Weizen säten«. Für die Entscheidungen der kommenden Wochen ergäben sich für ihn eine Reihe recht schwieriger Probleme. Für ihn sei klar, daß eine weitere Betrauung des Bundesministers *Schäffer* mit dem Amt des Bundesfinanzministers völlig unmöglich sei[2]. Minister Schäffer habe in den vier Jahren des zweiten Bundeskabinetts bei vielen wichtigen Entscheidungen einen solchen – wohl auch durch Alterserscheinungen bedingten – Starrsinn gezeigt, daß die Arbeit der Bundesregierung darunter schwer gelitten habe.
Für den weiteren Ausbau der Bundeswehr sei es entscheidend, daß die in den vergangenen Haushaltsjahren nicht verausgabten Haushaltsmittel (rund 3 1/2 Milliarden DM) weiter verfügbar gehalten würden. Dies sei haushaltsrechtlich durchaus möglich. Obwohl bereits vor längerer Zeit in einem Gespräch bei ihm – Bundeskanzler – Minister Schäffer bereit gewesen sei, den Wünschen des Verteidigungsministers zu entsprechen, habe er dann nachträglich immer wieder Schwierig-

keiten gemacht³. Das habe sich auch fortgesetzt, nachdem er – Bundeskanzler – die Bereitstellung der 3 1/2 Milliarden zur »Richtlinie der Politik« erklärt habe.

Nunmehr berufe sich Minister Schäffer auf Vorschriften der Reichshaushaltsordnung⁴, die ihm angeblich allein die Befugnis gäben, über die Übertragung von verbliebenen Haushaltsresten auf kommende Haushaltsjahre zu entscheiden. Diese Ansicht sei unzutreffend. Bei Nichteinigung unter den Ressortministern müsse nach einer Bestimmung der Haushaltsordnung das Kabinett entscheiden. Diese Entscheidung werde er nunmehr herbeiführen. Er habe ernste Zweifel, ob Minister Schäffer innerlich bereit sei, den Aufbau der Bundeswehr von seinem augenblicklichen Ressort aus mit der politisch notwendigen Intensität zu fördern, zumal auch der sachlich sehr qualifizierte, aber doch auch recht undurchsichtige Leiter der Haushaltsabteilung des BMF, Ministerialdirektor *Vialon*, in dieser Beziehung einen wenig guten Einfluß auf seinen Minister ausübe.

Politisch sehr unerfreulich sei es auch gewesen, daß Minister Schäffer sich trotz mehrmaliger Beschlußfassung durch das Kabinett standhaft geweigert habe, die Mittel für die Einkleidung der in Friedland⁵ eintreffenden Umsiedler aus der Sowjetunion bereitzustellen⁶. Dabei habe es sich um Beträge gehandelt, die im Rahmen des Gesamthaushalts ganz unbeachtlich seien (zunächst 50.000,-, dann 300.000,- DM). Die starre Taktik, die von Minister Schäffer bei den seinerzeitigen Verhandlungen mit den Ländern über die neue Finanzverfassung⁷ (insbesondere Anteilsverhältnis an der Einkommen- und Körperschaftsteuer) gezeigt worden sei, habe letzten Endes nur zu einer Schädigung des Bundeshaushalts geführt. Wenn Minister Schäffer im wesentlichen auf das eingegangen wäre, was die Länder zu Beginn der Verhandlungen anzubieten bereit waren, hätte sich der Bundeshaushalt etwa um 1 1/2 Milliarden verbessern lassen. Bundespräsident erwähnt in diesem Zusammenhang, daß Minister Schäffer ihn während der Urlaubswochen 1951 in Bayern aufgesucht und erklärt habe, daß der Bund etwa im Oktober 1951 vor leeren Kassen stehen werde und deshalb der Bundespräsident »staatsrechtlich eingreifen« müsse⁸. In diesem Oktober habe sich dann aber eine ausgesprochene Kassenschwemme beim Bund gezeigt. Bundeskanzler erklärte, die erwähnten und manche andere Vorkommnisse machten es ihm unmöglich, Minister Schäffer für das neue Kabinett vorzusehen.

[2.] Auf die Frage des Bundespräsidenten, welche Reaktion das bei der CSU auslösen werde, meinte B[undes]K[anzler], der auch noch erwähnte, daß ihm nicht ganz klare Kontaktaufnahmen von Minister Schäffer große Sorgen bereiten[9], daß dies eben durchgestanden werden müsse. Im übrigen sei ja auch das gespannte Verhältnis zwischen den Ministern Schäffer und *Strauß* zu bedenken. Auch habe der CSU-Abgeordnete *Stücklen* bereits schon vor einiger Zeit zu erkennen gegeben, welche großen Vorbehalte innerhalb der CSU gegen Schäffer bestünden[10]. Auf die Frage des Bundespräsidenten, wer etwa als Nachfolger in Frage kommen könne, erwiderte B[undes]K[anzler], neben dem – jetzt wieder in den Bundestag gewählten – Vizepräsidenten der Montanunion *Etzel* denke er in erster Linie an den früheren bayerischen Wirtschaftsminister und Vorsitzenden der CSU *Seidel*, den er gebeten habe, ihn möglichst bald einmal aufzusuchen[11]. Bundespräsident erklärte, daß er aus verschiedenen Begegnungen einen durchaus günstigen Eindruck von Seidel gewonnen habe.

B[undes]K[anzler] fuhr dann fort, er habe noch keinerlei Überblick darüber, welche Absichten der Bundestagspräsident *Gerstenmaier* habe[12]. Schon vor längerer Zeit habe er G[erstenmaier] gefragt, ob dieser Präsident des dritten Bundestages bleiben wolle oder eine Stelle im Kabinett erstrebe. G[erstenmaier] habe sich damals unentschlossen gezeigt, aber diese Frage werde ja nun doch wohl bald so oder so akut werden. Auch ob Vizepräsident Etzel ein Ministeramt anstrebe, sei noch nicht völlig klar. Er habe Etzel gefragt, ob es nicht im allgemein-politischen Interesse wichtig sei, sein Amt in Luxemburg beizubehalten. Etzel habe aber gemeint, daß seine Tätigkeit in Bonn jetzt doch wohl wichtiger sei. Auf die Frage, wer evtl. als Nachfolger bei der Montanunion[13] in Frage kommen könne, habe Etzel auf den früheren Wirtschaftsminister Seidel aufmerksam gemacht, mit dem er sich auch bereits vorbereitend einmal unterhalten habe. B[undes]K[anzler] meinte unter Zustimmung des Bundespräsidenten, daß Seidel für diese Stelle wohl nicht in Frage kommen könne, besonders weil er den notwendigen Konnex mit den an den Aufgaben der Montanunion interessierten Wirtschaftskreisen an Rhein und Ruhr nicht besitze.

[3.] Im weiteren Verlauf des Gesprächs kam Bundespräsident nochmals auf diesen Punkt zurück und fragte, welche Absichten der Bundeskanzler wegen der Bildung eines Europaministeriums habe[14]. B[undes]K[anzler] erwiderte, daß er gegen die Bildung eines solchen Ministeriums sei. Er habe allerdings bereits vor langer Zeit Minister *Erhard* eindringlich darauf aufmerksam gemacht[15], daß die Bestrebungen nach einem Europaministerium mit Aussicht auf Erfolg nur abgewehrt werden könnten, wenn er die Qualität seiner Mitarbeiter im Wirtschaftsministerium gründlich verbessere. Die verwaltungsmäßigen Zustände im Wirtschaftsministerium seien teilweise mehr als betrüblich. Zahlreiche Mitglieder des Ministeriums verfügten nicht über den notwendigen allgemeinen wirtschaftspolitischen Überblick, besonders über die Kenntnis der wirtschaftlichen Verhältnisse des Auslandes.

[4.] Bei der Aufstellung der Bundestagskandidaten der CDU in Nordrhein-Westfalen habe er – Bundeskanzler – darauf aufmerksam gemacht, daß es wegen der Möglichkeit einer Änderung der Düsseldorfer Regierungskoalition nach den Neuwahlen des Landtages 1958[16] notwendig sei, nicht in so großem Maße frühere Düsseldorfer Kabinettsmitglieder in den Bundestag zu entsenden, wie dies nun leider doch geschehen sei. Im übrigen halte er es nicht für möglich, den früheren Ministerpräsidenten *Arnold* mit einem Bundesministerposten zu betrauen[17]. Arnold habe keinerlei verwaltungsmäßige Erfahrungen in der Führung eines Fachressorts.

[5.] B[undes]K[anzler] kam dann kurz auf das weitere Schicksal des Bundesministers *Blücher* zu sprechen[18]. Auf den Einwand des Bundespräsidenten, die DP werde wohl in erster Linie den Bundesminister *von Merkatz* vorschlagen, erwiderte B[undes]K[anzler], von Merkatz komme als Bundesjustizminister nicht mehr in Frage. Er sei diesen Aufgaben nicht gewachsen. Das Justizministerium brauche einen Minister, der energisch und mit Sachkenntnis an seine Aufgaben herangehen könne. Dies habe in den vergangenen Jahren sehr gefehlt und zur Folge gehabt, daß viele Gesetze juristisch unzulänglich seien. Staatssekretär Strauß sei zwar von hoher Intelligenz, aber neige doch stark zu ausgesprochen negativer Kritik. Der Mitarbeiterstab des Justizministeriums sei sicher sehr gut, aber es habe eben doch nun einmal an der zielsicheren Führung durch den Minister gemangelt. Für die DP sei es sehr bedauerlich, daß der Vizepräsident des Bundestages *Schneider* (Lollar) weder in seinem Gießener Wahlkreis, noch auf der hessischen Landesliste zum Zuge gekommen sei.

[6.] Zur FDP erklärte der B[undes]K[anzler], daß er die Spaltung aufs tiefste bedauere. Das habe er ja immer schon zum Ausdruck gebracht. Die Entscheidungen der neuen FDP-Fraktion würden sicherlich unter den kaum überbrückbaren grundsätzlichen Meinungsver-

schiedenheiten zwischen den baden-württembergischen und nordrhein-westfälischen Abgeordneten zu leiden haben[19]. Der Präsident
des Bundesverbandes der Deutschen Industrie *Berg*[20] habe ihn heute
aufgesucht und dabei auch die künftige Stellung der FDP angesprochen. (Berg sei Mitglied der FDP.) Berg werde in den nächsten Tagen
mit den führenden Persönlichkeiten der FDP zusammen sein, um diese
Fragen zu erörtern[21].

[7.] B[undes]K[anzler] erklärte, bei den gestrigen Wahlen hätten sich
in erfreulich großem Umfange viele Jungwähler aus der Arbeiterschaft
für die CDU entschieden[22]. Die jungen Arbeiter sehnten sich danach,
aus der klassenkämpferischen Verkrampfung des politischen Lebens
herauszukommen. Dies sei ihm auch in einem kürzlichen Gespräch
mit dem Leiter der protestantischen Jugendverbände, Pastor *Dannenmann*[23], bestätigt worden. Dannenmann habe aus seinen Erfahrungen
in der sozialen und jugendpflegerischen Arbeit geschildert, wie aufge-
schlossen und undogmatisch weite Kreise der Jugend in politischen
Dingen seien. Die neue Bundesregierung müsse nach Auffassung des
B[undes]K[anzlers] hier außerordentlich viel tun. Bundespräsident
stimmte zu und wies darauf hin, wie wichtig es sei, diese Arbeit nicht
in die Hände der in vielen Jugendverbänden sich recht breit machen-
den Funktionärsschicht kommen zu lassen.

[8.] B[undes]K[anzler] stellte dann die Frage: »Was soll aus der Sozialdemokratie nach ihrer dritten Niederlage werden?« Er hielt dabei das
weitere Schicksal der SPD für chancenlos. Bundespräsident wies darauf hin, welch starkes Korrektiv doch noch in der Existenz des Bundesrates liege[24]. Durch die Beteiligung an Landesregierungen, die vor
allem auch eine bedeutsame Einflußnahme auf Personalfragen ermögliche, und durch die damit gegebene Möglichkeit der Einwirkung auf
die Bundespolitik werde die SPD ein weites Feld für unmittelbare
politische Aktivität behalten. Es sei auch zu erwarten, daß bei der
nächstjährigen Neuwahl zur Hamburger Bürgerschaft[25] die SPD die
Regierungsverantwortung in Hamburg wieder übernehmen werde.
B[undes]K[anzler] war ebenfalls dieser Meinung und meinte, die bürgerlichen Kräfte in Hamburg hätten weitgehend versagt. Auf der
anderen Seite rechne er damit, daß nach den ebenfalls 1958 stattfindenden Landtagswahlen in Nordrhein-Westfalen und Bayern[26] die jetzigen Koalitionen nicht weiterbestehen würden.

[9.] Bundespräsident bemerkte unter Zustimmung des B[undes]-K[anzlers], daß es für die Beurteilung des gestrigen Wahlergebnisses im Ausland von großer Wichtigkeit sei, daß nun schon zum dritten Mal der Rechtsradikalismus keinerlei Chancen gehabt habe[27]. Ebenso bedeutsam sei es, daß der BHE im dritten Bundestag nicht mehr in Erscheinung treten werde. Wenn in den nächsten Jahren die Frage der Beziehungen zu verschiedenen Ostblockstaaten, insbesondere zu Polen, spruchreif werde[28], hätten von einer BHE-Fraktion im Bundestag erhebliche und politisch äußerst schädliche Schwierigkeiten erwartet werden müssen. Er erinnerte daran, daß der BHE, vor allem der bisherige Abgeordnete *Seiboth*[29] gegenüber verschiedenen führenden politischen Persönlichkeiten (*von Brentano, Sieveking, Kiesinger, Carlo Schmid*) wegen ihrer doch sehr vorsichtigen Andeutung über die Beziehungen zu Polen und besonders zum Problem der Oder-Neiße-Linie[30] den Vorwurf landesverräterischen Verhaltens gemacht hätten. In diesem Zusammenhang kam der Bundeskanzler auf die Aufnahme der Beziehungen zu Polen zu sprechen. Er denke daran, mit den ersten Fühlungnahmen den früheren Botschafter *Jaenicke* zu beauftragen, der lange Jahre Regierungspräsident in Breslau und Mitglied der auf Grund des Versailler Vertrages gebildeten deutsch-polnischen Grenzkommission gewesen sei. Bundespräsident erwiderte, daß er J[aenicke] für eine solche Aufgabe für wohl geeignet halte, wenn es sich um eine ganz inoffizielle Betrauung mit beschränkten Vollmachten handele[31].

[10.] Bundespräsident erwähnte ein am Abend des gestrigen Wahltages im Fernsehen gebrachtes Interview mit Bundesminister *Schröder*. Dieser habe in sehr bestimmter Form erkennen lassen, daß er es für politisch untunlich halte, die bei der gestrigen Wahl wiederum verstärkt bemerkbar gewordene Hinneigung erheblicher Teile der Wählerschaft zu den beiden großen Parteien durch ein neues Wahlrecht zu unterstützen, das das Fortbestehen der kleineren Parteien endgültig gefährde. Das Wiederaufleben der Tendenzen, die sich bei den Vorbereitungen des Wahlgesetzes[32] im zweiten Bundestag, besonders aus den Kreisen um den Abgeordneten *Scharnberg*[33], gezeigt hätten, sollte daher von vornherein verhindert werden. B[undes]K[anzler] erklärte, er sei von Anfang an gegen das Grabensystem[34] gewesen. Das jetzt geltende Wahlgesetz sei aber doch sehr schlecht. Es müsse an seine Verbesserung im dritten Bundestag gedacht werden[35]. Im weiteren Verlauf der Besprechung ergab sich, daß die Bedenken des Bundeskanzlers sich nur auf technische Mängel des Wahlgesetzes, insbesondere bei der Briefwahl, bezogen. Bundespräsident wies demgegenüber darauf hin, daß er die grundsätzliche Tendenz des jetzigen Wahlrechts (Entscheidung des Wählers durch die Erststimme für einen bestimmten Kandidaten und mit der Zweitstimme für eine Partei) für durchaus gut halte.

[11.] Nachdem noch kurz klargestellt war, daß das Protokoll des A[uswärtigen] A[mtes] nur als Hilfsorgan gegenüber dem Bundespräsidialamt und dem Bundeskanzleramt tätig werden könne, schloß die Unterredung mit einer Erörterung der aus dem Grundgesetz für die nächste Zeit sich ergebenden Aufgaben. Es wurde vereinbart, daß der Bundespräsident kurz vor dem ersten Zusammentritt des neuen Bundestages an den Bundeskanzler das Ersuchen um Weiterführung der Geschäfte gemäß Art. 69 Abs. 3 richten werde[36].

Nr. 57

1. Oktober 1957

Ablauf der zweiten Amtsperiode des Bundespräsidenten. Erhöhung des Kohlenpreises. Todesurteil für Kriegsverbrechen. Regierungsbildung, Ausscheiden von Minister Schäffer, Verhandlungen mit CSU und DP. Kritik am Bundesminister für Verteidigung, Strauß. Richtlinienkompetenz des Bundeskanzlers. Ernennung von parlamentarischen Staatsministern oder Staatssekretären.

[1.] Bundespräsident wies auf den »Parlamentarisch-politischen Pressedienst« vom 30. September 1957 hin. Dort werde behauptet, er habe »dieser Tage den Besuch einiger CDU-Abgeordneter gehabt, deren Absicht es offenbar gewesen sei, die persönlichen Wünsche des Präsidenten im Hinblick auf die Zeit nach dem Ablauf der gegenwärtigen Amtsperiode kennenzulernen.«[1] An dieser Meldung sei kein wahres Wort. Er habe weder »dieser Tage« noch überhaupt jemals derartige Gespräche geführt. Vor längerer Zeit sei einmal bei einem geselligen Beisammensein in sehr unverbindlicher Form diese Frage von anderen aufgeworfen worden. Er habe damals schon kategorisch erklärt, in einem jungen Staat wie dem unsrigen komme eine ad personam gemachte Verfassungsänderung keinesfalls in Frage[2]. Bundeskanzler stimmte der Auffassung des Bundespräsidenten zu, niemand könne auch übersehen, wie die allgemeine Situation nach zwei Jahren sein werde.

[2.] Bundespräsident erwähnte, wenn B[undes]K[anzler] den beabsichtigten Urlaub in Frankreich[3] nähme, so würde das dort sicher politisch großen Eindruck machen. B[undes]K[anzler] erwiderte, er habe
seine Urlaubspläne völlig aufgegeben und wolle versuchen, sich für 8
bis 10 Tage in sein Haus in Rhöndorf zurückzuziehen[4]. Die Entwicklung, die durch die unbedachte Kohlenpreiserhöhung[5] angebahnt sei,
mache es ihm unmöglich, jetzt auf einen längeren Urlaub zu gehen.
Vor allem aber seien die Schwierigkeiten bei der Regierungsbildung
größer, als anfänglich vermutet. Es müsse auch noch damit gerechnet
werden, daß an einem noch in Frankreich im Zuchthaus einsitzenden
deutschen Kriegsverurteilten demnächst das schon lange zurücklie-
gende Todesurteil vollstreckt werde[6]. Es handele sich um einen SS-
Mann, der eine Fülle schauerlicher Verbrechen begangen habe. Die
Vollstreckung des Urteils werde aber 12 Jahre nach Kriegsende doch
zu einer erheblichen Beunruhigung in Deutschland führen müssen. Er
müsse deshalb einen Urlaub in Frankreich unbedingt vermeiden.
Die Erhöhung des Kohlenpreises sei ihm – B[undes]K[anzler] – ein
neuer Beweis für die völlige politische Instinktlosigkeit der Industrie.
Nach ihm vorliegenden Nachrichten habe diese Maßnahme so kurz
nach den Wahlen[7] gerade in den nicht unbeträchtlichen Teilen der Arbeiterschaft sehr ungünstige Auswirkungen gehabt, die sich unter Ab-
wendung von der SPD am 15. September zur CDU bekannt hätten.
Bundesminister *Erhard* bemühe sich sehr intensiv darum, daß die getroffenen Maßnahmen noch rückgängig gemacht würden[8]. Er hoffe
auch, daß dies gelingen werde. Der ungünstige Eindruck, der bei den
Verbrauchern entstanden sei, könne damit aber nicht mehr völlig wieder wettgemacht werden. Als Beispiel für die politische Naivität der
Großindustriellen schilderte B[undes]K[anzler], daß der ihm befreun-
dete *Peter Klöckner*[9] am Tage des Kapp-Putsches[10] an den Toren seiner Betriebe einen Zettel angebracht habe mit der Aufschrift: »Der
Achtstundentag wird mit sofortiger Wirkung wieder abgeschafft!« –
Besonders bedauerlich sei, daß der Anstoß zu der Preiserhöhung vor
allem von den verantwortlichen Leitern der Hibernia ausgegangen sei,
die im Eigentum des Bundes stehe. Durch die Ressortstreitigkeiten
zwischen [dem] B[undes]M[inisterium für] W[irtschaft] und [dem]
B[undes]M[inisterium der] F[inanzen] seien eine planvolle Verwaltung
des großen Bundesvermögens und auch eine klare Personalpolitik in
diesen Betrieben bisher verhindert worden. Der früher schon einmal
gefaßte Plan zur Bildung eines Schatzministeriums[11] werde daher
noch einmal überprüft werden müssen.

[3.] Seine Entscheidungen zur Regierungsbildung hingen letzten Endes davon ab, was aus dem Bundesfinanzminister werde. Mit der gleichen Entschiedenheit wie bei der Besprechung am 16. September 1957[12] erklärte B[undes]K[anzler], daß Minister *Schäffer* nicht im Kabinett verbleiben könne. Dies habe er auch mit aller Deutlichkeit der Verhandlungskommission der CSU (*Dr. Seidel, Stücklen, Höcherl*[13], *Dollinger*[14]) erklärt[15]. Er habe dabei vor allem darauf hingewiesen, daß die Schäffer'sche Finanzpolitik die Kapitalbildung in der deutschen Wirtschaft so gut wie verhindert und daß vor allem Minister Schäffer bewußt den Aufbau der Bundeswehr sabotiert habe. Die Verhandlungsleiter der CSU hätten ihm in der Sache völlig recht gegeben. Aus ihren Ausführungen sei aber ganz klar herausgeklungen, daß die leitenden CSU-Leute Aspirationen Schäffers auf den Posten des bayerischen Ministerpräsidenten nach der Neuwahl des Landtags im Jahre 1958[16] befürchteten, wenn Schäffer aus dem Kabinett ausscheide. Dem taktischen Geschick Sch[äffer]s werde es dann gelingen, sich von der bayerischen Landesversammlung der CSU, die 700 stimmberechtigte Delegierte umfasse, zum Landesvorsitzenden wählen zu lassen[17] und damit auch die Anwartschaft auf die Ministerpräsidentschaft in Bayern zu erwerben. Dies befürchteten die führenden Kreise der CSU offensichtlich, und deshalb sei es zweifelhaft, ob sie den von ihnen auch sachlich eingesehenen Abschied Schäffers vom Bundesfinanzministerium billigen würden. B[undes]K[anzler] erklärte dann noch, Schäffer *und Strauß* im Kabinett seien schlechterdings »nicht zu verdauen«. Minister Strauß habe bei der Abberufung des Generals *Müller-Hillebrand*[18] aus der Personalabteilung des Verteidigungsministeriums in der Sache wohl recht gehabt, in der Form aber so stark danebengegriffen, daß eine nicht unberechtigte Beunruhigung und Verstimmung im Offizierskorps eingetreten sei[19]. Das Auftreten des Verteidigungsministers (poltrige Art, Taktlosigkeiten, insbesondere nach Alkoholgenuß) bereite ihm überhaupt große Sorge.
Auf eine Bemerkung des Bundespräsidenten, daß Minister *Lemmer* wohl sehr gern das Postministerium beibehalten würde, erwiderte B[undes]K[anzler], das sei nicht möglich[20]. Für das Bundesministerium für gesamtdeutsche Fragen müsse unbedingt ein protestantischer Minister gefunden werden. Die von einem Teil der CDU angestrebte Kandidatur des Abgeordneten *Kiesinger* scheide deshalb aus.
Über seine Pläne wegen der Besetzung anderer Ressorts äußerte sich B[undes]K[anzler] nicht. Er erwähnte lediglich, daß er gestern die Verhandlungsführer der DP (*Hellwege, Schneider*-Lollar, *Schneider*[21] –

Bremerhaven) empfangen habe[22]. Über die Wünsche der DP äußerte
er sich jedoch nicht. Ministerpräsident Hellwege habe gefragt, welche
Pläne er – B[undes]K[anzler] – mit der FDP habe. Darauf habe er erwidert, wenn innerhalb der FDP koalitionsbereite Abgeordnete seien,
könne er bei ernstlichen Absichten durchaus mit diesen Herren reden,
im übrigen werde aber von ihm an die FDP keine Anfrage ergehen.
Am 15. Oktober werde der Bundestag in Berlin zu seiner konstituierenden Sitzung zusammentreten[23]. Die Wahl des Bundeskanzlers
solle am 17. Oktober in Bonn stattfinden. Erst danach werde er entscheidende Verhandlungen wegen der Regierungsbildung führen, so
daß noch nicht zu übersehen sei, wann er dem Bundespräsidenten
Vorschläge über die Mitglieder der neuen Regierung machen und
wann danach die Regierungserklärung abgegeben werden könne[24].
Zuvor müsse er noch zwei grundlegende Fragen klären. Bei der einen
handele es sich um die Festlegung, was als Bestimmung der Richtlini-
en der Politik durch den Bundeskanzler (Art. 65 GG) anzusehen sei[25].
Wie schon in der letzten Kabinettssitzung[26], wies B[undes]K[anzler]
darauf hin, daß gegenüber der Weimarer Verfassung die verfassungs-
politische Situation nach dem Grundgesetz völlig verändert sei. Die
Weimarer Verfassung habe jedem einzelnen Reichsminister eine besondere parlamentarische Verantwortlichkeit auferlegt, jetzt aber sei
allein der Bundeskanzler dem Bundestag verantwortlich, und müsse
daher den Kopf auch für die politischen Entscheidungen der Kabinettsmitglieder hinhalten. Das führe ihn zu dem Schluß, daß die »Bestimmung der Richtlinien der Politik« sehr viel extensiver ausgelegt
werden müsse als bisher[27]. Weiter müsse klargestellt werden, daß die
Versetzung von Beamten aus dem einen in das andere Ressort nicht
von der Zustimmung des abgebenden Ministers abhängig gemacht
werden könne. Es müsse dazu auch ein Kabinettsbeschluß gefaßt werden können. Er denke keineswegs an Strafversetzungen; aber es sei
schon notwendig, das starke partikularistische Denken weiter Kreise
der Ministerialbeamtenschaft durch Versetzungen ein wenig aufzulockern.
Auf die Frage des Bundespräsidenten, ob der B[undes]K[anzler] an die
Ernennung von politisch-parlamentarischen Staatsministern oder
Staatssekretären[28] denke, antwortete B[undes]K[anzler] verneinend.
Er habe sich mit dem britischen Botschafter vor kurzem einmal über
die in England bestehende Praxis unterhalten[29]. Daraus seien Zei-
tungsmeldungen zu erklären, daß er der Übernahme jener Praxis zu-
neige. Dies treffe jedoch nicht zu.

58

Dienstag, den 1. Oktober 1957

10 Uhr 30	St. S. Globke
11 Uhr 45	MD von Eckardt
12 Uhr 30	Herr Bundeskanzler zu Herrn Bundespräsident
16 Uhr 40	Herr Abs
17 Uhr 55	die Herren Simpfendörfer, Dichtl, Adorno -Landesvorsitzende der CDU Baden-Württem- berg-
19 Uhr	St. S. Globke

Termine des Bundeskanzlers (1.-12. Oktober 1957)

57

M i t t w o c h , den 2. Oktober 1957

11 Uhr 15	Herr Rettig -DAG-, MR Dr. Abicht
12 Uhr 20	St. S. Globke
13 Uhr	Brasilianischer Botschafter do Prado -Überreichung einer Einladung nach Brasilien-
16 Uhr 35	Abg. Scharnberg, St. S. Globke
16 Uhr 50	dazu Dr. Krone
17 Uhr 10	dazu Minister Erhard
17 Uhr 20	die Herren St. S. Globke, Dr. Krone, Minister Erhard allein
18 Uhr 25	St. S. Globke, Dr. Krone allein

56

D o n n e r s t a g , den 3. Oktober 1957

10 Uhr 45   St. S. Globke

11 Uhr   Mr. Cooper -US-Senator,
               Botschafter Bruce, Dolmetscher Kusterer

11 Uhr 40   Minister a.D. Kraft, St. S. Globke

12 Uhr 20   St. S. Globke allein

16 Uhr 30   St. S. Globke -im Garten-

20 Uhr 37   Abfahrt von Bonn nach Schweden
               -Kalmar-
               zur Hochzeit von Georg Adenauer
               am 5. Oktober

55

<u>D i e n s t a g</u> , den 8. Oktober 1957

10 Uhr 20   Eintreffen in Bonn Hauptbahnhof

10 Uhr 30   Eintreffen im Haus des Bundeskanzlers

10 Uhr 55   St. S. Globke

16 Uhr   Herr Bundeskanzler zum Fraktionsvorstand

19 Uhr 45   St. S. Globke

54

M i t t w o c h , den 9. Oktober 1957

10 Uhr	K a b i n e t t
11 Uhr 50	die Herren Johnen und Lensing
13 Uhr 10	St. S. Globke
16 Uhr 10	St. S. Globke
16 Uhr 35	die Herren Abgeordneten Stücklen, Dollinger, Höcherl
16 Uhr 40	dazwischen im Nebenzimmer für 5 Minuten MD von Eckardt
18 Uhr	dazu Dr. Krone
19 Uhr 40	Abendessen für die Kabinettsmitglieder im Haus des Bundeskanzlers

53

D o n n e r s t a g , den 10. Oktober 1957

10 Uhr 10   DGB-Vorstand, Minister Erhard, Minister
             Storch, MDgt. Haenlein, MR Dr. Abicht

12 Uhr 20   Präsidium des Bauernverbandes:
             Präsident Rehwinkel, Präsident Bauknecht,
             Präsident Baron von Feury,
             MDgt. Haenlein, Dr. Prass

13 Uhr 30   St. S. Globke

16 Uhr   St. S. Globke, Dr. Krone

16 Uhr 45   Minister Seebohm

17 Uhr   Ministerpräsident Hellwege, Abg. Schneider
             -Bremerhaven (DP)-, Dr. Schneider (FVP)

18 Uhr 10   Ministerpräsident Hellwege allein

18 Uhr 45   Abg. Kiesinger

19 Uhr 30   St. S. Globke

5 2

F r e i t a g , den 11. Oktober 1957

10 Uhr 05	Verteidigungsrat
12 Uhr	CDU-Arbeitnehmer die Herren Ministerpräsident a.D: Arnold, Minister a.D. Blank, Abg. Arndgen, Herr Hahn
12 Uhr 55	die Herren Ministerpräsident a.D. Arnold, Minister a.D. Blank allein
17 Uhr 50	Minister Erhard, Minister Storch
18 Uhr 10	Minister Lübke
18 Uhr 40	St. S. Hallstein
18 Uhr 50	Minister Lübke
19 Uhr	Sir Christopher Steel
19 Uhr 25	Minister Lübke
20 Uhr 05	St. S. Globke

51

S a m s t a g , den 12. Oktober 1957

R h ö n d o r f

12 Uhr   Regierender Bürgermeister Brandt
              -Antrittsbesuch-,

              Senator Klein

Nr. 58

18. Oktober 1957

Regierungsbildung, Sachfragen und Personalprobleme vor Ernennung des dritten Kabinetts Adenauer.

Bundeskanzler erklärte, seine Besprechungen über die Bildung der neuen Bundesregierung seien so weit fortgeschritten, daß er hoffe, alsbald nach seiner Wahl am 22. Oktober 1957[1] dem Bundespräsidenten das neue Kabinett vorstellen zu können. Schwierig sei allerdings nach wie vor noch die Entscheidung über Minister *Schäffer*[2]. Die Beauftragten der CSU seien erneut bei ihm erschienen[3], um sich für das Verbleiben Schäffers im BMF einzusetzen. Ministerpräsident *Dr. Seidel* habe an dieser Besprechung nicht teilnehmen können, da er an Grippe erkrankt sei. Die CSU-Delegation sei aber in verstärkter Besetzung gekommen, darunter auch Bundesminister *Strauß*. Dieser habe sich allerdings nicht für Schäffer eingesetzt, sondern den Bedenken des Bundeskanzlers gegen Schäffer zugestimmt. Für ihn – B[undes]K[anzler] – sei die erneute Berufung Schäffers als Finanzminister nach wie vor unmöglich. Er verwies dabei auf die bei den früheren Besprechungen von ihm angeführten Gründe, insbesondere auf den Widerstand, den Sch[äffer] gegen die rechtzeitige und ausreichende Bereitstellung der Haushaltmittel für den Aufbau der Bundeswehr geleistet habe. Die CSU-Abgeordneten setzten sich wohl vor allem auch für einen Verbleib Schäffers im Kabinett ein, weil viele von ihnen befürchteten, daß Sch[äffer] andernfalls sein Schwergewicht auf Bayern verlagern und – sicher mit Erfolg – versuchen werde, die Führung der CSU an sich zu reißen. Er denke nunmehr daran, aus Teilen des Finanzministeriums und aus dem bisherigen Ministerium für wirtschaftliche Zusammenarbeit ein neues Schatzministerium[4] zu bilden (wegen der Besetzung und des Aufgabenkreises dieses Ministeriums s. [Ziffer] 5) und Schäffer zu übertragen, den er gleichzeitig zum Vizekanzler bestellen wolle. Bisher habe er den Bundesminister *Erhard* als Vizekanzler in Aussicht genommen. Er glaube aber, daß Erhard keine Einwendungen erheben werde, wenn statt seiner Schäffer als Vizekanzler bestellt werde[5].
Im übrigen habe er für die Besetzung der Ressorts und für die Änderung der einen oder anderen Ressortzuständigkeit folgende Absichten:

1. *Auswärtiges Amt*
Er werde dem Bundespräsidenten Bundesminister *von Brentano* zur
Ernennung vorschlagen. Zwar sei Brentano ein wenig zu unstetig in
der Erfüllung seiner Aufgaben, aber es liege kein Anlaß vor, ihm das
Auswärtige Amt nicht erneut zu übertragen. Nötig sei aber die Bestellung eines zweiten Staatssekretärs, zumals auch Staatssekretär *Hallstein* in der letzten Zeit in seiner Leistungsfähigkeit nachgelassen
habe[6]. Als zweiten Staatssekretär habe er den Botschafter *Blankenhorn* vorgesehen. Bundespräsident hielt Blankenhorn für wohl geeignet, meinte aber, daß vor seiner Berufung doch wohl erst die leidige
Angelegenheit *Strack* erledigt werden müsse[7]. Bundeskanzler stimmte
dem zu. Die Sache Strack sei leider falsch behandelt worden. Nachdem sich herausgestellt habe, daß die von den Botschaftern *von
Maltzan* und Blankenhorn weitergegebenen Informationen über
Strack unzutreffend waren, sei eine offene Erklärung hierüber und
eine angemessene Entschuldigung gegenüber Strack nötig gewesen.
Dies sei leider versäumt worden. So müsse, nachdem die Anwendung
der Amnestie auf Maltzan und Blankenhorn abgelehnt worden sei,
befürchtet werden, daß diese beiden zu Gefängnisstrafen von über
drei Monaten verurteilt würden. Bei Staatssekretär Hallstein sei durch
die Amnestierung die Sache an sich formal erledigt. Die Möglichkeit
einer Lösung habe sich neuerdings dadurch ergeben, daß man Strack
mit der durch den Tod des Botschafters *Strohm* freigewordenen Bot-
schafterstelle in Pretoria betrauen könne[8]. Strack sei zur Übernahme
der Botschaft bereit gewesen, nun mache aber unglücklicherweise
Frau Strack Schwierigkeiten, die ihren Mann auf gerichtlichen Aus-
trag der leidigen Sache dränge. Aber auch wenn Strack die ihm gebo-
tene »Wiedergutmachung« endgültig ablehne, könne damit gerechnet
werden, daß im Hinblick auf das gemachte Angebot Gericht und
Staatsanwaltschaft jedenfalls zur Zeit darauf verzichteten, das Straf-
verfahren weiterzubetreiben.

2. *Bundesministerium des Innern*
Das Bundesministerium des Innern werde erneut Minister *Schröder*
übertragen werden. Allerdings sei es bei der Größe des Ministeriums
angebracht, die Zuständigkeiten anderweitig abzugrenzen[9]. Das Innenministerium solle die bisherige Beamtenrechtsabteilung des
Finanzministeriums übernehmen, die neben der entsprechenden Abteilung des Innenministeriums bisher viel vermeidbare Doppelarbeit
geleistet habe. Damit werde auch die Beamtenbesoldung in das Innen-

ministerium übergehen, desgleichen die Fragen des Tarif- und Lohn-
wesens im öffentlichen Dienst. Stärker intensiviert werden müßte die
bisherige Zuständigkeit des Ministeriums auf dem Gebiete der
Raumordnung; an dieser seien nicht nur Gemeinden und Länder interessiert. Die starke wirtschaftliche Aufwärtsentwicklung und der
Aufbau der Bundeswehr erforderten eine intensive Einschaltung des
Bundes in die Raumordnungspolitik. Auf der anderen Seite solle das
Innenministerium die Gesundheitsabteilung und die Gruppe »Jugend
und Sport« an das Familienministerium abgeben (Näheres dazu vergl.
unter 16).

3. *Bundesministerium der Justiz*
Vor einigen Tagen sei bei ihm – Bundeskanzler – eine Delegation der
deutschen Frauenverbände erschienen[10], die angeregt habe, das Justizministerium einer Frau, und zwar der Bundestagsabgeordneten *Dr.
Schwarzhaupt*[11] zu übertragen. Er würde es zwar sehr begrüßen, eine
Frau in das Bundeskabinett aufzunehmen[12], habe aber den bei ihm erschienenen Frauen erklärt, daß dafür das Justizministerium nicht geeignet sei. Aus den Ausführungen des Bundeskanzlers ergab sich, daß
er eine gedeihliche Zusammenarbeit zwischen Frau Dr. Schwarzhaupt
und Staatssekretär *Dr. Strauß* für nicht möglich hält. Auf Grund an
ihn herangetragener Anregungen werde er den Bundestagsabgeordneten *Kiesinger* als Justizminister in Vorschlag bringen[13]. Dabei werde
sich Kiesinger ihm gegenüber aber verpflichten müssen, das Ministerium aufzugeben, sobald er im Zuge eines größeren Revirements als
Botschafter nach Washington gehen könne. Auf Grund seiner bisherigen außenpolitischen Arbeit sei Kiesinger für diesen Posten sehr geeignet. Botschafter *Krekeler* werde auch in einiger Zeit abgelöst werden
müssen[14].

4. *Bundesministerium der Finanzen*
Für das Finanzministerium in seinem vorgesehenen neuen Umfange
sei der bisherige Vizepräsident der Montanunion *Dr. Etzel* in Aussicht
genommen. Für den Fall eines Ministerwechsels werde Staatssekretär
Hartmann im Amte verbleiben. Bundespräsident warf ein, daß wohl
auch an eine Änderung in der Leitung der Haushaltsabteilung des Finanzministeriums gedacht werden müsse. B[undes]K[anzler] erwiderte, daß für Ministerialdirektor *Vialon* eine anderweitige Verwendung
geplant sei[15]. Vialon sei übrigens ernstlich krank.

5. Schatzministerium
B[undes]K[anzler] gab keine Erklärung darüber ab, ob dieses Ministe-
rium auch gebildet werden soll, wenn die von ihm angestrebte
Ablösung Schäffers aus dem Amt des Finanzministers nicht gelingt.
Als Staatssekretär[16] des Schatzministeriums sei Staatssekretär *Dr.
Westrick* vorgesehen, der für seine Aufgaben im Wirtschaftsministeri-
um nicht mehr beweglich genug sei und der auf Grund seiner früheren
Tätigkeit große Erfahrungen für die Verwaltung des Bundesvermögens, insbesondere die Beteiligung des Bundes an wirtschaftlichen
Unternehmungen, besitze. Das neue Schatzministerium solle insbesondere die Frage des weiteren Schicksals dieser wirtschaftlichen Betei-
ligungen des Bundes behandeln, daneben aber auch das große Lie-
genschaftsvermögen des Bundes, dem im Zusammenhang mit der
Aufrüstung besondere Bedeutung zukomme, in seine Obhut nehmen
und schließlich auch die Zuständigkeit des bisherigen Bundesministeriums für wirtschaftliche Zusammenarbeit (Bewirtschaftung des ERP-
Vermögens) übernehmen.
B[undes]K[anzler] hob hervor, daß er Minister *Blücher* ungern als Ka-
binettsmitglied verliere. Blücher sei ihm in den 8 Jahren seiner Kabi-
nettzugehörigkeit durch seinen Fleiß und insbesondere durch sein Verständnis für wirtschaftspolitische Fragen ein wertvoller Mitarbeiter
gewesen. Sein Verbleiben im Kabinett sei aber infolge der Verhältnisse
in der DP nicht möglich. Er hoffe jedoch, daß es gelingen werde,
Blücher für das Präsidium der Montanunion namhaft zu machen[17].

6. Bundesministerium für Wirtschaft
Bundesminister Prof. Dr. Erhard soll erneut berufen werden. Auch
wenn Minister Schäffer als Stellvertreter des Bundeskanzlers bestellt
werde, solle der Bundeswirtschaftsminister die wirtschaftspolitische
Koordinierung der Bundesressorts übernehmen und damit auch den
Vorsitz im Kabinettsausschuß[18]. Falls Staatssekretär Westrick in das
Schatzministerium übertrete, sei es allerdings recht schwierig, einen
Nachfolger zu finden.

7. Bundesministerium für Ernährung, Landwirtschaft und Forsten
Dem Druck der Bauernverbände auf Ablösung von Minister *Lübke*[19]
beabsichtige er nicht nachzugeben[20]. Die Bauernverbände hätten
zunächst den Präsidenten *Bauknecht*[21] vorgeschlagen. B[auknecht] sei
aber sachlich nicht geeignet. Auch den weiteren Vorschlag, Bundesminister *Oberländer* zum Landwirtschaftsminister zu berufen, müsse er

ablehnen. Oberländer habe zwar in Königsberg und später in Prag den Lehrstuhl für Agrarwissenschaft innegehabt. Neben anderen Erwägungen müsse O[berländer] aber das Vertriebenenministerium beibehalten. Er – B[undes]K[anzler] – habe sich entschlossen, Minister Lübke in seinem Amte zu belassen. Bundespräsident begrüßte diese Absicht lebhaft. Wenn der Bundeskanzler dem massiven Druck der Interessentenverbände nachgebe, werde er einen erheblichen Teil seines politischen Ansehens aufs Spiel setzen.

8. *Bundesministerium für Arbeit*
Sozialpolitisch einflußreiche Mitglieder der CDU-Fraktion, z. B. der Abgeordnete *Horn*[22], seien bei ihm – B[undes]K[anzler] – vorstellig geworden, Minister *Storch* in seinem Amt zu belassen. Er könne darauf nicht eingehen. Storch habe in seiner Leistungsfähigkeit erheblich nachgelassen, was besonders in seinen weitschweifigen Vorträgen im Kabinett zum Ausdruck komme. Gedacht sei daran, dem früheren Verteidigungsminister *Theodor Blank* das Arbeitsministerium zu übertragen, von dem auch erhofft werden könne, daß er den Aufgabenkreis seines Ministeriums unter wesentlich anderen Aspekten sehe als sein Vorgänger. Das Arbeitsministerium sei bisher auf die Rentengesetzgebung und auf Fragen des Arbeitsrechts und der Arbeitsverwaltung beschränkt gewesen. Dabei seien zu wenig die grundlegenden Veränderungen der soziologischen Struktur unseres Volkes berücksichtigt worden. Hierauf müsse die Tätigkeit des Ministeriums in Zukunft vor allem abgestellt werden[23]. Es solle auch – in Anlehnung an die bisherigen Aufgaben des früheren Sonderministers *Schäfer* – die Förderung des selbständigen und unselbständigen Mittelstandes und der freien Berufe übernehmen. Personell werde der Erfolg dieser neuen Tätigkeit davon abhängen, ob es gelinge, für den Ministerialdirektor Prof. *Herschel*[24] einen geeigneten Ersatz zu finden.

9. *Bundesministerium für Verteidigung*
Das Bundesministerium für Verteidigung werde Minister *Strauß* behalten. Über gewisse persönliche Schwächen von Strauß – Redseligkeit nach kurzem Alkoholgenuß – sei er sich klar; er glaube jedoch, daß sich diese Dinge mit der Zeit geben würden.

10. *Bundesministerium für Verkehr*
Das Bundesministerium für Verkehr verbleibe in den Händen von Minister *Seebohm*[25]. Staatssekretär *Bergemann* werde ausscheiden, um

die Nachfolge des neuen Bundesbankpräsidenten *Blessing*[26] bei der Margarine-Union zu übernehmen. Nachfolger Bergemanns werde wahrscheinlich der jetzige Leiter der Abteilung Binnenschiffahrt, Ministerialdirektor *Dr. Seiermann*[27], werden.

11. *Bundesministerium für das Post- und Fernmeldewesen*
Minister *Lemmer* habe ja auch bei dem Herrn Bundespräsidenten zu erkennen gegeben[28], daß er sein bisheriges Ressort gern weiterführen würde. B[undes]K[anzler] wiederholte seine bei der letzten Unterredung abgegebene Erklärung, daß Lemmer als Mitbegründer der Ost-CDU das Ministerium für gesamtdeutsche Fragen übernehmen müsse[29]. Im Hinblick auf die konfessionelle Zusammensetzung der Bevölkerung der Sowjetzone sei es nötig, einen protestantischen Minister für das Gesamtdeutsche Ministerium auszuwählen. Die Leitung dieses Ministeriums durch Minister *Kaiser* sei nur möglich gewesen, weil auch er als Mitbegründer der Ost-CDU in weiten Kreisen der Zone bekannt gewesen sei.
Für das Postministerium sei der Stellvertretende Vorsitzende der Landesgruppe CSU, Abgeordneter *Stücklen*, in Aussicht genommen.

12. *Bundesministerium für Wohnungsbau*
Das Bundesministerium für Wohnungsbau solle dem Bundestagsabgeordneten *Lücke*[30] übertragen werden, der mit Erfolg während der beiden bisherigen Legislaturperioden den Bundestagsausschuß für Wiederaufbau und Wohnungswesen geleitet habe. Auf den Einwand des Bundespräsidenten, ob der Abgeordnete Lücke nach seiner Persönlichkeit für die Leitung eines Ressorts geeignet erscheine, erwiderte B[undes]K[anzler], daß solche Bedenken sicher nicht ganz unberechtigt seien, er glaube aber doch, die Frage der Eignung letzten Endes bejahen zu müssen.

13. *Bundesministerium für Vertriebene, Flüchtlinge und Kriegsgeschädigte*
Es könne zweifelhaft sein, ob dieses Ministerium noch existenzberechtigt sei, nachdem die wirtschaftliche und soziale Eingliederung der Vertriebenen im wesentlichen gelungen sei. Aus politischen Erwägungen, insbesondere nachdem der BHE nicht mehr im Bundestag vertreten sei, sei es aber notwendig, das Ministerium weiterhin noch beizubehalten. Vorgesehen sei Bundesminister Oberländer.

14. *Bundesministerium für gesamtdeutsche Fragen*
(S. Ziffer 11)

15. *Bundesministerium für Angelegenheiten des Bundesrates*
Minister *von Merkatz* solle wiederernannt werden. Die Aufgaben des
Ministeriums sollten aber stärker auf den Verkehr nicht nur mit dem
Bundesrat, sondern auch mit den einzelnen Ländern abgestellt wer-
den. Außerdem solle sich das Ministerium auch mit grundsätzlichen
Fühlungnahmen zwischen Bundesregierung und Bundestag befassen.

16. *Bundesministerium für Familienfragen*
Das Bundesministerium für Familienfragen solle in der Hand von Minister *Wuermeling* verbleiben. Bundespräsident äußerte Zweifel, ob
die Übertragung der Jugendfragen vom Innenministerium auf dieses
Ministerium zweckmäßig sei. Die jugendpflegerischen und jugendfür-
sorgerischen Maßnahmen der Bundesregierung befaßten sich im wesentlichen mit solchen Jugendlichen, die nicht mehr zum Verband der
Familie gehörten. B[undes]K[anzler] legte aber entscheidenden Wert
auf die beabsichtigte Zuständigkeitsänderung. Diese sei jedoch davon
abhängig, daß es gelinge, für das in seinem Aufgabenkreis wesentlich
erweiterte Ministerium einen für die Jugendarbeit aufgeschlossenen
Staatssekretär[31] – möglichst eine Frau – zu finden. Der Staatssekretär
sollte im Hinblick auf den Minister evangelisch sein. Namen von in
Frage kommenden Persönlichkeiten konnte B[undes]K[anzler] noch
nicht nennen.

17. *Bundesministerium für Atomfragen*
Das Bundesministerium fur Atomfragen wird in Händen von Minister
Balke verbleiben.

[18.] Abschließend sprach B[undes]K[anzler] über eine dpa-Meldung
aus London vom 18. Oktober, in der sein Besuch bei Ministerpräsident *Macmillan* in Aussicht gestellt wurde. Ein solcher Besuch sei bereits bei der Anwesenheit Macmillans in Bonn[32] ins Auge gefaßt worden. Er werde wahrscheinlich Anfang November 1957 stattfinden[33].
Vor einigen Tagen sei er – B[undes]K[anzler] – von dem amerikanischen Journalisten *Reston*[34] aufgesucht worden, der unmittelbar nach
dem ihm von *Chruschtschow* gegebenen Interview[35] nach Deutschland gekommen sei. Reston habe ihm bestätigt, daß die politische
Konzeption Chruschtschows ganz wesentlich darauf beruhe, ein zwei-

seitiges Abkommen zwischen den USA und der Sowjetunion zustande zu bringen. Das Gespräch mit Macmillan habe hauptsächlich den Zweck, zu einer gemeinsamen Basis zu gelangen, um von dieser aus gegenüber den Vereinigten Staaten die besonderen Interessen der westeuropäischen Mächte zum Tragen zu bringen[36].

Nr. 59
22. Oktober 1957

Wiederwahl des Bundeskanzlers. Schwierigkeiten mit dem bisherigen Bundesminister der Finanzen. Einrichtung und personelle Besetzung des neuen Bundesministeriums für den wirtschaftlichen Besitz des Bundes. Staatssekretär im Bundesministerium für Wirtschaft. Gespräche mit führenden SPD-Politikern.

[1.] *Bundespräsident beglückwünschte den Bundeskanzler zu seiner Wiederwahl und übergab ihm die Ernennungsurkunde*[1].
B[undes]K[anzler] bedauerte sehr, daß es nicht möglich gewesen sei, wie ursprünglich vorgesehen, dem Bundespräsidenten das neue Bundeskabinett bereits jetzt vorzustellen. Die Verzögerungstaktik des Ministers *Schäffer* sei daran allein schuld. Schäffer habe seine Bereitschaft zur Übernahme des neuen Schatzministeriums davon abhängig gemacht, daß er zum Stellvertreter des Bundeskanzlers und zum Vorsitzenden des Wirtschaftskabinetts bestellt werde[2]. Für beide Funktionen sei von ihm – B[undes]K[anzler] – Bundeswirtschaftsminister *Erhard* vorgesehen gewesen[3]. Bei einer Unterhaltung mit Erhard[4] über die Forderung Schäffers habe E[rhard] sich bereit erklärt, auf die Vizekanzlerschaft zu verzichten, nicht jedoch auf den Vorsitz im Wirtschaftskabinett. Dies habe er Schäffer schriftlich mitgeteilt mit der Bitte, sich zu einem bestimmten Zeitpunkt abschließend zu äußern[5]. Darauf sei wiederum eine ausweichende Antwort erfolgt, in der Schäffer sehr detaillierte Forderungen für den Aufgabenbereich des Schatzministeriums gestellt habe. Die Erfüllung dieser Forderung hätte praktisch eine weitgehende Aushöhlung des Bundesfinanzministeriums bedeutet. Er habe deshalb Schäffer mitteilen müssen, daß er seine Forderung ablehne und von ihm ein klares »Ja« oder »Nein« über sein Verbleiben im Kabinett unter Übernahme des Schatzministeriums mit dem von dem Bundeskanzler gedachten Aufgabenbereich verlange. Sollte Sch[äffer] das Schatzministerium nicht annehmen, so sei beab-

sichtigt, es dem früheren Bundestagsabgeordneten *Dr. Eckhardt*[6] zu übertragen, der im zweiten Bundestag zunächst der BHE-Fraktion angehört habe und dann zur CSU übergetreten sei. Eckhardt sei lange Jahre im Reichsfinanzministerium tätig gewesen und gelte als sehr befähigt. An dem Gedanken, Staatssekretär *Westrick* in gleicher Stellung in das Schatzministerium zu übernehmen, halte er aus den früher erörterten Gründen fest[7]. Als Staatssekretär für das Wirtschaftsministerium sei zunächst an das Vorstandsmitglied der Wiederaufbaubank, Ministerialdirigent a.D. *Martini*[8] gedacht gewesen. Dieser

»Auf die Zutaten kommt es an« (»Die Welt« vom 19. Oktober 1957; Zeichnung: Ironimus, Wien)

komme aber aus Gesundheitsgründen leider nicht in Frage. Nunmehr denke er an den Ministerialdirektor a.D. *Michel*[9], der jetzt im Vorstand der Salamander A.G. tätig sei. Michel genieße einen vorzüglichen Ruf, sei jahrelang im Reichswirtschaftsministerium und vor seinem Übertritt zu Salamander auch etwa zwei Jahre als Abteilungsleiter im Bundeswirtschaftsministerium tätig gewesen.

[2.] B[undes]K[anzler] erklärte zum Schluß, er beabsichtige, einige Zeit nach der Bildung des Kabinetts den Abgeordneten *Ollenhauer* zu einem Gespräch zu sich zu bitten[10]. Bundespräsident begrüßte diese Absicht sehr und erwähnte, Ollenhauer habe bei seinem kürzlichen Besuch[11] es sehr bedauert, daß er den Kanzler seit 2 1/4 Jahren nicht gesprochen habe. B[undes]K[anzler] meinte, es sei ihm in der vergangenen Zeit nicht gut möglich gewesen, Ollenhauer zu empfangen.

Bei der Überreichung der Ernennungsurkunde zum Bundeskanzler
(22. Oktober 1957; zu Nr. 59, TOP 1)

Davon habe ihm auch der Abgeordnete *Schoettle* abgeraten unter Hinweis darauf, daß gewisse Dinge in der SPD-Führung sich zunächst erst klären müßten[12]. Schoettle habe dabei erwähnt, während seiner Emigrationszeit sei er in der Schweiz mit dem jetzigen Abgeordneten *Wehner* zusammengetroffen, der versucht habe, ihn zum Kommunismus zu bekehren.

Nr. 60
13. Dezember 1957

Staatsbesuch des Bundespräsidenten im Vatikan. Pariser NATO-Konferenz. Organisation und Zukunft der NATO. Überlegenheit der sowjetischen Raketentechnik. Europäische Produktion nuklearer Waffen, Errichtung von Raketenabschußbasen. Gespräch des Bundeskanzlers mit dem sowjetischen Botschafter Smirnow. Zukünftige Verwendung der bisherigen Bundesminister Blücher und Schäfer sowie des FDP-Abgeordneten Euler. Präsidentschaft der EWG-Kommission, Kandidatur Hallstein. Nachfolge des Staatssekretärs im Auswärtigen Amt.

[1.] Bundespräsident schilderte einleitend den Verlauf seines Staatsbesuchs beim Vatikan[1].

[2.] Bundeskanzler sprach alsdann von den großen Bedenken, die er wegen des zu erwartenden Verlaufs und des Ergebnisses der Pariser NATO-Konferenz[2] habe. *Eisenhower* sei im Grunde völlig inaktiv, nicht zuletzt auch unter dem religiös bedingten Einfluß seines Bruders[3]. Man müsse befürchten, daß es der Aktivität von *Dulles* nicht gelingen werde, Eisenhower zu einer klaren Haltung zu bewegen[4].
Ebenso bedenklich sei es, daß unter den NATO-Verbündeten eine weitgehende Entfremdung eingetreten sei[5]. Hinzu komme, daß die Organisation von NATO schon im Verwaltungstechnischen außerordentlich kompliziert sei. Schon aus diesem Grunde müsse man Bedenken haben, ob diese Organisation im Ernstfalle reibungslos funktionieren werde. Die allergrößte Sorge sei aber, daß nach dem jetzigen Stand der Einsatz der nuklearen Waffen einzig und allein von der Entscheidung des Präsidenten der Vereinigten Staaten abhängig sei. (In der Kabinettssitzung[6] am 13. Dezember vormittags hatte B[undes]-

K[anzler] dazu ausgeführt, daß General *Norstad*[7] auch in seiner Eigenschaft als NATO-Oberbefehlshaber den Einsatzbefehl nicht allein geben könne, sondern als amerikanischer General den Weisungen des Präsidenten unterliege.) Ob Eisenhower vorkommendenfalls [sic!] die Härte aufbringen werde, den Einsatzbefehl zu geben, sei zweifelhaft. Nicht zuletzt werde dabei für ihn, aber auch für nachfolgende amerikanische Präsidenten, die Tatsache mitsprechen, daß nach dem derzeitigen Stand, den die Sowjetunion erreicht habe, vom russischen Gebiet aus der amerikanische Kontinent mit Raketenwaffen erreicht werden könne, während die hinter dem Stand der russischen Raketentechnik weit zurückgebliebene Entwicklung in den Vereinigten Staaten diesen es zur Zeit nur erlaube, Raketen von ihren außeramerikanischen Stützpunkten aus auf russisches Gebiet abzufeuern[8].

Diese Unterlegenheit der USA (B[undes]K[anzler] hat in der Kabinettssitzung vor allem das Versagen des bisherigen Verteidigungsministers *Wilson*[9] erwähnt) hemme die Vereinigten Staaten erheblich in ihren Entschlüssen über die Benutzung von Raketenwaffen. Wenn die SU Raketenwaffen einsetze, sei das im übrigen auch nur mit solchen Waffen möglich, die Atomköpfe besitzen. Die Treffsicherheit der Raketen sei nur bedingt. Mit Sprengkörpern ausgerüstete Raketen hätten deshalb nur eine verhältnismäßig geringfügige Bedeutung, weil sehr unsicher sei, ob das zu zerstörende Ziel wirklich nachhaltig erreicht werde. Deshalb sei es nur möglich, Raketen mit Atomköpfen abzufeuern, die in ihrer Wirkung eine so weite Streuung hätten, daß das militärisch bedeutsame Ziel auf alle Fälle mit zerstört werde. Tröstlich sei lediglich, daß auch in Zukunft Raketen nur nukleare Waffen bis zu 1,5 t mit sich führen könnten, während ein schwerer Bomber der USA nukleare Bomben von insgesamt 5 bis 6 t mitführen könnte.

Bei der Unsicherheit, welche Haltung die Vereinigten Staaten im Ernstfalle einnehmen würden, bleibe es auf die Dauer unausweichlich, daß die Bundesrepublik, Frankreich und Italien sich über die eigene Produktion nuklearer Waffen einigten[10]. Man könne es jedenfalls nicht verantworten, daß die europäischen Staaten völlig ungeschützt dastanden, wenn die Vereinigten Staaten im Falle eines Angriffs Rußlands auf Westeuropa sich nicht zum Einsatz nuklearer Waffen entschlössen. Wie ernst die Situation sei, zeige allein die Tatsache, daß der französische Botschafter bei NATO[11] gegenüber Botschafter *Blankenhorn* bemerkt habe, daß Frankreich an die Aufnahme unmittelbarer Verhandlungen mit Sowjetrußland denken müsse. (In der Kabinettssitzung war zur Sprache gekommen, daß das amerikanische *Mac-Mahon*-Gesetz[12] der Aufnahme der Eigenproduktion durch die westeuropäischen Mächte weitgehend im Wege stehe. In seinem Gespräch mit Bundespräsident kam B[undes]K[anzler] auf diesen Gesichtspunkt nicht zurück.)

B[undes]K[anzler] erwähnte dann, man dürfe auch nicht außer acht lassen, daß die USA den NATO-Vertrag im Jahre 1968 kündigen könnten[13]. Vor einigen Tagen habe ihn *McCloy* im Auftrag von Dulles aufgesucht[14] und auf eine Frage erklärt, mit einer solchen Kündigung müsse immerhin gerechnet werden. Auch diese Tatsache spreche dafür, daß die westeuropäischen Staaten sich von den USA unabhängiger machten, als es bisher geschehen sei. Wegen der Errichtung von Raketenabschußbasen in den NATO-Ländern des Europäischen Kontinents werde hoffentlich die Entscheidung vertagt werden[15]. Man werde aber auf die Dauer um die Errichtung solcher Basen nicht herumkommen. Bundespräsident befürchtete den Widerspruch namentlich derjenigen Gemeinden und Länder, die für den Ausbau solcher Basen in Frage kämen. Schon aus diesem Grunde sollten irgendwelche Festlegungen in Paris vermieden werden. B[undes]-K[anzler] stimmte dem zu und ergänzte, die psychologische Situation werde in dieser Beziehung dadurch erleichtert werden, daß nunmehr auch nicht ortsfest gebundene Abschußbasen eingerichtet werden könnten.

Um der in den Vereinigten Staaten durch den Abschuß der russischen Erdsatelliten[16] und durch den mißlungenen amerikanischen Versuch entstandenen Verwirrung zu begegnen, hätten die Amerikaner vorgehabt, in dem Schlußkommuniqué der Pariser Konferenz eine starke »kriegerische Fanfare« anklingen zu lassen. Dies müsse unter allen Umständen verhindert werden. (B[undes]K[anzler] hatte in der Kabinettssitzung besonders unterstrichen, daß die Bereitschaft zu einer friedlichen Lösung der Weltspannungen und insbesondere zur Abrüstung zum Ausdruck kommen müsse.) Heute habe Botschafter Blankenhorn aus Paris angerufen und mitgeteilt, daß bei den Vorbesprechungen die Amerikaner sich zur Aufgabe ihrer Pläne und zu einem Eingehen auf unsere Vorschläge geneigt gezeigt hätten.

Er – B[undes]K[anzler] – sei im übrigen bestürzt darüber, daß das Verteidigungsministerium über den aktuellen Stand der nuklearen und Raketen-Bewaffnung in der Sowjetunion völlig uninformiert sei. In einer Sitzung des Bundesverteidigungsrats[17] habe er – B[undes]K[anz-ler] – an das Bundesverteidigungsministerium eine entsprechende

Frage gestellt. Minister *Strauß* und General *Heusinger* seien die Antwort auf diese Frage schuldig geblieben. Darauf habe er – B[undes]-
K[anzler] – sich den Präsidenten des Bundesabwehrdienstes[18] kommen lassen, der mit einem ganzen Koffer dicker Aufzeichnungen
erschienen sei, aus denen sich konkrete Angaben über die unvor-
stellbar große Ausrüstung der Roten Armee mit nuklearen und
Raketen-Waffen ergeben hätten. In einer späteren Sitzung des Bundesverteidigungsrates habe er dann die Frage gestellt, was dem Bundesverteidigungsministerium über das Vorhandensein von Raketenabschußbasen und über die Lagerung von nuklearen Waffen in den
Sowjetischen Satellitenstaaten bekannt sei. Der Minister und General
Heusinger hätten erwidert, in den Satellitenstaaten sei derartiges nicht
vorhanden. Bei einem weiteren Gespräch mit dem Präsidenten des
Bundesabwehrdienstes habe dieser dann wiederum umfangreiches
Material vorgelegt, aus dem sich ergeben habe, daß die Antwort des
Verteidigungsministeriums völlig falsch gewesen sei. Bei einem späteren Gespräch habe er dann General Heusinger gefragt, wie es möglich
sei, daß über so bedeutsame Dinge das Verteidigungsministerium, das
die Unterlagen des Abwehrdienstes doch erhalten habe, nicht das geringste wisse. General Heusinger habe nur erwidern können, die Materialien des Abwehrdienstes seien ihm nicht bekannt geworden.
Wenn er auf eine Abberufung des Generals H[eusinger] wegen dieses
völligen Versagens verzichte, so nur deshalb, weil er das damit verbundene politische Aufsehen vermeiden wolle[19].

[3.] Am heutigen Nachmittag habe ihn Botschafter *Smirnow*[20] aufgesucht, den er zu sich gebeten habe[21]. Er – B[undes]K[anzler] – habe
zunächst seiner Genugtuung Ausdruck gegeben, daß sich in den Moskauer Repatriierungsverhandlungen[22] doch noch ein gewisser Fortschritt zu zeigen scheine. Weiter habe er ganz bewußt erklärt, daß der
Bulganin-Brief[23] nicht nur in seiner Form sehr konziliant sei, sondern
auch in seiner Stellungnahme zu konkreten politischen Fragen die
Möglichkeit eines weiteren Gedankenaustausches eröffne. Er bitte
aber um Verständnis dafür, daß er wegen seiner zur Zeit besonders
starken Inanspruchnahme und wegen der bevorstehenden Festtage
erst in einiger Zeit antworten könne.

[4.] Bundespräsident erwähnte sodann, ihm sei – schon aus Gründen
der menschlichen Verbundenheit – sehr daran gelegen, daß hinsichtlich der Verwendung der früheren Bundesminister *Blücher* und *Schä-*

fer sowie des Abgeordneten *Euler* bald Klarheit geschaffen werde. B[undes]K[anzler] erwiderte, für Schäfer sehe er leider keine Möglichkeiten[24]. Ihm einen Sonderauftrag für die Fortführung der Arbeiten, die er als Sonderminister im Kabinett begonnen habe, zu erteilen, sei nicht möglich, weil dieser Aufgabenkreis nunmehr in das Bundesministerium für Arbeit und Sozialordnung übergegangen sei. Von maßgeblichen Vertretern der Angestelltenschaft, mit denen er gesprochen habe, sei ihm auch gesagt worden, daß die bisherigen Untersuchungen Schäfers über die Lage des Mittelstandes zu keinem praktisch irgendwie verwendbaren Resultat geführt hätten.

Für den Abgeordneten Euler sei eine Verwendung bei EURATOM in Aussicht genommen. Präsident der EURATOM werde der Franzose *Armand*[25]. Euler habe nun unklugerweise öffentlich erklärt, daß er Stellvertretender Präsident von EURATOM werde. Dies sei keinesfalls durchsetzbar. Euler solle aber eine bedeutsame Stellung bei EURATOM im Range etwa eines Ministerialdirektors (mit den sehr guten Bezügen der internationalen Beamten) erhalten. Er – B[undes]K[anzler] – hoffe, daß sich dieser Plan verwirklichen lasse.

Die Betrauung des früheren Ministers Blücher mit einer maßgeblichen Stelle bei der Montanunion sei nach wie vor beabsichtigt. Die Durchführung hänge aber noch von der personellen Regelung bei der Behörde des Gemeinsamen Marktes ab. Präsident dieser Behörde sollte ursprünglich ein Angehöriger der Benelux-Staaten werden. Nach dem heutigen Kabinettsbeschluß, der auf Grund der inzwischen eingetretenen Entwicklung gefaßt worden sei, werde aber als Sitz für den Gemeinsamen Markt und EURATOM nicht mehr der Raum von Straßburg-Kehl in Frage kommen. Wahrscheinlich werde die Entscheidung in der Sitzfrage von Brüssel ausgehen[26]. Dann könnten aber die Benelux-Länder keinen Anspruch mehr auf die Präsidentschaft erheben. Dann sei damit zu rechnen, daß die Frage der Stellung des Präsidenten auf die Bundesrepublik zukommen und dabei – namentlich auf französische Initiative – als Präsident Staatssekretär *Hallstein* vorgeschlagen werde[27]. Er – B[undes]K[anzler] – halte Hallstein für diese Stellung durchaus geeignet.

Bundespräsident stimmte mit einigen Einschränkungen zu. Wenn aber die Bundesrepublik den Präsidenten des Gemeinsamen Marktes stelle, sei es nicht möglich, für uns auch den Präsidenten der Montanunion (Nachfolger von *René Mayer*) zu verlangen. In diesem Falle werde er sich aber dafür einsetzen, daß Blücher die Nachfolge *Etzels* als Vizepräsident der Montanunion erhalte. Diese Entscheidung sei aber erst möglich, wenn über den Präsidenten des Gemeinsamen Marktes Klarheit bestehe. Die Nachfolge von Staatssekretär Hallstein im Auswärtigen Amt sei gewiß nicht einfach zu lösen. Er denke als Ersten Staatssekretär an den Ministerialdirektor *van Scherpenberg*[28], als Zweiten Staatssekretär an Botschafter Blankenhorn. Bundespräsident erwiderte, bei Blankenhorn müsse aber doch wohl zunächst einmal die Angelegenheit Strack[29] geklärt sein. Die fachlichen Qualifikationen von van Scherpenberg als Leiter der Handelspolitischen Abteilung des Auswärtigen Amtes seien voll anzuerkennen. Ob v[an] Sch[erpenberg] auch für die Führung der allgemeinpolitischen Geschäfte geeignet sei, blieb unerörtert.

Nr. 61
9. Januar 1958

Silvesteransprache des Bundespräsidenten und diesbezüglichen Briefwechsel. Amtsführung des Bundesministers für Verteidigung, Strauß. Erörterung der am 13. Dezember 1957 behandelten Personalfragen (Hallstein, Blücher, Euler, Schäfer).

[1.] Bundespräsident erklärte, er halte es für notwendig, zunächst den Briefwechsel zwischen ihm und dem Bundeskanzler wegen der Silvesteransprache zu behandeln[1]. Aus der Tatsache, daß er »prompt und ägriert« auf den Brief des Bundeskanzlers reagiert habe, werde der Bundeskanzler ersehen haben, daß er sich durch den Brief B[undes]-K[anzler]s verletzt gefühlt habe. Was seine Bemerkungen über die Änderung des Stils in der internationalen Politik (»Geheimdiplomatie« statt Öffentlichkeit des diplomatischen Gesprächs) anlange, so müsse er doch feststellen, daß er damit in der Sache wohl mit B[undes]-K[anzler] völlig übereinstimme, der seinerseits verschiedentlich den gleichen Standpunkt vertreten habe. Wenn er – Bundespräsident – in diesem Zusammenhang auf die in gleicher Richtung gehenden Ausführungen des früheren Botschafters *Kennan*[2] im englischen Rundfunk angespielt habe, so deshalb, weil er nicht den Eindruck erwecken wollte, daß er die geistige Urheberschaft für diese Gedankengänge ‹allein›[a] in Anspruch nehme. Wenn man daraus schlußfolgern wolle, daß er sich auch mit den übrigen Ausführungen Kennans im BBC identifiziere, so sei das ein völliger Fehlschluß. Der Wortlaut der Silvesteransprache gebe dazu nicht den geringsten Anhaltspunkt. Einiges habe

Kennan in seinen Rundfunkvorträgen übrigens völlig falsch gesehen,
z. B., daß alle Deutschen sich bei einem Einmarsch der Russen wie
die Himmler'schen Werwölfe[3] verhalten würden. Die bereits *vor* der
Pariser NATO-Konferenz[4] konzipierte Silvesteransprache habe er
bewußt Bundespressechef *von Eckardt*[5] zugeleitet[6], um von diesem
nach Rückkehr aus Paris zu hören, ob der außenpolitische Teil der
Ansprache keine Widersprüche zu der Atmosphäre und zu dem Ergebnis der Pariser Konferenz enthielte. Herr von Eckardt habe den
wertvollen Hinweis gegeben, daß neben der im Entwurf der Rede als
Beispiel für die guten Möglichkeiten der Geheimdiplomatie bereits erwähnten Triestfrage[7] auch noch auf die Aufhebung der Berliner
Blockade[8] hingewiesen werden möge. Daneben habe er aber nur noch
eine rein stilistische Änderung vorgeschlagen. Er – Bundespräsident –
habe also annehmen dürfen, daß seine Ausführungen keinerlei Widersprüche zum Verlauf der Pariser Konferenz enthielten. Er habe erfahren, daß außerdem auch der Bundeskanzler, besonders aber Bundesminister *von Brentano* an der Kritik des Modeworts »unrealistisch«
Anstoß genommen hätten[9]. Aus dem ganzen Zusammenhang, in dem
diese Bemerkung stehe, gehe doch wohl eindeutig hervor, daß mit
ihr der Bundesaußenminister nicht getroffen werden solle. Gedacht
gewesen sei allein an den häufigen Gebrauch des Wortes »unrealistisch« durch *Tito, Chruschtschow*, aber auch durch Staatssekretär
Dulles.

B[undes]K[anzler] erwiderte, er bedaure es, wenn Bundespräsident
durch seinen Brief verletzt worden sei. Es sei zwar richtig, daß der von
ihm für bedenklich gehaltene Satz in der Silvesteransprache sich nur
auf die Bemerkungen Kennans zur Methode der internationalen Diplomatie bezogen habe; die »simplen« Hörer und Leser – und das
seien die Mehrzahl – hätten aber sicher aus den schmückenden Bei-
wörtern »behutsam, geistvoll« gefolgert, daß der Bundespräsident den
Kennan'schen Ideen in ihrer Gänze zustimme. Wenn er in dieser Form
an den Bundespräsidenten geschrieben habe, so nur deshalb, weil er es
politisch für nötig gefunden habe, sich ein »Alibi« zu beschaffen. Auf
den Einwurf des Bundespräsidenten, ein Alibi brauche eigentlich nur
der Angeklagte, erläuterte B[undes]K[anzler] seine Bemerkung dahin,
er habe befürchtet, von führenden Politikern der Westmächte, insbesondere von Dulles auf die Silvesterrede des Bundespräsidenten angesprochen und um Auskunft gebeten zu werden, ob darin eine Einflußnahme des Bundespräsidenten auf die Grundkonzeption der
deutschen Außenpolitik gesehen werden könne[10]. Nur für diesen Fall

sei ihm an der Möglichkeit gelegen gewesen, zu erwidern, daß er dem Bundespräsidenten seine Gedanken nahegebracht habe. Auf die englische Politik – B[undes]K[anzler] verwies dabei auch auf den Vorschlag Macmillans betr. Abschluß eines Nichtangriffspakts mit der Sowjetunion – sei leider kein Verlaß. Er halte es durchaus für möglich, daß die Vorträge Kennans im BBC von englischer Regierungsseite angeregt und gesteuert gewesen seien, um damit die Distanzierung der englischen außenpolitischen Konzeptionen von denjenigen der USA zu dokumentieren. Seine Hauptsorge bleibe nach wie vor, daß die USA, auf die wir doch einfach angewiesen seien, das Vertrauen zu den westeuropäischen Mächten verlören und sich dann eines Tages über den Rücken der europäischen Mächte hinweg und auf deren Kosten mit der Sowjetunion einigten[11].

[2.] B[undes]K[anzler] ging dann noch kurz auf einige schwerwiegende Bedenken hinsichtlich der Amtsführung des Bundesverteidigungsministers *Strauß*[12] ein und erwähnte die Bestellung des Staatssekretärs *Hallstein* zum Präsidenten der Kommission des Gemeinsamen Markts und die sich daraus ergebenden personellen Veränderungen im Auswärtigen Amt[13]. Auf eine Frage des Bundespräsidenten bemerkte er, daß Minister *Blücher* nunmehr Mitglied der Hohen Behörde der Montanunion werde[14]. Nach den getroffenen Absprachen sei für den Februar 1959 mit der Bestellung Blüchers zum Vizepräsidenten der Montanunion zu rechnen. Der Abgeordnete *Euler* solle eine mit juristischen Aufgaben ausgestattete Stelle bei EURATOM erhalten, die etwa dem Range eines Ministerialdirektors entspreche; dabei müsse aber auch die besonders günstige Bezahlung der internationalen Beamten bedacht werden[15]. Leider rechne Euler wohl aber mit einer noch besseren Verwendung; diese sei aber nicht durchzusetzen. Für Bundesminister a.D. *Dr. Schäfer* hoffe er auf eine rückwirkende Verbesserung des Bundesministergesetzes, die im Zusammenhang mit der materiellen Sicherstellung von Abgeordneten, die längere Zeit dem Bundestag angehört hätten, getroffen werden solle. Hierüber wolle er alsbald mit Bundestagspräsident *Dr. Gerstenmaier* sprechen[16].

‹...›[b]

Nr. 62
30. Januar 1958

*Gipfelkonferenz, Frage der Beteiligung der Bundesrepublik. Deutsch-
britische Beziehungen. Europapolitische Kontroverse der Bundesminister von Brentano und Erhard. EKD-Entschließung zu Fragen der
atomaren Bewaffnung.*

[1.] Bundeskanzler erklärte, die sogenannte »Gipfelkonferenz« werde
in absehbarer Zeit doch wohl abgehalten werden[1]. In Frankreich und
in noch viel größerem Maße England strebe man sehr stark an, die
Teilnahme an dieser Konferenz auf die USA, England, Frankreich und
die Sowjetunion zu beschränken. Das trage die Gefahr in sich, daß
man die deutschen Fragen entweder völlig ausklammere oder ohne
uns zu einer wahrscheinlich recht ungünstigen Kompromißlösung zu
kommen versuche. Wenn auch damit zu rechnen sei, daß die Westmächte uns zur Konsultation heranzögen, so lägen doch in der Nichtbeteiligung der Bundesrepublik an der Konferenz für uns die Möglichkeiten großer Gefahren. Er erwäge deshalb, ob man nicht in aller
Form und ganz eindeutig die Beteiligung der Bundesrepublik fordern
solle. Allerdings werde unsere Beteiligung wohl zur Folge haben, daß
wir genötigt sein könnten, zum Problem der Oder-Neiße-Linie mehr
oder weniger klar Stellung zu nehmen. Das werde sicherlich nicht
ohne große innenpolitische Beunruhigung geschehen können.
B[undes]K[anzler] bat, Bundespräsident möge alle diese Fragen mit
durchdenken[2]. Er werde nach Rückkehr aus seinem Urlaub (Ende Februar[3]) nochmals mit dem Bundespräsidenten darüber sprechen.

[2.] Alsdann kam B[undes]K[anzler] auf seine schon in früheren
Besprechungen geäußerten Sorgen wegen der Haltung Englands
zurück[4]. Er habe den britischen Botschafter zu sich gebeten und mit
diesem in aller Offenheit seine Bedenken erörtert[5]. Die Meinungsverschiedenheiten wegen der Stationierungskosten[6] seien dabei nur am
Rande besprochen worden. Er habe vor allem über verschiedene sehr
problematische Stellungnahmen in der englischen Öffentlichkeit zur
Deutschlandfrage gesprochen. Diese Verlautbarungen stammten zwar
nicht unmittelbar von der britischen Regierung. Es hätte aber beispielsweise verschiedentlich die »Times« sich dahingehend geäußert,
daß es am besten sei, auf die Wiedervereinigung zu verzichten[7]. Da die
Regierung die »Times« sehr häufig als offiziöses Sprachrohr gebrau-

che, machten ihm diese Äußerungen ernstliche Sorge. Das gleiche gelte übrigens auch für die Rundfunkvorträge von *Kennan*[8]. Der BBC sei zwar der Form nach unabhängig, bringe aber an grundlegenden Fragen nichts, was nicht mit der Auffassung der britischen Regierung übereinstimme[9]. Über die Stellungnahme des britischen Botschafters erwähnte der Bundeskanzler nichts.

[3.] Die Meinungsverschiedenheiten zwischen den Bundesministern *von Brentano* und *Erhard* über die Federführung in den Europa-Angelegenheiten seien nach wie vor beträchtlich[10]. Das gehe so weit, daß es bei der kürzlichen Ministerzusammenkunft in Brüssel[11] zu kleinlichen protokollarischen Eifersüchteleien wegen der Sitzordnung gekommen sei. Minister Erhard strebe an, das Schwergewicht der Europa-Politik in sein Ressort zu ziehen und bei internationalen Besprechungen – auch wegen seiner Berufung zum Vizekanzler – eine besonders hervorgehobene Rolle zu spielen. Es bleibe ihm – B[undes]K[anzler] – nichts anderes übrig, als die Sache nun einfach »durchzuhauen«[12]. Bundespräsident stimmte B[undes]K[anzler] dahingehend zu, daß die grundsätzliche Zuständigkeit des Auswärtigen Amtes gewahrt bleiben müsse.

[4.] Der Rat der Evangelischen Kirche Deutschlands habe bereits vor einiger Zeit die von ihm gefaßte Entschließung zu den Fragen der atomaren Bewaffnung[13] übersandt. *Grotewohl* habe gleichfalls die Entschließung erhalten und inzwischen geantwortet[14]. Er – B[undes]-K[anzler] – habe die Antwort absichtlich bisher zurückgestellt. Nach seiner Rückkehr werde er aber die Ratsmitglieder empfangen müssen[15]. Allerdings halte er es nicht für möglich, daß er *Dr. Heinemann*[16] mit empfange. Die haßerfüllte Rede, die Dr. H[einemann] in der außenpolitischen Bundestagsdebatte[17] gehalten habe, schließe das aus. Er werde in dieser Frage zu gegebener Zeit noch einmal mit Prälat *Kunst*[18] sprechen.
Nach kurzen Bemerkungen des Bundeskanzlers über Bundesminister *Lemmer* und nachdem Bundespräsident die Frage einer materiellen Unterstützung für Professor *Alexander*[19], New York, erwähnt hatte, verabschiedete sich der Bundeskanzler mit seinen besten Wünschen zum morgigen Geburtstag des Bundespräsidenten. Bundespräsident wünschte dem Bundeskanzler einen erholsamen Urlaub.

Nr. 63

11. März 1958

Gespräch des Bundeskanzlers mit dem ehemaligen britischen Premierminister Churchill. Verschiebung der außenpolitischen Bundestagsdebatte. Außenpolitische Alleingänge der Unionspolitiker Strauß und Gerstenmaier. Gespräch des Bundeskanzlers mit dem sowjetischen Botschafter Smirnow. Leitung des Auswärtigen Amtes.

[1.] Bundeskanzler, der einen sehr gut erholten Eindruck machte, erzählte zunächst ausführlich von seinem Urlaubsaufenthalt in Vence[1]. Während seines zweistündigen Besuchs bei *Churchill*[2] seien politische Fragen kaum besprochen worden. Churchill habe lediglich seinem Mißvergnügen über die Politik der Regierung *Macmillans* Ausdruck gegeben, die viel zu weich sei. Churchill sei viel frischer gewesen als bei seinem letzten Deutschland-Besuch[3].

Mit melancholisch wirkendem Augenaufschlag beklagte B[undes]-K[anzler] sodann, welche Zustände er bei seiner Rückkehr in Bonn vorgefunden habe: »nichts wie Krach, nichts wie Krach«[4]. Das politisch Schädlichste sei die Verschiebung der außenpolitischen Debatte im Bundestag gewesen[5]. Der Fraktionsvorstand sei von diesen Absichten des Präsidenten *Gerstenmaier* und des Abgeordneten *Kiesinger* überhaupt nicht unterrichtet worden[6]. Auch mit ihm – B[undes]-K[anzler] – habe man sich nicht in Verbindung gesetzt. Den Initiatoren der Verschiebung sei gar nicht klar gewesen, wie nachteilig es sich für Deutschland auswirken könne, wenn in den Wochen der Vorbereitung für die Gipfelkonferenz[7] in der westlichen Welt und besonders in den USA Zweifel daran entstünden, ob die Bundesrepublik an der bisherigen außenpolitischen Konzeption unbeirrt festhalte. Die Gefahr einer Ausklammerung der Deutschlandfrage sei doch groß, und damit werde die Wiedervereinigung auf unbestimmte Dauer vertagt[8]. Wegen der Verschiebung der Debatte habe es schwere Zusammenstöße im Fraktionsvorstand und in der Fraktion selbst gegeben, in deren Verlauf der Abgeordnete Kiesinger zweimal erregt den Sitzungsraum verlassen habe. Er hoffe, daß die außenpolitische Aussprache, deren eindeutiger Verlauf u. a. auch für die Verhandlungen im NATO-Rat[9] besonders wichtig sei, nunmehr in der nächsten Woche stattfinden könne.

Ebenso bedenklich wie die Vertagung der Bundestagssitzung sei es, daß während seines Urlaubs einige führende Politiker der CDU mit ei-

genen »Plänen« hervorgetreten seien. Das störe peinlichst die Politik
der Bundesregierung, und er habe insbesondere gegenüber dem Bundesverteidigungsminister *Strauß* keinen Zweifel daran gelassen, wie
schädlich sich das bei Strauß öfter zu bemerkende Geltungsbedürfnis
für die deutsche Politik auswirke[10]. Ganz abwegig sei der Gerstenmaier'sche Vorschlag, man solle in erster Linie über einen Friedensvertrag
mit Deutschland sprechen[11].

[2.] Er – B[undes]K[anzler] – habe heute nachmittag Botschafter *Smir-*
now bei sich gehabt[12]. Smirnow habe keinen Zweifel daran gelassen,
daß für die Sowjetunion entweder nur ein Friedensvertrag mit einem
konföderierten Deutschland oder der getrennte Abschluß von Frie-
densverträgen mit jedem der Teile Deutschlands in Frage komme.
Friedensverhandlungen mit einem vorher auf Grund freier Wahlen
wiedervereinigten Deutschland würden für die Sowjetunion absolut
ausscheiden. Er – B[undes]K[anzler] – habe Smirnow gesagt, es sei
ihm nicht verständlich, warum die Sowjets von der Möglichkeit, sich
70.000.000 Deutsche zu Freunden zu gewinnen, keinen Gebrauch
machten und statt dessen 18.000.000 Deutsche, die niemals bereit
seien, Kommunisten zu werden, zur Unterstützung des Ulbricht'-
schen[13] Regimes in ihrem inneren Widerstand gegen die Sowjetunion
stärkten. Smirnow sei auf diese Bemerkung nicht eingegangen.

[3.] B[undes]K[anzler] sprach sodann von seiner großen Sorge um die
Leitung des Auswärtigen Amtes[14]. Einige führende Journalisten, die er
in Vence bei sich zu Gast gehabt habe[15], hätten ihm bestätigt, daß Minister *von Brentano* bei der Presse jedes Vertrauen verloren habe. Ur-
sache dafür sei vor allem das Versagen Brentanos in der außenpolitischen Debatte am 23. Januar 1958[16] gewesen. Bundespräsident sagte,
der von Brentano gemachte Vorschlag für das große Revirement im
Auswärtigen Dienst erscheine ihm doch recht zweckmäßig, insbesondere auch, was die Persönlichkeit der beiden neuen Unterstaatssekretäre angehe[17]. B[undes]K[anzler] erwiderte, den Vorschlag für das
Revirement habe der Außenminister ihm erst am Tage vor der Kabinettssitzung vorgelegt. (Vermerk: In der Kabinettssitzung hat
B[undes]K[anzler] allerdings keine Einwendungen gegen den Vorschlag laut werden lassen.) Die beiden vorgesehenen Unterstaatssekretäre seien sicher sehr tüchtig. Bei *Dittmann*[18] müsse er allerdings
sagen, daß dieser sich in seinen Aussagen vor dem Untersuchungsausschuß des Bundestages[19] sehr töricht benommen habe. *Knappstein*[20]

habe er bereits 1949 als Bundespressechef vorgesehen. K[nappstein]
habe aber abgelehnt, weil er ein Anhänger der großen Koalition sei.
Zum Abschluß des Gesprächs unterrichtete Bundespräsident B[un-
des]K[anzler] über die beabsichtigten Staatsbesuche in den USA und
Kanada[21].

Am 26. April 1958 in Berlin: Der Bundespräsident besichtigt die Instand-
setzungsarbeiten am Reichstagsgebäude

Nr. 64
5. Mai 1958

Ausschluß von Professor Hagemann aus der CDU. Rede des Journalisten Wenger in Tauberbischofsheim. Brief von Reichsminister a.D. Schlange-Schöningen an den Bundeskanzler. Besuch des Bundeskanzlers in England. Besuch des stellvertretenden sowjetischen Ministerpräsidenten Mikojan in Bonn. Entwendung von NATO-Dokumenten aus der dänischen Botschaft in Bonn. Weitere Indiskretionen.

[1.] Bundeskanzler sprach eingangs über den Ausschluß des Professors *Hagemann*[1], Münster, aus der CDU[2]. Er sei mit dieser Angelegenheit nie befaßt worden. Die örtliche Organisation der CDU habe den Ausschluß beschlossen. Übrigens sei Hagemann nicht ausgeschlossen worden, weil er in den Fragen der Verteidigung und namentlich der atomaren Bewaffnung der Bundeswehr eine von der Partei abweichende Meinung vertreten habe. Grund für den Ausschluß sei das völlige mangelnde Interesse an der Partei gewesen, das sich vor allem auch in der jahrelangen Nichtzahlung von Beiträgen geäußert habe.
Zur viel kritisierten Rede des Journalisten *Wenger*[3] auf dem Parteitag der CDU Nord-Baden in Tauberbischofsheim[4] sei zu sagen, daß W[enger] überhaupt nicht Mitglied der CDU sei. Er – B[undes]K[anzler] – sehe W[enger] vielleicht einmal im Jahr und sei auch in der letzten Zeit nicht mit ihm zusammengetroffen. Die Parteileitung der CDU habe sich im übrigen von den politisch bedenklichen Teilen der Rede W[engers] distanziert. Der im »Rheinischen Merkur« wiedergegebene Wortlaut der Rede sei nicht vollständig[5]. Bundespräsident bemerkte, W[enger] habe sicher oft etwas skurrile Ideen, er sei aber doch ein vielseitig interessierter und gebildeter Mann, der sich eigene Gedanken mache. In einer so erregten Zeit wie der gegenwärtigen, gänzlich unrealisierbare und auch politisch nicht unbedenkliche Pläne in dieser Weise zur Diskussion zu stellen, sollte aber lieber vermieden werden.
Zu dem sehr scharfen Brief des früheren Reichsministers a.D. *Schlange-Schöningen* erklärte B[undes]K[anzler], der Brief sei in der Öffentlichkeit erschienen, bevor er – B[undes]K[anzler] – ihn erhalten habe[6]. Er habe den Eindruck, daß Schlange-Schöningen sich in Erwartung größerer politischer Änderungen jetzt zum Märtyrer machen wolle, um dann für später ein entsprechendes Alibi zu haben. Eine Antwort beabsichtige er – B[undes]K[anzler] – nicht. Er wolle aber in allgemeiner Form in einem Bulletin-Artikel zu den in dem Brief aufgeworfenen Fragen Stellung nehmen[7].

[2.] Bundespräsident bat B[undes]K[anzler], über seinen Besuch in England[8] zu berichten. In Ergänzung und Erweiterung seines Vortrags im Kabinett bemerkte B[undes]K[anzler], er sei glücklich, daß er durch diesen Besuch sein sehr skeptisches Urteil über die englische Politik gründlich habe ändern können[9]. *Macmillan* sei ihm mit großer Offenheit entgegengekommen und erscheine zu einer europäischen Zusammenarbeit durchaus bereit. Insbesondere beurteilten die Engländer den Gemeinsamen Markt durchaus positiv in der Hoffnung, daß ihre Pläne über die Schaffung einer Freihandelszone[10] eine entsprechende verständnisvolle Unterstützung fänden. In dieser Frage sei eine Übereinstimmung zwischen den englischen und französischen Ideen letzten Endes zu erhoffen. Recht störend habe es deshalb gewirkt, daß Staatssekretär *Müller-Armack*[11] eigenmächtig und hinter dem Rücken der Franzosen mit den Engländern wegen der Freihandelszone Besprechungen geführt habe[12].

Auch die zweistündige Unterhaltung mit dem Labour-Schattenkabinett sei recht harmonisch verlaufen[13]. *Bevan*[14] sei allerdings nicht anwesend gewesen. Es könne aber nicht bezweifelt werden, daß die atomare Rüstung und die Einrichtung von Raketenabschußbasen von einer Labour-Regierung so lange gebilligt werde, bis eine allgemeine kontrollierte Abrüstung erreicht sei. Auch Bevan werde bei diesem Standpunkt, den er bereits bei dem Parteitag der Labour Party[15] und später noch einmal vertreten habe, verbleiben. Dazu sei er schon zur Abwehr des zahlenmäßig nicht sehr starken, aber sehr aktiven radikalen Flügels der Partei genötigt. Im übrigen sei nach Meinung vieler Konservativer trotz des für sie ungünstigen Ausgangs mancher Nachwahlen zum Unterhaus durchaus nicht sicher mit dem bisher erwarteten Labour-Sieg bei den allgemeinen Wahlen[16] zu rechnen. In der nächsten Zeit werde es zu einer Reihe größerer, das Wirtschaftsleben sehr beeinträchtigender Streiks kommen. Die Stimmung weiter Kreise der Wählerschaft werde sich infolgedessen gegen die Labour Party richten; infolgedessen rechneten die Konservativen wieder mit einem für sie günstigen Wahlergebnis.

Auch die gesellschaftlichen Veranstaltungen in London[17] hätten gezeigt, wie groß das Interesse an Deutschland sei. Von den protokollarisch üblichen vier verschiedenen Arten der Empfänge ausländischer Regierungschefs beim Hof habe man für ihn die sehr seltene »Klasse 4« (Gala Dinner im Windsor) gewählt. Die Königin sei zwar – offensichtlich durch die in der letzten Zeit häufiger geübte öffentliche Kritik über den Hof und über sie persönlich – etwas gedrückt gewesen.

Um so aufgeschlossener habe sich die Königin-Mutter[18] gezeigt, die
einen viel weitergehenden Einfluß ausübe, als gemeiniglich angenommen werde. Der fließend Deutsch sprechende Herzog von Edinburgh[19] sei sehr liebenswürdig gewesen und habe großes Interesse an
deutschen Fragen gezeigt.

[3.] Eingehend kam der B[undes]K[anzler] dann auf den *Mikojan*[20]-
Besuch zu sprechen. Die wesentlichen Ausführungen B[undes]-
K[anzler]s sind in der abschriftlich beigefügten, von ihm persönlich
gefertigten Aufzeichnung[21] enthalten. Zusätzlich erzählte B[undes]-
K[anzler] noch, daß er bei seiner Unterredung mit Mikojan ernste Bedenken gegen die sehr schroffe Rede geäußert habe, die M[ikojan] am
Abend zuvor bei dem vom Bundesaußenminister gegebenen Essen gehalten hatte[22]. Er habe dringend darum gebeten, daß M[ikojan] bei
dem anschließenden Essen im Haus des Bundeskanzlers mäßigender
sprechen möge[23]. M[ikojan] habe daraufhin sein Rede-Konzept aus
der Tasche gezogen, das vom Dolmetscher übersetzt worden sei.
B[undes]K[anzler] habe eine Reihe von Sätzen als schwer erträglich
bezeichnet. Im Einvernehmen mit M[ikojan] habe er daraufhin einen
Teil dieser Sätze gestrichen, bei anderen die scharfen Formulierungen
wesentlich abgemildert. Lediglich bei einem Satz habe M[ikojan] erklärt, daß er ihn bringen müsse, worauf er – B[undes]K[anzler] – erwidert habe, daß er dann zur Replik während der Tafel genötigt sei.
Auch in dem Konzept für seine Tischrede sei auf Anregung Mikojans
ein Satz gestrichen worden.

[4.] B[undes]K[anzler] erwähnte sodann, daß ein Angehöriger der dänischen Botschaft wichtige NATO-Dokumente an den sowjetischen
Geheimdienst ausgeliefert habe[24]. Die Angelegenheit werde von dänischen Kriminalbeamten, die nach Bonn gekommen seien, mitunter-
sucht. – Auch bei deutschen Dienststellen, insbesondere im Verteidigungsministerium, sei die nötige Geheimhaltung keinesfalls
gewährleistet. Äußerst vertrauliche Mitteilungen, die der Verteidigungsminister über die Errichtung von Raketenabschußbasen in der
Sitzung des Verteidigungsrats gemacht habe, seien beispielsweise
zweifellos durch Indiskretion in den »Spiegel« gelangt[25]. Er werde
verlangen, daß hier sehr viel entschiedenere Maßnahmen als bisher er-
griffen werden.

[5.] Zu Beginn der Besprechung hatte Bundespräsident die Kritik erwähnt, die B[undes]K[anzler] in einer der letzten Kabinettssitzungen an dem deutschen Beitrag zur Brüsseler Weltausstellung[26] geübt hatte. Das Thema wurde jedoch schnell wieder verlassen und während des Verlaufs der Unterredung nicht wieder aufgegriffen.

Nr. 65
8. Juli 1958

Staatsbesuch des Bundespräsidenten in Kanada und in den USA. Kritik des Bundeskanzlers am außenpolitischen Kurs der USA, Gipfelkonferenz. Entwicklung in Frankreich, außenpolitische Ziele des neuen Ministerpräsidenten de Gaulle. Beziehungen zu Großbritannien und Italien. Gespräch des Bundeskanzlers mit dem Botschafter der Vereinigten Arabischen Republik. Kritik des Bundeskanzlers am Bundesminister des Auswärtigen, von Brentano, am Botschafter in der Sowjetunion, Kroll, und am Bundesminister für Verteidigung, Strauß. Landtagswahlen und Regierungsbildung in Nordrhein-Westfalen. Lage der DP und der FDP.

[1.] Bundespräsident unterrichtete zunächst B[undes]K[anzler] kurz über seinen Besuch in Kanada und in USA[1]. In seinen sehr angenehm verlaufenen Unterhaltungen mit *Eisenhower* seien politische Fragen nicht angesprochen worden[2]. Mit *Dulles* habe er die Freigabe der beschlagnahmten deutschen Vermögen und die Beteiligung der USA an einer Wirtschaftshilfe für die Türkei besprochen[3]. In beiden Punkten habe Dulles keine irgendwie positiven Erklärungen abgegeben. B[undes]K[anzler] bedauerte, daß die Vermögensfrage[4] von den USA so zögerlich behandelt werde. Der in den letzten Tagen eingebrachte Gesetzentwurf bringe praktisch keinerlei Fortschritte. Auch die Zurückhaltung in der türkischen Wirtschaftshilfe[5] sei sehr zu bedauern. Es sei sicherlich richtig, daß die Türkei bisher eine überstürzte und teilweise auch recht unüberlegte Investitionspolitik betrieben habe. Sie sei aber jetzt tatsächlich wirtschaftlich am Rande, und man müsse ihr schon aus allgemeinpolitischen Erwägungen (NATO) helfen. B[undes]K[anzler] begrüßte es, daß der Besuch des Bundespräsidenten menschlich und allgemeinpolitisch so gute Erfolge gezeigt habe. Die Vereinigten Staaten und ihre Bevölkerung stünden zwar der Bundesrepublik weitgehend sympathisch gegenüber, im Grunde seien aber die Auffassungen zu deutschen Fragen durchaus labil.

Während des Staatsbesuches in den USA (28. Mai-23. Juni 1958; vgl. Nr. 65, TOP 1)

Trotz aller schlechten Erfahrungen mit den Franzosen neige aber doch die öffentliche Meinung in den Vereinigten Staaten sehr viel stärker Frankreich zu als der Bundesrepublik. »Ich muß sagen, Amerika gefällt mir zur Zeit gar nicht.«[6] Auch das Verhalten von Dulles, mit dem ihn bisher sehr gute persönliche Beziehungen verbunden hätten, sei in der letzten Zeit menschlich und sachlich enttäuschend gewesen[7]. Dulles gehe ganz offensichtlich darauf aus, das Zustandekommen der Gipfelkonferenz[8] zu verhindern. Sein letztes Ziel seien unmittelbare Verhandlungen zwischen den USA und Rußland. Dies habe er auch bei der Kopenhagener NATO-Konferenz[9] gegenüber Minister *von Brentano* eindeutig zum Ausdruck gebracht. Auch das sehr apodiktische Verlangen, die Wiedervereinigung auf die Tagesordnung der Gipfelkonferenz zu bringen, sei letzten Endes auf das Bestreben von Dulles zurückzuführen, das Zustandekommen der Konferenz zu verhindern, da er damit rechne, daß die Sowjetunion sich einem solchen Tagesordnungspunkt entschieden widersetzen werde. Er – B[undes]-K[anzler] – halte es lediglich für möglich, daß das Thema der Gipfelkonferenz laute »Abrüstung und Entspannung«. Bei einem solchen Thema würden dann die deutschen Fragen zwangsläufig mit zur Erörterung kommen. Nach ihm gewordenen Mitteilungen sei übrigens der Gesundheitszustand von Dulles wenig gut[10]. Sehr bedenklich sei auch, daß eine ganze Anzahl hervorragend qualifizierter Spitzenkräfte auf Veranlassung der republikanischen Regierung aus dem State Departement ausgeschieden seien. Die bevorstehenden Wahlen[11] würden wahrscheinlich einen großen Erfolg der Demokraten bringen. Bundespräsident bestätigte diese Annahme auf Grund seiner Unterhaltung mit *Stevenson*[12].

[2.] B[undes]K[anzler] schilderte sodann seine ernsten Sorgen um die Entwicklung in Frankreich. *De Gaulle*[13] äußere sich zwar nach außen hin durchaus freundlich gegenüber Deutschland, innerlich stehe er der Bundesrepublik aber völlig ablehnend gegenüber. Sein einziges Ziel sei die Hegemonialstellung Frankreichs in Europa. Die Bundesrepublik habe keine Veranlassung, hierzu – womöglich noch durch finanzielle Hilfestellung – Frankreich ihre Unterstützung zu leihen. Insbesondere denke er nicht daran, Frankreich zu helfen, die vierte Atommacht zu werden. Auch gegenüber dem wirtschaftlichen Zusammenschluß Europas sei die Haltung de Gaulles im Grunde völlig negativ. Man stehe zwar nach außen zu den abgeschlossenen Verträgen, aber schon die ablehnende Haltung Frankreichs zur Freihandelszone[14] beweise deutlich die Tendenzen auf Hinauszögerung, wenn nicht gar auf Verhinderung der wirtschaftlichen Einigung. Auch die Taktik in der Frage der europäischen Hauptstadt, die praktisch um zwei Jahre vertagt worden sei[15], deute ganz klar in diese Richtung. Bemerkenswert sei auch, daß de Gaulle nach einer Mitteilung, die General *Norstad* Botschafter *Blankenhorn* gegenüber gemacht habe, die Ablösung des Generals *Speidel* aus dem NATO-Kommando wünsche[16]. Gegen einen deutschen General bei [der] NATO werde er wohl letztlich keine Einwendungen haben. Sehr entschieden habe er sich aber gegen Speidel ausgesprochen. Es sei wohl damit zu rechnen, daß de Gaulle seine Pläne auf Verfassungsreform, die eine Präsidialdemokratie – etwa nach nordamerikanischem Muster – zum Ziel hätten, bei der vorgesehenen Volksabstimmung[17] durchsetzen werde. Letzten Endes hänge aber das Gelingen des Experiments de Gaulle von der Lösung der Algerienfrage[18] ab. Auf die völlige Integration Algeriens könne de Gaulle sich nicht einlassen. Das sei schon wegen des damit verbundenen Einflusses einer großen Zahl algerisch-muselmanischer Abgeordneter in der französischen Kammer ausgeschlossen. Müsse man aber auf die Integration verzichten, dann sei die völlige Unabhängigkeit Algeriens letzten Endes unausweichlich.

[3.] Bei der von ihm geschilderten Haltung der USA und bei der wahr-
scheinlichen Entwicklung in Frankreich müsse das Hauptziel der
deutschen Politik sein, in steter Übereinstimmung mit Großbritannien[19] zu handeln. Daß dies gelingen werde, glaube er nach seinen
Verhandlungen bei seinem London-Besuch annehmen zu können.
Auch mit Italien müsse engster Kontakt gehalten werden. Hierüber
habe bei einem längeren Gespräch, das er kürzlich mit *Martino*[20] und
Botschafter *Quaroni*[21] geführt habe, weitgehende Übereinstimmung
geherrscht[22].
Der neue Botschafter der Vereinigten Arabischen Republik[23] habe ihm
vor kurzem einen eineinhalbstündigen Antrittsbesuch gemacht und
dabei an Hand einer längeren, von seiner Regierung ausgearbeiteten
Erklärung dargelegt, wie notwendig engere politische Beziehungen
zwischen der Bundesrepublik und den Arabischen Staaten seien.
B[undes]K[anzler] hielt dies für sehr wichtig. Auf die Frage des Bundespräsidenten nach der zu erwartenden Reaktion Israels auf eine
derartige Politik der Bundesregierung erwiderte B[undes]K[anzler], er
glaube damit rechnen zu können, daß Schwierigkeiten im Verhältnis
zu Israel sich nicht ergeben würden.

[4.] B[undes]K[anzler] trug alsdann seine große Sorgen vor, die er
wegen der Führung des Auswärtigen Amtes durch Minister von Brentano habe[24]. Brentano sei in der letzten Zeit in der deutschen Öffentlichkeit außerordentlich scharf angegriffen worden; B[undes]K[anzler]
verwies dabei insbesondere auf die Artikel in der »Welt« und im
»Spiegel«[25]. Er habe sich deshalb in einer von dem Kabinett gebil-
ligten Erklärung vor den Minister gestellt[26]. Dabei sei er von dem
Gedanken ausgegangen, daß ein Außenminister, der dauernd derart
scharfer Kritik in der Öffentlichkeit ausgesetzt sei, gegenüber dem
Ausland nicht verhandlungsfähig sei, wenn er nicht von seinem Regierungschef gedeckt werde. Er sei sich aber klar darüber, daß Brentano
auf die Dauer die Leitung des Auswärtigen Amtes nicht behalten
könne. Auf den übermäßigen Nikotin- und Kaffeegenuß des Ministers
habe er bei früheren Besprechungen beim Bundespräsidenten bereits
mit Sorge hingewiesen. Der Minister sei nervlich am Ende. Er sei zwar
hochintelligent, und wenn er arbeite, auch fleißig. Es fehle ihm aber
jede Stetigkeit und Zielklarheit. Der ordnungsmäßige Ablauf der
Geschäfte im Auswärtigen Amt sei auch noch keineswegs gewährleistet. Die Stellen für die beiden Ministerialdirektoren *Dittmann* und
Knappstein, der sich übrigens sehr gut eingeführt habe, seien geschaf-

fen worden, um durch eine Dezentralisation der Verantwortlichkeit
eine glattere Erledigung der Dienstgeschäfte zu erreichen. Staatssekretär *van Scherpenberg* habe aber zunächst Maßnahmen getroffen,
die auf noch stärkere Zentralisation der Dinge bei ihm hinausliefen.
Dadurch sei nun der »Flaschenhals«, der schon zu *Hallsteins* Zeiten
die Verbindung zwischen dem Minister und dem Amt so sehr er-
schwert habe[27], noch weiter verengt worden. Die erheblichen Spannungen, die dadurch zwischen den leitenden Beamten des Amtes
entstanden seien, seien aber inzwischen hoffentlich einigermaßen ausgeräumt worden.
Sehr zu bedauern sei, daß Botschafter *von Maltzan* physisch am Ende
seiner Kräfte sei. Er könne nicht länger in Paris bleiben, und dem Bundespräsidenten werde demnächst die Versetzung in den einstweiligen
Ruhestand vorgelegt werden[28].
Ganz unmöglich sei das Verbleiben von Botschafter *Kroll*[29] in Moskau. Die übertrieben robuste Art von Kroll lasse ihn für diesen
schwierigen Posten ungeeignet erscheinen. Das habe sich bei den De-
monstrationen vor der Russischen Botschaft in Rolandswerth und vor
der Deutschen Botschaft in Moskau gezeigt[30]. Kroll habe dabei an
dem Verhalten der deutschen Regierungsstellen und der deutschen Polizei eine Kritik geübt, die für einen deutschen Botschafter völlig unmöglich sei; selbst wenn man in Betracht ziehe, daß die Polizei des
Landes Rheinland-Pfalz in Rolandswerth mit unnötiger Schärfe gegen
die Demonstranten vorgegangen sei. Er habe Kroll empfangen[31] und
sein Verhalten aufs schärfste beanstandet. Kroll habe sich aber ganz
uneinsichtig gezeigt. Nach sehr erregten Auseinandersetzungen habe
er – B[undes]K[anzler] – die Unterhaltung abrupt abgebrochen und
zum Ausdruck gebracht, daß er Kroll nicht mehr bei sich zu sehen
wünsche. Er werde Kroll zwar noch kurze Zeit in Moskau belassen,
ihn dann aber abberufen. Als Nachfolger denke er an Botschafter
Lahr[32], der sich bei den siebenmonatigen Verhandlungen über die Re-
patriierungsfragen, den Konsularvertrag und das Handelsabkommen
bestens bewährt habe[33].

[5.] Noch größere Sorgen als das Auswärtige Amt bereite ihm das Verteidigungsministerium. Er habe sich genötigt gesehen, an Minister
Strauß einen ungewöhnlich energischen Brief zu schreiben[34]. Darin
habe er Strauß seine mehrfachen öffentlichen Stellungnahmen zu
außenpolitischen Fragen vorgeworfen. Vor allem aber habe er sich
entschieden verbitten müssen, daß Strauß, ohne den Bundeskanzler,

den Bundesverteidigungsrat und das Kabinett vorher zu unterrichten, seine Pläne auf Umorganisation der Bundeswehr (Abschaffung der Division und Schaffung kleinerer schlagkräftiger Grenadier- und Panzerbrigaden) in die Öffentlichkeit gebracht habe. Sein Brief habe damit geschlossen, daß er – B[undes]K[anzler] – sich überlegen müsse, dem Bundespräsidenten die Entlassung des Verteidigungsministers vorzuschlagen. Strauß habe nicht einmal geantwortet und auch vor wenigen Tagen bei einer mehrstündigen sehr erregten Auseinandersetzung, die in Anwesenheit der Minister *Erhard,* von Brentano und *Etzel* stattgefunden habe[35], keinerlei Verständnis für die Auffassung des Bundeskanzlers gezeigt. Dieses Gespräch habe er – B[undes]K[anzler] – mit der Bemerkung geschlossen, er wisse schon, wen er dem Bundespräsidenten als Nachfolger von Strauß in Vorschlag bringen werde.
Sehr bedenklich sei es auch, daß Strauß kein rechtes inneres Verhältnis zu den Angehörigen der Bundeswehr gewonnen habe. Namentlich bei den höheren Offizieren fehle es an dem nötigen Vertrauen zu ihrem Minister.
Strauß sei heute zu Verhandlungen mit dem französischen Verteidigungsminister[36] nach Paris gefahren. An sich sei das im gegenwärtigen Zeitpunkt wenig erwünscht. Es bestehe einiger Grund zu der Annahme, daß Strauß sich diese Zusammenkunft »bestellt« habe, nicht zuletzt, um bei dieser Gelegenheit zu einer Unterhaltung mit de Gaulle zu kommen. Er habe ihn deshalb bindend angewiesen ‹...›[a], ein Zusammenkommen mit de Gaulle zu vermeiden. Er – B[undes]K[anzler] – denke im übrigen nicht daran, de Gaulle in Paris aufzusuchen. Es sei noch nicht der rechte Augenblick zu unmittelbaren Gesprächen gekommen[37]. Überdies sei er bereits des öfteren in Paris gewesen, wobei er insbesondere auf den mäßigenden Einfluß verwies, den er bei seinem Aufenthalt während der Suezkrise[38] auf die französische Regierung ausgeübt habe.

[6.] Die Bildung der neuen Regierung in Nordrhein-Westfalen[39] werde sehr schnell vor sich gehen. Schon am ersten Tage nach der Wahl habe die neue CDU-Fraktion sich für den früheren Innenminister *Dr. Meyers* als Ministerpräsident entschieden. Die Bestrebungen des Fraktionsvorsitzenden *Johnen*[40], Ministerpräsident zu werden, seien von vornherein recht aussichtslos gewesen. Johnen und der Bochumer Rechtsanwalt *Dufhues*[41] seien bereits im ersten Wahlgang mit wenigen Stimmen ausgeschieden. Bei der Stichwahl zwischen Dr. Meyers und dem Landtagspräsidenten *Gockeln*[42] habe M[eyers] etwa dreiviertel der abgegebenen Stimmen erhalten. Bundespräsident erklärte, daß es gut sein werde, wenn Rechtsanwalt *Schütz*[43] wieder mit dem Kultusministerium beauftragt werde. B[undes]K[anzler] hielt dies für wahrscheinlich.

Das Ergebnis der nordrhein-westfälischen Wahlen bedeute praktisch das Ende der Aktion gegen den Atomtod[44]. Eine weitere Radikalisierung der SPD unter dem Einfluß *Wehners* sei aber nach wie vor zu befürchten.

Für die Deutsche Partei drohten ernste Gefahren. Der Abgeordnete *Dr. Elbrächter*[45] sei von der DP zur CDU-Fraktion übergetreten. Die DP-Fraktion zähle nur noch 15 Mitglieder, und da damit zu rechnen sei, daß noch einige andere Mitglieder ausscheiden, werde sie dann nicht mehr Fraktionsstärke besitzen[46]. Offensichtlich gelinge es Ministerpräsident *Hellwege* kaum noch, seine Partei einigermaßen zusammenzuhalten.

Durch die erneute Wahlniederlage bei den nordrhein-westfälischen Wahlen habe sich die Lage der FDP wiederum verschlechtert. Er – B[undes]K[anzler] – bedauere das sehr, denn er halte nach wie vor eine liberale Partei in Deutschland für notwendig. Die Politik, die die FDP seit ihrem Austritt aus der Bundesregierung betrieben habe[47], habe ihr einen Rückschlag nach dem anderen zugefügt. Herr *Middelhauve* habe unmittelbar nach dem Wahltag versucht, ihn zu sprechen. Er habe das aber schon aus Zeitgründen nicht tun können. Ob die CDU bereit sei, einen Minister der FDP in das neue Kabinett zu nehmen, könne er noch nicht sagen. Keinesfalls könne das aber ein Mitglied der Gruppe *Döring/Weyer* sein. Der Gedanke, wie man etwa vom Württembergischen Landesverband aus zu einer Stabilisierung der FDP gelangen könne, beschäftige ihn sehr. Ob Ministerpräsident *Reinhold Maier* einer solchen Aufgabe gewachsen sei, erscheine ihm allerdings zweifelhaft.

Nr. 66
16. September 1958

Erstes Zusammentreffen des Bundeskanzlers mit dem französischen Ministerpräsidenten de Gaulle.

[1.] Der Herr Bundeskanzler erklärte, daß er heute in seiner Zeitbedrängnis[1] nur über seine Begegnung mit General *de Gaulle*[2] berichten wolle.

Erste Begegnung mit Charles de Gaulle in Colombey-les-Deux-Églises
(zu Nr. 66)

Auf der Fahrt zu ihm sei er von den Präfekten und der Bevölkerung
überall sehr herzlich begrüßt worden. De Gaulle wohne in einer sehr
kargen Landschaft mit einer armen Bevölkerung in einem einfachen
Haus, das nur im Parterre einige gut eingerichtete Räume habe, jedoch sonst sehr primitiv sei. Ihm sei alles sehr einsam vorgekommen,
ringsum Wald und kein Dorf[3]. De Gaulle habe ihn sehr herzlich
empfangen. Alle Vorurteile, die er aus deutschen Berichten und Gesprächen mit Amerikanern gehabt habe[4], hätte er sofort aufgeben
müssen, da er in de Gaulle einem völlig anderen Mann begegnet sei.
Er sei weder taub noch halb blind und trage nur beim Lesen eine Bril-
le. Überrascht habe ihn auch, daß de Gaulle etwas deutsch spreche, da
er in jungen Jahren[5] fast jedes Jahr im Schwarzwald zum Erlernen der
deutschen Sprache gewesen sei.
Das sehr offene Gespräch unter vier Augen habe 3 1/2 Stunden gedauert. Es war nur der Dolmetscher[6] de Gaulles zugegen, der aber nur selten vermitteln mußte.
De Gaulle habe erklärt, daß die Angst, die aus früheren Erfahrungen
durch die Kriege und Besetzungen gegenüber den Deutschen vorhanden gewesen sei, sich in ein Vertrauen gewandelt und sich auch die
Gesinnung von Grund auf geändert habe. Überrascht habe ihn die Offenheit des Generals, der u. a. erklärte, daß das französische Volk
krank sei und an Größenwahn, d. h. Überschätzung leide. Das müsse
langsam abgebaut werden.
Über Atomflugzeuge und Waffen sei nicht gesprochen worden. Auch
hätte de Gaulle nicht von Hegemonieansprüchen der Franzosen geredet, sondern sich zu Europa bekannt. Bedenken habe er nur gegen die
NATO bezüglich der politischen Zusammenarbeit geäußert und die
deutsche Wiedervereinigung als ein gutes Recht bezeichnet. Frankreich werde für diese mit eintreten, nur dürfe sie nicht durch einen
Krieg verwirklicht werden[7].
Gegenüber den USA und England wäre er sehr reserviert gewesen und
habe die Wichtigkeit einer engeren Zusammenarbeit zwischen
Deutschland und Frankreich mit dem Ergebnis unterstrichen, daß
man sich in allen politischen Fragen gegenseitig vor den Entscheidungen konsultieren wolle, notfalls in direktem Briefwechsel zwischen
ihm und dem Bundeskanzler[8].
Der Bundeskanzler habe den festen Eindruck gewonnen, daß de
Gaulle keinen Zweifel an der Annahme der neuen Verfassung und
einem guten Ergebnis der Parlamentswahlen habe[9]. De Gaulle sei
deshalb nicht in das Palais des Ministerpräsidenten *Matignon*[10] ein-
gezogen, sondern rechne mit seiner Wahl zum Staatspräsidenten.

Besonders beeindruckt habe ihn die vorzügliche Absperrung, so daß keine Presse und keine Photographen die Begegnung stören konnten, das habe zur guten Atmosphäre besonders beigetragen. De Gaulle habe auf ihn den Eindruck eines sehr gebildeten und klugen Mannes gemacht, der nicht die Absicht habe, seine durch eine unblutige Revolution erreichte Machtstellung auszunutzen.

Auch seine menschlichen Züge hätten ihn sehr beeindruckt. Nachdem er de Gaulle gesagt habe, daß der kranke Botschafter *von Maltzan* ausscheiden und durch Botschafter *Blankenhorn* ersetzt werde[11], habe de Gaulle sich am Abend nach dem gemeinsamen Essen, zu dem auch *Brentano, Couve de Murville*[12], *Joxe* und *Seydoux*[13] erschienen waren, sehr herzlich mit Maltzan unterhalten und den Bundeskanzler gefragt, warum er seine Töchter[14] nicht mitgebracht hätte. Am anderen Morgen habe er ihm für diese 3 Photographien mit seiner Unterschrift mitgegeben.

Die weltpolitischen Probleme, insbesondere des Nahen und Fernen Ostens wurden gestreift. Es wurde jedoch nicht über seine Reise in Afrika[15] und über Algerien[16] gesprochen. De Gaulle habe von sich aus erklärt, daß er heute ganz anders denke als vor 10 Jahren und sich sehr deutlich gegen Sowjetrußland und den Kommunismus gewandt.

[2.] Anschließend sprach der Bundeskanzler noch kurz über Minister *Strauß*, nachdem ihn der Bundespräsident auf die von diesem geplante psychologische Kriegsführung[17] angesprochen hatte. Er bemerkte, daß *Pinay* bei seinem Inkognitobesuch in Cadenabbia[18] und auch *Fanfani*[19] gesagt hätten, daß man diesem nicht traue. Er führte als Beispiel eine von Strauß mitgeteilte Abmachung über die Kostenverteilung für die atomare Aufrüstung an[20], von der weder der französische noch der italienische Verteidigungsminister[21] wußten.

Das Gespräch mußte abgebrochen werden, da Staatssekretär *von Eckardt* den Bundeskanzler zu einer für 11.30 Uhr einberufenen Pressekonferenz abholte.

[Nachtrag:] In der Kabinettssitzung am 17. September teilte der Bundeskanzler noch mit, daß de Gaulle sich zum gemeinsamen Markt und auch zu einer Freihandelszone[22] in vernünftigem Ausbau bekannt habe. Allerdings habe er erklärt, daß die französische Wirtschaft stark protektionistisch sei, und Frankreich deshalb von den ihm in den Abmachungen eingeräumten Rechten Gebrauch machen müsse[23].

Auch sei über das Verhältnis zu den Satellitenstaaten gesprochen worden. De Gaulle habe volles Verständnis für die Auffassung des Bundeskanzlers gehabt, daß durch eine direkte Verbindung zu diesen der Argwohn Moskaus nur noch wachsen und damit der Druck auf die Satellitenstaaten größer werden würde[24].

Termine des Bundespräsidenten (zu Nr. 67)

Nr. 67
28. Oktober 1958

Staatsbesuch des Bundespräsidenten in England. Gespräch des Bundeskanzlers mit dem Generalsekretär im französischen Außenministerium, Joxe. Kritik des Bundeskanzlers an den Bundesministern Strauß und von Brentano. Papst-Wahl. Ergänzungswahlen in den USA, Abberufung des amerikanischen Botschafters Bruce, Besuch von Außenminister Dulles in Taiwan. Kontakte Adenauers zur FDP. Bevorstehende Wahl des französischen Staatspräsidenten. Bundespräsidentenwahl 1959, Erörterung von Kandidaturen für die Heuss-Nachfolge.

[1.] Bundespräsident bedauerte die Angriffe, die in einem Teil der deutschen Öffentlichkeit, namentlich auch in der Presse, nach dem Staatsbesuch in England[1] gegen Botschafter *von Herwarth* gerichtet worden sind. Unsere Botschaft in London und namentlich der Botschafter hätten den Besuch sorgfältigst vorbereitet und sich ebenso bei der Durchführung des Programms bewährt. Das Diner in der deutschen Botschaft mit dem anschließenden Empfang sei ein voller Erfolg gewesen. Die englischen Gäste, insbesondere die Königin und die Mitglieder der königlichen Familie, hätten sich offensichtlich in der Botschaft sehr wohl gefühlt. Ganz ungerechtfertigt sei vor allem, Botschafter von Herwarth vorzuwerfen, er habe nicht darauf hingewiesen, daß der Empfang in England »außerordentlich kühl« sein werde und daß deshalb der Termin für den Besuch wohl verfrüht sei. Ein Teil der deutschen Presse habe den persönlichen und politischen Erfolg des Besuchs überhaupt nicht verstanden. Er – Bundespräsident – habe mit aller Deutlichkeit bei einem Empfang der deutschen Journalisten kurz vor seiner Abreise gesagt, daß es eben überall Rindviecher gäbe. Vielfach sei in der deutschen Öffentlichkeit die Mentalität der Engländer verkannt worden, und deshalb habe man sich die politischen und psychologischen Schwierigkeiten des ersten Besuchs eines deutschen Staatsoberhauptes in England nicht genügend klargemacht. Dabei habe die liebenswürdige Gastfreundschaft des englischen Hofes überhaupt nicht übertroffen werden können. Bundespräsident erwähnte als Beispiel die kleine Sonderausstellung Holbeinscher[2] und Dürerscher[3] Werke aus Beständen der Sammlung des Schlosses Windsor, die die Königin eigens veranlaßt habe. Auch die Kontakte mit maßgeblichen Persönlichkeiten des öffentlichen Lebens seien sehr erfreulich verlaufen. Das gelte ebenso für die Regierungsmitglieder, mit denen er öfter und ausführlich gesprochen habe (*Macmillan, Selwyn Lloyd*[4], *Duncan Sandys*[5], der Lord-Kanzler[6] u. a.), wie für die Führer der Opposition (*Gaitskell*[7], *Attlee*[8] und vor allem auch *Bevan*, der einen besonders verständigen Artikel zum Staatsbesuch geschrieben habe). Macmillan habe übrigens an Botschafter von Herwarth einen betont freundlichen Brief geschrieben, in dem er die politische Bedeutung des Besuchs des Herrn Bundespräsidenten ganz besonders unterstreicht[9]. Betont herzlich sei auch der Empfang durch den Lordmayor[10] gewesen. In der Presse sei beanstandet worden, daß englische Teilnehmer an dem Essen in der Guild-Hall bei dem Toast auf den Bundespräsidenten nicht getrunken hätten. Es sei aber in England durchaus üblich, beim Toast nur das Glas zu heben, ohne zu trinken. Bundespräsident schilderte dann den für ihn besonders eindrucksvollen Besuch in Oxford, wo er u. a. von Lord *Halifax*[11], dem Kanzler des All Souls College, empfangen worden sei.

Bundeskanzler beurteilte die Art und Weise, wie Botschafter von Herwarth seine Aufgaben erfüllt habe, durchaus positiv. Politisch wichtig sei allein, daß durch das Auftreten des Bundespräsidenten in England Deutschland sichtbar geworden sei; das allein bürge schon für den dauernden Erfolg des Besuchs.

[2.] B[undes]K[anzler] berichtete, daß er den Generalsekretär im französischen Außenministerium *Joxe* zu einem 1 1/2-stündigen Besuch empfangen habe[12]. Joxe habe sich darüber beklagt, daß das Verteidigungsministerium sich zur Bestellung von amerikanischen Kampfflugzeugen entschlossen habe, während die französischen Flugzeuge, die auch zur Debatte gestanden hätten, mindestens die gleiche Qualität hätten[13]. Der Entschluß des Ministers sei auch sehr bedenklich. Er wolle nur 6 Flugzeuge aus Amerika beschaffen, den Rest aber in Lizenz durch deutsche Fabriken bauen lassen. Diese Fabriken zu errichten, dauere aber eine ganze Reihe von Jahren, innerhalb deren die technische Entwicklung schon sehr viel weiter fortgeschritten sein könne. Mit Joxe sei sodann der Vorschlag *de Gaulles* auf Schaffung eines Dreier-Kollegiums[14] innerhalb von NATO besprochen worden. Die Verwirklichung dieses Vorschlags könne den Bestand von NATO ernstlich gefährden. Er habe keinen Zweifel daran gelassen, daß Europa und namentlich Deutschland noch für lange Zeit auf die USA angewiesen seien. De Gaulle lebe leider noch in den politisch-strategischen Vorstellungen in der Zeit vor dem Zweiten Weltkrieg. Macmillan habe ihm – B[undes]K[anzler] – erzählt[15], daß de Gaulle seine vielen und oft recht problematischen Ideen auf einer Unzahl von Notizzetteln niederlege. Seine Umgebung sehe ihre Aufgabe vor allen Dingen darin, diese Notizzettel möglichst unauffällig zur Seite zu bringen, ehe daraus Schaden entstehen könne. Joxe werde übrigens wahrscheinlich Nachfolger von *Couve de Murville* werden[16], der eine Stellung in der Wirtschaft zu übernehmen beabsichtige (Bundespräsident: »Couve ist der Typ eines ausgezeichneten Regierungspräsidenten«).

[3.] B[undes]K[anzler] kam auf die großen Bedenken zurück, die er in früheren Unterredungen über Minister *Strauß* geäußert hatte[17]. Das unbeherrschte und unnötig grobe Wesen des Ministers führe zu immer wieder neuen Peinlichkeiten. Darunter litten namentlich die hochqualifizierten Mitarbeiter des Ministers (Staatssekretär *Rust*[18], General *Heusinger* und die Ministerialdirektoren *Hopf*[19] und *Gumbel*[20]). Es sei nicht auszudenken, was aus dem Ministerium werden solle, wenn diese Herren sich einmal wegen der Behandlung, die der Minister ihnen angedeihen lasse, sich aus dem Ministerium zurückzögen. In einem Fernsehinterview, das der Minister vor einigen Tagen gegeben habe, habe dieser zu dem de Gaulle-Plan des Dreier-Kollegiums in einer politisch so täppischen Weise Stellung genommen, daß es sicher noch Schwierigkeiten mit den Franzosen geben werde. Strauß habe dabei u. a. in aller Öffentlichkeit von einer Gefährdung der NATO gesprochen[21].

Auch Minister *von Brentano* mache ihm nach wie vor große Sorgen[22]. Bei der Vorbereitung der Antwortnote an die Sowjetregierung zur deutschen Frage[23] habe erst von englischer Seite darauf aufmerksam gemacht werden mussen, daß in dem Entwurf des Ministers die Wiedervereinigung überhaupt nicht erwähnt worden sei.

[4.] De Gaulle habe versucht, auf die Papstwahl[24] Einfluß zu nehmen. Ihm komme es wohl vor allen Dingen darauf an, daß ein älterer Papst gewählt werde, der nicht allzu lange Zeit im Amt sei. Als Nachfolger wünsche sich de Gaulle offensichtlich den Erzbischof *Montini*, Mailand. Bei diesem Punkt der Unterredung traf die Nachricht von der Wahl Papst *Johannes XXIII.*[25] ein, der vor seiner Berufung zum Patriarchen von Venedig 9 Jahre Nuntius in Frankreich war. B[undes]K[anzler] sah dadurch seine Annahme über die Einflußnahme de Gaulles bestätigt. Er sei nicht sehr geneigt, zur Krönungsfeier[26] zu fahren; jedenfalls werde er das nur dann tun, wenn eine größere Anzahl anderer Regierungschefs nach Rom komme. Ein Zusammentreffen mit de Gaulle wolle er aber möglichst vermeiden.

[5.] Bei den bevorstehenden Ergänzungswahlen zum Kongreß und zum Senat in den USA sei ein demokratischer Sieg zu erwarten[27]. Der Botschafter *Bruce* sei überraschend nach den USA gefahren[28]. B[ruce] sei Demokrat und rechne vielleicht damit, daß er nach einem demokratischen Wahlsieg Außenminister werde. Trotz mancher Mängel, die *Dulles* sicher habe, sei sein Abgang[29] aber doch sehr zu bedauern. Der Besuch von Dulles bei *Tschiang Kai-schek*[30] sei erfolgreich verlaufen. In der amerikanischen Öffentlichkeit bestehe offensichtlich kein Interesse an dem Schicksal der beiden vorgeschobenen Inseln Quemoy und Matsu[31].

[6.] Auf dem Gebiet der Innenpolitik erwähnte B[undes]K[anzler] lediglich, daß der Journalist *Schumacher-Hellmold*[32] ihn in einem Brief »im Auftrag von *Reinhold Maier* und *Dehler* und mit Wissen von *Mende*« um einen Empfang gebeten habe[33]. Er könne diesen Empfang nicht verweigern, sei aber auch sehr gespannt, was Schumacher-Hellmold ihm von der FDP zu sagen habe.

[7.] B[undes]K[anzler] kam nochmals auf de Gaulle zurück und erwähnte, daß durchaus noch nicht sicher sei, ob dieser Staatspräsident werde[34]. Es sei auch möglich, daß *Coty*[35] bleibe, den Bundespräsident und B[undes]K[anzler] überwiegend günstig beurteilten.
Diese Bemerkung veranlaßte B[undes]K[anzler], auf die Wahl des Bundespräsidenten im Jahre 1959[36] zu kommen. Der Abgeordnete *Krone* habe ihm erklärt, er denke nicht an eine Kandidatur[37]. Wenn sein Name in der Öffentlichkeit genannt worden sei, so habe er nichts dazu getan. Aus den Bemerkungen des B[undes]K[anzlers] ergab sich, daß der CSU-Abgeordnete *Höcherl* die Frage der Kandidatur K[rone] in die Öffentlichkeit gebracht hat. Die Frage der Wahl des Bundespräsidenten sei noch völlig »embryonal«, zumal sich ja auch aus den bevorstehenden Landtagswahlen[38] erst die Zusammensetzung der Bundesversammlung[39] ergeben werde. Nach dem *augenblicklichen* Stand werde die CDU in der Bundesversammlung keine Mehrheit besitzen. Andeutungsweise ließ B[undes]K[anzler] anklingen, daß er eine Verfassungsänderung mit dem Ziel einer Verlängerung der Amtsperiode des Bundespräsidenten für erwünscht halte. Bundespräsident bezeichnete das als eine »Verlegenheitslösung«, die man bei der labilen Ver-

fassungssituation in Deutschland doch nach Möglichkeit vermeiden möchte[40]. B[undes]K[anzler]: »Das ist keine Verlegenheitslösung, sondern geradezu ein gefundenes Fressen.« Ob der Bundespräsident überhaupt geeignete Persönlichkeiten kenne. Bundespräsident erwähnte den Bundestagspräsidenten *Gerstenmaier.* B[undes]K[anzler]: »Um Gottes willen, um Gottes willen, da passe ich aber!« Bundespräsident nannte sodann den Bundesfinanzminister *Etzel.* B[undes]K[anzler] erkannte die Fähigkeiten Etzels voll an, glaubte aber, daß Etzel noch nicht das nötige Maß an »Würde« besitze, das für das Amt des Bundespräsidenten notwendig sei. Bundespräsident stimmte dem nicht zu[41].

Nr. 68

24. November 1958

Erklärungen des sowjetischen Ministerpräsidenten Chruschtschow zur Berlin-Frage. Stellungnahmen von SPD-, FDP- und CDU-Politikern zu DDR-Kontakten. Briefe des Bundeskanzlers an den amerikanischen Außenminister Dulles, den britischen Premierminister Macmillan und den französischen Ministerpräsidenten de Gaulle. Geplante Ablösung des Botschafters in Moskau, Kroll. Gespräch des Bundespräsidenten mit Siemens-Generaldirektor Goeschel. Bevorstehende Verhandlungen des Bundeskanzlers mit dem französischen Ministerpräsidenten de Gaulle. Europäische Freihandelszone. Kritik am Bundesministerium für Wirtschaft. Besuche von Bundesminister Schäffer in Ost-Berlin (1955/56). Landtagswahlen in Bayern und Hessen.

[1.] Bundeskanzler sprach zunächst über die Erklärungen *Chruschtschows* zur Berliner Frage[1]. Er musse offen gestehen, daß er in den letzten Tagen der vergangenen Wochen wegen der doch sehr bedrohlich erscheinenden Zuspitzung der politischen Lage sehr besorgt gewesen sei. Manches spreche dafür, daß Chruschtschow diesen Schuß abgefeuert habe, um von innerpolitischen Schwierigkeiten abzulenken. Die oppositionelle Gruppe innerhalb der KPdSU sei sicherlich noch nicht völlig zur Einflußlosigkeit verdammt. Ob *Malenkow*[2] noch lebe, wisse man allerdings nicht. *Molotow* habe aber anscheinend noch keinesfalls resigniert. Er sei auch in der letzten Zeit länger in Moskau gewesen. Auch daß Chruschtschow neuerdings *Bulganin* zum zweiten Mal »degradiert«[3] und in ein Krankenhaus abgeschoben

habe, deute darauf hin, daß er von dieser Seite doch noch etwas be-
fürchte.

B[undes]K[anzler] erklärte, Chruschtschow hätte aber seinen Vorstoß
sicher nicht unternommen, wenn er sich nicht durch die Stellungnahmen maßgebender Politiker der Bundesrepublik dazu ermuntert gefühlt habe⁴. *Wehner* habe doch immer ganz offen von der Notwendigkeit unmittelbarer Gespräche mit den Stellen der sogenannten DDR
gesprochen. Der Antrag der SPD-Fraktion auf Einrichtung eines
Amtes »für innerdeutsche Regelungen«⁵ habe auch den einzigen
Zweck, eine Stelle für solche Gespräche zu schaffen. Fast noch eindeutiger sei die Auffassung maßgeblicher Leute der FDP gewesen⁶. Auch
Äußerungen von CDU-Politikern könnten Chruschtschow durchaus
Anlaß zu der Annahme geben, daß in Teilen der CDU sich ein Um-
schwung in der Beurteilung über das Verhältnis zu sowjetzonalen Stellen anbahne. B[undes]K[anzler] erwähnte in diesem Zusammenhang
die Namen *Kiesinger* (»er ist zu weich«) und *Gerstenmaier* (»er tut es
aus Geltungsbedürfnis«)⁷.

B[undes]K[anzler] sagte sodann, daß er seit zwei Tagen nicht mehr
ganz so besorgt sei wie anfänglich. Die sowjetische Note zur Berlin-
Frage sei für den 22. November angekündigt worden. Daß sie bisher
ausgeblieben sei, lasse immerhin darauf schließen, daß Chruschtschow sich das noch einmal gründlich überlege. Wegen des Ernstes
der Lage habe er – B[undes]K[anzler] – sich in persönlichen Briefen an
Dulles, *Macmillan* und *de Gaulle* gewandt und darauf hingewiesen,
wie wichtig es für die gesamte Politik des freien Westens sei, daß die
drei Westmächte eine klare und entschiedene Stellung bezögen⁸. Diesen Weg des inoffiziellen Briefwechsels habe er mit den drei Genannten für besonders wichtige Fälle verabredet. Macmillan habe er gebeten, der englische Botschafter⁹ in Moskau möge beim Sowjetischen
Außenministerium förmlich vorstellig werden und auf die ernsten
Konsequenzen aufmerksam machen, die sich aus einer Verwirklichung der Chruschtschow'schen Drohungen ergeben könnten. Macmillan habe ihm – B[undes]K[anzler] – mitgeteilt, daß dieser Schritt
erfolgt sei und offensichtlich bei den Russen Eindruck gemacht
habe¹⁰. Auf die ausdrückliche Bitte Macmillans habe er – B[undes]-
K[anzler] – de Gaulle, der einen abgrundtiefen Groll gegen die Engländer habe, darüber unterrichtet, daß die britische Demarche auf
seine Anregung erfolgt sei. B[undes]K[anzler] erklärte, daß er sehr
gern Botschafter *Kroll* in Moskau ablösen würde¹¹; im Augenblick sei
dies aber aus optischen Gründen nicht gut möglich. Als Nachfolger

Der Bundespräsident besucht mit dem Regierenden Bürgermeister von Berlin,
Willy Brandt, das Flüchtlingslager Berlin-Lichterfelde (4. November 1958)

stelle er sich den Sonderbotschafter *Lahr* vor, der die monatelangen
Moskauer Verhandlungen[12] sehr energisch und geschickt geführt
habe.
Bundespräsident unterrichtete B[undes]K[anzler] von der Unterhaltung, die er vor kurzem mit Generaldirektor *Goeschel*[13] (Siemens, Erlangen) gehabt habe. Herr Goeschel habe sehr lebendig von den Eindrücken erzählt, die er bei einer Reise nach Moskau und Leningrad
gewonnen habe. In den geistigen und den gehobenen technischen
Schichten, die ohne ausgesprochene politische Aspirationen lediglich
ihrer beruflichen Ausbildung und Tätigkeit lebten, bestehe sicher eine
nicht geringfügige Opposition gegen das bolschewistische Regime. Besonders scharfe Kritik sei an den Plänen Chruschtschows zur Umge-
staltung des russischen Erziehungswesens geübt worden, die auf dem
bevorstehenden Parteitag der KPdSU[14] behandelt werden sollten.
B[undes]K[anzler] ging sehr bereitwillig auf den Vorschlag des Bundespräsidenten ein, Herrn Goeschel zu einer persönlichen Unterhaltung zu empfangen[15].

[2.] B[undes]K[anzler] ging dann auf sein bevorstehendes Gespräch
mit de Gaulle[16] ein. Die Anregung zu dem Zusammentreffen sei von
de Gaulle ausgegangen. Er habe zunächst Bad Dürkheim vorgeschla-

gen, habe sich aber davon überzeugt, daß dort die Unterbringungs-
möglichkeit unzureichend sei. Am liebsten sei ihm Kronberg im Tau-
nus gewesen. Das habe aber de Gaulle abgelehnt, weil er dann auf
dem von der amerikanischen Luftwaffe betriebenen Flugplatz Frankfurt hätte landen müssen. So habe man sich auf Bad Kreuznach
geeinigt. Er – B[undes]K[anzler] – werde von den Ministern *von Brentano, Erhard* und *Etzel* begleitet werden. Die wesentlichsten Ge-
sprächsgegenstände seien die Freihandelszone[17], die gemeinsame Rü-
stungsproduktion[18] durch die Bundesrepublik, Frankreich und Italien
und die Berliner Frage. In dieser sei die Haltung der Franzosen merk-
würdigerweise sehr viel entschiedener als die der Amerikaner und
Engländer. In der Frage der Freihandelszone habe der englische Minister *Maudling*[19] recht unglücklich verhandelt. Nachdem die Verhandlungen so ungeschickt verlaufen seien, sei die zeitweise Unterbrechung
durch Maudling aber zweifellos das Richtige gewesen[20]. Es sei zu
hoffen, daß die bei der Rundreise Professor *Hallsteins* in Rom, Paris
und Luxemburg vorbesprochenen Kompromißmöglichkeiten letzten
Endes die Zustimmung aller Beteiligten finden könnten. Insbesondere
müsse versucht werden, eine Diskriminierung der nicht der EWG an-
gehörenden OEEC-Länder zu vermeiden[21]. B[undes]K[anzler] wiederholte in diesem Zusammenhang seine früher schon öfter vorgetra-
genen Bedenken über den organisatorischen und verwaltungsmäßigen
Zustand des Wirtschaftsministeriums[22]. Staatssekretär Prof. *Dr. Müller-Armack* behandele die europäischen Fragen viel zu theoretisch
(»der ist ein noch viel schlimmerer Professor als Hallstein«)[23].

[3.] Die Besuche des Justizministers *Schäffer* in Ost-Berlin (1955 und
1956)[24] wurden nur kurz gestreift. B[undes]K[anzler] bemerkte,
Schäffer habe ihn »regelrecht belogen«[25]. Darüber, daß er mit dem sowjetischen Botschafter in Ost-Berlin sprechen wolle, habe ihn Schäffer
zwar unterrichtet. Die dreistündige Unterhaltung mit dem Volksar-
mee-General *Vincenz Müller*[26] habe er ihm jedoch vollständig verschwiegen.

[4.] Zu den Landtagswahlen in Bayern[27] und Hessen[28] äußerte
B[undes]K[anzler] lediglich, daß die hessische CDU sich zu wenig um
den Wahlkampf gekümmert habe. Ministerpräsident *Zinn* habe sehr
geschickt mit jeder der im Landtag vorhandenen Parteien verhandelt
und sie in dem Glauben gewiegt, daß die SPD bereit sei, mit ihr eine
Koalition einzugehen.

Mit Bundestagspräsident Eugen Gerstenmaier

Mit Bundesverteidigungsminister Franz Josef Strauß

Nr. 69
4. Februar 1959

Außenpolitische Sorgen des Bundeskanzlers. Reise des britischen Premierministers Macmillan in die Sowjetunion. Bevorstehender Besuch des amerikanischen Außenministers Dulles in London und Bonn. Haltung der USA und Frankreichs zur Deutschland-Frage. Neuwahl oder Wiederwahl des Bundespräsidenten, hierzu von Heuss verfaßtes Memorandum. Erörterung der in die Diskussion gebrachten Kandidaturen von Heinrich Krone, Carlo Schmid, Ludwig Erhard und Franz Böhm.

[1.] Bundeskanzler zeigte sich sehr bedrückt über die außenpolitische Entwicklung der letzten Tage. »Noch nie seit 1945 ist die Lage für Deutschland so ernst gewesen wie jetzt.« Besonders besorgt sei er wegen der Absicht *Macmillans*, einen 7 bis 10tägigen Besuch in der Sowjetunion zu machen[1]. Erst nachdem der Besuchstermin feststand, habe die englische Regierung die USA, Frankreich und die Bundesregierung benachrichtigt. Staatssekretär *van Scherpenberg* habe bei seinem Englandbesuch in der vergangenen Woche ausführlich mit Macmillan und mit *Selwyn Lloyd* (»ein typischer Engländer, der nur England kennt und sonst weiter nichts«) gesprochen. Keiner der beiden habe auch nur ein Wort über die Rußland-Reise fallen lassen. Auch Botschafter *von Herwarth* sei nicht unterrichtet worden. Erst am 3. Februar sei Botschafter *Steel* im Bundeskanzleramt erschienen[2] und habe einen Brief Macmillans überbracht, in dem die Tatsache der Reise mitgeteilt wurde[3]. Als formellen »Aufhänger« für die Reise habe man eine vor Jahren ergangene Einladung der Russen an *Eden* hervorgesucht. Diese sei aber eigentlich durch die zwischenzeitlichen Ereignisse, insbesondere nach der Suez-Krise[4], praktisch gegenstandslos geworden. Die Tatsache, daß der Besuch nicht auf etwa zwei Tage beschränkt bleibe, sondern ungewöhnlich lange dauere, und die Aufmachung als formlicher Staatsbesuch mit allem Drum und Dran lasse die Sorge gerechtfertigt erscheinen, daß Macmillan geneigt sei, sich auf lange sachliche Besprechungen mit den Russen einzulassen. Es müsse also damit gerechnet werden, daß er Lösungsmöglichkeiten insbesondere für die Deutschland-Frage erörtern werde, die sich nicht mehr mit den bisherigen Auffassungen der Westmächte vereinbaren ließen. Dafür spreche auch, daß Botschafter Steel in seiner Unterhaltung mit B[undes]K[anzler] zweimal sehr pointiert gesagt habe, die

DDR sei ein politisches Faktum, um das man nicht mehr herumkomme und mit dem man sich irgendwie auseinandersetzen müsse.
Er – B[undes]K[anzler] – habe Steel gefragt, ob etwa der Entschluß zu der Reise ausschließlich darauf zurückzuführen sei, daß die konservative britische Regierung auf die Stimmung der englischen Bevölkerung, die bei den letzten Meinungsumfragen starke Sympathien für die Labour Party gezeigt habe, Rücksicht nehmen und dem Wähler das beruhigende Gefühl geben müsse, seine Regierung habe alle Sondierungsmöglichkeiten erschöpft[5]. Darauf habe Steel einen hochroten Kopf bekommen und die Frage entschieden verneint.
Man werde nun abwarten müssen, was die Unterhaltung *Dulles-Macmillan* in London am 5./6. Februar[6] ergebe. Dulles werde von London über Paris am 7. Februar nach Bonn kommen[7]. Bestimmt bleibe er bis zum 8. Februar abends. Wenn die Besprechungen länger dauerten, werde er erst am 9. Februar abreisen. Der Gesundheitszustand von Dulles sei bedenklich[8]. Es solle deshalb nur in allerkleinstem Kreise und – was B[undes]K[anzler] besonders bedauerte – ohne feste Tagesordnung verhandelt werden. B[undes]K[anzler] überreichte Abschrift einer Aufzeichnung, die er zur Vorbereitung der Besprechung an Dulles geschickt habe. (Die Aufzeichnung ist dieser Niederschrift als Anlage[9] beigefügt.) Die Haltung der USA zur Deutschland-Frage sei leider nicht mehr so unbedingt fest wie in der Vergangenheit. Dulles stehe großen Schwierigkeiten gegenüber (erhebliche demokratische Mehrheit im Senat und im Repräsentantenhaus, starke Aktivität von *Truman* und *Acheson*, Übernahme des Vorsitzes im Auswärtigen Ausschuß des Parlaments durch Senator *Fulbright*[10] an Stelle des alten Senators *Green*[11]). Bedenklich sei nach wie vor die immer größer werdende Inaktivität *Eisenhowers*. Ihn mit *Chruschtschow* in Verhandlungen zusammenzubringen, sei völlig unmöglich. Der einzige Lichtblick sei die unbeirrt feste Haltung Frankreichs. B[undes]K[anzler] sprach sich dabei sehr anerkennend über den Außenminister *Couve de Murville* aus. Die französische Regierung habe ihren Entwurf zur Beantwortung der russischen Friedensvertragsnote[12] der Bundesregierung zukommen lassen. Dieser Entwurf decke sich völlig mit unserer Auffassung. Vor allem könne man der Haltung *de Gaulles* ganz sicher sein, der eingesehen habe, daß die Ziele Frankreichs und Deutschlands sich hundertprozentig deckten, und daß Frankreich nur gedeihen könne, wenn die Bundesrepublik und Frankreich in der Beurteilung der deutschen, der europäischen und der weltpolitischen Fragen übereinstimmten. B[undes]K[anzler] zeigte einen handschriftlichen Brief de Gaulles, in dem dieser von »notre Europe« sprach[13].

[2.] B[undes]K[anzler] kam sodann ausführlich auf die Wahl des Bundespräsidenten zu sprechen. Der 75. Geburtstag habe sehr eindrucksvoll gezeigt, welche große Verehrung und Achtung der Bundespräsident genieße. Der bei einem der Geburtstagsempfänge gefallene Ausdruck »Volksabstimmung ohne Stimmzettel« sei absolut zutreffend[14]. B[undes]K[anzler] ließ deutlich erkennen, daß er eine Wiederwahl des Bundespräsidenten sich dringend wünsche. Bundespräsident verwies auf die in seinem Memorandum[15] niedergelegten Gedankengänge, insbesondere auf die darin enthaltenen verfassungspolitischen Bedenken gegen eine Änderung des Grundgesetzes. Er erklärte, daß es dem Amt des Bundespräsidenten absolut unzuträglich sei, wenn die Erörterungen, die nur während der Geburtstagstage zum Schweigen gekommen seien, in der bisherigen Form noch einige Zeit weitergingen. Es müsse nun also bald Klarheit geschaffen werden. B[undes]K[anzler] sah dies ein, meinte aber, daß er – namentlich in seiner Fraktion – doch wohl erst in etwa zwei Wochen zu einer gewissen Klärung kommen könne. Er spiele auch bewußt auf Zeit.
Vor einigen Tagen sei der Abgeordnete *Krone* noch einmal zu einer längeren Besprechung bei ihm gewesen[16]. Dabei habe sich erneut ergeben, daß Krone an eine Kandidatur nicht denke. Auch der Stellvertretende Vorsitzende der CDU-Fraktion *Cillien*[17] habe sich an ihn – B[undes]K[anzler] – gewandt und erklärt, daß Krone in der Fraktion nicht entbehrlich sei. Bundespräsident bezweifelte auch, ob bei allen schätzenswerten Eigenschaften Krone in der Lage sei, dem Amt des Bundespräsidenten die rechte Form und den rechten Inhalt zu geben. B[undes]K[anzler] stimmte dem zu. ‹...›[a]
Eine Kandidatur *Carlo Schmids* hielt B[undes]K[anzler] für nicht möglich und auch für nicht wünschbar[18]. Bundesminister *Dr. Schröder* habe den Namen des Bundeswirtschaftsministers *Erhard* genannt[19]. Das komme gar nicht in Frage. Für politische Fragen habe Erhard so viel Verstand »wie dieser Zigarrenkasten hier«. Das habe sich deutlich in seinem Verhalten und seiner Verhandlungsführung über die Maßnahmen zur Behebung der Kohlenkrise[20] gezeigt, wo es zu unnötigen Auseinandersetzungen mit der amerikanischen Regierung wegen des Stops der Kohlenimporte aus USA gekommen sei. Auch die taktische Behandlung der Montan-Union sei ganz falsch gewesen. Erhard werde als Bundespräsidenten-Kandidat überdies auch auf schärfsten Widerspruch der Gewerkschaften stoßen. Bundespräsident bestritt diese Auffassung. Er habe durchaus den Eindruck, daß das Verhältnis Erhards zu den Gewerkschaften nicht schlecht sei. Als

er darauf als einen möglich erscheinenden Kandidaten den Bundestagsabgeordneten Prof. *Dr. Böhm*, Frankfurt/Main, nannte, zeigte
B[undes]K[anzler] sich zunächst ablehnend. Nach einiger Erörterung
über die Persönlichkeit Böhms schien er jedoch zu einem Nachdenken
bereit[21].

B[undes]K[anzler] erwähnte, daß er auf Grund der Besprechung mit
Dr. Krone ein kleines Gremium führender CDU-Politiker[22] zu sich einladen werde. Er hoffe, in diesem Kreis zu einer einheitlichen Meinung
zu kommen. Das werde aber noch mindestens zwei Wochen dauern.
B[undes]K[anzler] bat den Bundespräsidenten nochmals, bis dahin
keine Erklärung abzugeben, die die Tür völlig zuschlage. Er stimmte
ohne Einschränkung der Bemerkung zu, daß eine etwaige Änderung
des Grundgesetzes verfassungsrechtlich völlig unangreifbar sein
müsse. Eine Verlängerung der Amtsperiode des Bundespräsidenten
könne also nicht durch Erstreckung der Amtszeit auf 7 Jahre ohne
Wahl durch die Bundesversammlung erreicht werden. Staatssekretär
Bleek wies darauf hin, daß die Rechtsgutachten der Referenten des
Bundeskanzleramtes, die eine solche Lösung für möglich hielten, nicht
fundiert seien[23]. B[undes]K[anzler] kannte diese Gutachten nicht,
wollte sie sich aber vorlegen lassen, gab aber unabhängig davon zu,
daß eine Wahl durch die Bundesversammlung unabdingbare Voraussetzung für eine Ausdehnung der Amtsperiode über die jetzigen 5
Jahre sein müsse.

Mit Carlo Schmid

Nr. 70
6. März 1959

Besuch des Bundeskanzlers beim französischen Staatspräsidenten de Gaulle. NATO-Fragen. Besuch des britischen Premierministers Macmillan in der Sowjetunion. Erinnerungen an die Moskau-Reise des Bundeskanzlers 1955. Außenpolitische Aktivitäten führender SPD-Politiker. Neuwahl des Bundespräsidenten, Erörterung öffentlich genannter Kandidaten: Ludwig Erhard, Carlo Schmid, Gebhard Müller, Franz Böhm, Theodor Litt, Carl Friedrich von Weizsäcker und Arnold Bergstraesser.

[1.] Bundeskanzler berichtete zunächst über seinen Besuch bei *de Gaulle*[1], bei dem sich eine völlige Übereinstimmung der deutschen und der französischen Auffassungen ergeben habe. De Gaulle stehe – wenn auch mehr unter den Gesichtspunkten einer Allianzpolitik als einer Integrationspolitik – voll und ganz zu den europäischen Zusammenschlüssen und zur NATO. Beides sehe er als ernstlich gefährdet an, wenn es der Sowjetunion gelinge, die jetzt noch bestehenden Meinungsverschiedenheiten unter den Westmächten weiter zu vertiefen.

Auch die Meinung des Ministerpräsidenten *Debré*[2], der früher alles andere als ein »Europäer« gewesen sei, habe sich grundlegend geändert. Im Jahre 1958 sei die Lage in Frankreich politisch (insbesondere Algerien) und wirtschaftlich so verzweifelt gewesen, daß nur die Alternative Volksfrontregierung, Militärdiktatur oder Regierung de Gaulle übriggeblieben sei[3]. De Gaulle sei in seinen politischen Grundauffassungen gegenüber den Auffassungen, die er im Kriege und in den ersten Nachkriegsjahren vertreten habe, ein völlig anderer geworden. »Er ist sehr abgeklärt geworden«. Wenn der Westen gegenüber den russischen Pressionen versage, bedeute dies das Ende von NATO. B[undes]K[anzler] erwähnte dabei auch die Aufweichungserscheinungen, die sich in den zu NATO gehörenden skandinavischen Ländern deutlich zeigten (Haltung Dänemarks zur Einrichtung deutscher Versorgungsdepots und Einladung an *Chruschtschow*, die nach der Macmillan-Reise nun nicht mehr zu vermeiden gewesen sei[4]). Solange die Regierung *Segni* sich halte, könne man wohl Italiens sicher sein, aber auch nur solange[5]. Bei dem Pariser Besuch *Macmillans*[6] werde de Gaulle, ‹der sich mit Macmillan aus der Kriegszeit her nicht besonders gut stehe›[a], den französischen Standpunkt mit aller Entschiedenheit vertreten. Auch in Bonn werde Macmillan nichts erspart bleiben[7]. Die Engländer hätten sich wirklich »lumpig« benommen. Schon, daß weder die USA, Frankreich noch die Bundesrepublik von der Moskau-Reise unterrichtet worden seien[8], sei ein starkes Stück. Besonders bedenklich sei aber, daß in dem Schlußkommuniqué[9] die Erörterung von Disengagementplänen immerhin als möglich bezeichnet worden sei und daß Macmillan sich auf Gespräche über ein separates russisch-englisches Nichtangriffsabkommen eingelassen habe. Natürlich werde Macmillan die Behandlung, die er erfahren habe[10] (Brandrede Chruschtschows in Moskau, Nichtteilnahme an dem Besuch in Kiew wegen »Zahnschmerzen«), nicht vergessen. Der politische Schaden, der für den Westen durch den Besuch in Moskau angerichtet sei, werde aber dadurch um nichts geringer.

B[undes]K[anzler] erwähnte, daß der Großvater Macmillans einfacher Bergarbeiter in Schottland gewesen sei. Dies werde Chruschtschow wahrscheinlich weidlich ausgenutzt haben. Als er – B[undes]K[anzler] – 1955 in Rußland gewesen sei[11], habe Chruschtschow verschiedentlich sehr aufdringlich davon geredet, daß er aus einer ukrainischen Arbeiterfamilie stamme. Das sei ihm schließlich zuviel geworden, und er habe dann seinerseits erzählt, daß auch sein Elternhaus sehr einfach gewesen sei und sein Vater[12] sich mit einer großen Familie mühselig habe durchschlagen müssen. Er empfehle deshalb Herrn Chruschtschow, dieses Thema nicht mehr zu erwähnen.

[2.] B[undes]K[anzler] fragte, wie wohl die deutsche Öffentlichkeit und der ganze Westen es aufnehmen würden, daß *Ollenhauer* einer Einladung Chruschtschows zu einem Zusammentreffen in Ost-Berlin am 9. März folgen werde[13]. Aber damit noch nicht genug, am 14. März führen der »Präsidentschaftskandidat der SPD« [*Carlo Schmid*] und der Abgeordnete *Erler* nach Moskau[14]. »Nun geht die Wallfahrerei also schon los.« Das Auswärtige Amt habe nur mit Mühe verhindern können, daß eine große Anzahl von führenden Wirtschaftlern, die nur das Geschäft, aber keine politischen Gesichtspunkte kennten, einer groß aufgemachten Einladung Chruschtschows zu einem Zusammentreffen auf der Leipziger Messe folgten[15].
Bundespräsident kam auf den ausgezeichneten Verlauf zu sprechen, den die Amerika- und Ostasien-Reise des Regierenden Bürgermeisters *Brandt* genommen habe[16]. Das werde einhellig in allen Berichten unserer Auslandsvertretungen unterstrichen. Er legte dem B[undes]-K[anzler] nahe, Brandt zur Berichterstattung zu sich zu bitten. Das werde sich ganz besonders auch unter innerpolitischen Aspekten empfehlen. B[undes]K[anzler] erklärte sich dazu bereit[17].

[3.] B[undes]K[anzler] äußerte sich dann ausführlich zu den Erörterungen über die Präsidentschaftskandidatur von Minister *Erhard* in der vergangenen Woche[18]. – »Sie ahnen nicht, wie wütend ich auf meine Fraktion bin.« Besonders verärgert war B[undes]K[anzler] über den Bundestagspräsidenten *Gerstenmaier*. Dieser habe von Anfang an jede Möglichkeit einer Änderung des Grundgesetzes zerredet, weil er konsequent die Meinung vertreten habe, die CDU solle sich mit der Kandidatur Carlo Schmids[19] einverstanden erklären. Dieser Meinung sei Gerstenmaier auch jetzt noch. (Von den Bemühungen G[erstenmaier]s um eine Kandidatur *Gebhard Müllers* erwähnte B[undes]-K[anzler] nichts[20].) Es sei durchaus möglich gewesen, für die Änderung des Grundgesetzes eine Form zu finden, die nicht als »Lex-Heuss«[21] empfunden worden wäre. »Die Demokratie wird in den Augen der Deutschen durch die Namen Heuss und Adenauer verkörpert. Ich würde sehr gewünscht haben, daß dieser Zustand wenigstens noch zwei Jahre fortbestanden hätte.« Bundespräsident verblieb bei den in seinem Memorandum[22] niedergelegten Gedankengängen. B[undes]K[anzler] kritisierte die sehr schwankende Haltung des Bun-

desministers Erhard. Dieser habe sich bereits vor 6 Wochen mit seiner
Benennung uneingeschränkt einverstanden erklärt. Um so unverständlicher sei es gewesen, daß er nunmehr mehrere Tage hindurch
hin- und hergeschwankt sei und Erklärungen abgegeben habe, die einmal als ein bedingtes »Ja« und einmal als ein bedingtes »Nein« zu
deuten gewesen wären. Dem Ansehen des Amtes des Bundespräsidenten als verfassungsrechtliche Institution sei damit wahrlich nicht ge-
dient worden. Vor allem sei aber auch die Suche nach einem Bewerber, der als vollwertiger Gegenkandidat zu Carlo Schmid angesehen
werden könne, recht schwierig geworden. Das aus Bundesvorstand,
Landesverbandsvorsitzenden und Vertretern der Bundestagsfraktionen und der Landtagsfraktionen gebildete Gremium[23] werde bei seinem demnächstigen Zusammentritt nur über das weitere Procedere
beraten. Die Erörterungen über den noch zu findenden Kandidaten
sollten in einem späteren Zeitpunkt stattfinden. B[undes]K[anzler]
ließ nicht erkennen, ob er schon klare Vorstellungen über einen solchen Kandidaten hat.

Bundespräsident erwähnte, wie in der vorangegangenen Besprechung,
den Namen von Professor *Franz Böhm* und wies darauf hin, daß dieser im Ausland wegen seiner Haltung zu Wiedergutmachungsfragen
und der Verhandlungen über den Israelvertrag sich großen Ansehens
erfreue[24]. B[undes]K[anzler] stimmte letzterem zu, meinte aber, Professor Böhm sei doch wohl nach seiner ganzen Persönlichkeit nicht geeignet, das Amt des Bundespräsidenten voll auszufüllen. Er habe Professor *Martini* gebeten, ihm eine Liste von Universitätsprofessoren
aufzustellen, die man in Erwägung ziehen könne. Viel sei dabei nicht
herausgekommen. Professor *Litt*[25], Bonn, sei doch wohl schon etwas
zu alt. Bundespräsident warf ein, daß L[itt] sicher ein guter Redner
sei, aber seine Eloquenz sei doch wohl etwas zu glatt. Zu Professor
von Weizsäcker[26], Hamburg, meinte der Bundespräsident andererseits, dieser sei noch zu jung. (V[on] W[eizsäcker] ist 47 Jahre alt.)
Sehr habe er – B[undes]K[anzler] – eine Zeitlang an Professor *Bergstraesser*, Freiburg, gedacht. Eine Rede, die er von ihm in Köln gehört
habe, habe ihn aber enttäuscht. Sie sei ausgesprochen trocken gewesen. Bundespräsident bewertete die Qualitäten Bergstraessers günsti-
ger, wies aber auf politisch nicht ganz unbedenkliche Publikationen
aus dem Jahre 1933 hin[27]. Man müsse damit rechnen, daß diese publi-
zistisch hervorgeholt würden, und das müsse auf alle Fälle vermieden
werden.

Zum Abschluß wiederholte B[undes]K[anzler] nochmals unmißverständlich seine Verärgerung über die Rebellion in seiner Fraktion.

Nr. 71

6. April 1959

Verhandlungen der westlichen Außenminister in Washington und Sitzung des NATO-Rats. Gesundheitszustand des amerikanischen Außenministers Dulles. Wiedervereinigungsinitiative der USA, Vorbereitung der Genfer Deutschlandkonferenz. Arbeitsweise des Auswärtigen Amtes. Rede von Bundeswirtschaftsminister Erhard in Rom. Besuch des britischen Premierministers Macmillan in Bonn. Deutschlandplan der SPD. Haltung des französischen Staatspräsidenten de Gaulle zur Deutschland-Frage. Deutsch-polnische Beziehungen. Nachfolge des verstorbenen deutschen Vertreters bei der Montanunion, Blücher. Briefe des Bundespräsidenten zur Kündigung des freiwilligen Schlichtungsabkommens. Rede des Bundespräsidenten vor der Führungsakademie der Bundeswehr. Nominierung des CDU-Kandidaten für die Bundespräsidentenwahl. Einberufung der Bundesversammlung nach Berlin.

[1.] B[undes]K[anzler] kündigte an, daß Bundesminister *von Brentano* den Bundespräsidenten zu einer eingehenden Berichterstattung über die Washingtoner Verhandlungen der vier westlichen Außenminister und die Sitzung des NATO-Rats aufsuchen werde[1]. Leider sei nicht festzustellen, daß bei den Washingtoner Gesprächen sich schon eine einheitliche Auffassung über die Haltung der Westmächte auf der am 11. Mai beginnenden Außenministerkonferenz[2] gebildet habe. Der führende Kopf der USA sei und bleibe *Dulles*. Sein Fehlen habe die Washingtoner Verhandlungen sehr gehemmt. Dulles habe in einem persönlichen Schreiben aus seinem Erholungsaufenthalt in Florida B[undes]K[anzler] mitgeteilt, daß es ihm gesundheitlich überraschend gut gehe; er hoffe, die Anstrengungen der Strahlenbehandlung schnell zu überwinden und an der Außenministerkonferenz teilnehmen zu können[3]. In Washington seien aber auch Stimmen laut geworden, die den Gesundheitszustand von Dulles pessimistisch beurteilten[4]. Ob *Herter*[5] die Vertretung der USA auf der Außenministerkonferenz wirklich mit der nötigen Durchschlagskraft übernehmen könne, sei recht zweifelhaft. H[erter] sei gewiß ein kluger Kopf, aber die ununterbrochenen starken Schmerzen infolge seiner Arthritis behinderten ihn sehr. Er könne sich selbst auf seinem Büro nur in einem Krankenstühlchen fortbewegen.

Die wesentlichsten Widerstände gegen die deutsche Auffassung zur

Berlin- und Deutschlandfrage seien in Washington übrigens von den
Amerikanern gekommen. Diese hätten einen »uralten« Wiedervereini-
gungsplan[6] vorgebracht, der aber durch die zwischenzeitliche Entwicklung völlig überholt sei. Allein das politische Gewicht, das die
Bundesrepublik inzwischen erlangt habe, mache es unmöglich, die in
dem amerikanischen Plan vorgesehenen Verhandlungen zwischen den
Ländern der beiden Teile Deutschlands zu führen. In der Sowjetzone
seien überdies die Länder als staatsrechtliche Institutionen völlig ver-
schwunden[7].

Darüber, welche einheitliche Konzeption des Westens bis zum 11. Mai
noch gefunden werden könne, ließ sich B[undes]K[anzler] nicht des
Näheren aus. Von den Vorarbeiten der Arbeitsstäbe der vier Auswärtigen Ämter hielt er offensichtlich nicht allzu viel. Er beklage, wie
wenig gründlich die Washingtoner Tage im Auswärtigen Amt vorbereitet worden seien. Da Bundesminister von Brentano bereits mit dem
Schiff nach Amerika unterwegs gewesen sei, habe er am Ostersonn-
abend Staatssekretär *van Scherpenberg* zu einer eingehenden Besprechung nach Rhöndorf bestellt[8]. Erst bei dieser Gelegenheit habe er die
etwa 40 Seiten lange Ausarbeitung der deutschen Arbeitsgruppe,
deren verantwortlicher Leiter der VLR I *Graf Baudissin*[9] sei, zu Gesicht bekommen. Das A[uswärtige] A[mt] habe es nicht einmal fertig-
gebracht, ihm eine Ausfertigung in den Osterfeiertagen zu liefern. Er
habe sie erst am Dienstag nach Ostern erhalten. Unter diesen Umständen habe er es strikt abgelehnt, daß die von ihm noch gar nicht durch-
gearbeiteten Arbeitsthesen von der deutschen Delegation in Washington zur Grundlage ihrer Verhandlungen gemacht würden. Insofern
seien also die Pressemeldungen, daß Minister von Brentano von ihm«
an die kurze Leine gelegt« worden sei, zutreffend.

B[undes]K[anzler] beklagte sich in diesem Zusammenhang ganz allgemein über die schleppende Arbeitsweise des A[uswärtigen] A[mtes][10].
Staatssekretär van Scherpenberg arbeite zwar etwas langsam, aber
sehr gründlich und überlegt, und er sei froh, v[an] Sch[erpenberg] im
A[uswärtigen] A[mt] zu wissen. Der Minister sei zu häufig vom Amt
abwesend. Sein Gesundheitszustand sei auch recht schlecht. Ministerialdirektor *Dittmann* reiche in seinen Leistungen wohl nicht ganz aus.
Es fehle ihm auch die nötige Courage. Über Ministerialdirektor
Knappstein, der ja auch weniger für die politischen Dinge zuständig
sei, habe er sich noch kein abschließendes Bild machen können. Bundespräsident bemerkte, daß er Knappstein günstig beurteile. B[un-
des]K[anzler] erwähnte, daß auf seinen Wunsch in der Abteilung des

von ihm an sich sehr geschätzten Ministerialdirektors *Dr. Carstens*[11] eine Denkschrift über die deutsch-französischen Beziehungen[12] ausgearbeitet worden sei. Was solle man nur dazu sagen, daß diese Denkschrift mit einem Satz *Friedrich des Großen*[13] beginne: »Mit den Franzosen kann man in den besten Beziehungen leben, wenn man ihnen alles gibt, was sie haben wollen.«?! Ebenso grotesk sei der Schluß der Denkschrift, in dem angeregt werde, von Frankreich zu fordern, daß es uns in der Algerienfrage dauernd konsultiere.

Sehr ungehalten zeigte sich B[undes]K[anzler] über Minister *Erhard*, der in einer Rede in Rom[14] vor dem »übertriebenen Europäismus« und dem »Mystifizismus der europäischen Organisationen« gewarnt habe. Er – B[undes]K[anzler] – habe Ministerpräsident *Segni* wissen lassen, daß diese Bemerkungen Erhards nicht seiner Auffassung entsprächen.

B[undes]K[anzler] bemerkte, er komme von einer gemeinsamen Besprechung mit Minister von Brentano und Staatssekretär van Scherpenberg[15]. Diese beiden hätten ihn »vernietet«, beim Bundespräsidenten nicht zu negativ über England zu sprechen. »Aber ich traue diesen Burschen nicht, ich traue ihnen nicht.« (Damit waren offensichtlich die Engländer, nicht aber der Minister und der Staatssekretär gemeint.) B[undes]K[anzler] wiederholte seine Klagen über *Macmillans* Verhalten vor, während und nach dem Moskauer Besuch[16] (keine vorherige rechtzeitige Unterrichtung, insbesondere auch gegenüber Staatssekretär van Scherpenberg, der wenige Tage vor der Moskau-Reise bei Macmillan gewesen sei; Schlußkommuniqué mit der Bemerkung über die Möglichkeiten einer verdünnten Zone, Einfrieren der Rüstungen auf dem jetzigen Stande). Macmillan sei bei seiner Anwesenheit in Bonn[17] der Frage, durch wen diese Bemerkungen in das Kommuniqué gekommen seien, ausgewichen. Bedauerlich sei, daß Macmillan seine ganze Taktik auf die innerpolitische Situation Großbritanniens, vor allem auf die bevorstehenden Wahlen[18] einstelle. Bundespräsident warf ein, er könne sich denken, daß Macmillan dem B[undes]K[anzler] den gleichen Vorwurf bezüglich seiner Haltung mache. B[undes]K[anzler] quittierte diesen Einwurf mit einem herzhaften Lachen[19]. Er sei übrigens von der Iranischen Regierung (möglicherweise sogar vom Schah; daran könne er sich im Augenblick aber nicht genau erinnern) davon unterrichtet worden, daß Engländer und Russen wegen der Moskau-Reise über ihre beiderseitigen Botschafter in Teheran miteinander verhandelt hätten. Die Haltung Macmillans sei übrigens noch viel dubioser als die *Selwyn Lloyds*. Dieser habe

beim Abschluß der Unterhaltung in Bonn erklärt, die Bemerkung des Kanzlers, daß man bei der jetzigen Lage auf die Opposition mit dem Holzhammer einschlagen müsse, habe ihm sehr imponiert.
Der Brief, den Macmillan ihm vor kurzem geschrieben habe[20], sage sachlich wenig aus. Er beschränke sich im wesentlichen auf formelle Fragen, enthalte aber auch die Anregung zu einem Besuch des Kanzlers in London[21]. Er habe in seiner Antwort die Möglichkeit eines solchen Besuchs durchaus offengelassen.

[2.] Bundespräsident bedauerte die Veröffentlichung des Deutschlandplans der SPD[22], die sicherlich der SPD bei den Wahlen[23] großen Abbruch tun werde. B[undes]K[anzler]: »Ich habe bei meinen Wahlreden davon ausgiebig Gebrauch gemacht.« Bundespräsident erwähnte, daß er daran denke, sich von den Abgeordneten *Carlo Schmid, Ollenhauer* und *Erler* über deren Besprechungen mit *Chruschtschow*[24] unterrichten zu lassen. Eine Verabredung darüber sei wegen der Osterfeiertage noch nicht zustande gekommen. B[undes]K[anzler] hielt von einer derartigen Unterhaltung nicht sehr viel. Die Gespräche seien ja doch ergebnislos verlaufen. Ollenhauer habe sich bei seinem Gespräch mit Chruschtschow sehr unbeholfen benommen, insbesondere weil er keinen eigenen Dolmetscher mitgenommen habe[25]. *Kurt Schumacher* habe ihm gegenüber Ollenhauer einmal als einen »kleinen Parteifunktionär« bezeichnet[26].
Bundespräsident erwähnte, man spreche in Deutschland davon, daß die Bemerkung *de Gaulles* in seiner letzten Rede[27] über die Lösung der Deutschlandfrage »auf der Grundlage der zur Zeit bestehenden Grenzen« vom B[undes]K[anzler] veranlaßt sei. B[undes]K[anzler] erwiderte, zwischen ihm und de Gaulle sei hauptsächlich über die Aufnahme diplomatischer Beziehungen zwischen der Bundesrepublik und Polen gesprochen worden[28]. De Gaulle habe bemerkt, gegenüber der Regierung *Gomulka*[29] sei das Bestehen diplomatischer Beziehungen wohl ohne jede Bedeutung. Der Eindruck in der polnischen Öffentlichkeit werde aber groß sein. Zur Oder-Neiße-Linie habe er – B[undes]K[anzler] – bemerkt, daß diese Frage nur durch einen Friedensvertrag gelöst werden könne und daß niemand in Deutschland an eine gewaltsame Änderung der jetzt bestehenden Grenzverhältnisse denke. Dies sei ihm übrigens auch kürzlich von dem neuen Vorsitzenden des Bundes der Vertriebenen[30] als die Auffassung dieser Organisation bestätigt worden. Auf lange Sicht könne er sich eine Regelung denken, die eine gemeinsame Verwaltung der strittigen Gebiete bringe. Die in der Tat

mißverständlichen Äußerungen de Gaulles seien in der Zwischenzeit auch schon wesentlich abgeschwächt worden.

[3.] Bundespräsident fragte, ob schon konkrete Pläne über den Nachfolger des verstorbenen Bundesministers a.D. *Blücher* bei der Montanunion bestünden[31]. B[undes]K[anzler] verneinte dies. Gedacht sei in erster Linie wohl an Staatssekretär *Dr. Westrick.* Der in der Presse genannte CDU-Abgeordnete Professor *Dr. Burgbacher*[32] sei zwar ein tüchtiger Mann, aber noch nicht genügend in diese Aufgabe hineingewachsen. Die DP-Fraktion habe den früheren Staatssekretär und jetzigen Bundestagsabgeordneten *Dr. Ripken* nominiert.

[4.] Bundespräsident unterrichtete B[undes]K[anzler] davon, daß er an den Präsidenten der Bundesvereinigung der Deutschen Arbeitgeberverbände, Herrn *Dr. Paulssen,* und an den Vorsitzenden des Deutschen Gewerkschaftsbundes, Herrn *Willi Richter*[33], gleichlautende Briefe geschrieben habe[34]. Bundesarbeitsminister *Blank* habe Abschrift der Briefe erhalten. Das freiwillige Schlichtungsabkommen, um dessen Kündigung es jetzt gehe[35], sei seinerzeit durch seine Hinweise auf die Schweizer »Friedensregelung« angeregt worden. Er habe mit seinen Briefen vor allen Dingen darauf aufmerksam machen wollen, daß man die jetzige angespannte politische Situation nicht noch mit ernsten arbeitsrechtlichen Auseinandersetzungen und Arbeitskämpfen belasten dürfe. Die Entscheidung des Bundesverfassungsgerichts über das Urteil des Bundesarbeitsgerichts zum schleswig-holsteinischen Metallarbeiterstreik[36] solle in Ruhe abgewartet werden. B[undes]-K[anzler] zeigte sich über diesen Schritt des Bundespräsidenten sehr befriedigt.

[5.] Bundespräsident sprach sodann von seiner Rede vor der Führungsakademie der Bundeswehr in Hamburg[37]. Sehr bemerkenswert sei für ihn, daß mit Ausnahme der »Neuen Rhein-Zeitung« diese Rede in der SPD keinerlei ablehnende Beurteilung gefunden habe. Die Rede habe aber eine sehr polemische und noch nicht abgeschlossene Auseinandersetzung zwischen ihm und Kirchenpräsident *Niemöller*[38] zur Folge gehabt[39].

[6.] Zum Schluß bemerkte B[undes]K[anzler], daß am 7. April das von der CDU eingesetzte, aus 60 Mitgliedern bestehende Gremium tagen werde, das die Nominierung des Kandidaten der CDU zur Bundespräsidenten-Wahl vorbereiten solle[40]. Über einzelne Namen werde am 7. April noch nicht gesprochen werden. Die Auseinandersetzungen über die Wahl hätten ihm bisher viel Ärger bereitet, besonders das Verhalten des Ministers Erhard, »das ich ihm nie vergessen werde«[41]. Bei einem Gespräch, das er heute mit den Ministerpräsidenten *Dr. Meyers* und *von Hassel*[42] und den Bundestagsabgeordneten *Dr. Krone* und *Höcherl* geführt habe[43], habe er mit Erschrecken festgestellt, welch' vage Vorstellungen über die Bedeutung des Amtes des Bundespräsidenten und die ihm gegebenen politischen Möglichkeiten selbst in diesem Kreise vorhanden gewesen seien. Man halte völlig irrig das Amt für eine rein repräsentative und kontemplative Einrichtung. Er werde also am 7. April dem CDU-Gremium eine eindringliche Vorlesung über die wahre Bedeutung des Amtes halten[44].

B[undes]K[anzler] bat, Bundespräsident möchte den Bundestagspräsidenten *Gerstenmaier* empfangen und versuchen, ihm klar zu machen, daß es politisch ganz inopportun sei, die Bundesversammlung nach Berlin einzuberufen[45]. Bundespräsident erwiderte, noch wichtiger sei es, die Frage des Stimmrechts der Berliner Mitglieder der Bundesversammlung so eindeutig zu klären, daß wegen ihrer Teilnahme, aber auch wegen ihrer Nichtteilnahme am Wahlakt die Gültigkeit der Wahl nicht vor dem Bundesverfassungsgericht angefochten werden könne[46]. B[undes]K[anzler] bat, Bundespräsident möge auch hierüber mit dem Bundestagspräsidenten sprechen. Bundespräsident legte sich auf ein solches Gespräch nicht fest[47].

Adenauer beantwortet Heuss-Kritik

Erhards Kanzlerposten fast schon sicher

Von WILHELM STAMPFEL

Bonn, 19. April

Bundeskanzler Adenauer hat den Brief beantwortet, in dem sich Bundespräsident Heuss kritisch zu Adenauers Erklärungen über das Präsidentenamt geäußert haben soll. Das Bundespräsidialamt bestätigte den Eingang des Schreibens. Über den Inhalt wurde, den Gepflogenheiten entsprechend, nichts mitgeteilt.

Der Bundespräsident soll zu dem Brief durch eine Rede Adenauers, in der er gesagt hatte, daß die Stellung des Bundespräsidenten in der Öffentlichkeit viel zu gering eingeschätzt würde, veranlaßt worden sein.

Man hat in dieser Feststellung eine Kritik Adenauers an der Amtsführung von Heuss herausgehört. Heuss hatte daraufhin vor ungefähr zehn Tagen den Brief an den Kanzler nach Cadenabbia (Italien), wo Adenauer seinen Urlaub verbringt, geschickt.

Adenauer ließ daraufhin seinen engsten Mitarbeiter, den Staatssekretär in der Bundeskanzlei, Dr. Globke, nach Cadenabbia kommen. Nach seiner Rückkehr suchte Globke dann den Bundespräsidenten auf.

Inzwischen ebbt der Streit über die Frage ab, wer den nächsten Bundeskanzler vorzuschlagen habe: Bundespräsident Heuss oder sein Nachfolger Adenauer.

In der Villa Hammerschmidt sagt man, Professor Heuss denke nicht daran, noch kurz vor Ablauf seiner Amtszeit einen neuen Bundeskanzlerkandidaten vorzuschlagen. Er werde dies seinem Nachfolger überlassen.

In Bonn scheint es fast sicher, daß nur noch Wirtschaftsminister Professor Erhard für den Kanzlerposten in Frage kommt. CDU-Abgeordnete erklären übereinstimmend, das deutsche Volk würde eine andere Entscheidung nicht verstehen.

Verstimmt ...

Zeichnung: Hartung

»Bild am Sonntag« am 19. April 1959 zum Briefwechsel Heuss-Adenauer während der Präsidentschaftskrise vom Frühjahr 1959 (zu Nr. 71, Anm. 44)

Brief-Duell

HEUSS—ADENAUER

na/u/d Bonn. — Der Briefwechsel zwischen Bundespräsident Heuss und Bundeskanzler Adenauer ist in Bonn noch immer Tagesgespräch. Ein Sonderkurier aus Cadenabbia hat am Samstag ein Schreiben Adenauers an Heuss als Antwort auf dessen Brief überbracht. Adenauer soll darin versichert haben, daß er in seiner Rundfunkansprache vom 8. April die Amtsführung von Heuss in keiner Weise habe kritisieren wollen.

In politischen Kreisen Bonns wird jedoch offen von einer Verstimmung zwischen Heuss und Adenauer gesprochen.

● Man hält es für möglich, daß Heuss seinerseits demnächst dem deutschen Volk seine Ansichten über die Rechte und Pflichten des Bundespräsidenten bekanntgeben wird.

Der Inhalt des Briefwechsels ist bisher nicht veröffentlicht worden. Heuss soll in seinem Schreiben Adenauer um eine Erläuterung seiner Rundfunkrede gebeten haben.

Adenauer hatte damals erklärt, daß die Stellung, Aufgabe und Arbeit des Bundespräsidenten in der deutschen und in der internationalen Öffentlichkeit zu gering eingeschätzt werde. Sie sei viel größer, als man schlechthin glaube.

● In dieser Bemerkung wurde vielerorts eine Kritik Adenauers an der Amtsführung von Heuss gesehen. Adenauer habe damit Heuss vorgeworfen, das Amt des Bundespräsidenten nicht ausreichend ausgefüllt zu haben.

Außerdem wurden die Äußerungen Adenauers und Erklärungen in seiner

32 000 Orden

u Bonn. — Bundespräsident Heuss hat in seiner jetzt fast zehnjährigen Amtszeit weit über 31 000 Orden verliehen. Bis zum Ende der Amtszeit im September werden es rund 32 000 sein. Es handelt sich dabei um die neun Stufen des Verdienstordens der Bundesrepublik.

Umgebung als Ankündigung angesehen, daß sich Adenauer als Bundespräsident stärker in die Tagespolitik einschalten will, als Heuss es getan hat.

● Diese Absichten sind dem Vernehmen nach Hauptgegenstand des Briefwechsels zwischen Heuss und Adenauer. Auch Heuss scheint verfassungsrechtliche Bedenken über die Ansichten Adenauers an den Rechten des Bundespräsidenten zu haben. Er ist — wie Adenauer — einer der Väter des Grundgesetzes.

Aus der »Frankfurter Nachtausgabe« vom 20. April 1959

Nr. 72
1. Juni 1959

Besuch des Bundeskanzlers in den USA aus Anlaß der Beisetzung von John Foster Dulles. Beurteilung von Bundeswirtschaftsminister Erhard und seiner Eignung für die Adenauer-Nachfolge im Kanzleramt.

[1.] B[undes]K[anzler] berichtete über seinen Besuch in USA anläßlich der Beisetzung von *Dulles*[1]. Er habe bei dieser Gelegenheit nicht nur eine sehr fruchtbare Aussprache mit *Eisenhower*, sondern auch Besprechungen mit einer Reihe führender amerikanischer Persönlichkeiten gehabt. Es sei zu hoffen, daß *Herter*, der einen guten Eindruck auf ihn gemacht habe, die Grundlinien der Dulles'schen Außenpolitik beibehalten werde. Für die deutsche und die Berliner Frage habe er jedenfalls viel Verständnis, wie schon seine bisherige Haltung auf der Genfer Konferenz[2] gezeigt habe. Senator *Humphrey*[3] habe in einer ausführlichen Unterhaltung bedauert, daß in weiten Kreisen der amerikanischen Bevölkerung keine rechten Vorstellungen über die Lage in Deutschland und namentlich auch über Berlin vorhanden seien. Die Unkenntnis über diese Fragen nehme zu, je mehr man in den Vereinigten Staaten nach Westen komme.

[2.] Besonders interessant sei eine Unterhaltung mit *McCloy* gewesen[4]. Dieser habe von sich aus ernstliche Bedenken geäußert, ob Bundeswirtschaftsminister *Erhard* die Nachfolge des Bundeskanzlers übernehmen könne[5]. Erhard sei sicher ein ausgezeichneter Wirtschaftspolitiker, aber für die großen außenpolitischen Fragen fehle ihm die nötige Standfestigkeit. Bei seinem letzten Besuch in den Vereinigten Staaten[6] habe er keinen sehr günstigen Eindruck hinterlassen. So habe er es nicht unterlassen können, in einem langen Gespräch mit dem amerikanischen Handelsminister[7] diesem eine Vorlesung darüber zu halten, in wieviel Punkten die amerikanische Wirtschaftspolitik verfehlt sei und was anders gemacht werden müsse[8].

B[undes]K[anzler] benutzte diese Bemerkung, um sich darüber zu beklagen, daß der Druck aus seiner Fraktion, er solle nach seiner Wahl zum Bundespräsidenten Erhard zum Bundeskanzler vorschlagen, sich dauernd verstärke[9]. Er habe sich diese Frage gründlich überlegt und sei immer mehr zu dem Schluß gekommen, daß Erhard kein geeigneter Nachfolger sein werde. Gleichwohl ließen die Versuche, ihn umzustimmen, nicht nach. »Ich mache das nicht mit; das kann ich vor meinem Gewissen nicht verantworten.«[10]

Nr. 73
10. Juni 1959

Möglichkeit einer Grundgesetzänderung zur Wiederwahl von Heuss
zum Bundespräsidenten. Kandidatur von Franz Böhm.

B[undes]K[anzler] hatte sich kurzfristig zu einem Besuch beim Bundespräsidenten angesagt. Er eröffnete das Gespräch mit der dringenden Bitte, Bundespräsident möge von seiner bisherigen ablehnenden
Auffassung abgehen und sich mit einer Verfassungsänderung einverstanden erklären, die seine Wiederwahl ermögliche[1]. Nur so könnten
die unliebsamen Vorfälle der letzten Monate und Wochen aus der
Welt geschaffen werden. Bundespräsident lehnte unmißverständlich
ab, verwies auf seine früheren Erklärungen und namentlich auf das
während seines Weihnachtsurlaubs in Lörrach abgefaßte Memorandum[2]. Wenn er jetzt seinen Standpunkt ändere, so sehe eine weitere
Kandidatur ausgesprochen nach Verlegenheitslösung aus.
B[undes]K[anzler] nahm diese Erklärung des Herrn Bundespräsidenten ohne Kommentar zur Kenntnis und fragte dann unvermittelt, was
Bundespräsident von Professor *Böhm*, Frankfurt, halte. Bundespräsident erinnerte daran, daß er schon in einem früheren Gespräch Böhm
als einen Kandidaten für die Bundespräsidentenwahl genannt habe[3],
der ihm nach seiner Persönlichkeit und wegen seines großen Ansehens
im Ausland als besonders geeignet erscheine. B[undes]K[anzler] hörte
sich dies an, ohne sich irgendwie zu äußern.

Nr. 74
7. August 1959

Verzicht des Bundeskanzlers auf seine Kandidatur für die Bundesprä-
sidentenwahl. Das Amt des Bundespräsidenten, Bewertung durch
Heuss und Adenauer. Nachfolge des neuen Bundespräsidenten Lübke
im Amt des Bundesministers für Ernährung, Landwirtschaft und For-
sten. Bevorstehende Europa-Reise des amerikanischen Präsidenten
Eisenhower und dessen Treffen mit dem sowjetischen Ministerprä-
sidenten Chruschtschow. Beurteilung des neuen amerikanischen Au-
ßenministers Herter. Situation in Italien. Beziehungen Frankreich-
USA, Spannungen im westlichen Bündnis. Umsturz in Kuba. Besuch
des amerikanischen Vizepräsidenten Nixon in der Sowjetunion und in

Polen. Beziehungen zu Polen und zur Tschechoslowakei. Energiefragen. Zusammenarbeit der Bundesrepublik mit Frankreich und Italien.

[1.] Bundespräsident fragte B[undes]K[anzler], ob er seine Krankheit[1] völlig überwunden habe. B[undes]K[anzler] dankte. »Wenn ich Studienrat wäre, hätte ich mir einen Wickel um den Hals gemacht und mich zwei Tage ins Bett gelegt. So muß ich eine Fülle ärztlicher Untersuchungen über mich ergehen lassen. Ich bin ja leider kein Studienrat.«

»Über die meisten Dinge, die im Frühjahr und Sommer passiert sind, habe ich mich eigentlich nur ärgern müssen.« Bundespräsident erwiderte, auch er habe sich geärgert. Bei der Unterredung am Montag, den 1. Juni[2], habe B[undes]K[anzler] kein Wort darüber gesagt, daß er beabsichtige, am nächsten Tag in Briefen an die Abgeordneten *Krone* und *Höcherl* den Rücktritt von seiner Kandidatur zum Bundespräsidenten zu erklären[3]. Er – Bundespräsident – habe den Rücktritt erst am 4. Juni in Saarbrücken aus Rundfunknachrichten erfahren müssen.

B[undes]K[anzler] erwiderte, daß er seine Rücktrittsabsicht bereits in unbezweifelbarer Form – diese Bemerkung sei ausschließlich für Minister *Erhard* bestimmt gewesen – in der Kabinettssitzung vom 14. Mai 1959 angedeutet habe[4]. Er nehme an, daß der Chef des Bundespräsidialamtes den Bundespräsidenten darüber unterrichtet habe, so daß dieser eigentlich am 2. Juni nicht darüber überrascht gewesen sein könne. Staatssekretär *Bleek* wies darauf hin, daß die Bemerkung des B[undes]K[anzlers] in einer Ministerbesprechung gemacht worden sei, die *vor* der eigentlichen Kabinettssitzung abgehalten worden sei. Er habe infolgedessen an dieser Besprechung nicht teilnehmen können und habe dadurch auch keine Möglichkeit gehabt, den Herrn Bundespräsidenten zu unterrichten.

Bundespräsident erklärt sodann, daß er eine Bemerkung des B[undes]K[anzlers] in der Bundestagssitzung[5] vom 11. Juni 1959 recht unangemessen empfunden habe. B[undes]K[anzler] habe erklärt, es sei wohl selbstverständlich, daß ein Mann, der in seinem Leben so viel erlebt, mitgemacht und vielleicht auch geleistet habe, es auch einmal gern sehen würde, wenn er sich mit Ehren nur so aus der Entfernung, wie Herr Bundespräsident Heuss das getan habe, die Politik ansehen könne. B[undes]K[anzler] habe wohl übersehen, daß er – Bundespräsident – sein Amt primär als eine politische Aufgabe angesehen und danach bei seiner Amtsführung gehandelt habe. B[undes]K[anzler] erwiderte, nach dem amtlichen Protokoll über die Bundestagssitzung (S. 4017 B) habe er lediglich gesagt, daß er es gern sehen würde, sich der Politik so *widmen* zu können, wie das Bundespräsident Heuss getan habe (also nicht: die Politik ansehen). Mit dieser Formulierung habe er doch wohl zu erkennen gegeben, daß er das Amt des Bundespräsidenten als ein politisches ansehe, und daher könne er eine Herabsetzung der Amtsführung des Bundespräsidenten in seiner Formulierung nicht erblicken.

[2.] Bundespräsident fragte, ob B[undes]K[anzler] schon bestimmte Vorstellungen über den neu zu ernennenden Ernährungsminister habe. B[undes]K[anzler] erwiderte, er habe am 6. August ein ziemlich eingehendes Gespräch mit dem Vorsitzenden des Schleswig-Holsteinischen Bauernverbandes, dem Bundestagsabgeordneten *Struve*[6], gehabt. Struve, ein besonnener und gut qualifizierter Mann, habe leider die Nachfolge für Bundesminister *Lübke*[7] aus Gesundheitsgründen ablehnen müssen. Diese Gründe müsse er – B[undes]K[anzler] – anerkennen.
Wer nun Ernährungsminister werden solle, sei wieder ganz offen. Im Vordergrund stehe zunächst der Name des Bundestagsabgeordneten *Lücker*[8], der namentlich in Fragen der europäischen Organisationen eine sehr abgewogene Auffassung vertreten habe. Nun sei aber Lücker Mitglied der CSU, »und von der CSU habe ich schon genug im Kabinett, aber Lücker ist ja immerhin in Montabaur geboren«.

[3.] Über das Treffen *Eisenhower-Chruschtschow*[9] zeigte sich B[undes]K[anzler] sehr besorgt. Die einzige europäische Macht, die wirklich vorher von den USA konsultiert worden sei, sei Großbritannien. Den übrigen NATO-Mächten habe man lediglich mitgeteilt, daß das Treffen vereinbart sei und man annehme, daß keine Bedenken dagegen bestünden. Dabei habe Eisenhower ihm noch bei den Beisetzungsfeierlichkeiten für *Dulles*[10] gesagt, er denke nicht daran, wie ein Bettler mit dem Hut in der Hand Chruschtschow auf dem Gipfel zu begegnen. Rußland müsse also vorher ganz bestimmte Garantien und Zugeständnisse geben.
B[undes]K[anzler] fuhr fort, *Herter* sei zwar ein guter Mann und auch in seiner Auffassung über die russische Politik sicherlich ganz eindeutig, aber die Klarheit und Energie von Dulles fehlten ihm doch noch sehr. B[undes]K[anzler], der auch an anderen Stellen der Unterhaltung verschiedentlich sein Bedauern über den Verlust von Dulles aussprach,

glaubte, daß Herter sehr durch seinen körperlichen Zustand behindert sei und daß ihm allein deshalb wohl häufig die nötige Durchschlagskraft fehle. Wieviel Unruhe durch die überraschende Einladung an Chruschtschow in die westliche Welt gekommen sei, zeige sich besonders an der Reaktion Italiens. Er – B[undes]K[anzler] – habe sehr beunruhigte Berichte aus Rom, insbesondere auch von Ministerpräsident *Segni* persönlich erhalten[11]. Die Italiener fragten ganz offen, wie sie den bisher doch nicht ganz erfolglosen Kampf gegen die starke italienische kommunistische Partei führen sollten, wenn man im Kino das Auftreten Chruschtschows in Amerika und die Begrüßung durch den amerikanischen Präsidenten und die Bevölkerung zu sehen bekomme.

Es sei zwar zu begrüßen, daß Eisenhower vor seinem Zusammentreffen mit Chruschtschow nach Europa komme. Nach dem Programm beginne der Besuch in London. *Macmillan* habe ihn eingeladen, zu einem Zusammentreffen mit Eisenhower nach London zu kommen[12]. Macmillan erwarte B[undes]K[anzler] erst während der letzten eineinhalb Tage der Anwesenheit von Eisenhower in London[13]. Das bedeute praktisch, daß B[undes]K[anzler] sich als ein Gast in London aufhalten müsse, der zu den Besprechungen nur zugezogen werde, wenn es Eisenhower und namentlich Macmillan genehm sei. Er habe deshalb heute morgen an Macmillan geschrieben[14] und die Einladung abgelehnt (Vermerk: Ob zu dem Zeitpunkt des Besuchs schon Verhandlungen wegen des Besuchs von Eisenhower in Bonn[15], der am 10. August bekanntgegeben wurde, geführt worden waren, erwähnte B[undes]K[anzler] nicht.)

Die größten Schwierigkeiten lägen im Augenblick bei *de Gaulle*, für den B[undes]K[anzler] im übrigen auch im Verlaufe dieses Gesprächs große Sympathien zeigte. Eine Zusammenkunft der Regierungschefs der vier großen westlichen Mächte habe de Gaulle leider abgelehnt[16]. Er bestehe auf einem Zusammentreffen mit Eisenhower unter vier Augen. Das Verhältnis zwischen de Gaulle einerseits, den Amerikanern, namentlich Eisenhower, und den Engländern andererseits sei recht gereizt. Das gehe einmal auf die persönlichen Erlebnisse de Gaulles in London und Washington während des zweiten Weltkriegs zurück. Als General ohne Land und Armee habe man ihn damals durchaus als eine Randfigur behandelt, und das habe de Gaulles starkes Selbstbewußtsein bis heute nicht verwunden. Besonders gereizt sei aber die Stimmung gegenüber den USA wegen ihrer Haltung bei der vorjährigen UNO-Abstimmung über den gegen die französische Alge-

rienpolitik gerichteten Tadelsantrag[17]. Am Tage vor der Abstimmung
habe der italienische Delegierte bei den Amerikanern angefragt, wie
diese stimmen würden, und die Antwort erhalten, daß die USA ihre
Stimme gegen den Antrag abgeben würden. Darauf habe Italien ebenfalls mit »nein« gestimmt, während die USA sich dann der Stimme
enthalten hätten. Bei den Amerikanern spreche immer noch im Unter-
bewußtsein eine mehr oder weniger gefühlsmäßige antikolonialisti-
sche Stimmung mit. Wenn sich die USA auch bei der kommenden
UNO-Tagung bei der Abstimmung über den neuen Tadelsantrag der
Stimme enthielten[18], bestehe die Gefahr, daß der Antrag angenommen
werde. Im vorigen Jahr habe zu der erforderlichen Zweidrittelmehrheit nur eine Stimme gefehlt.

Da nach dem Umsturz in Kuba[19] der Vertreter der doch stark radika-
lisierten und auch prokommunistischen Regierung *Fidel Castro*[20]
nunmehr im Gegensatz zu der vorjährigen Stimmabgabe für den Antrag stimmen werde, sei mit seiner Annahme zu rechnen. Wie de
Gaulle in diesem Falle reagieren werde, sei noch gar nicht vorauszuse-
hen.

Auch den *Nixon*-Besuch in Rußland und Polen[21] beurteilte B[undes]-
K[anzler] unter dem Gesichtspunkt der Interessen des freien Westens
als bedenklich. Nixon habe sich sicher sehr geschickt verhalten und
vor allen Dingen wohl auch seine Chancen für seine Präsidentschaftskandidatur im Jahre 1960[22] wesentlich verbessert. Daß aber durch
solche Besuche eine für die europäischen Mächte letztes Endes nur
nachhaltige Kompromißstimmung in den USA gestärkt werde, sei un-
bestreitbar. Bezeichnend sei auch, daß man als Begleiter und sicher
auch als Überwacher für Nixon *Milton Eisenhower* mit nach Rußland
geschickt habe, der nicht zu Unrecht im Verdacht stark links gerichte-
ter Auffassung stehe[23].

[4.] Bundespräsident fragte B[undes]K[anzler] nach seiner Meinung
über das deutsch-polnisch-tschechische Verhältnis. B[undes]K[anzler]
vermied, auf die während der Genfer Konferenz angestellten Erwägungen (Angebot eines Gewaltverzichts gegenüber Polen und der
Tschechei)[24] näher einzugehen. An der Tschechei bestehe, da eine ausgesprochen stalinistische Regierung noch am Ruder sei, überhaupt
kein unmittelbares Interesse. Bei Polen habe zwar der Besuch Nixons
in Warschau gezeigt, daß die Bevölkerung in ihrer großen Mehrheit
nicht kommunistisch und auch antisowjetisch sei. *Gomulka* und sein
Kreis seien aber überzeugte Kommunisten und außerdem völlig von
Rußland abhängig.

Wirtschaftliche Beziehungen mit Polen kämen vorläufig sowieso nicht
in Frage, da die Bundesrepublik wegen der schwierigen Lage des
Ruhrbergbaus auf lange Zeit auf oberschlesische Kohlenlieferungen
nicht angewiesen sei. Die Kohlenlage[25] sei eine große Sorge für uns.
Wenn man die notwendigen Rationalisierungsmaßnahmen vornehme,
müßten allein im Bochumer Raum 30 % der Zechen stillgelegt werden. Das erfordere langfristige Überlegungen über die Ansiedlung von
Industrien, die in der Lage wären, die freigesetzten Bergarbeiter aufzunehmen. Vor allem sei eine überstürzte Stillegung von Zechen aber
auch deshalb nicht zu verantworten, weil die Kohle das einzige Ener-
giereservoir sei, das der Bundesrepublik in schwierigen Situationen
zur Verfügung stehe.
Auf längere Sicht gesehen, werde sich die Situation allerdings grundsätzlich ändern. Die Erdölvorkommen, die man in der französischen
Sahara entdeckt habe[26], seien größer als die Venezuelas. Außerdem sei
man in der Sahara auf Erdgas fündig geworden, das ohne allzu
großen Transportkostenanteil nach Frankreich und in das übrige
westliche Europa geleitet werden könne. Die Bestrebungen Frankreichs, die Montanunion in eine Energiewirtschaftsunion umzu-
bauen[27], seien daher sehr zu begrüßen. B[undes]K[anzler] kam dabei
wieder auf seine Bedenken wegen der außenpolitischen Konzeption
Amerikas und meinte, es sei wohl unausweichlich, daß sich die Bundesrepublik, Frankreich und Italien fest zusammenschlössen, um
damit eine dritte Kraft mit beachtlicher politischer, wirtschaftlicher
und militärischer Stärke zu bilden[28].

12. September 1959: Beim Abschiedsempfang im Palais Schaumburg, mit Amtsnachfolger Heinrich Lübke

16. September 1959, Bahnhof Bonn: Theodor Heuss (im Wagen links) fährt
bei seiner Verabschiedung auf dem Bahnsteig vor; links die Mitglieder der Bundesregierung

Mit Bundespräsident Lübke

Mit seiner Schwägerin Hedwig Heuss

Manfred Klaiber

Karl Theodor Bleek

Hans Bott

Hans-Heinrich Herwarth
von Bittenfeld

Otto Lenz

Hans Globke

Herbert Blankenhorn

Walter Hallstein

Siegfried Balke

Franz Blücher

Thomas Dehler

Felix von Eckardt

Jakob Kaiser

Robert Lehr

Ernst Lemmer

Reinhold Maier

Vollrath Freiherr von Maltzan

Gebhard Müller

Fritz Schäffer

Gerhard Schröder

Anhang

Die bisher
unveröffentlichten Briefe

Nr. 1
Heuss am 1. August 1949

Verehrter Herr Doktor Adenauer,

In der Anlage übersende ich Ihnen den Brief des Journalisten Alfred Joachim Fischer[1], der mich um eine Einführung bei Ihnen bat. Ich habe ihm von unterwegs eine Karte gesandt, daß ich Ihnen unmittelbar ein paar Zeilen schreiben wolle. Herrn Fischer habe ich vor vielen vielen Jahren als jungen Menschen gekannt[2] und bin ihm vor bald zweieinhalb Jahren in London wieder begegnet[3], wohin er emigriert war. Er war an einem der Schlußtage des Parlamentarischen Rates[4] in Bonn und hat ein »Interview« mit mir in der »Neuen Zeitung« veröffentlicht[5], das inhaltlich zuverlässig war. Er ist ein bescheidener und über die deutsche Problematik ziemlich orientierter Mann, und ich bitte Sie, falls er sich meldet, ihn freundlich aufzunehmen[6].
Hoffentlich halten Sie die Wahlcampagne[7] gesundheitlich gut durch. Da ich nicht so würdig bin wie Sie, habe ich es mir angewöhnt, ohne Jacke zu sprechen, um die Hitze besser durchzustehen.

Mit guten Grüßen　　　　　　　　　Ihr ergebener Theodor Heuss

Nr. 2
Heuss am 26. Oktober 1949

Verehrter Herr Bundeskanzler!

Dieser Brief ist eine Art von Notschrei. Ich weiß von den Schwierigkeiten Ihres Entschlusses, ein Bundesamt für Auswärtige Angelegenheiten oder zwischenstaatliche Beziehungen zu konstituieren[8], aber es

---

Anmerkungen zum Anhang im Kommentar auf S. 520-528

Entwurf für ein Kommuniqué   559

en Bonn

Der Ältestenrat des Parlamentarischen Rates hat sich
mit dem Schreiben befasst, durch das die Herren Piecl
Nuschke und Kastner eine Konferenz ~~von Vertretern~~ des
sogenannten ~~"Volksrates" in Berlin und des Zonl-~~
~~Rates~~ in Braunschweig angeregt hatten. Der Parlamentarische Rat wird dem Vorschlag nicht Folge leisten,
da er die Gleichwertigkeit in der demokratischen
Legitimation der Einladenden anzuerkennen nicht in
der Lage ist.

Aus der gemeinsamen Arbeit von Adenauer und Heuss im Parlamentarischen
Rat (zu Nr. 1, Anm. 4)

mehren sich jetzt bei mir Fragen, deren schon rein technische Beantwortung dem Bundespräsidialamt unmöglich ist.

Es sind zwei Gruppen von Sorgen, die auf mich zugeschritten kommen, weil ich mit den Komplexen schon in meiner früheren öffentlichen Wirksamkeit verbunden war.

Das eine ist das Problem der Auslandsdeutschen (ich war jahrelang 2. Vorsitzender des Bundes der Auslandsdeutschen[9]). Es kommt z. B. vom Ostasiatischen Verein der Bericht an mich, daß noch 700 Deutsche, vor allem Frauen und Kinder, in China sind[10]. Ich möchte helfen, die Rückführung zu organisieren. Es kommen Bitten aus Spanien, dort noch vorhandene deutsche Kriegsgefangene aus den Lagern herauszubringen[11]. (Ich wußte vorher gar nicht, daß dort Kriegsgefangene sind.) Es fehlt im Bundespräsidialamt natürlich alle Möglichkeit, in diesen Dingen irgendeine Konkretisierung vorzunehmen.

Die andere Gruppe von Dingen, die zu mir kommen, bezieht sich auf das Schicksal der deutschen Kulturinstitute im Ausland[12]: wann werden sie zurückgegeben, werden sie internationalisiert usf.? Ich habe selber vor etwa einem Jahr an der Gründung des Stifterverbandes für die archäologischen Institute[13] teilgenommen und mich um deren Schicksal etwas gekümmert. Da man mein Interesse in diesen wissenschaftlichen Dingen kennt[14], wie auch etwa an dem der Villa Romana in Florenz usf., wenden sich die Beteiligten an mich, besuchen mich, und ich kann ihnen eigentlich nur sagen, sie müßten eben warten, bis in dem Bundesamt für Auswärtige Angelegenheiten eine Kultur-Abteilung[15] wieder ersteht. Sie ist nach Kenntnis der Dinge schlechthin unentbehrlich.

Ich mache mir über den Umfang dessen, was man auswärtige Politik nennen mag, keine Illusionen und weiß auch, daß diese Dinge von Ihnen selber bestimmt und entschieden werden müssen, aber es läuft eine solche Masse rechtlicher und kulturpolitischer Fragen irgendwie nebenher, bei denen ja nun doch eine technische Spezialisierung notwendig sein wird, um den Vertretern der Besatzungsmächte mit Detailkenntnis antworten zu können bzw. die Ausweitung der deutschen Verselbständigung einzuleiten. Gerade in scheinbar peripheren Fragen wird das vielleicht am ehesten möglich sein[16].

Ich darf Sie bitten, diese Überlegungen freundschaftlich aufzunehmen. Sie ergeben sich für mich aus dem Posteingang und dem Besuch der letzten Wochen.

Mit bestem Gruß   Ihr gez. Theodor Heuss

Vor 1933 gehörten Heuss und Adenauer in unterschiedlichen Funktionen dem
»Bund der Auslandsdeutschen« an (zu Nr. 2, Anm. 9)

Präsidium:

1. **Vorsitzender:** Dr. Heinrich Schnee, M. d. R., Gouverneur z. D.
Wirkl. Geheimer Rat, Charlottenburg, Lietzenseeufer 11.
1. **stellv. Vors.:** Dr. Theodor Heuß, M. d. R. Friedenau, Freegestr. 80.
2. **stellv. Vors.:** Heinrich Gebhard, Berlin S. 59, Graefestr. 71 (Frankf.).
Geschäftsführendes Präsidialmitglied: Ernst Grosse, Geheimer und
Oberregierungsrat z. D., Berlin C. 2, Klosterstraße 75 (China).
1. **Schriftführer:** Dr. jur. Fritz Bach.
2. **Schriftführer:** Heinrich Treeck.
1. **Schatzmeister:** Konsul R. Lindenblatt.
2. **Schatzmeister:** Hans Steinwachs.
Rechtsanwalt Dr. Karl Einhorn
Hauptschriftleiter C. Fink
Staatsminister a. D. Otto v. Hentig.
Botho Lilienthal
Direktor Walter Rothenberg.
Dipl.-Ing. Emil Spahn.

Ehrenpräsidium:

Dr. Adenauer, Oberbürgermeister, Köln a. Rhein.
H. Albert von Bary, Generalkonsul, Amsterdam, Heerengracht 450.
Dr. Moritz Bonn, Professor an der Handels-Hochschule, Berlin W. 62,
Landgrafenstraße 6.
Ludwig Borchardt, Geheimrat, Professor, Cairo, Aegypten, Gesire Samalek
Dr. h. c Ernst v. Borsig, Geheimer Kommerzienrat, Berlin-Tegel.
Dr. Gustav Böß, Oberbürgermeister, Berlin C. 2, Rathaus.
Paul Nikolaus Coßmann, Professor, München, Königinstraße 103.
Richard Dierckß, Konsul, Berlin W. 9, Friedrich-Ebertstraße 6.
Dr F. Donandt, 1. Bürgermeister, Präsident des Senats der Freien
Hansestadt Bremen.
Dr. O. Franke, Professor, Wilmersdorf, Hohenzollerndamm 39.
Dr. O. Hoetsch, Professor, M. d. R., Berlin W., Bendlerstraße 18.
Katharina v. Kardorff, Goslar a. Harz, Oberer Triftweg.
Dr. Eugen v. Knilling, Ministerpräsident a. D., München, Lenbachplatz 7.
H. Kraemer, Direktor, Mitglied des Reichwirtschaftsrats, Berlin W. 10,
Kaiserin-Augusta-Straße 51.
P. Löbe, M. d. R., Präsident des Reichstages, Berlin NW. 7, Reichstag.
W. v. Mallinckrodt, Den Haag-Holland. Partweg 25.
Franz v. Mendelssohn, Präsident der Industrie- und Handelskammer,
Berlin C. 2, Klosterstraße 43.
Alfred Meyer-Waldeck, Vizeadmiral u. Gouverneur a. D., Berlin W. 50,
Bamberger Straße 2.
Dr. Carl Petersen, 1. Bürgermeister der Freien Hansestadt Hamburg.
Dr. phil. C. H. C. Rabbethge, Kommerzienrat, Berlin NW. 7, Friedrich-
straße 100.
Gräfin v. Radolin, Berlin NW. 40, Roonstraße 9.
L. F. von Ritter zu Groenesteyn, Freiherr, Berlin, In den Zelten 19.
Justus Strandes, Senator, stimmführender Stellvertreter der Freien
und Hansestadt Hamburg im Reichsrat, Berlin NW. 40, Am
Königsplatz 51.
Dr. Gustav Stresemann, Reichsminister des Aeußeren, Berlin NW.
Friedrich-Ebert-Straße 17.
Oscar v. Truppel, Admiral und Gouverneur a. D., Frohnau b. Berlin,
Fißtalweg 19.

5

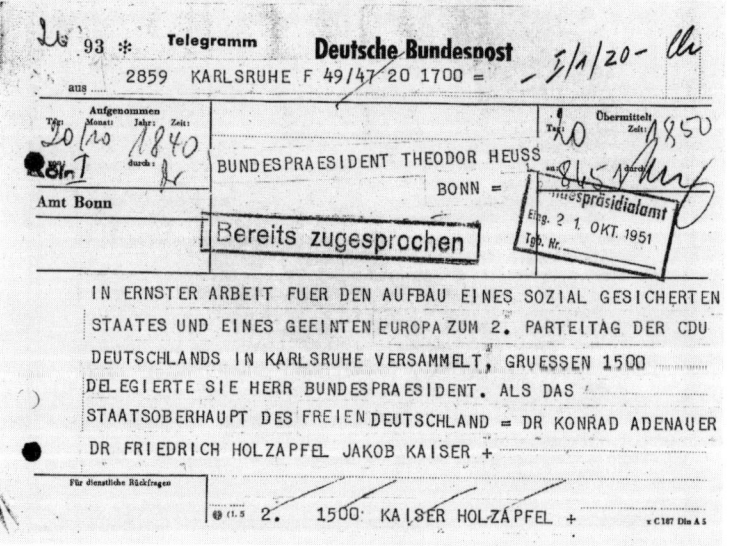

CHRISTLICH-DEMOKRATISCHE UNION
DEUTSCHLANDS

Wir geben uns die Ehre,

Herrn Bundespräsident Professor Dr.Theodor Heuss

zum ersten

BUNDESPARTEITAG IN GOSLAR

vom 20.-22. Oktober 1950 freundlichst einzuladen.

Zu Nr. 3 (Anm. 17)

93 ✳ Telegramm **Deutsche Bundespost**

2859 KARLSRUHE F 49/47 20 1700 =

BUNDESPRAESIDENT THEODOR HEUSS
BONN =

Bereits zugesprochen

IN ERNSTER ARBEIT FUER DEN AUFBAU EINES SOZIAL GESICHERTEN
STAATES UND EINES GEEINTEN EUROPA ZUM 2. PARTEITAG DER CDU
DEUTSCHLANDS IN KARLSRUHE VERSAMMELT, GRUESSEN 1500
DELEGIERTE SIE HERR BUNDESPRAESIDENT. ALS DAS
STAATSOBERHAUPT DES FREIEN DEUTSCHLAND = DR KONRAD ADENAUER
DR FRIEDRICH HOLZAPFEL JAKOB KAISER +

1500 KAISER HOLZAPFEL +

Zu Nr. 4 (Anm. 19)

Nr. 3
Heuss am 10. Oktober 1950

Verehrter Herr Bundeskanzler,

Sie hatten die Freundlichkeit, mir zu dem bevorstehenden Bundesparteitag der Christlich-Demokratischen Union in Goslar[17] eine Einladung zu senden. Ich weiß diese Freundlichkeit zu würdigen, darf aber zugleich um Ihr Verständnis bitten, wenn ich auf die Teilnahme verzichte.
Ich bin auch im vergangenen Frühsommer dem Parteitag der Freien Demokratischen Partei ferngeblieben[18]. Ich glaube, es ist gut für das Amt und wird auch von Ihnen doch so verstanden, wenn ich zu den eigentlichen Parteiauseinandersetzungen eine wohltätige Distanz halte.

Mit bestem Dank und freundlichen Grüßen   Ihr gez. Th. Heuss

Nr. 4
Heuss am 20. Oktober 1951

Herrn Bundeskanzler Dr. Adenauer

Den freundlichen Gruß des zweiten CDU-Parteitages[19] darf ich mit bestem Dank erwidern und gute Wünsche senden – stop – Möge die Arbeit der Tagung mithelfen, das Vaterland dem gesicherten Frieden der gefestigten Freiheit und dem gerechten sozialen Ausgleich näher zu führen.
Theodor Heuss

Nr. 5
Heuss am 6. Februar 1953

Verehrter lieber Herr Bundeskanzler!

Da der alte Paul Reusch[20] von der Grippe heimgesucht wird, ist die geplante Geburtstagsfahrt[21] unterblieben.
Aber Sie haben mich inzwischen mit dem Johannisberger verwöhnt[22],

ich könnte auch sagen »überspielt«, wenn ich an die paar Flaschen schwäbischen Rotweins denke, die Ihnen etwas Freude bringen soll-ten[23]. Schönen Dank!

Der Genuß des edlen Weines wird von geschichtlichen Meditationen begleitet sein: Die Politik siegt über das Militär! Gneisenau[24] war der Meinung, er habe Napoleon[25] besiegt, und spitzte sich deshalb auf den Johannisberg, der nach meinem Wissen einmal Fulda gehört hatte. Aber im Bereich der Dotationen blieb Metternich[26] der überle-gene Stratege.

Mit guten Grüßen   Ihr gez. Theodor Heuss

Nr. 6
Adenauer am 28. Januar 1954

Sehr verehrter, lieber Herr Bundespräsident!

Sie haben sich zwar persönliche Geschenke zu Ihrem 70. Geburtstag verbeten, aber ich denke doch, daß ich nicht unter das Verbot falle. – Ich bitte Sie, das beiliegende Album[27] als Zeichen meiner Verehrung und – bitte erlauben Sie mir, das zu sagen – meiner Freundschaft ent-gegen zu nehmen[28].

Ich wünsche Ihnen von ganzem Herzen noch viele Jahre in der kör-perlichen und geistigen Frische, die Sie so besonders auszeichnet.

Lassen Sie mich an diesem Tage Ihnen auch herzlich danken für die Hilfe und das Verständnis, das Sie mir bei meiner Arbeit gezeigt haben. Bei mir ist daraus ein mich beglückendes Gefühl der Sympa-thie und menschlicher Verbundenheit entstanden.

Mit herzlichsten und besten Wünschen

                                        Ihr sehr ergebener K. Adenauer.

Nr. 7
Heuss am 19. Juni 1954

Verehrter, lieber Herr Bundeskanzler!

Nur ein paar Zeilen, bevor ich bis Dienstag früh zur Kieler Woche[29] verschwinden muß. Dr. Klaiber hat mit Herrn Staatssekretär Dr. Globke über den bundespräsidentiellen Wahlakt[30] in Berlin und seinen Termin gesprochen, weil wir hier selber mit Zeitdispositionen für meinen Berliner Aufenthalt schon ziemlich heftig beschäftigt sind: am 19. Juli abends werde ich die Gedenkrede zur 10-Jahres-Gedächtnisfeier der Erhebung gegen Hitler halten, am 20. Juli sollen vormittags an den Hinrichtungsstätten kurze kirchliche Feiern stattfinden.

Bei der Unterhaltung ergab sich, daß Herr Staatssekretär Dr. Globke die Auffassung hatte, daß ich selber ja an dem Wahltag gar nicht anwesend sein müsse, da es sich nur um einen formalen Vorgang der Stimmabgabe handle.

Diese Überlegung, die in der Auseinandersetzung Bonn-Berlin eine Rolle spielen konnte, fällt nach meinem lebhaften Empfinden jetzt weg. Der Tatbestand, daß Berlin als Wahlort bestimmt ist, muß als gegeben angenommen werden, aber es ist dann nach meinem Gefühl völlig unmöglich, wenn man schon von symbolischer Wirkung reden will, die Angelegenheit rein formaltechnisch zu betrachten.

Sie dürfen dessen versichert sein, daß ich selber gerade in der nächsten Zeit nicht besonders redehungrig bin, da ich in der Vorbereitung für ein paar Reden stecke, die man nicht aus dem Handgelenk schütteln kann. Aber wenn man der Bundesrepublik gelegentlich den Vorwurf macht, daß sie für das Repräsentative zu wenig Sinn habe – den Berliner Vorgang ganz ohne die Chance einer Symbolwirkung vorbeigehen zu lassen, würde von niemandem verstanden werden, ja geradezu eine höchst negative Wirkung haben.

Ich weiß nicht, ob das Kabinett sich in seiner nächsten Sitzung[31] mit der Angelegenheit schon beschäftigen wird. Ich habe sie auch mit Herrn Bundestagspräsidenten Dr. Ehlers noch nicht durchgesprochen[32], ihm aber bei der kurzen Begegnung bei der Feier am 16. Juni[33] gesagt, daß ich mich darüber bald noch einmal mit ihm unterhalten wolle. Es wird, ohne daß damit ein ›Vorgang‹ eingeleitet ist, der in fünf Jahren als kompliziertes Beispiel wirken könnte[34], unerläßlich sein, daß ich selber nach Abschluß des Wahlaktes in die Bundesversammlung gerufen werde, eine Erklärung über die Annahme der Wahl abgebe und daran eine knappe Ansprache halte, auf die vermutlich dann Herr Ehlers als Präsident der Bundesversammlung in einer Schlußrede antworten wird[35].

Es ist dann, wenn ich recht unterrichtet bin, auch daran gedacht, wie im Jahre 1949 in Schloß Brühl, eine Art von ›Empfang‹ der Mitglieder der Bundesversammlung in Berlin zu veranstalten[36].

Mit freundlichen Grüßen   Ihr Theodor Heuss.

Nr. 8
Adenauer am 6. Mai 1955

Sehr verehrter Herr Bundespräsident!

Darf ich mir die Anregung erlauben, aus Anlaß der Wiederverleihung der Souveränität[37] an die Bundesrepublik Herrn Staatssekretär Klaiber eine Auszeichnung zu verleihen. Ich glaube, daß er durch die Hingabe und die Treue, die er seiner recht schwierigen Aufgabe gewidmet hat, einer solchen Auszeichnung durchaus würdig ist, und daß es allgemein begrüßt würde, wenn Sie ihm dadurch Ihre Anerkennung ausdrücken würden[38].

Mit verehrungsvollen Grüßen   Ihr sehr ergebener Adenauer

Nr. 9
Heuss am 3. Oktober 1955

Verehrter Herr Bundeskanzler!

Bei der Rückkehr von der kurzen Redereise nach Süddeutschland[39] habe ich in der »Welt« vom 29.9.55 gelesen, daß die Absicht besteht, ähnlich wie ein Wirtschaftskabinett[40], auch für die Wehrfragen einen Kabinettssonderausschuß[41] zusammenzustellen. Ich halte das für eine richtige Absicht. Das Wirtschaftskabinett selber hat sich ja, soweit ich sehe, in seiner Arbeit zur Erleichterung des Gesamtkabinetts wohl bewährt.
Nun möchte ich die Bitte aussprechen dürfen, daß in dem Verteidigungskabinett Herr Staatssekretär Dr. Klaiber zugezogen wird, damit ich durch ihn über die Einzeldinge laufend unterrichtet werden kann. Sie wissen, daß ich an der Gestaltung der Wehrverfassung wie der Intentionen, die für die Ausbildung der kommenden Truppe maßgebend sein werden, einen starken persönlichen Anteil nehme[42], um so mehr als ich glaube, wenn freilich ohne eigene Erfahrungen, von den historischen Dingen in dieser Sphäre einiges zu wissen.

Mit freundlichen Grüßen   Ihr gez. Th. Heuss

Nr. 10
Adenauer am 6. Oktober 1955

Sehr verehrter Herr Bundespräsident!

Ich freue mich, daß Sie meiner Absicht, einen Bundesverteidigungsrat zu bilden, zustimmen. Ihren Wunsch, den Chef des Bundespräsidialamtes regelmäßig zu den Sitzungen des Bundesverteidigungsrates hinzuzuziehen, will ich gern erfüllen.

Mit ausgezeichneter Hochachtung   Ihr ergebener Adenauer

Nr. 11
Heuss am 28. Juni 1956

Verehrter Herr Bundeskanzler!

Freundlichen Dank für Ihre Zeilen[43]. Ich bin gern damit einverstanden, wenn Sie den italienischen Staatspräsidenten, Herrn Gronchi, zu einem Besuch in die Bundesrepublik einladen[44]. Vielleicht kann man schon im Ungefähr Termine vorsehen. Das Protokoll wünscht sehr, wie ich erfahre, daß hinlängliche Zwischenräume zwischen Staatsbesuchen dieser und verwandter Art vorgesehen werden. Mitte September kommt das griechische Königspaar[45], den liberianischen Staatspräsidenten[46], der auch schon im September kommen wollte, möchte man auf die ersten Oktobertage verschieben, außerdem ist in meinem Terminkalender vom 23. bis zum 25. Oktober der Ministerpräsident von Pakistan[47] vorgemerkt. Kann man Herrn Gronchi ungefähr in der zweiten Novemberhälfte nehmen? Dr. Klaiber meint, daß man in Deutschland diese Jahreszeit ruhig noch wählen kann.

Mit guten Grüßen   Ihr gez. Theodor Heuss

22. Juni 1961: Nach einer Wahlkundgebung besucht der Bundeskanzler den Altbundespräsidenten in der Heuss-Villa auf dem Stuttgarter Killesberg

Nr. 12
Heuss am 2. Februar 1962

Verehrter lieber Herr Bundeskanzler,

für den Glückwunsch zu meinem 78. Geburtstag darf ich Ihnen herzlich danken[48]. Sie haben ja eine größere Routine, d. h. eine längere im Absolvieren dieser Termine, und ich selber habe mir ein Vergnügen daraus gemacht, ganz gelassen zu Hause herumzusitzen und einiges zu lesen und zu diktieren und viel in den Papierkorb zu werfen.
Nun sende ich Ihnen aber vor allem gute Wünsche für eine baldige volle Genesung[49]. Das Wetter ist mit seinem ewigen Wechsel ja auch eine ewige Bedrohung.

Alles Gute!   Ihr Theodor Heuss

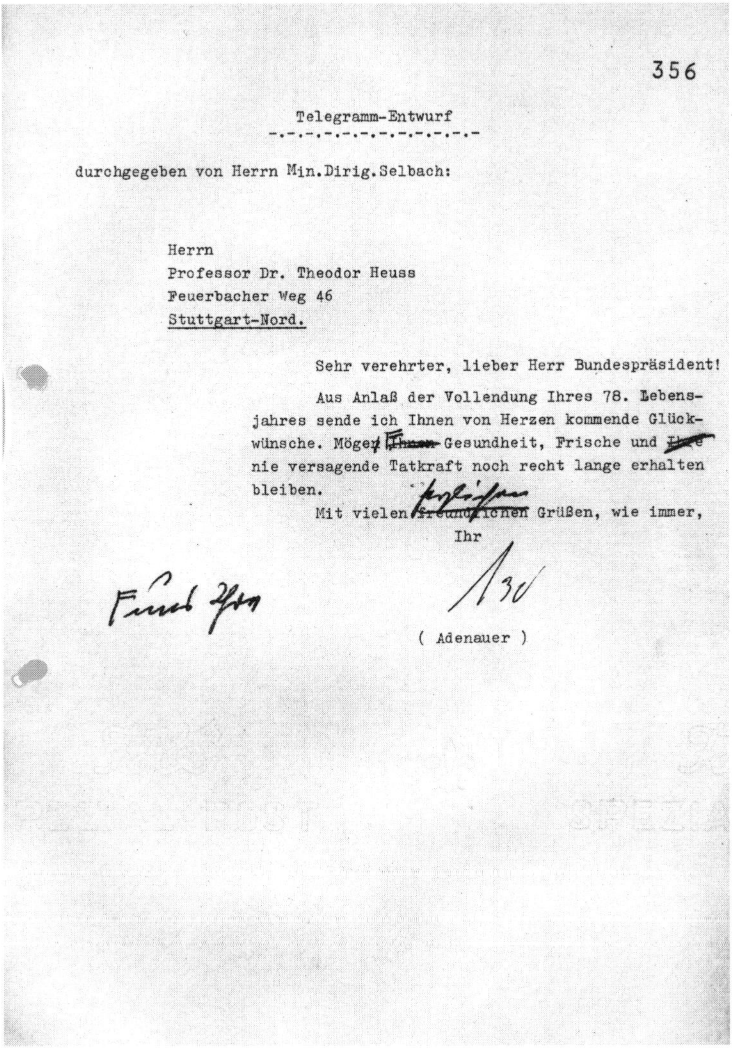

356

Telegramm-Entwurf
-.-.-.-.-.-.-.-.-.-.-.-

durchgegeben von Herrn Min.Dirig.Selbach:

Herrn
Professor Dr. Theodor Heuss
Feuerbacher Weg 46
Stuttgart-Nord.

Sehr verehrter, lieber Herr Bundespräsident!

Aus Anlaß der Vollendung Ihres 78. Lebens-
jahres sende ich Ihnen von Herzen kommende Glückwünsche. Mögen Ihnen Gesundheit, Frische und Ihre
nie versagende Tatkraft noch recht lange erhalten
bleiben.

Mit vielen freundlichen Grüßen, wie immer,

Ihr

(Adenauer)

Zu Nr. 12 (Anm. 48)

Kommentar

Biographische und sachthematische Informationen sowie bibliographische
Hinweise, die sich ausführlich in den bereits vorliegenden Bänden der »Rhöndorfer Ausgabe« – besonders in der 1989 vorgelegten Edition des Briefwechsels Heuss-Adenauer – finden, werden in aller Regel nur kurz zusammengefaßt
in Erinnerung gebracht. Konnten aber zu den Personen und Ereignissen der
Zeitgeschichte in neu erschlossenen Quellen oder in zwischenzeitlich erschiene-
ner Literatur ergänzende Angaben ermittelt werden, so wird dies in Fortschrei-
bung der Fußnoten vermerkt.

Nr. 1

* BA, VS B 122/31269, Bd. A I, Bl. 219f., Aufzeichnung vom 29.11.1949
(Druck: DzD II/2 [1949], S. 814f.), mit ms. Vermerk »*Geheim*«, gez. Klaiber. –
Manfred *Klaiber* (1903-1981), 1945-1949 Regierungsdirektor und Ministerialrat im Staatsministerium Württemberg-Baden, 1949-1957 Chef des Bundespräsidialamtes (1954 Staatssekretär), später Botschafter in Italien (1957-
1963) und Frankreich (1963-1968). Zu Klaiber auch die Einführung in diese
Edition, S. 5.
1   Kurt *Schumacher* (1895-1952), 1946-1952 Vorsitzender der SPD, Gegenkandidat von Theodor Heuss in der ersten Bundespräsidentenwahl am
12.9.1949, 1949-1952 Vorsitzender der Bundestagsfraktion. – Früher in der
»Rhöndorfer Ausgabe« nachgewiesene Literatur ergänzt Peter *Merseburger*,
Der schwierige Deutsche. Kurt Schumacher. Eine Biographie, Stuttgart 1995.
2   Bezieht sich auf die Bundestagsdebatte über das Petersberger Abkommen
(24./25.11.1949) und den durch Sitzungsausschluß geahndeten Zwischenruf
des Oppositionsführers »Der Bundeskanzler der Alliierten« (Stenographische
Berichte, 1. Wahlperiode, Bd. 1, S. 524f.); die Entscheidung von Bundestagspräsident *Köhler* wurde durch eine am 1.12.1949 abgegebene, gemeinsame Erklärung Adenauers und Schumachers aufgehoben. Vgl. Rudolf *Morsey*, Konrad Adenauer und der Deutsche Bundestag, S. 25f.; Willy *Albrecht* (Hrsg.),
Kurt Schumacher, S. 732f., und Annemarie *Renger*, Ein politisches Leben. Erinnerungen, Stuttgart 1993, S. 160-163. Dazu die detaillierte Rekonstruktion
in: Die SPD-Fraktion im Deutschen Bundestag. Sitzungsprotokolle 1949-1957,
1. Halbband, S. 57-61; vgl. a. DzD, a.a.O., S. 290-292.
3, 4   Ergebnis der ersten Bundestagswahlen vom 14.8.1949: CDU 25.2 %,
CSU 5.8 % – CDU/CSU 31.0 % (139 Mandate), SPD 29.2 % (131), FDP

11.9 % (52), KPD 5.7 % (15), BP 4.2 % (17), DP 4.0 (17), Zentrum 3.1 %
(10), WAV 2.9 % (12), DRP 1.8 % (5), Notgemeinschaft 1.0 % (1), SSW
0.3 % (-), Unabhängige 3.8 % (2). – Auf dieser Grundlage hatte Adenauer
anschließend seine erste Koalitionsregierung aus CDU, CSU, FDP und DP gebildet (Wahl zum Bundeskanzler am 15.9., Vereidigung des Kabinetts am
20.9.1949).

5   Nach Neufestsetzung des Wechselkurses der Deutschen Mark zum amerikanischen Dollar war am 28.9.1949 der Beschluß der Alliierten Hohen Kommission zur DM-Abwertung um 20.6 % bekanntgegeben worden.

6   Das am 22.11.1949 unterzeichnete Petersberger Abkommen regelte die
Teilnahme der Bundesrepublik an internationalen Organisationen, ihre Mit-
gliedschaft in der Ruhrbehörde und Zusammenarbeit mit dem Militärischen
Sicherheitsamt, die Revision der Demontagepolitik sowie die Aufnahme von
konsularischen und Handelsbeziehungen; vgl. Nr. 5 (Anm. 21).

7   Die Bundesregierung trat am 30.11.1949 dem Ende 1948 im Entwurf
veröffentlichten und am 28.4.1949 abgeschlossenen Abkommen über die Errichtung einer Internationalen Ruhrbehörde (Ruhrstatut) bei.

8   Dafür mehrere Belege (vor allem Schreiben und Entschließungen von
SPD-Ortsgruppen und -Landesverbänden) in BA, B 122/2140. – Grundsätzlich
hatte Heuss bereits am 22.11.1949 W. *Peters* (Frankfurt/Fechenheim) mitgeteilt: »Ich bleibe meinerseits bemüht, in den Besprechungen mit den beiden
Herren einer Zuspitzung entgegenzuwirken und hoffe sehr, daß der sachliche
Zwang und die realistische Beurteilung der Lage ihre Wirkung nicht verfehlen
werden. Daß die unmittelbare Einflußmöglichkeit meines Amtes begrenzt ist,
wissen Sie. Ich kann nur versuchen, die Atmosphäre günstig zu beeinflussen«
(a.a.O.).

9   Dafür keine schriftlichen Belege in den Nachlässen Adenauer und Heuss
bzw. in den entsprechenden Überlieferungen des Bundespräsidialamtes oder
des Bundeskanzleramtes.

10   Vgl. den Wortlaut der von Heuss am 30.11.1949 im Niedersächsischen
Landtag gehaltenen Rede in BA, NL Heuss, Nr. 2. Zu diesem ersten offiziellen
Besuch des Bundespräsidenten in Niedersachsen und zu den anderen Antritts-
besuchen in den deutschen Bundesländern auch die Belege in BA, B 122/614.

Nr. 2

* BA, VS B 122/31269, Bd. A I, Bl. 212f., Aufzeichnung vom 8.5.1950, gez.
Klaiber.

a, b ‹ › Von Klaiber eigenhändig eingefügt.

1   Erster offizieller Berlin-Besuch Adenauers nach seiner Amtsübernahme
als Bundeskanzler (16.-19.4.1950).

2   Nach einer am 18.4.1950 im Berliner Titania-Palast gehaltenen Ade-
nauer-Rede; dazu seine Erläuterungen im Informationsgespräch vom
20.4.1950 (Teegespräche 1950-1954, S. 7f.) und in der AHK-Sitzung vom
28.4.1950 (Adenauer und die Hohen Kommissare 1949-1951, S. 197-200).

3   Ernst *Reuter* (1889-1953), 1948/49 Berliner Vertreter im Parlamentarischen Rat (SPD), 1949-1953 Regierender Bürgermeister von Berlin. – Über die Vorgänge in Berlin hatte Reuter den Bundespräsidenten bei einer Begegnung in Bonn am 25.4.1950 informiert; dazu die Aufzeichnung Klaibers in BA, VS B 122/31269, Bl. 217f. S. unten Anm. 5.

4   Jakob *Kaiser* (1888-1961), 1948/49 Berliner Vertreter im Parlamentarischen Rat (CDU), 1949-1957 MdB und Bundesminister für gesamtdeutsche Fragen, 1949-1958 Vorsitzender der Christlich-Demokratischen Arbeitnehmerschaft (CDA).

5   Dazu das Gespräch Heuss-Reuter: »... daß der Herr Bundespräsident vor der Kundgebung in Berlin beim Bundeskanzler und Minister Kaiser von dem geplanten Absingen der dritten Strophe des Deutschlandliedes dringend abgeraten habe. Dann teilte der Herr Bundespräsident Professor Reuter mit, auch er sei außerordentlich wenig erfreut über die Entwicklung dieser Angelegenheit und die politisch so unzweckmäßige Initiative des Kanzlers. Er sei von Anfang an gegen die Erklärung des Deutschlandliedes oder auch nur seiner dritten Strophe zur Nationalhymne gewesen. Er habe – wie er vertraulich bemerke – den bekannten Dichter Rudolf Alexander Schröder gebeten, sich über eine neue deutsche Nationalhymne Gedanken zu machen. Dies brauche natürlich seine Zeit, und das etwa entstehende Lied müsse dann erst durch den Rundfunk ins Volksbewußtsein eindringen« (wie Anm. 3). Ebenfalls am 25.4.1950 unterrichtete Staatssekretär Klaiber Vizekanzler *Blücher*: »Als er, der Bundespräsident, vor der Abreise des Kanzlers nach Berlin von dem Plan gehört habe, dort bei der Kundgebung im Titaniapalast die dritte Strophe des Deutschlandliedes singen zu lassen, habe er sowohl dem Kanzler wie Minister Kaiser und dem Bundesbevollmächtigten Vockel seine Bedenken gegen diesen Schritt aussprechen lassen. Er habe vorausgesehen – die Tatsachen hätten ihm ja inzwischen recht gegeben –, daß die Durchführung dieses Planes, das Deutschlandlied auf die Ebene der Parteipolitik und einer unerfreulichen Diskussion mit dem Ausland herabziehen würde. Minister Blücher müsse aus diesen Darlegungen ersehen, daß alle diese Ratschläge des Bundespräsidenten beim Kanzler keinen nachhaltigen Eindruck gemacht hätten« (aus der Aufzeichnung in BA, a.a.O., Bl. 215).

6   Rudolf Alexander *Schröder* (1878-1962), Schriftsteller, verfaßte 1950 die von Hermann *Reutter* (1900-1985) vertonte Hymne »An Deutschland«, die nach den Vorstellungen von Theodor Heuss an die Stelle des Deutschlandliedes treten sollte; dazu auch die weitere Diskussion in Nr. 3 (Anm. 15), 5, 8-10, 15.

7   Nach dem Kabinettsbeschluß vom 9.5.1950 sprach sich am 25.5.1950 der Bundesrat, am 15.6.1950 der Bundestag für den Eintritt in den Europarat aus; Vollmitglied wurde die Bundesrepublik am 2.5.1952.

8   Vgl. Kabinettsprotokolle 1950, S. 370.

9   Außenminister-Konferenz der drei Westmächte vom 11.-13.5.1950 in London.

10   Heinz *Krekeler* (geb. 1906), 1947-1950 MdL (FDP) in Nordrhein-Westfalen, 1950/51 Generalkonsul in New York, 1951-1955 Geschäftsträger, 1955-1958 Botschafter in Washington.

11   Kurt *Sieveking* (1897-1986), 1951-1953 Generalkonsul in Stockholm, 1953-1957 Erster Bürgermeister von Hamburg. – Zu vergleichbaren Personalfragen Nr. 3, 6f., 12f., 15-19, 22, 24-29.

Nr. 3

* BA, VS B 122/31269, Bd. A I, Bl. 201-204. Aufzeichnung vom 17.11.1950, mit ms. Vermerk »*Geheim*«, gez. *Klaiber*.

a   ‹ › Von Klaiber eigenhändig korrigiert aus »im«.

b   ‹ › … aus »in«.

1   Erich *Köhler* (1892-1958), 1947-1949 Präsident des Wirtschaftsrates des Vereinigten Wirtschaftsgebietes, 1949/50 erster Präsident des Deutschen Bundestages (legte am 18.10.1950 sein Amt nieder; Nachfolger ab 19.10.1950: Hermann Ehlers), 1949-1957 MdB (CDU).

2   Druck dieses Heuss-Briefes mit Adenauers Antwort vom 23.10.1950: »Unserem Vaterlande zugute«, S. 49f.

3   Deswegen und auch wegen anderer Veröffentlichungen in dieser Ausgabe der Hamburger Wochenzeitung hatte sich Adenauer am 3.11.1950 an den Verleger Gerd *Bucerius* gewandt; vgl. Briefe 1949-1951, S. 302, 561.

4   Mohammed Reza *Pahlavi* (1919-1980), 1941-1979 Schah des Iran. – Seine Hochzeit mit Soraya Esfandiari (geb. 1932) fand am 12.2.1951 statt.

5   Vgl. a.a.O., S. 309.

6   Karl *Geiler* (1878-1953), Ordinarius für Handels-, Wirtschafts- und Steuerrecht (ab 1921) bzw. für internationales Recht an der Universität Heidelberg, 1945/46 hessischer Ministerpräsident.

7   Korrespondenz Adenauer-Geiler ist in StBKAH nicht überliefert; Gesprächstermine datieren vom 5.12.1949 und 10.3.1952 (StBKAH 04.03).

8   Hans *Schlange-Schöningen* (1886-1960), 1947-1949 Direktor der Verwaltung für Ernährung und Landwirtschaft des Vereinigten Wirtschaftsgebietes, 1949/50 MdB (CDU), 1950-1953 Generalkonsul, 1953-1955 Botschafter in London.

9   Nach einem Bericht des »Deutschland-Union-Dienstes« vom 17.10.1950 hatte es der Generalkonsul wahrend eines Aufenthaltes in Bonn »als schmerzlich bezeichnet, daß Bundeskanzler und Bundesregierung in der augenblicklichen Situation von Deutschen bekämpft würden«, und SPD-Vorstandssprecher Fritz *Heine* daraufhin die Auffassung vertreten, »es gehöre nicht zu den Aufgaben eines Generalkonsuls, ›sich in der deutschen Innenpolitik als Parteimann zu betätigen‹.«

10   Diese Thematik beschäftigte Heuss und Adenauer auch in ihren nachfolgenden Gesprächen häufiger; vgl. Nr. 7 (TOP 4), 12 (TOP 5), 13 (TOP 6). Eine zufriedenstellende Lösung des Problems wurde erst 1954 gefunden, als mit

Wolfgang *Jaenicke* ein Protestant zum ersten Botschafter beim Heiligen Stuhl ernannt wurde (1957 gefolgt vom Katholiken Rudolf *Graf Strachwitz*).

11   Paul *Graf Wolff-Metternich zur Gracht* (1853-1934), 1901-1912 Botschafter in London, 1915/16 in Konstantinopel.

12   Karl Max *Fürst von Lichnowsky* (1860-1928), 1912-1914 Botschafter in London, langjähriges Mitglied des preußischen Herrenhauses (Ausschluß 1918 nach Bekanntwerden seiner 1916 verfaßten geheimen Denkschrift »Meine Londoner Mission«).

13   Hans Adolf *Graf von Moltke* (1884-1943), ab 1931 Direktor der Ostabteilung im Auswärtigen Amt, ab 1934 Botschafter in Warschau, 1943 in Madrid.

14   Eberhard *von Stohrer* (1883-1953), ab 1913 Sekretär an der Botschaft in Madrid, ab 1918 im Auswärtigen Amt (u. a. ab 1923 Dirigent der Presseabteilung), später Gesandter in Kairo und Bukarest, 1937-1943 Botschafter in Salamanca bzw. Madrid, 1943 in Tokio.

15   Vgl. Nr. 2 (Anm. 5, 6). – Wortlaut der Hymne (die Heuss bei seiner vom Rundfunk verbreiteten Silvesteransprache vom 31.12.1950 verlas): »Land des Glaubens, deutsches Land,/ Land der Väter und der Erben,/ Uns im Leben und im Sterben/ Haus und Herberg, Trost und Pfand,/ Sei den Toten zum Gedächtnis,/ Den Lebend'gen zum Vermächtnis,/ Freudig vor der Welt bekannt,/ Land des Glaubens, deutsches Land!/ Land der Hoffnung, Heimatland,/ Ob die Wetter, ob die Wogen/ Über dich hinweggezogen,/ Ob die Feuer dich verbrannt,/ Du hast Hände, die da bauen,/ Du hast Herzen, die vertrauen,/ Lieb und Treue halten Stand,/ Land der Hoffnung, Heimatland!/ Land der Liebe, Vaterland,/ Heilger Grund, auf den sich gründet,/ Was in Lieb und Leid verbündet/ Herz mit Herzen, Hand mit Hand:/ Frei, wie wir dir angehören/ Und uns dir zu eigen schwören,/ Schling um uns dein Friedensband,/ Land der Liebe, Vaterland!«; vgl. Theodor Heuss. Der Mann, das Werk, die Zeit, S. 319-326.

16   »… mit einer heiteren Wehmut denke ich an den Abend [14.12.1950], da das Kabinett so schön und eifrig und ganz begabt Singprobe auf der Viktorshöhe hielt« (Heuss am 24.1.1952 an Adenauer; »Unserem Vaterlande zugute«, S. 101).

17   Josef *Frings* (1887-1978), 1942-1969 Erzbischof von Köln (1946 Kardinal), 1945-1965 Vorsitzender der Fuldaer Bischofskonferenz.

18   Otto *Nuschke* (1883-1957), 1948-1957 Vorsitzender der Ost-CDU, 1949-1957 stellvertretender Ministerpräsident der DDR.

19   Hartmann *Freiherr von Richthofen* (1878-1953), 1912-1918, 1919/20 und 1924-1928 MdR (Nationalliberale bzw. DDP), 1919 Mitbegründer der DDP. – Zahlreiche Hinweise auf die bis 1933 häufigen Kontakte zu Heuss bei Jürgen C. *Heß*, »Das ganze Deutschland soll es sein«.

20   Franz *Blücher* (1896-1959), 1947-1949 Mitglied des Wirtschaftsrates (FDP), 1948/49 Stellvertreter, 1949-1954 Nachfolger von Theodor Heuss als FDP-Bundesvorsitzender, 1949-1953 Bundesminister für Angelegenheiten des

Marshallplans, 1953-1957 Bundesminister für wirtschaftliche Zusammenarbeit (1949-1957 Vizekanzler), 1958/59 deutscher Vertreter bei der Montanunion.

21 Nicht nachgewiesen.

22 Die Geschäftsordnung der Bundesregierung vom 11.5.1951 wurde am 5.6.1951 im Gemeinsamen Ministerialblatt der Bundesministerien veröffentlicht (Jg. 2, Nr. 15, S. 137-140). – Zur Diskussion dieses Zeitraums die Belege in BA, B 136/4646; dort u. a. der am 2.11.1950 von Manfred Klaiber Hans Globke zugeleitete Aktenvermerk des Bundespräsidenten vom 31.10.1950, in dem es einleitend heißt: »Bei der Präambel würde ich die Floskel ›unter Beachtung der besonderen Stellung des Bundeskanzlers‹ weglassen. Sie scheint mir ein Pleonasmus zu sein, da die Stellung des Kanzlers im Grundgesetz als solche zum Ausdruck kommt und die besondere Unterstreichung an dieser Stelle ... psychologisch als zusätzliche Steigerung der Stellung des Kanzlers scheinen würde.« Vgl. a. die Einführung in diese Edition, S. 7-9.

23 Hans *Globke* (1898-1973), ab 1949 leitende Position im Bundeskanzleramt (1950 Ministerialdirektor), 1953-1963 Staatssekretär, maßgeblicher Berater und Vertrauter Adenauers. – Zu Globke auch die Angaben a.a.O., S. 6; vgl. a. Nr. 47 (TOP 7).

24 Zur Richtlinienkompetenz des Bundeskanzlers (nach Art. 65 GG) die Hinweise a.a.O. (S. 8f.) und die Korrespondenz Adenauer-Heuss in »Unserem Vaterlande zugute«, S. 36, 52. Dazu aus diesem Zeitraum das Kanzlerschreiben vom 22.11.1950 an die FDP-Politiker *Blücher* und *Wellhausen*; vgl. Briefe 1949-1951, S. 313f.

25 Vgl. »Unserem Vaterlande zugute«, S. 58 (s. auch oben Anm. 16).

26 Dazu ausführlicher Adenauers Informationsgespräch vom 24.11.1950 in seinen Teegesprächen 1950-1954, S. 20f.

27 Zu diesem Fragenkomplex die am 8.11.1950 vor dem Bundestag abgegebene Regierungserklärung Adenauers; vgl. Stenographische Berichte, 1. Wahlperiode, Bd. 5, S. 3563-3567 (die Entgegnung Schumachers auf S. 3567-3576).

28 Aus dem Frühherbst 1950 der Schriftwechsel Adenauer-*Schumacher* in den Briefen 1949-1951, S. 270, 292; dazu auch die Überlieferung und die Ergänzungen in AdsD, NL Arndt, Mappe 31.

29 Am 7.11.1950 um 15.45 Uhr (StBKAH 04.01).

30 Landtagswahlen in Hessen und Württemberg-Baden am 19.11.1950: SPD 44.6 % bzw. 33.0 %, CDU 18.8 % bzw. 26.3 %; FDP 31.8 % bzw. 21.1 %. – In Bayern am 26.11.1950: SPD 28.0 %, CSU 27.4 %, BP 17.9 %, BHE/DG 12.3 %, FDP 7.1 %.

31 Zu den Bundestagswahlen vom 6.9.1953 vgl. Nr. 25 (Anm. 1).

32 Seinerseits empfing Heuss den Oppositionsführer am 26.11.1950 zu einer dreistündigen Aussprache (im Beisein der Mitarbeiterin Schumachers, Annemarie *Renger*, und des Regierungsdirektors im Präsidialamt, Luitpold

Werz); dazu die ausführlichen Angaben Adenauers in seinen Erinnerungen 1945-1953, S. 415, und die Aufzeichnung in BA, VS B 122/31269. – Dort unter »13. *Menschlicher Kontakt*« der abschließende Passus: »Der Bundespräsident wies auf die Notwendigkeit der Intensivierung der persönlichen Beziehungen zwischen den Politikern hin und erinnerte an die früheren Unterredungen zwischen dem Bundeskanzler und Dr. Schumacher Er habe damals den Eindruck gewonnen, daß der Bundeskanzler doch von manchen Aussprachen beeindruckt gewesen sei, wie auch umgekehrt. – Dr. Schumacher bemerkte hierzu, leider hielten solche Eindrücke beim Bundeskanzler nicht lange vor. Der Bundeskanzler sei manchmal bereit, ihm zuzustimmen, tue aber anschließend das Gegenteil«; zu den Kontakten Adenauer-Schumacher vgl. a. Nr. 6 (TOP I, 4).

33   Grundlegend hierfür die von Adenauer am 29.8.1950 dem Geschäftsführenden AHK-Vorsitzenden *McCloy* übergebenen Memoranden über die Sicherung der Bundesrepublik nach außen und innen und zur Frage der Neuordnung der Beziehungen zwischen der Bundesrepublik und den Besatzungsmächten. – Im Sicherheitsmemorandum hatte Adenauer »seine Bereitschaft erklärt, im Falle der Bildung einer internationalen westeuropäischen Armee einen Beitrag in Form eines deutschen Kontingents zu leisten«; vgl. Klaus *von Schubert*, Sicherheitspolitik, T. 1, S. 79-83. Vgl. a. Adenauer und die Hohen Kommissare 1949-1951, S. 231-339.

34   Für diese Absicht des Kanzlers findet sich in den anderen Überlieferungen dieses Zeitraums kein ergänzender Beleg.

35   In Adenauers Briefen, Reden und Interviews aus dem Herbst 1950 klingt solche Kritik häufig an, so u. a. in den Protokollen des CDU-Bundesvorstands 1950-1953, S. 6. Besonders markant auch seine Auseinandersetzung mit dem nordrhein-westfälischen Ministerpräsidenten Karl *Arnold*; dazu Adenauers Briefe 1949-1951, S. 272-275, 310f.

36   Nach erster Revision des am 21.9.1949 in Kraft getretenen Besatzungsstatuts (6.3.1951) wurde das Auswärtige Amt am 15.3.1951 errichtet und Adenauer zum Bundesminister des Auswärtigen ernannt (Amtsausübung bis zum 6.//.6.1955); vgl. Nr. 6 (TOP I, 3).

37   Walter *Hallstein* (1901-1982), Ordinarius für Privat- und Gesellschaftsrecht an den Universitäten Rostock (1930-1941) und Frankfurt/Main (ab 1941; 1946-1948 Rektor), 1950/51 Staatssekretär für auswärtige Angelegenheiten im Bundeskanzleramt, 1951-1957 Staatssekretär im Auswärtigen Amt, 1958-1967 Präsident der EWG-Kommission, 1969-1972 MdB (CDU). – Zu Hallstein auch die Einführung in diese Edition, S. 6; früher in der »Rhöndorfer Ausgabe« nachgewiesene Literatur ergänzen Wilfried *Loth*/William *Wallace*/ Wolfgang *Wessels* (Hrsg.), Walter Hallstein – Der vergessene Europäer?, Bonn 1995.

38   Hanns *Seidel* (1901-1961), ab 1946 MdL (CSU) in Bayern, dort 1947-1954 Wirtschaftsminister, 1955-1961 CSU-Vorsitzender, 1957-1960 bay-

erischer Ministerpräsident. – Zu den hier angestellten Überlegungen die
Briefe 1949-1951, S. 201f. Staatssekretär im Bundeskanzleramt wurde im Januar 1951 Otto *Lenz* (Aufnahme der Tätigkeit am 15.1., Ernennung am
23.5.1951).

39   Theodor *Pfizer* (1904-1992), 1946-1948 im Verkehrsministerium Württemberg-Baden, 1948-1972 Oberbürgermeister von Ulm.

40   Hermann *Schäfer* (1892-1966), 1948/49 Mitglied des Parlamentarischen
Rates (FDP; Vizepräsident), 1949-1957 MdB (1949-1951 Fraktionsvorsitzender), 1953-1956 Bundesminister für besondere Aufgaben, 1956 Parteiaustritt,
Mitbegründer der FVP, ab 1961 wieder in der FDP.

Auf die Empfehlung Schäfers für Pfizer verweist Adenauer auch in seinem
Schreiben vom 23.11.1950 an Blücher und Wellhausen (s. oben Anm. 24).
Zweiter Staatssekretär im Bundesministerium des Innern (neben Hans *Ritter
von Lex*) wurde im Juni/Juli 1951 Theodor *Bleek*; vgl. Nr. 6 (Anm. 27). Zu
diesem Vorgang ergänzend Heuss‹ eigene Mitteilungen an Pfizer (den er seit
1939 kannte) vom 21.11.1950: »Vor ein paar Tagen habe ich die eingehende
Unterhaltung gehabt, von der ich Ihnen als bevorstehend gesprochen habe. Ich
erfuhr, daß Sie schon zu einem Besuch gebeten sind, der aber nicht auf die
Funktion abzielt, an die ich dachte (da scheint ein anderer Mann schon, der
nicht ohne Meriten ist, im Spiel zu sein)« (BA, NL Heuss, Nr. 294).

Nr. 4

* BA, VS B 122/31269, Bd. A I, Bl. 189-191, Aufzeichnung vom 18.12.1950,
mit ms. Vermerk »*Geheim!*«, gez. *Klaiber.*

a   ‹ ... › Hier gestrichen »vorausgehende«.

b, c   ‹ › Von Klaiber eigenhändig eingefügt.

1   Adenauer erklärte am 24.11. und 18.12.1950 – nach Aufforderung
durch die Alliierte Hohe Kommission am 23.10.1950 – die Bereitschaft der
Bundesregierung zur Übernahme der Haftung für die Vorkriegsschulden des
Deutschen Reiches und erkannte die in der Nachkriegszeit geleistete Wirtschaftshilfe der Besatzungsmächte als Schulden an; vgl. Kabinettsprotokolle
1950, S. 792f., 829, 833-835, 863-865, und Adenauer und die Hohen Kommissare 1949-1951, S. 243, 259, 286f., 293, 299-301, 320. – Zur Gesamtthematik Hans-Peter *Schwarz* (Hrsg.), Die Wiederherstellung des deutschen Kredits, passim.

2   Zur Kontroverse um die Schuldenanerkennung im Unterausschuß »Deutsche Auslandsschulden und Auslandsvermögen« des Ausschusses für auswärtige Angelegenheiten des Deutschen Bundestages die Notizen von Bundesverkehrsminister *Seebohm* zur Kabinettssitzung vom 19.12.1950 in den
Kabinettsprotokollen 1950, S. 901. Vgl. a. Adenauer und die Hohen Kommissare 1949-1951, S. 301.

3   Diese Aussprache mit den Fraktionsvorsitzenden der Koalitionsparteien
(*von Brentano, von Merkatz* und *Wellhausen*) kam am 18.1.1951 zustande
(StBKAH 04.02 und Lenz-Tagebuch, S. 8).

4   Vgl. Nr. 3 (Anm. 36).

5   Adenauer bezieht sich auf die Beratungen vom 5./6.12.1950; vgl. Kabinettsprotokolle 1950, S. 864.

6   Tagung des NATO-Rates und Außenministerkonferenz der drei Westmächte am 18./19.12.1950 in Brüssel.

7   Bereits am 26.10.1949 hatte Adenauer dem Geschäftsführenden AHK-
Vorsitzenden *McCloy* schriftlich erklärt: »... ist die Bundesrepublik Deutschland, die kraft der Souveränität des deutschen Volkes gebildet worden ist, die
alleinige legitimierte staatliche Organisation des deutschen Volkes. Damit ist
sie die ausschließliche Trägerin der Rechte des früheren Deutschen Reiches.
Die Bundesregierung legt Wert darauf, schon jetzt zum Ausdruck zu bringen,
daß ihr bei einer Freigabe des Vermögens des ehemaligen Deutschen Reiches
im Auslande alle Rechte an diesen Vermögenswerten zustehen«; aus der am
23.12.1949 von Herbert *Blankenhorn* über Manfred Klaiber dem Bundespräsidenten zugeleiteten Abschrift in BA, B 122/441; Druck: DzD II/2 (1949),
S. 714.

8   Druck der Note in ihrer endgültigen Fassung vom 6.3.1951: Deutsche
Auslandsschulden, S. 10f.

9   Zur Diskussion um eine Außenministerkonferenz der vier Großmächte
über die deutsche Frage (die – in diesem Zeitraum von der Sowjetunion initi-
iert – nur zur ergebnislosen Pariser Vorkonferenz vom 5.3.-21.6.1951 führte)
vgl. Adenauers Teegespräche 1950-1954, S. 25, 42-44.

10   Zur außenpolitischen Lagebeurteilung Adenauers in diesem Zeitraum
ausführlicher seine Erinnerungen 1945-1953, S. 375-397.

11   Die drei Hohen Kommissare, die an der Konferenz teilgenommen hatten,
unterrichteten Adenauer in der AHK-Sitzung vom 21.12.1950; Druck des
Wortprotokolls: Adenauer und die Hohen Kommissare 1949-1951, S. 314-
339.

12   Otto *Grotewohl* (1894-1964; 1946-1954 gemeinsam mit Wilhelm Pieck
Vorsitzender der SED, 1949-1964 Ministerpräsident der DDR) hatte dem Bundeskanzler am 30.11.1950 die Schaffung eines paritätisch besetzten »Gesamtdeutschen Konstituierenden Rates« vorgeschlagen; Druck: Konrad *Adenauer*,
Erinnerungen 1953-1955, S. 33f.

13   Heuss hatte Adenauer am 4.12.1950 den Entwurf eines Antwortschrei-
bens an Grotewohl zugeleitet; Druck: »Unserem Vaterlande zugute«, S. 51f.

14   Hinweise auf diese Diskussion und auf die dazu vorliegende Literatur bei
Hans Peter *Mensing*, Nachkriegskontakte Konrad Adenauers mit Bürgern der
SBZ/DDR, S. 177-180.

15   Heinrich *Vockel* (1892-1968), 1950-1962 Bevollmächtigter des Bundes
in Berlin.

16   »Gesetz zum Schutze des Friedens« vom 15.12.1950; Wortlaut: Gesetz-
blatt der Deutschen Demokratischen Republik 1950, Nr. 141, S. 1199f. – Vor
den Ausführungsbestimmungen heißt es dort: »Die aggressive Politik der impe-

rialistischen Regierungen der USA, Großbritanniens und Frankreichs, die auf
ein neues Weltgemetzel hinzielt, droht das deutsche Volk in einen mörderi-
schen Bruderkrieg zu verstricken. Die Remilitarisierung Westdeutschlands, die
Bestrebungen zur Wiederaufrichtung des deutschen Militarismus und Imperia-
lismus stellen eine große Gefahr für die Existenz und Zukunft der deutschen
Nation und für den Frieden und die Sicherheit Europas dar.«
17   Dazu Adenauers Pressekonferenz vom 15.1.1951; Wortlaut in StBKAH
02.08. Vgl. a. Adenauers Erinnerungen 1953-1955, S. 40-42, und die Kabinettsprotokolle 1951, S. 69f.
18   Am 21.11.1950 hatte *Blücher* Adenauer eine umfangreiche Stellungnahme des FDP-Bundesvorstands und der FDP-Bundestagsfraktion zur damaligen
Situation der Bonner Koalition zugeleitet und im Begleitschreiben die »Fremd-
heit zwischen der Bundesregierung und dem Volke, die Unkenntnis über die
außenpolitischen Grundfragen, die unzulängliche Unterrichtung über das politische Tagesgeschehen« beklagt. Vgl. die ausführlichen Angaben und den
Druck der Adenauer-Antwort vom 23.11.1950 in den Briefen 1949-1951,
S. 311-315, 565-567; vgl. a. Nr. 3 (Anm. 24, 40).
19   Zum Aufgaben- und Zuständigkeitsbereich des Bundesministers für Angelegenheiten des Marshallplanes Udo *Wengst*, Staatsaufbau und Regierungspraxis, S. 266-272.
20   Sir Ivone *Kirkpatrick* (1897-1964), 1948-1950 Leiter der Deutschland-
Abteilung im Foreign Office (dort 1953-1957 Unterstaatssekretär), 1950-1953
Hoher Kommissar Großbritanniens in der Bundesrepublik. – Zur Begegnung
dieses Tages der Hinweis in den Besucherlisten »13.30 Uhr Herr Bundeskanzler zum Frühstück bei Sir Ivone Kirkpatrick in Villa Spiritus. Begleiter: Ministerialdirektor Blankenhorn« (StBKAH 04.01).
21   Im September 1950 waren Äußerungen eines dänischen Regierungsmit-
gliedes bekannt geworden, nach denen die finanzielle Unterstützung der dänischen Minderheit in Schleswig-Holstein als »Kulturoffensive ... volkliche
Eroberungen« bezwecke; dazu Alexander *Scharff*, Der Weg zur deutsch-däni-
schen Verständigung nach 1945 und zu den Bonn-Kopenhagener Erklärungen
von 1955, in: Geschichte und Gegenwart. Festschrift für Karl Dietrich Erdmann, hrsg. von Hartmut *Boockmann*, Kurt *Jürgensen* und Gerhard *Stoltenberg*, Neumünster 1980, S. 673-687, hier S. 678f. Vgl. a. Nr. 37 (Anm. 18).
22   Reinhold *Maier* (1889-1971), 1945-1952 Ministerpräsident von Württemberg-Baden, 1952/53 von Baden-Württemberg (zugleich Bundesratspräsident), 1953-1956 und 1957-1959 MdB, 1957-1960 FDP-Vorsitzender.
23   Dazu ausführlicher Adenauers Schreiben vom 15.12.1950 an den FDP-
Politiker Ernst *Mayer* in den Briefen 1949-1951, S. 327, 574f.
24   Zur Verkündung des Bundesjugendplans am 18.12.1950 die Mitteilung
des Presse- und Informationsamtes der Bundesregierung vom gleichen Tage
(dort auch die vom Bundeskanzler gehaltene Rede im Wortlaut; die Ansprache
des Bundespräsidenten in: Theodor Heuss. Reden an die Jugend, hrsg. von
Hans *Bott*, Tübingen 1956, S. 74-85).

Nr. 5

* BA, VS B 122/31269, Bd. A I, Bl. 186-188, Aufzeichnung vom 2.2.1951, gez. *Klaiber*.

1   Druck: »Unserem Vaterlande zugute«, S. 61; die Anlage (eine Kurt *Schumacher* am 31.1.1951 zugesandte Aufzeichnung zur Frage des deutschen Verteidigungsbeitrages) in Adenauers Erinnerungen 1945-1953, S. 416-419.

2   Dwight D. *Eisenhower* (1890-1969), 1950-1952 Oberkommandierender der NATO-Streitkräfte (Ernennung am 18.12.1950), 1953-1961 34. Präsident der USA. – Adenauer war mit dem amerikanischen General während dessen Deutschlandaufenthalts am 22.1.1951 in Bad Homburg zusammengekommen; vgl. Briefe 1949-1951, S. 340, 581.

3   Zum Eisenhower-Bericht vom 1.2.1951 die Angaben in: EA, Jg. 6 (1951), S. 3973f.

4   Zum Verhandlungsstand dieses Zeitraums Klaus A. *Maier*, Die internationalen Auseinandersetzungen, S. 27-43.

5   Vgl. Nr. 4 (Anm. 9).

6   Im Anschluß an seine Initiative vom 30.11.1950 (vgl. Nr. 4 [Anm. 12-14]) hatte der DDR-Ministerpräsident am 30.1.1951 seine Forderung nach gesamtdeutschen Verhandlungen und Wahlen wiederholt; vgl. Kabinettsprotokolle 1951, S. 129f.

7   Druck des Schumacher-Schreibens vom 31.1.1951: Willy *Albrecht* (Hrsg.), Kurt Schumacher, S. 920f.

8   Dazu Adenauers Grundsatzschreiben vom 9.3.1951 an den Geschäftsführenden AHK-Vorsitzenden *François-Poncet* in den Briefen 1949-1951, S. 356-362.

9   Am 9.3.1951; vgl. Stenographische Berichte, 1. Wahlperiode, Bd. 6, S. 4760f.

10   Im Januar 1951 waren in langwierigen Verhandlungen der Sozialpartner untereinander und mit der Bundesregierung die grundlegenden Vereinbarungen zum Gesetz über die Mitbestimmung in der Montanindustrie erzielt worden, das nach Verabschiedung durch den Bundestag am 10.4.1951 am 21.5.1951 verkündet wurde; vgl. Gabriele *Müller-List* (Bearb.), Montanmitbestimmung. Das Gesetz über die Mitbestimmung der Arbeitnehmer in den Aufsichtsräten und Vorständen der Unternehmen des Bergbaus und der Eisen und Stahl erzeugenden Industrie vom 21. Mai 1951, Düsseldorf 1984. – Dazu auch der vorangegangene Briefwechsel Heuss (28.12.1950) – Adenauer (29.12.1950) in »Unserem Vaterlande zugute«, S. 54, 58.

11   August-Martin *Euler* (1908-1966), 1946-1956 Landesvorsitzender des FDP-Landesverbandes Hessen, 1947-1949 Mitglied des Wirtschaftsrates, 1949-1958 MdB, (bis 1955 stellvertretender FDP-Fraktionsvorsitzender), ab 1958 Generaldirektor der EURATOM.

12   Heuss hatte sich in den vorangegangenen Wochen mehrfach um die Verbesserung der Verhandlungsatmosphäre und die Beschleunigung des Abstim-

mungsverfahrens bemüht; dazu die Aufzeichnungen über seine Unterredungen vom 19.12.1950 mit führenden Vertretern der Bundesvereinigung der Deutschen Arbeitgeberverbände und vom 27.12.1950 mit einer DGB-Delegation in BA, B 122/2265. Vgl. a. Nr. 9 (TOP 5).

13 Nach den niedersächsischen Landtagswahlen vom 6.5.1951 (SPD 33.7 %, CDU/DP 23.8 %, GB/BHE 14.9 %, FDP 8.4 %) bildete Ministerpräsident *Kopf* eine Koalitionsregierung aus SPD und GB/BHE (unter Beteiligung eines Politikers der Deutschen Zentrumspartei). – CDU und DP hatten sich am 10.2.1951 zu einem Wahlkampfbündnis (Niederdeutsche Union) zusammengeschlossen.

14 Zu der hierzu am 15.1.1951 geführten Diskussion: FDP-Bundesvorstand. Sitzungsprotokolle 1949-1954, 1. Halbband, S. 166-175.

15 Soweit in den hierzu vorliegenden Editionen und Darstellungen ersichtlich, kam diese Aussprache nicht zustande.

16 Die Bundestagsfraktion der Bayernpartei verlor erst mit der Verabschiedung der neuen Geschäftsordnung des Deutschen Bundestages am 6.12.1951 (Neufestsetzung der Fraktionsstärke von 10 auf 15 Abgeordnete) ihren Fraktionsstatus (wie auch Zentrum und KPD) und schloß sich am 14.12.1951 mit den Zentrumsabgeordneten zur Föderalistischen Union zusammen; vgl. Datenhandbuch 1949-1982, S. 252, 256.

17 Josef *Baumgartner* (1904-1964), 1948-1957 Vorsitzender der Bayernpartei, 1954-1957 bayerischer Minister für Ernährung und Landwirtschaft, stellvertretender Ministerpräsident.

18 Vgl. Nr. 1 (Anm. 3, 4).

19 Ludwig *Erhard* (1897-1977), 1948/49 Direktor der Verwaltung für Wirtschaft des Vereinigten Wirtschaftsgebietes, 1949-1977 MdB (CDU), 1949-1963 Bundeswirtschaftsminister (ab 1957 Stellvertreter des Bundeskanzlers), 1963-1966 Bundeskanzler, 1966/67 CDU-Bundesvorsitzender. – Früher in der »Rhöndorfer Ausgabe« nachgewiesene Literatur ergänzt Volker *Hentschel*, Ludwig Erhard. Ein Politikerleben, München 1996. Adenauers hier geäußerte Kritik detailliert und drastisch auch im Schreiben vom 19.3.1951 an den Bundeswirtschaftsminister; Druck: Briefe 1951-1953, S. 26-32.

20 Damals noch in diesem Amt: Eduard *Schalfejew* (1888-1962), 1947-1949 stellvertretender Direktor der Verwaltung für Wirtschaft des Vereinigten Wirtschaftsgebietes, 1950/51 Staatssekretär im Bundeswirtschaftsministerium. – Vgl. Nr. 6 (TOP 1).

21 Mit Art. VI des Petersberger Abkommens (vgl. Nr. 1 [Anm. 6]) hatte sich die Bundesregierung verpflichtet, im Bereich der Dekartellisierung und bei der Beseitigung monopolistischer Tendenzen Gesetzesinitiativen zu ergreifen; zu den deswegen geführten Diskussionen und Kontroversen Adenauers Briefe 1949-1951, S. 164f., 187f., 192, 348. Vgl. a. Adenauer und die Hohen Kommissare 1949-1951, S. 11, 15, 28f., 180f., 252f., 270, 309, 404, 506, 564.

22   Dazu die in diesem Zeitraum durchgeführten Beratungen der Bundesregierung in den Kabinettsprotokollen 1951, S. 42f., 65, 75f., 135, 143f., 164f.

23   Wilhelm *Niklas* (1887-1957), 1948/49 stellvertretender Direktor der Verwaltung für Ernährung, Landwirtschaft und Forsten des Vereinigten Wirtschaftsgebietes, 1949-1953 Bundesminister für Ernährung, Landwirtschaft und Forsten, 1951-1953 MdB (CSU).

24   Die Pläne der Bundesregierung für ein umfassendes Agrarprogramm, zu dem das Kabinett am 9.5.1951 im Rahmen des Wirtschaftsprogramms wichtige Einzelmaßnahmen verabschiedete, erläuterte Adenauer im Informationsgespräch vom 22.2.1951; vgl. Teegespräche 1950-1954, S. 42. Vgl. a. Kabinettsprotokolle 1951, S. 31, 198.

25   »... daß sich die Neuerrichtung von Auslandsvertretungen immer weiter verzögert«, beklagte Heuss auch noch im Herbst 1951 gegenüber dem Personalchef des Auswärtigen Amtes, Herbert *Dittmann*; dazu Hans-Jürgen *Döscher*, Verschworene Gesellschaft, S. 151. Vgl. Nr. 6 (Anm. 22).

26   Vgl. Kabinettsprotokolle 1951, S. 141. Dazu die weiteren Besprechungen Adenauer-Heuss in Nr. 6f., 12f., 15-19, 22, 24-29.

27   Herbert *Blankenhorn* (1904-1991), 1949-1951 Leiter der Verbindungsstelle des Bundeskanzleramtes zur AHK, 1951-1955 Leiter der Politischen Abteilung des Auswärtigen Amtes, 1955-1959 Vertreter bei der NATO, Botschafter in Paris (1958-1963), Rom (1963-1965) und London (1965-1969). – Zu Blankenhorn auch die Einführung in diese Edition, S. 6f.

28   Spendenaktion vom 15.10.-31.12.1950, aus Anlaß des 75. Adenauer-Geburtstages (5.1.1951); dazu Adenauers Schreiben vom 29.1.1951 an Wilhelm *Johnen* in den Briefen 1949-1951, S. 342, 583.

29   Vgl. Nr. 2 (Anm. 6), 3 (Anm. 15).

Nr. 6

* BA, VS B 122/31269, Bd. A I, Bl. 181-185; Aufzeichnung vom 2.3.1951, gez. *Klaiber*.

a   ‹ › Von Klaiber eigenhändig korrigiert aus »Aussagen«.

b   ‹ › ... aus »wirtschaftspolitischem«.

c   ‹ › ... aus »lediglich«.

1   Wirtschaftspolitische Themen standen am 2.3.1951 (vor dem Adenauer-Heuss-Gespräch, das um 18 Uhr begann) auch im Mittelpunkt der Beratungen der Bundesregierung (ab 9.30 Uhr; vgl. Kabinettsprotokolle 1951), S. 198f.), der anschließenden Aussprache mit dem Hohen Kommissar der USA, *McCloy* (ab 11 Uhr; u. a. im Beisein Ludwig *Erhards*) und des Informationsgesprächs mit mehreren Journalisten (vgl. Teegespräche 1950-1954, S. 46).

2   Vgl. Nr. 5 (Anm. 19).

3   Ludger *Westrick* (1894-1990), 1948-1951 Finanzdirektor der Deutschen Kohlenbergbauleitung, 1951-1963 Staatssekretär im Bundeswirtschaftsministerium, 1963-1966 Chef des Bundeskanzleramtes, 1964-1966 Bundesminister für besondere Aufgaben.

4   Vgl. Nr. 4 (Anm. 19).

5   Zur Zusammensetzung und Aufgabenstellung des Kabinettsausschusses für die Koordinierung wirtschaftspolitischer Angelegenheiten Adenauers am 4.3.1951 an Ludwig Erhard gerichtetes Schreiben in den Briefen 1949-1951, S. 354f.

6   Friedrich *Ernst* (1889-1960), 1949-1957 Präsident der Berliner Zentralbank, 1951 Geschäftsführer des Kabinettsausschusses für Wirtschaft, leitete 1952-1958 den Forschungsbeirat für Fragen der Wiedervereinigung Deutschlands beim Bundesministerium für gesamtdeutsche Fragen.

7   John J. *McCloy* (1895-1989), 1941-1945 Unterstaatssekretär im amerikanischen Kriegsministerium, 1947 Präsident der Weltbank, 1949-1952 Hoher Kommissar der USA in Deutschland, 1953-1965 in der Wirtschaft tätig, 1961 Leiter der zentralen Abrüstungsbehörde.

8   S. oben Anm. 1. – Über die in diesem Zeitraum mit McCloy geführten Gespräche berichtete Adenauer am 9.3.1951 dem Kabinett (vgl. Kabinettsprotokolle, S. 220f.) und beim Journalistengespräch des gleichen Tages (vgl. Teegespräche 1950-1954, S. 49f.).

9   Robert *Schuman* (1886-1963), 1947/48 französischer Ministerpräsident, 1948-1952 Außenminister, gab den entscheidenden Gründungsimpuls für die 1950 ins Leben gerufene Montanunion, 1955 Präsident der Europäischen Bewegung, 1958-1960 erster Präsident des Europäischen Parlaments. – Der von Schuman am 9.5.1950 nach Abstimmung mit Adenauer der internationalen Öffentlichkeit vorgestellte Plan zur Vereinigung der westeuropäischen Montanindustrie war Grundlage des am 18. April 1951 in Paris unterzeichneten Vertrags über die europäische Gemeinschaft für Kohle und Stahl (EGKS); die grundlegenden Dokumente in Adenauers Briefen 1949-1951, S. 208-217, 508-510.

10   Um amerikanische Bedenken auszuräumen, hatte sich Adenauer am 20.2.1951 schriftlich an McCloy gewandt; vgl. Briefe 1949-1951, S. 348.

11   Zur SPD-Position die Dokumente bei Willy *Albrecht* (Hrsg.), Kurt Schumacher, S. 805-818. Vgl. a. Adenauer und die Hohen Kommissare 1949-1951, S. 346.

12   Vgl. Nr. 4 (Anm. 1, 2, 7).

13   Vgl. Nr. 3 (Anm. 36). – Mit der Revision verknüpft war die Ernennung Adenauers zum Außenminister durch Heuss am 15.3.1951; dazu das Schreiben in »Unserem Vaterlande zugute«, S. 61f. S. unten Anm. 22.

14   Der amerikanische Hohe Kommissar hatte am 31.1.1951 seine Entscheidung über die Gnadengesuche der in den Nürnberger Prozessen 1948 verurteilten, dann in Landsberg inhaftierten Kriegsverbrecher bekanntgegeben (Bestätigung der Todesurteile in sieben von 28 Fällen; Hinrichtung im Juni 1951); vgl. Adenauer und die Hohen Kommissare 1949-1951, S. 271f.

15   Ellen *McCloy* (1898-1986; Cousine der zweiten Frau Adenauers, Gussie geb. *Zinsser*), seit 1930 verheiratet mit John J. McCloy, ab 1954 Präsidentin der American-British Foundation for European Education.

16   Gemeint ist das in Anm. 1 nachgewiesene Teegespräch dieses Tages; in der dazu vorliegenden und veröffentlichten Aktennotiz sind derartige Äußerungen jedoch nicht vermerkt. – In anderen »Teegesprächen 1950-1954« nimmt Adenauer zu dieser Thematik auf S. 161f., 218f., 315-318, 354, 361, 466 und 469 Stellung.

17   Am 20.2.1951 (StBKAH 04.02); dazu die Kabinettsprotokolle 1951, S. 169.

18   Bezieht sich auf den Beitrag »Außenminister Adenauer« in der genannten Ausgabe des Pressedienstes der SPD. Dort u. a. der Satz: »Gerade in einem Zeitpunkt, in dem sich die Regierung des Bundeskanzlers Adenauer in einem geradezu beklemmenden Engpaß befindet ..., wird der Bundeskanzler auch Außenminister. Das geschieht nicht als Folge eines demokratisch legitimierten Vertrauensbeweises, sondern aus eigener Machtvollkommenheit und einem geradezu wilhelminischen Selbstbewußtsein.«

19   Nach René *Pleven* (1901-1993; 1950/51 und 1951/52 französischer Ministerpräsident, 1952-1954 Verteidigungsminister, 1958 Außenminister, 1969-1973 Justizminister) benannter Plan für die Schaffung einer europäischen Armee mit deutscher Beteiligung.

20   Jean *Monnet* (1888-1979), 1946-1952 Leiter des französischen Kommissariats für wirtschaftliche Planung, 1952-1955 erster Präsident der Hohen Behörde der EGKS (an deren Vorbereitung und Gründung 1950 maßgeblich beteiligt), 1956-1975 Vorsitzender des Aktionskomitees für die Vereinigten Staaten von Europa. – Früher in der »Rhöndorfer Ausgabe« nachgewiesene Literatur ergänzt François *Duchêne*, Jean Monnet. The First Statesman of Interdependence, New York-London 1996.

21   André *François-Poncet* (1887-1978), französischer Botschafter in Berlin (1931-1938), Rom (1938-1940) und Bonn (1953-1955), dort zuvor Hoher Kommissar (1949-1953). – Zu den nachfolgend angesprochenen Kontroversen um seine frühere diplomatische Tätigkeit Hans Manfred *Bock*, Zur Perzeption der frühen Bundesrepublik Deutschland in der französischen Diplomatie, S. 591-601.

22   Vgl. Nr. 5 (Anm. 25). Dazu auch das in Anm. 13 nachgewiesene Ernennungsschreiben vom 15.3.1951: »Die mannigfachen Schwierigkeiten, in den letzten anderthalb Jahren zu der gemäßen konsularischen Außenvertretung zu kommen, sind mir nicht unbekannt geblieben, aber ich habe es oft als eine rechte Last empfunden, wie lange es mit den Ernennungen gedauert hat (und wie lange sich einige der Ernannten die Zeit nahmen, ihren Posten anzutreten). Bei der Überführung des konsularischen in den diplomatischen Charakter der Außenvertretungen sollte unter allen Umständen ein schleppendes Verfahren vermieden bleiben.«

23   Gemeint ist die Sitzung vom 27.2.1951; vgl. Kabinettsprotokolle 1951, S. 162-197.

24   Hermann *Katzenberger* (1891-1958), 1947-1949 Ministerialdirigent und

Pressechef der nordrhein-westfälischen Landesregierung, 1949-1951 Direktor des Bundesrats, 1951-1956 Gesandter in Irland. – Seiner zu diesem Zeitpunkt noch umstrittenen Ernennung stimmte das Kabinett am 13.3.1951 zu; vgl. Kabinettsprotokolle 1951, S. 223f.

25   Zu den organisatorischen und personalpolitischen Problemen beim Aufbau des Presse- und Informationsamtes der Bundesregierung Werner *Krueger*, Konrad Adenauer und das Bundespresseamt, in: Karl-Günther *von Hase* (Hrsg.), Konrad Adenauer und die Presse, S. 32-42, und Horst O. *Walker*, Das Presse- und Informationsamt, passim.

26   Vgl. Nr. 3 (Anm. 39, 40).

27   Karl Theodor *Bleek* (1898-1969), 1946-1951 Oberbürgermeister von Marburg, 1951-1957 Staatssekretär im Bundesministerium des Innern, 1957-1961 Chef des Bundespräsidialamtes. – Zu Bleek auch die Einführung in diese Edition, S. 5f.; vgl. a. Nr. 3 (Anm. 40).

28   Eugen *Gerstenmaier* (1906-1986), 1945-1951 Gründer und Leiter des EKD-Hilfswerks, 1949-1969 MdB (CDU), 1954-1969 Präsident des Deutschen Bundestages, 1956-1969 stellvertretender CDU-Vorsitzender.

29   *Maier* hatte am 4.2.1951 in Schnait/Remstal erklärt, »die Erklärung General Eisenhowers, daß für einen deutschen Verteidigungsbeitrag zunächst die politischen Voraussetzungen geschaffen werden müßten, habe … Adenauer ›das Spielzeug der Wiederaufrüstung‹ aus der Hand genommen« – Gerstenmaier daraufhin von einer »demagogischen Unverschämtheit« gesprochen; vgl. Adenauers Briefe 1949-1951, S. 346f., 350, 585, 587. Zu diesem Konflikt auch die Korrespondenz des Bundespräsidenten in BA, B 122/2194.

30   Vgl. Nr. 7 (TOP 3).

31   Aus diesem Zeitraum sind in StBKAH 04.02 Termine Adenauer-Gerstenmaier nur für den 23.2. und 12.7.1951 nachweisbar.

Nr. 7

* BA, VS B 122/31269, Bd. A I, Bl. 176-178, Aufzeichnung vom 24.4.1951, gez. *Klaiber*.

1   Adenauer hatte vom 11.-19.4.1951 Paris besucht und dort am 18.4.1951 gemeinsam mit den Außenministern Belgiens, Frankreichs, Italiens, Luxemburgs und der Niederlande den EGKS-Gründungsvertrag unterzeichnet; dazu seine Erinnerungen 1945 1953, S. 123 141.

2   Druck des Briefwechsels vom 18.4.1951: a.a.O., S. 429f.; vgl. a. Adenauers Briefe 1951-1953, S. 47, 492.

3   Vgl. Nr. 6 (Anm. 11).

4   Die Ratifizierung durch den Deutschen Bundestag erfolgte am 11.1.1952, der Bundesrat nahm das Gesetz am 1.2.1952 an (vor Inkrafttreten des EGKS-Vertrages am 25.7.1952); vgl. a.a.O., S. 54, 148f. Vgl. a. Nr. 12 (Anm. 1).

5   Hermann Bernhard *Ramcke* (1889-1968), 1944 General der Fallschirmtruppen und Kommandant der Festung Brest, 1944-1951 erst in amerikani-

scher, dann in französischer Haft. – Ramcke war im März 1951 in Paris zu fünf Jahren Zwangsarbeit verurteilt worden; dazu und zu den Bemühungen des Bundeskanzlers um seine Freilassung Adenauers Briefe 1951-1953, S. 37f., 65f., 291, 302, 486, 608.

6   Wilhelm *Hausenstein* (1882-1957), Kunsthistoriker und Diplomat, 1950-1953 Generalkonsul, 1953-1955 Botschafter in Frankreich. – Früher in der »Rhöndorfer Ausgabe« nachgewiesene Literatur ergänzt Ulrich *Lappen-küper*, Wilhelm Hausenstein – Adenauers erster Missionschef in Paris, in: VfZ, Jg. 43 (1995), S. 635-678.

7, 8   Das Erste und Zweite Gesetz zur Durchführung der Neugliederung in den Ländern Baden, Württemberg-Baden und Württemberg-Hohenzollern traten am 4.5.1951 in Kraft – am 9.12.1951 erbrachte eine Volksabstimmung im südwestdeutschen Raum eine ca. 70 %ige Zustimmung zum Zusammenschluß der drei Länder zum neuen Bundesland Baden-Württemberg (Bildung am 25.4.1952). Zu den Diskussionen dieses Zeitraums die Kabinettsprotokolle 1951, S. 71f., 106, 244, 273f., 294f., 310, 341f. Vgl. a. Reinhard *Schiffers*, Weniger Länder – mehr Föderalismus?, S. 47-56.

9   Vgl. Nr. 6 (Anm. 29, 30).

10   Nach dem Terminkalender des Bundeskanzlers (StBKAH 04.02) kam die Begegnung nicht zustande; im Tagesnotizbuch des Bundespräsidenten aber (BA, NL Heuss, Nr. 482) wurde die Eintragung unter dem 11.5.1951 »13.30 Mittagessen Bundeskanzler Reinh. Maier« nicht gestrichen. Zu späteren Vermittlungsbemühungen des Bundespräsidenten vgl. Nr. 8 (nach Anm. 13).

11   Hans *Ehard* (1887-1980), 1946-1954 und 1960-1962 bayerischer Ministerpräsident (1950/51 und 1961/62 Bundesratspräsident), 1949-1955 CSU-Vorsitzender.

12   Mit dieser Frage (vgl. Nr. 3 [Anm. 10]) hatten sich Heuss und Adenauer bereits Anfang 1951 in einem ausführlichen Briefwechsel beschäftigt; vgl. »Unserem Vaterlande zugute«, S. 62-68.

13   Zur Fortführung dieser Diskussion Nr. 12 (TOP 5) und 13 (TOP 6).

Nr. 8

* BA, VS B 122/31269, Bd. A I, Bl. 125-131, Aufzeichnung o. D., *nicht* gezeichnet – nach inhaltlichem Duktus und Stil offenkundig verfaßt von Theodor Heuss –, mit hs. Vermerk »Vertraulich«.

1   Das Telegramm *Blüchers* vom 9.8.1951 (»Bin in keiner Weise von der Möglichkeit überzeugt, daß gestrige Verhandlungspartner [s. unten Anm. 2] politisch in dem von Ihnen gewünschten Sinn eingefangen werden können«) hatte Adenauer während der am 10./11.8.1951 auf dem Bürgenstock geführten Verhandlungen mit führenden Vertretern der CDU/CSU-Bundestagsfraktion erreicht. Zur umfangreichen und kontroversen Korrespondenz mit dem Vizekanzler (9.-13.8.1951) Adenauers Briefe 1951-1953, S. 102-109, 517-519.

2   Beratungen des Bundeskanzlers mit einer DGB-Delegation am

8./9.8.1951 zur Beilegung eines wirtschafts- und sozialpolitischen Konflikts der Bundesregierung mit der Gewerkschaftsführung. Vgl. a.a.O., S. 93-95, 99-101; »Unserem Vaterlande zugute«, S. 103, und die detaillierten Angaben in der Edition des Tagebuches von Otto *Lenz*: Im Zentrum der Macht, S. 119-126.

3   Adenauer hielt sich vom 17.7.-17.8.1951 auf dem Bürgenstock oberhalb des Vierwaldstätter Sees auf. Heuss verbrachte seinen Sommerurlaub 1951 in Aschau (Chiemgau/Oberbayern). Die in diesem Zeitraum ausgetauschten Briefe – auch zu mehreren der im nachfolgenden erörterten Themen – in »Unserem Vaterlande zugute«, S. 76-86.

4   Heinrich *von Brentano* (1904-1964), 1948/49 Mitglied des Parlamentarischen Rates (CDU), 1949-1964 MdB (1949-1955 und 1961-1964 CDU/CSU-Fraktionsvorsitzender), 1955-1961 Außenminister.

5   Hans *Mühlenfeld* (1901-1969), 1948/49 Mitglied des Wirtschaftsrates (DP), 1949-1953 MdB (1950-1953 Fraktionsvorsitzender), ab 1953 Botschafter in den Niederlanden, 1958-1962 in Australien, 1963-1965 niedersächsischer Kultusminister.

6   Am 20.8.1951 (StBKAH 04.02).

7   Die zuvor letzte Unterredung Heuss-Blücher hatte am 2.8.1951 stattgefunden; dazu die von Hans *Bott* angefertigte Aufzeichnung in BA, VS B 122/31269. S. unten Anm. 25.

8   Blücher hatte Adenauer am 9.8.1951 seinen Rücktritt als deutscher Vertreter im Rat der Internationalen Ruhrbehörde mitgeteilt (die im Oktober ohnehin aufgelöst wurde); vgl. Briefe 1951-1953, S. 102f., 517.

9   Zur Diskussion um ein von Blücher angestrebtes »Ministerium für den Außenhandel und alle Fragen der wirtschaftlichen Integration Europas« vgl. Udo *Wengst*, Staatsaufbau und Regierungspraxis, S. 269f.

10   Zum damaligen Stand der Verhandlungen über den deutschen Verteidigungsbeitrag Adenauers Auskünfte im Informationsgespräch vom 22.8.1951; vgl. Teegespräche 1950-1954, S. 121f. – Über aktuelle Details hatte am 13.8.1951 Staatssekretär *Hallstein* Heuss informiert; hierzu das Kurzprotokoll in BA, VS B 122/31269.

11   Dazu vgl. die »Übersicht zur Teilnahme des Bundeskanzlers und der Bundesminister an Kabinettssitzungen« (die ab Sommer 1951 die im Vergleich regelmäßigere Präsenz Blüchers und Leitung der Sitzungen durch den Vizekanzler ausweist) in den Kabinettsprotokollen 1951, S. 840f.

12   Bezieht sich auf Diskussionen in der schleswig-holsteinischen CDU nach dem Rücktritt von Ministerpräsident Walter *Bartram* (CDU) am 25.6.1951 und vor Bildung der neuen Landesregierung aus Mitgliedern des Wahlblocks CDU-FDP-DP und des BHE am 31.7.1951 durch den neuen Ministerpräsidenten Friedrich Wilhelm *Lübke*.

13   Zur Beziehung des Bundespräsidenten zu Reinhold *Maier* die zahlreichen Belege in: Theodor Heuss. Der Mann, das Werk, die Zeit, und bei Klaus-Jür-

gen *Matz*, Reinhold Maier; vgl. a. Nr. 14 (TOP 4). – Die im nachfolgenden erwähnten persönlichen Kontakte zu südwestdeutschen Sozialdemokraten knüpfte Heuss 1945/46 in Maiers erster Landesregierung Württemberg-Badens an, der er als Kultusminister wie auch Fritz *Ulrich* als Wirtschaftsminister und Carlo *Schmid* als Staatsrat (beide SPD) angehörte; dazu neuerdings Jürgen C. *Heß*, »Erste Wege durch das Ruinenfeld«, passim.

14   Edmund *Kaufmann* (1893-1953), 1946-1948 Ministerialdirektor im württemberg-badischen Wirtschaftsministerium, 1948/49 stellvertretender Direktor der Verwaltung für Wirtschaft des Vereinigten Wirtschaftsgebietes, 1949/50 Finanzminister von Württemberg-Baden, 1952 Staatssekretär für Verfassungsfragen in Baden-Württemberg.

15   Zur SPD-Kritik am Hohen Kommissar Frankreichs Hans Manfred *Bock*, Zur Perzeption der frühen Bundesrepublik Deutschland in der französischen Diplomatie, S. 648-650.

16   Am 20.8.1951; vgl. Adenauers Briefe 1951-1953, S. 112f.

17   Zu dieser Unterredung mit dem französischen Hohen Kommissar kam es am 22.8.1951 (StBKAH 04.02); vgl. Teegespräche 1950-1954, S. 122.

18   Nach Errichtung des Bundesverfassungsgerichts durch Gesetz vom 12.3.1951 (BGBl. I 243) hatte es häufigere Auseinandersetzungen über seine personelle Zusammensetzung gegeben, die erst im September 1951 beigelegt werden konnten; dazu insgesamt Reinhard *Schiffers*, Grundlegung der Verfassungsgerichtsbarkeit, passim. Vgl. a. Nr. 9 (TOP 1).

19   Hermann *Höpker Aschoff* (1883-1954), 1948/49 Mitglied des Parlamentarischen Rates (FDP), 1949-1951 MdB, 1951-1954 Präsident des Bundesverfassungsgerichtes. – Früher in der »Rhöndorfer Ausgabe« nachgewiesene Literatur ergänzt Thomas *Aders*, Die Utopie vom Staat über den Parteien, passim. Zu seiner hier angesprochenen Tätigkeit im Dritten Reich das an ihn gerichtete Schreiben Adenauers vom 12.7.1951 in den Briefen 1951-1953, S. 82. Die Wahl durch das Wahlmännergremium des Bundestages erfolgte schließlich am 4.9.1951; nach Wahl des Vizepräsidenten (Rudolf *Katz*) und der weiteren Richter am 6.9.1951 kam es am 28.9.1951 in Karlsruhe im Beisein des Bundespräsidenten und des Bundeskanzlers zur Konstituierung des Bundesverfassungsgerichts.

20   Hermann *Pünder* (1888-1976), 1945-1948 Oberbürgermeister von Köln, 1948/49 Oberdirektor des Verwaltungsrates des Vereinigten Wirtschaftsgebietes (CDU), 1949-1957 MdB. Heuss bezieht sich hier auf sein am 14.8.1951 mit Kurt *Schumacher* geführtes Gespräch; dazu die Aufzeichnung in BA, VS B 122/31269, Bl. 132-137. Dort u. a. Mitteilung des SPD-Vorsitzenden, »daß sie Gebhard Müller gewollt hätten, in zweiter Linie für Beyerle. Sie wären dann für Höpker Aschoff eingetreten, für den ja auch das Kabinett gewesen sei. Er betrachte es als eine Perfidie, wie man ihn behandelt habe und nannte die Methode eine Verletzung jeden Anstandes der Demokratie. Mit Leuten wie Pünder und [Werner] Hofmeister,

die er als Zentral- bzw. Provinzflaschen bezeichnete, könnten sie keinesfalls einverstanden sein.« Zu dieser Unterredung auch unten Anm. 28, 33, 35.

21 Walter *Menzel* (1901-1963), 1946-1950 nordrhein-westfälischer Innenminister (SPD), 1948/49 Mitglied des Parlamentarischen Rates, 1949-1963 MdB.

22 Fritz *Schäffer* (1888-1967), 1945 bayerischer Ministerpräsident und Mitbegründer der CSU, 1949-1961 MdB, Bundesminister der Finanzen (1949-1957) und der Justiz (1957-1961).

23 Leo *Wohleb* (1888-1955), 1947-1952 Staatspräsident und Kultusminister von Baden, MdL (CDU), 1952-1955 Botschafter in Lissabon.

24 Zur Besprechung mit Wohleb am Nachmittag des 21.8.1952 – unmittelbar vor der Unterredung mit Heuss – über die Neuordnung der südwestdeutschen Länder (vgl. Nr. 7 [Anm. 7, 8]) Adenauers »Notiz« in seinen Teegesprächen 1950-1954, S. 125.

25 »Ich hatte mit Herrn Schäffer verabredet, daß ich mit den maßgebenden Herren der FDP in der Steuerfrage bald einmal Fühlung aufnehme«; Heuss am 3.8.1951 an Adenauer (»Unserem Vaterlande zugute«, S. 82). Zu dieser Unterredung auch der Hinweis des Bundespräsidenten in Nr. 56 (TOP 1). – Von der FDP-Kritik am Bundesfinanzminister hatte Heuss in dem am 2.8.1951 mit Franz Blücher geführten Gespräch erfahren (»... nenne immer Zahlen, die nicht stimmen und die er dann korrigieren müsse. Er argumentiere in der Öffentlichkeit gegen die Legislative, die zu viel bewillige, und schädige damit das Ansehen von Staat und Parlament«; s. oben Anm. 7).

26 Die nachfolgenden Erörterungen beziehen sich auf die Schaffung des »Verdienstordens der Bundesrepublik Deutschland« für Leistungen, »die im Bereich der politischen, der wirtschaftlich-sozialen und der geistigen Arbeit dem Wiederaufbau des Vaterlandes dienten«, durch Erlaß des Bundespräsidenten vom 7.9.1951 (BGBl. I 831). – Vor der Aussprache mit dem Bundeskanzler hatte Heuss bereits am 13.8.1951 diesbezügliche Informationen von Staatssekretär Lenz erhalten; zu dieser Unterredung die Aufzeichnung in BA, VS B 122/31269.

27 Vgl. Nr. 2 (Anm. 6), 3 (Anm. 15). – Am Vormittag des 21.8.1951 hatte die Bundesregierung beschlossen, dem Bundespräsidenten die Einführung der 3. Strophe des Deutschlandliedes als Nationalhymne zu empfehlen; vgl. Kabinettsprotokolle 1951, S. 603f.

28 Schumacher hatte Heuss hierzu am 14.8.1951 erklärt, »daß alle demokratischen Sozialisten prinzipiell gegen jede Klassifizierung seien« (s. oben Anm. 20). Vgl. Nr. 9 (Anm. 20).

29 Adenauer hatte bereits am 27.4.1951 brieflich bei Heuss die »Schaffung eines Verdienstabzeichens für langjährige Arbeit in einem privaten oder öffentlichen Betrieb« angeregt: »Ich würde sogar geneigt sein, noch weiter zu gehen und ein Arbeitsverdienstkreuz für 40jährige oder 50jährige Tätigkeit vorzusehen. Von besonderer Wichtigkeit erscheint es mir aber, daß eine solche Stiftung

möglichst noch am 1. Mai verkündet würde. Es würde damit eine Möglichkeit
gegeben sein, dem 1. Mai den Charakter eines rein sozialistischen Feiertages zu
nehmen und ihm dafür das neutralere Gesicht eines Tages der Würdigung der
Arbeit durch den Staat zu verleihen« (»Unserem Vaterlande zugute«, S. 69).

30   Hans-Heinrich *Herwarth von Bittenfeld* (geb. 1904), 1949-1951 Leiter
des Arbeitsstabes Protokoll im Bundeskanzleramt und zugleich im Bundespräsidialamt, 1951-1955 Protokollchef des Auswärtigen Amtes, 1955-1961 Botschafter in London, 1961-1965 Staatssekretär im Bundespräsidialamt, 1965-
1969 Botschafter in Rom.

31   Armand *Bérard* (geb. 1904), 1949-1955 Stellvertreter des französischen
Hohen Kommissars in der Bundesrepublik, Botschafter in Japan (1956-1959),
bei den Vereinten Nationen (1959-1962) und in Italien (1962-1967).

32   Zur »Sistierung des Alliierten Antikriegs- und Parteiordens-Gesetzes« (im
AHK-Verbot vom 21.9.1949, das auf dem Kontrollratsgesetz Nr. 8 vom
30.11.1945 basierte) die Heuss-Briefe an Adenauer vom 3.8. und 26.8.1951
in: »Unserem Vaterlande zugute«, S. 83, 86-88.

33   »… als National-Choral, der wohl im schwäbischen Raum verstanden
wurde, aber nicht im übrigen Deutschland – das ›Glaube, Liebe, Hoffnung‹ sei
nicht das richtige« (s. oben Anm. 20).

34   Carl Wilhelm *Severing* (1875-1952), 1907-1912 und 1920-1933 MdR
(SPD), 1920-1926 und 1930-1933 preußischer Innenminister, 1928-1930
Reichsinnenminister.

35   Heuss hatte im Gespräch mit Schumacher bedauert, »daß die SPD ihn in
dieser Sache im Stich gelassen habe bzw. sich abwartend verhielte (Attentist)«
(s. oben Anm. 20).

36   Dafür in den Besucherlisten des Bundeskanzlers kein Beleg; das am
21.8.1951 um 18 Uhr begonnene Gespräch ist dort als letzter Termin dieses
Tages vermerkt.

37   Die Korrespondenz mit dem am 17.8.1951 gegründeten, 1953 wegen
neofaschistischer Aktivitäten verbotenen »Freikorps Deutschland« ist in BA,
NL Heuss, Nr. 298 erhalten. – Am 21.8.1951 Hans *Bott* im Auftrag des Bundespräsidenten: »Die Mitteilung, daß das ›Freikorps Deutschland‹ ›der Sprecher der anständigen und treugebliebenen deutschen Frontsoldaten sein wolle‹,
scheint dem Herrn Bundespräsidenten einen Anspruch zu enthalten, der des
Pharisäischen nicht entbehrt, da er offenbar glaubt, sich von den übrigen Vereinigungen ehemaliger Soldaten, wie auch von den breiten und erschöpften
Massen, die vom Kriegsschicksal tragisch verschlungen wurden, mit einer Art
moralischer Selbstzensur abheben und erhöhen zu können.«

38   Heuss hatte *McCloy* am 21.8.1951 für die Übermittlung eines Schreibens
von Edmund *Schopen* (vgl. Nr. 9 [Anm. 29]) gedankt. Aus der Stellungnahme
des Bundespräsidenten zu diesem nicht nachgewiesenen Brief: »Zum Beispiel
die These von den ›traditionsgemäß stets politisierenden Generälen Deutschlands‹ ist historisch gesehen abwegig. Die Geschichte der anderen westlichen

Länder kennt in den letzten eineinhalb Jahrhunderten *viel mehr* als die deutsche Geschichte den politisierenden General ... Ich kann auch nicht die Skepsis teilen, daß ›eine Flucht ins Private‹ aus Furcht vor dem Neonazismus eingetreten sei ... ich glaube, daß der Schreiber nicht ganz in Rechnung setzt, daß ein Teil der von ihm kritisch bewerteten Äußerungen deutscher führender Männer nun eben mit zu verstehen sind als Bemühungen, den sich pazifistisch gebärdenden, aber im Emotionalen militanten Nationalismus, der aus der Ostzone heranklingt, aufzufangen und abzufangen« (BA, a.a.O.).

39   Leo *Baeck* (1873-1956), seit 1912 Rabbiner in Berlin und Dozent an der Hochschule für die Wissenschaft des Judentums, seit 1933 Präsident der Reichsvertretung der deutschen Juden (ab 1935 Reichsvertretung der Juden in Deutschland), 1943 in das Konzentrationslager Theresienstadt deportiert, 1945 nach Großbritannien übergesiedelt, gab entscheidende Impulse für die Wiederaufnahme des christlich-jüdischen Dialogs, gründete 1954 das »Leo Baeck Institute of Jews from Germany« (mit Sitz in Jerusalem, London und New York). – Ein Hinweis auf die Begegnung mit Baeck (»... mit dem er jahrelang in persönlichen Beziehungen gestanden hat«) am 22.8.1951 in der Tageszeitung »Die Welt« vom 23.8.1952. Zu den Kontakten zum Bundespräsidenten in diesem Zeitraum: Theodor Heuss. Der Mann, das Werk, die Zeit, S. 336f.; vgl. a. die Korrespondenz in BA, a.a.O., und den 1953 veröffentlichten Beitrag: Leo Baeck zum 80. Geburtstag, in: Theodor Heuss. An und über Juden, S. 141-143.

40   Bezieht sich auf Adenauers am 27.9.1951 vor dem Deutschen Bundestag abgegebene Regierungserklärung über die »Haltung der Bundesrepublik gegenüber den Juden«, mit der die Verpflichtung zur Wiedergutmachung nationalsozialistischen Unrechts gegenüber rassisch, religiös, weltanschaulich und politisch Verfolgte anerkannt wurde; vgl. Stenographische Berichte, 1. Wahlperiode, Bd. 9, S. 6697f. Vgl. a. Nr. 9 (TOP 6). – Dazu auch die am 4.9.1951 über Herbert *Blankenhorn* dem Bundeskanzler zugeleitete »Bemerkung« des Bundespräsidenten »zu der Erklärung der Bundesregierung zur Juden-Frage« in BA, NL Heuss, Nr. 299; dort u. a. die vom Bundeskanzler anschließend weitgehend übernommenen Verbesserungs- bzw. Ergänzungsvorschläge: »... ›über die Juden in Deutschland und in den von den deutschen Truppen besetzten Gebieten‹. Denn gerade das letztere ist ja für die Welt mit eine der bösesten Erinnerungen geblieben. Der übernächste Satz ist sachlich einfach zu schwach. Es kann ruhig heißen: ›Es hat in der Zeit des Nationalsozialismus im deutschen Volke viele gegeben, die auf eigene Gefährdung aus religiösen Gründen, aus Gewissensnot, aus Scham über die Schändung des deutschen Namens ihren jüdischen Mitbürgern Hilfsbereitschaft gezeigt haben.‹«

41   Vgl. Nr. 9.

Nr. 9

* BA, VS B 122/31269, Bd. A I, Bl. 120-124, Aufzeichnung vom 27.8.1951, mit ms. Vermerk »VERTRAULICH!«, nach dem Diktatzeichen »H[euss] / Sch[...]« vom Bundespräsidenten verfaßt.

1   Vom 24.8.1951; vgl. Kabinettsprotokolle 1951, S. 607-614.

2   Wilhelm *Laforet* (1877-1959), Ordinarius für deutsches und bayerisches Staats- und Verwaltungsrecht an der Universität Würzburg (1927-1954), 1948/49 Mitglied des Parlamentarischen Rates (CSU), 1949-1953 MdB.

3   Vgl. Nr. 8 (Anm. 18, 19).

4   Eberhard *Wildermuth* (1890-1952), 1947-1949 Minister für Wirtschaft in Württemberg-Hohenzollern, 1949-1952 Bundesminister für Wohnungsbau und MdB (FDP).

5   Während dieses dreitägigen Berlin-Aufenthaltes aus Anlaß der »Internationalen Festwochen« enthüllte Heuss eine Büste des ersten deutschen Reichspräsidenten, Friedrich *Ebert*, und nahm er an der Eröffnung des Schiller-Theaters teil; dazu die Belege in BA, B 122/617.

6   Hans *Speidel* (1897-1984), General, ab 1950 militärischer Berater des Bundeskanzlers, 1951-1954 militärischer Chefdelegierter bei den EVG-Verhandlungen, 1955-1957 Leiter der Abteilung Gesamtstreitkräfte im Bundesverteidigungsministerium, 1957-1963 Oberbefehlshaber der NATO-Landstreitkräfte Europa-Mitte.

7   Seit Januar 1951 hatten deutsche Sachverständige mit Beauftragten der Hohen Kommission militärtechnische Details des Verteidigungsbeitrags der Bundesrepublik erörtert; dazu, zum damaligen Verhandlungsstand und zur Unterredung mit *Eisenhower* am 19.8.1951 (im Beisein *McCloys* und von General Adolf *Heusinger*) Hans *Speidel*, Aus unserer Zeit, S. 294f. – Der »Zwischenbericht der Delegationen über die an der Pariser Konferenz für die Organisation einer Europäischen Verteidigungsgemeinschaft beteiligter Regierungen« (24.7.1951) in: Adenauer und die Hohen Kommissare 1949-1951, S. 529-548.

8   Zu den sicherheitspolitischen Vorstellungen des SPD-Vorsitzenden Willy *Albrecht* (Hrsg.), Kurt Schumacher, S. 168-180, 828-894 , und Kurt *Klotzbach*, Der Weg zur Staatspartei, S. 210-219.

9   Dean *Acheson* (1893-1971), 1941-1947 Unterstaatssekretär für Wirtschaftsfragen im amerikanischen Außenministerium, 1947-1949 und ab 1953 erneut Anwaltstätigkeit, 1949-1953 Außenminister, in den 60er Jahren politischer Berater der Präsidenten Kennedy und Johnson.

10   Sir Herbert Stanley *Morrison*, seit 1959 Baron *Morrison of Lambeth* (1888-1965), 1945-1950 Führer der Labour-Fraktion im britischen Unterhaus, 1950/51 Außenminister, 1951-1955 stellvertretender Oppositionsführer. – Adenauer bezieht sich hier auf die am 19.5.1951 mit Morrison bei dessen Bonn-Besuch geführten Gespräche; dazu die Aufzeichnung in StBKAH III/80 (in weiterer Ausfertigung auch in BA, VS B 122/31269, Bl. 154-177; dort zugleich eine Aufzeichnung zur Unterredung Heuss-Morrison vom 21.5.1951).

11   Eduard *Spranger* (1882-1963), Philosoph und Pädagoge, Ordinarius an den Universitäten Leipzig (1912-1920), Berlin (1920-1946) und Tübingen (ab 1946).

12   Bei der Feierstunde zum Nationalen Gedenktag des deutschen Volkes (12.9.1951, 1949 Tag der Wahl des Bundespräsidenten) hielt Adenauer die Eröffnungsrede, Spranger den Festvortrag; Wortlaut: Mitteilungen des Presse- und Informationsamtes der Bundesregierung, Nr. 801 und 802 vom 12.9.1951.

13   Christian *Fette* (1895-1971), ab 1947 Vorsitzender der IG Druck und Papier, 1951/52 DGB-Vorsitzender (Nachfolger von Hans Böckler). – Zu den Kontakten des Bundespräsidenten zu Fette die Aufzeichnung über ein am 30.6.1951 geführtes Gespräch in BA, a.a.O., Bl. 151-153; dort die letzten beiden Sätze: »Herr Fette sprach sich ebenfalls gegen eine Wiedereinführung des Deutschlandliedes aus und erklärte, die ›Hymne an Deutschland‹ nur aus der Silvesterrede des Bundespräsidenten zu kennen. Er werde sich gern mit der Frage beschäftigen und sich mit Musik und Text der Hymne näher befassen.«

14   Otto *Lenz* (1903-1957), 1951-1953 Staatssekretär im Bundeskanzleramt, 1953-1957 MdB (CDU). – Zu Lenz auch die Einführung in diese Edition, S. 6.

15   Deswegen wandte sich Heuss am 28.8.1951 an Lenz: »Bei seinem letzten Besuch hat der Herr Bundeskanzler mir den Brief vorgelesen, den Herr Christian Fette für den Vorstand des DGB an Sie gerichtet hat in der Angelegenheit des Verdienstkreuzes und der Nationalhymne. ... es würde der Vollständigkeit halber erwünscht sein, auch dieses Dokument hier zu besitzen« (BA, NL Heuss, Nr. 298; vgl. a. die Einführung in diese Edition, S. 11f.). Dazu die Tagebuch-Eintragung des Staatssekretärs vom 27.8.1951 (Im Zentrum der Macht, S. 133); zu den gewerkschaftlichen Bedenken auch »Unserem Vaterlande zugute«, S. 86.

16   Vgl. Nr. 8 (Anm. 29).

17   »Unter den Klängen des Deutschlandliedes ist am Donnerstag im Stockholmer Olympiastadion zur Eröffnung des deutsch-schwedischen Leichtathletikkampfes die schwarz-rot-goldene Fahne gehißt worden. Das [Deutschlandlied] wurde auf Anordnung des Stadionverwalters nach Absprache mit dem Präsidenten des Deutschen Leichtathletik-Verbandes, Max Danz, gespielt. Im Programm war unter der Überschrift ›Deutschlands neue Nationalhymne‹ der Text der dritten Strophe ›Einigkeit und Recht und Freiheit‹ abgedruckt worden« (»Frankfurter Allgemeine Zeitung« vom 11.8.1951).

18   Vgl. Nr. 8 (Anm. 32).

19   Die nächste Begegnung Adenauers mit dem amerikanischen Hohen Kommissar datiert vom 27.8.1951 (StBKAH 04.02).

20   *Schumacher* hatte am 24.8.1951 befürwortet, »das Tragen von Kriegsauszeichnungen wieder zuzulassen. Es wäre nach seiner Meinung psychologisch falsch, wenn Millionen Soldaten, die jahrelang ihre Pflicht getan hätten,

diesen Teil ihres Lebens ausschneiden müßten« (»Ruhr-Nachrichten« vom 25.8.1951).

21   Dazu ausführlicher das Heuss-Schreiben vom 13.9.1951 in »Unserem Vaterlande zugute«, S. 88. Vgl. a. Nr. 10 (TOP 4).

22   Walter *Strauß* (1900-1976), 1948/49 Leiter des Rechtsamtes des Vereinigten Wirtschaftsgebietes und Mitglied des Parlamentarischen Rates (CDU), 1949-1962 Staatssekretär im Bundesjustizministerium.

23   Fritz *Tarnow* (1880-1951), 1920-1933 Vorsitzender des Deutschen Holzarbeiterverbandes und MdR (SPD), 1948/49 Mitglied des Parlamentarischen Rates.

24   Paul *Löbe* (1875-1967), 1919/20 Mitglied der Nationalversammlung (SPD), 1920-1933 MdR (1920-1924 und 1925-1932 Reichstagspräsident), 1948/49 Berliner Vertreter im Parlamentarischen Rat, 1949-1953 MdB (eröffnete die konstituierende Sitzung am 7.9.1949 als Alterspräsident). – Zu seinen Heuss-Kontakten Nr. 36 (TOP 5).

25   »Die Anregung, die auch gegeben wurde, um der historischen Kontinuität willen den 18. Januar zu wählen, halte ich für total falsch, denn der 18. Januar ist ja der Termin, an dem 1701 ein ziemlich mäßiger hohenzollerscher Kurfürst sich als Friedrich I. und König von Preußen etablierte. (Die Wahl des Termins im Jahre 1871 war psychologisch auf Wilhelm I. abgerichtet)«; Heuss am 3.8.1951 in »Unserem Vaterlande zugute«, S. 82.

26   *Friedrich I.* (1657-1713), seit 1688 Kurfürst von Brandenburg (als Friedrich III.), seit 1701 König in Preußen.

27   Unter Berufung auf dieses Gespräch mit Heuss brachte Adenauer die »Wiederzulassung des Tragens von Kriegsauszeichnungen« zur Sprache; vgl. Kabinettsprotokolle 1951, S. 619f.

28   Vgl. Nr. 8 (Anm. 37, 38).

29   Edmund *Schopen* (geb. 1882), 1906-1920 katholischer Geistlicher, zog sich 1918 vom amtlichen Kirchendienst zurück, gründete 1919 die Begabtenschule »Deutsches Kolleg« in Bad Godesberg, 1920 Trennung vom Katholizismus, danach als Privatgelehrter und Schriftsteller tätig, ab 1926 in München ansässig. – In BA, B 122/2070 einige ergänzende Hinweise auf seine Nachkriegstätigkeit als Verleger, Filmtheaterbesitzer und Vertreter der Spitzenorganisation der Filmwirtschaft e.V. in der Deutschen UNESCO-Kommission; dort auch Belege für die im November 1954 öffentlich geübte Kritik Schopens an Heuss (wegen eines Schreibens vom 7.11.1954 an Constantin Freiherr von Neurath nach dessen Haftentlassung aus Spandau), die zu einer kleinen Anfrage der FDP-Bundestagsfraktion »betr. Äußerungen gegen den Herrn Bundespräsidenten« führte (Bundestagsdrucksache Nr. 143 vom 17.12.1954).

30   Vgl. Nr. 5 (Anm. 12).

31   Die Pläne zur Errichtung eines Bundeswirtschaftsrats zerschlugen sich; vgl. Kabinettsprotokolle 1951, S. 749f. Vgl. a. Adenauers Teegespräche 1950-1954, S. 121.

32 Otto *Fürst von Bismarck* (1815-1898), 1862-1890 preußischer Ministerpräsident, 1871-1890 Reichskanzler. – Den von Heuss nachfolgend geschilderten Konflikt (1880/81 wegen des Errichtung eines Reichs*volks*wirtschaftsrats)
schildert Lothar *Gall*, Bismarck. Der weiße Revolutionär, Frankfurt/Main-Ber-
lin-Wien 1980, S. 602-604.

33 Vgl. Nr. 8 (Anm. 40), 10 (TOP 3) 13 (TOP 3).

34 Ebd., Anm. 39. – Im Juli 1951 hatte Heuss zu diesem Themenkomplex
auch ein ausführliches Gespräch mit dem Chefredakteur der deutschsprachigen New Yorker Wochenzeitung »Aufbau«, Manfred *George*, geführt; dazu
das Interview (»Theodor Heuss: Wir müssen Mut zur Liebe haben«) in der
»Neuen Zeitung« vom 18.7.1951.

35 Zur Beteiligung Herbert *Blankenhorns* an der Klärung israelisch-deut-
scher Probleme und zu seiner besonderen Bedeutung für die Anbahnung guter
persönlicher Beziehungen zu jüdischen Repräsentanten die zahlreiche Belege in
BA, NL Blankenhorn, Bd. 16, 17; vgl. a. seine Erinnerungen: Verständnis und
Verständigung, u. a. S. 138-142.

36 Das jüdische Neujahrsfest Rosh ha-Schan‹ah fiel 1951 auf Montag, den
1.10.; Heuss veröffentlichte aus diesem Anlaß einen Glückwunsch in der »Allgemeinen Wochenzeitung der Juden in Deutschland«; Druck: Theodor Heuss.
An und über Juden, S. 114f. Dazu auch die Unterlagen in BA, NL Heuss,
Nr. 298.

37 Wilhelm *Haas* (1896-1975), 1950-1952 Ministerialdirektor und Leiter
der Abteilung Personal und Verwaltung der Dienststelle für auswärtige Angelegenheiten bzw. des Auswärtigen Amtes, dann Botschafter in Ankara (1952-
1956), Moskau (1956-1958) und Tokio (1958-1961).

38 Zur Wiederverwendung zahlreicher Diplomaten, die 1933-1945 ihre
Karriere begonnen hatten oder bereits in wichtige Funktionen aufgerückt
waren, Hans-Jürgen *Döscher*, Verschworene Gesellschaft, passim. Vgl. a. Nr.
13 (TOP 5), 14 (TOP 3), 19 (TOP 8).

39 Friedrich *Holzapfel* (1900-1969), 1946-1950 stellvertretender Vorsitzender der CDU der britischen Zone, 1950-1952 auch der Bundespartei, 1947-
1949 CDU/CSU-Fraktionsvorsitzender im Wirtschaftsrat, 1949-1953 MdB,
1952-1956 Gesandter, 1957/58 Botschafter in Bern.

40 Max *Petitpierre* (1899-1994), Politiker, 1944-1961 Leiter des (Außen)-
Politischen Departements des schweizerischen Bundesrates, 1950, 1955 und
1960 Bundespräsident. – Adenauer bezieht sich hier auf ein am 27.7.1951 in
Bern mit Petitpierre und dem schweizerischen Bundespräsidenten Eduard *von
Steiger* geführtes Gespräch.

41 Margarethe *Bitter* (geb. 1902), nach 1949 im Bundesjustizministerium
zuständig für Kriegsgefangenenfragen, ab 1953 in der Rechtsabteilung des
Auswärtigen Amtes, dann Konsulin in New York (1953-1956) und Cleveland
(1956-1960), 1960-1962 Generalkonsulin in Rotterdam. – Zum Nachfolgenden auch Adenauers Briefe 1951-1953, S. 203f.

42 Dafür kein Beleg in den Tagesnotizbüchern des Bundespräsidenten.

Nr. 10

* BA, VS B 122/31269, Bd. A I, Bl. 118f., Aufzeichnung vom 30.9.1951, gez. *Klaiber.*

a, b ‹ › Von Klaiber eigenhändig eingefügt.

1   Nach der Außenministerkonferenz der drei Westmächte in Washington (10.-14.9.1951) hatten am 24.9.1951 die Verhandlungen mit der Hohen Kommission über die Ablösung des Besatzungsstatuts durch einen Generalvertrag und die Beteiligung der Bundesrepublik an einer europäischen Verteidigungsgemeinschaft begonnen; vgl. die Protokolle der AHK-Sitzungen vom 24.9.1951 in Adenauer und die Hohen Kommissare 1949-1951, S. 378-387.

2   Der General- bzw. Deutschlandvertrag wurde mit den Zusatzverträgen am 26.5.1952 in Bonn, der Vertrag über die Europäische Verteidigungsgemeinschaft am 27.5.1952 in Paris unterzeichnet; vgl. Nr. 16 (TOP 1).

3   Adenauer hatte am 27.9.1951 in einer Regierungserklärung zur Frage gesamtdeutscher Wahlen zu einer erneuten Verhandlungsofferte des DDR-Ministerpräsidenten *Grotewohl* Stellung genommen; vgl. Stenographische Berichte, 1. Wahlperiode, Bd. 9, S. 6700f.

4   Am 25. und 26.9.1951, im Beisein Erich *Ollenhauers* (StBKAH 04.02); vgl. Adenauers Erinnerungen 1945-1953, S. 482.

5   Am 25.9.1951 war ein Amtsbote des Bundeskanzleramtes verhaftet worden, der seit 1949 u. a. Kurzprotokolle der Kabinettssitzungen entwendet und weitergegeben hatte; vgl. Kabinettsprotokolle 1949, S. 5f., und Kabinettsprotokolle 1951, S. 671f. Vgl. a. Adenauer und die Hohen Kommissare 1949-1951, S. 381f.

6   Vgl. Nr. 8 (Anm. 40), 9 (TOP 6).

7   Hermann *Ehlers* (1904-1954), 1949-1954 MdB (CDU), 1950-1954 Bundestagspräsident, 1952 maßgeblich an der Gründung des Evangelischen Arbeitskreises der CDU/CSU beteiligt. – Früher in der »Rhöndorfer Ausgabe« nachgewiesene Literatur ergänzt Gerhard *Besier*, Hermann Ehlers. Ein evangelischer CDU-Politiker zur Frage der deutschen Einheit, in: Kerygma und Dogma 36 (1990), S. 80-109.

8   Otto *Gessler* (1875-1955), 1920-1924 MdR (DDP), Reichsminister für den Wiederaufbau (1919) und Reichswehrminister (1920-1928), 1950-1952 DRK-Präsident, 1951-1953 Vorsitzender des Sachverständigenausschusses zur Regelung der Frage des Tragens früherer Tapferkeitsauszeichnungen.

9   Vgl. Nr. 9 (Anm. 21); vgl. a. Nr. 12 (Anm. 10).

10   Kurt *Pohle* (1899-1961), 1949-1961 MdB (SPD), Vorsitzender des Bundestagsausschusses für Kriegsopfer- und Kriegsgefangenenfragen (1951-1953) bzw. für Kriegsopfer- und Heimkehrerfragen (1957-1961).

11   Hans *Friessner* (1892-1971), Generaloberst a.D., September-Dezember 1951 kommissarischer Vorsitzender des Verbandes deutscher Soldaten. – Über seine Kontakte zu Friessner in diesem Zeitraum und wegen der hier erörterten Fragestellung berichtete Adenauer am 11.9.1951 dem Kabinett; vgl. Kabinetts-

protokolle 1951, S. 641. Ein Gespräch Heuss-Friessner datiert vom 10.9.1951;
vgl. »Unserem Vaterlande zugute«, S. 88.

12   Vgl. Adenauer und die Hohen Kommissare 1949-1951, S. 388-400.

13   Odd *Nansen* (1901-1973; Sohn des norwegischen Nordpolforschers und
Zoologen Fridtjof Nansen), gründete 1936 die Nansen-Hilfe für Flüchtlinge
und Staatenlose, 1941-1945 in Deutschland interniert, gründete nach 1945 die
Kinderhilfe der Vereinten Nationen. – Zu dem hier angesprochenen Schreiben
vom 30.8.1951 »Unserem Vaterlande zugute«, S. 382f.; s. unten Anm. 15.

14   Willy *Brandt* (1913-1992), 1949-1957 und ab 1969 MdB (SPD), 1957-
1966 Regierender Bürgermeister von Berlin, 1964-1987 SPD-Parteivorsitzen-
der, 1966-1969 Außenminister, 1969-1974 Bundeskanzler.

15   Bei den VI. Olympischen Winterspielen vom 15.-25.2.1952 in Oslo
wurde zu Ehren der deutschen Sportler »Freunde, schöner Götterfunken« aus
der Neunten Symphonie Ludwig *van Beethovens* gespielt (da »dies nicht nur
ein ungewöhnlich schöner und passender Auftakt der Sportveranstaltungen
wäre, sondern [da] es auch als eine Geste von deutscher Seite betrachtet würde,
die Deutschland im Handumdrehen in der ganzen Welt eine Sympathie und
einen good-will einbrächten, die durch hundert Verhandlungen, Friedens-
schlüsse und Kongresse nicht zu erreichen wären«; Nansen an Brandt, s. oben
Anm. 13).

Nr. 11

* BA, VS B 122/31269, Bd. A I, Bl. 114-117, Aufzeichnung vom 24.11.1951,
gez. *Klaiber*.

a   ‹ › Eigenhändige Randbemerkung Klaibers.

1   Adenauer hatte am 21./22.11.1951 an der Pariser Außenministerkonferenz der drei Westmächte teilgenommen, auf der ein »Dachvertrag« zum Ge-
neral- bzw. Deutschlandvertrag (vgl. Nr. 10 [Anm. 1]) paraphiert worden war;
dazu seine Erinnerungen 1945-1953, S. 513-516.

2   Sir Anthony *Eden*, Earl *of Avon* (1897-1977), 1935-1938, 1940-1945
und 1951-1955 britischer Außenminister, 1955-1957 Premierminister.

3   Georges *Bidault* (1899-1983), 1944-1946, 1947/48 und 1953/54 französischer Außenminister, 1946 und 1949/50 Ministerpräsident, 1951/52 stellvertretender Ministerpräsident und Verteidigungsminister.

4   Zu einer dieser Unterredungen das Verlaufsprotokoll der Besprechung
Adenauer-Acheson vom 21.11.1951 in: Adenauer und die Hohen Kommissare
1949-1951, S. 526-528.

5   Bezieht sich auf die grundlegende Zusicherung, die sich in der definitiven
Form im Art. VII des Deutschlandvertrages vom 26.5.1952 findet; vgl. Die
Vertragswerke von Bonn und Paris, S. 9f.

6   Josip *Tito* – eigentlich *Broz* – (1892-1980), 1945-1953 Ministerpräsident
und Verteidigungsminister der Föderativen Volksrepublik Jugoslawien, ab
1953 Staatspräsident und Oberbefehlshaber der Streitkräfte, ab 1963 Staatspräsident auf Lebenszeit.

7   Mit der Oder-Neiße-Linie (im Görlitzer Grenzabkommen zwischen Polen und der DDR vom 6.7.1950 als Staatsgrenze festgelegt) beschäftigte sich Adenauer in diesem Zeitraum häufiger in öffentlichen Erklärungen und in seinen Verhandlungen mit den Alliierten; am deutlichsten die Ausführungen in der AHK-Sitzung vom 14.11.1951 in: Adenauer und die Hohen Kommissare 1949-1951, S. 575-577.

8   Die Notstandsklausel – mit Vorbehaltsrechten der Westmächte zur Erklärung des Notstands im Bundesgebiet zu Ausnahmesituationen – findet sich in Art. V des Deutschlandvertrages; vgl. Die Vertragswerke von Bonn und Paris, S. 9.

9   Als Zusatzvereinbarungen zum Deutschlandvertrag wurden ab Herbst 1951 der Truppenvertrag (über die Rechte und Pflichten ausländischer Streitkräfte und ihrer Mitglieder in der Bundesrepublik Deutschland) sowie ein Finanz- und Überleitungsvertrag ausgehandelt; vgl. Adenauers Teegespräche 1950-1954, S. 155-162.

10   Gemeint ist der »Rat der Weisen«, den der Nordatlantikrat bei seiner Tagung vom 15.-20.9.1951 in Ottawa zur Koordinierung der Rüstungsprogramme eingesetzt hatte; vgl. a.a.O., S. 168.

11   Bei den amerikanischen Präsidentschaftswahlen vom 4.11.1952 wurde Dwight D. *Eisenhower*, nachdem er sich in den Primärwahlen gegen seinen republikanischen Mitbewerber Robert *Taft* (vgl. Nr. 14 [Anm. 8]) durchgesetzt hatte, zum Nachfolger Trumans gewählt.

12   Harry S. *Truman* (1884-1972),1934-1944 demokratischer Senator von Missouri, 1945-1953 33. Präsident der USA.

13   Vgl. Nr. 7 (Anm. 4).

14   Die Ratifizierung des EGKS-Vertrages durch die französische Nationalversammlung erfolgte am 13.12.1951.

15   Zum Erstarken rechtsradikaler Tendenzen in der Bundesrepublik Adenauers Schreiben vom 23.8.1951 an den französischen Außenminister *Schuman*; vgl. Briefe 1951-1953, S. 115, 521f. – Zur Bekämpfung derartiger Umtriebe reichte die Bundesregierung am 19.11.1951 beim Bundesverfassungsgericht einen Verbotsantrag gegen die SRP ein; das Urteil zur Feststellung der Verfassungswidrigkeit und Auflösung der NSDAP-Nachfolgeorganisation erging am 23.10.1952; vgl. Nr. 19 (TOP 7).

16   Die ab Oktober 1951 in Paris geführten Verhandlungen der deutschen EVG-Delegation dauerten bis zum Mai 1952 an; vgl. Klaus A. *Maier*, Die internationalen Auseinandersetzungen, S. 74-119.

17   Theodor *Blank* (1905-1972), 1947-1949 Mitglied des Wirtschaftsrates (CDU), 1949-1972 MdB, ab Oktober 1950 Beauftragter des Bundeskanzlers für die mit der Vermehrung der alliierten Truppen zusammenhängenden Fragen, 1955/56 Bundesminister der Verteidigung, 1957-1965 Bundesminister für Arbeit und Sozialordnung.

18   Adolf *Heusinger* (1897-1982), General, ab 1950 militärischer Berater des

Bundeskanzlers, 1952 Leiter der Militärabteilung der Dienststelle Blank, 1955 Vorsitzender des militärischen Führungsrates im Bundesverteidigungsministerium, 1957 Leiter der Abteilung Gesamtstreitkräfte, 1957-1961 Generalinspekteur der Bundeswehr.

19   Vom Bundespräsidenten ins Leben gerufene Stiftung zur »Vergeltung ausländischer Wohltaten«. Aus dem Gründungsaufruf vom 27.11.1951: »Aus den Spenden, um die wir freundlichst bitten, sollen Werke zeitgenössischer Künstler erworben werden. Den Völkern, die uns beschenkt haben, sollen diese Kunstwerke ein Gruß des Dankes sein. Wohl wissen wir, daß wir damit nur ein Geringes tun. Doch können vielleicht diese Zeichen sagen, was uns seit langem erfüllt und daß wir nichts sehnlicher wünschen als den Frieden von Haus zu Haus, von Land zu Land«; vgl. Bulletin, Nr. 13 vom 27.11.1951, S. 81. Vgl. a. »Unserem Vaterlande zugute«, S. 202.
Adenauer erklärte beim Gründungsakt u. a.: »Ich finde es … für uns Deutsche wertvoll, daß wir durch diese Sammlung und Spenden zeigen, daß wir nicht vergessen haben, daß das deutsche Volk in den Zeiten der größten Not Hilfe vom Ausland in ungezählten Mengen und Fällen bekommen hat« (Bulletin, Nr. 14 vom 29.11.1951, S. 94). Vgl. a. Nr. 29 (TOP 6).

20   Theophil *Wurm* (1868-1953), 1933-1949 württembergischer Landesbischof, 1945-1949 EKD-Ratsvorsitzender.

21   Wilhelm *Keil* (1870-1968), 1910-1918 und 1920-1932 MdR (SPD), 1946-1952 MdL in Württemberg-Baden, Landtagspräsident.

22   Josef *Beyerle* (1881-1963), 1945-1951 Justizminister in Württemberg-Baden (CDU), dort 1949-1951 stellvertretender Ministerpräsident.

23   Zur Auszeichnung der drei Genannten am 3.12.1951 der Heuss-Brief an Adenauer vom 30.1.1952 in: »Unserem Vaterlande zugute«, S. 103f.

Nr. 12

*   BA, VS B 122/31269, Bd. A I, Bl. 107-112, Aufzeichnung vom 19.1.1952, mit hs. Vermerk »*Geheim*«, gez. *Klaiber.*

a   ‹ › Von Klaiber eigenhändig eingefügt.

b   ‹ › … korrigiert aus »ernennen«.

1   Der Bundestag hatte den Schumanplan am 11.1.1952 mit 232:143 Stimmen (bei drei Enthaltungen) angenommen ; vgl. Nr. 7 (Anm. 4). Brieflich hatte Heuss bereits am 12.1.1952 gratuliert; vgl. »Unserem Vaterlande zugute«, S. 98f.

2   Erich *Ollenhauer* (1901-1963), 1949-1963 MdB (SPD), 1952-1963 Vorsitzender der SPD und ihrer Bundestagsfraktion.

3   Carlo *Schmid* (1896-1979), Ordinarius für Völkerrecht (ab 1929 an der Universität Tübingen) und Politikwissenschaft (ab 1953 an der Universität Frankfurt/Main), 1947/48 stellvertretender Staatspräsident von Württemberg-Hohenzollern, 1947-1950 Justizminister, 1948/49 Mitglied des Parlamentarischen Rates (SPD-Fraktionsvorsitzender), 1949-1972 MdB, 1966-1969 Bun-

desminister für Angelegenheiten des Bundesrates. – Früher in der »Rhöndorfer Ausgabe« nachgewiesene Literatur ergänzt Petra *Weber*, Carlo Schmid 1896-1979. Eine Biographie, München 1996.

4 Vgl. Nr. 10 (Anm. 1, 2), 11.

5 Dazu Adenauers Scheiben an Kurt *Schumacher* und Erich Ollenhauer vom 10. und 22.1.1952 in den Briefen 1951-1953, S. 165, 168f.

6 Das Gesetz zur Ergänzung des Grundgesetzes (Wehrverfassungsgesetz), das die Wehrhoheit der Bundesrepublik begründete, wurde am 26.2.1954 vom Bundestag gegen die Stimmen der SPD gebilligt und am 26.3.1954 im Bundesgesetzblatt (I 43) verkündet. – Zu den Diskussionen dieses Zeitraums Adenauers Pressetee vom 24.1.1952 in seinen Teegesprächen 1950-1954, S. 184-198.

7 Am 31.1.1952 erhob die SPD-Bundestagsfraktion beim Bundesverfassungsgericht eine »vorbeugende Normenkontrollklage« – nach Art. 93 (Abs. 1 Ziffer 2 GG), – um feststellen zu lassen, »daß Bundesrecht, welches die Beteiligung Deutscher an einer bewaffneten Streitmacht regelt oder Deutsche zu einem Wehrdienst verpflichtet, ohne vorangegangene Ergänzung und Abänderung des Grundgesetzes weder förmlich noch sachlich mit dem Grundgesetz vereinbar ist«; vgl. Die SPD-Fraktion im Deutschen Bundestag. Sitzungsprotokolle 1949-1957, 1. Halbband, S. 323-325.

8 Nach einer in BA, NL Heuss, Nr. 64 erhaltenen »Liste der Protektorate, Schirmherrschaften, Ehrenpräsidenten« hatte der Bundespräsident die DRK-Schirmherrschaft am 25.5.1951 übernommen (seine *ersten* derartigen Funktionen: ab 18.10.1949 für die Gesellschaft der Freunde der Berliner Philharmoniker, ab 18.3.1950 für die Gesellschaft zur Rettung Schiffsbrüchiger).

9 Robert *Lehr* (1883-1956), 1948/49 Mitglied des Parlamentarischen Rates (CDU), 1949-1953 MdB, 1950-1953 Bundesminister des Innern.

10 Hinweise auf Kontakte Adenauers zu Gessler (im Gespräch am 31.3.1952, brieflich am 25.2.1954) in den Briefen 1953-1955, S. 84, 437f.

11 Carl Jacob *Burckhardt* (1891-1974), schweizerischer Historiker und Diplomat, lehrte an den Universitäten Genf und Zürich, 1937-1939 Hoher Kommissar des Völkerbundes in der Freien Stadt Danzig, 1944-1948 Präsident des Internationalen Roten Kreuzes, 1945-1950 Gesandter in Paris.

12 Zu dieser Gesprächspassage das Heuss-Schreiben vom 30.1.1952 (»Sie mögen sich bitte unserer letzten Unterredung erinnern …«) in »Unserem Vaterlande zugute«, S. 103f. Dort (S. 97) auch die kritischen Bemerkungen Adenauers vom 9.1.1952 (»… daß in der Presse schon von einer ›Inflation von Verdienstkreuz-Auszeichnungen‹ die Rede ist«).

13 Otto *Dibelius* (1880-1967), 1945-1966 Bischof von Berlin-Brandenburg, 1949-1961 Vorsitzender des Rates der EKD.

14 Vgl. Nr. 9 (TOP 7), 13 (TOP 6); vgl. a. Adenauers ausführliches Schreiben vom 3.11.1951 an *Holzapfel* in den Briefen 1951-1953, S. 131-135 (hier S. 134).

15 Theophil *Kaufmann* (1888-1961), 1947-1949 Mitglied des Wirtschafts-

rates (CDU), 1948/49 Mitglied des Parlamentarischen Rates, 1952-1954 Generalkonsul in Basel.

16 Vgl. Nr. 3 (Anm. 10), 7 (TOP 4), 13 (TOP 6).

17 »Vermerk zur Frage der deutschen Vertretung beim Heiligen Stuhl« (Aufzeichnung o. D., *nicht* gezeichnet; BA, VS B 122/31269, Bl. 113f.).

18 Clemens *von Brentano* (1886-1965; älterer Bruder von Heinrich *von Brentano*), 1946-1950 Leiter der Badischen Staatskanzlei, 1950-1957 Generalkonsul und Botschafter in Rom.

19 1951-1954 leitete der Katholik Rudolf *Salat* die Abteilung; vgl. Nr. 16 (Anm. 14), 27 (TOP 4).

20 Als Chef des Bundespräsidialamtes schied Klaiber (anschließend Botschafter in Rom) im Mai 1957 aus.

21 Zur Kritik an Heinz *Krekeler* (bis 1955 Geschäftsträger, dann Botschafter in Washington) auch das Lenz-Tagebuch, S. 548.

22 Hans Karl *von Mangoldt* (1896-1971), 1948-1951 Leiter der deutschen Delegation bei der OEEC in Paris, ab 1950 Vertreter bei der Europäischen Zahlungsunion (EZU), 1952-1958 Präsident des EZU-Direktoriums, 1958-1964 Vizepräsident im Direktorium der Europäischen Investitionsbank.

23 Gebhard *Seelos* (1901-1984), 1945-1949 Bevollmächtigter Bayerns beim Länderrat der amerikanischen Zone und beim Exekutivrat des Vereinigten Wirtschaftsgebietes, 1949-1951 MdB (Vorsitzender der BP-Fraktion), ab 1953 im diplomatischen Dienst, 1959-1961 Botschafter in Griechenland, 1962-1966 Botschafter in Brasilien.

24 Adenauer gab das Amt des Bundesaußenministers am 6.6.1955 an Heinrich *von Brentano* ab; vgl. Nr. 38 (TOP 1).

25 Hermann Josef *Abs* (1901-1993), 1951-1953 Leiter der deutschen Delegation bei der Londoner Schuldenkonferenz, 1957-1967 Vorstandssprecher der Deutschen Bank AG in Frankfurt/Main, 1967-1976 deren Aufsichtsratsvorsitzender. – Früher in der »Rhöndorfer Ausgabe« nachgewiesene Literatur ergänzt Eberhard *Czichon*, Die Bank und die Macht. Hermann Josef Abs, die Deutsche Bank und die Politik, Köln 1995.
Zu Adenauers Absichten, ihn als Außenminister zu berufen, Hans-Peter *Schwarz*, Adenauer. Der Aufstieg, S. 666.

26 Im zweiten Kabinett Adenauers wurde Blüchers Ressort für Angelegenheiten des Marshallplanes in das Bundesministerium für wirtschaftliche Zusammenarbeit umgewandelt.

27 Vgl. Nr. 7 (Anm. 7, 8), 8 (Anm. 24).

28 Dazu aus diesem Zeitraum die Beratungen der Bundesregierung vom 15.1.1952 (Kabinettsprotokolle 1952, S. 52) und Adenauers Schreiben vom 23.1.1952 an Prinz Max *zu Fürstenberg* (Briefe 1951-1953, S. 169).

29 Zu diesem Zweck wurde 1953 ein »Sachverständigenausschuß für die Neugliederung des Bundesgebietes« und der Leitung von Hans *Luther* (1879-1962; 1925/26 Reichskanzler) eingesetzt; vgl. Adenauers Briefe 1953-1955,

S. 22, 197f., 394f., 504. Vgl. a. Reinhard *Schiffers*, Weniger Länder – mehr Föderalismus?, S. 58-63.

30   Nach den Kabinettsprotokollen 1952 (S. 60) brachte der Bundeskanzler dieses Thema erst in der Sitzung vom 18.1.1952 zur Sprache.

31   Zu dieser im Ressort Robert Lehrs erarbeiteten Vorlage vom 26.11.1952 (»... daß dem Bundeskanzler grundsätzlich der Vorrang vor dem Bundestagspräsidenten und dem Bundesratspräsidenten ... zukommt«) vgl. a.a.O. Vgl. a. Nr. 19 (TOP 5).

32   Die Freigabe der nach 1945 als britisches Luftwaffenübungsziel genutzten Nordseeinsel Helgoland erfolgte nach vertraglicher Vereinbarung Adenauers mit dem Hohen Kommissar Kirkpatrick (26.2.1952) am 1.3.1952; vgl. »Unserem Vaterlande zugute«, S. 110.

33   Bei einer Aussprache mit Mitgliedern der FDP-Bundestagsfraktion am 23.1.1952 erklärte Heuss hierzu, »daß er mit dem Bundeskanzler vereinbart habe, vor Ablauf der olympischen Winterspiele in Oslo (vgl. Nr. 10 [Anm. 15]) aus den bekannten politischen Gründen keine Entscheidung zu treffen. Auch nach diesen Spielen dürfte man nicht erwarten, daß er durch eine feierliche Proklamation das Deutschlandlied zur Nationalhymne erkläre. Er ... wolle eine seinem Wesen entsprechende undramatische Form hierfür finden, die frei von nationalem Pathos sein müsse« (BA, a.a.O., Bl. 106f.). Vgl. Nr. 15 (TOP 4).

34   Der Grundstein zum Wiederaufbau der ältesten Synagoge im deutschen Raum (1034 vollendet, während der nationalsozialistischen Progrome in der »Reichskristallnacht« vom 9./10.11.1938 zerstört) wurde am 27.9.1959 gelegt – als Gemeinschaftsleistung der Bundesregierung, des Landes Rheinland-Pfalz und der Stadt Worms, um »diese religiös wie kunstgeschichtlich bedeutende Synagoge als ein Zeichen des Gedenkens, der Wiedergutmachung und der wiedergewonnenen deutsch-jüdischen Freundschaft« neu zu errichten (der Oberbürgermeister von Worms, Heinrich *Völker*, am 16.8.1959 an den Bundespräsidenten; Stadtarchiv Worms Abt. 6/0530166). In seinem am 23.9.1959 in der »Freiheit« veröffentlichten Antwortschreiben, mit dem Heuss wegen der Beendigung seiner Amtszeit am 12.9.1959 die Teilnahme an der Grundsteinlegung absagte, hob er eingangs erneut hervor, »wie sehr gerade die Tradition der alten jüdischen Wormser Gemeinde mir vertraut ist und wie mannigfachen Anteil ich an dem Gedanken, die ehrwürdige Stätte zu retten und in ihrer Würde zu sichern, genommen habe und nehme«. Dazu Ernst *Róth* (Hrsg.), Festschrift zur Wiedereinweihung der Alten Synagoge zu Worms, Frankfurt/Main 1961, passim; dort auf S. 265 das aus diesem Anlaß an die Jüdische Gemeinde gerichtete Glückwunschtelegramm Adenauers: »... Möge das wiedererstandene Gotteshaus, das die Tradition tausendjähriger Geschichte deutschen Judentums fortsetzt, der Verherrlichung Gottes, dem Frieden und der Nächstenliebe dienen.«

35   Ernst *Jäckh* (1875-1959), Politikwissenschaftler und Publizist, 1920-

1933 Präsident der Deutschen Hochschule für Politik in Berlin, 1933-1940 in der Emigration in Großbritannien (dort u. a. diplomatischer Berater des Foreign Office), ab 1940 in den USA, Tätigkeit an der Columbia Universität (New York), Berater des State Department. – Korrespondenz des Bundespräsidenten mit ihm in BA, NL Heuss, Nr. 83, 67, 155. Früher in der »Rhöndorfer Ausgabe« nachgewiesene Literatur ergänzt Rainer *Eisfeld*, »Nationale« Politikwissenschaft, passim.

36   »Wie seine eigentlichen Pläne sind, ist mir nicht ganz deutlich. An sich scheint er ja noch einen Vertrag auf sieben Jahre mit der Columbia-Universität zu haben. Und nebenher wird er offenbar den Versuch machen, publizistisch-organisatorisch einiges an Aufgaben zu finden und zu bewältigen. Er stellt für das nächste Jahr den ersten Band seiner Erinnerungen in Aussicht, die in Deutschland erscheinen sollen« (Heuss am 21.6.1952 an Toni *Stolper*; BA, a.a.O., Nr. 303). – Dazu die autobiographischen Arbeiten Jaeckhs: Der goldene Pflug. Lebensernte eines Weltbürgers, Stuttgart 1954; Weltsaat. Erlebtes und Erstrebtes, Stuttgart 1960.

Nr. 13

* BA, VS B 122/31269, Bd. A I, Bl. 101-104, Aufzeichnung vom 4.3.1952, gez. *Klaiber*.

a   ‹ › Von Klaiber eigenhändig eingefügt.

1   *Georg VI.* (ursprünglich Albert, geb. 1895, seit 1936 König des Vereinigten Königreiches von Großbritannien und Nordirland) war am 6.2.1952 verstorben; Adenauer hatte am 15.2.1952 an der Beisetzung auf Schloß Windsor teilgenommen.

2   Londoner Außenministerkonferenz der drei Westmächte vom 17.-19.2.1952; dazu das Wortprotokoll in Adenauer und die Hohen Kommissare 1952, S. 317-333.

3   Zum Bericht in der Sitzung vom 20.2.1952 die Kabinettsprotokolle 1952, S. 117. Dazu ergänzend die Eintragung im Lenz-Tagebuch, S. 259f.

4   Sir Winston L. S. *Churchill* (1874-1965), 1940-1945 und 1951-1955 britischer Premierminister. – Das Gespräch hatte am 18.2.1952 stattgefunden; vgl. StBKAH 04.03.

5   Vgl. Nr. 11 (Anm. 11).

6   NATO-Ratstagung vom 22.-25.2.1952 in Lissabon; vgl. Adenauer und die Hohen Kommissare 1952, S. 14, 29f., 183, 320f.

7   Am 6.3.1952 schlug Präsident *Truman* dem amerikanischen Kongreß die Bewilligung eines Kredits von 7.9 Millionen Dollar für die militärische und wirtschaftliche Europahilfe vor; vgl. AdG, Jg. 22 (1952), S. 3374f. Vgl. a. Nr. 15 (TOP 1).

8   Nach dem Scheitern des Kabinetts von Ministerpräsident Edgar *Faure* am 29.2.1952 bildete Antoine *Pinay* zum 8.3.1952 eine neue Koalitionsregierung der rechten Mitte (der nach wie vor Robert *Schuman* als Außenminister

angehörte); zur Beurteilung der Vorgänge auch Adenauers Pressetee vom 6.3.1952 in seinen Teegesprächen 1950-1954, S. 199, 212.

9　Vgl. Nr. 31.

10　Eine schwere Erkrankung Ende 1951 zwang Schumacher zum Rückzug aus dem politischen Leben; der SPD-Vorsitzende verstarb am 20.8.1952, sein Nachfolger – auch im Vorsitz der Bundestagsfraktion – wurde Erich *Ollenhauer*.

11　Erwin *Schoettle* (1899-1976), 1949-1972 MdB (SPD; 1951-1957 und 1961-1965 stellvertretender Fraktionsvorsitzender), 1949-1969 Vorsitzender des Haushaltsausschusses, 1961-1969 Vizepräsident des Deutschen Bundestages.

12　Vgl. Nr. 12 (Anm. 7). – Hierzu auch die »Ergänzungsnotiz« am Ende dieses Dokuments.

13　Zum Oppositionskurs in diesem Zeitraum Kurt *Klotzbach*, Der Weg zur Staatspartei, S. 219-234.

14　Nach dem Lenz-Tagebuch (S. 264f.) hatte in der Kabinettssitzung vom 26.2.1952 Adenauer behauptet, »daß die SPD einen Generalstreik vorbereite«, und Innenminister *Lehr* eine »Verstärkung der Polizei« gefordert. – Zur nachfolgend erwähnten Begegnung des Bundeskanzlers mit Lehr findet sich in StBKAH 04.03 kein Hinweis; die nächste Gelegenheit zum Informationsaustausch war bei der Sondersitzung der Bundesregierung vom 10.3.1952 gegeben.

15　Vgl. Nr. 8 (Anm. 40), 9 (TOP 6).

16　Entwurf und Wortlaut der am 7.3.1952 gehaltenen Rundfunkansprache zur »Woche der Brüderlichkeit« in BA, NL Heuss, Nr. 7; Druck: Theodor Heuss. An und über Juden, S. 129-134.

17　Die Verhandlungen zwischen Vertretern Israels, der jüdischen Weltorganisationen und der Bundesrepublik – die zum Luxemburger Wiedergutmachungsabkommen vom 10.9.1952 führten (Verabschiedung durch den Bundestag am 18.3.1953) – begannen am 21.3.1952 in Wassenaar bei Den Haag (Leiter der deutschen Delegation: Franz *Böhm*); vgl. Nr. 15 (TOP 5).

18　Zur Gesamtregelung der deutschen Vorkriegsschulden (vgl. Nr. 4 [Anm. 1]) hatte am 28.2.1952 in London eine internationale Konferenz begonnen (Leiter der deutschen Delegation: Hermann Josef *Abs*), die das am 27.2.1953 unterzeichnete Londoner Schuldenabkommen aushandelte; vgl. Nr. 25 (TOP 3).

19　Vgl. Nr. 12 (Anm. 30, 31).

20　Dieser Untersuchungsausschuß war im Herbst 1951 »zur Prüfung, ob durch die Personalpolitik Mißstände im auswärtigen Dienst eingetreten sind«, eingesetzt worden; dazu »Unserem Vaterlande zugute«, S. 107f., 114-117, 386f., und die umfangreiche Darstellung und Dokumentation bei Hans-Jürgen *Döscher*, Verschworene Gesellschaft, S. 179-282. Der hier erwähnte Heuss-Brief vom 27.2.1952 an den CDU/CSU-Fraktionsvorsitzenden ist in BA, NL von Brentano, Nr. 167, die Gegenüberlieferung in BA, B 122/2157 erhalten. Vgl. a. Nr. 14 (TOP 3), 19 (TOP 8).

21   Adenauer bezieht sich hier auf die von Erich *Köhler* geleitete Sitzung des Untersuchungsausschusses vom 18.1.1952; vgl. die Protokollauszüge bei Hans-Jürgen *Döscher*, a.a.O., S. 183-200.

22   Nach den Besucherlisten des Bundeskanzlers kam die für den 5.3.1952 vorgesehene Besprechung nicht zustande.

23   Fritz *von Twardowski* (1890-1970), 1928-1935 Botschaftsrat in Moskau, 1935-1943 im Auswärtigen Amt in Berlin, 1943-1945 Generalkonsul in Istanbul, 1946-1950 Stellvertretender Leiter der Außenstelle Hamburg des Evangelischen Hilfswerks, 1950-1952 kommissarischer Leiter des Presse- und Informationsamtes der Bundesregierung, 1952-1956 Botschafter in Mexiko.

24   Vgl. Nr. 9 (TOP 7), 12 (Anm. 14).

25   Vgl. Nr. 3 (Anm. 10), 7 (TOP 4), 12 (TOP 5).

26   Gottfried *Fürst zu Hohenlohe-Langenburg* (1897-1960), Land- und Forstwirt, gehörte ab 1947 dem Württembergischen Evangelischen Landkirchentag an, nach 1950 Präsident des Automobilclubs von Deutschland. – Zu seinen hier angesprochenen verwandtschaftlichen Verbindungen, zu seiner Familiengeschichte und zu seinen Heuss-Kontakten »Unserem Vaterlande zugute«, S. 64f., 367.

27   *Elisabeth II.*, Alexandra Mary (geb. 1926; älteste Tochter von König *Georg VI.*), seit 1952 Königin des Vereinigten Königreichs (Krönung am 2.6.1953).

28   Edgar *Stern-Rubarth* (1883-1972), Publizist, ab 1920 Dozent an der Deutschen Hochschule für Politik, 1925-1933 u. a. Chefredakteur der Nachrichtenagentur Wolffs Telegraphisches Büro, 1936 nach Großbritannien emigriert, im Zweiten Weltkrieg Propagandaberater britischer Stellen, nach 1945 u. a. Korrespondent der »Stuttgarter Zeitung« und des »Rheinischen Merkur«.
Korrespondenz des Bundespräsidenten mit ihm in BA, NL Heuss, Nr. 99, 206, 261. Zur Verbindung Adenauer – Stern-Rubarth konnte als Ergänzung der in den Briefen 1945-1947 (S. 123, 592) enthaltenen Hinweise erst kürzlich der in BA, NL Blankenhorn, Bd. 241 überlieferte Brief des Publizisten vom 20.8.1949 nachgewiesen werden: »Vor 20 Jahren, in oder nach den schönen Tagen der ›Pressa‹-Eröffnung [12.5.1928], oder als Sie mich telegraphisch von Berlin geholt hatten, um [Edouard] Herriot die Honneurs zu machen [2.8.1928], suchte ich Sie zur Übernahme des Reichskanzler-Amtes zu überreden. Sie erklärten mir damals, daß Sie die schöpferische Arbeit als Herr des neuen Köln vorzögen, jedenfalls das Kanzleramt nur mit einer sicheren Mehrheit in Erwägung nehmen würden. Jetzt, so scheint mir, ist es Ihnen zugefallen, und Sie müssen sich diese Mehrheit selbst schaffen.«

29   Zu den Kontakten zwischen Staatssekretär Lenz und Stern-Rubarth der Hinweis im Lenz-Tagebuch, S. 89.

30   Fritz *Wertheimer* (1884-1968), ab 1907 Korrespondent der »Frankfurter Zeitung«, 1918 Mitbegründer, danach Generalsekretär des Deutschen Ausland-Instituts in Stuttgart, Herausgeber der Zeitschrift »Der Auslandsdeutsche«, lebte ab 1933 als freier Schriftsteller in Stuttgart, 1939 nach Brasilien emigriert, nach 1945 Südamerika-Korrespondent für deutsche und schweizerische Zeitungen. – Korrespondenz des Bundespräsidenten mit ihm, auch Belege für Verbindungen vor 1933 (durch die Tätigkeit für den Bund der Auslandsdeutschen; dazu im Anhang das Schreiben vom 26.10.1949) in BA, a.a.O., Nr. 104, 215, 266; vgl. a. den Hinweis von Heuss in seinen Erinnerungen 1905-1933, S. 308.

31   Ernst *Feder* (1881-1964), 1919-1931 Ressortleiter Innenpolitik beim »Berliner Tageblatt«, ab 1931 als freier Publizist und Rechtsanwalt tätig, verließ 1933 Deutschland (1941 Flucht nach Brasilien), 1957 Rückkehr nach Deutschland. – Korrespondenz des Bundespräsidenten mit ihm in BA, a.a.O., Nr. 130, 230.

32   Paul *Hesslein* (1886-1953), 1926-1933 Präsident des Deutschen Republikanischen Reichsbundes, Herausgeber der »Wirtschaftspolitischen Information«, emigrierte 1938 nach Großbritannien, 1939 nach Chile, 1952 Rückkehr nach Deutschland.

33   Ebenfalls am 3.3.1952 bat Heuss *Hallstein* um Klärung, »ob von Seiten der Bundesrepublik etwas geschehen kann für einige Männer, die früher als Publizisten oder Organisatoren im politischen Leben Deutschlands standen, deren Stellungen keinen beamteten Charakter besaßen, aber Deutschland aus sogenannten rassischen Gründen verlassen mußten. Es handelt sich um Schriftsteller, die kein Vermögen besaßen, das mit der Restitution-Problematik zusammenhängt, draußen in Not gekommen sind oder in Not zu kommen drohen« (BA, a.a.O., Nr. 302).

34   Hier klingt erstmals die 1952 intensiv erörterte Frage an, ob der Bundespräsident bei einer von der Bundesregierung wegen der Zusammensetzung des Ersten Senats des Bundesverfassungsgerichts befürchteten Zulassung der SPD-Feststellungsklage (vgl. Nr. 12 [Anm. 7]) gebeten werden könne, ein Gutachtenverfahren zu veranlassen; vgl. Nr. 17 [Anm. 6]), 20, 21.

35   Thomas *Dehler* (1897-1967), 1948/49 Mitglied des Parlamentarischen Rates (FDP), 1949-1967 MdB (1953-1957 Fraktionsvorsitzender), 1949-1953 Bundesminister der Justiz, 1954-1957 als Nachfolger Franz Blüchers FDP-Bundesvorsitzender. – Die in den Tagesnotizbüchern des Bundespräsidenten letzte zuvor nachweisbare Begegnung mit Dehler datiert vom 1.2.1952 (BA, NL Heuss, Nr. 482).

36   Gemeint ist die Verfassung der Vierten Republik vom 27.10.1946, die bis zum Inkrafttreten der Verfassung der Fünften Republik am 4.10.1958 Gültigkeit besaß; vgl. Nr. 65 (Anm. 17).

Nr. 14

* BA, VS B 122/31269, Bd. A I, Bl. 90-93, Aufzeichnung vom 26.3.1952, mit hs. Vermerk »*Geheim*«, gez. *Klaiber.*

a   ‹ › Von Klaiber eigenhändig korrigiert aus »Rat«.

b   ‹ › ... aus »Saarregierung«.

c   ‹ › Von Heuss eigenhändig ergänzt.

1   Die Sowjetunion hatte den Westmächten am 10.3.1952 mit der ersten sog. »Stalin-Note« den »Entwurf für einen Friedensvertrag mit Deutschland« übermittelt; vgl. Konrad *Adenauer*, Erinnerungen 1953-1955, S. 66-73; seine Teegespräche 1950-1954, S. 226-235, 675-677, und Briefe 1951-1953, S. 196-198, 558f. mit der weiterführenden Literatur. Zum Forschungs- und Diskussionsstand Gerhard *Wettig*, Die Deutschland-Note vom 10. März 1952 auf der Basis diplomatischer Akten des russischen Außenministeriums. Die Hypothese des Wiedervereinigungsangebots, in: Deutschland Archiv, Jg. 26 (1993), S. 786-805; Elke *Scherstjanoi*, Zur aktuellen Debatte um die Stalin-Note 1952, a.a.O., Jg. 27 (1994), S. 181-185, und Henning *Köhler,* Adenauer, S. 681-697.

2   Hierzu beiliegend: Wortlaut der Antwortnote in der »Amerikanischen Fassung mit Abänderungen vom 23. März« (BA, a.a.O., Bl. 94-96). – Zum Zustandekommen und zum Text der Stellungnahme der Westmächte: Adenauer und die Hohen Kommissare 1952, S. 27f., 34, 74.

3   Am 20./21.3.1952; dazu Adenauers Bericht in der Kabinettssitzung vom 25.3.1952 (Kabinettsprotokolle 1952, S. 189f., 196-206.

4   James Clement *Dunn* (geb. 1890), 1935-1937 Leiter der Westeuropa-Abteilung im State Department, 1937-1944 Politischer Berater in Europa-Angelegenheiten, 1946-1952 Botschafter in Italien, 1952/53 in Frankreich, 1953-1955 in Spanien, 1955/56 in Brasilien.

5   Auf der Außenministerkonferenz der Vier Mächte vom 10.3.-24.4.1947 in Moskau hatte Frankreich die Eingliederung des Saargebietes in das französische Wirtschaftssystem gefordert; vgl. EA, Jg. 2 (1947), S. 723, 734, 740.

6   Memorandum vom 29.2.1952, in dem die Bundesregierung auf die »Verletzung der Menschenrechte und Grundfreiheiten im Saargebiet« hingewiesen hatte; Wortlaut: Robert H. *Schmidt*, Saarpolitik 1945-1957, Bd. 2, S. 754-756.

7   Dazu Adenauers Pressetee vom 2.4.1952 in seinen Teegesprächen 1950-1954, S. 235.

8   Robert A. *Taft* (1889-1953; Sohn von William H. *Taft* [1857-1930; 1909-1913 27. Präsident der USA]), seit 1939 republikanischer Senator von Ohio, bewarb sich 1940, 1948 und 1952 ohne Erfolg um die Präsidentschaftskandidatur seiner Partei, 1952/53 Fraktionsvorsitzender im Senat.

9   Vgl. Nr. 11 (Anm. 11).

10   Das Schreiben vom 19.3.1952 ist in StBKAH nicht erhalten und konnte auch in anderer Überlieferung nicht nachgewiesen werden. – Zu diesem Vorgang Adenauers Hintergrundinformationen in der Kabinettssitzung vom folgenden Tag (wie Anm. 3, S. 203).

11　Hierzu beiliegend: der 7 Punkte umfassende Vorschlag zur Lösung der Saarprobleme (»1. … soll anstelle der für den Friedensvertrag oder einen ähnlichen Vertrag vorgesehenen Regelung treten. … bedarf daher der Zustimmung der beiden anderen Westalliierten … sowie ferner der Zustimmung der Bevölkerung an der Saar«), die »Aufzeichnung über das Gespräch des Herrn Bundeskanzlers mit Außenminister Schuman in Paris am 20.3.1952 wie auch das Manuskript einer »Erklärung des Bundeskanzlers vor dem Europarat« (wie Anm. 2, Bl. 97-100).

Diese »Dokumente, die auf meine Besprechungen mit Herrn Schuman Bezug haben«, machte der Bundeskanzler am 25./26.3.1952 unter ungewöhnlichen Sicherheitsvorkehrungen auch den Mitgliedern der Bundesregierung zugänglich (»… im Laufe des morgigen Tages im kleinen Kabinettssaal des Hauses Schaumburg. Ein Beamter wird Ihnen mit den Dokumenten zur Verfügung stehen«); dazu sein Schreiben an alle Bundesminister in den Briefen 1951-1953, S. 190.

12　Gustav *Strohm* (1893-1957), 1947-1949 im Deutschen Büro für Friedensfragen, 1951/52 Leiter des Saar-Referats im Auswärtigen Amt, 1955-1957 Botschafter in Pretoria. – Zu seiner diplomatischen Karriere vor 1945 die zahlreichen Hinweise bei Hans-Jürgen *Döscher*, Das Auswärtige Amt im Dritten Reich.

Strohm war kurz zuvor vom Dienst suspendiert worden, da er angeblich dem Bonner UP-Korrespondenten (s. unten Anm. 15) interne Informationen zur Saar-Politik des Bundeskanzlers und zur geplanten Vorgehensweise bei den Pariser Beratungen preisgegeben bzw. bestätigt hatte.

13　Karl *Mommer* (1910-1990), 1948/49 Mitglied des Wirtschaftsrates (SPD), 1949-1969 MdB (1957-1966 Parlamentarischer Geschäftsführer der Bundestagsfraktion), 1950-1958 Mitglied der Beratenden Versammlung des Europarates und der Westeuropäischen Union, 1966-1969 Vizepräsident des Deutschen Bundestages.

14　In der Bundestagsdebatte vom 10.1.1952; vgl. Stenographische Berichte, 1. Wahlperiode, Bd. 10, S. 7755-7762.

15　Rüdiger *Freiherr von Wechmar* (geb. 1923), 1949-1958 Leiter des Bonner Büros der United Press, 1958-1963 Presseattaché am Generalkonsulat in New York, 1969 Stellvertreter, 1970-1974 Leiter des Presse- und Informationsamtes der Bundesregierung, 1974-1981 Ständiger Vertreter bei der UNO, Botschafter in Rom (1981-1983) und London (1983-1988). – Zum Kontakt Strohm – von Wechmar die am 26.3.1952 vom »Spiegel« (S. 5) veröffentlichte Version und die Richtigstellung in der Ausgabe des Magazins vom 18.6.1952 (S. 34).

16　Vgl. Nr. 13 (Anm. 20).

17　An diese Gesprächspassage erinnerte Adenauer beim Pressetee vom 11.7.1952: »Der Bundespräsident hat sich mit Recht darüber bei mir beschwert und gesagt: ›Das sind meine Vertreter im Ausland, und die werden in der deutschen Presse in dieser [Weise] heruntergeschmiert‹ …« (Teegespräche 1950-1954, S. 322).

18   Rudolf *Schetter* (1880-1967), 1924-1933 MdR (Zentrum), 1933-1941 Landgerichtsdirektor in Köln, 1945-1948 Präsident des Oberlandesgerichtes in Köln, 1951 vom Bundeskanzler mit der Berichterstattung über die Personalsituation im Auswärtigen Amt beauftragt; dazu »Unserem Vaterlande zugute«, S. 107f., 386f.

19   Max *Becker* (1888-1960), 1948/49 Mitglied des Parlamentarischen Rates (FDP), 1949-1960 MdB (1957 Fraktionsvorsitzender), 1956-1960 3. Vizepräsident des Deutschen Bundestages.

20   Vgl. Nr. 12 (Anm. 24).

21   Nach den Wahlen für die Verfassunggebende Landesversammlung und zum ersten Landtag des neu gebildeten Bundeslandes Baden-Württemberg am 9.3.1952 (CDU 36.0 %, SPD 28.0 %, DVP/FDP 18.0 %, GB/BHE 6.3 %) bildete Reinhold *Maier* zum 25.4.1952 eine Übergangsregelung aus Vertretern von DVP/FDP, SPD und BHE; dazu Adenauers Brief vom 29.3.1952 an Heuss in »Unserem Vaterlande zugute«, S. 106f.

Zum hier erwähnten »Vertrauensmann« der Heuss-Brief vom 21.3.1952 an August-Martin *Euler*: »Ich habe nun mit dem ehemaligen Staatsrat Konrad Wittwer, der bis vor 5/4 Jahren Reinhold Maiers nächster Mitarbeiter war, gestern nachmittag etwa zwei Stunden lang den Komplex durchreden können und ihn gebeten, meine Auffassung Maier vorzutragen bezw. ihm vorzuschlagen, daß wir uns evtl. aussprechen. Die Motivenreihe ist in dem Gespräch ziemlich festgelegt« (BA, NL Heuss, Nr. 302).

22   Die Neubesetzung dieses Ressorts war nach dem Tod des bisherigen Amtsinhabers Eberhard *Wildermuth* (9.3.1952) erforderlich geworden; Nachfolger ab 19.7.1952: der rheinland-pfälzische FDP-Politiker Fritz *Neumayer* (vgl. Nr. 29 [Anm. 17]).

23   Viktor-Emanuel *Preusker* (1913-1991), 1949-1961 MdB (FDP, ab 1956 FVP, ab 1957 DP, ab 1960 CDU), 1953-1957 Bundesminister für Wohnungsbau; vgl. Nr. 55 (Anm. 26).

24   Diese Namensangabe konnte nicht zweifelsfrei entziffert werden. Vermutlich gemeint: Martin *Blank* (1897-1972), Direktor in der Hauptverwaltung der Gutehoffnungshütte AG in Oberhausen, 1949-1957 MdB (FDP, ab 1956 FVP; 1953-1957 Parlamentarischer Geschäftsführer erst der FDP-, dann der FVP-Fraktion).

Nr. 15

* BA, VS B 122/31269, Bd. A I, Bl. 87-89, Aufzeichnung vom 2.5.1952, mit ms. Vermerk »Geheim«, gez. *Klaiber*.

1   Vgl. Nr. 10 (Anm. 1, 2), 11. – Zur entscheidenden Verhandlungsphase im April/Mai 1952 Adenauer und die Hohen Kommissare 1952, S. 34-294.

2   Vgl. Nr. 13 (Anm. 7).

3   Vgl. Nr. 11 (Anm. 11).

4   Heuss und Adenauer hatten am 4.4.1952 an einer Veranstaltung des

Deutschen Journalisten-Verbandes im Bonner Bürgerverein teilgenommen; Wortlaut der dabei gehaltenen Rede des Bundespräsidenten in BA, NL Heuss, Nr. 7.

5   »... und wie ist es, wenn der republik[anische] Partei-Apparat Taft *vor* Eisenhower bringt? Wer hat es dann in der Hand, daß die Leute berichten: ›A[denauer] hält Wahlrede für E[isenhower]‹ Hoffentlich passiert nichts« (Heuss am 6.4.1952 an Adenauer; »Unserem Vaterlande zugute«, S. 109).

6   Die während seines vom 30.4.-4.5.1952 gehaltenen Reden (auf der Kundgebung zum 1.5.1952 und am 2.5.1952 in der Deutschen Hochschule für Politik über »Formkräfte einer politischen Stilbildung«) in BA, a.a.O.

7   Aus diesem Schreiben die Auszüge in »Unserem Vaterlande zugute«, S. 386.

8   Mit der Regierungsbildung in Baden-Württemberg hatte sich das Stimmenverhältnis im Bundesrat zugunsten der SPD-regierten Länder (20:18) verschoben.

9   Ähnlich die Ausführungen des Bundeskanzlers in der Kabinettssitzung vom 29.4.1952 (Kabinettsprotokolle 1952, S. 246; Lenz-Tagebuch, S. 304); vgl. a. Udo *Wengst*, Staatsaufbau und Regierungspraxis, S. 312-314.

10   Das nächste in StBKAH 04.03 nachweisbare Gespräch Adenauer-*Maier* datiert vom 25.9.1952. – »Gestern hat nun die lang erwartete Aussprache zwischen Reinhold Maier und dem Bundeskanzler stattgefunden. Der Anlaß war, daß Reinhold Maier als Präsident des Bundesrates beim Kanzler seinen Antrittsbesuch machte. Ich hatte vorher noch Reinhold von Ihrer Rücksprache mit dem Kanzler in den südwestdeutschen Dingen unterrichtet. Der Hauptgesprächsinhalt war jedoch die Informationspflicht der Bundesregierung dem Bundesrat gegenüber. Zu einer wirklichen außenpolitischen Aussprache ist es wegen Zeitdrucks einmal wieder nicht gekommen. Aber beide Teile bestätigen, daß die Aussprache in ›freundschaftlicher‹ Art erfolgt sei und fortgesetzt werden soll«; Klaiber am 26.9.1952 an Heuss (BA, a.a.O., Nr. 159). Vgl. Nr. 16 (TOP 4).

11   Dazu der Heuss-Brief an Adenauer vom 10.1.1952 in »Unserem Vaterlande zugute«, S. 97f.

12   Hinrich Wilhelm *Kopf* (1893-1961), 1946-1955 und 1959-1961 niedersächsischer Ministerpräsident (SPD), 1957-1959 Innenminister.

13   Briefwechsel Adenauer (28.4.) – Heuss (3.5.1952), mit dem das Deutschlandlied zur Nationalhymne der Bundesrepublik bestimmt wurde; vgl. a.a.O., S. 111-113.

14   Vgl. Kabinettsprotokolle 1952, S. 244.

15   Nahum *Goldmann* (1894-1982), 1949-1977 Präsident des Jüdischen Weltkongresses, ab 1951 zugleich Präsident der vom ihm gegründeten Claims Conference, 1952 maßgeblich an der Aushandlung des Luxemburger Wiedergutmachungs-Abkommens der Bundesrepublik mit Israel beteiligt, 1956-1968 Präsident der Zionistischen Weltorganisation.

16   Franz *Böhm* (1895-1977), Ordinarius für Bürgerliches Handels- und Wirtschaftsrecht an der Universität Frankfurt/Main (1946-1962, ab 1948 deren Rektor), 1952 Leiter der deutschen Delegation bei den Wiedergutmachungsverhandlungen mit Israel, 1953-1965 MdB (CDU), 1959 einer der Kandidaten für die Heuss-Nachfolge im Präsidentenamt; dazu Nr. 69, 70, 73.

17   Vgl. Nr. 13 (Anm. 17).

18   Dazu die Schreiben, die Adenauer in diesem Zeitraum an *Abs* richtete, in den Briefen 1951-1953, S. 188, 198f., 219.

19   Peter *Pfeiffer* (1895-1978), Leiter des Deutschen Büros für Friedensfragen (1949/50), der Ausbildungsstätte für den Höheren Auswärtigen Dienst in Speyer (1950-1952) und der Personalabteilung des Auswärtigen Amtes (1952-1955), 1955-1963 Generalinspektor für den Diplomatischen Auslandsdienst, ab 1963 Präsident des Goethe-Instituts in München. – Zur hier erwähnten Tätigkeit zahlreiche Hinweise in: Aus der Schule der Diplomatie. Beiträge zu Außenpolitik-Recht-Kultur-Menschenführung. Festschrift zum 70. Geburtstag von Peter Pfeiffer, zusammengestellt und bearbeitet von Walter J. *Schütz*, Düsseldorf-Wien 1965.

20   Hermann *Quinke*, 1926/27 Assistent der Nervenklinik des Eppendorfer Krankenhauses, 1927-1932 an der Medizinischen Klinik Heidelberg, an der dortigen neurologischen Abteilung 1932-1934 Oberarzt, ab 1934 leitender Arzt, ab 1936 Chefarzt des Deutschen Krankenhauses Istanbul. – Diese Angaben zu Quinke (zu dessen Heuss-Kontakten sich keine weiterführenden Informationen ermitteln ließen) stützen sich auf schriftl. Mitteilungen von Dr. Ludwig *Biewer* (Politisches Archiv des Auswärtigen Amtes, Bonn) an den Bearb. vom 27.8.1996.

21   Vgl. Nr. 13 (Anm. 20).

22   Vgl. Nr. 3 (Anm. 10), 7 (TOP 4), 12 (TOP 5).

Nr. 16

* BA, VS B 122/31269, Bd. A I, Bl. 85f., Aufzeichnung vom 4.6.1952, am gleichen Tage von *Klaiber* paraphiert.

1   Vgl. Nr. 10 (Anm. 1, 2), 11.

2   Vgl. Nr. 11 (Anm. 5).

3   Hierzu die Vereinbarungen in dem am 26.5.1952 unterzeichneten Truppenvertrag; vgl. Nr. 11 (Anm. 9).

4   Dazu die Diskussionen in der AHK-Sitzung vom 4.4.1952 (Adenauer und die Hohen Kommissare 1952, S. 40-43) und in der Sondersitzung der Bundesregierung vom 10.5.1952 (Kabinettsprotokolle 1952, S. 284f.).

5   Die französische Nationalversammlung lehnte am 30.8.1954 die Ratifizierung des EVG-Vertrags ab; vgl. Nr. 31 (TOP 1).

6   Charles *de Gaulle* (1890-1970), 1945/46 und ab 1.6.1958 erneut französischer Ministerpräsident, 1947-1953 Vorsitzender der hier angesprochenen Sammlungsbewegung »Rassemblement du Peuple Français« (RPF), ab 8.1.1959 Staatspräsident, 1965 wiedergewählt, 1969 zurückgetreten.

7   Antoine *Pinay* (1891-1994), 1952 französischer Ministerpräsident, Minister des Äußeren (1955/56), für Wirtschaft und Finanzen (1958/59) und für Finanzen (1959/60).

8   Vom 24.5.1952; dazu Adenauers Stellungnahmen in seinem Schreiben vom 2./3.7.1952 an die Hohen Kommissare *McCloy*, *François-Poncet* und *Kirkpatrick* in den Briefen 1951-1953, S. 235-241. Vgl. a. Nr. 14 (Anm. 1).

9   Potsdamer Abkommen vom 2.8.1945; Druck (u. a.): EA, Jg. 1 (1946/47), S. 215-220.

10   Adenauer wandte sich deswegen am 16.5. und 6.6.1952 an den DGB-Vorsitzenden *Fette*; vgl. Briefe 1951-1953, S. 216-218, 227.

11   Zu diesen Verhandlungen des Bundeskanzlers mit einer DGB-Delegation kam es am 13.6.1952; vgl. a.a.O., S. 576 und das Lenz-Tagebuch, S. 363.

12   Vgl. Nr. 15 (Anm. 10).

13   Adolf *Freudenberg* (1894-1977), gehörte ab 1922 dem Auswärtigen Amt an, 1926 Legationssekretär, 1934 Legationsrat, 1937 in den Ruhestand versetzt, kehrte nach 1945 nicht in den Auswärtigen Dienst zurück.

14   In der damals diskutierten Nachfolge von Rudolf *Salat* (geb. 1906), ab 1950 im Bundeskanzleramt (Leiter des Kulturreferates), 1951-1954 Leiter der Kulturabteilung im Auswärtigen Amt, 1954-1957 an der Botschaft beim Vatikan. – »... die Kulturabteilung des AA ..., meine Crux seit 1949« (Heuss in seinen Tagebuchbriefen, S. 228) wird in den folgenden Jahren häufiger erörtert; vgl. Nr. 29 (TOP 7), 32 (TOP 3), 36 (TOP 4). Dazu auch das im Anhang wiedergegebene Heuss-Schreiben vom 26.10.1949.

Nr. 17

* BA, VS B 122/31269, Bd. A I, Bl. 81-84, Aufzeichnung vom 24.6.1952, mit hs. Vermerk »*Geheim*«, gez. *Klaiber*.

1   Bei einem Zwischenfall an der Zonengrenze waren 40 westdeutsche Arbeiter auf das Gebiet der DDR verschleppt, bald darauf aber wieder freigelassen worden; dazu eine Meldung in der »Welt« vom 23.6.1952.

2   Für diese Bitte um alliierte Intervention kein Beleg im Schriftverkehr des Bundeskanzlers oder in seinen AHK-Verhandlungen dieser Tage (vgl. Adenauer und die Hohen Kommissare 1952, S. 295-306).

3   Präsident *Truman* hatte das Vertragswerk am 2.6.1952 dem Senat zugeleitet, die Billigung (mit 77:5 Stimmen) erfolgte am 1.7.1952.

4   In erster Lesung behandelte der Bundestag den Deutschland- und den EVG-Vertrag am 9./10.7.1952; vgl. Stenographische Berichte, 1. Wahlperiode, Bd. 12, S. 9788-9841, 9848-9923.

5   Zur 2. Lesung – die zur Aussetzung des Ratifikationsverfahrens führte – kam es erst vom 3.-6.12.1952; vgl. a.a.O., Bd. 14, S. 11335-11379.

6   Heuss hatte das Bundesverfassungsgericht am 10.6.1952 um ein Rechtsgutachten über die Verfassungsmäßigkeit des EVG-Vertrags ersucht; am 4.8.1952 bat er, seinen Antrag »jetzt auf die Zusatzprotokolle zum EVG-Ver-

trag auszuweiten und um der Komplexität der beiden Vertragswerke willen die Bestimmungen des ›Deutschlandvertrages‹ und seiner Annexe bei der juristischen Überprüfung mit zu umfassen«; vgl. Der Kampf um den Wehrbeitrag, 2. Halbband, S. 2, 4. Vgl. a. Nr. 20, 21.

7   Bezieht sich auf die Sitzung des Bundesrates vom 20.6.1952; vgl. Kabinettsprotokolle 1952, S. 406.

8   Vgl. Nr. 15 (Anm. 10).

9   Zu den nachfolgend geschilderten Vorkommnissen beim 3. Bundestreffen der Schlesier (21.6.1952 in Hannover) die detaillierten Angaben des Augenzeugen Otto *Lenz* in seinem Tagebuch (S. 370f.); vgl. a. Kabinettsprotokolle 1952, S. 405.

10   Das Gesetz über den Lastenausgleich war am 16.5.1952 beschlossen worden. Nach Einschaltung des Vermittlungsausschusses durch den Bundesrat stimmte der Bundestag der stark veränderten Neufassung am 10.7.1952 zu; nach Verkündung am 18.8.1952 (BGBl. I 445) trat es am 1.9.1952 in Kraft; vgl. Reinhold *Schillinger*, Der Entscheidungsprozeß beim Lastenausgleich 1945-1952, St. Katharinen 1985, passim.

11   Zu den 2. Bundestagswahlen vom 6.9.1953 Nr. 25 (Anm. 1).

12   Andrej Andrejewitsch *Gromyko* (1909-1989), 1952/53 sowjetischer Botschafter in Großbritannien, 1956 Mitglied des ZK der KPdSU (ab 1973 Mitglied des Politbüros), seit 1957 Außenminister. – Zum Nachfolgenden Adenauers Ausführungen beim Pressetee vom 11.7.1952 in seinen Teegesprächen 1950-1954, S. 324.

13   Unterhauswahlen in Großbritannien hatten zuletzt am 25.10.1951 stattgefunden (Konservative Partei 321, Labour-Partei 295 Mandate).

14   Vgl. Nr. 15 (TOP 6).

15   Vollrath Freiherr *von Maltzan* (1899-1967), 1946-1949 Leiter der Hauptabteilung Außenwirtschaft des Verwaltungsamts bzw. der Verwaltung für Wirtschaft, Leiter der Abteilung Außenhandel im Bundeswirtschaftsministerium (1950-1953) und der Handelspolitischen Abteilung im Auswärtigen Amt (1953-1955), 1955-1958 Botschafter in Frankreich.

16   Hans *Kroll* (1898-1967), 1950-1953 Leiter der Gruppe Ost-West und Interzonenhandel im Bundeswirtschaftsministerium, 1953-1955 Botschafter in Belgrad, 1955-1958 in Tokio, 1958-1962 in Moskau.

17   *Prinz Adalbert von Bayern* (1886-1970), Historiker und Diplomat, 1952-1956 Botschafter in Madrid, langjähriger Präsident der Deutsch-Spanischen Gesellschaft.

18   Der amerikanische Hohe Kommissar beendete am 31.7.1952 seine Tätigkeit in Deutschland (Nachfolger ab 1.8.1952: Walter *Donnelly*); zum Abschied die zahlreichen Belege in Adenauers Briefe 1951-1953, S. 231f., 243, 584. – Zur Verbindung Heuss-*McCloy* mehrere Belege in den Amherst College Archives, NL McCloy, Box GY 1 Folder 34; dort u.a. der Brief des Bundespräsidenten vom 13.8.1959, in dem es abschließend heißt: »Dabei war es sehr ange-

nehm, mit Ihnen und Ihren damaligen Kollegen in einer menschlich freimütigen Art sich aussprechen zu können. Das hat atmosphärisch die ja nicht immer
ganz leichte Aufgabe, nach all dem Bösen, was geschehen war, dem deutschen
Volk einige innere Sicherheit zurückzugeben, erleichtert. Dafür werde ich
Ihnen immer dankbar sein.«

Nr. 18

* BA, VS B 122/31269, Bd. A I, Bl. 77-80, Aufzeichnung vom 28.7.1952, mit
hs. Vermerk »*Geheim*«, gez. *Klaiber*.
Mit dieser Aussprache nahmen Heuss und Adenauer erstmals wieder ihre offiziellen Kontakte auf, nachdem am 19.7.1952 die Ehefrau des Bundespräsidenten, Elly *Heuss-Knapp*, verstorben und am 24.7.1952 in Stuttgart beigesetzt
worden war; dazu der Briefwechsel dieser Tage in »Unserem Vaterlande zugute«, S. 118-123.

1 Außenministerkonferenz der EGKS-Staaten vom 23.-25.7.1952, nach
dem Inkrafttreten des EGKS-Vertrages mit Hinterlegung der letzten Ratifizie-
rungspunkte bei der französischen Regierung (23.7.); vgl. Adenauers Erinnerungen 1945-1953, S. 461f., und Briefe 1951-1953, S. 589.

2 Die EGKS-Organe (Hohe Behörde, Gemeinsame Versammlung, Besonderer Ministerrat, Gerichtshof) werden im 2. Titel des Montanunion-Vertrages
definiert; vgl. EA, Jg. 6 (1951), S. 3987-4133 (hier S. 4001-4003).

3 Zur Diskussion um die Sitzfrage (in der neben Luxemburg und Turin
auch Straßburg, Lüttich und Den Haag von den jeweiligen Landesregierungen
ins Gespräch gebracht worden waren) Jean *Monnet*, Erinnerungen eines Europäers, S. 468f.

4 Franz *Etzel* (1902-1970), 1949-1952 und 1957-1962 MdB (CDU),
1952-1957 Vizepräsident der Hohen Behörde der EGKS, 1957-1961 Bundesminister der Finanzen. – Früher in der »Rhöndorfer Ausgabe« nachgewiesene
Literatur ergänzt York *Dietrich*, Franz Etzel als Finanzpolitiker, in: HPM, Jg. 2
(1995), S. 175-187.

5 Heinz *Potthoff* (1904-1974), ab 1946 Ministerialdirektor im nordrhein-
westfälischen Wirtschaftsministerium, 1951 Delegationschef bei der Internationalen Ruhrbehörde, 1952-1962 Mitglied der Hohen Behörde der EGKS.

6 Heinrich *Deist* (1902-1964), ab 1949 Vertrauensmann der Gewerkschaften in der Stahltreuhändervereinigung, ab 1951 Aufsichtsratsvorsitzender des
Bochumer Vereins für Gußstahlfabrikation AG, 1953-1964 MdB (SPD).

7 Dazu vgl. das Lenz-Tagebuch, S. 391, 395f., 400f.

8 Zu den in Paris mit dem französischen Außenminister geführten Gesprächen die Angaben a.a.O., S. 398, 400.

9 Die konstituierende Sitzung der Gemeinsamen Versammlung der Montanunion fand vom 10.-13.9.1952 in Straßburg statt, im Anschluß an die von
Adenauer geleitete konstituierende Sitzung des EGKS-Ministerrats vom 8.-
10.9.1952 in Luxemburg.

10   Vgl. Nr. 14 (TOP 2).

11   Gilbert *Grandval* (1904-1981), 1945-1948 Gouverneur des Saarlandes, dort 1948-1952 Hoher Kommissar und 1952 (Ernennung am 25.1.)-1955 Botschafter, 1955 General-Resident in Marokko, 1962-1966 Arbeitsminister.

12   Zur Fortführung der französisch-deutschen Saarverhandlungen Adenauers umfangreiche Korrespondenz vom September/Oktober 1952 mit Robert *Schuman* in den Briefen 1951-1953, S. 281-283, 285-290, 601-607. Vgl. a. Nr. 19 (TOP 2).

13   Hans *Lukaschek* (1885-1960), 1948/49 Vizepräsident des Deutschen Obergerichts für das Vereinigte Wirtschaftsgebiet, 1949-1953 Bundesminister für Angelegenheiten der Vertriebenen (CDU).

14   Das Gespräch mit Lukaschek (der erst mit der Bildung des zweiten Adenauer-Kabinetts im Oktober 1953 ausschied; Nachfolger: Theodor *Oberländer*) hatte am 22.7.1952 stattgefunden; dazu die Briefe 1951-1953, S. 248f., 586f.

15   Vgl. Nr. 19 (TOP 6).

16   Linus *Kather* (1893-1983), ab 1949 Vorsitzender des Zentralverbandes der vertriebenen Deutschen (1957/58 des Verbandes der Vertriebenen), 1949-1957 MdB (CDU, im Juni 1954 Wechsel zum GB/BHE).

17   Wolfgang *Jaenicke* (1881-1968), 1947-1950 Staatssekretär für das Flüchtlingswesen in Bayern, Botschafter in Pakistan (1952-1954) und beim Heiligen Stuhl (1954-1957); vgl. Nr. 56 (Anm. 31).

18   Waldemar *Kraft* (1898-1977), 1950 Mitbegründer, 1952/53 Vorsitzender des GB/BHE, 1950-1953 in Schleswig-Holstein stellvertretender Ministerpräsident und Finanzminister (ab 1951 zugleich Justizminister), 1953-1956 Bundesminister für besondere Aufgaben, 1953-1961 MdB (1955 fraktionslos, ab 1956 CDU).

19   *Niklas* blieb bis zum Oktober 1953 im Amt; sein Nachfolger als Bundesminister für Ernährung, Landwirtschaft und Forsten im zweiten Kabinett Adenauer: Heinrich *Lübke*.

20   Zum Konflikt des Bundeskanzlers mit dem Bundesminister für gesamtdeutsche Fragen die zahlreichen Belege aus diesem Zeitraum in Adenauers Briefen 1951-1953 (u. a. S. 193f., 196, 208, 222, 303, 315f.) und bei Tilman *Mayer* (Hrsg.), Jakob Kaiser, S. 543-556.

21   Zur Kritik am Ressort und an der Amtsführung *Kaisers* auch Nr. 44 (TOP 2).

22   Vgl. Nr. 3 (Anm. 10), 7 (TOP 4), 12 (TOP 5), 15 (TOP 6).

Nr. 19

* BA, VS B 122/31269, Bd. A I, Bl. 71-75, Aufzeichnung vom 25.10.1952, mit hs. Vermerk »*Geheim*«, gez. *Klaiber*. – Auf Bl. 76 beiliegend: die eigenhändigen Heuss-Notizen zur Vorbereitung dieses Gesprächs; dazu die Abb. auf S. 100. Im Vorfeld der Unterredung hatte am 8.10.1952 Herbert *Blankenhorn* den Bundespräsidenten »über die Lage in der FDP, die Saarfrage, die Haltung

der arabischen Liga und einige andere weniger bedeutende Fragen« informiert (BA, NL Blankenhorn, Bd. 14).

a   ‹ › Von Klaiber eigenhändig korrigiert aus »…gebendes«.

b   ‹ › … aus »Kompetenzen«.

1   Zu den damaligen Auseinandersetzungen in der FDP (im Richtungsstreit über die Ratifizierung der Westverträge, wegen uneinheitlicher Koalitionsaussagen für die nächsten Bundestagswahlen und u. a. auch wegen interner Konflikte mit dem rechten Parteiflügel) vgl. FDP-Bundesvorstand. Sitzungsprotokolle 1949-1954, 1. Halbband, S. 415-564. Vgl. a. das Lenz-Tagebuch, S. 432, 447.

2   Zu den 2. Bundestagswahlen vom 6.9.1953 vgl. Nr. 25 (Anm. 1).

3   Ähnlich die Ausführungen Adenauers in seinen öffentlichen Erklärungen dieses Zeitraums (vgl. StBKAH 02.10) und während der Wahlrechtsdiskussion in der Sondersitzung der Bundesregierung vom 27.10.1952 (Lenz-Tagebuch, S. 447).

4   In diesem Sinne hatte sich Heuss bereits am 23.10.1952 an seinen besonderen Vertrauten im Lager des südwestdeutschen Liberalismus, Ernst *Mayer* (1901-1952; 1949-1952 MdB), gewandt; vgl. BA, NL Heuss, Nr. 306. Dazu auch die Schreiben des Bundespräsidenten vom 25. und 28.11.1952 an Bundesjustizminister *Dehler* bei Friedrich *Henning* (Hrsg.), Theodor Heuss. Lieber Dehler!, S. 83-96.

5   Vgl. Nr. 18 (Anm. 12).

6   So auch der Hinweis des Bundeskanzlers in der Kabinettssitzung vom 28.10.1952 (Lenz-Tagebuch, S. 448).

7   Hubert *Ney* (1892-1984), 1946 Mitbegründer der Christlichen Volkspartei (CVP) des Saarlandes, ab 1952 Vorsitzender der illegalen, 1955-1957 der legalen CDU-Saar (1959 ausgetreten), dort 1956/57 Ministerpräsident, 1957-1959 Justizminister.

8   Kurt *Conrad* (1911-1982), 1952 Mitbegründer und erster Vorsitzender der Deutschen Sozialdemokratischen Partei (DSP) an der Saar, dort 1955-1957 und ab 1960 erneut MdL, 1955-1957 Arbeitsminister, 1959-1961 Innenminister, 1957-1959 MdB (SPD).

9   Richard *Becker* (1884-1969), 1949-1951 Vorsitzender der Demokratischen Partei Saar (DPS), nach Wiederzulassung 1955 deren Ehrenpräsident, 1955-1960 MdL.

10   Zu diesen Kontakten mit den Vertretern der Saarparteien Adenauers Briefe 1951-1953, S. 265, 593f.; vgl. a. das Wortprotokoll zu dem am 26.9.1952 in Bonn geführten Gespräch in BA, NL Blankenhorn, Bd. 14.

11   Beim 3. CDU-Bundesparteitag (18./19.10.1952 in Berlin) hatte Ney mit einem Zitat des Schriftstellers Heinrich *Lersch* (»Das Reich, das Reich muß uns doch bleiben und frei das Saarvolk sein«) vor »Experimenten an der Saar« gewarnt; dazu das Lenz-Tagebuch, S. 439.

12   Vgl. Nr. 17 (Anm. 4, 5). – Die 3. Lesung und Schlußabstimmung über

den Deutschland- und den EVG-Vertrag erfolgte am 19.3.1953; vgl. Stenographische Berichte, 1. Wahlperiode, Bd. 15, S. 12363-12366.

13   Vgl. ebd., Anm. 6.

14   Die Ratifikationsgesetze wurden vom Bundesrat in seiner Sondersitzung vom 15.5.1953 verabschiedet (Bundesrat, Sitzungsberichte 1953, S. 232-236).

15   Eduard *Wahl* (1903-1985), 1949-1961 MdB (CDU; 1953-1957 Vorsitzender des Ausschusses für Besatzungsfragen bzw. Besatzungsfolgen).

16   Am 19.9.1952 war eine Delegation der DDR-Volkskammer in Bonn von Bundestagspräsident *Ehlers* empfangen worden; dazu die Angaben in: Hermann Ehlers, Präsident des Deutschen Bundestages 1950-1954. Ausgewählte Reden, Aufsätze und Briefe, hrsg. und eingeleitet von Karl Dietrich *Erdmann*, bearb. von Rüdiger *Wenzel*, Boppard/Rhein 1990, S. 523-525. Vgl. a. Adenauers Briefe 1951-1953, S. 277, 600; Kabinettsprotokolle 1952, S. 566-568, und Andreas *Meier*, Hermann Ehlers. Leben in Kirche und Politik, Bonn 1991, S. 406f., 559f.

17   Arthur *Stegner* (1907-1982), 1949-1954 Vorsitzender des FDP-Landesverbandes Niedersachsen, 1951-1957 MdB (ab 1954 fraktionslos, 1957 GB/BHE).

18   Alfred *Onnen* (1904-1966), 1949-1957 MdB (FDP), 1952-1954 Mitglied des FDP-Bundesvorstandes.

19   Georg-August *Zinn* (1901-1976), 1948/49 Mitglied des Parlamentarischen Rates (SPD), 1950-1969 Ministerpräsident von Hessen (1953/54 und 1964/65 Bundesratspräsident).

20   Zinn hatte in einer Regierungserklärung vom 8.10.1952 über die Aufdeckung einer vom Bund Deutscher Jugend (BDJ) im hessischen Waldmichelbach ausgebildeten »Partisanen«-Gruppe berichtet und dabei u. a. auch Spekulationen über amerikanische Auftraggeber angestellt; vgl. Kabinettsprotokolle 1952, S. 631f.

21   Vgl. Nr. 12 (Anm. 30, 31).

22   Gemeint ist Hans-Heinrich *Herwarth von Bittenfeld*, der diese »Protokoll- und Status«-Probleme seinerseits beschrieben hat (Von Adenauer zu Brandt, S. 86-92).

23   Vgl. Kabinettsprotokolle 1952, S. 60.

24   Vgl. Nr. 18 (TOP 2a).

25   Dazu die Kontroverse des Bundeskanzlers mit *Kather* in der CDU-Bundesvorstandssitzung vom 5.9.1952; vgl. die Protokolle des CDU-Bundesvorstands 1950-1953, S. 144f.

26   Bank für Vertriebene und Geschädigte (Lastenausgleichsbank, mit Sitz in Bad Godesberg); zu der hier angesprochenen personellen Besetzung die Kabinettsprotokolle 1952, S. 611f.

27   Vgl. Nr. 11 (Anm. 15).

28   Vgl. Nr. 13 (Anm. 20), 14 (TOP 3).

29   Wortlaut der Bundestagsdebatte vom 22.10.1952 in den Stenographi-

schen Berichten, 1. Wahlperiode, Bd. 13, S. 10720-10750 (S. 10722-10725, 10734-10736: Erklärungen Adenauers). Vgl. a. Wilhelm *Haas*, Beitrag zur Geschichte des Auswärtigen Dienstes, S. 424-487, und Hans-Jürgen *Döscher*, Verschworene Gesellschaft, S. 246-266.

30 Denkschrift *von Maltzans* »Weiterer Aufbau und Organisation des Auswärtigen Amtes« (16.7.1952). In dem in BA, B 122/2157 erhaltenen Exemplar die Zusammenfassung auf S. 18: »Als wichtigste, vordringlichste Maßnahmen für die Funktionsfähigkeit des Auswärtigen Amtes sind … folgende hervorzuheben: 1. Beseitigung des Engpasses auf dem Entscheidungslevel, 2. Ernennung eines Chefs der Personal- und Verwaltungsabt[eilung], 3. Genehmigung des Zusatzetats für 1952 in der vorgeschlagenen Höhe zuzüglich der Etatstelle für den ›General-Sekretär‹, 4. Geschlossene Unterbringung des Amtes, ›beschleunigte räumliche‹ Zusammenlegung möglichst vieler Abteilungen im Rahmen einer Zwischenlösung, 5. Besetzung der genehmigten Etatstellen im In- und Ausland, 6. Beschleunigung in der Errichtung der Auslandsbehörden.« Dazu die Stellungnahme des Bundespräsidenten in seinem Brief vom 12.9.1952 an Klaiber (BA, NL Heuss, Nr. 159).

31 Das Gespräch mit dem britischen Hohen Kommissar fand am 24.10.1952 (ab 12.20 Uhr) im Beisein von Walter *Hallstein* und Herbert Blankenhorn statt; vgl. StBKAH 04.03.

Nr. 20

* BA, VS B 122/31269, Bd. A, I, Bl. 67-70, Aufzeichnung vom 17.12.1952, mit hs. Vermerk »*Geheim!*«, gez. *Klaiber*.

a   ‹ › Von Klaiber eigenhändig eingefügt.

1 Nach den Tagebuch-Eintragungen von Otto *Lenz* (S. 504f.) war der Leiter des Presse- und Informationsamtes der Bundesregierung, Felix *von Eckardt*, kurz zuvor »auf Anregung des [französischen] Generals [Pierre] Billotte nach Paris gefahren, der ihm mitgeteilt hatte, daß Pinay eine Zusammenkunft mit dem B[undes]K[anzler] wünscht. Pinay wollte mit ihm darüber sprechen, daß in Frankreich die Ratifikation nur dann zu erreichen sei, wenn man Frankreich das Recht zugestehe, im Notfall auch über seine europäischen Truppenkontingente zu verfügen, weil er die Lage in Nordafrika als sehr ernst ansehe. Außerdem könnten sie nur ratifizieren, wenn wenigstens in dem vorbereitenden Ausschuß eine Einigung über die politische Behörde getroffen sei.« Dazu auch Adenauers Hinweise vom 14.1.1953 in seinen Teegesprächen 1950-1954, S. 391. Vgl. a. die Hintergrundinformationen bei Pierre *Billotte*, Le passé au futur, Paris [1979], S. 113-116.

2 Die Regierung *Pinay* demissionierte am 23.12.1952; in dem Anfang Januar 1953 neu gebildeten Kabinett René *Mayer* wurde Georges *Bidault* Nachfolger Robert *Schumans* als Außenminister.

3 Samuel *Reber* (1903-1971), 1947-1949 stellvertretender Direktor der Europa-Abteilung im State Department, 1950-1952 Politischer Berater und

Direktor des Amtes für politische Angelegenheiten beim Hohen Kommissar der USA in der Bundesrepublik, 1952/53 stellvertretender Hoher Kommissar.

4   Der Bundeskanzler war mit *François-Poncet* und Reber zuletzt am 10. und 15.12.1952 zusammengekommen (StBKAH 04.03). Dazu auch Adenauers Schreiben vom 17.12.1952 an John J. *McCloy* in den Briefen 1951-1953, S. 306, und die Notizen von Bundesverkehrsminister *Seebohm* zur Kabinettssitzung vom 19.12.1952 in den Kabinettsprotokollen 1952, S. 762.

5   Der SPD-Vorsitzende hatte bei dieser Gelegenheit angekündigt, seine Fraktion werde im Bundestag einen Mißbilligungsantrag gegen den Bundeskanzler einbringen; vgl. Adenauers Erinnerungen 1953-1955, S. 186f. Vgl. a. seine Briefe 1951-1953, S. 306, 614.
Zum Verfassungs- und Verfahrensstreit aus der Sicht der Opposition Carlo *Schmid*, Erinnerungen, S. 520-526.

6   Dazu auch ein Hinweis Adenauers in der CDU-Vorstandssitzung vom 16.12.1952 (Protokolle des CDU-Bundesvorstands 1950-1953, S. 267) und in der Kabinettssitzung vom 19.12.1952 (wie Anm. 4).

7   Nach seinem Wahlerfolg vom 4.11.1952 (vgl. Nr. 11 [Anm. 11]) wurde Dwight D. *Eisenhower* am 20.1.1953 in das Amt des amerikanischen Präsidenten eingeführt.

8   Gemeint ist der am 25.6.1950 durch Einrücken nordkoreanischer Streitkräfte in Südkorea ausgelöste Korea-Krieg, der am 27.7.1953 durch das Waffenstillstandsabkommen von Panmunjon beendet wurde.

9   Zur Aussprache Adenauer-*Ollenhauer* vom 18.12.1952 die Niederschrift in StBKAH 12.27.

10   Heuss hatte am 9.12.1952 sein Gutachten-Ersuchen über die Verfassungsmäßigkeit der Westverträge (vgl. Nr. 13 [Anm. 34], 17 [Anm. 6], 19 [TOP 3]) zurückgezogen (vgl. Der Kampf um den Wehrbeitrag, Bd. 2, S. 811) und dies in einer am 10.12.1952 gehaltenen Rundfunkrede so begründet: »Das Amt des Bundespräsidenten ist, wie jeder weiß, in der Einwirkung auf den Ablauf der tagespolitischen Kämpfe und der gesetzgeberischen Gestaltung gering – aber er kann dann nicht in die Unverbindlichkeit davonlaufen wollen, wenn er dies zu erkennen glaubt; die neuerliche Gesetzesinterpretation [durch den Beschluß des Bundesverfassungsgerichts vom 8.12.1952, daß das vom Bundespräsidenten erbetene Gutachten beide Senate binde] entspricht nach seiner Auffassung nicht den Voraussetzungen, die zu dem Zeitpunkt ihm zu gelten schienen, als er ein Gutachten anforderte. Das ist der einfache Tatbestand« (Theodor Heuss. Politiker und Publizist, S. 412f.).
Zur Argumentation des Präsidenten vgl. »Unserem Vaterlande zugute«, S. 11 – zu den Beratungen dieser Tage neben der dort (S. 394) bereits nachgewiesenen Literatur die Kabinettsprotokolle 1952, S. 730-734; Hans-Erich *Volkmann*, Die innenpolitische Dimension, S. 383f.; das Lenz-Tagebuch, S. 492-497 (mit dem Hinweis auf S. 494 auf ein am 9.12.1952 geführtes Gespräch Heuss-Adenauer, zu dem eine amtliche Aufzeichnung *nicht* überliefert ist – dazu auch

Adenauers Teegespräche 1950-1954, S. 368f.), und Thomas *Aders*, Die Utopie
vom Staat über den Parteien, S. 317-321.

11   Vgl. Nr. 19 (Anm. 4).

12   Auf diese Funktion des bayerischen Ministerpräsidenten und seine Position in der Ratifizierungsdebatte geht näher ein Karl-Ulrich *Gelberg*, Hans
Ehard, S. 418-451.

13   Hierzu, unter Verwendung dieser Gesprächsaufzeichnung, Hans-Peter
Schwarz, Adenauer. Der Staatsmann, S. 42.

14   Vgl. Nr. 17 (TOP 5).

15   Vgl. Nr. 19 (Anm. 30).

16   Christian *Stock* (1884-1967), 1946-1951 Ministerpräsident von Hessen
(SPD).

17   Gebhard *Müller* (1900-1990), 1947-1952 Vorsitzender des CDU-Landesverbandes Württemberg-Hohenzollern, dort 1948-1952 Staatspräsident,
1953-1958 Ministerpräsident von Baden-Württemberg, 1958-1971 Präsident
des Bundesverfassungsgerichts.

18   Theodor *Steltzer* (1885-1967), 1945-1947 erst Oberpräsident, dann Ministerpräsident von Schleswig-Holstein (CDU).

19   Hermann *Lüdemann* (1880-1959), 1946/47 Innenminister, 1947-1949
Ministerpräsident von Schleswig-Holstein (SPD).

20   Bruno *Diekmann* (1897-1982), 1946-1953 MdL (SPD) in Schleswig-
Holstein, dort 1949/50 Ministerpräsident, 1953-1969 MdB.

21   Walter *Bartram* (1893-1971), 1950/51 Ministerpräsident von Schleswig-
Holstein, 1952-1957 MdB (CDU).

22   Dazu der Hinweis in den Kabinettsprotokollen 1952, S. 696.

23   Ludwig *Klages* (1872-1956), Philosoph und Psychologe; Hauptwerke:
Handschrift und Charakter (erstmals erschienen 1917), Der Geist als Widersa-
cher der Seele (1929), Grundlegung der Wissenschaft von Ausdruck (1936).

24   Wortlaut der Silvesteransprache des Bundespräsidenten (dessen Entwurf
er am 19.12.1952 dem Bundeskanzler zuleitete; vgl. »Unserem Vaterlande zugute«, S. 125) im Bulletin, Nr. 1 vom 3.1.1953, S. 1f. – Die am 25.12.1952 gehaltene Weihnachtsansprache des Bundeskanzlers in den Adenauer-Reden
1917-1967, S. 288-291.

Nr. 21

*   BA, VS B 122/31269, Bd. A I, Bl. 64-66, Aufzeichnung vom 20.12.1952,
nicht gezeichnet, mit Diktatzeichen »Dr. Kl[aiber] /Kg.«

1   Vgl. Nr. 20 (TOP 3). – Zur Kritik *Dehlers* am Bundesverfassungsgericht
vgl. seine Ausführungen im Kanzlertee vom 10.12.1952 (an dem neben dem
Bundesjustizminister auch sein Staatssekretär Walter *Strauß* teilgenommen
hatte) in Adenauers Teegesprächen 1950-1954, S. 369-372, 380-390.

2   Vgl. Kabinettsprotokolle 1952, S. 755-762.

3   Zum Telegramm Dehlers vom 10.12.1952 die Vorlage in BA, B 136/995;

vgl. a. den Hinweis im Lenz-Tagebuch, S. 509, und Thomas *Aders*, Die Utopie vom Staat über den Parteien, S. 319f.

4   Wortlaut der Regierungserklärung vom 19.12.1952 in den Mitteilungen des Presse- und Informationsamtes der Bundesregierung, Nr. 1241 vom 19.12.1952.

5   Vgl. Nr. 20 (Anm. 10).

6   Willi *Geiger* (1909-1994), leitete 1949/50 im Bundesministerium der Justiz das Verfassungsreferat, 1950-1977 Richter am Bundesgerichtshof in Karlsruhe, 1953-1961 Senatspräsident, 1951-1977 zugleich Richter des Bundesverfassungsgerichts. – Sein abweichendes Votum vom 13.12.1952 in: Der Kampf um den Wehrbeitrag, 2. Halbband, S. 822-828. Heuss hatte dazu am 18.12.1952 seinem Sohn Ernst Ludwig Heuss geschrieben: »Der Mann gibt ex post ungefähr die rechtliche Detailbegründung meiner eigenen Motivationen. Ich kann natürlich nicht, was übrigens bei ihm auch nicht so zum Ausdruck kommt, die totalen Schwenkungen a) der SPD, b) der Koalitionsgruppen und c) vor allem des Bundesverfassungsgerichts vor dem Markt darstellen« (BA, NL Heuss, Nr. 307).

7   Die Bundestagsfraktionen von CDU/CSU, FDP und DP hatten am 6.12.1952 beim Zweiten Senat des Bundesverfassungsgerichts die Feststellung beantragt, daß die Verabschiedung der Verträge mit einfacher Stimmenmehrheit möglich sei; vgl. Der Kampf um den Wehrbeitrag, Ergänzungsband, S. 1-24.

8   Vgl. Nr. 20.

9   Vgl. ebd., Anm. 9.

10 Wortlaut der Erklärung des Präsidialamtes: »Der Bundespräsident hatte am Nachmittag des 19.12.1952 eine längere Aussprache mit dem Präsidenten des Bundesverfassungsgerichts über die zwischen der Regierung und dem Karlsruher Gericht entstandenen Meinungsverschiedenheiten. Zu der Besprechung ist später der Bundeskanzler hinzugebeten worden, der von einem am Vormittag gefaßten Beschluß der Bundesregierung Kenntnis gab. Der Bundespräsident ist der Auffassung, daß dieser einstimmig gefaßte Kabinettsbeschluß geeignet ist, zur Befriedung der Lage beizutragen« (Bulletin, Nr. 205 vom 23.12.1952, S. 1785). Vgl. a. Arnulf *Baring*, Außenpolitik in Adenauers Kanzlerdemokratie, S. 255f.

Nr. 22

* BA, VS B 122/31269, Bd. A I, Bl. 61-63, Aufzeichnung vom 13.2.1953, mit hs. Vermerk »Streng vertraulich«, gez. Bott. – Hans *Bott* (1902-1977), Verleger (u. a. der »Hilfe« ab 1931), 1949-1959 Persönlicher Referent des Bundespräsidenten (ab 1957 Ministerialdirektor) – zuständig vor allem für die persönlichen Angelegenheiten und den Verfügungsfonds des Präsidenten, Kultur- und Fürsorgeangelegenheiten und Kriegsgefangenenfragen – , Mitglied des Stiftungsrates und des Kuratoriums der Elly-Heuss-Knapp-Stiftung Deutsches Müttergenesungswerk. – Zu Bott auch die Einführung in diese Edition, S. 6.

1   John Foster *Dulles* (1888-1959), 1946-1950 Delegierter der USA bei den Vereinten Nationen, 1953-1959 Außenminister. – Der neue amerikanische Außenminister hatte im Rahmen einer Europa-Reise (30.1.-8.2.1953) am 5./6.2. Bonn besucht; vgl. Konrad *Adenauer*, Erinnerungen 1945-1953, S. 552-559.

2   Hierzu, unter Verwendung dieser Gesprächspassage, Hans-Peter *Schwarz*, Adenauer. Der Staatsmann, S. 52, 57, und Manfred *Görtemaker*, Adenauer und die amerikanische Deutschlandpolitik, in: Klaus *Schwabe* (Hrsg.), Adenauer und die USA, S. 83.

3   Alcide *De Gasperi* (1881-1954), 1943/44 Mitbegründer der Democrazia Cristiana, 1944/45 italienischer Außenminister, 1946-1953 Ministerpräsident.

4   Vgl. Nr. 16 (Anm. 5).

5   Herbert *Wehner* (1906-1990), 1949-1983 MdB (SPD; 1969-1983 Fraktionsvorsitzender), bis 1966 Vorsitzender des Ausschusses für gesamtdeutsche und Berliner Fragen, 1958-1973 Stellvertretender Vorsitzender der SPD, 1966-1969 Bundesminister für gesamtdeutsche Fragen.

6   Zum Nachfolgenden die teilweise gleichlautende Gesprächswiedergabe bei Konrad *Adenauer*, a.a.O., S. 555f. – Hinweise auf das am 5.2.1953 geführte Informationsgespräch in: Die SPD-Fraktion im Deutschen Bundestag. Sitzungsprotokolle 1949-1957, 1. Halbband, S. 404f.

7   Vgl. Nr. 19 (Anm. 12, 14).

8   Zum Schreiben des amerikanischen Präsidenten und zur Antwort des Bundeskanzlers vom 11.2.1953 Adenauers Briefe 1951-1953, S. 339f., 628.

9   Vom 6.-18.4.1953 besuchte Adenauer erstmals die USA (während der letzten Tage seiner Amerika-Reise auch Kanada); vgl. Nr. 24 (Anm. 10).

10   René *Mayer* (1895-1972), 1946-1956 Abgeordneter der französischen Nationalversammlung, 1947-1948 und 1951-1952 Wirtschafts- und Finanzminister, 1948 Verteidigungsminister, 1949-1951 Justizminister, 1953 Ministerpräsident, 1955-1957 Präsident der Hohen Behörde der EGKS.

11   Details zu diesem Teil der Unterredung bei Konrad *Adenauer*, a.a.O., S. 557. Zur Thematik insgesamt Helge *Heidemeyer*, Flucht und Zuwanderung aus der SBZ/DDR 1945/1949-1961. Die Flüchtlingspolitik der Bundesrepublik Deutschland bis zum Bau der Berliner Mauer, Düsseldorf 1994.

12   Werner *Naumann* (1896-1982), 1937-1945 im Reichsministerium für Volksaufklärung und Propaganda (ab 1944 Staatssekretär), seit 1952 Geschäftsführer einer deutsch-belgischen Export- und Import-Firma in Düsseldorf, gründete einen »Freundeskreis für Wirtschaft und Kultur« und den sog. »Siebziger-Kreis« (»Naumann-Kreis«) ehemaliger Nationalsozialisten. Zur Verhaftung am 14./15.1.1953, die der britische Hohe Kommissar wegen Verdacht auf Verschwörung auch gegen sieben weitere ehemalige Nationalsozialisten veranlaßt hatte, Adenauers Briefe 1951-1953, S. 326, 341, 349, 388, 622, 633 und 651; das Lenz-Tagebuch, S. 501, 527, 531f., 540, 542, und Norbert *Frei*, Vergangenheitspolitik, S. 361-396. Vgl. a. Nr. 23 (TOP 4), 24

(TOP 4), 25 (TOP 1). – Die vorherige Unterrichtung des Bundeskanzlers geht aus einer Mitteilung *Kirkpatricks* vom 14.1.1953 an das Foreign Office hervor: »I saw the Chancellor tonight and informed him of our plan. ... He was interested, thanked me for the communication, expressed his approval of the operation and wished me luck. He explicitly promised to tell nobody« (PRO, PREM 11/4251).

13   Harold E. *Stassen* (geb. 1907), Berater von Präsident Eisenhower, Direktor der Mutual Security Administration (1953) und der Foreign Operations Administration (1953-1955), 1955-1958 Leiter der amerikanischen UN-Abrüstungskommission.

14   Heinz *Weber* (geb. 1924), 1951-1989 Chefdolmetscher im Auswärtigen Amt.

15   Heinrich *Brüning* (1885-1970), 1930-1932 Reichskanzler, ab 1934 im Exil, 1937-1952 Professor für politische Wissenschaft an der Harvard-Universität, 1951-1955 wieder in Deutschland, Professor in Köln, danach wieder in den USA. – Früher in der »Rhöndorfer Ausgabe« nachgewiesene Literatur ergänzt Rudolf *Morsey*, Heinrich Brünings zweite Emigration aus Deutschland 1955, in: Politik – Bildung – Religion. Hans Maier zum 65. Geburtstag, hrsg. von Theo *Stammen*, Heinrich *Oberreuter* und Paul *Mikat*, Paderborn-München-Wien-Zürich 1996, S. 281-289.
Unabhängig von der amerikanischen Empfehlung stand der Bundespräsident schon seit längerem in regelmäßiger Verbindung zu Brüning, die er gelegentlich für vermittelnde Hinweise an Adenauer nutzte; vgl. die Korrespondenz in BA, NL Heuss, Nr. 64, 298. – Dulles und Stassen erwähnte Brüning in diesem Zeitraum seinerseits in einem Brief vom 17.2.1953 an Johannes *Maier-Hultschin* (1901-1958; 1951-1955 Pressechef der nordrhein-westfälischen Landesregierung); vgl. BA, NL Maier-Hultschin, Nr. 4.

16   Vgl. Rudolf *Morsey*, Brüning und Adenauer. Zwei deutsche Staatsmänner, Düsseldorf 1972, und *ders.* Brünings Kritik an Adenauers Westpolitik. Vorgeschichte und Folgen seines Düsseldorfer Vortrags vom 2.6.1954, in: Manfred *Funke u. a.* (Hrsg.), Demokratie und Diktatur. Festschrift für Karl Dietrich Bracher zum 65. Geburtstag, Düsseldorf 1987, S. 349-364.

17   Dazu Adenauers Briefe 1951-1953, S. 332, 624.

18   Hans *Schuberth* (1897-1976), 1947-1949 Direktor der Verwaltung für das Post- und Fernmeldewesen des Vereinigten Wirtschaftsgebietes, 1949-1953 Bundesminister für das Post- und Fernmeldewesen, 1953-1957 MdB (CSU). – Schuberth hatte am 12.1.1953 in Vertretung des Bundespräsidenten in Rom an der Feier der Kardinalserhebung des Erzbischofs von München-Freising, Josef *Wendel,* teilgenommen.

19   Vgl. Nr. 3 (Anm. 10), 7 (TOP 4), 12 (TOP 5), 15 (TOP 6), 18 (TOP 3).

20   *Pius XII.,* vorher Eugenio *Pacelli* (1876-1958), 1920-1929 Nuntius für das Deutsche Reich, 1929 Kardinal, 1930 Kardinalstaatssekretär, 1939-1958 Papst.

21 Zu den 2. Bundestagswahlen vom 6.9.1953 vgl. Nr. 25 (Anm. 1).

22 Robert *Pferdmenges* (1880-1962) Bankier, 1947-1949 Mitglied des Wirtschaftsrates (CDU), 1950-1962 MdB, Freund und Berater des Bundeskanzlers,
sein Vermittler zu liberalen Kreisen, Wirtschaftsverbänden und -vertretern
sowie besonders zu den Protestanten in der CDU.

23 Robert *Ellscheid* (1900-1985), Rechtsanwalt am Oberlandesgericht
Köln, Präsident der Deutschen Vereinigung für gewerblichen Rechtsschutz und
Urheberrecht, ab 1952 Honorarprofessor an der Universität Köln.

24 Zur Unterredung des Bundeskanzlers mit Ellscheid und Pferdmenges
vom 23.1.1953 das Lenz-Tagebuch, S. 537. Vgl. a. Adenauers Briefe 1951-
1953, S. 325, 621. – Ein Gesprächstermin Heuss-Ellscheid ist in den Tagesnotizbüchern des Bundespräsidenten unter dem 5.2.1953 vermerkt (BA, NL
Heuss, Nr. 482).

25, 26 Zur Kabinettssitzung vom 6.2.1953 (ab 11.45 Uhr, gefolgt von Adenauers Pressekonferenz ab 12.30 Uhr; StBKAH 04.03) kein Beleg in den Kabinettsprotokollen 1953. Zu den anderen Terminen dieses Tages das Lenz-Tagebuch, S. 553-555.

Nr. 23

* BA, VS B 122/31269, Bd. A I, Bl. 55-58, Aufzeichnung vom 5.3.1953, mit
hs. Vermerk »*Geheim*«, gez. *Klaiber*.

1 Gemeint ist die Außenministerkonferenz der *EGKS*-Staaten am
24./25.2.1953 in Rom.

2 Zu den französischen Forderungen (die in Rom zu einer Kontroverse
Adenauers mit dem neuen französischen Außenminister *Bidault* geführt hatte)
die Kabinettsprotokolle 1953, S. 45, 144, 197, 224, 234f., 269.

3 Wahlen zur italienischen Kammer am 7./8.6.1953, bei denen die Regierungskoalition, nach deutlichen Verlusten der Democrazia Cristiana, 303 von
590 Mandaten erreichte. Die anschließend gebildete achte Regierung *De Gasperi* hatte nur kurzfristig Bestand. – Die parlamentarische Behandlung des Ge-
setzentwurfes zum EVG-Vertrag gelangte nicht über die Billigung durch den
Auswärtigen Ausschuß der Kammer am 31.7.1954 hinaus; vgl. EA, Jg. 9
(1954), S. 6839.

4 Das Saargespräch hatten Adenauer und Bidault im Anschluß an die
EGKS-Konferenz am 26.2.1953 in Rom geführt; vgl. EA, Jg. 8 (1953),
S. 5544. Zu den saarpolitischen Kontroversen dieses Zeitraums auch die Kabinettsprotokolle 1952, S. 197, 214, 228; zur Auseinandersetzung mit dem französischen Außenminister Adenauers Schreiben vom 16.2.1953 in seinen Briefen 1951-1953, S. 342-344, 630.

5 Vgl. Nr. 19 (Anm. 10).

6 Zu den 2. Bundestagswahlen vom 6.9.1953 Nr. 25 (Anm. 1).

7 Vgl. Nr. 21 (Anm. 7).

8 Vgl. Nr. 19 (Anm. 12, 14).

9   Hierzu, unter Verwendung dieser Gesprächsaufzeichnung, Hans-Peter *Schwarz*, Adenauer. Der Staatsmann, S. 69.

10   Vgl. Nr. 22 (Anm. 9).

11   Gemeint ist Reinhold *Maier*, mit dem Adenauer – wie hier von Heuss angeregt – am 19.3.1953 im Beisein von Viktor Renner zusammenkam; vgl. Kabinettsprotokolle 1953, S. 230, und die Informationen im Lenz-Tagebuch, S. 592f.. Zur Abstimmung des Bundeskanzlers mit dem Bundesratspräsidenten in der letzten Phase der Ratifizierungsdiskussion Adenauers Briefe 1951-1953, S. 358-360, 363, 637, 640. Vgl. a. Klaus-Jürgen *Matz*, Reinhold Maier, S. 398-434.

12   Viktor *Renner* (1899-1969), 1946-1952 Staatssekretär bzw. Innenminister in Württemberg-Hohenzollern, 1947-1966 MdL (SPD) in Württemberg-Hohenzollern bzw. Baden-Württemberg, dort 1952/53 Justizminister und 1956-1960 Innenminister.

13   Domenicus *Tardini* (1888-1961), 1951 Chef der Sektion für außerordentliche Angelegenheiten im Staatssekretariat des Vatikans, 1952 Kardinalstaatssekretär, 1958 Kurienkardinal.

14   Giovanni Battista *Montini* (1897-1978), ab 1954 Erzbischof von Mailand, 1958 Kardinal, als *Paul VI.* 1963-1978 Papst.

15   Am 26.2.1953, im Beisein von Staatssekretär *Hallstein*, Protokollchef *Herwarth von Bittenfeld* und Dolmetscher *Noack* (StBKAH 04.04).

16   Vgl. Nr. 3 (Anm. 10), 7 (TOP 4), 12 (TOP 5), 15 (TOP 6), 18 (TOP 3), 22 (TOP 3), 26 (Nachtrag).

17   Victor *Gollancz* (1893-1967), britischer Verleger und Schriftsteller, nach 1945 prominenter Wortführer deutsch-jüdischer und deutsch-britischer Aussöhnung. – 1954 beteiligte er sich mit dem Beitrag »Erlebte Dankbarkeit« an dem zum 70. Geburtstag des Bundespräsidenten zusammengestellten Band »Begegnungen mit Theodor Heuss« (S. 478-480, 488-491).

18   Gollancz wurde 1953 das Große Verdienstkreuz mit Stern des Verdienstordens der Bundesrepublik verliehen, 1960 mit dem Friedenspreis des Deutschen Buchhandels ausgezeichnet.

19   Vgl. Nr. 22 (Anm. 12).

20   In diesem Sinne auch Adenauers Schreiben vom 13.3.1953 an den britischen hohen Kommissar; Druck: Briefe 1951-1953, S. 349, 633 (dort der Hinweis auf *Kirkpatricks* positiven Bescheid vom 17.3.1953). Vgl. Nr. 24 (TOP 4).

21   Werner *von Holleben* (1902-1985), ab 1950 im Auswärtigen Dienst, 1950-1952 am Generalkonsulat London, leitete 1952/53 als Geschäftsträger ad interim die Botschaft in Den Haag, 1953-1958 Konsul in Boston, 1958-1960 Leitung des Referats Ferner Osten im Auswärtigen Amt, 1960 an die Botschaft in Oslo, 1962 an die Botschaft in Luxemburg versetzt, leitete 1965-1967 das Konsulat Cleveland. – Zum Nachfolgenden die anekdotisch ausgeschmückte Schilderung in dem Artikel »Wir wissen wenig«, den »Der Spiegel« am 18.2.1953 veröffentlichte (S. 18).

22 *Friederike Luise von Braunschweig-Lüneburg* (geb. 1917), seit 1938 verheiratet mit *Paul I.* (1901-1964; 1947-1964 König der Hellenen).

Nr. 24

* BA, VS B 122/31269, Bd. A I, Bl. 48-51, Aufzeichnung vom 20.3.1953, mit hs. Vermerk »*Geheim*«, gez. *Klaiber*.

a ‹ › Eigenhändige Randbemerkung Klaibers. Dazu der Aufzeichnung beigefügt: »*Auszugsweise Abschrift* (85 StGB 90a/93). § 90a (Verfassungsverräterische Vereinigungen) ... § 129a (Verbotene Vereinigungen) ... § 129 (Kriminelle Vereinigungen)«; dazu s. unten TOP 4.

1 Der von Heinrich *von Brentano* geleitete Verfassungsausschuß der EGKS-Sonderversammlung hatte am 26.2.1953 den Verfassungsentwurf der Europäischen Politischen Gemeinschaft verabschiedet (Wortlaut: EA, Jg. 8 [1953], S. 5669-5683), der am 9.3.1953 in Straßburg vom Präsidenten der Adhoc-Versammlung (oder Präkonstituante) den Außenministern der EGKS-Staaten übergeben worden war; vgl. Adenauers Briefe 1951-1953, S. 344, 348.

2 Paul Henri *Spaak* (1899-1972), 1936-1939, 1946-1949, 1954-1957 und 1961-1966 belgischer Außenminister (1940-1945 auch in der Exilregierung in London), 1938/39, 1946, 1947-1949 Ministerpräsident, 1957-1961 NATO-Generalsekretär.

3 Vgl. Nr. 16 (Anm. 5).

4 Hierzu und zum Nachfolgenden die Beratungen der Bundesregierung in ihrer Sitzung vom 20.3.1953 (Kabinettsprotokolle 1953, S. 228-231), das für diese Tage und dieses Thema besonders ergiebige Lenz-Tagebuch (S. 582, 592-594, 599f.) und Adenauers Informationsgespräch vom 20.3.1953 (Teegespräche 1950-1954, S. 433). – Zur Ratifizierung der Verträge durch den Bundesrat Nr. 19 (Anm. 14).

5 Vgl. Nr. 12 (Anm. 7).

6 Der Bundespräsident unterzeichnete die Ratifizierungsgesetze zum Deutschland- und zum EVG-Vertrag am 28.3.1954; vgl. Nr. 27 (TOP 2), 28.

7 Vgl. Nr. 23 (Anm. 11).

8 Hierzu führte der Bundespräsident während der folgenden Tage Unterredungen mit dem Präsidenten des Bundesverfassungsgerichts, *Höpker Aschoff* (25.3.), und dem SPD-Vorsitzenden *Ollenhauer* (28.3.), nachdem die SPD-Fraktion – wie hier bereits vermutet – am 28.3.1953 beim Bundesverfassungsgericht den Antrag auf Erlaß einer einstweiligen Anordnung gegen das Inkrafttreten der Westverträge eingebracht hatte; vgl. die am 29.4.1953 von Manfred Klaiber über Hans *Globke* dem Bundeskanzler zugeleiteten Gesprächsaufzeichnungen in StBKAH III/116. Vgl. a. Hans-Erich *Volkmann*, Die innenpolitische Dimension, S. 399. – An die Beratung mit dem Oppositionsführer erinnert Heuss in Nr. 28 (bei Anm. 11).

9 Die zuvor letzte Begegnung Adenauer-Ollenhauer datiert vom 10.3.1953 (StBKAH 04.04).

10 Vgl. Nr. 22 (Anm. 9). – Die bevorstehende Amerikareise sollte bei der anschließenden Unterredung Adenauer-Heuss am 31.3.1953 ausführlicher behandelt werden, die dann aber aus Termingründen nicht stattfinden konnte. Doch sind dazu in BA, a.a.O. (Bl. 42-47) die vom Bundeskanzler dem Bundespräsidenten vorher zur Verfügung gestellten Unterlagen erhalten: eine Auflistung der »Gesprächsthemen für Washington« sowie die »Erläuterung zu den Gesprächsthemen«, in der es einleitend heißt: »Der Bundeskanzler kommt mit der Absicht in die Vereinigten Staaten, einen gründlichen Gedankenaustausch mit dem Präsidenten und seinen Mitarbeitern über die internationale Lage und die besonderen Probleme des deutsch-amerikanischen Verhältnisses und Deutschlands zu haben mit dem Ziel, die Bundesrepublik zu einem kräftigen und nützlichen Partner der Vereinigten Staaten zu machen. Er will Beiträge der Bundesrepublik zur Erreichung dieses Zieles anbieten.« Dort abschließend von Heuss eigenhändig hinzugefügt: »Frage: ob nicht eine Kombination der Flüchtlings- und Israel-Frage (Anleihe) in Besprechung gebracht werden kann, weil anzunehmen, daß israel[isches] Problem in amerik[anischen] Finanzkreisen psychologisch stärker bewertet wird. Entlastung der innerdeutschen Finanzdispositionen.«

11 Vgl. Nr. 22 (Anm. 12), 23 (TOP 4), 25 (TOP 1).

12 Carl Ernst Martin *Wiechmann* (1886-1959), 1948-1950 Senatspräsident am Oberlandesgericht Celle, 1950-1956 Oberbundesanwalt am Bundesgerichtshof in Karlsruhe.

13 Ernst *Achenbach* (1909-1991), ab 1946 Anwalt in Essen (Verteidiger in den Nürnberger Prozessen), 1950-1958 MdL (FDP) in Nordrhein-Westfalen, 1957-1975 MdB, 1960-1964 Mitglied des Europarates.

14 Die Bundesregierung billigte in ihrer Sitzung vom 23.6.1953 die Besetzung des Generalkonsulats Antwerpen mit Hans-Richard *Hirschfeld*; vgl. Kabinettsprotokolle 1953, S. 358.

15 Vgl. Nr. 12 (TOP 5).

16 Heuss empfing *Pünder* am 31.3.1953 und zeichnete ihn mit dem Großen Verdienstkreuz mit Stern und Schulterband des Verdienstordens der Bundesrepublik Deutschland aus; vgl. Bulletin, Nr. 63 vom 2.4.1953, S. 544 (dort auch im Wortlaut das Glückwunschschreiben Adenauers).

Nr. 25

* BA, VS B 122/31269, Bd. A I, Bl. 40f., Aufzeichnung vom 18.6.1953, gez. *Klaiber*.

1 »… die denkbar größte Sorge um den Ausgang der Bundestagswahlen für die FDP« hatte Adenauer kurz zuvor, am 12.6.1953, zu einem großen grundsätzlichen Schreiben an den FDP-Vorsitzenden *Blücher* und den Vorsitzenden der FDP-Bundestagsfraktion, Hermann *Schäfer* veranlaßt; Druck: Briefe 1951-1953, S. 386-388, 650f. (dort auch mehrere Hinweise und Hintergrundinformationen zu den nachfolgend erörterten Themen).

Zu den Begegnungen und Unterredungen Heuss-Adenauer aus der Zeit des Wahlkampfs 1953 sind keine Gesprächsaufzeichnungen überliefert, um so regelmäßiger führten sie ihren Briefwechsel fort; vgl. »Unserem Vaterlande zugute«, S. 140-148. Ergebnis der Wahlen zum 2. Deutschen Bundestag vom 6.9.1953: CDU 36.4 %, CSU 8.8 % – CDU/CSU 45.2 %, SPD 28.8 %, FDP 9.5 %, GB/BHE 5.9 %, DP 3.3 %, Zentrum 0.8 %. In dieser Reihenfolge die Mandatsverteilung: 243-151-48-27-15-3. – Nach der Wiederwahl zum Bundeskanzler am 9.10.1953 und der am selben Tag erfolgten Ernennung durch Heuss bildete Adenauer zum 20.10.1953 seine 2. Koalitionsregierung aus CDU, CSU, FDP, DP und GB/BHE.

2   Vgl. Nr. 22 (Anm. 12), 23 (TOP 4), 24 (TOP 4).

3   Mit dem Wahlgesetz zum 2. Deutschen Bundestag (am 25.6.1953 verabschiedet, am 8.7.1953 in Kraft getreten; BGBl. I 470) wurden Zweitstimme und 5 %-Klausel eingeführt sowie die Abgeordnetenzahl auf 484 erhöht.

4   Vgl. Erhard H. M. *Lange*, Wahlrecht und Innenpolitik, S. 497-563.

5   Ein derartiges direktes Einwirken des Bundespräsidenten ist bis auf einen Gesprächstermin Heuss-*Dehler* am 24.6.1953 (ab 10 Uhr; BA, NL Heuss, Nr. 482) nicht nachweisbar. Seine damalige Beurteilung, auch der Situation in der Koalitionsregierung, geht aus den Briefen vom 8.7., 15.7. und 14.8.1953 hervor; vgl. »Unserem Vaterlande zugute«, S. 140-147. Vgl. a. sein bereits am 28.5.1953 an Dehler gerichtetes Schreiben: »Die Meinung, ich könne Sie ermuntern, auf die Rolle des enfant terrible für eine Zeit zu verzichten, habe ich längst nicht mehr – Sie sind von ihr so angetan, daß Sie sie bis zum – wie ich fürchte – tragischen Ende durchführen werden« (BA, B 122/2148; Druck: Friedrich *Henning* [Hrsg.], Theodor Heuss: Lieber Dehler!, S. 97).

6   Nach dem Tod Josef Stalins (5.3.1953) wurden auf der internationalen Ebene und zwischen den Großmächten neue Versuche der Verständigung und Entspannungspolitik unternommen, die zu einem erneuten Notenwechsel führten (seitens der Westmächte am 15.7.1953, sowjetische Antwort vom 4.8.1953; vgl. EA, Jg. 8 [1953], S. 5913-5915).

7   Die Auseinandersetzungen Adenauers und der Regierungskoalition mit der SPD nahmen in diesem Zeitraum bald andere Formen an und an Heftigkeit ab; zur Abstimmung des Bundeskanzlers mit dem SPD-Vorsitzenden *Ollenhauer* nach dem 17. Juni 1953 (Aufstand in Ost-Berlin und in der DDR am 16./17.6.1953) vgl. die Briefe 1951-1953, S. 391, 652.

8   Herbert *Blankenhorn* hatte Anfang Juni 1951 die Regierungen der drei Westmächte über die aktuellen deutschlandpolitischen Vorstellungen und außenpolitischen Vorschläge Adenauers informiert und dabei am 4.6.1953 Präsident *Eisenhower* zwei Schreiben des Bundeskanzlers und dessen »Memorandum über die Frage der Wiedervereinigung« übergeben; dazu die Briefe 1951-1953, S. 378-381. Vgl. a. Herbert *Blankenhorn*, Verständnis und Verständigung, S. 152f.

9   Vgl. Nr. 23 (Anm. 3).

10   Der französische Ministerpräsident René *Mayer* war am 21.5.1953 gestürzt worden, sein Nachfolger ab 27.6.1953: Joseph *Laniel*.

11   Zur damaligen Lagebeurteilung Adenauers und zu seinen bündnispolitischen Befürchtungen im Frühjahr/Frühsommer 1953 seine Erinnerungen 1953-1955, S. 201-228.

12   James Bryant *Conant* (1893-1978), 1933-1953 Präsident der Harvard Universität, 1941-1946 Vorsitzender des Forschungsausschusses für Landesverteidigung der USA, 1953-1955 Hoher Kommissar, 1955-1957 Botschafter der USA in der Bundesrepublik.

13   Vgl. Nr. 13 (Anm. 18).

14   Vgl. ebd., Anm. 17.

15   Dazu das gleichfalls am 15.6.1953 an Staatssekretär *Hallstein* gerichtete Schreiben Adenauers in seinen Briefen 1951-1953, S. 388. – *Abs* wurde am 5.9.1953 mit dem Großen Bundesverdienstkreuz mit Stern ausgezeichnet (1966 mit Schulterband; 1988 Großkreuz des Verdienstordens), *Böhm* für seine Verdienste um internationale Verständigung und Wiedergutmachung 1961 mit dem Bundesverdienstkreuz (1970 mit Stern; 1975 Großes Bundesverdienstkreuz mit Stern und Schulterband).

16   Vgl. Kai *von Jena*, Versöhnung mit Israel? Die deutsch-israelischen Verhandlungen bis zum Wiedergutmachungsabkommen von 1952, in: VfZ, Jg. 34 (1986), S. 457-479 (hier S. 479).

Nr. 26

*   BA, VS B 122/31269, Bd. A I, Bl. 35-39, Aufzeichnung vom 23.11.1953, gez. *Klaiber*; von Heuss am 24.11.1953 paraphiert, mit seinem eigenhändigen Hinweis: »Anmerkung über Vatikan-Vertretung anfügen: «; dazu Anm. a.

a   ‹ › Von Klaiber eigenhändig ergänzt.

1   Zur außenpolitischen Lagebeurteilung Adenauers im Herbst 1953 – nach seiner Wiederwahl zum Bundeskanzler (vgl. Nr. 25 [Anm. 1]) – seine Informationsgespräche vom 20.10., 6.11. und 14.12.1953 in den Teegesprächen 1950-1954, S. 488-518; vgl. a. die Korrespondenz dieses Zeitraums in den Briefen 1953-1955, S. 43-53.

2   Vgl. Nr. 16 (Anm. 5).

3   Als Nachfolger von Vincent *Auriol* wurde am 23.12.1953 René *Coty* zum neuen französischen Präsidenten gewählt.

4   Adenauer bezieht sich hier auf seine am 26.10., 3.11. und 10.11.1953 mit dem französischen Hohen Kommissar geführten Gespräche; am 27./28.11.1953 kam es am Rande der EGKS-Außenministerkonferenz in Den Haag auch zu einer saarpolitischen Unterredung mit *Bidault*; vgl. Briefe 1953-1955, S. 43.

5   Zum Nachfolgenden vgl. Nr. 14 (TOP 2), 18 (TOP 1), 19 (TOP 2).

6   Walther *Schreiber* (1884-1958), 1946-1954 Mitglied der Stadtverordne-

tenversammlung von Groß-Berlin, danach des Berliner Abgeordnetenhauses, ab 1947 Vorsitzender des CDU-Landesverbandes Berlin, 1953-1955 als Nachfolger des am 29.9.1953 verstorbenen Ernst *Reuter* Regierender Bürgermeister von Berlin.

7   Das Berliner Abgeordnetenhaus hatte am 12.11.1953 einen von Schreiber geführten CDU-FDP-Senat gewählt; zur Einflußnahme Adenauers (der »aus außenpolitischen, aber auch aus wahltaktischen Gründen« für die Beibehaltung der bisherigen Großen Koalition votiert hatte; am 9.11.1953 an Ferdinand *Friedensburg*) seine Briefe 1953-1955, S. 39f., 405.

8   Zu diesem Dokumentarfilm über den Nationalsozialismus und zur Diskussion über das Aufführungsverbot vom 20.11.1953 die Kabinettsprotokolle 1953 (S. 13f., 515f., 550-552) und 1954 (S. 106, 110f., 175, 431). Vgl. a. Ulrich *Enders*, Der Hitler-Film »Bis fünf nach zwölf«. Vergangenheitsbewältigung oder Westintegration?, in: Aus der Arbeit der Archive. Beiträge zum Archivwesen, zur Quellenkunde und zur Geschichte, hrsg. von Friedrich P. *Kahlenberg*, Boppard/Rhein 1989, S. 916-953.

9   *Blücher* hielt sich in diesem Zeitraum zu einem längeren Kuraufenthalt in Baden-Baden auf; von dort und dorthin der Briefwechsel mit dem Bundespräsidenten in BA, NL Heuss, Nr. 63. – Zu den Kontakten des Kanzlers zum Vizekanzler während der Regierungsbildung im September/Oktober 1953 die Briefe 1951-1953 (S. 430, 447, 669) und 1953-1955 (S. 393).

10   Nach dem Ausscheiden aus dem Amt des Bundesjustizministers bei Bildung des 2. Adenauer-Kabinetts (Nachfolger: Fritz *Neumayer*) wurde Thomas *Dehler* Vorsitzender der FDP-Bundestagsfraktion und vom FDP-Bundesparteitag (5.-7.3.1954, Wiesbaden) auch zum Vorsitzenden der Bundespartei gewählt.

11   Erich *Mende* (geb. 1916), 1949-1980 MdB (FDP, ab 1970 CDU), 1953-1957 Parlamentarischer Geschäftsführer und stellvertretender Fraktionsvorsitzender, 1957-1963 Fraktionsvorsitzender, 1960-1968 Parteivorsitzender, 1963-1966 Bundesminister für gesamtdeutsche Fragen, Stellvertreter von Bundeskanzler Erhard.

12   Mende hatte in einer auf dem Landesparteitag der nordrhein-westfälischen FDP in Köln (14./15.11.1953) gehaltenen Rede »die Rolle Preußens in der Geschichte des Deutschen Reiches einer positiven Würdigung« unterzogen; dazu seine eigene Darstellung in: Die neue Freiheit, S. 395-397.

13   Vgl. Nr. 24 (Anm. 6).

14   Zu den deswegen in diesem Zeitraum geführten Diskussionen die Beratungen der Bundesregierung in ihrer Sitzung vom 12.1.1954 (Kabinettsprotokolle 1954, S. 26f.); vgl. a. Hans-Erich *Volkmann*, Die innenpolitische Dimension, S. 435-437.

15   Vgl. Nr. 12 (Anm. 6), 27 (TOP 2).

16   Siegfried *Balke* (1902-1984), Bundesminister für das Post- und Fernmeldewesen (1953-1956), für Atomfragen (1956/57), für Atomkernenergie und

Wasserwirtschaft (1957-1962), 1957-1969 MdB (CSU). – Zur Diskussion um die Nachfolge des bisherigen Ressortchefs Hans *Schuberth* Adenauers Briefe 1955-1957, S. 28, 397.

17 Der Bundespräsident zeichnete am 30.1.1954 u. a. die Bundesminister *Erhard, Kaiser, Schäffer* und *Storch* mit dem Großkreuz der Bundesrepublik Deutschland aus; vgl. Bulletin, Nr. 21 vom 2.2.1954, S. 172.

18 Heuss verlieh Adenauer am 30.1.1954 die Sonderstufe (sechszackig, mit goldenem Lorbeerkranz) des Großkreuzes des Verdienstordens der Bundesrepublik Deutschland; vgl. »Unserem Vaterlande zugute«, S. 153, 155.

19 Karl *Arnold* (1901-1958), 1947-1956 Ministerpräsident von Nordrhein-Westfalen (CDU), 1949/50 erster Präsident des Bundesrates, 1956-1958 stellvertretender CDU-Parteivorsitzender, 1958 Vorsitzender der Christlich-Demokratischen Arbeitnehmerschaft (CDA).

20 »… daß wir Orden entgegennehmen müssen im Interesse des Ansehens des Bundes« (Adenauer am 24.11.1953 an den am 30.1.1954 dann gleichfalls ausgezeichneten Arnold, unter Berufung auf dieses mit Heuss geführte Gespräch; vgl. Briefe 1953-1955, S. 49).

21 *Herwarth von Bittenfeld* und *von Maltzan* übernahmen 1955 die deutschen Botschaften in London und Paris, *Blankenhorn* wurde Botschafter bei der NATO.

22 Vgl. Nr. 3 (Anm. 10), 7 (TOP 4), 12 (TOP 5), 15 (TOP 6), 18 (TOP 3), 22 (TOP 3), 23 (TOP 3), 27 (TOP 4).

Nr. 27

* BA, VS B 122/31269, Bd. A I, Bl. 32-34, Aufzeichnung vom 14.1.1954, mit hs. Vermerk »*Geheim*«, gez. *Klaiber*.

1 Vier-Mächte-Außenministerkonferenz über Deutschland in Berlin vom 25.1.-18.2.1954; vgl. Adenauers Erinnerungen 1953-1955, S. 243-269, und (mit der weiterführenden Literatur) seine Briefe 1953-1955, S. 75f., 82f., 427, 436.

2 Frederick Robert *Hoyer Millar,* seit 1961 *Inchyra,* 1. Baron (geb. 1900), 1953-1955 Hoher Kommissar, 1955-1957 Botschafter Großbritanniens in der Bundesrepublik, 1957-1961 Ständiger Unterstaatssekretär im Foreign Office. – Adenauers Unterredung mit ihm hatte ebenfalls am 13.1.1954 stattgefunden (ab 16.15 Uhr; das Gespräch mit Heuss begann um 17.45 Uhr – vgl. StBKAH 04.05).

3 Die Einbeziehung der Volksrepublik China in eine Fünf-Mächtekonferenz hatte die Sowjetunion in ihrer am 3.11.1953 an die Westmächte gerichteten Note gefordert; vgl. EA, Jg. 8 (1953), S. 6175-6179.

4 Dazu eine ausführliche Stellungnahme des Bundeskanzlers, die er am 17.1.1954 Staatssekretär *Hallstein* zuleitete; Teildruck: Briefe 1953-1955, S. 425f.

5 Nach brieflicher Beauftragung am 8.1.1954; vgl. ebd., S. 427f.

6   Wilhelm G. *Grewe* (geb. 1911), Ordinarius für Staats-, Verwaltungs- und Völkerrecht an der Universität Freiburg/Brsg. (ab 1947), 1951/52 Delegations-leiter bei den Verhandlungen über den Deutschland-Vertrag, 1955-1958 Leiter der Politischen Abteilung im Auswärtigen Amt, Botschafter in Washington (1958-1962), bei der NATO (1962) und in Japan (1971-1976).

7   Vgl. Nr. 12 (Anm. 6), 26 (TOP 5).

8   Vgl. Nr. 12 (Anm. 7), 24 (Anm. 8).

9   Vgl. Nr. 26 (Anm. 14).

10   Paul *von Beneckendorff und von Hindenburg* (1847-1934), preußischer Generalfeldmarschall, 1916-1919 Chef des Generalstabes des Feldheeres und der Obersten Heeresleitung, 1925-1934 Reichspräsident.

11   In der genannten Ausgabe der »Deutschen Zeitung und Wirtschaftszei-tung« hatte Jürgen *Tern* zum Themenkomplex »Bundespräsident, Kanzler und Oberbefehl« (Untertitel seines Beitrags) die Frage aufgeworfen: »Soll wirklich Heuss so etwas wie ein halber Hindenburg werden – ein Oberbefehlshaber, der mit ›seiner‹ Truppe am Kanzler vorbei direkt verkehrt? Ein solcher Präsident könnte sich bald, ob er persönlich das wollte oder nicht, auf die Truppe stüt-zen, wenn er in einem Konfliktsfall sein Wort auf die Waage der Entscheidung zu legen hätte. Und dies nur, weil der Kanzler schon genug Macht habe? Wie rasch kann man da von der Traufe in den Regen kommen! ... Darum sollte es zum Beispiel nicht das Recht des Immediatvortrages der Generale beim Bun-despräsidenten geben, auch keine Militär-Adjutantur im Präsidialpalais. Und vor allem jetzt keine verkehrten Fronten. Denkt an 1932! Ach wie bald ... schrieben wir 1933.«

12   Nach Art. 58 GG. – Zum hier erörterten Amtsverständnis des Bundes-präsidenten vgl. seine grundsätzlichen Ausführungen in den Ende Dezember 1958/Anfang Januar 1959 zu Papier gebrachten »Bemerkungen zur Bundes-präsidenten-Frage« in »Unserem Vaterlande zugute«, S. 262-269 (hier S. 264).

13   Friedrich *Middelhauve* (1896-1966), 1946-1956 FDP-Landesvorsitzen-der in Nordrhein-Westfalen, 1949/50 und 1953/54 MdB, 1954-1956 nord-rhein-westfälischer Minister für Wirtschaft und Verkehr (stellvertretender Mi-nisterpräsident).

14   Nach den nordrhein-westfälischen Landtagswahlen vom 27.6.1954 (CDU 42.3 %, SPD 34.5 %, FDP 11.5 %, GB/BHE 4.6 %, Zentrum 4 %, KPD 3.8 %) bildete Karl *Arnold* eine Koalitionsregierung CDU-FDP-Zentrum, in dem Friedrich *Middelhauve* als stellvertretender Ministerpräsident das Wirt-schaftsministerium übernahm. Vgl. Nr. 29 (TOP 2), 30 (TOP 5).

15   Im Gespräch am 12.1.1953, ab 13.05 Uhr (StBKAH 04.05).

16   Arnold hatte nach den Landtagswahlen vom 18.6.1950 zunächst ein CDU-Übergangskabinett, dann eine CDU-Zentrum-Koalitionsregierung gebil-det.

17   Vgl. Nr. 3 (Anm. 10), 7 (TOP 4), 12 (TOP 5), 15 (TOP 6), 18 (TOP 3), 22 (TOP 3), 23 (TOP 3), 26 (Nachtrag).

18   Gerhard *Wolf* (1896-1971), 1950-1952 Vortragender Legationsrat beim Generalkonsulat Rom, 1952-1954 in der Kulturabteilung des Auswärtigen Amtes, 1955-1961 Konsul in Porto Alegre. – Wolf wurde 1955 die Ehrenbürgerwürde von Florenz für seine nachfolgend erwähnten Verdienste um die Erhaltung der Stadt und seine Hilfe für Verfolgte während der Tätigkeit als Konsul in Florenz (1941-1944) verliehen; schriftl. Mitteilung von Dr. Ludwig *Biewer* (Politisches Archiv des Auswärtigen Amtes, Bonn) an den Bearb. vom 27.8.1996.

19   Zum Nachfolgenden die kolportagehafte Schilderung im »Spiegel« vom 30.9.1953 (S. 8f.).

20   Dafür kein Beleg in den Tagesnotizbüchern des Bundespräsidenten.

21   Vgl. Nr. 26 (TOP 7). – Zum 70. Geburtstag des Bundespräsidenten am 31.1.1954 die Korrespondenz in »Unserem Vaterlande zugute«, S. 154-156. Als wesentliche Ergänzung des Briefwechsels konnte erst jetzt in BA, B 122/15 das eigenhändige Adenauer-Schreiben vom 28.1.1954 nachgewiesen werden; dazu die Abb. auf S. 129-131 und der Wortlaut im Anhang dieser Edition auf S. 330.

Nr. 28

* BA, VS B 122/31269, Bd. A I, Bl. 29-31, Aufzeichnung vom 2.3.1954, gez. *Klaiber*.

1   An das »Diplomatendiner« am 26.2.1954 (ab 20 Uhr; StBKAH 04.05) erinnerte Heuss im Brief vom 28.2.1954 an Adenauer; vgl. »Unserem Vaterlande zugute«, S. 156.

2   Vgl. Nr. 12 (Anm. 6).

3   Vgl. Nr. 27 (Anm. 1). – Zur Bewertung der Konferenzergebnisse Adenauers Informationsgespräch vom 19.2.1954 (vgl. Teegespräche 1950-1954, S. 529-539) und seine Ausführungen in den Kabinettssitzungen vom 17. und 24.2.1954 (vgl. Kabinettsprotokolle 1954, S. 61-63, 76f.)

4   Vom 25.2.1954; vgl. Stenographische Berichte, 2. Wahlperiode, Bd. 18, S. 518-552.

5   Dazu die Belege in Adenauers Briefen 1953-1955, S. 436, 438; vgl. a. die Hinweise in seinem Informationsgespräch vom 19.2.1954 (Teegespräche 1950-1954, S. 531).

6   Vgl. Nr. 16 (Anm. 5).

7   Adenauer wandte sich deswegen am 1.3.1954 an den französischen Außenminister *Bidault*; am 9.3.1954 setzte er mit ihm und Ministerpräsident *Laniel* in Paris die Saarverhandlungen fort; vgl. Briefe 1953-1955, S. 85, 438.

8   Vgl. Nr. 12 (Anm. 7), 21 (Anm. 7), 24 (Anm. 8).

9   In den Gesprächsaufzeichnungen aus den nach der Zeitangabe von Heuss in Frage kommenden ersten Monaten des Jahres 1951 (vgl. Nr. 5-7) findet sich hierfür kein Beleg. Andere Begegnungen und Unterredungen Heuss-Adenauer, zu denen *keine* Protokolle überliefert sind, datieren vom 3.1., 30.1. und

27.6.1951 (StBKAH 04.02). Anders der Datierungsansatz in der in BA, a.a.O. (Bl. 26-28) erhaltenen Aufzeichnung über die Beratungen des Bundespräsidenten vom 17.3.1954 mit dem SPD-Vorsitzenden *Ollenhauer*: »Nach seiner Ansicht komme dem Bund wie jedem Staatswesen die Zuständigkeit zur Selbstverteidigung zu, auch wenn dies im Grundgesetz aus den bekannten Gründen nicht ausdrücklich festgelegt sei. Um alle Zweifel darüber auszuräumen, habe er schon Ende 1951 bei der Bundesregierung angeregt, eine diesbezügliche Verfassungsänderung vorzuschlagen, was aber leider nicht geschehen sei.«

10, 11   Vgl. Nr. 24 (Anm. 8). – Hierzu und zum Nachfolgenden auch die Heuss-Ollenhauer-Unterredung vom 17.3.1954 (s. oben Anm. 9): »Herr Ollenhauer erklärt, er habe Verständnis für die Stellungnahme des Bundespräsidenten, wenn er auch nach wie vor seine sachlichen und rechtlichen Bedenken gegen den EVG-Vertrag aufrechterhalten müsse. Er glaube, daß die SPD jetzt keine überraschenden oder sensationellen Schritte … unternehmen werde, sondern das Verfahren in Karlsruhe werde auslaufen lassen. Einem Appell des Bundespräsidenten, den Klageantrag der SPD in Karlsruhe nunmehr zurückzunehmen und seine Partei aus ihrer komplizierten und im Volke unverständlichen außenpolitischen Linie damit herauszuführen, glaubt sich Ollenhauer nicht anschließen zu können.«

12   Der Bundesrat verabschiedete am 19.3.1954 das Gesetz zur Ergänzung des Grundgesetzes mit verfassungsändernder Mehrheit (Bundesrat, Sitzungsberichte 1954, S. 59f.).

13   Vgl. Nr. 24 (Anm. 6).

Nr. 29

* BA, VS B 122/31269, Bd. A I, Bl. 22-25, Aufzeichnung vom 13.5.1954, gez. *Klaiber*.

a   ‹ › Von Klaiber eigenhändig eingefügt.

1   Damals in der Koalitionsregierung CDU/CSU-FDP-DP-GB/BHE u. a. umstritten: Etatfragen (vor Inkrafttreten des Haushaltsgesetzes 1954 am 26.5.1954) wie auch besonders das weitere deutschland-, europa- und saarpolitische Vorgehen. Zur angespannten Situation im Regierungsbündnis (1954 auch wegen mehrerer Landtagswahlen) Adenauers Ausführungen in der Kabinettssitzung vom 25.5.1954 (Kabinettsprotokolle 1954, S. 211-224). Vgl. a. seine Stellungnahmen in den CDU-Vorstandssitzungen vom 26.4. und 28.5.1954 (Protokolle des CDU-Bundesvorstands 1953-1957, S. 139-156, 234-245).

2   Bezieht sich auf die am 30.4.1954 gefaßte Entschließung zur Europapolitik; vgl. Stenographische Berichte, 2. Wahlperiode, Bd. 19, S. 1173-12.03.

3   Zum Konflikt mit dem ehemaligen baden-württembergischen Ministerpräsidenten Adenauers Briefe 1953-1955, S. 113, 456-458.

4   Auf dem BHE-Bundesparteitag vom 7.-9.5.1954 in Bielefeld war Theodor *Oberländer* zum Nachfolger Waldemar *Krafts* als Parteivorsitzender gewählt worden.

5   Theodor Erich *Oberländer* (geb. 1905), Gründungsmitglied und erster Landesvorsitzender in Bayern (1954/55 Bundesvorsitzender, 1955 Austritt, 1956 Eintritt in die CDU), 1953-1960 Bundesminister für Vertriebene, Flüchtlinge und Kriegsgeschädigte. – Früher in der »Rhöndorfer Ausgabe« nachgewiesene Literatur ergänzt Siegfried *Schütt*, Theodor Oberländer. Eine dokumentarische Untersuchung, München 1995.

6   Eva Gräfin *Finckenstein* (1903-1994), 1953-1957 MdB (GB/BHE, 1955 erst fraktionslos, dann in der Gruppe Kraft/Oberländer, wechselte 1956 zur CDU/CSU-Fraktion).

7   Vgl. Nr. 27 (Anm. 14).

8   Zur bundespolitischen Bedeutung der Entwicklung in den Bundesländern besonders eindringlich Adenauers Schreiben vom 8.4.1954 an den amerikanischen Diplomaten David K. E. *Bruce* in den Briefen 1953-1955, S. 89f.

9   Adenauer war mit dem Vorsitzenden der FDP-Bundestagsfraktion zuletzt am 10.5.1954 – ab 11.35 Uhr – zusammengekommen (StBKAH 04.05).

10   Plan zur Europäisierung des Saargebietes, benannt nach dem niederländischen Politiker Jonkheer Marinus *van der Goes van Naters* (geb. 1900; 1951 Vizepräsident der Beratenden Versammlung des Europarates, ab 1952 Mitglied der Gemeinsamen Versammlung der EGKS).

11   Die französisch-deutschen Saargespräche (vgl. Nr. 26 [TOP 1], 28 [Anm. 7]) wurden am 19./20.5.1954 in Straßburg fortgesetzt; vgl. Adenauers Briefe 1953-1955, S. 104f.

12   Dazu vgl. Hanns Jürgen *Küsters*, Zwischen Vormarsch und Schlaganfall. Das Projekt der Europäischen Politischen Gemeinschaft und die Haltung der Bundesrepublik Deutschland (1951-1954), in: Gilbert *Trausch* (Hrsg.), Die Europäische Integration vom Schuman-Plan bis zu den Verträgen von Rom, Baden-Baden–Paris–Brüssel 1993, S. 259-293, und Peter *Fischer*, Die Bundesrepublik und das Projekt einer Europäischen Politischen Gemeinschaft, in: Vom Marshallplan zur EWG, S. 279-299. Vgl. a. Nr. 29 (TOP 3).

13   Zur Wiederwahl von Theodor Heuss ins Präsidentenamt am 17.7.1954 durch die Bundesversammlung in Berlin (871 Stimmen für Heuss, 12 für Alfred *Weber* [Heidelberger Soziologe; von der KPD gegen seinen Willen nominiert]) Gerta *Tzschaschel* (Bearb.), Wahl des Bundespräsidenten am 17. Juli 1954 in Berlin, Bad Godesberg o. J. [1954]. – Adenauer in der CDU-Vorstandssitzung vom 26.4.1954: »Ich möchte Ihnen ohne lange Diskussion vorschlagen, daß wir den Herrn Bundespräsidenten Heuss wiederwählen. Er hat sich in seiner Aufgabe ausgezeichnet bewährt. Er genießt allgemeines Ansehen im In- und Ausland. Sie sind damit einverstanden« (wie Anm. 1, S. 230). Dazu auch Heuss in einem Brief vom 10.6.1954 an Fritz *Ernst* (Heidelberg): »Die Sache ist auch schon vor Monaten in meinem Auftrag von Dr. Klaiber mit dem Bundeskanzler qua CDU, mit Ollenhauer und der FDP besprochen worden. Adenauer, der an meinem [70.] Geburtstag [31.1.1954] sozusagen meine Weiterdauer proklamiert hatte, hat aber dann rein als Parteivorsitzender der größ-

ten Partei gebeten, die Sache in der Hand behalten zu können, und hat auch dann von sich aus die Besprechungen weitergeführt« (BA, NL Heuss, Nr. 634).

14 Mit der Frage der Präsidentenwahl hatte sich die SPD-Bundestagsfraktion in ihrer Sitzung vom 5.5.1954 beschäftigt; vgl. Die SPD-Fraktion im Deutschen Bundestag. Sitzungsprotokolle 1949-1957, 2. Halbband, S. 52.

15 Bundestagsdrucksache Nr. 492 vom 28.4.1954. – Wegen dieser Frage wandte sich Heuss seinerseits am 19.6.1954 brieflich an Adenauer; Wortlaut des in »Unserem Vaterlande zugute« nicht enthaltenen, erst kürzlich in ACDP, NL Globke, Nr. 070-053/1 nachgewiesenen Schreibens im Anhang dieser Edition auf S. 330f.

16 Josef *Wintrich* (1891-1958), 1947-1953 Oberlandesgerichtsrat am Bayerischen Verfassungsgerichtshof (1949 Senatspräsident, 1953 Stellvertreter des Präsidenten), 1953-1954 Präsident des Oberlandesgerichtes München, 1954-1958 Präsident des Bundesverfassungsgerichtes (in der Nachfolge des am 15.1.1954 verstorbenen Hermann *Höpker Aschoff*).

17 Fritz *Neumayer* (1884-1973), 1947 und 1948-1951 MdL (FDP) in Rheinland-Pfalz, dort 1947/48 Minister für Wirtschaft und Verkehr, 1949-1957 MdB (1956 Wechsel zur FVP, 1957 zur DP/FVP), 1952-1953 Bundesminister für Wohnungsbau, 1953-1956 Bundesminister der Justiz.

18 Gerhard *Schröder* (1910-1989), 1949-1980 MdB (CDU), Bundesminister des Innern (1953-1961), des Auswärtigen (1961-1966) und der Verteidigung (1966-1969).

19 Adenauer nahm an dem Festakt am 9.6.1954 in Karlsruhe dann dennoch teil. Zu seinen weiteren Terminverpflichtungen in diesem Zeitraum die Briefe 1953-1955, S. 454.
Wortlaut der zur Einführung Wintrichs gehaltenen Rede des Bundespräsidenten: Friedrich *Henning* (Hrsg.), Theodor Heuss: Lieber Dehler!, S. 103-107.

20 Vgl. Nr. 11 (Anm. 19). – Zur nachfolgend angesprochenen Dankspende für die Schweiz (der von dem Bildhauer Hans *Wimmer* geschaffenen Plastik »Kniender Jüngling«, die in Bern aufgestellt wurde) die Abb. bei Werner *Stephan*/Heinrich *Tintner*, Absender Deutschland. Der Bericht über die Dankspende des Deutschen Volkes, Berlin 1955, Tafel 96.
Wenig später wurde auch die Dankspende an die USA, bei der es sich um die Skulptur »Arbeitender Jüngling« des 1942 in Rußland gefallenen Bildhauers Hermann *Blumenthal* handelte, weitergeleitet und offiziell übergeben; dazu das Schreiben des Bundespräsidenten an Präsident *Eisenhower* vom 10.12.1954 (das Adenauer in seiner Eigenschaft als Bundesminister des Auswärtigen mitunterzeichnete): »Unter den Völkern, die dazu beigetragen haben, in großherziger Weise die Not im deutschen Volke zu lindern, stehen die Vereinigten Staaten von Amerika weitaus an erster Stelle. ... Auch heute noch ist dieser Strom der Gaben ... nicht versiegt und trägt dazu bei, zahllose notleidende Menschen in Deutschland, insbesondere Flüchtlinge und Heimatvertriebene, die noch in Lagern leben müssen, den Glauben an eine bessere Zukunft

nicht verlieren zu lassen. Das deutsche Volk kann die Dankesschuld ... nicht abtragen, aber es kann sich zu ihr bekennen und versuchen, sie als solche sichtbar zu machen. Dies soll durch Werke der Kunst geschehen, die in unserer Mitte und vielfach von Menschen geschaffen wurden, die selbst in bedrängter Lage leben.« Dazu das Original und die ergänzenden Vorgänge in: Eisenhower Library, Ann Whitman Files-International Series, Germany 1955 (3); Abb. der im Labor Department Washington D.C. aufgestellten Arbeit Blumenthals: a.a.O., Tafel 101.

21   Josef *Haubrich* (1889-1961), Kölner Rechtsanwalt und Kunstsammler, ab 1923 im Vorstand, später langjähriger Präsident des Kölnischen Kunstvereins, 1946-1961 Mitglied der Stadtverordnetenversammlung (erst parteilos, dann SPD).

22   Max *Adenauer* (geb. 1910), 1945-1948 Prokurist der Klöckner-Humboldt-Deutz AG, 1948-1953 Beigeordneter der Stadt Köln (Dezernat Wirtschaft und Häfen), 1953-1965 Oberstadtdirektor von Köln.

23   Die bis 1954 von Rudolf *Salat* gleitete Abteilung (vgl. Nr. 16 [Anm. 14]) übernahm 1955 Heinz *Trützschler von Falkenstein*; vgl. Nr. 36 (TOP 4).

24   Ernst Wilhelm *Meyer* (1892-1969), Associate Professor für politische Wissenschaften an der Universität Lewisburg (1940-1947) und Ordinarius an der Universität Frankfurt/Main (ab 1948), 1952-1957 Botschafter in Indien.

25   Adenauer hatte am 7.5.1954 am Hamburger Übersee-Tag teilgenommen (Wortlaut der dort gehaltenen Rede in StBKAH 02.12) und bei dieser Gelegenheit vor der Presse erklärt:»Ich halte es für möglich, daß im Laufe des Jahres diplomatische Beziehungen zwischen Bonn und Moskau aufgenommen werden« (»Die Welt« vom 8.5.1954). Die Aufnahme diplomatischer Beziehungen zwischen der Sowjetunion und der Bundesrepublik wurde bei Adenauers Moskau-Reise im September 1955 vereinbart; vgl. Nr. 43.

26   Karl Georg *Pfleiderer* (1899-1957), 1949-1955 MdB (FDP), 1955-1957 Botschafter in Belgrad.

27   Im Anschluß an seinen 1952 vorgelegten »Pfleiderer«-Plan, der die Neutralität der Bundesrepublik befürwortete, hatte sich der FDP-Politiker in der Bundestagsdebatte vom 7.4.1954 für die Aufnahme diplomatischer Beziehungen mit den Ostblockstaaten ausgesprochen (Stenographische Berichte, 2. Wahlperiode, Bd. 19, S. 818-823). Vgl. Karl-Heinz *Schlarp*, Alternativen zur deutschen Außenpolitik 1952-1955: Karl Georg Pfleiderer und die »Deutsche Frage«, in: Wolfgang *Benz*/Hermann *Graml* (Hrsg.), Aspekte deutscher Außenpolitik im 20. Jahrhundert, Stuttgart 1976, S. 211-248. Zur Ablehnung durch Adenauer die Kabinettsprotokolle 1954, S. 215-217, 223-225.

28   Hans Carl *Podeyn* (1894-1965), 1947-1949 Ministerialdirektor in der Verwaltung für Ernährung, Landwirtschaft und Forsten des Vereinigten Wirtschaftsgebietes, 1949-1954 Leiter der Vertretung der Bundesrepublik bei der Economic Cooperation Administration, dann bei der Mutual Security Agency in Washington, 1954-1959 Botschafter in Pakistan.

29   Herbert *Siegfried* (geb. 1901), ab 1951 im Auswärtigen Dienst, zunächst Botschaftsrat in Brüssel, 1954-1956 Gesandter, 1956-1958 Botschafter in Stockholm, 1958-1963 in Ottawa, 1963-1966 in Brüssel.

30   Anton *Pfeiffer* (1888-1957), 1946-1950 Leiter der Bayerischen Staatskanzlei, 1948/49 Mitglied des Parlamentarischen Rates (CSU; Vorsitzender der CDU/CSU-Fraktion), 1950/51 Generalkonsul, 1951-1954 Botschafter in Belgien.

31   Theodor *Sonnemann* (1900-1987), 1950-1961 Staatssekretär im Bundesministerium für Ernährung, Landwirtschaft und Forsten (als DP-Politiker, schloß sich 1958 der CDU an), 1961-1973 Präsident des Raiffeisenverbandes.

32   Joachim G. A. *Hertslet* (Außenhandelskaufmann und Devisenberater, leitete eine Orienthandelagentur in Bonn-Beuel) war 1952 nach kritischen Äußerungen zum Wiedergutmachungsabkommen mit Israel von Sonnemann als »Landesverräter und Schädling« bezeichnet worden; das Amtsgericht Bonn hatte den Staatssekretär daraufhin im Herbst 1953 zu einer Geldstrafe von DM 1.500,- verurteilt (spätere Einstellung des Verfahrens durch die Berufungskammer des Landgerichts Bonn am 15.6.1957, auf der Grundlage des Straffreiheitsgesetzes von 1954). Dazu die Berichte im »Spiegel« vom 19.8.1953 (S. 8f.), 13.1.1954 (S. 9f.), 3.2.1954 (S. 4), 21.7.1954 (S. 6f.).

Nr. 30

* BA, VS B 122/31269, Bd. A I, Bl. 20f., Aufzeichnung vom 15.7.1954, gez. *Klaiber.*

a, b, c   ‹ › Von Klaiber eigenhändig eingefügt.

d   ‹ › ... korrigiert aus »... Verdächtigung einer ...«.

1   Vgl. Nr. 29 (Anm. 13). – Die Wiederwahl von Heuss, eine Charakterisierung seiner Persönlichkeit wie auch der Ziele des Bundeskanzlers stehen im Mittelpunkt einer Zusammenfassung »Aus Berichten von François-Poncet an den Quai d'Orsay«, die dieser Gesprächsaufzeichnung beiliegt (BA, a.a.O., Bl. 17-19): »Humanist von großer Klasse, tiefer Denker, Schriftsteller von Talent, echter Demokrat, Liberaler von alter Prägung. In seinem hohen Amt ist der Mensch immer stärker gewesen als die offizielle Persönlichkeit. Viel Liebenswürdigkeit, viel gesunder Menschenverstand und Humor. Er ist der weise Mentor und irgendwie die Verkörperung des moralischen Gewissens der jungen deutschen Republik geworden. ... Der Bundeskanzler wird als ›der unermüdliche Anwalt der Integration‹ geschildert; er sei es ›aus persönlicher Überzeugung und politischer Berechnung‹. Er sei überzeugt, Deutschland könne in einem vereinten Europa geheilt werden ›von seiner krankhaften Neigung, sich auf sich selbst zurückzuziehen, und seinem Verfolgungswahn, der es den nationalistischen Leidenschaften in die Arme treibt‹. Darum wolle er Deutschland so eng wie möglich an die EVG und durch sie an die Nato binden; binden will er aber zugleich auch Frankreich, um so zu verhindern, daß es auf die russische Allianz und auf die Politik der Einkreisung zurückkomme, diesen ›ständigen

Alpdruck aller deutschen Staatsmänner‹.« Zu dieser Beurteilung durch den Hohen Kommissar Hans Manfred *Bock*, Zur Perzeption der frühen Bundesrepublik in der französischen Diplomatie, S. 650.

2   Wortlaut der am 19.7.1954 zu Ehren der Opfer des 20. Juli 1944 in der Freien Universität Berlin gehaltenen Rede des Bundespräsidenten: Theodor Heuss. Politiker und Publizist, S. 430-441; dazu die eigenhändige Vorlage in BA, NL Heuss, Nr. 12. Vgl. a. Jürgen C. *Heß*, Dank und Bekenntnis – Vermächtnis und Verpflichtung. Theodor Heuss zum 10. Jahrestag des 20. Juli 1944, in: »Der Tagesspiegel« vom 20.7.1994. Vgl. Nr. 29 (Anm. 15).

3   Walter C. *Dowling* (1905-1977), 1953-1956 stellvertretender Hoher Kommissar bzw. Botschafter, 1959-1963 Botschafter der USA in der Bundesrepublik, zugleich Leiter der amerikanischen Militärmission in Berlin, 1956-1959 Botschafter in Seoul.

4   Gemeint sind die Besprechungen des amerikanischen Präsidenten *Eisenhower* mit dem britischen Premierminister *Churchill* vom 25.-29.6.1954 in *Washington*; dazu das Kommuniqué im Bulletin, Nr. 118 vom 30.6.1954, S. 1061. – Druck des daraufhin am 30.6. an Eisenhower gerichteten Adenauer-Schreibens (mit Hinweisen auf die weitere Korrespondenz dieser Tage): Briefe 1953-1955, S. 114, 458.

5   Vgl. Nr. 16 (Anm. 5).

6   6. Deutscher Evangelischer Kirchentag vom 7.-11.7.1954 in Leipzig; vgl. Kabinettsprotokolle 1954, S. 311f.

7   Johannes *Dieckmann* (1893-1969), 1948-1950 sächsischer Justizminister, 1949-1969 Präsident der DDR-Volkskammer und stellvertretender LDPD-Vorsitzender.

8   Paul *Bausch* (1895-1981), 1946-1950 MdL (CDU) in Württemberg-Baden, 1949-1965 MdB.

9   Ludwig *Metzger* (1902-1993), 1945-1951 Oberbürgermeister von Darmstadt, 1951-1953 Minister für Erziehung und Volksbildung in Hessen, 1953-1969 MdB (SPD).

10   Neben Bausch und Metzger hatten auch Bundestagspräsident Hermann *Ehlers*, Bundesminister Robert *Tillmanns*, Staatssekretär Walter *Strauß* und als weitere Parlamentarier Wilhelm *Gülich* (SPD) und Hans *Wellhausen* (FDP) teilgenommen; vgl. AdG, Jg. 24 (1954), S. 4621.

11   Reinold *von Thadden-Trieglaff* (1891-1976), gehörte nach 1933 der Bekennenden Kirche an, 1949 Gründer, bis 1964 Präsident des Deutschen Evangelischen Kirchentages, 1951-1967 Mitglied der Synode der EKD.

12   Wladimir S. *Semjonow* (1911-1992), 1946-1953 politischer Berater der Sowjetischen Kontrollkommission in Berlin, 1953/54 Hoher Kommissar in der DDR, ab 1954 einer der stellvertretenden Außenminister, 1978-1986 Botschafter in Bonn. – Am 17.7.1954, dem Tag der Wiederwahl des Bundespräsidenten, erfolgte auch die Abberufung Semjonows von seiner bisherigen Funktion und die Ernennung von Georgij M. *Puschkin* (vgl. Nr. 39 [Anm. 5]) zu seinem Nachfolger.

13   »... der sowjetische Hochkommissar Botschafter Semjonow werde nach
der Wahl des Bundespräsidenten nach Westberlin kommen, um offiziell seine
Glückwünsche auszusprechen, wurde am Montag aus gut unterrichteten Ost-
berliner Kreisen bekannt. Dieser Besuch Semjonows werde im Rahmen der sowjetischen Bemühungen liegen, die Beziehungen zur Bundesrepublik zu verbessern« (aus einer in BA, B 145/16.302 erhaltenen Agenturmeldung vom
12.7.1954).

14   Vgl. Nr. 29 (Anm. 25).

15   Vertrag von Rapallo vom 16.4.1922, der die deutsch-sowjetischen Beziehungen nach dem Ersten Weltkrieg normalisierte (durch außen-, militär- und
handelspolitische Vereinbarungen sowie gegenseitigen Reparationsverzicht). –
Zu dieser Passage die vergleichbaren Angaben Adenauers zu seinem am
16.9.1954 mit John F. *Dulles* geführten Gespräch (vgl. Nr. 31 [Anm. 16]):
»Eine Orientierung des deutschen Volkes nach Osten dürfe nicht erfolgen ... .
Man wolle auch keine nationalistische Armee, die zwischen Osten und Westen
schwanke. ... Aus diesen Bemerkungen von Dulles wurde deutlich, welche
Rolle das Gespenst einer deutschen Schaukelpolitik, einer Rapallo-Politik,
noch bei den Westmächten spielte« (Erinnerungen 1953-1955, S. 310).

16   Vgl. Nr. 27 (Anm. 14).

17   Willi *Weyer* (1917-1987), nordrhein-westfälischer Minister für Wiederaufbau (1954-1956), Finanzen (1956-1958) und Inneres (1962-1975), 1956-
1958 und 1962-1975 zugleich stellvertretender Ministerpräsident, 1956-1972
Landesvorsitzender der FDP, 1963-1968 stellvertretender Bundesvorsitzender,
1974-1986 Präsident des Deutschen Sportbundes.

Nr. 31

* BA, VS B 122/31269, Bd. A I, Bl. 1-3, Aufzeichnung vom 9.9.1954, gez.
Klaiber.

1   Am 30.8.1954 hatte die französische Nationalversammlung jede weitere
Behandlung des EVG-Vertrags abgelehnt und damit auch den Deutschlandvertrag und die Saarlösung in ihrer damaligen Form zum Scheitern gebracht (s.
unten Anm. 7); zur Bewertung durch Adenauer und zur umfangreichen Literatur seine Briefe 1953-1955, S. 138-145, 467-476.

2   Pierre *Mendès-France* (1907-1982), 1932-1940 und 1945-1958 Abgeordneter der französischen Nationalversammlung (Radikalsozialist), 1954/55
Ministerpräsident.

3   Außenministerkonferenz der EVG-Staaten, die vom 19.-22.8.1954 in
Brüssel ergebnislos über Zusatzforderungen der französischen Regierung zum
EVG-Vertrag verhandelte; hierzu und zu den dort auch direkt mit Mendès-
France geführten Unterredungen Adenauers Erinnerungen 1953-1955, S. 286-
289.

4   Hierzu, unter Verwendung dieser Gesprächsaufzeichnung, Hans-Peter
Schwarz, Adenauer. Der Staatsmann, S. 138.

5   Zu den anderen damaligen Schwerpunkten und Problemen der französischen Politik »Unserem Vaterlande zugute«, S. 161, 412.

6   Wie Anm. 4, S. 139. – Ähnlich die Beurteilung des französischen Ministerpräsidenten durch Adenauer in seinem Brief vom 25.8.1954 an Heuss (a.a.O., S. 162, 164).

7   Erklärung des »Exekutivausschusses der französischen Organisation der Europa-Bewegung«, u. a. unterzeichnet von Georges *Bidault*, Joseph *Laniel*, Antoine *Pinay*, René *Pleven*, Paul *Reynaud* und Robert *Schuman*: Der EVG-Vertrag »wurde nicht durch ein offenes und anständiges ›Nein‹, sondern hintenherum durch einen Kunstgriff zu Fall gebracht, ohne daß die Urheber noch die Unterzeichner des Vertrages Gelegenheit gehabt hätten, zu seiner Verteidigung zu sprechen. Zur Ehre des französischen Parlaments hat trotz allzu geschäftiger und interessierter Berechnungen, bei denen die Wirkung einer loyalen Debatte außer Acht gelassen wurde, die Mehrheit der nationalen Abgeordneten für den Vertrag gestimmt, der nur aufgrund von hundert Stimmen einer Partei zu Fall gebracht wurde, die im Auftrag einer ausländischen Macht handelt, einer Macht, die die freie Welt zwingt, sich zu ihrer Verteidigung zu bewaffnen. Der Kreml strahlt darüber, denn ein geteiltes Europa bedeutet ein schwaches Europa« (BA, a.a.O., Bl. 4f.).

8   Auszüge aus der Erklärung des amerikanischen Außenministers verlas Adenauer in der Sondersitzung der Bundesregierung vom 1.9.1954; vgl. Kabinettsprotokolle 1954, S. 351f.

9   Alexander *Wiley* (1884-1967), 1938-1962 republikanischer Senator für Wisconsin, 1953/54 Vorsitzender des Senatsausschusses für Auswärtige Angelegenheiten.

10   Am 2.9.1954; dazu Adenauers Brief vom 6.9.1954 an seine Tochter Ria *Reiners* in den Briefen 1953-1955, S. 146 (mit den Hintergrundinformationen auf S. 477f.).

11   Dazu Gero *von Gersdorff*, Adenauers Außenpolitik, S. 322-329.

12   Faksimile der »message« *Churchills* vom 1.9.1954 mit Adenauers Antwort vom 3.9.1954 in den Briefen 1953-1955, S. 142f.

13   Zu den am 12./13.9.1954 in Bonn geführten Unterredungen Adenauer-*Eden* die Aufzeichnung in BA, NL Blankenhorn, Bd. 33a. Vgl. a. Nr. 32 (TOP 1).

14   Londoner Neunmächtekonferenz (27.9.-3.10.1954) der Außenminister der sechs EVG-Staaten, der USA, Kanadas und Großbritanniens über die völkerrechtliche Stellung der Bundesrepublik Deutschland, über einen neuen europäischen Zusammenschluß auf der Grundlage des Brüsseler Paktes (1948) und über einen Verteidigungsbeitrag der Bundesrepublik im Rahmen der NATO; vgl. Adenauers Briefe 1953-1955, S. 157-166, 483, 485f. Die dort nachgewiesene Literatur ergänzt Johann Adolf *Graf von Kielmansegg*, Militärischer Berater auf der Konferenz von London 1954, in: Vom Kalten Krieg zur deutschen Einheit, S. 115-123.

15   Seine für den 14.9.1954 auch vorgesehene Regierungserklärung gab Adenauer erst nach dem Klärungsprozeß dieser Wochen, in der Bundestagssitzung vom 5.10.1954 ab (Stenographische Berichte, 2. Wahlperiode, Bd. 21, S. 2227-2320); dazu sein Schreiben vom 13.9.1954 an Bundestagspräsident *Ehlers* a.a.O., S. 152.

16   Zur weiteren Klärung der neu entstandenen Lage kam *Dulles* am 16./17.9.1954 nach Bonn; vgl. FRUS 1952-1954, Vol. V, S. 1193, 1195, 1209-1223. Vgl. a. Nr. 30 (Anm. 15), 32 (TOP 1).

17   Dazu Adenauers Bericht in der Sitzung der Bundesregierung vom 22.9.1954 (Kabinettsprotokolle 1954, S. 391f.). Vgl. a. seine Ausführungen zu einem ihm am 18.9.1954 in Rhöndorf von André *François-Poncet* übergebenen Memorandum der französischen Regierung, »das ihre Gedanken zur Lösung der Krise enthielt, insbesondere zu dem Problem eines deutschen Verteidigungsbeitrages« (Erinnerungen 1953-1955, S. 315-319).

18   Otto *John* (geb. 1909), ab 1950 kommissarischer Leiter, ab 1952 erster Präsident des Bundesamtes für Verfassungsschutz. Zu seinem Verschwinden in den Ost-Sektor Berlins nach dem 20. Juli 1954, seiner Rückkehr in die Bundesrepublik am 12.12.1955, seiner Verurteilung durch den Bundesgerichtshof wegen Landesverrat (1956) und zu seiner vorzeitigen Haftentlassung (1958) die Angaben und Hintergrundinformationen in Adenauers Briefen 1953-1955, S. 123-129, 136, 140, 464, 465-467, 469, 478f. Die dort vor allem auf die Nachlässe Adenauer, Blücher und Schröder gestützte Rekonstruktion ergänzt die entsprechende Überlieferung in den Akten des Bundespräsidialamtes (BA, B 122/2186). Vgl. a. Heuss-Adenauer. »Unserem Vaterlande zugute«, S. 160f., 258f., 410, 412, 455; Kabinettsprotokolle 1954, S. 333f., 342-344, 384, 387f., und Hans-Peter *Schwarz*, Adenauer. Der Staatsmann, S. 29, 137, 170, 191f., 417.

19   Am 9.9.1954 (ab 12.45 Uhr), vor dem um 18.15 Uhr begonnenen Gespräch mit Heuss, dem um 19.30 Uhr eine Unterredung mit Eugen *Gerstenmaier* und Walter *Hallstein* folgte (StBKAH 04.05).

20   Die »Mißbilligung des Verhaltens des Bundesministers des Innern« hatte zuvor bereits die SPD-Bundestagsfraktion beantragt (Bundestagsdrucksache Nr. 769 vom 12.8.1954). Vgl. Nr. 32 (TOP 2).

21   *Schröder* hatte am 6.8.1954 eine halbe Million DM Belohnung für die Aufklärung des Falles John ausgesetzt; vgl. AdG, Jg. 24 (1954), S. 4668.

22   Zur Abstimmung mit Schröder Adenauers Briefe 1953-1955, S. 122-127, 136, 472.

23   Vgl. Nr. 32 (TOP 2).

Nr. 32

* BA, VS B 122/31269, Bd. A II, Bl. 158-162, Aufzeichnung vom 17.9.1954, gez. *Klaiber*.
1   Vgl. Nr. 31 (Anm. 13).

2   Vgl. ebd., Anm. 16.
3   Vgl. ebd., Anm. 14.
4   Zur Initiative *Edens* die Erläuterungen des Bundeskanzlers in der Sitzung der Bundesregierung vom 22.9.1954 (Kabinettsprotokolle 1954, S. 391).
5   Vom 17.3.1948 (Fünf-Mächte-Vertrag zwischen Belgien, Frankreich, Großbritannien, Luxemburg und den Niederlanden). Dazu und zu dem am 4.4.1949 in Washington geschlossenen Nordatlantikpakt Adenauers Ausführungen der CDU-Vorstandssitzung vom 11.10.1954 (Protokolle des CDU-Bundesvorstands 1953-1957, S. 250-252). Vgl. Nr. 33 (Anm. 7).
6   Zu den Modalitäten des Bündnisbeitritts leitete der Bundeskanzler dem Bundespräsidenten im Anschluß ein am 19.9.1954 erstelltes Aide-mémoire zu, »daß die Grundsätze enthält, über die nach Auffassung der Bundesregierung auf der Londoner Konferenz Einigung erzielt werden sollte«. Dort unter I 1: »Die Bundesrepublik ist bereit, den geforderten Verteidigungsbeitrag durch gleichzeitigen Beitritt zur NATO und zu dem geänderten Brüsseler Pakt mit folgenden Modalitäten zu leisten. Dabei sollen nach Möglichkeit die Grundsätze beachtet werden, auf denen der EVG-Vertrag beruht. Diskriminierungen irgendwelcher Art dürfen nicht stattfinden«; BA, a.a.O., Bl. 154-157. Druck des »Geheim«-gestempelten Dokuments: Konrad *Adenauer*, Erinnerungen 1953-1955, S. 319-321.
7   Am 15./16.9.1954; s. unten Anm. 13.
8   Vgl. Nr. 14 (TOP 2), 18 (TOP 1), 19 (TOP 2), 26 (TOP 1), 29 (TOP 3).
9   Vgl. Nr. 29 (Anm. 12).
10   Robert *Murphy* (1894-1978), 1945-1949 politischer Berater der amerikanischen Militärregierung, direkt dem State Departement verbunden, danach Botschafter in Brüssel (1949-1952) und Tokio (1952/53), 1954-1959 Unterstaatssekretär im State Departement. – Im Rahmen seiner Sondierungsgespräche in Europa war er am 14.9.1954 auch von Adenauer in Bonn empfangen worden; dazu die Gesprächsaufzeichnung in BA, NL Blankenhorn, Bd. 33a.
11   Vgl. das Kommuniqué im Bulletin, Nr. 176 vom 18.9.1954, S. 1549.
12   Douglas Clarence *Dillon* (geb. 1909), 1953-1957 amerikanischer Botschafter in Paris, 1957-1959 Unterstaatssekretär für Wirtschaftsfragen im State Department, 1959-1961 stellvertretender Außenminister, 1961-1965 Finanzminister, zugleich Gouverneur des IWF und der Weltbank, 1966 Direktor der Chase Manhattan Bank.
13   Vgl. AdG, Jg. 24 (1954), S. 4748.
14   Vgl. Nr. 31 (TOP 3).
15   Den »Fall John« hatte der Deutsche Bundestag am 16.9.1954 debattiert; vgl. Stenographische Berichte, 2. Wahlperiode, Bd. 21, S. 1943-2032 (dort der Beitrag *Maiers* auf S. 1966-1974, mit der direkten Erwiderung Adenauers auf S. 1974: »Ich kann nur mein tiefes Bedauern darüber ausdrücken, daß in einem solchen Augenblick eine solche Rede gehalten wird«).

16   Vgl. Nr. 31 (Anm. 20).

17   Zur FDP-Kritik an Innenminister *Schröder* der Vermerk *Blüchers* in Adenauers Briefen 1953-1955, S. 478f.

18   Vgl. Nr. 29 (TOP 7), 36 (TOP 4).

19   Wegen der »finanziellen Ausstattung der Missionen in den fremden Ländern« hatte sich Heuss seinerseits am 30.1.1953 an den Bundesminister der Finanzen gewandt; vgl. »Unserem Vaterlande zugute«, S. 129f., 396. – Andere Konflikte des Kanzlers mit *Schäffer* aus diesem Zeitraum sind in den Briefen 1953-1955 dokumentiert (S. 177, 491).

20   Arnold *Bergstraesser* (1896-1964), Politikwissenschaftler und Soziologe, vor 1933 gemeinsam mit Theodor Heuss Dozent an der Deutschen Hochschule für Politik, 1937 in die USA emigriert, dort u. a. Professor für deutsche Kultur und europäische Geschichte in Claremont, 1950 und 1952/53 Gastprofessuren an den Universitäten Frankfurt/Main und Erlangen, ab 1954 mit der Rückkehr nach Deutschland Ordinarius an der Universität Freiburg/Brsg., 1955-1959 Direktor des Forschungsinstituts der Deutschen Gesellschaft für Auswärtige Politik in Bonn, 1960-1964 Präsident der Deutschen UNESCO-Kommission. Zu Bergstraesser auch die Angaben in Nr. 70 (TOP 3),

Nr. 33

* BA, VS B 122/31269, Bd. A II, Bl. 150-153, Aufzeichnung vom 27.10.1954, gez. *Klaiber*.

1   »… nun möchte ich, nach der Heimkehr, Ihnen den Dank aussprechen für die zähe und zugleich elastische Unverdrossenheit, in der Sie halfen, das deutsche Schicksal ein großes Stück weiter aus dem Elend von 1945 hinauszuführen. … Ich darf nun herzlich wünschen, daß die bewundernswerte Spannkraft, die Ihnen erlaubte, mit diesen Mühen fertig zu werden, Sie auch bei dem neuen Abenteuer Ihrer Weltinspektion begleite – dann aber muß der stürmische Rhythmus etwas reguliert werden!« (am 24.10.1954; »Unserem Vaterlande zugute«, S. 165 – auch mit Bezug auf Adenauers zweite Amerika-Reise vom 26.10.-2.11.1954).

2   Die Pariser Konferenzen vom 19.-23.10.1954 (Viermächtekonferenz der drei Westmächte mit der Bundesrepublik; Neunmächtekonferenz der Unterzeichner der Londoner Akte; Fünfzehnmächtekonferenz der NATO-Staaten mit der Bundesrepublik; bilaterale Saarkonferenz Frankreich-Deutschland zur Unterzeichnung des Saarstatuts) führten zur Neufassung des Deutschlandvertrags und grundlegenden Neuordnung der Beziehungen der Bundesrepublik zu den Westmächten. Die gleichzeitig abgeschlossenen Zusatzverträge galten den Rechten und Pflichten ausländischer Streitkräfte und ihrer Mitglieder in der Bundesrepublik, der finanziellen Höhe des deutschen Verteidigungsbeitrages, der steuerlichen Behandlung ausländischer Streitkräfte und ihrer Mitglieder sowie (im Überleitungsvertrag) der Regelung aus Krieg und Besatzung entstan-

dener Fragen. – Zum Vertragswerk insgesamt Konrad *Adenauer*, Erinnerungen 1953-1955, S. 355-383.

3   Vgl. Nr. 34 (Anm. 18).

4   Zu dem von Frankreich angeregten Rüstungspool (in dem die europäische Waffenproduktion koordiniert und vereinheitlicht werden sollte) das in Paris vereinbarte Protokoll Nr. III über die Rüstungskontrolle in: EA, Jg. 9 (1954), S. 7134.

5   Wortlaut der Pariser Verträge, Abkommen und Vereinbarungen: a.a.O., S. 7127-7138f.

6   Dazu die Bestimmungen über die »Beendigung des Besatzungsregimes in der Bundesrepublik Deutschland« a.a.O., S. 7171-7181. – Mit der Unterzeichnung der Proklamation über die Aufhebung des Besatzungsstatuts durch die Hohen Kommissare der USA, Großbritanniens und Frankreichs erlangte die Bundesrepublik Deutschland am 5.5.1955 ihre Souveränität; vgl. Nr. 36 (TOP 2), 37 (TOP 3).

7, 8 Durch Revision und Erweiterung des Brüsseler Pakts (vgl. Nr. 32 [Anm. 5]) war aus der Fünf- eine Sieben-Mächte-Gemeinschaft entstanden, einschließlich Italiens und der Bundesrepublik Deutschland. – Die konstituierende Sitzung des Rats der WEU fand am 7.5.1955 in Paris statt; mit dem gleichzeitigen Beitritt der Bundesrepublik wurde sie in die NATO aufgenommen. Vgl. Nr. 37 (Anm. 11).

9   Über die in Paris auch geführten bilateralen französisch-deutschen Verhandlungen berichtete Adenauer in der Sitzung der Bundesregierung vom 25.10.1954 (Kabinettsprotokolle 1954, S. 446-449).

10   Hierzu, unter Verwendung dieser Gesprächsaufzeichnung, Hans-Peter *Schwarz*, Adenauer. Der Staatsmann, S. 161.

11   Kulturabkommen zwischen der Bundesregierung und der Regierung Frankreichs vom 23.10.1954; Wortlaut im Bulletin, Nr. 210 vom 6.11.1954, S. 1896f.

12   Abkommen über die Kriegsgräber des Krieges 1939/1945 zwischen der Regierung der Bundesrepublik Deutschland und der Regierung der Französischen Republik vom 23.10.1954; Wortlaut: a.a.O., Nr. 204 vom 28.10.1954, S. 1816f.

13   Das deutsch-französische Abkommen über das Statut der Saar mit dem Briefwechsel beider Regierungschefs vom 23.10.1954; Wortlaut: EA, a.a.O., S. 7020-7022.

14   Dazu Adenauers Briefe 1953-1955, S. 487, 500 (mit Auszügen aus Adenauers Aufzeichnung zu diesem am 22.10.1954 in Paris geführten Gespräch).

15   Zum dazu anschließend entbrannten Streit um die Ausführungsbestimmungen vgl. a.a.O., S. 278, 280, 545f.

16   »Bestimmungen im Friedensvertrag über die Saar unterliegen im Wege der Volksbefragung der Billigung durch die Saarbevölkerung; sie muß sich hierbei ohne irgendwelche Beschränkungen aussprechen können« (s. oben Anm. 13, S. 7021).

17   Als Grundlage für den Aufbau der Bundeswehr wurde das Gesetz über
die vorläufige Rechtsstellung der Freiwilligen in den Streitkräften (Freiwilligen-
Gesetz) am 18.7.1955 verabschiedet (Unterzeichnung durch den Bundespräsidenten und damit Inkrafttreten am 23.7.1955; BGBl. I 449). Vgl. Nr. 40 (TOP
2), 46 (TOP 2).
18   Am 20.11.1954 setzte Heuss seinerseits die regelmäßigen Beratungen mit
Oppositionsführer *Ollenhauer* fort; dazu die Gespächsaufzeichnung in BA,
a.a.O., Bl. 147-149.
19   Zum »Soldatentum in unserer Zeit« die grundsätzlichen Ausführungen
des Bundespräsidenten in seiner Ansprache vom 12.3.1959 vor der Führungsakademie der Bundeswehr in Hamburg-Blankenese (vgl. Nr. 71 [TOP 5]);
Druck: Theodor Heuss. Politiker und Publizist, S. 488-499. Dazu auch seine
Loccumer Rede vom 22.6.1955; Druck: Friedrich *Henning* (Hrsg.), Theodor
Heuss: Lieber Dehler!, S. 115-130. Vgl. Nr. 36 (Anm. 23).
20   In Bayern am 28.11.1954: CSU 38.0 % (1950 27.4), SPD 28.1 % (28.0),
BP 13.2 % (17.9), GB/BHE 10.2 % (0.2), FDP 7.2 % (7.1). Anschließend bildete Wilhelm *Hoegner* (SPD) eine Koalitionsregierung aus SPD, BP, FDP und
BHE. – In Hessen am 28.11.1954: SPD 42,6 % (1950 44.4), CDU 24.1 %
(18.8), FDP 20.5 % (31.8), GB/BHE 7.7 % (-), KPD 3.4 % (4.7). Anschließend bildete Georg August *Zinn* (SPD) eine Koalitionsregierung SPD-Gesamt-
deutscher Block. – Wahlen zur Westberliner Stadtverordnetenversammlung
vom 5.12.1954: SPD 44.6 % (1950 44.7), CDU 30.4 % (24.7), FDP 12.8 %
(23.1), DP 4.9 % (3.7). Der danach von Otto *Suhr* (SPD) gebildete neue Senat
basierte auf einer Großen Koalition. – Vgl. Nr. 34 (TOP 1), 35 (TOP 1, 2).
21   Die Sowjetunion hatte am 23.10.1954 die erneute Einberufung einer
Viermächte-Außenministerkonferenz zur Behandlung der Deutschlandfrage
und Schaffung eines kollektiven Sicherheitssystems in Europa vorgeschlagen;
Wortlaut der Note: EA, Jg. 10 (1955), S. 7206-7209.
22   In ihrer Antwort vom 29.11.1954 nahmen die Westmächte auch zu einer
weiteren sowjetischen Note vom 13.11.1954 Stellung; Wortlaut: a.a.O.,
S. 7209 7212. Dazu die Bewertung Adenauers in seinem Brief vom
18.11.1954 an Erich Ollenhauer in den Briefen 1953-1955, S. 184f.

Nr. 34
* BA, VS B 122/31269, Bd. A II, Bl. 144-146, Aufzeichnung vom 7.12.1954,
gez. *Klaiber*.
1   Vgl. Nr. 33 (Anm. 20).
2   Dazu die im November 1954 ungewöhnlich häufige und heftige Korrespondenz Adenauer-*Dehler* in den Briefen 1953-1955, S. 186f., 189, 192,
497f., 500f.
3   Adenauer empfing die Vorsitzenden der Koalitionsfraktionen des Deutschen Bundestages am 7.12.1954 (ab 10.05 Uhr), vor einem Einzelgespräch
mit Dehler (ab 16 Uhr) und einer weiteren Koalitionsbesprechung (ab 16.40
Uhr; StBKAH 04.05).

4   Der nächste Gesprächstermin Heuss-Dehler datiert vom 7.12.1954 (BA, NL Heuss, Nr. 482). Aus der folgenden Zeit die Briefe des Bundespräsidenten vom 3.1. und 24.2.1955 an den Vorsitzenden der FDP-Bundestagsfraktion bei Friedrich *Henning* (Hrsg.), Theodor Heuss: Lieber Dehler!, S. 107-110.

5   Am 15./16.12.1954 debattierte der Deutsche Bundestag in erster Lesung die Pariser Verträge; Wortlaut der dabei abgegebenen Regierungserklärung: Stenographische Berichte, 2. Wahlperiode, Bd. 22, S. 3120-3135 (Gesamtverlauf der Aussprache auf S. 3112-3263).

6   Die französische Nationalversammlung billigte die Pariser Verträge in ihren Sitzungen vom 27.-30.12.1954, nachdem sie sich am 24.12.1954 gegen die Aufnahme der Bundesrepublik in den Brüsseler Pakt ausgesprochen hatten; dazu Adenauers besonders eindringliches Schreiben vom 24.12.1954 an Robert *Schuman* in den Briefen 1953-1955, S. 203f.

7   Franz-Josef *Wuermeling* (1900-1986), 1949-1969 MdB (CDU), 1949/50 mit der Wahrnehmung der Geschäfte des Staatssekretärs im Bundeskanzleramt beauftragt, 1953-1962 Bundesminister für Familien- und Jugendfragen.

8   *Wuermeling* hatte bei einer Kundgebung der Katholischen Arbeiterbewegung am 17.11.1954 in Gelsenkirchen den Vorwurf erhoben, bei der Wahl Eugen *Gerstenmaiers* zum Bundestagspräsidenten (s. unten Anm. 12) hätten sich ›religionsfeindliche Tendenzen‹ gezeigt: »Im öffentlichen Leben gibt es heute keine Fronten der Konfessionen gegeneinander, sondern nur eine gemeinsame Front gegen das ›moderne Antikirchentum‹ derer, die keine Konfession mehr haben. Diese Leute kommen aber nicht zum Ziele, auch nicht dadurch, daß sie versucht haben, die Wahl eines Exponenten des gläubigen Christentums, des Abgeordneten Gerstenmaier, zum Präsidenten des Bundestages zu verhindern, weil er Oberkonsistorialrat ist.« Vgl. a.a.O., S. 189, 192, 199.

9   Druck des Heuss-Briefes vom 1./2.12.1954: »Unserem Vaterlande zugute«, S. 165f.

10   Vgl. Nr. 37 (TOP 4). – »Sorgen« wegen der Amtsführung *Blanks* machte sich der Bundeskanzler in diesem Zeitraum auch aus anderen Gründen; vgl. die Briefe 1953-1955, S. 174, 489. Zu dieser Gesprächspassage der Hinweis von Hans *Ehlert*, Innenpolitische Auseinandersetzungen, S. 313.

11   Georg *Ripken* (1900-1962), 1951-1954 Ministerialdirektor, 1954-1958 Staatssekretär im Bundesministerium für Angelegenheiten des Bundesrates, 1959-1961 MdB (DP; ab 1960 CDU). – Ripken war am Vormittag des 6.12.1954 (an dem das Gespräch Adenauer-Heuss um 18 Uhr begann) vom Bundespräsident empfangen worden (BA, NL Heuss, Nr. 482).

12   Nach dem Tod von Hermann *Ehlers* (29.10.1954) war Eugen *Gerstenmaier* am 16.11.1954 zum neuen Präsidenten des Deutschen Bundestages gewählt worden; vgl. Adenauers Briefe 1953-1955, S. 184, 495.

13   Vgl. Nr. 12 (TOP 7), 13 (TOP 4). – Die Begegnung des Bundespräsidenten mit dem Bundestagspräsidenten kam am 10.12.1954 (ab 12 Uhr) zustande; wie Anm. 4.

14   Ludwig *Schneider* (1898-1978), 1949-1961 MdB (FDP, 1956 FVP, 1957
DP/FVP, 1961 CDU), 1953-1957 Vizepräsident des Deutschen Bundestages.
15   Vgl. Nr. 35 (TOP 6).
16   Das Kabinett *Mendès-France* stürzte am 4./5.2.1955 über eine Vertrau-
ensfrage zur Nordafrikapolitik; Nachfolger im Amt des französischen Ministerpräsidenten ab 23.2.1955: Edgar *Faure* (danach neuer Außenminister: Antoine *Pinay*).
17   Dazu auch der Hinweis Adenauers in der Sitzung der Bundesregierung
vom 1.12.1954 (Kabinettsprotokolle 1954, S. 532).
18   S. oben Anm. 6.
19   Die nach den Landtagswahlen vom 12.9.1954 und der Bildung einer
CDU-FDP-BHE-Koalitionsregierung durch Ministerpräsident Kai-Uwe *von
Hassel* entbrannte Kontroverse um eine derartige Vereinbarung im Koalitions-
vertrag vom Oktober/November 1954 wurden in den folgenden Wochen beigelegt: Am 24.1.1955 gab Landtagspräsident Walther *Böttcher* bekannt, daß
durch Absprache »zwischen den Koalitionsparteien und der SPD-Fraktion
nunmehr eine Beruhigung in der Frage der Besetzung der Ausschußvorsitze
eingetreten ist, und zwar soll als Übergangslösung der SPD-Fraktion der
Vorsitz im Ausschuß für Justiz, im Ausschuß für Verfassung und Geschäftsordnung, im Ausschuß für Volksbildung und im Ausschuß für Volkswohl-
fahrt eingeräumt werden« (Schleswig-Holsteinischer Landtag, 3. Wahlperiode,
8. Sitzung, S. 274).
20   Dafür kein Beleg in StBKAH.

Nr. 35

*   BA, VS B 122/31269, Bd. A II, Bl. 141-143, Aufzeichnung vom 8.1.1955,
mit hs. Vermerk »*Geheim!*«, gez. *Klaiber*.
Das Gespräch fand am späten Nachmittag des 7.1.1955 statt (ab 18.15 Uhr;
StBKAH 04.06), nachdem der Bundeskanzler vorher bereits an den Neujahrs-
empfängen des Bundespräsidenten für die Alliierten Hohen Kommissare (ab
9.30 Uhr), für das Kabinett (ab 10.45 Uhr) und für das Diplomatische Corps
(ab 12 Uhr) teilgenommen hatte.
a   ‹ › Zu diesem Satz die eigenhändige Randbemerkung des Bundespräsidenten: »Bedenken des Bu[ndes]Prä[sidenten], ob Br[entano] genügend ›Steh-
vermögen‹ habe. Hallstein psychologisch ohne Wirkkraft. Bu[ndes]Ka[nzler]
erörtert Plan: Blankenhorn 2. Staatssekretär für inneren Aufbau.«
1   Wortlaut der aus diesem Anlaß am 28.1.1955 gehaltenen Rede des Bundespräsidenten (»Berlin bleibt seelisch die Mitte«) im Bulletin, Nr. 22 vom
2.2.1955, S. 177f.
2   Otto *Suhr* (1894-1957), 1948/49 Mitglied des Parlamentarischen Rates
(SPD), ab 1949 Direktor der Deutschen Hochschule für Politik, 1949-1952
MdB, 1951-1954 Präsident des Abgeordnetenhauses, 1955-1957 Regierender
Bürgermeister von Berlin. – Früher in der »Rhöndorfer Ausgabe« nachgewie-

sene Literatur ergänzt Gunter *Lange*, Otto Suhr. Im Schatten von Ernst Reuter und Willy Brandt, Bonn 1994.

Die Aussprache Adenauer-Suhr hatte am 3.1.1955 im Beisein des Berliner Bundesbevollmächtigten Vockel stattgefunden (StBKAH 04.06).

3   Vgl. Nr. 33 (Anm. 20).

4   Wilhelm *Hoegner* (1887-1980), 1945/46 bayerischer Ministerpräsident und dortiger SPD-Landesvorsitzender, 1947 Justizminister und stellvertretender Ministerpräsident, 1950-1954 Innenminister, 1954-1957 erneut Ministerpräsident. – Hoegner hatte am Nachmittag des 7.1.1955 zunächst dem Bundeskanzler, dann dem Bundespräsidenten seinen Amtsantritt abgestattet (StBKAH, a.a.O.; BA, NL Heuss, Nr. 482a).

5   Die Auseinandersetzungen in der CSU nach Landtagswahl und Regierungsbildung (vgl. Nr. 33 [Anm. 20]) führten zum Wechsel im Parteivorsitz, am 21./22.1.1955 wurde Hanns *Seidel* von der Landesversammlung zum Nachfolger von Hans *Ehard* gewählt; vgl. Adenauers Ausführungen in der CDU-Vorstandssitzung vom 5.2.1955 (Protokolle des CDU-Bundesvorstands 1953-1957, S. 343f.).

6   Vgl. Nr. 34 (Anm. 12).

7   Vom 20.-22.1.1955, auch zur Teilnahme an der Jahrestagung der Bundesvereinigung der Deutschen Arbeitgeberverbände am 21.1.1955 (BA, NL Heuss, Nr. 485a); s. unten Anm. 15.

8   Vgl. Nr. 38 (TOP 1).

9   Vgl. Nr. 33 (Anm. 6-8).

10   Erst mit der am 16.10.1956 vorgenommenen Umbildung der Bundesregierung erfolgte der Wechsel im Amt des Bundesjustizministers von Fritz *Neumayer* zu Hans-Joachim *von Merkatz*; vgl. Nr. 51 (TOP 2).

11   Dafür die Belege aus diesem Zeitraum in Adenauers Briefen 1953-1955, S. 209, 212-214, 512, 514.

12   Vgl. Nr. 34 (Anm. 8).

13   Anton *Storch* (1892-1975), 1948/49 Direktor der Verwaltung für Arbeit des Vereinigten Wirtschaftsgebietes, 1949-1965 MdB (CDU), 1949-1957 Bundesminister für Arbeit und Sozialordnung.

14   Hierzu, unter Verwendung dieser Gesprächsaufzeichnung, Hans-Peter *Schwarz*, Adenauer. Der Staatsmann, S. 197.

15   Dazu der Bundespräsident in seiner am 21.1.1955 in München, anläßlich der Kundgebung »Die junge Generation in der sozialen Ordnung«, gehaltenen Rede: »Was bewegt heute die Jugend im politischen Raum? Nach der Resolution der Gewerkschaftsjugend vorab die Frage: Ob wieder Soldat? Ich habe nicht die Absicht, darüber heute breiter zu handeln. Daß aber das ›ohne mich‹ der Tod und die Vernichtung aller Demokratie ist, die im staatlichen Raum aus dem ›durch mich‹, ›mit mir‹ lebt, brauche ich nicht darzutun; das ist oft gesagt worden. Ich widerstehe auch der lebhaften Lockung, auf die in den letzten Wochen erneut aktuell gewordene Kontroverse, die stark in die Jugend herein-

wirkt, zwischen etwas religiöser, etwas theologischer und wesentlich politischer Argumentation einzugehen, die diesem Bereich zugehört« (BA, B
145/16.306).

An die nachfolgend erwähnten Kontakte zu Theodor *Blank* erinnerte Heuss
auch im Brief an Adenauer vom 11.8.1956: »Man kann sich mit ihm ja gut
und sogar realistisch unterhalten, ... aber ich habe früher schon einmal darauf
aufmerksam gemacht, daß man ihn jetzt nicht zu öffentlichen Reden heraus-
stellen soll. Damals war meine Sorge die organisierte Krachmacherei, die in
seine Versammlungen getragen wurde, und die eine psychologische Rückwir-
kung auf das Ausland haben mußte, die nicht erwünscht ist« (»Unserem Vaterlande zugute«, S. 216).

16   Walter *Freitag* (1889-1958), 1949-1953 MdB (SPD), 1952-1956 DGB-
Vorsitzender. – Der Bundeskanzler hatte am 17.12.1954 (17-19 Uhr) an einer
Besprechung in der Düsseldorfer Wohnung Freitags teilgenommen (StBKAH
04.05). Ein Hinweis Adenauers auf seine Kontakte zum DGB-Vorsitzenden,
u. a. wegen der in diesem Zeitraum erhobenen lohnpolitischen Forderungen
der Gewerkschaften, auch in seinem Lagebericht vom 5.2.1955 (wie Anm. 5,
S. 340).

17   Nachfolger Freitags im DGB-Vorsitz wurde 1956 Willi *Richter*; vgl.
Nr. 40 (TOP 5). – Zu dieser Gesprächspassage ein Hinweis bei Hans *Ehlert*,
Innenpolitische Auseinandersetzungen, S. 361.

18   Der Bundestag ratifizierte die Pariser Verträge am 27.2.1955, mit Verabschiedung der Zustimmungsgesetze zum Protokoll über die Beendigung des Besatzungsregimes (mit 324:151 Stimmen), zum Vertrag über den Aufenthalt
ausländischer Streitkräfte (321:153), zum WEU- und NATO-Beitritt (314:157,
bei 2 Enthaltungen) und zum Abkommen über das Saarstatut (264:201,
bei 9 Enthaltungen); vgl. Stenographische Berichte, 2. Wahlperiode, Bd. 23,
S. 3939-3947.

19   Auf den 17.2.1955 (BA, NL Heuss, Nr. 485a).

20   Zu diesem Aufenthalt auf der Bühlerhöhe (8.-27.1.1955), den dortigen
Aktivitäten und der von dort aus geführten Korrespondenz Adenauers Briefe
1953-1955, S. 209-215.

21   Am 14.1.1955. Das Kommuniqué der Baden-Badener Beratungen *Mendès-France*-Adenauer im Bulletin, Nr. 11 vom 18.1.1955, S. 85f.

22   Vgl. Nr. 33 (Anm. 4).

23   Die Konferenz der Regierungschefs der Vier Mächte über Deutschland,
unter Beteiligung von Beobachterdelegationen der Bundesrepublik Deutschland und der DDR, kam erst im Sommer 1955 zustande (17.-23.7.1955 in
Genf); vgl. Nr. 40 (TOP 3), 42 (TOP 1).

24   Vgl. Nr. 34 (TOP 4).

25   Zu den damaligen Spionagefällen Reinhard *Gehlen*, Der Dienst, S. 192-
206.

Nr. 36

* BA, VS B 122/31269, Bd. A II, Bl. 136-140, Aufzeichnung vom 21.3.1955, mit hs. Vermerk »*Geheim*«, gez. *Klaiber*.

1   Zu den Äußerungen des Vorsitzenden der FDP-Bundestagsfraktion in der Ratifizierungsdebatte vom 27.2.1955 (vgl. Nr. 35 [Anm. 18]) Adenauers Schreiben vom 16.3.1955 an *Dehler* mit den Hintergrundinformationen und Literaturverweisen in den Briefen 1953-1955, S. 254f., 534f.

2   Nach den niedersächsischen Landtagswahlen vom 24.4.1955 (SPD 35.2 %, CDU 26.6 %, DP 12.4 %, GB/BHE 11.0 %, FDP 7.9 %; zum Vergleich das Wahlergebnis vom 6.5.1951 in Nr. 5 [Anm. 13]) bildete der bisherige Bundesratsminister *Hellwege* zum 26.5.1955 eine Koalitionsregierung aus CDU, DP, FDP und GB/BHE.

3   Die rheinland-pfälzischen Landtagswahlen fanden am 15.5.1955 statt: CDU 46.8 % (1951: 39.2 %), SPD 31.7 % (34.0 %), FDP 12.7 % (16.7 %), KPD 3.2 % (4.3 %), GB/BHE 1.8 % (1.9 %). Anschließend bildete Peter *Altmeier* eine CDU-FDP-Koalitionsregierung.

4   In seiner Antwort auf das Rücktrittsschreiben des Vizekanzlers vom 28.2.1955 (zu dem das uneinheitliche FDP-Abstimmungsverhalten bei der Ratifizierung der Pariser Verträge geführt hatte) teilte Adenauer *Blücher* am 4.4.1955 mit: »Ich habe mich nicht entschließen können, Ihr Schreiben dem Herrn Bundespräsidenten vorzulegen, da ich … der Ansicht bin, daß Ihr Verbleiben in der Bundesregierung notwendig ist und da ich der Überzeugung bin, daß gerade in den nächsten Jahren Ihre Arbeit in der Regierung noch stärkere Bedeutung haben wird als bisher« (Briefe 1953-1955, S. 261f., 539 – mit dem Hinweis auf eine dazu bereits am 25.2.1955 geführte Unterredung Adenauer-Blücher-Heuss, zu der eine Gesprächsaufzeichnung nicht überliefert ist).

5   So in einer Unterredung des Bundespräsidenten mit den FDP-Bundesministern und Mitgliedern der Bundestagsfraktion am 7.3.1955; dazu die in Nr. 37 (Anm. 6) nachgewiesene Gesprächsaufzeichnung.

6   FDP-Bundestagsparteitag vom 25.3.1955 in Oldenburg; der wegen der dortigen Ausführungen Dehlers erneut und noch heftiger entbrannte Streit mit Adenauer ist in den Briefen 1953-1955 dokumentiert (S. 259f., 262, 537-539). Vgl. Nr. 37 (Anm. 5).

7   Der Bundesrat hatte ebenfalls am 18.3.1955 (in seiner Plenarsitzung ab 10 Uhr; das Adenauer-Heuss-Gespräch begann um 18 Uhr) das Vertragswerk mit 21:17 Stimmen verabschiedet (vgl. a.a.O., S. 256, 535). Daraufhin unterzeichnete der Bundespräsident die Vertragsurkunden am 24.3.1955; s. unten Anm. 11.

8   Normenkontrollklage (»Saarklage«) von 174 SPD-Bundestagsabgeordneten und einiger Abgeordneter der Regierungsparteien vom 2.4.1955. Dazu entschied das Bundesverfassungsgericht am 4.5.1955, das Zustimmungsgesetz zum Abkommen über das Saarstatut verstoße nicht gegen das Grundgesetz; vgl. Bulletin, Nr. 88 vom 11.5.1955, S. 725. Vgl. a. Nr. 37 (TOP 3).

9　Die Ratifizierung der Verträge durch Frankreich wurde in der Nacht zum 27.3.1955 mit der Zustimmung durch den Rat der Republik abgeschlossen; vgl. EA, Jg. 10 (1955), S. 7496.

10　Die USA und die Bundesrepublik hinterlegten die Ratifizierungsurkunden für das Protokoll über die Beendigung des Besatzungsregimes und für die Verträge über den Aufenthalt ausländischer Streitkräfte in der Bundesrepublik am 20.4., Großbritannien und Frankreich am 5.5.1955. Vgl. Nr. 37 (TOP 3); dazu die Abb. auf S. 163.

11　Wortlaut der nächsten Verlautbarungen der Pressestelle des Bundespräsidenten: »Der Bundespräsident empfing am 18.3.1955 den Bundeskanzler, der den Bundespräsidenten über die Verabschiedung der Pariser Verträge durch Bundestag und Bundesrat unterrichtete und ihm seine Auffassung über den Stand der Ratifizierung der Verträge bei den übrigen Vertragspartnern darlegte« (Bulletin, Nr. 55 vom 22.3.1955, S. 453). – »Der Bundespräsident hat am 24.3.1955 nach eingehender Überprüfung der verfassungsrechtlichen Lage die Pariser Vertragsgesetze nach ihrer Verabschiedung durch Bundestag und Bundesrat ausgefertigt und ihre Verkündung im Bundesgesetzblatt veranlaßt. Der Zeitpunkt der Hinterlegung der Ratifikationsurkunden wird mit den Vertragspartnern vereinbart werden« (a.a.O., Nr. 58 vom 25.3.1955, S. 473).

12　Die Unterredung mit dem amerikanischen Hohen Kommissar kam am 21.3.1955, ab 12.05 Uhr im Beisein von Staatssekretär *Hallstein* zustande; vgl. StBKAH 04.06.

13　Das Gespräch des Bundespräsidenten mit dem niedersächsischen Ministerpräsidenten hatte am 18.3.1955 (ab 17 Uhr) unmittelbar vor der Unterredung Heuss-Adenauer stattgefunden; vgl. BA, NL Heuss, Nr. 482a.

14　Die hier und im nachfolgenden angesprochenen Länder Niedersachsen und Hessen hatten wie auch Bayern und Bremen gegen die Verabschiedung der Vertragsgesetze votiert; vgl. EA, Jg. 10 (1955), S. 7495.

15　Thomas *Mann* (1875-1955), Schriftsteller, erhielt 1929 den Nobelpreis für Literatur, 1933 in die Schweiz, 1938 in die USA emigriert (1944 amerikanische Staatsbürgerschaft), ab 1952 wieder in der Schweiz ansässig. – Zu den Kontakten und zur Abstimmung mit dem Bundespräsidenten in diesen Tagen und Wochen die Belege in BA, a.a.O., Nr. 2065; Inge *Jens* (Hrsg.), Thomas Mann. Tagebücher 1953-1955, Frankfurt/Main 1995, S. 327-329, 339, 350f., 740f., und Konstellationen. Literatur um 1955. [Katalog zu einer] Ausstellung des Deutschen Literaturarchivs im Schiller-Nationalmuseum [13.5.-31.10.1995], hrsg. von Ulrich *Ott* und Friedrich *Pfäfflin*, Marbach am Neckar 1995, S. 29-34.

16　Druck der Heuss-Rede »Ein Vermächtnis: Friedrich Schiller« anläßlich der Festveranstaltung der Deutschen Schillergesellschaft zum 150. Todestag des Dichters am 8.5.1955 in Stuttgart: Theodor Heuss. Politiker und Publizist, S. 441-449. – Dazu auch der Heuss Brief vom 11.5.1955 an Adenauer in »Unserem Vaterlande zugute«, S. 176, 178.

17   Adenauer seinerseits erklärte am 9.5.1955 in Paris aus Anlaß der NATO-Aufnahme der Bundesrepublik: »Das deutsche Volk hat die Untaten, die von einer verblendeten Führung in seinem Namen begangen wurden, mit unendlichen Leiden bezahlt. In diesen Leiden hat sich seine Läuterung und Wandlung vollzogen. Freiheit und Frieden werden – davon darf die Welt überzeugt sein – heute in Deutschland, wie in den besten Zeiten seiner Geschichte, in allen Schichten und Ständen als das höchste Gut empfunden« (StBKAH 02.13).

18   Vgl. Nr. 29 (TOP 7), 32 (TOP 3).

19   Heinz *Trützschler von Falkenstein* (1902-1971), ab 1949 in der Verbindungsstelle des Bundeskanzleramtes zur AHK, ab 1951 im Auswärtigen Amt, ab 1955 Leiter der Kulturabteilung, 1959-1963 Botschafter in Karatschi, 1963-1967 in Dublin.

20   Das Deutsche Fernsehen hatte erstmals von der Konstituierenden Sitzung des 2. Deutschen Bundestages am 6.10.1953 eine Direktsendung aus dem Parlament ausgestrahlt. Zu den politischen Implikationen Hanns Jürgen *Küsters*, Konrad Adenauer, die Presse, der Rundfunk und das Fernsehen, S. 26-31.

21   Der Bundespräsident hatte sich deswegen am 7.3.1955 an den Reichstagspräsidenten der Jahre 1925-1932 gewandt; vgl. BA, a.a.O., Nr. 26.

22   Dazu kein Beleg in den Nachlässen Heuss und Adenauer. – Allgemeine Ausführungen des Bundespräsidenten zum Parlamentarismus und zu »Stilfragen der Demokratie« in seiner am 22.6.1955 bei einer Tagung der Evangelischen Akademie in Loccum gehaltenen Rede (vgl. Nr. 33 [Anm. 19]).

Nr. 37

* BA, VS B 122/31269, Bd. A II, Bl. 109-112, Aufzeichnung vom 26.4.1955, gez. *Klaiber*.

1   Vgl. Nr. 36 (Anm. 2).

2   Zur GB/BHE-Krise – vor dem Parteiaustritt der Minister *Kraft* und *Oberländer* und weiterer Fraktionsmitglieder am 11.7.1955 (Bildung der Bundestags-«Gruppe Kraft-Oberländer« am 14.7.) – Adenauers Stellungnahme in der CDU-Vorstandssitzung vom 2.5.1955 (Protokolle des CDU-Bundesvorstands 1953-1957, S. 458-465). Vgl. Nr. 40 (TOP 1).

3   Vgl. Nr. 36 (TOP 1).

4   Zur damaligen Situation der Deutschen Partei, ihren »Assoziations- und Dissoziationstendenzen« im Zerfallsprozeß ab 1955, Horst W. *Schmollinger*, Deutsche Partei, S. 1078-1089.

5   Vgl. Nr. 36 (Anm. 6). – Abschriften der dort nachgewiesenen Korrespondenz Adenauer-*Dehler* und einige ergänzende Materialien leitete der Vorsitzende der FDP-Bundestagsfraktion am 14.4.1955 über Staatssekretär Klaiber dem Bundespräsidenten zu (BA, a.a.O., Bl. 116-122, 134f.).

6   Darin u. a. die Erklärung des Bundespräsidenten, »daß er den FDP-Ministern und den zugezogenen Abgeordneten in ihrer Haltung habe den Rücken stärken wollen. Insbesondere habe ihm die Hetze gegen Vizekanzler Blücher,

der zum Saarabkommen ›ja‹ gesagt habe, mißfallen. Er vertrete nach wie vor die Auffassung, daß die Regierung kein interfraktioneller Dauerausschuß sei, sondern daß man den Bundesministern ihre Eigenverantwortlichkeit zuerkennen müsse. Das Saarstatut sei sicherlich nicht glücklich in allen seinen Einzelheiten, aber doch eine politische Etappe auf dem Wege der Besserung der innerpolitischen Lage der Saarbevölkerung und einer späteren Rückkehr dieses Gebietes zu Deutschland« (a.a.O., Bl. 113-115, hier 115).

7   In diesem Zeitraum nahm Hermann *Schwann* (Mitglied des außenpolitischen Arbeitskreises der FDP-Bundestagsfraktion) Kontakte zum sowjetischen Hohen Kommissar in der DDR, *Puschkin*, auf; vgl. Hanns Jürgen *Küsters*, Wiedervereinigung durch Konföderation?, S. 119. Vgl. a. Adenauers Ausführungen vom 2.5.1955 (wie Anm. 2, S. 426).

8   Richard *Stücklen* (geb. 1916), 1949-1990 MdB (CSU; 1953-1957 und seit 1967 stellvertretender Vorsitzender der CDU/CSU-Fraktion), 1957-1966 Bundesminister für das Post- und Fernmeldewesen, 1976-1979 (seit 1983 erneut) Vizepräsident, 1979-1983 Präsident des Deutschen Bundestages. – Zu seiner Beteiligung an den Wahlrechtsberatungen dieses Zeitraums mehrere Hinweise bei Erhard H. M. *Lange*, Wahlrecht und Innenpolitik, S. 620f., 627, 630f., 634.

9   Die Diskussionen der 2. Legislaturperiode führten zum Bundeswahlgesetz vom 7.5.1956 (BGBl. I 383); vgl. Erhard H. M. *Lange*, a.a.O., S. 589-759, und Eckhard *Jesse*, Wahlrecht zwischen Kontinuität und Reform, S. 103-110. Vgl. a. Nr. 46 (TOP 6).

10   Vgl. Nr. 36 (Anm. 10).

11   Vgl. Nr. 33 (Anm. 7, 8). – Zum Ablauf der Ereignisse und zum Kanzler-Itinerar 5.-10.5.1955 die Adenauer-Briefe 1953-1955, S. 270-275. Eine umfangreiche Dokumentation über »die Pariser Konferenzen in der Zeit vom 7.-11.5.1955« stellte Adenauer am 14.5.1955 Heuss zur Verfügung (BA, a.a.O., Bl. 77-108).

12   Der hier erstmals verwendete Begriff bezieht sich auf die Vorbereitung der Genfer Gipfelkonferenz (vgl. Nr. 35 [Anm. 23]) und die Anbahnung direkter Kontakte Moskau-Bonn, nachdem die Sowjetunion am 25.1.1955 als letzte der vier Besatzungsmächte den Kriegszustand mit Deutschland für beendet erklärt hatte. Zur Vorbereitung der Moskau-Reise Adenauer vom September 1955 Nr. 40 (TOP 4), 41 (TOP 2).

13, 14   Vgl. Nr. 36 (Anm. 8).

15   Vgl. ebd., Anm. 10.

16   Dazu Ralph *Uhlig*, Königswinter – Symbol deutsch-britischer Verständigung nach dem zweiten Weltkrieg, in: Geschichte und Gegenwart. Festschrift für Karl Dietrich Erdmann, hrsg. von Hartmut *Boockmann*, Kurt *Jürgensen* und Gerhard *Stoltenberg*, Neumünster 1980, S. 491-529, und *ders.*, Die Deutsch-Englische Gesellschaft 1949-1983. Der Beitrag ihrer »Königswinter-Konferenzen« zur britisch-deutschen Verständigung, Göttingen 1986, passim.

17   Mit Schreiben vom 2.4.1955 an den SPD-Vorsitzenden *Ollenhauer*; Druck: Briefe 1953-1955, S. 261.

18   Hans Christian *Hansen* (1906-1960), 1953-1958 dänischer Außenminister, 1955-1960 Ministerpräsident und Vorsitzender der Sozialdemokratischen Partei. – Beim Besuch Hansens in Bonn am 29.3.1955 hatten er und Adenauer eine Erklärung über die allgemeinen Rechte der Minderheiten im dänisch-deutschen Grenzland vereinbart.

19   Am 29.3.1955, bei dem von Heuss für Hansen gegebenen Empfang (StBKAH 04.06).

20   Walter *Dudek* (1890-1976), 1946-1953 Senator (SPD) der Hansestadt Hamburg, Leiter der Finanzbehörde, danach u. a. als DGB-Berater tätig. – Seine Kandidatur zerschlug sich; Staatssekretär im Bundesministerium der Verteidigung wurde im Oktober 1955 Josef *Rust*.

21   S. oben Anm. 12.

22   Zur skeptischen Beurteilung *Wehners* durch Adenauer dessen Briefe 1953-1955, S. 427f. Insgesamt sind in StBKAH 16 Begegnungen nachweisbar – die ersten datieren vom *5./6.3.1951, 2.10.* und *17.11.1952, 24.6.* und *17.12.1953, 22.10.1954* und *1.12.1958* (StBKAH 04.02-04.09).

23   Vgl. Nr. 38 (TOP 1). – Zum Nachfolgenden, unter Verwendung dieser Gesprächsaufzeichnung, Hans-Peter *Schwarz*, Adenauer. Der Staatsmann, S. 194.

24   Vgl. Nr. 26 (TOP 8).

25   Im Zuge dieses Revirements wurden 1955 zu neuen Botschaftern in Jugoslawien und Belgien Karl Georg *Pfleiderer* und Carl Friedrich *Ophüls* ernannt; Gesandter (ab 1957 Botschafter) in der Schweiz blieb weiter Friedrich *Holzapfel*, Botschafter in Spanien wie bisher *Prinz Adalbert von Bayern.* Vgl. Nr. 38 (P. S.), 39 (TOP 4).

26   Nach der Aufnahme diplomatischer Beziehungen erster Botschafter in Moskau: Wilhelm *Haas* (zu den zwischenzeitlich in Erwägung gezogenen Alternativen Nr. 44 [TOP 7]). – Auf die hier angestellte Überlegung Adenauers verweist Hans-Peter *Schwarz*, a.a.O., S. 370.

Nr. 38

* BA, VS B 122/31269, Bd. A II, Bl. 61-63, Aufzeichnung vom 6.6.1955, mit hs. Vermerk »*Geheim*«, gez. *Klaiber.*

a   ‹ › Von Klaiber eigenhändig ergänzt.

1   Daraufhin wurde am 8.6.1955 Heinrich *von Brentano* zum neuen Außenminister ernannt; zugleich übernahm Hans-Joachim *von Merkatz* das Bundesministerium für Angelegenheiten des Bundesrates (in der Nachfolge von Heinrich *Hellwege*) und Theodor *Blank* die Leitung des nach Auflösung der Dienststelle Blank neugeschaffenen Bundesministeriums der Verteidigung.

2   Mit Schreiben vom 22.5.1955; Druck: »Unserem Vaterlande zugute«, S. 179-185 – mit der Heuss-Antwort vom 23.5.1955 auf S. 185-192 – und in

den Briefen 1953-1955, S. 283-290. In beiden Editionen finden sich zahlreiche Hintergrundinformationen zu den hier angesprochenen Sachverhalten und Personalfragen (S. 422-426 bzw. S. 548-551), die eine ausführliche Kommentierung *dieses* Dokuments erübrigen. Gleichfalls heranzuziehen ist Adenauers Lagebericht, den er am 3.6.1955 im CDU-Bundesvorstand abgegeben hatte (Protokolle des CDU-Bundesvorstands 1953-1957, S. 498-516).

3   Dazu Adenauers Brief vom 23.5.1955 an von Brentano in den Briefen 1953-1955, S. 290-292, 551.

4   Vgl. Nr. 37 (TOP 4), 40 (TOP 2). – Zu dieser Gesprächspassage Hinweise bei Hans *Ehlert*, Innenpolitische Auseinandersetzungen, S. 438, 440.

5   In einem Schreiben Thomas *Dehlers* vom 10.5.1955; vgl. den Hinweis in den Briefen 1953-1955, S. 549.

6   Franz Josef *Strauß* (1915-1988), 1949-1978 MdB (CSU; 1949-1957 und 1963-1966 Vorsitzender der Landesgruppe), Bundesminister für besondere Aufgaben (1953-1955), für Atomfragen (1955/56), der Verteidigung (1956-1962), für Finanzen (1966-1969), ab 1961 CSU-Vorsitzender, ab 1978 bayerischer Ministerpräsident. – Früher in der »Rhöndorfer Ausgabe« nachgewiesene Literatur ergänzen Wolfgang *Krieger*, Franz Josef Strauß. Der barocke Demokrat aus Bayern, Göttingen-Zürich 1995; Manfred *Behrend*, Franz Josef Strauß. Eine politische Biographie, Köln 1995, und Wolfram *Bickerich*, Franz Josef Strauß. Die Biographie, Düsseldorf 1996.

7   Druck des Memorandums in den Tagebüchern Heinrich *Krones*, S. 177f.

8   »Ich würde alle die politischen Ehrgeize in den gedachten Verteidigungsrat verfrachten und würde zur Überlegung anheimgeben, dieses Gremium, wenn es entstehen sollte, dem Amt des Bundespräsidenten irgendwie zu verbinden. (Ich war zwar nie Soldat, bin aber in diesen Dingen nicht ganz geschichtsunkundig)« (Heuss am 23.5.1955; »Unserem Vaterlande zugute, S. 188). Dem im Oktober 1955 gebildeten Bundesverteidigungsrat (ab 1970 Bundessicherheitsrat) gehören – unter dem Vorsitz des Bundeskanzlers – als ständige Mitglieder die Bundesminister des Auswärtigen, des Innern, der Verteidigung, der Finanzen und der Wirtschaft an; vgl. Hans *Ehlert*, a.a.O., S. 437. Hierzu auch der im Anhang dieser Edition (S. 332f.) erstmals veröffentlichte Briefwechsel Heuss-Adenauer.

9   Vgl. Nr. 33 (Anm. 17).

10   Vgl. Nr. 35 (Anm. 23), 39 (TOP 1), 40 (TOP 3), 42 (TOP 1).

11   Heinrich *Hellwege* (1908-1991), 1947-1961 Vorsitzender der DP (ab 1961 CDU), 1949-1955 Bundesminister für Angelegenheiten des Bundesrates und MdB, 1955-1959 niedersächsischer Ministerpräsident.

12   Vgl. Nr. 36 (Anm. 2), 37 (TOP 1).

13   Hans-Joachim *von Merkatz* (1905-1982), 1949-1969 MdB (DP, ab 1960 CDU), Bundesminister für Angelegenheiten des Bundesrates (1955-1962), der Justiz (1956/57), für Vertriebene, Flüchtlinge und Kriegsgeschädigte (1960/61).

14   Zur dritten USA-Reise Adenauers (13.-19.6.1953) Hans-Peter *Schwarz*, Adenauer. Der Staatsmann, S. 200f. Vgl. a. Nr. 39 (TOP 1).
15   Am 16.6.1955; vgl. die Briefe 1953-1955, S. 289, 550f.
16   Bezieht sich auf eine Pressekonferenz des amerikanischen Präsidenten vom 18.5.1955; vgl. a.a.O., S. 287, 291, 550.
17   Sir Harold *Macmillan*, Earl *of Stockton* (1894-1987), 1954/55 britischer Verteidigungsminister, 1955 Außenminister, 1955-1957 Schatzkanzler, 1957-1963 Premierminister, zugleich Vorsitzender der Konservativen Partei. – Adenauer kam mit ihm, John Foster *Dulles* und Antoine *Pinay* am 17.6.1955 in New York zusammen; dazu das Memorandum in FRUS 1955-1957, Vol. V, S. 232-238.
18   Nach dem Rücktritt von Winston *Churchill* hatte der bisherige Außenminister Anthony *Eden* am 5./6.4.1955 das Amt des britischen Premierministers übernommen. – Die Begegnung Adenauer-Eden kam am 19.6.1955 zustande; dazu die Briefe 1953-1955, S. 305f., 559f. Vgl. a. die Gesprächsaufzeichnung im PRO, PREM 11/894.
19   Zu dieser Unterredung Adenauers mit dem Staatssekretär im Bundespräsidialamt (am 11.6.1955 ab 11.20 Uhr, im Beisein Heinrich von Brentanos und Walter *Hallsteins*; StBKAH 04.06) ist keine Aufzeichnung überliefert.
20   Vgl. Nr. 37 (Anm. 25), 39 (TOP 4).

Nr. 39

* BA, VS B 122/31269, Bd. A II, Bl. 59f., »Kurzaufzeichnung« vom 13.7.1955, gez. *Klaiber*. – Zu diesem Gespräch *erstmals* eine Notiz des Bundespräsidenten in der in diesem Zeitraum einsetzenden Edition der Tagebuchbriefe an Toni *Stolper*: »Am Montag war der Bundeskanzler lange bei mir, Bericht über die Konferenzen in U.S.A. – in den Organisationsdingen der deutschen Truppen (Führungsfragen) müssen wir uns noch wechselseitig abklären« (S. 41).
1   Vgl. Nr. 38 (Anm. 14).
2   Milton *Eisenhower* (1899-1985), seit 1943 Präsident verschiedener amerikanischer Universitäten, u. a. der John Hopkins Universität, 1953-1960 und 1968/69 als Botschafter zur besonderen Verwendung des Präsidenten für Fragen Lateinamerikas zuständig; vgl. Nr. 60 (TOP 2), 74 (TOP 3).
3   Vgl. Nr. 35 (Anm. 23), 40 (TOP 3), 42 (TOP 1).
4   Gemeint ist der sog. *Heusinger*-Plan vom 11.6.1955, den Hans-Peter *Schwarz* ausführlich erläutert (Adenauer. Der Staatsmann, S. 186-188).
5   Georgij M. *Puschkin* (geb. 1909), 1954/55 Hoher Kommissar der UdSSR in Deutschland, 1955-1958 Botschafter in der DDR.
6   Vgl. die Darstellung und Dokumentation (die sich u. a. auf eine Aufzeichnung Adenauers vom 30.6.1955 stützt; vgl. Nr. 68 [Anm. 25]) bei Hanns Jürgen *Küsters*, Wiedervereinigung durch Konföderation?, passim, und Christoph *Henzler*, Fritz Schäffer, S. 535-544. – In Nr. 68 (TOP 3) kommt der Vorgang erneut zur Sprache.

7   Bezieht sich auf einen Spanien-Aufenthalt des CSU-Politikers und damaligen Bundesministers für besondere Aufgaben (ab 21.10.1955 für Atomfragen) im April 1955; dazu die Briefe 1953-1955, S. 304, 558f.

8   Jawaharlal (genannt Pandit) *Nehru* (1889-1964), führender Vertreter der indischen Unabhängigkeitsbewegung gegen die britische Kolonialmacht, 1929 und 1936 Präsident des Indian National Congress, mehrfach inhaftiert (zuletzt 1942-1945), nach der Unabhängigkeitserklärung Indiens (1947) Premierminister, Außen- und zeitweise Verteidigungsminister (1947-1964).

9   Nehru hatte während seines Österreich-Aufenthalts Ende Juni 1955 eine Konferenz der in Europa akkreditierten Botschafter seines Landes nach Salzburg einberufen; zu seinen dortigen außenpolitischen Erklärungen vgl. AdG, Jg. 25 (1955), S. 5233. – Bei dieser Gelegenheit hatte er am 28.6.1955 auch den außenpolitischen Experten der FDP-Bundestagsfraktion, *Pfleiderer*, empfangen; zu den deswegen angestellten Spekulationen Pressemeldungen in den Ausgaben der »Welt« und der »Frankfurter Allgemeinen Zeitung« vom 1.7.1955.

10 Adolf *Schärf* (1890-1965), 1949-1957 Vorsitzender der SPÖ und Vizekanzler Österreichs, 1957-1965 Bundespräsident.

11 Dazu Niels *Hansen*, Eine peinliche Mission. Wien, 14. Mai 1955: Wider die Enteignung deutschen Vermögens durch den österreichischen Staatsvertrag, in: HPM, Jg. 2 (1995), S. 223-246. Vgl. a. Matthias *Pape*, Die deutsch-österreichischen Beziehungen zwischen 1945 und 1955. Ein Aufriß, ebd., S. 149-172.

12 Otto *Hahn* (1897-1968), Chemiker (erhielt 1944 den Nobelpreis), ab 1928 Direktor des Kaiser-Wilhelm-Instituts für Chemie, 1948-1960 Präsident der Max-Planck-Gesellschaft zur Förderung der Wissenschaften. – Hahn und Heuss hatten am 15.6.1955 an der Hauptversammlung der Max-Planck-Gesellschaft teilgenommen (BA, NL Heuss, Nr. 482a).

13 Zu den damals entwickelten Plänen der Bundesregierung für ein ziviles Atomenergieprogramm Adenauers Briefe 1953-1955, S. 183, 494f. Vgl. auch Hanns Jürgen *Küsters*, Souveränität und ABC Waffen Verzicht, passim, und Michael *Eckert*, Kernenergie und Westintegration. Die Zähmung des westdeutschen Nuklearnationalismus, in: Vom Marshallplan zur EWG, S. 313-334.

14 Am 29.6.1955 (ab 17 Uhr), u. a. mit dem baden-württembergischen Ministerpräsidenten Gebhard *Müller* und den Bundesministern *Blank, Erhard, Schäffer* und Strauß (StBKAH 04.06).

15 Werner *Heisenberg* (1901-1976), Physiker (erhielt 1932 den Nobelpreis), 1946-1958 Direktor des Max-Planck-Instituts für Physik. – Zur wissenschaftlichen Diskussion dieses Zeitraums sein kurz zuvor im Bulletin (Nr. 46 vom 1.3.1955, S. 377-380) publizierter Beitrag »Die Atomforschung in Deutschland«.

16 Vgl. Nr. 37 (Anm. 25), 38 (P. S.).

Nr. 40

* BA, VS B 122/31269, Bd. A II, Bl. 55-58, Aufzeichnung vom 18.7.1955, gez. *Klaiber*. – Zu diesem Gespräch auch die Notizen des Bundespräsidenten (zu am Rande erwähnten, *nicht* protokollierten Themen) in den Tagebuchbriefen, S. 45.

1 Vgl. Nr. 37 (Anm. 2).

2 Karl *Mocker* (1905-1996), 1952-1981 Vorsitzender des Landesverbandes Baden-Württemberg des Bundes vertriebener Deutscher (BvD), 1953-1957 MdB (GB/BHE), trat 1971 in die CDU ein, 1972-1976 Staatssekretär für Vertriebenenfragen in Baden-Württemberg.

3 ˙ Friedrich *von Kessel* (1896-1975), 1950-1956 Landesvorsitzender des BHE in Niedersachsen (1955-1958 Bundesvorsitzender), dort 1951-1957 Minister für Ernährung, Landwirtschaft und Forsten und stellvertretender Ministerpräsident, 1960 aus dem BHE ausgetreten.

4 Das Gespräch mit den BHE-Politikern hatte am 12.7.1955 (ab 18.35 Uhr) stattgefunden; vgl. StBKAH 04.06.

5 Die Mitglieder der am 14.7.1955 gebildeten »Gruppe Kraft-Oberländer« traten der CDU/CSU-Bundestagsfraktion am 15.7.1955 zunächst als Gäste bei, am 18.2.1956 schlossen sie sich ihr auch offiziell an. Daraufhin schied die GB/BHE-Fraktion aus der Regierungskoalition am 23.7.1955 aus; vgl. Datenhandbuch, S. 244, 253, 1061. Vgl. a. Nr. 46 (Anm. 35).

6 Mit dem Freiwilligen-Gesetz (vgl. Nr. 33 [Anm. 17]) wurde am 23.7.1955 auch das Gesetz über den Personalgutachterausschuß (der sich am 31.8.1955 konstituierte) vom Bundespräsidenten unterzeichnet; vgl. Nr. 42 (TOP 3), 44 (TOP 4), 46 (TOP 5).

7 Vgl. Nr. 35 (Anm. 23), 42 (TOP 1).

8 Die Wehrverfassung bzw. zweite Wehrergänzung (»Gesetz zur Ergänzung des Grundgesetzes«) trat am 19.3.1956 in Kraft (BGBl. I 111) – das Soldatengesetz (»Gesetz über die Rechtsstellung der Soldaten« zur Ablösung des Freiwilligen-Gesetzes) am 1.4.1956 (BGBl. I 114) – das Wehrpflichtgesetz am 21.7.1956 (BGBl. I 651) – das Gesetz über die Dauer des Grundwehrdienstes und die Gesamtdauer der Wehrübungen am 24.12.1956 (BGBl. I 1017). Vgl. Nr. 46 (TOP 2), 47 (TOP 5).

9 Vgl. Nr. 37 (TOP 4), 38 (TOP 1).

10 Hans Georg *Dahlgrün* (1901-1974; Bruder von Rolf *Dahlgrün* [1908-1969], 1957-1969 MdB [FDP], 1962-1966 Bundesminister der Finanzen), 1952-1958 Präsident des Rechnungshofes Rheinland-Pfalz, 1954-1957 mit der Wahrnehmung der Geschäfte des Staatssekretärs im Bundesministerium für wirtschaftliche Zusammenarbeit beauftragt, 1959-1968 Chef der Landeszentralbank Mainz.

11 Vgl. Nr. 38 (Anm. 14), 39 (TOP 1).

12 Am 25.7.1955 kündigten die Regierungen der USA und der Volksrepublik China in einem gemeinsamen Kommuniqué Botschaftergespräche über

Themen beiderseitigen Interesses an (Verhandlungsort: Genf); vgl. AdG, Jg. 25 (1955), S. 5280.

13 Hierzu, unter Verwendung dieser Gesprächsaufzeichnung, Hans-Peter *Schwarz*, Adenauer. Der Staatsmann, S. 201.

14 Die Sowjetunion hatte der Bundesregierung am 7.6.1955 den Vorschlag unterbreitet, zwischen beiden Staaten diplomatische, kommerzielle und kulturelle Beziehungen aufzunehmen – der Bundeskanzler hatte am 30.6.1955 geantwortet: »Nach Lage der Verhältnisse erscheint es der Bundesregierung zweckmäßig, wenn zunächst die Themen, die den Gegenstand dieser Erörterung und Prüfung bilden sollen, präzisiert werden und ihre Reihenfolge geklärt wird. Sie schlägt deshalb vor, daß zwischen den Botschaften der Bundesrepublik und der Union der Sozialistischen Sowjetrepubliken in Paris informelle Besprechungen stattfinden, die der Klärung dieser Fragen dienen sollen«; vgl. DzD III/1 (1955), S. 76-80, 123. Dort (S. 262f., 277) auch der Notenwechsel vom 3./12.8.1955, mit dem der Zeitpunkt der Reise (8.-14.9.1955) festgelegt wurde; vgl. Nr. 41 (TOP 1), 42 (TOP 1), 43.

15 Industrielle »zu beteiligen, würde ungünstig sein und unsere Position gegenüber den Russen schwächen. Wir werden dann zu wenig zurückhaltend sein. Diese Herren werden ins Gespräch kommen, falls die Kontaktaufnahme ... Erfolg hat« (Adenauer am 13.8.1955 an Robert *Pferdmenges*; Briefe 1953-1955, S. 348).

16 Gemeint ist der »Tag der Deutschen« am 11.9.1955 in Berlin. Zu der deswegen und besonders auch wegen der zunächst geplanten Teilnahme des Bundespräsidenten entbrannten Kontroverse »Unserem Vaterlande zugute«, S. 196, 429, und die Briefe 1953-1955, S. 357, 586. Vgl. Nr. 41 (TOP 1).

17 Georg *Baron Manteuffel-Szoege* (1889-1962), nach 1945 Vorstandsmitglied des Hauptausschusses der Flüchtlinge und Ausgewiesenen in Bayern, 1950-1953 Präsident des Hauptamtes für Soforthilfe, 1953-1962 MdB (CSU).

18 Zur Stuttgarter Großkundgebung vom 31.7.1955 die Angaben von Wolfgang *Kraushaar*, Die Protest-Chronik 1949-1959. Eine illustrierte Geschichte von Bewegung, Widerstand und Utopie, Bd. II: 1953 1956, Hamburg 1996, S. 1229.

19 Heuss berichtet in Nr. 41 (TOP 1) über sein deswegen am 15.7.1955 (ab 17 Uhr; BA, NL Heuss, Nr. 482a) mit Manteuffel-Szoege geführtes Gespräch.

20 Am 8.7.1954, ab 17.30 Uhr (StBKAH 04.06).

21 Georg *Reuter* (1902-1969), 1949-1959 stellvertretender Vorsitzender des DGB.

22 Otto *Brenner* (1907-1972), 1952-1956 gleichberechtigter und 1956-1972 alleiniger Vorsitzender der IG Metall.

23 Vgl. Nr. 35 (Anm. 17).

24 Dazu Hans *Ehlert*, Innenpolitische Auseinandersetzungen, S. 351-371. – Auf die Aktionen der vorherigen Monate ging Adenauer in seinen Ausführungen in der CDU-Vorstandssitzung vom 2.5.1955 ein (Protokolle des CDU-Bundesvorstands 1953-1957, S. 476f.).

25   Hans-Constantin *Paulssen* (1892-1984), 1953-1964 Vorsitzender der Bundesvereinigung Deutscher Arbeitgeberverbände (BDA).

26   Hans *Bilstein* (1894-1970), 1949-1959 Vorsitzender, ab 1966 Ehrenvorsitzender des Gesamtverbandes der metallindustriellen Arbeitgeberverbände.

27   Neben den aktuellen Lohnkämpfen hatten sich die sozial- und wirtschaftspolitischen Auseinandersetzungen an dem am 1.5.1955 veröffentlichten DGB-Aktionsprogramm entzündet; der Forderungskatalog umfaßte kürzere Arbeitszeit, höhere Löhne und Gehälter, größere soziale Sicherheit, gesicherte Mitbestimmung und verbesserten Arbeitsschutz; vgl. Dieter *Schuster*, Die deutschen Gewerkschaften seit 1945, S. 47-56. Vgl. a. Nr. 42 (TOP 4).

28   Zum »9. Sozialistischen Jugendtag« (29.-31.7.1955 in Dortmund) Wolfgang *Kraushaar*, a.a.O., S. 1228.

29   Am 31.7.1954 vor der katholischen Arbeiterjugend und beim Bundesfest der katholischen Jugend in der Dortmunder Westfalenhalle; dazu der Heuss-Brief vom 4.8.1954 an Adenauer in »Unserem Vaterlande zugute«, S. 160.

Nr. 41

* BA, VS B 122/31269, Bd. A II, Bl. 53f., Aufzeichnung vom 18.7.1955, gez. *Klaiber*.

Zu diesem Gespräch notierte Heuss im Tagebuchbrief des gleichen Tages (zu einem *nicht* protokollierten Meinungsaustausch über die Bundestagsdebatte zum Gesetz über den Personalgutachterausschuß; vgl. Nr. 40 [Anm. 6]): »Und dann hatte ich den Kanzler noch gebeten – er hat in der Militärsache in seiner Fraktion eine Niederlage erlebt, mit der er sich aber abfindet. ... Wir haben viel Washington-Moskau geredet – ich werde ihn erst Anfang September wiedersehen« (S. 46).

a   ‹ › Hier von Heuss eigenhändig ergänzt »auch als Vors[itzender] des A[uswärtigen] Ausschusses des Bundesrates Min[ister] Präs[ident] Arnold« (s. unten Anm. 9).

1   Vgl. Nr. 40 (Anm. 16). – Im Anschluß an das am 15.7.1955 mit Georg *Baron Manteuffel-Szoege* geführte Gespräch teilte ihm Heuss am 18.7.1955 auch brieflich mit: »Ein rednerisches Auftreten von mir würde in diesem Zeitpunkt wie ein quasi amtliches Pronunziamento wirken. ... Das Auftreten in diesem Zeitpunkt könnte nach außen verwirrend wirken, ... nach innen würde man sagen (ich kenne das): der Heuss bietet in dieser Situation nichts anderes an als eine historische ›Plauderei‹. Dem mich auszusetzen um des Amtes willen habe ich in dieser Situation wenig Geneigtheit. Die entscheidende Schwierigkeit ist diese: wir wissen gar nicht, wie Genf verlaufen wird; wir wissen nicht, wie die allgemeine Atmosphäre am 10. September sein wird« (BA, NL Heuss, Nr. 328).

2   Vgl. ebd., Anm. 14.

3   Vgl. ebd., Anm. 18.

4   Vgl. Nr. 37 (Anm. 2), 40 (TOP 1).

5   Vgl. Nr. 43 (Anm. 7).

6   Ein am 5.9.1955 als »Grußwort« an Manteuffel-Szoege gerichtetes Schreiben des Bundespräsidenten in BA, NL Heuss, Nr. 329; vgl. »Unserem Vaterlande zugute«, S. 196.

7   Zu den Diskussionen über die Zusammensetzung der Delegation Adenauers Briefe 1953-1955, S. 336, 346, 348, 356.

8   Kurt Georg *Kiesinger* (1904-1988), 1949-1958 und 1969-1980 MdB (CDU), 1950/51 geschäftsführendes Vorstandsmitglied der CDU-Bundespartei, 1958-1966 Ministerpräsident von Baden-Württemberg (1962/63 Bundesratspräsident), 1966-1969 Bundeskanzler, 1967-1971 CDU-Vorsitzender.

9   Druck des am 16.7.1955 an Kiesinger und *Schmid* gerichteten Kanzler-Schreibens a.a.O., S. 308. – Zur Teilnahme des in Anm. a angesprochenen nordrhein-westfälischen Ministerpräsidenten und Vorsitzenden des Auswärtigen Bundesratsausschusses Detlev *Hüwel*, Karl Arnold, S. 280-283.

Nr. 42

* BA, VS B 122/31269, Bd. A II, Bl. 36-39, Aufzeichnung vom 6.9.1955, gez. *Klaiber*.

1   18.7.-27.8.1955; von dort und dorthin der Briefwechsel Adenauer-Heuss aus dem Juli/August 1955, der zur Ergänzung der nachfolgenden Informationen heranzuziehen ist (»Unserem Vaterlande zugute«, S. 192-196). Vgl. a. die ausführliche und umfangreiche Korrespondenz des Kanzlers aus Mürren in seinen Briefen 1953-1955, S. 309-350.

2   Vgl. Nr. 35 (Anm. 23), 40 (TOP 3).

3   Präsident *Eisenhower* hatte den neuen amerikanischen Abrüstungsplan in einer am 21.7.1955 in Genf gehaltenen Rede vorgestellt; Wortlaut: AdG, Jg. 25 (1955), S. 5271f. Dazu Adenauer auch in seinen Erinnerungen 1953-1955, S. 471.

4   Edgar *Faure* (1908-1987), 1952 und 1955/56 französischer Ministerpräsident, 1953-1955 und 1958 Finanzminister, 1955 Außenminister, 1973-1978 Präsident der Nationalversammlung.

5   Zu Verlauf, Verhandlungsdetails und Ergebnissen der Genfer Gipfelkonferenz Adenauers Briefe vom 25./26.7.1955 an *Dulles, Eden,* Eisenhower, *Faure, Kirkpatrick, Macmillan* und *Pinay* in den Briefen 1953-1955, S. 278-318, 563-566.

6   Vgl. Nr. 41 (Anm. 9).

7   Vgl. ebd., Anm. 7. – Adenauer bezieht sich hier auf eine Forderung *Dehlers* vom 2.9.1955, die er mit Schreiben vom 5. und 7.9.1955 ablehnte; vgl. AdL, NL Dehler, N 1-2750.

8   Am 2.9.1955 (wie Anm. 5, S. 358, 587).

9   Vgl. Nr. 43. – Hierzu, unter Verwendung dieser Gesprächsaufzeichnung, Hans-Peter *Schwarz*, Adenauer. Der Staatsmann, S. 216, und die in den Tagebuchbriefen (S. 59) enthaltene Notiz des Bundespräsidenten.

10   Adenauer hatte Heuss am 19.8.1955 sein Schreiben an den amerikanischen Außenminister vom 9.8. und dessen Antwort vom 15.8.1955 übermittelt; Druck der Dokumente: wie Anm. 5, S. 339-343, 576f. – des Begleitschreibens an den Bundespräsidenten in »Unserem Vaterlande zugute«, S. 196.

11   Dazu das Nachrichtenmagazin »Der Spiegel« in seiner Ausgabe vom 17.8.1955 (S. 13): »Verteidigungsminister Blank wird auf seinen Plan verzichten müssen, die ehemalige nationalsozialistische Schulungsburg Sonthofen als Ausbildungsstätte für sein Offizierskorps zu benutzen. Die Stätte wird nicht nur von den rund 380 Auszubildenden und von zahlreichen Mitgliedern des Lehrkörpers, sondern auch vom Bundeskanzler abgelehnt.«

12   Kein Beleg.

13   Vgl. Nr. 37 (TOP 4), 38 (TOP 1), 40 (TOP 2).

14   Günther *Bergemann* (1902-1968), 1949-1952 Leiter der Allgemeinen Abteilung in der Dienststelle Blank bzw. im Bundesministerium der Verteidigung, dort 1952-1957 Staatssekretär (mit der Wahrnehmung der Geschäfte beauftragt). – Zu dieser Kandidatur auch Adenauers Brief vom 12.10.1955 an Heuss in »Unserem Vaterlande zugute«, S. 152.

15   Zur Aufgabenstellung, Zusammensetzung und Tätigkeit des Personalgutachterausschusses (vgl. Nr. 40 [Anm. 6]) Georg *Meyer*, Zur inneren Entwicklung, S. 1055-1117; dort (S. 1065f.) auch nähere Angaben zum nachfolgend erörterten Empfang des Ausschusses durch den Bundespräsidenten, der am 13.10.1955 zustandekam (wegen der Erkrankung Adenauers ohne dessen Beteiligung; vgl. Nr. 44 [Anm. 10]). Vgl. Nr. 46 (TOP 5).

16   Vgl. Nr. 40 (TOP 5).

17   Das Gespräch mit dem DGB-Vorsitzenden datiert vom 12.8.1955 (StBKAH 04.06). – Eine tarifliche Vereinbarung zur Einführung der 40-Stunden-Woche, zunächst in der Schuhindustrie, trat erstmals am 1.7.1965 in Kraft.

18   Vgl. Nr. 35 (Anm. 17).

19   Zu den damaligen Auseinandersetzungen, die in den folgenden Monaten zur Koalitionskrise führten (vgl. Nr. 45-47), Friedrich *Klingl*, »Das ganze Deutschland soll es sein!«, S. 219-222.

20   Nicht nachgewiesen.

21   Vgl. Nr. 56 (Anm. 1).

22   Über die Begegnung mit *Burckhardt* am Genfer See hatte Heuss Adenauer bereits im Brief vom 30.8.1955 berichtet; vgl. »Unserem Vaterlande zugute«, S. 196.

23   Am 3.8.1955 (»16.30 Gesandter Dr. Holzapfel und Fr. Holzapfel zum Tee«; StBKAH 04.06).

24   Hugo *Gördes* (1890-1965), ab 1952 Vortragender Legationsrat im Auswärtigen Amt, 1954-1956 Generalkonsul in Basel.

25   Neuer Generalkonsul in Basel ab 1956: Heinrich *Köhler* (1903-1983; gehörte 1953-1968 dem Auswärtigen Amt an, ab 1961 Generalkonsul in Bombay, ab 1965 Botschafter in Neuseeland).

Nr. 43

* BA, VS B 122/31269, Bd. A II, Bl. 32-35, Aufzeichnung vom 21.9.1955, gez. *Klaiber.*

1 Vgl. Nr. 40 (Anm. 14). – Zum Nachfolgenden der Tagebuchbrief des gleichen Tages (S. 63f.) und die ausführlichen Schilderungen des Bundeskanzlers in seinen Erinnerungen 1953-1955, S. 487-556, und Teegesprächen 1955-1958, S. 5-30 (mit den weiterführenden Informationen S. 363-371). Vgl. a. seinen Lagebericht in der CDU-Vorstandssitzung vom 30.9.1955 (Protokolle des CDU-Bundesvorstands 1953-1957, S. 584-608; auch in den Adenauer-Reden, S. 302-314).

2 Günter *Diehl* (geb. 1916), 1952-1956 Pressesprecher des Auswärtigen Amtes, 1960-1966 Leiter der Auslandsabteilung des Presse- und Informationsamtes der Bundesregierung, 1966/67 Leiter des Planungsstabs des Auswärtigen Amtes, 1967-1969 Chef des Presse- und Informationsamtes der Bundesregierung, 1970-1977 Botschafter in Indien, 1977-1981 in Japan. – Er ergänzt die reichhaltige Memoirenliteratur zur Moskau-Reise in: Zwischen Politik und Presse, S. 166-192.

3 Jossif Wissarionowitsch *Stalin*, eigentlich *Dschugaschwili* (1879-1953), 1922-1953 Generalsekretär des ZK der KPdSU, seit 1941 Vorsitzender des Rats der Volkskommissare, 1943 Marschall, ab 1946 Vorsitzender des Ministerrats.

4 Nikolai Alexandrowitsch *Bulganin* (1895-1975), 1948-1958 Mitglied des Politbüros bzw. Präsidiums des ZK der KPdSU, 1947-1949 und 1952-1955 Verteidigungsminister, 1947-1953 Stellvertretender, 1953-1955 Erster Stellvertretender, ab 1955 Vorsitzender des Ministerrats, 1958 von Chruschtschow gestürzt, 1961 aus dem ZK ausgeschlossen.
In Adenauers Erinnerungen 1953-1955 (S. 498) der Hinweis:»Bulganin war viele Jahre Oberbürgermeister von Moskau gewesen, und es war der Kommunalpolitiker Bulganin, der mich als den ehemaligen Oberbürgermeister von Köln ansprach.« Dazu die biographische Hintergrundinformation in dem Bericht des schwedischen Korrespondenten Christer *Jäderlund* über ein am 9.2.1955 mit Adenauer geführtes Gespräch:»Ich trank Brüderschaft mit Bulganin, und zwar damals, als ich Oberbürgermeister von Köln und er Vorsitzender des Moskauer Stadtsowjets (1931-1937) war und mehrere europäische Großstädte bereiste. Bulganin war ein wirklich ausgezeichneter Kommunalpolitiker. Gemeinsam besuchten wir den Kölner Dom, und wir kamen gut miteinander aus, obwohl – fügte er vorsichtig hinzu – Bulganin damals Zivilist war, und heute ist er ja Militär!«(»Stockholms Tidningen« vom 10.2.1955; übersetzt vom Bearb.).

5 Nikita Sergejewitsch *Chruschtschow* (1894-1971), 1939-1964 Mitglied des Politbüros, 1952-1966 des Präsidiums des ZK der KPdSU, ab 1953 deren Erster Sekretär, ab 1958 zugleich Vorsitzender des Ministerrats, 1964 seiner Staats- und Parteiämter enthoben, schied 1966 aus dem ZK der KPdSU aus.

6   Wjatscheslaw *Molotow* (1890-1986), 1930-1941 Vorsitzender des sowjetischen Rates der Volkskommissare, 1939-1949 und 1953-1956 Volkskommissar des Äußeren und Außenminister.

7   Dazu neuerdings Dieter *Riesenberger* (Hrsg.), Das Deutsche Rote Kreuz, Konrad Adenauer und die Kriegsgefangenenfrage. Die Rückführung der deutschen Kriegsgefangenen aus der Sowjetunion, Bremen 1994, und Beate *Ihme-Tuchel*, Die Entlassung der deutschen Kriegsgefangenen im Herbst 1955 im Spiegel der Diskussion zwischen SED und KPdSU, in: Militärgeschichtliche Mitteilungen 53, 1994, S. 449-465. S. unten TOP 3.

8   Bezieht sich auf die Beratungen des zweiten Verhandlungstages (10.9.1955); vgl. Konrad *Adenauer*, a.a.O., S. 506f.

9   Hotel Sowjetskaja an der Leningrader Chaussee; vgl. Konrad *Adenauer*, a.a.O., S. 497.

10   Erster sowjetischer Botschafter in der Bundesrepublik wurde Valerian A. *Sorin* (Erteilung des Agreements am 24.11.1955, Eintreffen in Bonn am 20.12.1955) – ab März 1956, nach Erteilung des Agreements am 7.3.1956, vertrat Wilhelm *Haas* die Bundesrepublik in Moskau. Zu den zwischenzeitlich in Erwägung gezogenen Alternativen Nr. 44.

11   Wortlaut der dazu am 9.9.1955 vom Bundeskanzler abgegebenen Erklärung: DzD III/1 (1955), S. 305-309. – Ministerpräsident Bulganin am 10.9.1955: »Hier war von den Verpflichtungen die Rede, die die vier Mächte in bezug auf die Lösung des Deutschlandproblems übernommen haben. Dem kam man nicht umhin zuzustimmen« (ebd., S. 309-312).

12   Am dritten Verhandlungstag (12.9.1955); vgl. Konrad *Adenauer*, a.a.O., S. 535. – Im Kommuniqué vom 13.9.1955 (a.a.O., S. 332-334, hier S. 333f.) dazu der Satz: »Beide Seiten einigen sich ferner darüber, daß in nächster Zeit … Besprechungen über Fragen der Entwicklung des Handels durchgeführt werden.«

13   Das Thema war gegen Ende des zweiten Verhandlungstages zur Sprache gekommen; vgl. a.a.O., S. 527f.

14   Wortlaut des Schreibens vom 14.9.1955 a.a.O., S. 550.

15   Charles Eustis *Bohlen* (1904-1974), 1951-1953 Berater des amerikanischen Außenministeriums, Botschafter in Moskau (1953-1957), auf den Philippinen (1957-1959) und in Paris (1962-1968), 1959-1962 Berater des Außenministers für die Beziehungen zur Sowjetunion.

Sir William Goodenough *Hayter* (geb. 1906), 1949-1953 britischer Gesandter in Paris, 1953-1957 Botschafter in Moskau, 1957/58 stellvertretender Unterstaatssekretär.

Louis *Joxe* (1901-1991), französischer Botschafter in Moskau (1952-1955) und Bonn (1955/56), 1956-1959 Generalsekretär im Quai d'Orsay, Minister für Algerien-Fragen (1960-1962), für Verwaltungsreformen (1962-1967) und für Justiz (1967/68).

16   Dieser Abstimmungsprozeß ist dokumentiert in: FRUS 1955-1957, Vol. V, S. 575-594.

17 Am 15.9.1955, ab 12.30 (StBKAH 04.06).

18 Die am 22.9.1955 abgegebene Regierungserklärung des Bundeskanzlers
und die Aussprache des Deutschen Bundestages vom 23.9.1955 über die in
Moskau geführten Verhandlungen in den Stenographischen Berichten, 2.
Wahlperiode, Bd. 26, S. 5643-5647, 5653-5671.

19 Vgl. Nr. 42 (TOP 5), 45, 45 A.

Nr. 44

* BA, VS B 122/31269, Bd. A II, Bl. 28f.,»Kurze Notiz über meinen Besuch
bei Adenauer in Rhöndorf am 1. Nov. 55 11 Uhr«, eigenhändige Aufzeichnung des Bundespräsidenten vom 7.11.1955; dazu die Abb. auf S. 182.
Das Gespräch fand im Wohnhaus des Bundeskanzlers statt (ab 11.30 Uhr;
StBKAH 04.06), da Adenauer wegen einer Lungenentzündung vom 7.10.-
23.11.1955 die Regierungsgeschäfte von Rhöndorf aus führte. Zu den Kontakten in den vorherigen Wochen ihr Briefwechsel in»Unserem Vaterlande zugute«, S. 197f.; Heuss am 12.10.1955:»Diese Zeilen wollen Ihnen nur,
nebenbei pflichtgemäß ›bundesväterlich‹, zur Bravheit und Geduld zureden. Sie
müssen jetzt Ihren Tatendrang zügeln, denn Sie dürfen es nicht, den ärztlichen
Rat bagatellisierend, dazu kommen lassen, daß Sie mit ungesichertem Gesundheitszustand sich in die Geschäfte stürzen.« Vgl. a. die Hinweise in den Tagebuchbriefen, S. 78f., 81f.

a, b, c ‹ … › Hier bei a und b je ein Halbsatz, bei c ein Satz aus personenrechtlichen Gründen ausgelassen.

1 »… dann eine Stunde beim Kanzler. Von dort waren Pressephotographen
und Wochenschau bestrebt, um darzutun, indem man uns im lebhaften Gespräch aufnahm, daß die Gerüchte über seinen Zustand falsch seien« (Tagebuchbriefe, S. 88).

2 Genfer Außenministerkonferenz der vier Großmächte vom 27.10.-
16.11.1955. Vgl. Konrad *Adenauer*, Erinnerungen 1953-1955, S. 468-472,
und *ders.*, Erinnerungen 1955-1959, S. 31-62. Vgl. a. Nr. 45 (TOP 2).

3 Zu den damaligen Aktivitäten des Außenministers Daniel *Kosthorst*,
Brentano und die deutsche Einheit, S. 77-89.

4 Elfriede *Nebgen*, nach ihrer Heirat mit Jakob Kaiser (1953) *Kaiser-Neb-
gen* (1890-1983), 1945 Mitbegründerin der CDUD, langjährige Mitarbeiterin
Kaisers, später dessen Biographin (Jakob Kaiser. Der Widerstandskämpfer,
Stuttgart 1967).

5 Wilhelm Wolfgang *Schütz* (geb. 1911), 1951-1957 Berater im Bundesministerium für gesamtdeutsche Fragen, 1954 Mitbegründer, 1957-1972 Geschäftsführender Vorsitzender des Kuratoriums Unteilbares Deutschland.

6 Belege für die auch deswegen bereits früher geübte Kritik Adenauers in
seinen Briefen 1951-1953, S. 194, 208, 566.

7 Robert *Tillmanns* (1896-1955), 1945-1949 Leiter des Zentralbüros Ost
des Hilfswerks der EKD, 1949-1955 MdB (CDU), 1952-1955 Vorsitzender

des CDU-Landesverbandes Berlin, 1953-1955 Bundesminister für besondere Aufgaben. – Tillmanns verstarb am 12.11.1955 an einem Herzinfarkt.
8   Vgl. Nr. 37 (Anm. 2), 40 (TOP 1), 46 (TOP 7).
9   Zu den nächsten Kontakten und Konflikten mit den FDP-Politikern Nr. 45, 45A.
10 Vgl. Nr. 42 (Anm. 15). – Heuss bereits am 20.10.1955 im Tagebuchbrief: »Ich werde ihm auch nicht bloß Fröhliches zu sagen haben, da ich von dem Abend mit dem Personalgutachter-Ausschuß, was einzelne Leute betrifft, einen schalen Geschmack im Munde behielt« (S. 79).
11 Richard *Jaeger* (geb. 1903), 1949-1980 MdB (CSU), 1953-1965 und 1967-1976 Vizepräsident des Deutschen Bundestages, 1953-1965 Vorsitzender des Verteidigungsausschusses, 1965/66 Bundesminister der Justiz.
12 Franz *Meyers* (geb. 1908), 1950-1970 MdL (CDU) in Nordrhein-Westfalen, dort 1952-1956 Innenminister und 1958-1966 Ministerpräsident (1960/61 Bundesratspräsident).
13 Der nächste (6.) CDU-Parteitag fand vom 26.-29.4.1956 in Stuttgart statt. – Zur Diskussion um die Nachfolge Adenauers im Parteivorsitz (den er von 1950-1966 innehatte) die Protokolle des CDU-Bundesvorstands 1953-1957, S. 566, 572, 647, 692, 713-715, 952.
14 Hans *Dahs* (1904-1972), Rechtsanwalt in Bonn, ab 1953 Honorarprofessor für Bürgerliches und Zivilprozeßrecht an der dortigen Universität, langjähriger Vorsitzender des Strafrechtsausschusses der Bundesrechtsanwaltskammer.
15 Hans Konrad *Schmeißer* (geb. 1919), 1946/47 im bayerischen Staatsministerium, 1947-1951 unter dem Decknamen als »René Levacher« für den französischen Geheimdienst tätig, 1952 Verhaftung in Frankreich und Auslieferung in die Bundesrepublik. – Auf Aussagen Schmeißers, Herbert *Blankenhorn* habe ihm 1948/49 im Auftrag Adenauers Informationen über westdeutsche Politiker für den französischen Nachrichtendienst zugeleitet, stützte sich der in der daraufhin beschlagnahmten »Spiegel«-Ausgabe vom 9.7.1952 (S. 5-7) veröffentlichte Artikel »Am Telefon vorsichtig«. Zu diesem Vorgang Adenauers Teegespräche 1950-1954, S. 322, 701f.; die Lenz-Tagebücher, S. 282, 389, 399, 409, 412, 449, 551, und neuerdings auch Michael *Hollmann,* Die Ehre des Politikers. Zur Funktion des politischen Skandals in der frühen Bundesrepublik, in: Mitteilungen aus dem Bundesarchiv, Jg. 4 (1996), H. 2, S. 3-14. Dort auch die Erläuterungen zu den Ereignissen der vorausgegangenen Wochen, besonders zur Hauptverhandlung vom 26.9.1955 vor dem Landgericht Hannover über die u. a. gegen Schmeißer und »Spiegel«-Herausgeber Rudolf Augstein gestellten Strafanträge, die nach Ehrenerklärungen der Angeklagten mit der Zurücknahme der Anträge endete.
16 Heuss hatte bereits im Tagebuchbrief vom 25.10.1955 notiert: »In der Schmeißer-Sache drängte ja der Kanzler, im Bundestag selber eine Erklärung abgeben zu können, aber seine ›Temperatur‹ erlaubte das noch nicht« (S. 81).

Zur Aussprache des Bundestages über eine Große Anfrage der SPD-Fraktion »betreffend Verhalten des Bundeskanzlers im Falle Schmeißer« kam es am 7.12.1955; vgl. Stenographische Berichte, 2. Wahlperiode, Bd. 27, S. 6202-6209 (dort die Ausführungen Adenauers auf S. 6204-6208).

17   Rudolf *Augstein* (geb. 1923), seit 1947 Herausgeber des Nachrichtenmagazins »Der Spiegel«, 1972/73 MdB (FDP).

18   Vom Verleger Axel Cäsar *Springer*, den Heuss am Nachmittag des 1.11.1955 empfing (Tagebuchbriefe, S. 88).

19   Vgl. Nr. 43 (Anm. 10).

20   Ulrich *Graf von Brockdorff-Rantzau* (1869-1928), ab 1912 Gesandter in Kopenhagen, 1918/19 Reichsaußenminister (leitete die deutsche Delegation bei den Friedensverhandlungen nach dem Ersten Weltkrieg in Versailles), 1922-1928 Botschafter in Moskau.

21   Otto *Fürst von Bismarck* (1897-1975; Enkel des Reichskanzlers), 1953-1965 MdB (CDU), langjähriges Mitglied der Beratenden Versammlung des Europarates und der Versammlung der Westeuropäischen Union. – Seine Nennung in *diesem* Zusammenhang bezieht sich auf seine frühere diplomatische Tätigkeit: 1927 Eintritt in den Auswärtigen Dienst, 1928-1936 Gesandtschaftsrat bzw. Botschaftsrat in Stockholm und London, 1937-1940 Dirigent der Politischen Abteilung des Auswärtigen Amtes, 1940-1943 Gesandter in Rom.

22   Hasso *von Etzdorff* (1900-1989), 1947-1949 im Deutschen Büro für Friedensfragen, 1950-1965 im Auswärtigen Dienst, 1953/54 Gesandter und stellvertretender Leiter der deutschen EVG-Delegation in Paris, 1956-1958 Botschafter in Kanada, 1958-1961 Ministerialdirektor im Auswärtigen Amt, 1961-1965 Botschafter in Großbritannien; vgl. Rainer A. *Blasius*, Hasso von Etzdorff. Ein deutscher Diplomat im 20. Jahrhundert, Zürich 1994.

23   Am 22.11.1955 erörterte Heuss mit Außenminister *von Brentano*, »wie weit die Überlegungen über den künftigen deutschen Botschafter in Moskau gediehen seien. Herr von Brentano berichtet dem Bundespräsidenten darüber, daß der Bundeskanzler für diesen Posten gerne Herrn Staatssekretär *Westrick* ausersehen möchte. Er wisse allerdings noch nicht, ob Westrick diese Berufung annehmen würde. Er … will nun mit Westrick baldmöglichst darüber eine Unterhaltung führen« (nach der in BA, a.a.O., Bl. 24-27 überlieferten Gesprächsaufzeichnung). Zur Einschätzung dieser Kandidatur durch den Außenminister Daniel *Kosthorst*, a.a.O., S. 145.

24   Hilde *Westrick* geb. *von Odelga*.

25   Zu Gesprächen mit dem französischen Ministerpräsidenten Edgar *Faure* am 5.10.1955; hierzu das Kommuniqué in: EA, Jg. 10 (1955), S. 8361. Vgl. a. Adenauers Ausführungen der CDU-Vorstandssitzung vom 10.3.1956 (Protokolle des CDU-Bundesvorstands 1953-1957, S. 855).

26   Bei der Volksabstimmung vom 23.10.1955 hatte die Bevölkerung des Saarlands mit 67.7 % das Saarstatut abgelehnt. – Zur Lösung des Saarpro-

blems nahm die Bundesregierung am 13.11.1955 erneute Verhandlungen mit Frankreich auf; zur weiteren Entwicklung vgl. Nr. 47 (Anm. 11), 49 (TOP 1).

27   Theodor Heuss. Würdigungen. Reden, Aufsätze und Briefe aus den Jahren 1949-1955, hrsg. von Hans *Bott*, Tübingen 1955. – Faksimile aus dem Widmungsexemplar (»Konrad Adenauer zugeeignet mit herzlichen Wünschen für die Genesung – Bonn 1. Nov. 1955, Theodor Heuss«) in »Unserem Vaterlande zugute«, S. 200f.

Nr. 45

* BA, VS B 122/31269, Bd. A II, Bl. 5-8, Aufzeichnung vom 28.11.1955, gez. *Klaiber*.

1   Im Brief an Heuss vom 22.11.1955 zur »außenpolitischen Situation nach dem Scheitern der Genfer Konferenz« hatte Adenauer bereits angekündigt, bei »der Bedeutung der Angelegenheiten … darüber mündlich Vortrag« halten zu wollen; vgl. »Unserem Vaterlande zugute«, S. 198. – Mit dem beigefügten Schreiben an *Dehler* hatte der Kanzler gebeten, »über folgenden Punkt eine Beschlußfassung Ihrer Fraktion herbeizuführen: Steht die Bundestagsfraktion der FDP wie bisher auf dem Boden der Pariser Verträge, und zwar ohne Änderung? … Damit die Geschlossenheit der Koalition, die in der heutigen, gefahrvollen Zeit mehr als je nötig ist, gewahrt bleibt, bitte ich weiter um folgende Erklärung: Ist die Bundestagsfraktion der FDP bereit, zusammen mit der Fraktion der CDU/CSU und der Fraktion der DP bis zum Ablauf der gegenwärtigen Legislaturperiode im Jahre 1957 so zur Koalition zu stehen und in wichtigen Fragen mit den anderen Koalitionspartnern gemeinsam vorzugehen, daß eine agitatorische Auseinandersetzung über die gemeinsame Arbeit der Koalitionsparteien bei den Bundestagswahlen 1957 ausgeschlossen wird?« (AdL, NL Dehler, N 1-2222; Teildruck: Konrad *Adenauer*, Erinnerungen 1955-1959, S. 80-82).

2   Vgl. Stenographische Berichte, 2. Wahlperiode, Bd. 27, S. 6101-6111, 6155-6188.

3   Vgl. Nr. 56 (Anm. 1).

4   Vgl. Nr. 37 (TOP 4), 38 (TOP 1), 40 (TOP 2), 42 (TOP 3).

5   Dazu die Darstellung von Friedrich *Klingl*, »Das ganze Deutschland soll es sein!«, S. 222-235.

6   Vgl. Nr. 44 (Anm. 2).

7   Vgl. die Eintragungen zum 24.11.1955 in den Tagebuchbriefen, S. 100.

8   Auszüge aus der am 19.11.1955 in Würzburg gehaltenen Rede *Middelhauves* in der Dokumentation »Erklärungen von Angehörigen der FDP zur Frage der deutschen Außenpolitik« in StBKAH 12.72. Dazu auch, wie zur Koalitionskrise dieser Tage und Wochen insgesamt, Adenauers Teegespräche 1955-1958, S. 31-40.

9   In der Sitzung des Außenpolitischen Ausschusses der FDP vom 16.11.1955. *Euler* hatte seine entstellt wiedergegebenen Ausführungen Ade-

nauer bereits am 23.11.1955 brieflich erläutert: »... gerade auf außenpolitischem Gebiet seien Sonderinitiativen einzelner Koalitionsparteien besonders
gefährlich. Diese Initiativen dürfen nur koalitionsintern bei gemeinsamen Beratungen der außenpolitischen Linie erfolgen, und die deutsche Bemühung muß
dahin gehen, das jeweils vor weiteren Verhandlungen mit den Sowjets zu
entwickelnde gemeinsame Verhandlungskonzept des gesamten Westens im
höchstmöglichen Maße so zu beeinflussen, wie es unserem deutschen Interesse
an der Wiederherstellung der deutschen Einheit auf freiheitlicher Grundlage
entspricht« (Abschrift in BA, a.a.O., Bl. 3f.). Hierzu Nr. 45A (bei Anm. 6).

10   Vgl. Nr. 38 (TOP 1).

11   Mit Begleitschreiben an Manfred Klaiber leitete *Blücher* am 26.11. dem
Bundespräsidenten den Brief an Adenauer vom 25.11.1955 zu, der sich detailliert mit den an Dehler gerichteten Forderungen (s. oben Anm. 1) auseinander-
setzte; vgl. BA, a.a.O., Bl. 13-17.

12   Versuche zur Beilegung des Konflikts wurden in den Koalitionsge-
sprächen vom 6., 7. und 13.12.1955 unternommen; vgl. Friedrich *Klingl*,
a.a.O., S. 234f.

13   In Kenntnis des Adenauer-Schreibens vom 22.11.1955 hatte sich auch
der Außenminister erkundigt, »ob die Fraktion der Freien Demokratischen
Partei die bisherige Außenpolitik fortzusetzen entschlossen ist oder nicht. Es ist
für den Inhalt meiner Regierungserklärung von entscheidender Bedeutung, ob
ihr Inhalt, wenn er vom Kabinett gebilligt wird, auch die Billigung Ihrer Fraktion finden wird« (BA, a.a.O., Bl. 18-20); Druck: Konrad *Adenauer*, a.a.O.,
S. 83f.

14   Dazu ein Hinweis in Adenauers Informationsgespräch vom 13.12.1955
(Teegespräche 1955-1958, S. 33); vgl. a. Friedrich *Klingl*, a.a.O., S. 232f.

15   Vgl. »Unserem Vaterlande zugute«, S. 199, 431f. Dort auch die Auszüge
aus der von Adenauer angemahnten Antwort Dehlers vom 29.11.1955 (nach
dem Original in StBKAH 12.33; die am 30.11.1955 Heuss übermittelte Abschrift in BA, a.a.O., Bd. III, Bl. 168f.).

16   Das Gespräch fand am Samstag, den 26.11.1955 (Namenstag *Konrad*
Adenauers), ab 11 Uhr im Wohnhaus des Bundeskanzlers statt; dazu die
Heuss-Notizen in seinen Tagebuchbriefen, S. 101.

17   Im Artikel »Der Streit um die Außenpolitik in der Bonner Koalition«
(»Neue Zürcher Zeitung« vom 25.11.1955, S. 1).

18   Nach Bestätigung im Januar 1956 (vgl. Nr. 46 [TOP]) behielt Dehler den
FDP-Fraktionsvorsitz bis zum 8.1.1957 bei.

19   In den folgenden Wochen bemühte sich Heuss wiederholt um Annäherung und Interessenausgleich, so in dem am 12.12.1955 mit Adenauer geführten Gespräch, zu dem *kein* Protokoll, aber die genauere Darstellung in den Tagebuchbriefen (S. 113) überliefert ist: »Der Kanzler war 1 1/2 Stunden da:
außenpolitische Ungewißheiten, Zuspitzung der Aussprache mit der FDP
wegen erneuten Dehler-Eskapaden ... D[ehler]s Wiederwahl an die Fraktions-

spitze gefährdet Koalition – ich sagte Ad[enauer], daß er mit der Wahl der ultimativen Briefform D[ehler]s Position (Mannentreue) selber etwas gestärkt habe.«

20 Ernst-Christoph *Brühler* (1891-1961), seit 1950 Oberstudiendirektor an der Pädagogischen Akademie Freiburg, 1953-1961 MdB (DP; ab September 1955 Fraktionsvorsitzender).

21 Dazu Heinrich *Krone,* Tagebücher, S. 195.

Nr. 45 A

* BA, VS B 122/31269, Bd. A III, Bl. 170f., Aufzeichnung vom 29.11.1955, gez. *Klaiber.*

1 Heinrich *Krone* (1895-1989), 1949-1969 MdB (CDU), 1951-1955 Geschäftsführer, 1955-1961 Vorsitzender der CDU/CSU-Bundestagsfraktion, 1961-1966 Bundesminister für besondere Aufgaben. – Zu dem hier erwähnten Schreiben und den anderen Aktivitäten dieses Zeitraums seine Tagebücher, S. 195.

2 Vgl. Nr. 45 (Anm. 1, 15).

3 Verwechslung mit dem DP-Fraktionsvorsitzenden Prof. Dr. *Brühler,* der am 28.11.1955 (ab 10.10 Uhr) gemeinsam mit Heinrich Krone und Richard *Stücklen* vom Kanzler empfangen wurde (StBKAH 04.06)

4 Vgl. ebd., Anm. 12.

5 Zu den innerparteilichen Konflikten Friedrich *Klingl,* »Das ganze Deutschland soll es sein!«, S. 233.

6 Vgl. Nr. 45 (Anm. 9).

7 Vgl. ebd., Anm. 14.

8 Am 28.11.1955 ab 15.35 Uhr, auch im Beisein von Ludwig *Schneider* (StBKAH 04.06). Zu dieser Unterredung der Hinweis von Friedrich *Klingl,* a.a.O.

Nr. 46

* BA, VS B 122/31269, Bd. A III, Bl. 162-167, Aufzeichnung vom 25.1.1956, gez. *Bott.*

1 Zum Aufenthalt des britischen Premierministers in den USA (ab 30.1.1956) das am 2.2.1956 veröffentlichte Kommuniqué in: AdG, Jg. 26 (1956), S. 5599-5601.– Zur Abstimmung des Bundeskanzlers mit dem amerikanischen Außenminister in diesem Zeitraum auch der Briefwechsel vom 12./27.12.1955 in Adenauers Erinnerungen 1953-1955, S. 94-103.

2 Gerüchte über den Rücktritt des britischen Premierministers waren am 7.1.1956 dementiert worden; vgl. AdG, Jg. 26 (1956), S. 5560. *Eden* demissionierte am 9.1.1957, nach der britisch-französischen Intervention in Ägypten; zur Suezkrise Nr. 52 (TOP 1), 53 (TOP 1). Über die »englische Kabinettslage« hatte am 20.1.1956 Botschafter *Herwarth* Heuss informiert (Tagebuchbriefe, S. 135).

3   Zu diesem Abstimmungsprozeß keine Belege in StBKAH.

4   Am 2.1.1956 hatten Neuwahlen zur französischen Nationalversammlung stattgefunden, aus denen die Sozialisten unter Führung von Guy *Mollet* als Sieger hervorgingen, der daraufhin zum 31.1./1.2.1956 Edgar *Faure* als Regierungschef ablöste; vgl. Nr. 47 (TOP 1).

5   Vgl. Nr. 33 (Anm. 17). – Zu dieser Gesprächspassage die Tagebuchbriefe, S. 136.

6   Gemeint ist der Bundestagsausschuß für Verteidigung (bis 10.1.1956: Ausschuß für Fragen der europäischen Sicherheit), dessen Vorsitz *Jaeger* von 1953-1965 innehatte. – Positiver als hier beurteilt Adenauer Jaegers Anteil am Gesetzgebungsprozeß im Lagebericht in der CDU-Vorstandssitzung vom 10.3.1956 (Protokolle des CDU-Bundesvorstands 1953-1957, S. 847f.).

7   Vgl. Nr. 40 (Anm. 8).

8   Fritz *Erler* (1913-1967), 1949-1967 MdB (SPD), ab 1956 im SPD-Parteivorstand, 1957-1961 stellvertretender Vorsitzender der SPD-Bundestagsfraktion, 1964-1967 Fraktionsvorsitzender und stellvertretender Parteivorsitzender.

9   »Bemerkungen zu den Erörterungen über den sogenannten ›Oberbefehl‹« vom 18.12.1955 (davon ein Exemplar in BA, NL von Brentano, Nr. 167); dazu Eberhard *Pikart*, Theodor Heuss und Konrad Adenauer, S. 113f. Vgl. a. Hans *Ehlert*, Innenpolitische Auseinandersetzungen, S. 497.

10   Hierzu, unter Verwendung dieser Gesprächsaufzeichnung, Hans-Peter *Schwarz*, Adenauer. Der Staatsmann, S. 264, und Hans *Ehlert*, Innenpolitische Auseinandersetzungen, S. 501.

11   Die Notstandsverfassung mit Regelungen für den äußeren, inneren und Katastrophennotstand kam erst mit dem am 30.5.1968 verabschiedeten 17. Gesetz zur Ergänzung des Grundgesetzes zustande (Inkrafttreten am 28.6.1968; BGBl. I 709).

12   Nach längerer Aussprache in der Kabinettssitzung vom 18.1.1956 (ab 9.30 Uhr; StBKAH 04.07) war der damals diskutierte Entwurf zurückgestellt worden; für die anschließenden Beratungen mit den Koalitionsparteien bzw. ihren Mitglieder der damit befaßten Bundestagsausschüsse sind in StBKAH keine Unterlagen erhalten. Zur Thematik insgesamt Ernst *Benda*, Die Notstandsverfassung, 8.-10. veränderte Auflage, München 1968, passim (hier S. 55f.).
Adenauer und Heuss hatten den Fragenkomplex zuvor bereits in einem *nicht* protokollierten Gespräch vom 19.1.1956 erörtert: »Überraschend suchte Bundeskanzler Dr. Adenauer gestern abend den Bundespräsidenten in der ›Villa Hammerschmidt‹ auf. Eine für 18.30 Uhr vorgesehene Sitzung des Bundeskabinetts wurde deshalb abgesetzt. Man nimmt an, daß Fragen der Notstandsgesetzgebung, der Regelung der Befehls- und Kommandogewalt und der Wehrgesetzgebung besprochen wurden. Der Entwurf einer Notstandsregelung, den das Bundesinnenministerium am Mittwoch dem Bundeskabinett präsentiert

hatte, fand noch nicht die volle Billigung. Er soll noch einmal überarbeitet werden« (»Husumer Tageszeitung« vom 20.1.1956).

13   Am 2.1.1956 waren die ersten Einheiten der neuen Streitkräfte aufgestellt worden, für das Heer in Andernach, für die Luftwaffe in Nörvenich, für die Marine in Wilhelmshaven. In Andernach hatte Adenauer am 20.1.1956 die ersten Freiwilligen begrüßt.

14   Dazu Adenauers in Andernach an die »Soldaten der neuen Streitkräfte« gerichtete Ansprache in StBKAH 02.14. Ein späterer Beleg: der am 12.9.1956 von der »Abendpost« (Frankfurt/Main) veröffentlichte Bericht – »Adenauer wettert gegen halbstarke ›Lümmels‹« – über Äußerungen des Bundeskanzlers in einer Sitzung der CDU/CSU-Bundestagsfraktion: »Es muß einfach aufhören, daß Angehörige der Verteidigungstruppen in dieser Weise diskriminiert werden. Das ist schlechtweg eine Schande.«

15   Der Außenminister hatte am 20.12.1955 eine Zeitungsnotiz kommentiert, »die neue Wehrmacht beabsichtige anläßlich des Neujahrsempfanges der in Bonn akkreditierten Diplomaten eine Ehrenkompanie zu stellen. ... Gerade in den letzten Wochen und Monaten haben wir erlebt, daß die Aufstellung der deutschen Streitkräfte auch bei solchen, die sie für unbedingt notwendig halten, doch auf gewisse innere Widerstände stößt. Mit der Existenz einer deutschen Wehrmacht verbinden sich nun einmal in weiten Kreisen des Auslandes Erinnerungen und Befürchtungen, die begreiflich sind. Das ist der Grund, warum ich mir erlaube, Ihnen die Frage vorzulegen, ob man schon jetzt in dieser Weise die neue Wehrmacht nach außen hin sichtbar machen sollte. Es wird ohnehin großer Behutsamkeit bedürfen, den politischen Standort der deutschen Wehrmacht so klarzustellen, daß bei niemandem im In- und Ausland die Sorge aufkommt, daß deutsche Offiziere noch einmal aus der politischen Neutralität heraustreten und die legitime Aufgabe, dem demokratischen Staat zu dienen, mit gewissen Ambitionen vertauschen, politische Entscheidungen zu beeinflussen oder gar herbeizuführen«; vgl. BA, NL von Brentano, Nr. 167. Dort auch die eigenhändige Antwort des Bundespräsidenten vom 24.12.1955 (nachdem er schon vorher den ihm vom Verteidigungsministerium angebotenen Ehrenzug des Heeres zum Empfang am 10.1.1956 abgelehnt hatte). Dazu die Gegenüberlieferung in BA, NL Heuss, Nr. 330.

16   »Bott und das Protokoll haben verabredet, daß je ein Polizist und ein Soldat am Hauseingang stehen. Es wird nicht getrommelt und nicht präsentiert« (wie Anm. 15).

17   Alfred *Graf von Schlieffen* (1833-1913), 1891-1905 Chef des Generalstabs der Armee, 1911 preußischer Generalfeldmarschall.

18   Heuss im Tagebuchbrief vom 18.1.1956: Adenauer »nimmt demnächst ›Paraden‹ ab, während ich ... jetzt retardierend wirke, da ich glaube, ein stärkeres Gefühl für die innerdeutsche Normalstimmung zu haben« (S. 134).

19   Ein Exemplar dieser Ausarbeitung von Georg *Madelung* (Professor an der Technischen Hochschule Stuttgart) in BA, B 122/628 erhalten. Die ersten

und letzten Sätze des 5 1/2-seitigen Manuskripts lauten: »Schon zur alten Volkssage gehört die Tarnkappe. Sie gibt ihrem Besitzer Alberich die Gewalt über die Zwerge. Vorbild der Tarnung ist der Tiger, dem seine Streifen im Bambusdickicht unsichtbar machen ... Es muß erreicht werden, daß jeder patriotische Deutsche in den Waffen geübt ist und daß das friedliche Bild Deutschlands trotzdem nicht durch militärische Schaustellungen gestört wird ... Kein Deutscher soll den Feinden unserer Wehrhaftigkeit eine leicht treffbare Zielscheibe bieten.« Dazu auch das Dankschreiben Botts an Madelung vom 25.1.1956 in BA, a.a.O., Nr. 331.

20   Ein weiteres Beispiel hatte Heuss in dem am 22.11.1955 mit Heinrich *von Brentano* geführten Gespräch genannt: »betr. etwaige Einführung einer Sonderflagge für die deutschen Streitkräfte ... sei [er] der Auffassung, eine solche Sonderflagge (etwa mit dem Eisernen Kreuz als Symbol) nicht einführen zu sollen. Vielmehr sollen die künftigen deutschen Soldaten, wie es auch z.B. die Franzosen und die Amerikaner täten, unter der normalen Landesflagge ihren Dienst tun« (vgl. Nr. 44 [Anm. 23]).

21   Entwurf zu dem am 21.6.1956 von der Bundesregierung eingebrachten, am 26.7.1957 verkündeten Gesetz über Titel, Orden und Ehrenzeichen (BGBl. I 844). Zum damaligen Stand der Gesetzesberatungen die Erläuterungen von Hans Karl *Geeb* (Regierungsdirektor im Bundesinnenministerium) im Bulletin, Nr. 79 vom 26.4.1956, S. 737-740.
Dazu vgl. a. die Hinweise auf das am 8./9.2.1956 erarbeitete Manuskript des Bundespräsidenten »Bemerkungen zur Ordensfrage, zumal der Kriegsauszeichnungen« in den Tagebuchbriefen, S. 144, 553. Vgl. a. Nr. 54 (TOP 2).

22   Georg *Adenauer*, 1931 geborener jüngster Sohn des Bundeskanzlers, später Notar in Schleiden/Eifel.

23   Am 19.1.1956 ab 11 Uhr (StBKAH 04.07); dazu eine Notiz im Bulletin, Nr. 14 vom 20.1.1956, S. 110.

24   Kurt *Fett* (1910-1980), gehörte ab 1950 der Dienststelle Blank an, 1951-1954 Mitglied der EVG-Delegation in Paris, 1954/55 Leiter der Unterabteilung Militärische Planung und Chef des Stabes der Militärischen Abteilung. – Zur Kontroverse um die Ablehnung Fetts durch den Personalgutachterausschuß Georg *Meyer*, Zur inneren Entwicklung, S. 1070-1072, 1074, 1082, 1090f.

25   Vgl. Nr. 42 (Anm. 15).

26   Wolf *Graf von Baudissin* (1907-1993), Generalleutnant, 1951-1955 Referatsleiter »Inneres Gefüge« in der Dienststelle Blank, 1955-1958 Leiter der Unterabteilung »Innere Führung« im Bundesverteidigungsministerium, ab 1957 Kommandeur der »Schule für Innere Führung« in Koblenz. – Ein Exemplar des nachfolgend erwähnten Baudissin-Berichts über seine Reise in die USA (30.6.-29.8.1955) ist in BA, B 122/629 erhalten.

27   Der Begriff ist älter als hier behauptet, wie aus Art. 47 der Weimarer Reichsverfassung vom 11.8.1919 hervorgeht: »Der Reichspräsident hat den Oberbefehl über die gesamte Wehrmacht des Reiches.«

28 Die Entwicklungen im liberalen Lager seit der Koalitionskrise vom November/Dezember 1955 (vgl. Nr. 45, 45 A) schildert Friedrich *Klingl*, »Das ganze Deutschland soll es sein!«, S. 235-237.

29 Vgl. Nr. 37 (Anm. 9). – Zu den deswegen in diesem Zeitraum geführten Diskussionen die Krone-Tagebücher, S. 197-199, 201, 203-205. Vgl. a. Adenauers Ausführungen im Kanzlertee vom 1.3.1956 (Teegespräche 1955-1958, S. 50-52).

30 Am 13.1.1956; vgl. Erhard H. M. *Lange*, Wahlrecht und Innenpolitik, S. 676.

31 Zu den Wahlrechtsberatungen und -auseinandersetzungen der folgenden Wochen Eckhard *Jesse*, Wahlrecht zwischen Kontinuität und Reform, S. 106-110.

32 Hans *Wellhausen* (1894-1964), 1949-1957 MdB (FDP; ab 1956 CSU), 1952-1959 Verwaltungsratspräsident der Deutschen Bundesbahn. – Zu den Kontakten Heuss-Wellhausen vor der Wiederwahl Dehlers zum FDP-Fraktionsvorsitzenden am 10.1.1956 (vgl. Nr. 45 [Anm. 18]) die Tagebuchbriefe, S. 115, 130.

33 Hierzu a.a.O. (S. 143) die Notiz zu einem am 7.2.1956 im Beisein *Blüchers* geführten Gespräch des Bundeskanzlers mit dem Bundespräsidenten (zu dem ein amtliches Protokoll nicht überliefert ist): »Tolle Wirrnis: in Nordrhein-Westfalen wollen die Nazi-FDP mit den Soz.-Dem. und Zentrum den CDU Arnold stürzen, der einen ausgezeichneten (protestantischen) Kultusminister [Werner Schütz] hat; dieser Gruppe von Personalehrgeizen scheint das Außenbild, das sie damit schaffen, ziemlich wurst zu sein«. Zu diesen Ereignissen neuerdings Friedrich *Keinemann*, Der 20. Februar 1956 aus der Sicht der Forschung, in: Geschichte im Westen, Jg. 11 (1996), S. 91-106, und Wolfram *Dorn*, Der Regierungssturz in Düsseldorf 1956 im Rückblick eines ehemaligen »Jungtürken«. Dokumentation, ebd., S. 107-114. Vgl. a. Nr. 47 (TOP 2).

34 Vgl. Nr. 36 (TOP 1), 37 (TOP 2).

35 Der Bundeskanzler hatte die beiden Minister, die mit Schreiben vom 11.8.1955 ihre Ämter zur Verfügung gestellt hatten, am 12.1.1956 um ihren Verbleib im Kabinett gebeten; Wortlaut des Adenauer-Briefes im Bulletin, Nr. 11 vom 17.1.1956, S. 89. Dazu auch seine Ausführungen in der CDU-Vorstandssitzung vom 13.1.1956 (Protokolle des CDU-Bundesvorstands 1953-1957, S. 772).

36 Zum Indien-Aufenthalt des Vizekanzlers (9.-22.1.1956) mehrere Belege – Reden und Interviews – in den Bulletin-Ausgaben dieser Wochen (u. a. Nr. 9 vom 13.1.1956, S. 65-67).

37 Zur damaligen Kritik am Ressort Ludwig *Erhards* der Lagebericht Adenauers vom 13.1.1956 (s. oben Anm. 35, S. 717); vgl. a. Daniel *Koerfer*, Kampf ums Kanzleramt, S. 84-127.

38 »Es ist das nicht nur ein Verstoß gegen den Respekt, den man mir schuldig ist, sondern auch ein Verstoß gegen jede internationale Höflichkeit, der um

so schwerer wiegt, da es sich um führende Staatsmänner handelt. … Schon allein das Passieren durch das Büro des Staatssekretärs und des Ministers erfordert nach den aufgedrückten Stempeln 4-5 und 6 Tage. Ich bin sehr verärgert über diese Art der Erledigung durch das Auswärtige Amt« (Adenauer am 24.1.1956 an *von Brentano*; StBKAH III/40).

39   Der Außenminister hatte im Dezember 1955 u. a. an der Ministerratstagung der NATO in Paris teilgenommen; zu den diplomatischen Aktivitäten dieses Zeitraums Daniel *Kosthorst*, Brentano und die deutsche Einheit, S. 85-95.

40   Wortlaut der Ansprache »Der Deutsche gehört in die Welt der geistigen Freiheit« im Bulletin, Nr. 1 vom 3.1.1956, S. 1f.; vgl. a. BA, B 122/244.

Nr. 47

* BA, VS B 122/31269, Bd. A III, Bl. 157-161, Aufzeichnung o. D., gez. *Bott*.

1   Christian *Pineau* (1905-1995), 1946-1958 Abgeordneter der französischen Nationalversammlung und Vorstandsmitglied der Sozialistischen Partei, 1947-1950 Minister für öffentliche Arbeiten und Transport, 1955 kurzfristig Ministerpräsident, 1956-1958 Außenminister (seit dem 1.2.1956 als Nachfolger von Antoine *Pinay* in diesem Amt; vgl. Nr. 46 [Anm. 4]).

2   Vgl. Nr. 46 (TOP 1).

3   Zu dieser Gesprächspassage auch die Heuss-Notiz im Tagebuchbrief: »Natürlich ziemlich viel außenpolitische Besorgtheit, daß durch Dulles' Reisen und Edens gegenüber Churchill geschwächter Autorität die deutschen Dinge weltpolitisch 2 und 3 rangig werden könnten« (S. 159f.). Ausführliche Angaben zu den außenpolitischen Entwicklungen dieser Tage und Wochen bei Daniel *Kosthorst*, Brentano und die deutsche Einheit, S. 96-100.

4   Devisenausgleichzahlungen für die in der Bundesrepublik stationierten Truppen der NATO-Partner leistete die Bundesrepublik seit dem 5.5.1955. Die deswegen in diesem Zeitraum geführten Verhandlungen spricht Adenauer in seinem Pressetee vom 7.6.1956 an (Teegespräche 1955-1958, S. 90f., 392). Die dazu überlieferte Korrespondenz des Kanzlers, vor allem mit führenden britischen Politikern, wird in den in der »Rhondorfer Ausgabe« demnächst erscheinenden Briefen 1955-1957 ediert. – Zur Position des Bundesfinanzministers Christoph *Henzler*, Fritz Schäffer, S. 515-519; vgl. a. Nr. 62 (TOP 2).

5   Nicht nachgewiesen.

6, 7 Zur Rekonstruktion dieser Vorgänge Adenauers Schreiben vom 17.3.1956 an Außenminister *von Brentano*: »Am 16. März 1956 hat Herr Dowling namens des amerikanischen Botschafters Herrn Staatssekretär Hallstein eine sehr schwerwiegende Note übergeben. Herr Botschafter Conant hatte mich am Tage vorher, wie ich annehme über das Auswärtige Amt, wissen lassen, daß er vor seiner 14tägigen Reise nach US., die er am 17. März antreten wolle, mich gerne sprechen möchte. Ich habe mit ihm als Termin der Rücksprache vereinbart den 16. März 1956, nachmittags 5.30 Uhr. Wenige Minu-

ten vorher erhielt ich mit Unterschrift des Herrn Professor Grewe den Text der
morgens übermittelten Note nebst einigen Ausführungen dazu, weil Herr
Grewe, wie er schrieb, annahm, der Inhalt dieser Note Gegenstand der Aussprache sein würde.
Ich erhielt diese Note und die Bemerkung so kurz vor dem Termin, daß es mir
schon aus zeitlichen Gründen unmöglich war, sie zu lesen, abgesehen davon,
daß es sich um eine umfangreiche und komplizierte Sache handelte. Ich habe
dann das Gespräch mit Botschafter Conant gehabt. Ich habe mit ihm vereinbart, daß bis auf weiteres wenigstens für die nächsten Wochen nichts von der
Note an die Öffentlichkeit gelangen soll. Er hat mir zugesagt, noch am gleichen Abend ein Telegramm nach Washington zu senden« (StBKAH III/40).
8   Der britische Botschafter war am 19.3.1956 (ab 12 Uhr) gemeinsam mit
dem Premierminister Nordirlands (Sir Basil Stanlake *Brooke*, 1. Viscount
Brookeborough of Colebrooke), vom Bundeskanzler empfangen worden
(StBKAH 04.07).
9   In einer der beiden Unterredungen des gleichen Tages (ab 10.25 Uhr und
12.35 Uhr; a. a O.).
10   Der geplante Besuch *Edens* kam nicht zustande; erst sein Amtsnachfolger
ab Januar 1957, Harold *Macmillan*, reiste im Mai 1957 nach Bonn (erster offizieller Besuch eines britischen Premiers in der Bundesrepublik). Vgl. Nr. 58
(Anm. 32).
11   Zu den französisch-deutschen Saargesprächen vom März 1956 Adenauers Teegespräche 1955-1958, S. 81f., 389f.
12   Guy *Mollet* (1905-1975), 1946/47 und 1959 französischer Staatsminister, 1949 Mitglied und 1954-1956 Präsident der Beratenden Versammlung
des Europarats. 1950/51 Minister für Angelegenheiten des Europarats,
1956/57 Ministerpräsident.
13   Über seine in Moskau Ende Mai 1956 gewonnenen Eindrücke berichtete
der französische Ministerpräsident dem Bundeskanzler am 4.6.1956 in
Luxemburg (vgl. Nr. 49 [Anm. 2]); dazu Adenauers Erinnerungen 1955-1959,
S. 130-132. – Hintergrund der hier angestellten Überlegungen: der XX. (Entstalinisierungs-) Parteitag der KPdSU vom 14.-25.2.1956, den Heuss im nachfolgenden Brief vom 29.3.1956 an Adenauer »im Zusammenhang mit dem antistalinistischen Wirbel, der in Moskau gemacht wird«, kurz anspricht; vgl.
»Unserem Vaterlande zugute«, S. 211.
14   Zum Aufenthalt der sowjetischen Politiker in Großbritannien (18.-
27.4.1956) die Belege in: DzD III/2 (1956), S. 292-295.
15   Anfang März 1956 war Erzbischof *Makarios*, Wortführer der griechisch-
orthodoxen Bevölkerung und Vorkämpfer für die Selbstbestimmung von Zypern (Kronkolonie seit 1925), von den Briten verhaftet und auf die Seychellen-
Inseln im Indischen Ozean verbannt worden; dazu ein Hinweis in Adenauers
Lagebericht vom 10.3.1956 in den Protokollen des CDU-Bundesvorstands
1953-1957, S. 846.

16 Alexander *Papagos* (1883-1955), 1952-1955 griechischer Ministerpräsident.

17 Adenauer hatte sich vom 9.3.-26.3.1954 in Griechenland und der Türkei aufgehalten; vgl. seine Briefe 1953-1955, S. 86f., 438f.

18 Dazu das Zypern-Kapitel in *Edens* Memoiren 1945-1957, S. 449-472.

19 Nach Spaltung der FDP-Bundestagsfraktion am 23.2.1956 (durch den Austritt von 16 Abgeordneten, u. a. der Bundesminister *Blücher, Neumayer, Schäfer* und *Preusker*) war die FDP am 25.32.1956 aus der Koalition ausgeschieden. Die daraufhin gebildete Demokratische Arbeitsgemeinschaft (DA) bzw. – ab 26.6.1956 – Freie Volkspartei (FVP) schloß sich am 23.3.1956 dem Regierungsbündnis an; vgl. Friedrich *Klingl*, »Das ganze Deutschland soll es sein!«, S. 239-242.

20 Vgl. Nr. 46 (Anm. 33).

21 Vgl. ebd. (TOP 6).

22 Hermann-Josef *Werhahn* (geb. 1923), seit 1950 verheiratet mit Adenauers jüngster Tochter Libet (geb. 1928). – In einem anderen Zusammenhang berief sich Adenauer auf Informationen Werhahns im Informationsgespräch vom 18.10.1956 (Teegespräche 1955-1958, S. 137f.).

23 Ende Februar 1956; dazu der Bericht Erhards vom 27.2.1956 vor der Bundespressekonferenz im Bulletin, Nr. 41 vom 29.2.1956, S. 364f.

24 Alfred *Hartmann* (1894-1967), 1947-1950 Direktor der Verwaltung für Finanzen des Vereinigten Wirtschaftsgebietes, 1950-1959 Staatssekretär im Bundesfinanzministerium.

25 Friedrich Karl *Vialon* (geb. 1905), 1950-1957 im Bundesfinanzministerium (1956 Leiter der Haushaltsabteilung, 1957 in den einstweiligen Ruhestand versetzt), 1958-1962 Abteilungsleiter im Bundeskanzleramt (zuständig für Wirtschafts-, Finanz- und Sozialpolitik), 1962-1966 Staatssekretär im Bundesministerium für wirtschaftliche Zusammenarbeit.

26 Heinz-Maria *Oeftering* (geb. 1903), 1949-1957 Abteilungsleiter und Vertreter des Staatssekretärs im Bundesfinanzministerium, 1957-1972 Vorstandsvorsitzender und Präsident, 1972-1975 Präsident des Verwaltungsrates der Deutschen Bundesbahn.

27 Ludwig *Kattenstroth* (1906-1971), 1949-1962 Abteilungsleiter im Bundeswirtschaftsministerium, 1962/63 im Bundeskanzleramt, dann Staatssekretär im Bundesschatzministerium (1963-1965) und im Bundesministerium für Arbeit und Sozialordnung (1965-1969).

28 Carl *Krautwig* (1904-1981), 1948/49 Leiter der Direktorialkanzlei des Verwaltungsrates des Vereinigten Wirtschaftsgebietes, 1950-1963 Ministerialdirektor im Bundeswirtschaftsministerium, 1963-1969 Staatssekretär im Bundesministerium für gesamtdeutsche Fragen, 1966-1969 Bevollmächtigter des Bundes in Berlin.

29 Helene *Weber* (1881-1962), 1946/47 MdL in Nordrhein-Westfalen (CDU), 1947/48 Mitglied des Zonenbeirats, 1948/49 Mitglied des Parlamentarischen Rats, 1949-1962 MdB.

30   Am Samstag, den 17.3.1956; dazu keine Eintragungen in StBKAH 04.07, auch nicht in den Krone-Tagebüchern.

31   Wortlaut der »Entschließung betr. Koalitionspolitik«, auf den sich der FDP-Bundesvorstand bei seiner dreitägigen Klausurtagung in Bad Wimpfen am 18.3.1956 geeinigt hatte: FDP-Bundesvorstand. Sitzungsprotokolle 1954-1960, S. 162.

32   Auf dem 7. FDP-Bundesparteitag (20./21.4.1956 in Würzburg) wurde Thomas *Dehler* als Parteivorsitzender bestätigt.

33   Bis auf die Koalitionsgespräche vom Dezember 1955 (vgl. Nr. 45 [Anm. 12]) sind für den genannten Zeitraum keine direkten Kontakte Adenauer-Dehler nachweisbar.

34   Vgl. Nr. 56 (Anm. 1).

35   Erich *Raeder* (1876-1960), Admiral (1939 Großadmiral), 1935-1943 Oberbefehlshaber der Kriegsmarine, 1946 in Nürnberg zu lebenslänglicher Gefängnishaft verurteilt, 1955 entlassen. – Die hier erörterte Frage behandelten Präsident und Kanzler auch in ihrem Briefwechsel (Heuss am 29.3., Adenauer am 3.4.1956); vgl. »Unserem Vaterlande zugute«, S. 210, 213, 435f.

36   Im Juni 1954 war Heuss, »dem Verfechter wahren Menschentums und unermüdlichen Kämpfer für Deutschlands friedliche Wiedervereinigung und geistige Erneuerung ... in Verehrung und dankbarer Würdigung seiner Verdienste um die Stadt Kiel das Ehrenbürgerrecht« verliehen worden; Abb. des Ehrenbürgerbriefes in den »Kieler Nachrichten« vom 22.6.1954. – Raeder verzichtete mit Schreiben vom 14.4.1956 an den Kieler Oberbürgermeister auf das ihm 1934 verliehene Ehrenbürgerrecht, »da ich es nach den inzwischen erlebten Vorgängen nicht als Ehrung meiner Person und der Marine ansehen kann ... Dem steht die Stellung und das Ansehen entgegen, die ich hier in weiten Kreisen des deutschen Volkes durch meine langjährige aufopfernde Tätigkeit im Dienste des Vaterlandes erworben habe, wie es auch bei meiner Entlassung aus Spandau in so überwältigender Weise zum Ausdruck gekommen ist« (a.a.O., Ausgabe vom 16.4.1956).

37   Vgl. Nr. 40 (Anm. 8), 46 (TOP 2).

38   Aus diesen Jahren sind Gesprächstermine Adenauer-*Ollenhauer* nur für den 4.5., 6.7., 2.9. und 15.9.1955, 12.12.1956 und 21.11.1957 nachweisbar (StBKAH 04.06-04.08). Vgl. Nr. 59 (Anm. 10).

39   Vgl. Nr. 45 (Anm. 12).

40   Hierzu der in der Einleitung dieser Edition (S. 13) zitierte Heuss-Brief vom 29.7.1950 an Erich Ollenhauer; als einzige Überlieferung befindet sich das Original in AdsD, NL Adolf Arndt jun., Mappe 31.

41   Dazu auch Adenauers Kanzlertee vom 1.3.1956 (Teegespräche 1955-1958, S. 46f.) und sein Lagebericht vom 10.3.1956 (s. oben Anm. 15, S. 839).

42   Gemeint sind die gemeinsam mit Wilhelm *Stuckart* verfaßten, 1936 erschienenen »Kommentare zur deutschen Rassengesetzgebung« von 1935; vgl. Ulrich *von Hehl*, Der Beamte im Reichsinnenministerium: die Beurteilung

Globkes in der Diskussion der Nachkriegszeit. Eine Dokumentation, in: Klaus *Gotto* (Hrsg.), Der Staatssekretär Adenauers, S. 230-282.

Nr. 48

* BA, VS B 122/31269, Bd. A III, Bl. 154-156, Aufzeichnung vom 9.5.1956, gez. *Klaiber.*

1   Vom 12./13.4.-3.5.1956. Adenauer hatte sich vom 24.3.-23.4.1956 in Ascona aufgehalten. Urlaubseindrücke und politische Reflexionen finden sich im Briefwechsel dieser Wochen; vgl.»Unserem Vaterlande zugute«, S. 210-214.

2   Vom 16.-22.5.1956; vgl. ebd., S. 213f.

3   Vgl. Nr. 47 (Anm. 15).

4   Zu Vorbereitung und Durchführung des Staatsbesuchs und zu den dabei abgegebenen Erklärungen die Unterlagen in BA, B 122/539; NL Heuss, Nr. 16. – Aus einem Bericht des »Westdeutschen Tageblatts« (Dortmund) vom 17.5.1956: »Bei dem Besuch des Bundespräsidenten in Griechenland kam es zu einem diplomatischen Zwischenfall. Dem britischen Botschafter in Athen, Sir Charles Peake, wurde von der griechischen Regierung nahegelegt, wegen der Spannung um Zypern an dem Empfang zu Ehren des Bundespräsidenten nicht teilzunehmen. Ein Sprecher des Foreign Office fügte dieser Mitteilung am Mittwoch hinzu, ihm sei nichts von irgendwelchen Absichten bekannt, den Botschafter zu Konsultationen zurückzuberufen. Der ›Daily Express‹ kommentierte den Fall mit der Feststellung: ›Weil das ein Staatsbesuch ist, an dem Staatsoberhäupter beteiligt sind, ist die Beleidigung ernster, als wenn das nur eine Regierungsangelegenheit wäre. König Paul der Hellenen und seine Gemahlin haben in der Tat die englische Königin beleidigt.‹ «

5   Dazu das am 4.5.1956 dänischen Chefredakteuren gegebene Interview Adenauers in seinen Teegesprächen 1955-1958, S. 80f.

6   In diesem Zeitraum lief die 1936 zwischen Ägypten und Großbritannien vertraglich vereinbarte 20-jährige Stationierungsfrist für britische Truppen am Suezkanal aus. Zu den dabei entstandenen Konflikten – die die Suezkrise vom Herbst 1956 auslösten (vgl. Nr. 52) – die Details a.a.O., S. 129, 409f.

7   Auf die damaligen Commonwealth-Konflikte, die auch in Indien zu »großen inneren Schwierigkeiten gegenüber Großbritannien« führten, verwies Adenauer auch in der CDU-Vorstandssitzung vom 12.7.1956 (Protokolle des CDU-Bundesvorstands 1953-1957, S. 927).

8   Im Frühjahr 1956 verschärften sich in Algerien die Kämpfe mit der Front de Libération Nationale (FLN) nach erheblicher Vermehrung und Mobilisierung französischer Truppen und der Auflösung der Algerischen Versammlung durch den Ministerrat; vgl. AdG, Jg. 26 (1956), S. 5721f.

9   Diese Information findet sich auch in Adenauers Erinnerungen 1955-1959, S. 134. Vgl. Nr. 52 (TOP 1).

10   Die Grenzzwischenfälle mit den arabischen Nachbarstaaten führten zum Einmarsch israelischer Truppen nach Ägypten am 29.10.1956.

11   Zu den Verhandlungen der UNO-Unterkommission zur Abrüstung (ab 19.3.1956 in der britischen Hauptstadt; Unterbrechung der Beratungen am 5.5.1956) Adenauers Erinnerungen 1955-1959, S. 114f.

12   Dazu die detaillierte Darstellung von Daniel *Kosthorst*, Brentano und die deutsche Einheit, S. 96-99.

13   Dazu der britische Außenminister Selwyn *Lloyd* in einem Schreiben vom 20.3.1956 an den britischen Botschafter in Paris, Gladwyn *Jebb,* über ein am gleichen Tag mit dem französischen Botschafter in London, Jean *Chauvel,* geführtes Gespräch: »In fact the Anglo-French plan was likely to leak in the next few days, so I could see no reason so far as that went why we should not tell the Germans and other interested Powers; I supposed, however, that until we knew the United States Government‹s reaction to the plan it would, strictly speaking, be premature to do so. I told the Ambassador that I had sent a message to Mr. Dulles recommending the plan to him« (PRO, PREM 11/1358).

14   Am 9.4.1956; vgl. Daniel *Kosthorst*, a.a.O., S. 99.

15   Vgl. Nr. 44 (Anm. 13).

16   Vgl. Nr. 56 (Anm. 1).

17   Vgl. Nr. 47 (Anm. 19).

18, 19   Diese Entscheidungen fielen erst mit der am 16.10.1956 vorgenommenen Umbildung der Bundesregierung; vgl. Nr. 50 (TOP 4), 51 (TOP 2).

20   Gemeint ist ein am 3.4.1956 der amerikanischen Wochenzeitung »US News and World Report« gegebenes Interview des französischen Ministerpräsidenten; Wortlaut: DzD III/2 (1956), S. 229-235.

21   Dazu Daniel *Kosthorst*, a.a.O., S. 98f.

22   Vgl. Nr. 17 (TOP 5).

23   Dem ehemaligen britischen Premierminister wurde am 10.5.1956 der Karlspreis der Stadt Aachen für Verdienste um die Förderung der europäischen Einigung verliehen (nach Alcide *De Gasperi* 1952, Jean *Monnet* 1953 und Konrad Adenauer 1954). Zu diesem Deutschland-Aufenthalt *Churchills* und zu den am 11.5.1956 in Bonn geführten Gesprächen die Belege in PRO, PREM 11/1358, 1363. Dazu auch die Abb. auf S. 199f.

24   Dazu berichtete der britische Botschafter *Hoyer Millar* am 23.5.1956 dem Foreign Office: »There had been threats of counter-demontrations in Aachen by certain refugee groups in protest against the award of the Charlemagne Prize to Sir Winston Churchill. The reason for their complaint was Sir Winston's alleged responsibility at Yalta and Potsdam for the division of Germany and for the expulsion of Germans from their homes in the East. In the event, however, the protest meeting proved an almost complete fiasco and was widely deplored by German public opinion as a breach of manners« (PRO, PREM 11/1363).

25   Vgl. Daniel *Kosthorst*, a.a.O., S. 171f.

26   Zur SPD-Kritik ein Hinweis in den Krone-Tagebüchern, S. 213.

Nr. 49

* BA, VS B 122/31269, Bd. A III, Bl. 148-150, Aufzeichnung vom 11.6.1956, gez. *Klaiber*.

1 Das Gespräch fand am 8.6.1956 ab 10 Uhr statt, vor der anschließenden Kabinettssitzung (ab 10.50 Uhr) und dem Abflug vom Flughafen Köln-Wahn (19.30 Uhr) – zum vierten Besuch des Bundeskanzlers in den USA, der bis zum 15.6.1956 dauerte; vgl. Konrad *Adenauer*, Erinnerungen 1955-1959, S. 156-176.

2 Im Luxemburger Abkommen vom 4.6.1956 hatten Adenauer und der französische Ministerpräsident *Mollet* als grundsätzliche Direktive für die abschließenden Saarverhandlungen (s. unten Anm. 4-6) vereinbart, daß das Saargebiet bis zum 1.1.1957 politisch und bis zum 1.1.1960 wirtschaftlich an die Bundesrepublik angegliedert wird (vorzeitig vollzogen am 5.7.1959); vgl. das Kommuniqué in: AdG, Jg. 26 (1956), S. 5807-5809.

3 Dazu die Korrespondenz des Bundespräsidenten mit dem Bundeskanzler vom Dezember 1956/Januar 1957 (mit der Heuss-Aufzeichnung »Zur Feier der Rückgliederung des Saarlandes«) in »Unserem Vaterlande zugute«, S. 228-232.

4 Mit dem am 27.10.1956 abgeschlossenen französisch-deutschen Vertrag zur Regelung der Saarfrage wurde im Moselvertrag (Bundesrepublik-Frankreich-Luxemburg) die Schiffbarmachung der Mosel vereinbart; vgl. a.a.O., S. 5995f., 6057f.

5, 6 Zu den Abmachungen vom 27.10.1956 gehörten auch die Gründung einer paritätisch besetzten Kohlekauforganisation und der weitere Bezug von Saarkohle aus dem Warndtbecken (zu 33 % der Produktion) durch Frankreich sowie die vertraglichen Vereinbarungen über den Ausbau des Oberrheins (zwischen Breisach und Straßburg nach der sog. »Schlingenlösung«); vgl. a.a.O., S. 6058.

7 An den Verhandlungen hatten Vertreter des Saargebietes als »Sachverständige Berater« teilgenommen; vgl. Heinrich *Schneider*, Das Wunder an der Saar, S. 490. – Für weitere inoffiziell-informelle Verbindungen kein Beleg im Terminplan des Bundeskanzlers zum 4.6.1956 (»10 Uhr 15 Ankunft in Luxemburg bei Botschafter [Karl *Graf von*] Spreti; 10 Uhr 45 Beginn der Verhandlungen mit Ministerpräsident Mollet; 13 Uhr 15 Fernsehaufnahme; 13 Uhr 30 Mittagessen im luxemburgischen Außenministerium gegeben von Außenminister Bech; 16 Uhr Fortsetzung der Konferenz bis 20 Uhr 45; 20 Uhr 50 bei [der] Familie [von Brita] Roemer [Cousine der Adenauer-Kinder aus erster Ehe]; 23 Uhr 50 zur Wohnung von Herrn Vizepräsident Etzel«; StBKAH 04.07).

8 Am 5.6.1956.

9 Vgl. Nr. 47 (Anm. 13).

10 Vgl. Nr. 43.

11 Zu Zitat, Kontext und deswegen entbrannter Kontroverse Adenauers Teegespräche 1955-1958, S. 97, 395.

12   Dazu die Daten dieses Zeitraums – vor Bekanntgabe des zweiten Konjunkturprogramms durch die Bundesregierung am 22.6.1956 – in: Chronologie zur Finanzgeschichte, S. 119-121.

13   Am 8.3.1956 von 3 1/2 auf 4 1/2 %, am 19.5.1956 von 4 1/2 auf 5 1/2 %; vgl. a.a.O., S. 119. – Seine Kritik an dieser Entscheidung der Bank deutscher Länder wie auch am währungs- und konjunkturpolitischen Kurs der Bundesminister *Erhard* und *Schäffer* hatte Adenauer besonders deutlich am 23.5.1956 auf der 7. Generalversammlung des BDI im Kölner Gürzenich vorgetragen; zur Gürzenich-Affäre Daniel *Koerfer*, Kampf ums Kanzleramt, S. 84-127, und Christoph *Henzler*, Fritz Schäffer, S. 544-557.

14   Während seiner Europa-Reise war der ehemalige amerikanische Präsident am 7.6.1956 mit dem Bundeskanzler zusammengekommen (Teegespräche 1955-1958, S. 101).

15   Wortlaut im Bulletin, Nr. 104 vom 9.6.1956, S. 1013.

16   Vor den amerikanischen Präsidentschaftswahlen vom 6.11.1956, bei denen sich Dwight D. *Eisenhower* gegen seinen demokratischen Herausforderer Adlai E. *Stevenson* durchsetzte und im Amt bestätigt wurde.

17   Zur Begegnung mit dem damals erkrankten Eisenhower (am 14.6.1956 nur für wenige Minuten im Walter Reed-Hospital, Washington) Adenauers Erinnerungen 1955-1959, S. 171. Vgl. a. seinen Lagebericht in der CDU-Vorstandssitzung vom 12.7.1956 (Protokolle des CDU-Bundesvorstands 1953-1957, S. 923f.).

18   Valerian Alexandrowitsch *Sorin* (1902-1986), 1947-1955 einer der Stellvertretenden Außenminister der Sowjetunion, 1955/56 Botschafter in Bonn (vgl. Nr. 43 [Anm. 10]), 1956-1961 Erster Stellvertretender Außenminister, 1960-1962 Ständiger Vertreter bei der UNO. – Am 16.7.1956 stattete er dem Bundeskanzler seinen Abschiedsbesuch ab, am 14.10.1956 wurde Andrej A. *Smirnow* zum neuen sowjetischen Botschafter in Bonn ernannt.

19   Die Unterredung hatte am 7.6.1956 (ab 16.30 Uhr) im Beisein Heinrich *von Brentanos* stattgefunden; vgl. StBKAH 04.07.

20   Vom 6.6.1956. Darin die »Schlußfolgerung, … daß jetzt, wo dank den Bestrebungen der friedliebenden Länder bestimmte positive Resultate in der Sache der Milderung der Spannung schon erzielt, fruchtbare internationale Kontakte erweitert sind und das Vertrauen zwischen den Völkern wächst, es die Vorbedingungen für praktische Handlungen gibt, die zum Einstellen des Wettrüstens und zur Kürzung der Last der Militärausgaben beitragen« (BA, a.a.O., Bl. 151-153). Wortlaut des Schreibens des sowjetischen Ministerpräsidenten (der sich gleichzeitig auch an die Regierungschefs Frankreichs, Großbritanniens, Italiens, Kanadas, der Türkei und der USA wandte): DzD III/2 (1956), S. 458-461.

Nr. 50

* BA, VS B 122/31269, Bd. A III, Bl. 140-142, Aufzeichnung vom 10.7.1956, gez. *Klaiber.*

a, b ‹ › Von Klaiber eigenhändig hinzugefügt.

1   Vom 1.-5.7.1956, in Begleitung von Außenminister *von Brentano*; dazu Adenauers Erinnerungen 1955-1959, S. 135-137, 259-261.

2   Antonio *Segni* (1891-1972), 1943/44 Mitbegründer der Democrazia Cristiana, 1946-1953 italienischer Landwirtschaftsminister, 1955-1957 und 1959/60 Ministerpräsident, 1958/59 stellvertretender Ministerpräsident und Verteidigungsminister, 1960-1962 Außenminister, 1962-1964 Staatspräsident.

3   Giuseppe *Saragat* (1898-1988), 1943/44 am Neuaufbau der Sozialistischen Partei Italiens beteiligt, 1947-1949 und 1954-1957 stellvertretender Ministerpräsident, 1963/64 Außenminister, 1964-1971 Staatspräsident.

4   Pietro *Nenni* (1891-1980), ab 1943 Generalsekretär der Sozialistischen Partei Italiens, 1945-1947 und 1963-1968 stellvertretender Ministerpräsident, 1946/47 und 1968/69 Außenminister.

5   Während seiner Italien-Reisen und Rom-Aufenthalte von 1951 (14.6.-23.6.), 1953 (24/25.2.) oder 1954 (26./27.3.).

6   Über die mit Saragat geführten Gespräche berichtete Adenauer auch in der CDU-Vorstandssitzung vom 12.7.1956 (Protokolle des CDU-Bundesvorstands 1953-1957, S. 928).

7   Die »Frankfurter Allgemeine« hatte am 4.7.1956 in ihrem Artikel »Adenauer rät von einer Volksfront in Rom ab« berichtet: »In einem Trinkspruch bei dem Essen in der Villa Madama, das Ministerpräsident Segni am Montagabend zu Ehren der deutschen Gäste gab, brachte Bundeskanzler Adenauer seinen Glückwunsch ›für die Wahl christlicher Männer an die Spitze der Stadtverwaltungen von Rom und Genua‹ zum Ausdruck.«

8   Amintore *Fanfani* (geb. 1908), 1954-1957 und 1973-1975 Parteisekretär der Democrazia Cristiana, 1954, 1958/59, 1962/63, 1982/83 und 1987 italienischer Ministerpräsident, 1965-1968 Außenminister.

9   Giovanni *Gronchi* (1887-1978), 1943/44 Mitbegründer der Democrazia Cristiana, 1947-1955 Präsident der italienischen Kammer, 1955-1962 Staatspräsident.

10   Der italienische Staatspräsident besuchte vom 3.-9.12.1956 die Bundesrepublik und wurde am 6.12.1956 vom Bundespräsidenten empfangen; vgl. »Unserem Vaterlande zugute«, S. 222. Dazu auch das im Anhang (S. 333) wiedergegebene Heuss-Schreiben vom 28.6.1956.

11   Der Besuch kam nicht zustande.

12   Der Bundeskanzler war am 5.7.1956 von *Pius XII.* empfangen worden. Wortlaut der dabei gehaltenen Ansprache des Papstes: DzD III/2 (1956), S. 569f.

13   Der Bundestag hatte das Wehrpflichtgesetz (vgl. Nr. 40 [Anm. 8]) am 6./7.7.1956 in dritter Lesung behandelt und verabschiedet; vgl. Stenographi-

sche Berichte, 2. Wahlperiode, Bd. 31, S. 8766-8854. – Zu dieser Gesprächspassage Hans *Ehlert*, Innenpolitische Auseinandersetzungen, S. 532.

14   Peter *Nellen* (1912-1969), 1946-1969 MdB (CDU; 1960 zur SPD übergetreten). – Auf die nachfolgende Charakterisierung verweist bereits Hans *Ehlert*, a.a.O., S. 534.

15   Zum Deutschland-Besuch des indischen Ministerpräsidenten (13.-17.7.1956) Adenauers Erinnerungen 1955-1959, S. 178-195.

16   Der Bundeskanzler hielt sich vom 23.7.-28.8.1956 auf der Bühlerhöhe auf, der Bundespräsident vom 12.-24.8.1956 in Bad Münstereifel; die auch politisch aufschlußreiche Korrespondenz dieser Wochen in »Unserem Vaterlande zugute«, S. 214-220.

17   Vgl. Nr. 51 (TOP 2), 52 (TOP 3).

18   Adenauer hatte Anfang 1951 einen Kabinettsausschuß zur Koordinierung in Wirtschaftsangelegenheiten berufen; vgl. Nr. 6 (TOP I, 2).

19   Dazu keinerlei Anhaltspunkte weder in den Tagesnotizbüchern noch in den Tagebuchbriefen oder in der sonstigen Korrespondenz des Bundespräsidenten; soweit ersichtlich, wurde der Empfang auch nicht in der Presse dieses Zeitraums erwähnt.

Grundsätzlich hatte sich Heuss für solche Kontakte im Privatbrief vom 9.6.1956 an seinen Freund Georg *Hohmann* (1880-1970; Orthopäde, ab 1930 bzw. 1946 Direktor der Universitätskliniken in Frankfurt/Main und München) ausgesprochen: »Ich bin eigentlich jedem dankbar, der zu wissenschaftlich-kulturellen Veranstaltungen in die sowjetische Zone fährt, wenn ich auch weiß, daß diese Auffassung nicht von allen Leuten geteilt wird; aber ich sehe darin eine Bestätigung und, wo es nötig ist, eine Bekräftigung der Tatsache der nationalen Einheit« (BA, NL Heuss, Nr. 608). – Die in diesem Zeitraum geführte Korrespondenz des Bundespräsidenten mit Kirchenvertretern und kirchlichen Einrichtungen, u. a. wegen der Teilnahme am Deutschen Evangelischen Kirchentag in Frankfurt/Main und der dort am 8.8.1956 gehaltenen Rede, ist in BA, B 122/299 erhalten.

20   Zu den Diskussionen dieses Zeitraums die zahlreichen Belege im Kirchlichen Jahrbuch für die Evangelische Kirche in Deutschland, Jg. 83 (1956), hrsg. von Joachim *Beckmann*, Gütersloh 1958, S. 8-144.

Nr. 51

* BA, VS B 122/31269, Bd. A III, Bl. 136-139, Aufzeichnung vom 11.10.1956, gez. *Klaiber*.

1   Vgl. Nr. 49 (Anm. 16). – Zu dieser Gesprächspassage auch die Heuss-Notiz (»Ad[enauer] produziert im Augenblick auch Enttäuschung über USA«) in den Tagebuchbriefen, S. 194. Am 20.12.1956 kam es hierzu zu einem weiteren, *nicht* protokollierten Gedankenaustausch der beiden: »Hauptinhalt: Beurteilung von USA. Ich suchte ihm geistesgeschichtlich einiges klarzumachen, warum die USA-Außenpolitik in vielem zögernd ist, zu rasches Welt-Engage-

ment ohne umgrenzte Erfahrungen. ... Ihn kränkt etwas, daß das alte Europa schicksalsmäßig alle 4 Jahre an einen Wahlausgang gebunden, auf dessen innere Motivationen es ohne Einfluß. (Dies natürlich nicht seine Formulierung.) Und wenn dies Land in 30, 40 Jahren kommunistisch werde, was dann mit Europa? Ich setzte ihm brav auseinander, warum dies nicht eintrete« (a.a.O., S. 226).

2   Vor der Grandes Conférences Catholique am 25.9.1956; Druck: Adenauer-Reden, S. 327-332.

3   Am 2.10.1956, in den späten Nachmittags- und Abendstunden (StBKAH 04.07).

4   Von Arthur William *Radford* (1896-1973; 1949 Oberbefehlshaber der amerikanischen Marine im Pazifik, 1953-1957 Joint Chief of Staff) konzipierter, im Juli 1956 bekanntgewordener Plan zur Reduzierung der amerikanischen Streitkräfte zugunsten stärkerer Atombewaffnung; vgl. Konrad *Adenauer*, Erinnerungen 1955-1959, S. 197-211.

5   Vgl. Nr. 56 (Anm. 1).

6   Am 14.9.1956; dazu die ausführliche Darstellung Adenauers in der CDU-Vorstandssitzung vom 20.9.1956 (Protokolle des CDU-Bundesvorstands 1953-1957, S. 1019-1021.

7   Wolfgang *Döring* (1919-1963), 1957-1973 MdB (FDP; 1961 stellvertretender Fraktionsvorsitzender), 1962 stellvertretender FDP-Bundesvorsitzender.

8   Am 6.10.1956; vgl. die Tagebuchbriefe, S. 195f.

9   Vgl. Nr. 47 (Anm. 33).

10, 11   *Preusker* hatte, wie auch die anderen drei Bundesminister der FVP (Franz *Blücher*, Fritz *Neumayer* und Hermann *Schäfer*), am 6.10.1956 seinen Rücktritt erklärt. Adenauer nahm daraufhin am 16.10.1956 eine Umbildung und (unter Verzicht auf die 1953 eingerichteten Bundesministerien für besondere Aufgaben) Verkleinerung seines Kabinetts vor: in der Nachfolge Neumayers wurde Hans-Joachim *von Merkatz* neuer Bundesminister der Justiz, Franz Josef *Strauß* löste Theodor *Blank* als Bundesminister der Verteidigung ab, das Bundesministerium für Atomfragen übernahm als Strauß-Nachfolger Siegfried *Balke*, dessen bisheriges Ressort für das Post- und Fernmeldewesen ab 15.11.1956 Ernst *Lemmer*; vgl. Nr. 52 (TOP 3). Einzelfragen der Kabinettsumbildung erörterten Heuss und Adenauer auch am 16.10.1956; zu diesem *nicht* protokollierten Gespräch die Eintragungen des Bundespräsidenten in den Tagebuchbriefen vom 16.10.-21.10.1956 (S. 200, 202). Dazu auch die vom Rundfunk verbreitete Erklärung Adenauers vom 16.10.1956 im Bulletin, Nr. 196 vom 17.10.1956, S. 1865-1867.

12   In seiner Regierungserklärung vom 20.10.1953 hatte der Kanzler unter den »zukünftigen innenpolitischen Aufgaben« hervorgehoben: »Es wird das besondere Anliegen der Bundesregierung sein müssen, die Arbeitslosen einzugliedern und dem Bundestag Maßnahmen vorzuschlagen, durch welche die wirtschaftliche Lage der Rentner, Invaliden, Waisen und Hinterbliebenen wei-

ter verbessert wird. Dieses Ziel muß auf zwei Wegen erreicht werden: 1. durch eine weitere Erhöhung des Sozialproduktes, 2. durch eine umfassende Sozialreform«. Dazu Hans Günter *Hockerts*, Sozialpolitische Entscheidungen, S. 242-246.
Zur grundlegenden Reform der gesetzlichen Rentenversicherung verabschiedete der Bundestag am 21.1.1957 das am 5.6.1956 eingebrachte Gesetz zur Neuregelung des Rechts der Rentenversicherung der Arbeiter und der Angestellten, das am 23.2.1957 verkündet wurde (BGBl. I 45, 88).

13   Hierzu, unter Verwendung dieser Gesprächsaufzeichnung, Hans-Peter *Schwarz*, Adenauer. Der Staatsmann, S. 274.

14   Die Bundestagsfraktion der FVP hatte sich bereits am 25.9.1956 mit der DP-Fraktion zu einer Arbeits- und Aktionsgemeinschaft zusammengeschlossen, am 14.3.1957 stimmte der Bundestag der Fraktionsbildung DP/FVP zu; vgl. Datenhandbuch, S. 253, 270, 1062f.

15   Vgl. Nr. 3 (Anm. 24).

16   Im Anschluß an die Plenarsitzungen des Deutschen Bundestages vom 10./11.10.1956 in Berlin und die am 11.10.1956 (ab 17.15 Uhr) gleichfalls dort durchgeführte Kabinettssitzung kam die Koalitionsbesprechung am 12.10.1956 (ab 10.25 Uhr) zustande; vgl. StBKAH 04.07.

17   Mit Schreiben vom 10.10.1956 erklärte sich *Arnold* bereit, »die mir angebotene Aufgabe zu übernehmen, wenn von der vorgesehenen Umbesetzung des Verteidigungs- und Arbeitsministeriums Abstand genommen werden kann. Mich bewegen dabei folgende Gründe: Im Hinblick auf die innenpolitische Situation darf das Gewicht der Arbeitnehmerschaft im Bundeskabinett nicht geschwächt, es sollte eher verstärkt werden. Es darf auch nicht übersehen werden, daß, meines Erachtens, keine positiven Auswirkungen erzielt werden können, wenn 10 Monate vor der Wahl die Herren Blank und Storch ausgewechselt werden. Das um so weniger, als die Verabschiedung der restlichen Wehrgesetze und die Rentenreform durch den Bundestag kurz bevorsteht.« Ebenfalls am 10.10.1956 erklärte Adenauer die Bedingungen des nordrheinwestfälischen Ministerpräsidenten aus innen- und außenpolitischen Gründen für »unerfüllbar« (StBKAH 11.05); dazu, mit Hinweisen auf diese Gesprächspassage, Hans-Peter *Schwarz*, a.a.O., S. 276, und Hans *Ehlert*, Innenpolitische Auseinandersetzungen, S. 550.

18   Mit dieser Frage beschäftigte sich der Bundespräsident ausführlicher in einem am 16.11.1956 an den Bundeskanzler gerichteten Brief; vgl. »Unserem Vaterlande zugute«, S. 227f.

19   Am 16.10.1956 (s. oben Anm. 10, 11); vgl. a. Nr. 52 (TOP 3).

20   Zur BvD-Protestkundgebung vom 7.10.1956 die Hinweise in: AdG, Jg. 26 (1956), S. 6021. Vgl. a. Nr. 52 (TOP 5).

21   Heinrich *Schneider* (1907-1974), 1955-1962 Vorsitzender der Deutschen Partei Saar (DPS), 1957-1959 Wirtschaftsminister des Saarlandes, 1957-1965 MdB (FDP), 1960/61 stellvertretender Bundesvorsitzender der FDP (1969 aus-

getreten). – Nach der in BA, B 122/2162 überlieferten Abschrift einer Bandaufnahme hatte Schneider in Bonn u. a. erklärt:»... der Separatismus, also diejenigen, die in meiner Heimat das Saarstatut bejaht haben, ... begann den Kampf, indem er auf Plakate aufschrieb, der Deutsche Bundestag hat mit Mehrheit ja gesagt, der Deutsche Bundesrat hat mit Mehrheit ja gesagt (Pfui, Pfui), der Bundeskanzler hat ja gesagt (Pfui, Pfui, Pfui), der Bundespräsident hat ja gesagt (Pfui, Pfui) ...«

Heuss u.a. hierzu in seiner am 21.10.1956 bei der Einweihung des Glockenturmes der Gedenkstätte des Deutschen Ostens auf Schloß Burg an der Wupper gehaltenen Rede:»Und die Tonlage im Hitlerstil, die jetzt ein paarmal vernehmbar war, freut nur alle jene Leute in der Welt draußen, die in das Schreckbild von den bösen Deutschen sich verliebt haben, um über ihre eigene Schuld sich hinwegzureden« (Bulletin, Nr. 203 vom 26.10.1956, S. 1929f.).

22   Im Schreiben vom 8.10.1956 die Sätze:»Sicherlich ist die wachsende Beliebtheit der Bundesrepublik als Reiseziel für ausländische Staatsoberhäupter, Ministerpräsidenten und Minister ein gutes Zeichen für die Wiederaufnahme der Bundesrepublik im Kreise der Völker und für die Zurückgewinnung der politischen und wirtschaftlichen Bedeutung unseres Landes. Andererseits sind aber doch manche dieser Besuche – und dazu gehören vor allem die, welche sich selbst eingeladen haben – nur eine strapaziöse Belastung ohne wesentlichen politischen oder wirtschaftlichen Gewinn. ... Ich meine, nun sollten wir ... alle weiteren Anzapfungen, die Bundesrepublik mit einem Staatsbesuch zu beglücken, mit Rücksicht auf das Wahljahr rundweg ablehnen (»Unserem Vaterlande zugute«, S. 222f.).

23   In den Tagebuchbriefen dazu die Notiz zu einer *nicht* protokollierten Heuss-Adenauer-Unterredung vom 29.10.1956:»Der Kanzler blieb dann allein bis nach 6 Uhr: Berlin-Frage, überstürzter Antrag, jetzt, gerade jetzt alles dorthin zu legen und Personaldinge des AA, die ihm und mir auf dem Magen liegen« (S. 207). – Dazu die Tagebucheintragung Herbert *Blankenhorns* vom 5.10.1956:»Was die innere Organisation des Auswärtigen Amts angeht, so treffe ich auf sehr verschiedene Auffassungen. Hallstein möchte die Spitze durch die Schaffung von zwei Unterstaatssekretariaten verstärken, die er mit Grewe und [Josef] Löns [1953-1958 Abteilungsleiter im Auswärtigen Amt] besetzen möchte. Brentano, den ich in Darmstadt am Krankenbett aufsuchte, war gegen diesen Plan. Ebenso negativ war der Bundeskanzler. Beide schienen mir an die Schaffung eines zweiten Staatssekretärs zu denken, der gleichberechtigt mit dem ersten bei klarer Teilung der Aufgabegebiete fungieren sollte. Ich denke, daß diese ganze Frage bis Ende des Jahres verschoben werden wird, zumal Hallstein am 12. Oktober auf eine achtwöchige Ostasienreise gehen wird« (BA, NL Blankenhorn, Bd. 68).

24   Zu den damaligen Kontakten und Konflikten Adenauer-*von Brentano* die Teegespräche 1955-1958, S. 147f., 417f.; Arnulf *Baring*, Sehr verehrter Herr Bundeskanzler!, S. 195-202, und Daniel *Kosthorst*, Brentano und die deutsche Einheit, S. 109-118.

Nr. 52

* BA, VS B 122/31269, Bd. A III, Bl. 132-135, Aufzeichnung vom 13.11.1956, gez. *Klaiber*.

1   Am 23./24.10.1956 hatte in Ungarn ein Volksaufstand zur Durchsetzung demokratischer Freiheiten begonnen, der durch Einsatz sowjetischer Streitkräfte (ab 26.10.) blutig niedergeschlagen wurde; die von der Demokratiebewegung getragene Regierung Imre *Nagy* löste das kommunistische Kabinett János *Kádár* ab.– Auf die weltbewegenden Ereignisse vom Herbst 1956 (s. unten Anm. 2; vgl. a. Nr. 53 [Anm. 2]) ging Adenauer in diesen Tagen und Wochen häufig ein, so in seinen für das Nachfolgende besonders ergiebigen Informationsgesprächen vom 24.10. und 5.11.1956 (Teegespräche 1955-1958, S. 150-169, mit dem Kommentar auf S. 420-426; die dort nachgewiesene Literatur ergänzt Peter *Gosztony*, Der Volksaufstand in Ungarn, in: Aus Politik und Zeitgeschichte, B 37-38/96, S. 3-14).

2   Nach der Verstaatlichung der 1858 gegründeten Allgemeinen Suezkanalgesellschaft durch den ägyptischen Präsidenten *Nasser* am 26.7.1957 hatten Großbritannien und Frankreich am 31.10.1956 – nach Errichtung eines gemeinsamen Hauptquartiers auf Zypern – am Kanal militärisch interveniert. Der Waffenstillstand wurde nach starker Einflußnahme der USA und der Sowjetunion sowie durch UNO-Einschaltung am 6.11.1956 erreicht – die Beendigung der Suezkrise mit dem Statut über die Benutzung des Kanals vom 24.4.1957. Vgl. Nr. 48 (Anm. 6).

3   Am 19.7.1956; dazu die Details in den Teegesprächen 1955-1958, S. 400, 409f.

4   Gamal Abd el-Nasir, genannt *Nasser* (1981-1970), 1956-1970 ägyptischer Staatspräsident.

5   Vgl. Nr. 48 (Anm. 9).

6   Zahlreiche Hinweise, auch der Besuchsplan zu den eintägigen Beratungen in der französischen Hauptstadt, in den Teegesprächen 1955-1958, S. 159-162, 164, 168, 423.

Zur Unterrichtung des Bundespräsidenten bereits der Tagebuchbrief vom 7.11.1956: »A[denauer] von Sachgespräch mit Mollet und menschlicher Atmosphäre befriedigt; ließ mir durch Kl[aiber] eingehend berichten« (S. 212).

7   Die französische Nationalversammlung nahm die Saarverträge (vgl. Nr. 49 [Anm. 2-7]) am 12.12.1956 an.

8   Wortlaut der Botschaften *Bulganins* vom 5.11.1956 an die amerikanischen Präsidenten *Eisenhower*, den englischen Premierminister *Eden* und den französischen Ministerpräsidenten *Mollet* (mit deren Antwortschreiben vom 6.11.1956) in: AdG, Jg. 26 (1956), S. 6083-6086.

9   Zur internationalen Krisendiplomatie dieser Tage Daniel *Kosthorst*, Brentano und die deutsche Einheit, S. 113f.

10   Vgl. Nr. 49 (Anm. 16).

11   Am 25.3.1957 unterzeichneten die Außenminister der sechs EGKS-Staa-

ten in der italienischen Hauptstadt die Römischen Verträge zur Gründung der Europäischen Wirtschaftsgemeinschaft und zur Gründung der Europäischen Atomgemeinschaft (EURATOM); zu den Diskussionen dieses Zeitraums, mit Hinweisen auf die weiterführende Literatur, Daniel *Kosthorst*, a.a.O., S. 110f., 114.

12 Vgl. Nr. 51 (TOP 2).

13 Ernst *Lemmer* (1898-1970), 1952-1970 MdB (CDU), ab 1956 Bundesminister in verschiedenen Ressorts (-1957 Post, 1957-1962 Gesamtdeutsche Fragen, 1964/65 Vertriebene), 1956-1961 Vorsitzender des CDU-Landesverbandes Berlin.

14 *Strauß* hatte sich am 7.11.1956 in einer Sendung des Bayerischen Rundfunks für einen neuen Zeitplan für den Aufbau der Bundeswehr ausgesprochen (Wortlaut der Stellungnahme im Bulletin, Nr. 211 vom 9.11.1956, S. 2021f.). Dazu und zu den anderen Kontakten und Konflikten mit dem Bundeskanzler in diesem Zeitraum seine Erinnerungen, S. 268-282.

15 Den grundlegenden Beschluß hatte die Bundesregierung in ihrer Sitzung vom 5.10.1956 gefaßt; vgl. die Erläuterungen Adenauers in seinem Informationsgespräch vom 18.10.1956 (Teegespräche 1955-1958, S. 145-147).

16 Zum Abschluß eines mehrtägigen Aufenthalts in München hatte der Bundespräsident am 27.10.1956 an der Zehnjahresfeier des Verbandes der Kriegsbeschädigten, Kriegshinterbliebenen und Sozialrentner Deutschlands e.V. teilgenommen; Wortlaut der dort gehaltenen Ansprache im Bulletin, Nr. 206 vom 31.10.1956, S. 1969f.

17 Wortlaut der Neujahrsansprache 1956/57 (»Mit festem Herzen in die Geheimnisse des neuen Jahres«): a.a.O., Nr. 1 vom 3.1.1957, S. 1f.; DzD III/2 (1956), S. 1014-1017. – Zur Frage der Kriegsdienstverweigerung in BA, B 122/629 der in diesem Zeitraum geführte Briefwechsel des Vorsitzenden des Deutschen Bundesjugendrings, Heinrich *Karsch* (20.10.1956: »... daß der in §§ 25 bis 27 des Wehrpflichtgesetzes festgelegte Ersatzdienst noch keine bindende Regelung erfahren hat«), mit Staatssekretär Klaiber (5.11.1956: »... eine vereinstechnische Organisation für Gewissensinterpretation widerspricht zu sehr den staatsethischen Grundauffassungen von Dr. Heuss, als daß man von ihm in dieser Sache moralisch oder gar propagandistisch eine Stützung erwarten dürfte.«)

18 Vgl. Nr. 51 (TOP 3). Abschriften der Korrespondenz *Kather-Oberländer* in BA, B122/2162.

19 Am 26./27.1.1957. Wortlaut der in Saarbrücken gehaltenen Rede »Das Ewige ist über das Gegenwärtige Herr geworden« (u.a.): DzD III/3 (1957), S. 64-68; Theodor Heuss. Politiker und Publizist, S. 469-473.

20 Druck des Schreibens vom 23.10.1956: »Unserem Vaterlande zugute«, S. 223-226.

Nr. 53

* BA, VS B 122/31269, Bd. A III, Bl. 129-131, Aufzeichnung vom 22.11.1956, gez. *Klaiber.*

1   Zu den damaligen Spekulationen um innere Verschiebungen im sowjetischen Machtapparat, die zur Ablösung von Außenminister *Molotow* (ab 21.11.1956 Staatsminister für Staatskontrolle) durch Andrej A. *Gromyko* führten, Adenauers Informationsgespräch vom 5.11.1956 in den Teegesprächen 1955-1958, S. 169.

2   Neben den Ereignissen in Ungarn (vgl. Nr. 52 [Anm. 1]) sind u. a. die ökonomisch bedingten Unruhen in Polen gemeint, die am 28./29.6.1956 eine Arbeiterrevolte in Posen ausgelöst hatten; daraufhin war *Gomulka* (Wortführer des eigenständigen nationalpolnischen Sozialismus) vom Zentralkomitee der Kommunistischen Partei Polens bei ihrer Tagung vom 19.-21.10.1956 zum 1. Sekretär gewählt worden; vgl. a.a.O., S. 156, und Adenauers Erinnerungen 1955-1959, S. 228-230.

3   Dazu Adenauers Lagebericht in der CDU-Vorstandssitzung vom 23.11.1956 (Protokolle des CDU-Bundesvorstands 1953-1957, S. 1113-1118).

4   Nach StBKAH 04.07 war zur Unterredung mit den beiden Ministern zuletzt im Rahmen oder am Rande der Kabinettssitzung vom 14.11.1956 Gelegenheit gegeben; am 19.11.1956 (ab 11.35 Uhr) hatte Adenauer *Strauß* im Beisein Heinrich *von Brentanos* empfangen.

5   Vgl. Nr. 47 (Anm. 19).

6   »Wünscht, daß ich in der Frage der Liberalen selber jetzt aktiv werde, nämlich, ob man sie wieder zusammenkriege. Das wird aber, dessen bin ich mir bewußt, schwer gelingen, solange Dehler die Märtyrer-Rolle kreiert, nicht nur Ad[enauer], sondern auch mir gegenüber« (Tagebuchbriefe, S. 217).

7   Walter *Scheel* (geb. 1919), 1950-1953 MdL (FDP) in Nordrhein-Westfalen, 1953-1974 MdB, 1958-1969 Mitglied des Europäischen Parlaments, 1961-1966 Bundesminister für wirtschaftliche Zusammenarbeit, 1968-1974 FDP-Vorsitzender, 1969-1974 Außenminister und Vizekanzler, 1974-1979 Bundespräsident.

8   Rudolf *Rahn* (1900-1975), 1943-1945 Botschafter in Rom, 1945-1947 interniert, danach im nordrhein-westfälischen Landesverband der FDP tätig, Mitglied ihres Außenpolitischen Ausschusses.

9   Mit den entsprechenden Hilfsmitteln in BA, NL Heuss läßt sich diese Begegnung nicht nachweisen. – Zur Beurteilung Rahns der Heuss-Brief vom 3.1.1955 an *Dehler* bei Friedrich *Henning* (Hrsg.), Theodor Heuss: Lieber Dehler!, S. 107.

10   Die Ausgabensteigerungen im Bundeshaushalt des folgenden Jahres, die sich effektiv auf einen Mehrbetrag von 2.4 Mrd. DM beliefen, wurden im Haushaltsgesetz vom 26.6.1957 (BGBl. I 509) durch den Rückgriff auf Rücklagen gedeckt; vgl. Chronologie zur Finanzgeschichte, S. 127.

11 Nach dem Turm der früheren Zitadelle in Spandau (in dem bis 1914 der Reichskriegsschatz aufbewahrt wurde) benannte Kassenüberschüsse, u. a. aus nicht abberufenen Besatzungsgeldern; vgl. a.a.O., S. 98, 102, 104f., 114, 121, 127.

12 Zur Haushaltsentwicklung und zu den Verteidigungslasten der folgenden Jahre die Übersicht in: Regierung Adenauer 1949-1963, S. 498.

13 Bezieht sich auf eine Pressekonferenz des Ministerialdirektors im Bundesfinanzministerium vom 14.11.1956. Dazu die Krone-Tagebücher, S. 234f.: »... ob dieses Vorgehen nicht an Landesverrat grenze. Schäffer stellt sich vor Oeftering. Der Kanzler ist im Unrecht. Ich muß sehen, daß er nachgibt« (24.11.1956).

14 Zu den Kontakten Adenauer-*Schäffer* in diesem Zeitraum Christoph *Henzler*, Fritz Schäffer, S. 558-561.

Nr. 54

* BA, VS B 122/31269, Bd. A III, Bl. 126f., Aufzeichnung vom 20.3.1957, gez. *Klaiber*. – Bei diesem Dokument handelt es sich um das *letzte* von Manfred Klaiber angefertigte Protokoll der Heuss-Adenauer-Gespräche. Er schied im Mai 1957 als Chef des Bundespräsidialamtes aus (17.5., 17 Uhr: »Botschafter Klaiber-Abschiedsbesuch, geht nach Rom«; StBKAH 04.08) und kehrte dann in den diplomatischen Dienst zurück; vgl. Nr. 12 (Anm. 20).

1 Adenauer hatte vom 25.2.-18.3.1957 erstmals seinen Urlaub in Cadenabbia am Comer See verbracht. – Heuss war in den vorangegangenen Wochen erkrankt und hielt sich anschließend vom 26.3.-1.5.1957 zur Kur in Badenweiler auf; vgl. »Unserem Vaterlande zugute«, S. 233f.

2 Wortlaut der gleichfalls auf den 19.3.1957 datierten »Notiz« des Bundespräsidenten: »Bei der Festsetzung des Termins für die nächsten Bundestagswahlen halte ich es für meine Pflicht, weniger von politischen als von allgemein staatsrechtlichen Erwägungen auszugehen. Die Wahlperiode des jetzigen Bundestags endet am 6. Oktober 1957. Eine frühere Auflösung des Bundestags ist nach dem Grundgesetz nicht möglich. Sollte der Wahltermin auf den *Juli* vorverlegt werden, so konnte der neugewählte Bundestag gemäß Art. 39 Abs. 2 GG erst nach dem 6. Oktober 1957 zusammentreten, und damit könnte auch vorher eine neue Regierung nicht gebildet werden. Die bisherige Regierung müßte also monatelang die Geschäfte weiterführen auf der vagen Grundlage des alten Bundestages und mit dem Blick auf das bereits neugewählte Parlament. Ich halte eine solche staatsrechtliche Situation im Interesse der Glaubwürdigkeit unserer demokratischen Institutionen im Inland für bedenklich – im Ausland wird sie kein Mensch verstehen. Abgesehen von anderen Erwägungen (Juli – Reisezeit, Vorwurf der Festsetzung eines frühen Wahltermins wegen drohenden Steigens der Lebenshaltungskosten) schlage ich deshalb den 15. September 1957 als Wahltermin vor« (BA, a.a.O., Bl. 128). – Mit dieser Terminierung erging die Anordnung für die 3. Bundestagswahl am 22.3.1957 (BGBl. I 282).

3   Dazu Adenauers Kanzlertee vom 22.2.1957 in seinen Teegesprächen 1955-1958, S. 188f.

4   Ein konkretes Beispiel in dem kurz zuvor an den Bundesminister für Ernährung, Landwirtschaft und Forsten, Heinrich *Lübke*, gerichteten Adenauer-Schreiben vom 11.3.1957: »Hier in Italien werden auch die Brötchen pfundweise verkauft. Ich halte das für ein ausgezeichnetes Mittel, um einer Übervorteilung des kaufenden Publikums entgegenzuarbeiten. Bitte prüfen Sie doch diese Frage eventuell zusammen mit Herrn Kollegen Erhard« (LES, NL Erhard, NE I.1)5). – Die Gesamtentwicklung ist aus dem »Preisindex für die Lebenshaltung europäischer Länder und der Vereinigten Staaten« ersichtlich; vgl. Regierung Adenauer 1949-1963, S. 389.

5   Dazu die Notiz im Tagebuchbrief vom 20.3.1957: »Für die wichtigsten Dinge hatte ich ihm für die heutige Kabinetts-Sitzung meine Meinung schriftlich formuliert, was ihm, lt. Klaibers Bericht, angenehm und einigen Ministern gegenüber erleichternd war« (S. 251).

6   Vgl. Nr. 46 (Anm. 21).

7   Ernst-Günther *Mohr* (1904-1991), 1947-1949 stellvertretender Abteilungsleiter beim Deutschen Büro für Friedensfragen, ab 1949 in der Verbindungsstelle des Bundeskanzleramtes zur AHK, ab 1951 im Auswärtigen Amt, 1955-1958 Protokollchef des Auswärtigen Amtes (ab Mai 1957 – wie hier angeregt – im Botschafterrang), 1958-1963 Botschafter in der Schweiz, 1963-1969 in Argentinien.

8   Der Bundespräsident mit Schreiben vom 2.11.1956 an Außenminister *von Brentano* (BA, B 122/2157).

9   Hans *Strack* (1899-1987), 1949-1959 im Bundeswirtschaftsministerium, dort zunächst Leiter des Referats »Vorderer Orient«, ab 1954 Ministerialrat, 1959-1964 Botschafter in Santiago de Chile. – Strack war im Zusammenhang mit der Angelegenheit Sonnemann/Hertslet (vgl. Nr. 29 [Anm. 32]) 1952 von Walter *Hallstein*, Herbert *Blankenhorn* und Vollrath *Freiherr von Maltzan* der Bestechlichkeit verdächtigt worden. Während der von Strack herbeigeführten gerichtlichen Klärung kam es im Mai 1958 zur Eröffnung des Hauptverfahrens und am 22.4.1959 zur Urteilsverkündung durch die Erste Große Strafkammer des Bonner Landgerichts (Freispruch Hallsteins »mangels Beweisen«, Verurteilung Blankenhorns zu vier Monaten Gefängnis mit zweijähriger Bewährungsfrist und zu einer Geldstrafe; Aufhebung des Urteils durch den 2. Strafsenat des Bundesgerichtshofes am 13.4.1960). Dazu Daniel *Koerfer*, Kampf ums Kanzleramt, S. 291f. Vgl. a. die Aussagen Heinrich *Krones* und Adenauers in der CDU-Vorstandssitzung vom 27.11.1958 (Protokolle des CDU-Bundesvorstands 1957-1961, S. 275f., 279-281) sowie die Angaben in Nr. 58 (TOP 1), 60 (TOP 4).

Nr. 55

* BA, VS B 122/31269, Bd. A III, Bl. 119-123, Aufzeichnung vom 24.7.1957,
gez. *Bleek*.

a, b ‹ ... › Hier bei a zwei Sätze, bei b ein Satz aus personenrechtlichen Gründen ausgelassen.

1   Der Bundeskanzler und CDU-Vorsitzende hatte am 7.7.1957 am Landesparteitag der CSU in Nürnberg (5.-7.7.1957) teilgenommen; Druck der auf der
Schlußkundgebung gehaltenen Ansprache in den Adenauer-Reden, S. 364-373
(als – so der Herausgeber Hans-Peter *Schwarz* – »typisches Beispiel einer
›hemdsärmeligen Wahlrede‹«). Vgl. die Eintragung dieses Tages in den Krone-
Tagebüchern, S. 259.
Zu den Auseinandersetzungen vor den 3. Bundestagswahlen vom 15.9.1957
(vgl. Nr. 54 [Anm. 2], 56 [Anm. 1]) Adenauers Informationsgespräche vom 17.
und 25.7., 6. und 13.8.1957 in seinen Teegesprächen 1955-1958, S. 197-226
(mit dem auch für die nachfolgend erörterten Themen ergiebigen Kommentar
auf S. 436-448).

2   Am 5.8.1949; vgl. Adenauers Briefe 1949-1951, S. 429f.

3   »Wir sind fest entschlossen, daß die SPD niemals an die Macht
kommt ..., weil wir glauben, daß mit einem Sieg der Sozialdemokratischen
Partei der Untergang Deutschlands verknüpft ist« (a.a.O., S. 366).

4   Zu diesem Gespräch Adenauer-*Schumacher* ist in StBKAH kein Beleg erhalten; vgl. Nr. 71 (TOP 2).

5   Der als Herbert Ernst Karl *Frahm* geborene SPD-Politiker war 1933 in
den Untergrund und danach unter dem Tarnnamen Willy *Brandt* ins Exil nach
Norwegen gegangen (1933-1946); vgl. die Teegespräche 1959-1961, S. 763f.;
»Unserem Vaterlande zugute«, S. 315f., 476, und Hanns Jürgen *Küsters*, Adenauer und Brandt, S. 523, 528f. Über Beweggründe und Lebensumstände
Brandts Einhart *Lorenz*, Willy Brandt in Norwegen. Die Jahre des Exils 1933
bis 1940, Kiel 1989, passim. – Das hier genannte Amt behielt Brandt nur noch
kurzfristig bei; nach dem Tod Otto *Suhrs* (30.8.1957) wurde er zu dessen
Nachfolger als Regierender Bürgermeister von Berlin gewählt.

6   Vgl. Nr. 52 (TOP 1).

7   Vgl. Nr. 48 (Anm. 8).

8   Nach dem Rücktritt der Koalitionsregierung Antonio *Segnis* am
6.5.1957 hatte der neue Ministerpräsident Adone *Zoli* zum 19.5.1957 ein
christlich-demokratisches Kabinett gebildet, das bis zum 19.6.1958 Bestand
hatte.

9   Die Beratungen der UNO-Abrüstungskommission (vgl. Nr. 48 [Anm.
11]) waren seit dem 18.3.1957 in der britischen Hauptstadt fortgeführt worden; zu den Details dieser Verhandlungsphase und zur Vorgehensweise des
amerikanischen Unterhändlers *Stassen* Daniel *Kosthorst*, Brentano und die
deutsche Einheit, S. 128, 132, 136.

10   In der Nachfolge *Eisenhowers* wurde am 8.11.1960 John F. *Kennedy*
zum 35. Präsidenten der USA gewählt.

11   Am 31.5.1957; vgl. Daniel *Kosthorst*, a.a.O., S. 132.

12   Lord Hastings Lionel *Ismay* (1887-1965), 1940-1945 Stabschef im britischen Kriegsministerium, Berater Churchills, 1947 Stabschef des Vize-Königs von Indien, 1951 Minister für Commonwealth-Beziehungen, 1952-1957 NATO-Generalsekretär.

13   Vgl. Nr. 50 (Anm. 15).

14   Adenauer hatte die USA vom 23.-30.5.1957 zum fünften Mal besucht; dazu seine Erinnerungen 1955-1959, S. 307-309. – Zur Begegnung mit dem amerikanischen Präsidenten auf dessen Farm in Gettysburg am 26.5.1957 die Belege in der Eisenhower Library, Ann Whitman Files-International Series, Box 15: Adenauer 1957-58 (5).

15   An Krebs erkrankt, verstarb John Foster *Dulles* am 24.5.1959; vgl. Nr. 72 (TOP 1).

16   Richard M. *Nixon* (1913-1994), 1951-1953 republikanischer Senator für Kalifornien, 1953-1960 Vizepräsident, 1968-1972 Präsident der Vereinigten Staaten von Amerika.

17   So u. a. in dem am 5.6.1957 von der »Berliner Zeitung« veröffentlichten Artikel »Mörder in Uniform«. Dazu und auch insgesamt zu den »Kampagnen der SED-Agitationsbürokratie« gegen führende westdeutsche Politiker die Hinweise bei Gunter *Holzweißig*, Konrad Adenauer in den Medien der DDR, S. 78, 84.

18   Alois *Hundhammer* (1900-1974), 1946-1970 MdL in Bayern (CSU; 1946-1951 Fraktionsvorsitzender), 1946-1950 Kultusminister, 1951-1954 Landtagspräsident, 1957-1969 Minister für Ernährung und Landwirtschaft. – Nach einem Bericht des »Spiegel« (Nr. 28 vom 10.7.1957, S. 18-20) hatte Hundhammer am 3.7.1957 in einer Sitzung der CSU-Landtagsfraktion zu den auch in der Bundesrepublik lancierten Strauß-Meldungen Stellung genommen: »Und hier schweigt der Parteivorstand ... und der Betroffene selbst gibt keinerlei Erklärung ab. ... Einen solchen Mann, dazu noch mit seiner Braut, hat der Heilige Vater empfangen, und der Kardinal ... ist nach Rott gefahren, um ihn zu trauen.«

19   Soweit ersichtlich, wurden über diesen Vorgang keine Pressemeldungen veröffentlicht.

20   Nach seiner Ernennung zum Oberbefehlshaber der NATO-Landstreitkräfte Europa-Mitte Anfang 1957 war *Speidel* von den DDR-Medien häufig als »Mordorganisator des Hitlerregimes« oder »Werkzeug der nazistischen Unterjochung« denunziert worden; dazu die zahlreichen Beispiele in der Dokumentation der Zeit, H. 137 vom 5.3.1957, Sp. 7-20; H. 148 vom 20.8.1957, Sp. 27-33.

21   Louis *Barthou* (1862-1934), 1913 französischer Ministerpräsident, 1922-1926 Vorsitzender der Reparationskommission, am 9.10.1934 zusammen mit König *Alexander* von Jugoslawien in Marseille ermordet. – Dazu Speidels eigene Darstellung: »Als Satyrspiel darf hier erwähnt werden, daß

dreiundzwanzig Jahre später [1957] ein Film der ostzonalen DEFA gedreht wurde [›Teutonenschwert‹], in dem mit gefälschten Dokumenten und Bildern ich als Miturheber des Königsmordes gezeigt wurde, um mich bei Übernahme meines Kommandos als Oberbefehlshaber der verbündeten Landstreitkräfte Europa-Mitte in Fontainebleau bei den Alliierten, vor allem den Franzosen, unmöglich zu machen. Die französische kommunistische Presse nahm natürlich begierig den ›Fall‹ auf. Englische Gerichte legten in vorbildlicher Unparteilichkeit in einem langwierigen Prozeß den Verleumdern das Handwerk. Der Film wurde nicht mehr gezeigt« (Aus unserer Zeit, S. 59f.). Vgl. a. Adenauers Teegespräche 1959-1961, S. 140, 636.

22 Zu dieser Kritik vgl. a. Nr. 58 (TOP 1), zur Amtsführung *von Brentanos* in diesem Zeitraum Daniel *Kosthorst*, a.a.O., S. 160-163, 188-193. – Heuss seinerseits hatte zuletzt am 29.6.1957 Fragen des Auswärtigen Dienstes mit dem Außenminister erörtert; dazu die Aufzeichnung in BA, a.a.O., Bl. 124f.

23 David K. E. *Bruce* (1898-1977), 1949-1952 amerikanischer Botschafter in Paris, 1952-1953 Stellvertretender Außenminister, 1953-1954 Ständiger Vertreter bei der Hohen Behörde der EGKS, 1957-1959 Botschafter in Bonn, 1961-1969 in London.

24 Christopher *Steel* (1903-1973), 1950-1952 britischer Gesandter in Washington, 1953-1957 Vertreter bei der NATO, 1957-1963 Botschafter in Bonn.

25 Wolfgang *Freiherr von Welck* (1901-1973), ab 1950 im Auswärtigen Dienst, 1950/51 am Generalkonsulat Brüssel, 1951/52 Referatsleiter im Auswärtigen Amt, dort 1953-1958 Leiter der Abteilung III (USA, Kanada, Mittel- und Südamerika), dann Botschafter in Madrid (1958-1963) und Bern (1963-1966).

26 Nach Wiederwahl am 15.9.1957 gehörte *Preusker* dem Bundestag als DP-Abgeordneter bis zum Ende der 3. Legislaturperiode an (ab 1960 als CDU/CSU-Fraktionsmitglied). Am 23.4.1958 wurde er zum vierten Vizepräsidenten des Deutschen Bundestages gewählt, 1963-1975 war er wie 1937-1940 wieder im Bankgeschäft tätig.

27 Vgl. Nr. 46 (TOP 6), 47 (TOP 2), 48 (TOP 3), 51 (TOP 2), 53 (TOP 2).

28 Hermann *Reusch* (1896-1971, Sohn von Paul *Reusch* – zu ihm im Anhang der Heuss-Brief vom 6.2.1953), Generaldirektor der Gutehoffnungshütte AG (Oberhausen), nach 1949 Präsidialmitglied des Bundesverbandes der Deutschen Industrie.

29 Dazu Adenauers Ausführungen – »Herr Maier ist ein kluger Mann« – in der CDU-Vorstandssitzung vom 1.7.1957 (Protokolle des CDU-Bundesvorstands 1953-1957, S. 1263). Vgl. a. Friedrich *Klingl*, »Das ganze Deutschland soll es sein !«, S. 303.

30 Ein Gespräch mit dem ehemaligen Ministerpräsidenten von Baden-Württemberg ist in StBKAH für diesen Zeitraum nicht nachweisbar. Vermutlich hatten sich die beiden am Rande der letzten Vorstandssitzung ihrer Partei getroffen (s. oben Anm. 29).

31 Druck des Schreibens vom 21.6.1957: »Unserem Vaterlande zugute, S. 238, 447.

32 Dieser Heuss-Brief konnte nicht nachgewiesen werden; zum Sachverhalt vgl. Nr. 34 (Anm. 32).

33 Kein Beleg.

34 Der Bundestag hatte am 4.7.1957 das Gesetz über die Errichtung einer Bundesbank als Währungs- und Notenbank verabschiedet. Nach Zustimmung des Bundesrats (am 19.7.1957 gegen die Stimmen Bayerns und von Rheinland-Pfalz) wurde das Gesetz am 26.7.1957 verkündet (BGBl. I 745). Dazu: 30 Jahre Deutsche Bundesbank. Die Entstehung des Bundesbankgesetzes vom 26.7.1957 – Dokumentation einer Ausstellung, Frankfurt/Main 1988.

35 Wilhelm *Vocke* (1886-1973), 1946-1948 stellvertretender Leiter der Reichsbankleitstelle für die britische Zone, 1948-1957 Präsident des Direktoriums der Bank deutscher Länder bzw. (1957) der Deutschen Bundesbank.

36 Karl *Bernard* (1890-1972), 1936-1948 Vorstandsmitglied der Frankfurter Hypothekenbank, 1948-1957 Präsident des Zentralbankrates der Bank deutscher Länder bzw. (1957) der Deutschen Bundesbank.

37 Die Ordensverleihung (auch an den Vizepräsidenten des Direktoriums Bank deutscher Länder, Wilhelm *Könneker*) erfolgte am 5.9.1957; dazu die Belege in BA, B 122/5727. Vgl. a. die Tagebuchbriefe, S. 255.

38 Druck: »Merkur« 1957, H. 112, S. 1-17; zur Arbeit an diesem Aufsatz der Tagebuchbrief vom 22.10.1956 (S. 204). – Unter dem Titel »German Character and History« veröffentlichte Heuss den Essay ebenfalls in der amerikanischen Monatszeitschrift »The Atlantic«, Vol. 199 (1957), Nr. 3, S. 103-109 (dort im Sonderteil »Perspective of Germany«, an dem sich neben zahlreichen weiteren deutschen Autoren – u.a. Gottfried *Benn*, Heinrich *Böll*, Bertolt *Brecht*, Ernst *Jünger* und Friedrich *Sieburg* – auch Adenauer mit dem Beitrag »Germany Today and Tomorrow« beteiligte; S. 110-112).

39 Auch in ihrem Briefwechsel beschäftigten sich Heuss und Adenauer bisweilen mit *Bismarck;* vgl. »Unserem Vaterlande zugute«, S. 54, 68, 84, 86, 362f., 375.

Nr. 56

* BA, VS B 122/31269, Bd. A III, Bl. 112-118, Aufzeichnung vom 17.9.1957, gez. *Bleek.*

1 Ergebnis der Wahlen zum 3. Deutschen Bundestag vom 15.9.1957: CDU 39.7 %, CSU 10.5 % – CDU/CSU 50.2 %, SPD 31.8 %, FDP 7.7 %, DP 3.4 %. In dieser Reihenfolge die Mandatsverteilung 270 (absolute Stimmenmehrheit der Union)-169-41-17. – Nach der Eröffnungssitzung des neuen Bundestages am 15.10.1957 in der Berliner Kongreßhalle wurde Adenauer am 22.10.1957 erneut zum Bundeskanzler gewählt. Er bildete nach Ausscheiden der FVP-Minister *Blücher* und *Preusker* eine Koalitionsregierung aus CDU, CSU und DP; vgl. Jürgen *Domes*, Mehrheitsfraktion und Bundesregierung,

S. 62-93. Die Details der Regierungsbildung werden im nachfolgenden und in Nr. 57-59 besonders ausführlich erörtert.

2   Nach langwierigen Auseinandersetzungen gab *Schäffer* das Bundesministerium der Finanzen an Franz *Etzel* ab und übernahm das bisher von Hans-Joachim *von Merkatz* geleitete Bundesministerium der Justiz, vgl. Nr. 57 (TOP 3), 58 (TOP 3-5), 59 (TOP 1).

3   Vgl. Nr. 53 (TOP 3).

4   Nach § 30, Abs. 2 der Reichshaushaltsordnung in der Fassung vom 30.4.1938 dürfen »Beträge, die bei übertragbaren Ausgabebewilligungen am Schlusse eines Rechnungsjahres nicht verwendet sind, ... nur mit vorheriger Zustimmung des Reichsministers der Finanzen verausgabt werden. ... Der Reichsminister der Finanzen soll die Zustimmung nur erteilen, wenn die Verausgabung bei wirtschaftlicher und sparsamer Verwaltung erforderlich ist.«

5   An der Zonengrenze gelegenes Dorf im niedersächsischen Landkreis Göttingen, seit 1945 Durchgangslager für Kriegsgefangene, Vertriebene und Aussiedler.

6   In der Kabinettssitzung vom 10.7.1957 hatte der Bundesfinanzminister bei der Erörterung des Tagesordnungspunkts »Betreuung der Aussiedler im Grenzdurchgangslager Friedland; Bereitstellung von Mitteln für dringenden Bekleidungsbedarf« darauf hingewiesen, »daß jetzt 50 000 DM verplant sind, daß das ev[angelische] Hilfswerk vorgeprellt ist und Bestellungen für 30 000 DM weiter aufgegeben hat, daß es aber vorerst bei dieser Maßnahme sein Verbleiben haben wird und ich von den Ländern die Verrechnung verlange« (StBKAH o. Nr.). Vgl. Daniel *Koerfer*, Kampf ums Kanzleramt, S. 164, und Hans *Buchheim*, Die Richtlinienkompetenz unter der Kanzlerschaft Konrad Adenauers, S. 343.

7   Gesetz zur Änderung und Erweiterung der Finanzverfassung, das mit seinen Bestimmungen zur Neuverteilung des Steueraufkommens auf Bund und Länder am 23.12.1955 verkündet worden war (BGBl. I 817). Für die deswegen entbrannten Kontroversen zahlreiche Belege in den Protokollen des CDU-Bundesvorstands 1953-1957, S. 147, 206-208, 216-222, 227-229, 323-328.

8   Bezieht sich auf die in Nr. 8 (TOP 2) erwähnten Gespräche des Bundespräsidenten mit dem Bundesfinanzminister.

9   Gemeint sind die DDR-Kontakte Schäffers; vgl. Nr. 39 (TOP 2), 68 (TOP 3).

10   Zur CSU-internen Kritik Christoph *Henzler*, Fritz Schäffer, u. a. S. 769f.

11   Das Gespräch mit dem CSU-Vorsitzenden kam am 23.9.1957 zustande; dazu die Krone-Tagebücher, S. 266, und, unter Verwendung dieser Gesprächsaufzeichnung, Hans-Peter *Schwarz*, Adenauer. Der Staatsmann, S. 360.

12   Vgl. die Tagebucheintragung Heinrich *Krones* vom 16.7.1956: »Eugen Gerstenmaier sagte mir, daß er an seinem Amt als Bundestagspräsident nicht hänge. Der Kanzler wolle ihn im Kabinett haben. Ihn interessiere schon ein Europaministerium; doch wisse er, daß man dabei auch an Franz Etzel denke«

(a.a.O., S. 261). – *Gerstenmaier* wurde am 15.10.1957 (s. oben Anm. 1) erneut zum Bundestagspräsidenten gewählt.

13   Zum Revirement an der Spitze der europäischen Gremien beim Inkrafttreten der Römischen Verträge (1.1.1958), bei dem die deutschen Interessen am 6./7.1.1958 mit der Wahl Walter *Hallsteins* zum Präsidenten der EWG-Kommission und Franz *Blüchers* zum Mitglied der Hohen Behörde der EGKS berücksichtigt wurden, Hanns Jürgen *Küsters*, Die Gründung der Europäischen Wirtschaftsgemeinschaft, S. 497-499; vgl. Nr. 60 (TOP 4). – 1958-1962 Nachfolger Etzels als Vizepräsident der Hohen Behörde der EGKS wurde der Niederländer Dirk Pieter *Spierenburg* (geb. 1909).

14   S. oben Anm. 12. – Zur Diskussion um die Schaffung eines solchen Ressorts Hanns Jürgen *Küsters*, a.a.O.

15   Die europapolitisch divergierenden Vorstellungen und die dazu überlieferte Korrespondenz Adenauer-Erhard analysiert *ders.*, Der Streit um Kompetenzen und Konzeptionen deutscher Europapolitik 1949-1958, S. 349-361.

16   Bei den nordrhein-westfälischen Landtagswahlen vom 6.7.1958 erreichte die CDU 50.9 %, die SPD 39.2 %, die FDP 7.1 %. Als Nachfolger des kurz zuvor (29.6.) verstorbenen Karl *Arnold* wurde Franz *Meyers* neuer Ministerpräsident (Chef einer Alleinregierung der CDU); vgl. Nr. 65 (TOP 6).

17   Vgl. Nr. 51 (Anm. 17).

18   S. oben Anm. 1, 13.

19   Im Tagebuchbrief vom 16.9.1957 notierte Heuss zu dieser Gesprächspassage: »... wie wird sich die Situation zur DP/FVP, wie zur FDP gestalten? Dehler war ja verhältnismäßig still, Reinhold Maier bissig« (S. 259).

20   Fritz *Berg* (1901-1979), 1949-1971 Präsidiumsvorsitzender des Bundesverbandes der Deutschen Industrie, 1957-1960 auch Vorsitzender des Conseil des Fédérations Industrielles d'Europe. – Berg war am 16.9.1956 (ab 12.20 Uhr) zusammen mit Rechtsanwalt Gustav *Stein* und Staatssekretär Walter *Hallstein* vom Bundeskanzler empfangen worden (StBKAH 04.08).

21   Ein Hinweis auf vergleichbare FDP-Kontakte in Nr. 55 (TOP 5).

22   Bei den 21-29jährigen hatte die Union ihren Wähleranteil gegenüber 1953 von 45.0 % auf 49.5 % gesteigert (SPD 31.6 % auf 34.7 %); dazu die Übersicht im Datenhandbuch, S. 60. – Erst zur 7. Bundestagswahl vom 19.11.1972 wurde das Alter für Wahlberechtigung auf 18, für Wählbarkeit von 25 auf 21 gesenkt.

23   Arnold *Dannenmann* (1907-1993), evangelischer Pfarrer, 1946 Gründer, 1960-1985 Präsident, danach Ehrenpräsident des Christlichen Jugenddorfwerkes Deutschlands (CJD). – Das mit Adenauer geführte Gespräch datiert vom 17.7.1957 (ab 11.20 Uhr; StBKAH 04.08). Vgl. a. den Hinweis in der CDU-Vorstandssitzung vom 19.9.1957 (Protokolle des CDU-Bundesvorstands 1957-1961, S. 9).

24   Im Sommer 1957 existierten SPD-geführte Landesregierungen in Bayern, Berlin, Bremen, Hessen und Nordrhein-Westfalen; an der Regierung beteiligt

war sie in Baden-Württemberg und im Saarland – ohne Regierungs- und also Bundesratseinfluß in Hamburg, Niedersachsen, Rheinland-Pfalz und Schleswig-Holstein; vgl. Nr. 67 (Anm. 39).

25   Nach den Wahlen zur Hamburger Bürgerschaft vom 10.11.1957 (SPD 53.9 %, CDU 32.2 %, FDP 8.6 %, DP 4.1 %) bildete Max *Brauer* einen SPD-FDP-Koalitionssenat.

26   Ergebnis der bayerischen Landtagswahlen vom 23.11.1958: CSU 45.6 %, SPD 30.8 %, GB/BHE 8.6 %, BP 8.1 %, FDP 5.6 %. Danach bildete Hanns *Seidel* eine CSU-FDP-GB/BHE-Koalitionsregierung.

27   Die DRP hatte am 15.9.1957 1.0 % der Erst- und Zweitstimmen erreicht.

28   Zu diesem Themenkomplex Adenauers Auskünfte im CBS-Interview vom 22.9.1957 (DzD III/3 [1957], S. 1636f.) und in dem am 26.9.1957 mit dem amerikanischen Journalisten Joseph Williams *Grigg* geführten Informationsgespräch (Teegespräche 1955-1958, S. 232f.); vgl. a. die entsprechenden Sätze seiner Regierungserklärung vom 29.10.1957 (Stenographische Berichte, 3. Wahlperiode, Bd. 39, S. 24). – Die weitere Gestaltung speziell der polnisch-deutschen Beziehungen (bis zur Unterzeichnung eines Handelsabkommens am 7.3.1963 in Bonn) analysiert Daniel *Kosthorst*, Brentano und die deutsche Einheit, u. a. S. 167-209. Vgl. Nr. 62 (TOP 1), 74 (TOP 4).

29   Frank *Seiboth* (geb. 1912), 1953-1957 MdB (GB/BHE), ab 1954 im Bundesvorstand seiner Partei, 1957 Bundeswahlkampfleiter, 1958-1961 Bundesvorsitzender, schloß sich 1961 der Gesamtdeutschen Partei, 1967 der SPD an. – Zahlreiche Belege für seine öffentlichen Erklärungen dieses Zeitraums bei Franz *Neumann*, Der Block der Heimatvertriebenen und Entrechteten 1950-1960. Ein Beitrag zur Geschichte und Struktur einer politischen Interessenpartei, Diss. phil. Marburg/Lahn 1966, S. 174-190, 192f., 195f., 198-200.

30   Dazu in der CDU-Vorstandssitzung vom 19.9.1957 der Unionsabgeordnete Hermann A. *Eplée*: »Wir werden sehr unter dem Beschuß jener BHE-Leute stehen, die wir nicht für uns gewinnen werden. Diese Leute werden das, was wir zur Ostfrage sagen, bekämpfen« (Protokolle des CDU-Bundesvorstands 1957-1961, S. 26).

31   Die Mission kam nicht zustande. Zur anschließenden Entwicklung das Kapitel »Lärm um Nichts: Deutsch-polnische Beziehungen 1958« bei Daniel *Kosthorst*, a.a.O., S. 203-209. – Zu Wolfgang *Jaenicke* (1919-1930 Regierungspräsident in Breslau und als Reichs- und Staatskommissar mit der Überwachung der Ausführung der Bestimmungen des Versailler Vertrages in Posen und Schlesien beauftragt) die Angaben in Nr. 18 (Anm. 17).

32   Vgl. Nr. 37 (Anm. 9), 46 (Anm. 29).

33   Hugo *Scharnberg* (1893-1979), 1948/49 Mitglied des Wirtschaftsrates (CDU), 1948-1958 Vorsitzender des CDU-Landesverbandes Hamburg, 1949-1961 MdB.

34   Der von Scharnberg initiierte »Graben«-Wahlrechtsvorschlag (der Ele-

mente des Mehrheits- mit dem Verhältniswahlrecht verband) war am 14.12.1955 im Wahlrechtsausschuß des Deutschen Bundestages von den Fraktionen der CDU/CSU und der DP eingebracht worden; vgl. die Erläuterungen Scharnbergs in der CDU-Vorstandssitzung vom 13.1.1956 (Protokolle des CDU-Bundesvorstands 1953-1957, S. 753-757).

35 Zu den späteren Änderungen am Bundeswahlgesetz 1956 (das mit unbegrenzter Geltungsdauer weiter Gültigkeit besaß) die Synopse im Datenhandbuch, S. 18-20. Vgl. a. Eckhard *Jesse*, Wahlrecht zwischen Kontinuität und Reform, S. 111-113.

36 Dieses amtliche Schreiben leitete Heuss am 12.10.1957 Adenauer zu; Druck: »Unserem Vaterlande zugute«, S. 240.

Nr. 57

* BA, VS B 122/31269, Bd. A III, Bl. 107-111, Aufzeichnung vom 2.10.1957, gez. *Bleek*.

1 In der PPD-Meldung »Bundespräsident: nach Ablauf der Amtsperiode« (Nr. 111/57, S. 1) heißt es weiter: »(Das Grundgesetz sieht eine Wiederwahl nicht vor.) Es war offenbar die weitere Absicht der Abgeordneten, zu einer Abstimmung mit gewissen Plänen zu kommen, die im Schoße der CDU für Adenauer erwogen werden, wobei offen bleibt, ob solche Absichten mit den persönlichen Intentionen Adenauers identisch sind.« – Ebenfalls am 30.9.1957 veröffentlichte das Presse- und Informationsamt der Bundesregierung in seiner Schnell-Information Nr. 179 folgenden Auszug aus den EMNID-Informationen vom 28.9.1957: »Im Zusammenhang mit der immer wieder diskutierten Möglichkeit eines Überganges von Dr. Adenauer aus der Kanzlerschaft in das Amt des Bundespräsidenten im Jahre 1959 ist es interessant zu hören, daß eine Reihe von CDU-Politikern inoffizielle Gespräche mit dem jetzigen Bundespräsidenten geführt haben soll. Diesen unbestätigten Mitteilungen zufolge, soll Bundespräsident Prof. Heuss gefragt worden sein, ob er bereit sei, auf eine Verfassungsänderung einzugehen, die es gestattet, daß der jetzt amtierende Bundespräsident auch ein drittes Mal gewählt wird. Bundespräsident Prof. Heuss hat dem Vernehmen nach ein solches Ansinnen scharf kritisiert und nachdrücklichst zurückgewiesen.«

2 In den am 10.1.1959 fertiggestellten »Bemerkungen zur Bundespräsidenten-Frage« (Druck: »Unserem Vaterlande zugute«, S. 262-269) setzte sich Heuss grundsätzlich mit den Fragen der Nachfolgeregelung für das Präsidentenamt auseinander; vgl. Nr. 67 (TOP 7), 69 (TOP 2), 70 (TOP 3).

3 Den für die Wochen nach der Bundestagswahl beabsichtigten Urlaub in Vence bei Nizza mußte Adenauer auf den Zeitraum 1.2.-5.3.1958 verschieben (»Unserem Vaterlande zugute«, S. 251-253). Vgl. Nr. 63 (TOP 1).

4 Die einzige Unterbrechung während der kommenden Tage und Wochen: Adenauers Reise nach Schweden vom 3.-8.10.1957, aus Anlaß der Heirat seines jüngsten Sohnes Georg mit Ulla-Britta *Jeansson* in Kalmar.

5   Der Unternehmensverband Ruhrbergbau hatte zum 1.10.1957 eine Erhöhung der Kohle- und Kokspreise um durchschnittlich DM 4,70 bzw. DM
6,20 angekündigt. – Zu dieser Gesprächspassage auch der Tagebuchbrief vom
1.10.1957: »Was Ad[enauer] besonders beschäftigt, ist die Art, wie die Kohlenpreiserhöhung gestartet wurde. (Orientierung ja traditionell an den ältesten,
technisch schlechtesten Zechen.) Erhard tobt. Aber Arbeitgeber und Arbeitnehmer pflegen sich in diesem Bereich ja immer zu Lasten der Verbraucher zu
finden« (S. 264).

6   Dazu hatte Außenminister *von Brentano* bereits am 1.2.1957 im Bundestag mitgeteilt: »Von 667 deutschen Gefangenen, die sich Anfang 1950 noch in
Frankreich befanden, sind heute noch 17 in Haft. Auch im vergangenen Jahr
ist die Gefangenenfrage bei jeder Gelegenheit Gegenstand von deutsch-französischen Gesprächen gewesen, die dazu beigetragen haben, weitere Gnadener-
weise zu ermöglichen. … Es darf aber nicht verkannt werden, daß die Fälle der
jetzt noch in Haft befindlichen Gefangenen von französischer Seite als besonders ernst und schwerwiegend angesehen werden« (Stenographische Berichte,
2. Wahlperiode, Bd. 35, S. 10750).

7   Vgl. Nr. 56 (Anm. 1).

8   Dazu und zur Amtsführung *Erhards* in diesem Zeitraum insgesamt
Daniel *Koerfer*, Kampf ums Kanzleramt, S. 147-177 (hier S. 168).

9   Peter *Klöckner* (1863-1940), begründete 1906 den nach ihm benannten
Konzern der Montan- und der Investitionsgüterindustrie, 1917-1926 Vorstandsmitglied des Vereins Deutscher Eisen- und Stahlindustrieller, vereinigte
nach 1920 drei Unternehmen des Motoren-, Maschinen- und Fahrzeugbaus
zur Klöckner AG, 1921-1933 während der Präsidentschaft Adenauers Mitglied des Preußischen Staatsrates für das Zentrum. – Zahlreiche Belege für die
freundschaftliche Verbindung Adenauer-Klöckner in der biographischen Dokumentation: Adenauer im Dritten Reich.

10   Umsturzversuch in der Nacht zum 13.3.1920 in Berlin, unter Führung
von Wolfgang *Kapp* (1858-1922; 1917 an der Gründung der Deutschen Vater-
landspartei beteiligt); dazu als publizistische Polemik die zeitgenössische Stellungnahme von Theodor Heuss: Kapp-Luttwitz. Das Verbrechen gegen die
Nation, Berlin 1920 (zitiert in: Theodor Heuss. Der Mann, das Werk, die Zeit,
S. 118f.).

11   Mit der Bildung des 3. Adenauer-Kabinetts wurde das Bundesministerium für wirtschaftlichen Besitz des Bundes (ab 1961 Bundesschatzministerium,
1969 aufgelöst) eingerichtet; erster Amtsinhaber (1957-1960): Hermann *Lind-
rath* (1896-1960), 1953-1960 MdB (CDU); vgl. Nr. 58 (TOP 5, 6).

12   Vgl. Nr. 56 (TOP 1, 2).

13   Hermann *Höcherl* (1912-1989), 1953-1976 MdB (CSU; 1957-1961 Vorsitzender der Landesgruppe), Bundesminister des Innern (1961-1965) und für
Ernährung, Landwirtschaft und Forsten (1965-1969).

14   Werner *Dollinger* (geb. 1916), 1953-1990 MdB (CSU; 1961/62 Vorsit-

zender der Landesgruppe), 1962-1966 Bundesschatzminister, 1966 kurzfristig Bundesminister für wirtschaftliche Zusammenarbeit, 1966-1969 Bundesminister für das Post- und Fernmeldewesen, 1982-1987 Bundesminister für Verkehr.

15 Dazu die Eintragung in den Krone-Tagebüchern vom 27.9.1957 (S. 267) und im Tagebuchbrief vom 1.10.1957 die Sätze: »Die Kabinettsbildung trotz des Sieges sehr schwierig, wegen bayerischer CSU, die an Schäffer in Bonn festhalten will, um ihn nicht an die Spitze der bayerischen Politik zu kriegen. Alles noch im Schweben und Schwanken« (wie Anm. 5).

16 Vgl. Nr. 56 (Anm. 26).

17 Der damalige CSU-Vorsitzende Hanns *Seidel* wurde von der nächsten Landesversammlung seiner Partei (11./12.10.1958 in Würzburg) im Amt bestätigt und erst im Frühjahr 1961 von Franz Josef *Strauß* abgelöst.

18 Burkhart *Müller-Hillebrand* (geb. 1904), 1955-1957 militärischer Personalchef im Bundesministerium der Verteidigung (mit dem Dienstgrad eines Brigadegenerals), 1961-1965 stellvertretender Stabschef für Planung und Grundsatzfragen im SHAPE.

19 Zur Amtsenthebung am 21.9.1957 (Nachfolger: Brigadegeneral Ernst-August *Lassen*) und zu den »einigermaßen aufsehenerregenden Umständen« die *Strauß*-Erinnerungen, S. 284.

20 In der Nachfolge von Jakob *Kaiser* übernahm *Lemmer* das Bundesministerium für gesamtdeutsche Fragen; als Bundesminister für das Post- und Fernmeldewesen löste ihn Richard *Stücklen* ab; vgl. Nr. 58 (TOP 11).

21 Herbert *Schneider* (geb. 1915), 1951-1961 Vorsitzender des DP-Landesverbandes Bremen, 1952/53 DP-Generalsekretär, 1953-1961 und 1969-1972 MdB (DP; 1961 fraktionslos, ab 1969 für die CDU).

22 Am 30.9.1957, zwischen 16.35 und 18.55 Uhr (StBKAH 04.08).

23 Vgl. Nr. 56 (Anm. 1).

24 Zur entscheidenden Phase und zu den Ergebnissen der Regierungsbildung Nr. 58. – Die am 29.10.1957 abgegebene Regierungserklärung (vgl. Nr. 56 [Anm. 27]) legte Adenauer Heuss vorher zur »Durchsicht« vor (»Unserem Vaterlande zugute«, S. 240), dies aber nur pro forma: »Der Kanzler hat meine Zusätze nicht mehr verwendet, ich glaube, er hat mich bei seinem brieflichen Dank etwas angeschwindelt, was aber nicht schlimm ist« (Tagebuchbriefe S. 276).

25 Vgl. Nr. 3 (Anm. 24).

26 Vom 18.9.1957.

27 Zur Regierungsbildung und zur Regierungspraxis der nachfolgenden Zeit Hans-Peter *Schwarz*, Adenauer. Der Staatsmann, S. 348-364.

28 Mit der Verabschiedung des Gesetzes über die Rechtsverhältnisse der Parlamentarischen Staatssekretäre am 15.3.1967 (verkündet am 6.4.1967; BGBl. I 396) wurde dieses Amt erst in der Regierungszeit der Großen Koalition geschaffen.

29   Das Gespräch mit Christopher *Steel* datiert vom 25.9.1957 (ab 17.40 Uhr; StBKAH 04.08). – Der zeitliche und inhaltliche Zusammenhang dieser Informationen wird durch den Artikel »Plauderstunde mit dem Kanzler« bestätigt, den der Publizist Georg *Schröder* am 27.9.1957 in der »Welt« veröffentlichte: »Eine viertel Stunde vertrat Staatssekretär Globke den Gastgeber. Die schwarze Rolls-Royce-Limousine mit dem britischen Stander vor dem Eingang zum Palais Schaumburg verriet den Gästen, daß Sir Christopher Steel, der britische Botschafter, noch beim Bundeskanzler war. Dann kam Konrad Adenauer und in seinem Fahrwasser Botschafter Blankenhorn in den Kabinettssaal, um seine Gäste, die Mitglieder des Bonner Presseklubs, zu begrüßen. ... ›Gibt es zuviel Ministerien?‹ fragt man. ›Es gibt die Meinung, wir sollten Staatsminister wie in England schaffen zur Unterstützung der Minister, die zuviel Arbeit haben. Ich sage damit nicht, daß ich die Meinung teile. Wir arbeiten hier mit verhältnismäßig wenig an der Spitze stehenden Leuten. Die verantwortungsschwere Arbeit hat in den letzten vier Jahren sehr zugenommen: NATO, WEU, Montanunion, europäische Wirtschaftspolitik, Bundeswehr, Außenpolitik. Darüber müssen Sie auch mal nachdenken. Aber man soll nicht früher gackern, als das Ei gelegt ist. Das können Sie ruhig schreiben‹.« Ergänzend Max *Nitzsches* Bericht in der »Rheinischen Post« vom 27.9.1956: »Ich habe eben mit einem britischen Diplomaten gesprochen. Wissen Sie, diese englische Einrichtung des parlamentarischen Staatsministers – die muß auch bei uns einmal gründlich erwogen werden‹.«

Nr. 58

* BA, VS B 122/31269, Bd. A III, Bl. 93-101, Aufzeichnung vom 21.10.1957, gez. *Bleek*.

1   Vgl. Nr. 56 (Anm. 1).

2   Vgl. Nr. 57 (TOP 1, 2). – Zu dieser Gesprächspassage auch der Tagebuchbrief vom 18.10.1957: »Dann 1 1/2 Stunden Adenauer. Besprechung des Standes der Kabinettsbildung, personell, auch Sachänderungen. Die Details sind überholt, bis der Brief zu Dir kommt. Er will Schäffer ressortmäßig dislocieren – noch kämpfen die Bayern für ihn; denn sie wollen ihn in Bonn beschäftigt wissen und nicht seinen Eigensinn in München ansiedeln« (S. 269).

3   Am 18.10.1957 (ab 16.35 Uhr), also kurz vor dem Adenauer-Heuss-Gespräch, das dann um 18 Uhr begann (StBKAH 04.08). – Weitere Verhandlungen mit der CSU-Verhandlungskommission (Werner *Dollinger*, Hermann *Höcherl*, Richard *Jaeger*, Franz Josef *Strauß* und Richard *Stücklen*) bzw. Einzelgespräche mit einigen von ihnen hatte Adenauer am 9., 14., 15. und 17.10.1957 geführt.

4   Vgl. Nr. 57 (Anm. 11).

5   Zur Diskussion um die Stellvertretung des Bundeskanzlers, die dann *Erhard* übernahm, Hans-Peter *Schwarz*, Adenauer. Der Staatsmann, S. 355, und Daniel *Koerfer*, Kampf ums Kanzleramt, S. 147-177.

6   Vgl. Nr. 56 (Anm. 13). – Nachfolger Walter *Hallsteins* wurde Hilger *van Scherpenberg* (Januar 1958-Januar 1961), zum Zweiten Staatssekretär im Auswärtigen Amt im Juli 1960 Karl *Carstens* ernannt. Zu den weiteren Veränderungen Nr. 63 (TOP 3).

7   Vgl. Nr. 54 (Anm. 9), 60 (TOP 4).

8   Nachfolger *Strohms* als Botschafter bei der Südafrikanischen Union (1958-1961): Hans Ulrich *Granow* (zuvor Generalkonsul in Singapur). Zu der für *Strack* gefundenen Lösung Nr. 54 (Anm. 9).

9   Informationen zum damaligen Zuständigkeitsbereich des Bundesinnenministeriums im Bulletin, Nr. 235 vom 19.12.1957, S. 2166.

10   Als Vertreterin der »Arbeitsgemeinschaft der Frauenverbände« hatte Marie-Charlotte *Wasmuth* (geb. 1906; 1962-1970 MdL in Nordrhein-Westfalen für die CDU) am 17.10.1957 den Kanzler aufgesucht (ab 18.45 Uhr; StBKAH 04.08).

11   Elisabeth *Schwarzhaupt* (1901-1986), 1953-1969 MdB (CDU), 1961-1966 Bundesminister für Gesundheitswesen.

12   Bereits in seinem Informationsgespräch vom 18.7.1956 hatte der Bundeskanzler auf die Frage »Würden Sie bei einem dritten Kabinett Adenauer eine Frau mit in das Kabinett hineinnehmen?« geantwortet: »Die Frau hat ein natürliches Empfinden, das oft mehr wert ist als das Verständnis des Mannes. Ich bin sehr dafür, daß nicht nur eine, sondern meinetwegen zwei bis drei Frauen, wirklich begabte, kluge Frauen hereinkommen, weil sie das natürliche Empfinden für die Zweckmäßigkeit und Richtigkeit gewisser Aufgaben haben. Für andere Aufgaben allerdings haben sie diese Auffassung nicht« (Teegespräche 1955-1958, S. 116f.) – 1957 kam nur eine »kleine Lösung« zustande; s. unten Anm. 31.

13   Zu dieser dann nicht zustandegekommenen Kandidatur, unter Verwendung dieser Gesprächsaufzeichnung, Hans-Peter *Schwarz*, a.a.O., S. 352f.

14   Nachfolger *Krekelers* ab März 1958: Wilhelm G. *Grewe*; dazu dessen Rückblenden 1976-1951, S. 339-574.

15   *Vialon* wechselte 1958 als Abteilungsleiter für Wirtschafts-, Finanz- und Sozialpolitik ins Kanzleramt.

16   Staatssekretär dieses Ressorts wurde Hans *Busch* (zuvor und danach im Vorstand der Salzgitter AG tätig).

17   Vgl. Nr. 56 (Anm. 1, 13). – Zu den Diskussionen dieser Tage und Wochen Daniel *Koerfer*, Kampf ums Kanzleramt, S. 165-176.

18   Vgl. Nr. 6 (TOP 2), 59 (TOP 1).

19   Heinrich *Lübke* (1894-1972), 1947-1952 nordrhein-westfälischer Minister für Ernährung, Landwirtschaft und Forsten, 1949/50 und 1953-1959 MdB (CDU), 1953-1959 Bundesminister für Ernährung, Landwirtschaft und Forsten, 1959-1969 Bundespräsident. – Früher in der »Rhöndorfer Ausgabe« nachgewiesene Literatur ergänzt Rudolf *Morsey*, Heinrich Lübke (mit dem Hinweis auf diese Gesprächspassage auf S. 237).

20   Dazu die Hinweise in den Krone-Tagebüchern, S. 264 (»Die Deutsche
Partei hetzt in Bauernkreisen gegen die Union und gegen Minister Lübke«),
269 (»Auch Heinrich Lübke begegnet Schwierigkeiten, doch sollte er bleiben«); vgl. a. Jürgen *Domes*, Mehrheitsfraktion und Bundesregierung, S. 67-
70, und Rudolf *Morsey*, Heinrich Lübke, in: Geschichte im Westen, Jg. 9
(1994), S. 224-243, hier S. 234. – Heuss zur Kandidatur Lübkes (1959 sein
Nachfolger im Präsidentenamt): »... habe aber dem Kanzler bei anderen
(Lübke Landwirtschaft) zugeredet« (wie Anm. 2, S. 270).
21   Bernhard *Bauknecht* (1900-1985), 1947-1973 Mitbegründer und Präsident des Landesbauernverbands Württemberg-Hohenzollern, 1953-1969 MdB
(CDU).
22   Peter *Horn* (1891-1967), 1947-1949 Mitglied des Wirtschaftsrates
(CDU), 1950-1965 MdB. – Begegnungen und Gespräche Adenauer-Horn sind
für diesen Zeitraum in StBKAH nicht nachweisbar.
23   Zur Aufgabenstellung und Zielsetzung des neuen Ressortchefs seine Auskünfte im WDR-Interview vom 23.11.1957 mit Ludwig *von Danwitz*; Wortlaut: Bulletin, Nr. 219 vom 27.11.1957, S. 2025.
24   Wilhelm *Herschel* (1895-1986), 1949-1960 Abteilungsleiter im Bundesministerium für Arbeit und Sozialordnung.
25   Hans-Christoph *Seebohm* (1903-1967), 1948/49 Mitglied des Parlamentarischen Rates (DP), 1949-1966 Bundesminister für Verkehr, 1949-1967
MdB (ab 1960 CDU), gehörte in führenden Funktionen der Sudetendeutschen
Landsmannschaft an.
26   Karl *Blessing* (1900-1971), 1937-1939 Mitglied des Reichsbankdirekto-
riums, nach dem Krieg in der Wirtschaft tätig, 1958-1969 Präsident der Deutschen Bundesbank.
27   Ludwig *Seiermann* (geb. 1903), 1949-1957 Leiter der Abteilung Binnenschiffahrt, 1957-1967 Staatssekretär im Bundesverkehrsministerium.
28   Zur Begegnung Heuss-*Lemmer* keine Anhaltspunkte in den Tagesnotizbüchern oder Tagebuchbriefen des Bundespräsidenten.
29   Vgl. Nr. 58 (Anm. 20).
30   Paul *Lücke* (1914-1976), 1949-1972 MdB (1950-1957 Vorsitzender des
Ausschusses für Wiederaufbau und Wohnungswesen), 1954-1965 Präsident
des Deutschen Gemeindetages, Bundesminister für Wohnungsbau bzw. Wohnungswesen, Städtebau und Raumordnung (1957-1965) und des Innern
(1965-1968).
31   Dieses Amt übernahm Gabriele *Wülker* (geb. 1911; 1952-1957 wissenschaftliche Referentin des Deutschen Landesausschusses der Internationalen
Konferenz für Sozialarbeit).
32   Der britische Premierminister hatte die Bundesrepublik vom 7.-9.5.1957
besucht (vgl. Nr. 47 [Anm. 10]); zur Besprechung Adenauer-*Macmillan* vom
7.5.1957 die Niederschrift in BA, NL Blankenhorn, Bd. 84. Das Kommuniqué
und eine abschließende Erklärung Macmillans vom 9.5.1957 in: DzD III/3
(1957), S. 760-764.

33   Der Besuch des Bundeskanzlers kam erst vom 16.-19.4.1958 zustande; vgl. sein Teegespräch vom 13.11.1957 (Teegespräche 1955-1958, S. 244). Vgl. a. Nr. 64 (TOP 2).

34   James Barrett *Reston* (geb. 1909), ab 1939 Mitarbeiter der »New York Times«, 1953-1964 Leiter des Washingtoner AP-Büros, Kolumnist und Mitglied der Geschäftsführung, Pulitzer-Preise 1945 und 1957. – Druck der Aufzeichnung zum Informationsgespräch vom 14.10.1957 (im Beisein des Korrespondenten der »New York Times«, Meyer S. *Handler*): Teegespräche 1955-1958, S. 237-243.

35   Wortlaut des Interviews vom 7.10.1957: EA, Jg. 12 (1957), S. 10262-10272. Dazu die Erläuterungen Restons a.a.O.

36   Zu den außenpolitischen Fragen dieses Zeitraums liegt dieser Gesprächsaufzeichnung der 5-seitige Vermerk von Staatssekretär Bleek zur Kabinettssitzung vom 17.10.1957 bei (BA, a.a.O., Bl. 102-106), in der es vor allem um den am 19.10.1957 vollzogenen Abbruch der Beziehungen der Bundesrepublik zu Jugoslawien ging (nachdem die jugoslawische Regierung am 10.10.1957 diplomatische Beziehungen mit der DDR aufgenommen hatte). Dort nach dem einleitenden Bericht von Außenminister *von Brentano* die Stellungnahme des Bundeskanzlers: »Er befürchtete vor allem Rückwirkungen bei den USA, wenn dort Zweifel entstehen könnten, ob nicht auch bei uns eine gewisse Hinneigung zum Osten vorhanden sei. Alle Maßnahmen der Sowjetunion in der letzten Zeit (Abrüstungskonferenz, Rede *Gromyko's* vor der UN, Start des Erdsatelliten [vgl. Nr. 60, Anm. 16], insbesondere aber auch die Einflußnahme auf Jugoslawien, die sicherlich bei der Anerkennung der DDR mitbestimmend gewesen sei) deuteten darauf hin, daß Chruschtschow darauf abziele, zu einem zweiseitigem Übereinkommen zwischen den USA und der SU über die Weltprobleme unter Ausschaltung aller übrigen Mächte zu gelangen. Die durch unverantwortliche Nachlässigkeit mancher maßgebender Persönlichkeiten in den USA (*Eisenhower, Stassen*, der bisherige Verteidigungsminister *Wilson*) im wesentlichen erreichte Rüstungsparität zwischen den beiden großen Mächten gebe Chruschtschow eine gute Basis für diese Politik. Es müsse Aufgabe der Politik der Bundesrepublik sein, eine derartige Entwicklung zu verhindern.«

Nr. 59

* BA, VS B 122/31269, Bd. A III, Bl. 91f., Aufzeichnung vom 23.10.1957, gez. *Bleek*.

1   Vgl. Nr. 56 (Anm. 1). – Dazu die Abb. auf S. 252f.

2   Am Abend des 22.10. hielt Heuss hierzu im Tagebuchbrief fest: »Nacheinander Besuche von Gerstenmaier und Adenauer; bei beiden wachsende Wut auf die bayerische CSU, die fortgesetzt ›erpresse‹, und jetzt haben auch die Württemberger entdeckt, daß sie gar keine Minister kriegen sollen (den präsentierten Landwirt [Oskar *Farny*, 1891-1983; 1953-1960 Staatsminister für

Bundesangelegenheiten in Baden-Württemberg] hat Ad[enauer] mit Recht aus sachlichen und persönlichen Gründen abgelehnt). Aber neue Problematik: das Kabinett sollte 10 Katholiken und 8 Protestanten haben. Der furor protestanticus innerhalb der CDU-Fraktion alarmiert. Adenauer glaubt, ihn überwunden zu haben, aber ich bin dessen noch nicht so gewiß. Das Kaleidoskop bleibt in Bewegung« (S. 272).

3   Vgl. Nr. 58 (Anm. 5, 18).

4   Am 21.10.1957, ab 13.30 Uhr (StBKAH 04.08); vgl. Daniel *Koerfer*, Kampf ums Kanzleramt, S. 173. – Zu einer weiteren Aussprache Adenauer-*Erhard* kam es im unmittelbaren Anschluß an diese Unterredung des Bundeskanzlers mit dem Bundespräsidenten (22.10., ab 19.05 Uhr).

5   Nach mehrfachen Veränderungen ließ Adenauer *Schäffer* das Schreiben am 23.10.1957 durch Boten zustellen; davon der Durchdruck in StBKAH III/22.

6   Walter *Eckhardt* (geb. 1906), 1953-1961 und 1964-1969 MdB (GB/BHE, ab 1956 CDU/CSU; gehörte als Nachrücker dem 3. Deutschen Bundestag ab 27.12.1957, dem 4. ab 21.7.1964 an).

7   Vgl. Nr. 58 (TOP 5, 6).

8   Herbert *Martini* (geb. 1913), 1948-1950 stellvertretender Leiter des ERP-Coordination Office (Berater für den Marshallplan beim Vorsitzenden des Verwaltungsrates des Vereinigten Wirtschaftsgebietes), leitete 1950 diese Dienststelle auf das Bundesministerium für den Marshallplan über, später im Vorstand der Kreditanstalt für Wiederaufbau.

9   Elmar *Michel* (1897-1977), 1953-1955 Abteilungsleiter im Bundeswirtschaftsministerium, danach Vorstandsmitglied der Salamander AG.

10   Zur nächsten Begegnung mit dem Oppositionsführer kam es am 13.11.1957: »Gestern Abend große Einladung: Kabinett, Staatssekretäre, Fraktionsvorstände. Adenauer wankte und wich nicht, er hielt den guten Ollenhauer, der ein paarmal, mir zuliebe, aufbrechen wollte, immer wieder zurück, es gab die freimütigste Flapserei, ob Erler und Schmid zur CDU komme, die ihrerseits Gerstenmaier und J[ae]ger an die SPD abtreten wolle« (Tagebuchbriefe, S. 280f.). Vgl. Nr. 47 (Anm. 38).

11   Am 7.10.1957 (a.a.O., S. 265, 578).

12   Die in den Besucherlisten des Bundeskanzlers nicht nachgewiesene Unterredung mit *Schoettle* (der in der 3. Wahlperiode als 3. Vorsitzender der SPD-Bundestagsfraktion erst von Herbert *Wehner*, dieser 1958 von Heinrich *Deist* abgelöst wurde) war vermutlich am Rande der Bundestagssitzungen vom 15. oder 22.10.1957 zustandegekommen (vgl. Nr. 56 [Anm. 1]).

Nr. 60

* BA, VS B 122/31269, Bd. A III, Bl. 85-90, Aufzeichnung vom 16.12.1957, gez. *Bleek*.

1   Während seiner Italien-Reise vom 19.-29.11.1957 war der Bundespräsi-

dent am 27.11.1957 von *Pius XII.* empfangen worden; vgl. »Unserem Vaterlande zugute«, S. 243f. Wortlaut der dabei gehaltenen Ansprache des Papstes: DzD III/3 (1957), S. 1943-1945.

2   Vom 16.-19.12.1957 in Paris; vgl. Konrad *Adenauer*, Erinnerungen 1955-1959, S. 333-346; seine Teegespräche 1955-1958, S. 244-255, und Daniel *Kosthorst*, Brentano und die deutsche Einheit, S. 210-213.

3   Vgl. Nr. 39 (TOP 1), 74 (TOP 3).

4   Zu diesem Teil der Unterredung notierte Heuss im Tagebuchbrief des folgenden Tages: »Ad[enauer]s Sorge, daß Europa von den inneren Ungewißheiten der personellen Stärken (oder Schwächen) der USA-Führung in dem nächsten Jahrzehnt abhängig sein werde« (S. 291).

5   Grundsätzliche Überlegungen zur damaligen Situation der NATO in der längeren »Notiz« Adenauers vom 9.12.1957, die er in seinen Erinnerungen 1955-1959 wiedergibt (S. 334-337). S. unten Anm. 12.

6   Auch nachfolgend mehrere Detailinformationen zum Diskussionsverlauf dieser Kabinettssitzung, die Staatssekretär Bleek – Protokollant dieses Gesprächs *und* Teilnehmer der Beratungen vom 13.12.1957 – zum besseren Verständnis einfügte.

7   Lauris *Norstad* (1907-1988), 1951 Oberkommandierender der amerikanischen Luftstreitkräfte in Europa, 1953-1956 der atlantischen Luftstreitkräfte, 1956-1962 der NATO-Streitkräfte, Supreme Allied Commander, Europe (SACEUR).

8   Hierzu und zum Nachfolgenden Hans-Peter *Schwarz*, Adenauer und die Kernwaffen, in: VfZ, Jg. 37 (1989), S. 567-593.

9   Charles E. *Wilson* (1886-1972), 1940-1942 und 1944-1950 Präsident der General Electric Company, 1950-1952 Leiter des Office of Defense Mobilization der USA, 1953-1957 amerikanischer Verteidigungsminister. – Ähnlich seine Beurteilung durch Adenauer im außenpolitischen Lagebericht in der CDU-Vorstandssitzung vom 17.1.1958 (Protokolle des CDU-Bundesvorstands 1957-1961, S. 88).

10   Am 21.1.1958 einigten sich die Verteidigungsminister dieser drei Staaten in Bonn auf die gemeinsame Entwicklung und Produktion solcher Waffen (im Rahmen der NATO-Direktiven). Zur Vorgeschichte Peter *Fischer*, Das Projekt einer bilateralen Nuklearkooperation. Französisch-deutsch-italienische Geheimverhandlungen 1957/1958, in: Historisches Jahrbuch, Jg. 112 (1992), S. 143-156. Vgl. Nr. 68 (TOP 2), 74 (TOP 4).

11   Belege für die Kontakte des französischen NATO-Botschafters Étienne *de Crouy-Chanel* zu Herbert *Blankenhorn* in BA, NL Blankenhorn, Bd. 79, 80.

12   MacMahon Act for control of atomic energy, benannt nach Brien *Mac-Mahon* (1903-1952), 1945-1952 demokratischer Senator von Connecticut, 1945-1947 Vorsitzender des Senatsausschusses »on atomic energy«, ab 1948 Mitglied des Komitees für Auswärtige Angelegenheiten. – »Nach dem Nachrichtenspiegel I von heute (9.12.1957) soll weder Eisenhower noch Dulles mit

dem Kongreß in Verhandlung treten wollen wegen Änderungen des Mac-Mahon-Gesetzes, das angeblich die Übertragung des Verfügungsrechts über die nuklearen Waffen an irgend jemand verhindert« (wie Anm. 5, S. 336); vgl. a. Franz Josef *Strauß*, Die Erinnerungen, S. 323.

13   Nach Art. 13 des Nordatlantikvertrages vom 4.4.1949: »Nach zwanzigjähriger Geltungsdauer des Vertrags kann jede Partei aus dem Vertrag ausscheiden, und zwar ein Jahr, nachdem sie der Regierung der Vereinigten Staaten von Amerika die Kündigung mitgeteilt hat; diese unterrichtet die Regierungen der anderen Parteien von der Hinterlegung jeder Kündigungsmitteilung.«

14   Die Begegnung Adenauer-*McCloy* datiert vom 19.11.1957 (ab 12.20 Uhr); dazu die Gesprächsaufzeichnung in StBKAH III/55.

15   Seine Bedenken gegen die Raketenstationierung in der Bundesrepublik brachte Adenauer auch in der am gleichen Tage mit dem sowjetischen Botschafter *Smirnow* geführten Unterredung (s. unten Anm. 21) zum Ausdruck; vgl. Daniel *Kosthorst*, a.a.O., S. 212.

16   Die Sowjetunion hatte am 4.10.1957 den ersten künstlichen Erdsatelliten »Sputnik I« gestartet; die Vereinigten Staaten brachten nach Fehlversuchen den »Explorer« am 31.1.1958 in eine Erdumlaufbahn.

17   Am 11.11.1957; vgl. Daniel *Kosthorst*, a.a.O., S. 137.

18   Reinhard *Gehlen* (1902-1971), 1956-1968 Präsident des Bundesnachrichtendienstes (BND). – Vgl. seine eigenen Angaben in: Der Dienst (Zwölf Jahre Bundesnachrichtendienst, S. 265-316); Der Aufbau und die Integration des Bundesnachrichtendienstes, in: Klaus *Gotto* (Hrsg.), Der Staatssekretär Adenauers, S. 184-193, und die Hinweise von Reinhold *Mercker* bei Hans-Peter *Schwarz* (Hrsg.), Konrad Adenauers Regierungsstil, S. 67f.

19   Zu diesen Vorgängen keine weiteren Hintergrundmaterialien in StBKAH, auch keine Anhaltspunkte in den Terminkalendern bzw. Besucherlisten des Bundeskanzlers. Auf die militärtechnische und strategische Beratung Adenauers durch den BND-Präsidenten in diesem Zeitraum verweist Hans-Peter *Schwarz*, Adenauer. Der Staatsmann, S. 387.

20   Andrej Andrejewitsch *Smirnow* (1905-1982), sowjetischer Botschafter in Wien (1955/56), Bonn (1956-1966; Nachfolger *Sorins*) und Ankara (1966-1969).

21   Zur Begegnung mit Smirnow vom 13.12.1957 (ab 16.15 Uhr; das Gespräch mit dem Bundespräsidenten begann unmittelbar anschließend um 17 Uhr) Adenauers eigene Darstellung in den Erinnerungen 1955-1959, S. 347f.

22   Neben Verhandlungen zur Rückführung der in der Sowjetunion lebenden Auslandsdeutschen wurden seit dem 23.7.1957 in Moskau bilaterale Beratungen über den Abschluß eines Handelsabkommens und über ein Konsularabkommen geführt; dazu die zahlreichen Angaben bei Boris *Meissner* (Hrsg.), Moskau Bonn, Bd. 1, S. 282, 285-187, 295-305, 312-314, 318-320, 368-398. – Zur Unterzeichnung der Vereinbarungen am 25.4.1958 Nr. 64 (TOP 3).

23   Wortlaut des Schreibens vom 10.12.1957 an die Regierungschefs der NATO-Mitgliedstaaten in den Dokumenten zur Deutschlandpolitik, III. Reihe/Band 3, Dritter Drittelband, S. 2030-2036.

24   Zu Franz *Blüchers* zukünftiger Funktion vgl. Nr. 56 (Anm. 13). *Euler* wurde nach seinem Ausscheiden aus dem Bundestag (10.9.1958) Generaldirektor bei der EURATOM in Brüssel; wegen *Schäfer* teilte Heuss am 8.4.1958 Staatssekretär *Bleek* mit: »Bott ist es nach meiner Anregung durch Rücksprache mit Merkatz, Seebohm und Globke geglückt, Dr. Hermann Schäfer auf die Liste für ein europäisches Wirtschaftsgremium zu bringen. Ich glaube nicht, daß das eine Sache ist, die mit Finanzleistungen verbunden ist, aber Schäfer sieht wenigstens, daß wir besorgt bleiben, daß er nicht völlig den Anschluß an politische Dinge verliert« (BA, NL Heuss, Nr. 63). Vgl. Nr. 61 (TOP 2).

25   Louis *Armand* (geb. 1905), 1958/59 Kommissions-Vorsitzender der Europäischen Gemeinschaft für Atomenergie.

26   Die Entscheidung über den endgültigen Sitz der EWG-, ab 1973: EG-, ab 1992: EU-Organe ist bis heute nicht gefallen, nach wie vor gilt die Einigung auf vorläufige Arbeitsorte (Hauptsitz der Kommission in Brüssel; Parlamentstagungen in Straßburg; Sitz des Gerichtshofes, der Europäischen Investitionsbank und des Rechnungshofes in Luxemburg).

27   Vgl. Nr. 56 (Anm. 13), 58 (Anm. 6).

28   Hilger *van Scherpenberg* (1899-1969), 1949-1953 Referatsleiter im Bundeswirtschaftsministerium, ab 1953 im Auswärtigen Amt, dort 1958-1961 Staatssekretär, 1961-1965 Botschafter beim Heiligen Stuhl.

29   Vgl. Nr. 54 (Anm. 9), 58 (TOP 1).

Nr. 61

*   BA, VS B 122/31269, Bd. A III, Bl. 81-83, Aufzeichnung vom 13.1.1958, gez. *Bleek.*

a   ‹ › Von Heuss eigenhändig eingefügt.

b   ‹ … › Hier folgt, unmittelbar anschließend, nicht als eigenständiges Dokument getrennt, die gleichfalls von Bleek angefertigte »Aufzeichnung über Unterredung Bundespräsident – Bundesminister des Auswärtigen, Dr. von Brentano, am 10. Januar 1958. … von Brentano erklärte, er habe niemals die Kritik an dem Wort ›unrealistisch‹ in der Silvesteransprache als gegen sich gerichtet angesehen, habe auch dem Bundeskanzler gegenüber keinerlei derartige Bemerkung gemacht.« S. unten Anm. 9. – Der zweite Teil dieser Gesprächsaufzeichnung in Nr. 63 (Anm. 17).

1   Der Bundespräsident hatte in seiner Neujahrsansprache »Die Politik ist das Schicksal!« (Bulletin, Nr. 1 vom 3.1.1958, S. 1f.; DzD III/3 [1957], S. 2219-2222) Äußerungen George Kennans aufgegriffen: »Ich begegne seiner Sorge vor der ›Öffentlichkeit‹ des zwischenstaatlichen Gespräches, die sich demokratisch nennt, sich vielleicht für demokratisch hält und immer, von jeder Seite, durch ihren Charakter als ›Propaganda‹ ausgelegt werden wird. … Um

was es wohl geht, ist nüchtern sich aus den Fesseln von Schlagworten und Ideologien zu lösen; das ist eine unbehagliche Zumutung für diejenigen, denen die Ideologie etwa wie missionarischer Religionsersatz oder wissenschaftliches Dogma ist, wobei man auf dieser, auf jener Seite das Zeitbedingte sozialökonomischer Leit- und Glaubenssätze zu vergessen pflegt. Das Wort ›unrealistisch‹ ist bei Publizisten und Staatsmännern … in seltsamer Weise zum Modewort avanciert.«

Druck der anschließenden kontroversen Korrespondenz Adenauer (2.1.1958 »Daß Sie … Herrn Kennan als einen ›behutsam geistvollen‹ Mann kennzeichnen, schadet … der Politik des Bundeskabinetts, wie auch der Mehrheit des Bundestages«) – Heuss (3.1.1958: »… daß Sie mich zwingen, solchen Vorwurf mit ganz einfacher Bestimmtheit zurückzuweisen«): »Unserem Vaterlande zugute«, S. 245-249.

2   George F. *Kennan* (geb. 1904), 1947-1949 Leiter des Planungsstabes im amerikanischen Außenministerium, 1952 Botschafter in Moskau, 1954-1961 an der Princeton Universität, 1961-1963 Botschafter in Belgrad. – Kennan trat ab 1957 für ein Auseinanderrücken der beiden Großmächte und den Truppenabbau der westlichen und östlichen Verteidigungsbündnisse ein, so u. a. in den im November/Dezember 1957 von der BBC ausgestrahlten ›Reith Lectures‹, auf deren Grundlage er 1958 »Rußland, der Westen und die Atomwaffe« publizierte; vgl. a.a.O., S. 451 (mit den weiterführenden Literaturhinweisen).

3   Zum »Werwolf« der im Frühjahr 1945 ergangene nationalsozialistische Aufruf: »Jedes Mittel ist dem Werwolf recht, um dem Feind Schaden zuzufügen. Er hat seine eigene Gerichtsbarkeit, die über Leben und Tod des Feindes wie der Verräter an unserem Volk entscheidet.« Den entsprechenden Passus in den Kennan-Vorträgen griff Außenminister *von Brentano* in der Sitzung der CDU/CSU-Bundestagsfraktion vom 15.1.1958 auf (»abgestandene Werwolfideologie«); vgl. Daniel *Kosthorst*, Brentano und die deutsche Einheit, S. 216f.

4   Vgl. Nr. 60 (Anm. 2).

5   Felix *von Eckardt* (1903-1979), 1952-1955 und 1956-1962 Leiter des Presse- und Informationsamtes der Bundesregierung (ab 1958 als Staatssekretär), 1955/56 Ständiger Beobachter bei den Vereinten Nationen, 1962-1965 Bevollmächtigter des Bundes in Berlin, 1965-1969 MdB (CDU).

6   Davon hatte Heuss auch Adenauer Mitteilung gemacht; vgl. sein Schreiben vom 22.12.1957 in »Unserem Vaterlande zugute«, S. 244.

7, 8   »Manche Hörer mögen sich erinnern, wie uns vor einigen Jahren die Triest-Frage [nach Bildung des Freistaats 1947] beunruhigte, und dann wurde sie eines Tages durch eine kluge ›Geheimdiplomatie‹, die fern vom Schuß, vom möglichen Schuß, in London lokalisiert war, aus der Weltsorge geschafft. Und, was uns näher berührte: der Aufhebung der Blockade Berlins [12.5.1949] war eine vertrauliche Verständigung von Washington und Moskau vorangegangen« (Heuss am 31.12.1958; wie Anm. 1).

9   S. oben Anm. b. Vgl. a. Daniel *Kosthorst*, a.a.O., S. 216.

10 Zu den Reaktionen in den USA Adenauers Briefwechsel mit seinem amerikanischen Freund Dannie N. *Heineman* (16./21.1.1958) in StBKAH 10.14.

11 Hierzu, unter Verwendung dieser Gesprächsaufzeichnung, Hans-Peter *Schwarz*, Adenauer. Der Staatsmann, S. 384f.

12 Vgl. Nr. 58 (TOP 9), 65 (TOP 5).

13 Vgl. Nr. 58 (TOP 1), 63 (TOP 3).

14 Vgl. Nr. 56 (Anm. 13).

15 Vgl. Nr. 60 (Anm. 24).

16 Gelegenheit zur nächsten Unterredung Adenauer-*Gerstenmaier* war im Rahmen oder am Rande der CDU-Vorstandssitzung vom 17.1.1958 gegeben (Protokolle des CDU-Bundesvorstands 1957-1961, S. 43-110).

Nr. 62

* BA, VS B 122/31269, Bd. A III, Bl. 73-75, Aufzeichnung vom 31.1.1958, gez. *Bleek*.

1 Die Genfer Deutschlandkonferenz der Vier Mächte (unter Beteiligung der Außenminister der Bundesrepublik und der DDR) kam in zwei Sessionen vom 11.5.-20.6. und 13.7.-5.8.1959 zustande; vgl. Nr. 71 (TOP 1), 74 (TOP 3). – Zur vorbereitenden Diskussion dieses Zeitraums Adenauers Unterredung vom 24.1.1958 mit dem amerikanischen Publizisten Joseph *Alsop* in den Teegesprächen 1955-1958, S. 250-255.

2 Bereits am 18.1.1958 hatte Heuss im Tagebuchbrief notiert: »Ad[enauer]s Politik ist nun auch voll Unsicherheiten, zumal gegenüber den Polen: man will und man will nicht« (S. 303). Zum Gespräch dieses Tages: »Offenbar Bedürfnis nach Rückhalt« (S. 307). Vgl. Nr. 74 (TOP 4).

3 Vgl. Nr. 57 (Anm. 3).

4 Vgl. Nr. 46 (TOP 1), 47 (TOP 1).

5 Die Begegnung Adenauer-*Steel*, im Beisein von Heinrich *von Brentano*, war in den Vormittagsstunden des 30.1.1958 zustandegekommen (ab 10 Uhr; die Unterredung des Bundespräsidenten mit dem Bundeskanzler begann dann um 17.55 Uhr – vgl. StBKAH 04.09).

6 Vgl. Nr. 47 (Anm. 4), 53 (TOP 1). – Zur damaligen Diskussion der Brief des Bundesaußenministers vom 15.2.1958 an den Bundeskanzler in BA, NL von Brentano, Nr. 157.

7 So Adenauer auch in seinen Teegesprächen 1955-1958 (S. 32, 57) und 1959-1961 (S. 12).

8 Vgl. Nr. 61 (Anm. 1, 2).

9 Vgl. Hans-Peter *Schwarz*, Adenauer. Der Staatsmann, S. 384.

10 Vgl. Nr. 56 (TOP 3). – Dazu die Angaben bei Hanns Jürgen *Küsters*, Die Gründung der Europäischen Wirtschaftsgemeinschaft, S. 497-499.

11 Gemeint ist die erste Sitzung der Ministerräte der Europäischen Wirtschaftsgemeinschaft und der Europäischen Atomgemeinschaft vom 25.1.1958 in Brüssel, bei der auch die Minister *Etzel* und *Balke* die Bundesrepublik ver-

treten hatten; vgl. den ausführlichen Bericht im Bulletin, Nr. 23 vom 4.2.1958, S. 203-205.

12 Durch Zuweisung der außenpolitischen Zuständigkeit im EWG-Ministerrat an den Außenminister, der wirtschaftspolitischen an den Wirtschaftsminister; dazu Adenauers Schreiben vom 31.1.1958 an *Erhard* in LES, NL Erhard I. 1)6 und die Darstellung des Sachverhalts von Hanns Jürgen *Küsters*, Der Streit um Kompetenzen und Konzeptionen deutscher Europapolitik, S. 366-368. Vgl. a. Daniel *Koerfer*, Zankapfel Europapolitik: Der Kompetenzstreit zwischen Auswärtigem Amt und Bundeswirtschaftsministerium 1957/58, in: Politische Vierteljahresschrift 28 (1989), S. 553-568.

13 Der Rat der EKD hatte in seiner Sitzung vom 7./8.11.1957 in Frankfurt/Main beschlossen, den Regierungen der Bundesrepublik und der DDR einen Appell des Zentralausschusses des Ökomenischen Rates der Kirchen (New Haven, 31.7.-7.8.1957) und die zuvor vom Exekutivausschuß der Kommission der Kirchen für Internationale Angelegenheiten verabschiedete Erklärung über »Atomteste und Abrüstung« zu übermitteln; vgl. Kirchliches Jahrbuch für die Evangelische Kirche in Deutschland, Jg. 84 (1957), hrsg. von Joachim *Beckmann*, Gütersloh 1958, S. 78f.

14 Druck des *Grotewohl*-Briefes vom 10.12.1957 an Heinrich *Grüber* (1891-1975; 1949-1958 EKD-Bevollmächtigter bei der DDR-Regierung): a.a.O., S. 79-81. Dazu die Rundfunk- und Fernsehansprache des DDR-Ministerpräsidenten vom 22.1.1958 in: DzD III/4 (1958), S. 195-199.

15 Die Aussprache mit den Bischöfen Otto *Dibelius*, Volkmar *Herntrich*, Hermann *Kunst* und Hanns *Lilje* sowie Präses Joachim *Beckmann* kam am 25.3.1958 zustande (ab 16.30 Uhr; StBKAH 04.09). Adenauer erklärte dabei, »daß auch er von der gleichen Sorge wie die Kirche erfüllt sei. Er halte es daher für eine Hauptaufgabe der Bundesregierung, jeden möglichen Schritt zu einer allgemeinen kontrollierten Abrüstung zu unterstützen. Das von dem Exekutivausschuß des Weltkirchenrates ausgearbeitete fünf-Punkte-Programm für eine stufenweise Entspannung der gegenwärtigen Weltlage finde deshalb seine volle Zustimmung. Dabei sehe er es freilich als notwendig an, daß die beiden ersten Forderungen, nämlich einer Einstellung der Kernwaffenexperimente und der Produktion von Kernwaffen, gleichzeitig verwirklicht würden. Er bezeichnete es aber als die Pflicht der Bundesregierung, für die Freiheit und Sicherheit des Volkes Sorge zu tragen« (nach einem Bericht des Evangelischen Pressedienstes, a.a.O., S. 83).

16 Gustav W. *Heinemann* (1899-1976), 1949/50 Bundesminister des Innern (CDU), 1952 Gründungsmitglied der Gesamtdeutschen Volkspartei, 1957 der SPD beigetreten, 1957-1969 MdB, 1966-1969 Bundesminister der Justiz, 1969-1974 Bundespräsident.

17 Vom 23./24.1.1958, die Heinemann als SPD-Redner und Thomas *Dehler* für die FDP zu einer Gesamtabrechnung mit der Adenauer-Politik nutzten (Stenographische Berichte, 3. Wahlperiode, Bd. 39, S. 297-419); vgl. Rudolf *Morsey*, Konrad Adenauer und der Deutsche Bundestag, S. 34-37.

18   Hermann *Kunst* (geb. 1907), ab 1945 Mitglied der Kirchenleitung in
Westfalen, 1949-1977 EKD-Bevollmächtigter bei der Bundesregierung, 1956-
1972 Militärbischof für die Bundeswehr.

19   Edgar *Alexander* – eigentlich Edgar Alexander *Emmerich* – (1902-1970),
Publizist, im Saarland aufgewachsen, schloß sich nach 1920 der Zentrumspartei an, 1935 in die Vatikanstadt emigriert, 1937 über Frankreich in die USA. –
Zur Entstehung seiner 1956 veröffentlichten Kanzler-Studie (Adenauer und
das neue Deutschland) die Briefe 1953-1955, S. 252f., 388, 532f.; Hinweise
auf das darin enthaltene Heuss-Adenauer-Kapitel in der Einführung in diese
Edition, S. 4. (Die 1956, im Anhang des genannten Bandes, gleichfalls an-
gekündigte, zweibändige biographische Gesamtdarstellung »Konrad Adenauer. Portrait eines Staatsmannes« wurde nicht fertiggestellt).
Zahlreiche Angaben zur Beziehung Heuss-Alexander in den Tagebuchbriefen;
dort u. a. die Informationen zur Begegnung des Bundeskanzlers mit dem Publizisten am 2.1.1957 in Rhöndorf: »Ad[enauer] habe ihn und sein Werk jetzt begriffen. Al[exander] ist offenbar vergnügt, daß er mit Ad[enauer] über die
deutschen Bischöfe schimpfen konnte, was ja, nicht auf alle Ziele gezielt, eine
gemeinsame Vergnügung ist. Ad[enauer] habe ihm gesagt, was er, Al[exander],
an mir einen Gönner besitze (weil ich Ad[enauer] vor über einem Jahr einmal
gesagt habe, er müsse das Buch lesen, weil er viel von sich und seinen geistigen
Zusammenhängen erfahre, von denen er selber gar nichts wisse). Ad[enauer]
habe von mir mit Bewunderung gesprochen und ihm geraten, über mich ähnlich zu schreiben. Ich erinnerte Al[exander] daran, daß ich ihm das schon einmal untersagt habe, zumal es voraussetze, daß er für mindestens 3 Jahre prote-
stantisch werde« (S. 243).

Nr. 63
* BA, VS B 122/31269, Bd. A III, Bl. 70-72, Aufzeichnung vom 14.3.1958,
gez. *Bleek*.
1   Vgl. Nr. 57 (Anm. 3).
2   Am 13.2.1958 in Roquebrune; dazu Adenauers Urlaubsbrief (mit der
Einschränkung: »Aus der leidigen Politik kommt man ja nun leider nicht heraus. Von außen drängt sie sich an einen heran, und auch im Inneren beschäftigt
man sich unwillkürlich ständig damit. Der Fluch unserer Zeit«) in »Unserem
Vaterlande zugute«, S. 253.
3   Im Mai 1956; vgl. Nr. 48 (TOP 5).
4   Hierzu, unter Verwendung dieser Gesprächsaufzeichnung, Hans-Peter
Schwarz, Adenauer. Der Staatsmann, S. 418.
5, 6 Die für den 13./14.3.1958 vorgesehene außenpolitische Bundestagsdebatte fand vom 20.-22.3.1958 statt (Stenographische Berichte, 3. Wahlperiode,
Bd. 40, S. 823-1054); die »heftigen Auseinandersetzungen wegen der eigen-
mächtigen Vertagung … durch Gerstenmaier und Kiesinger« in der CDU/CSU-
Fraktionssitzung vom 10.3.1958 (Adenauer dort: »spätgeborener Karnevals-
scherz«) schildert Heinrich *Krone* in seinen Tagebüchern, S. 295.

7   Vgl. Nr. 62 (Anm. 1).

8   Wie Anm. 4.

9   Zur folgenden Sitzung des NATO-Ministerrats vom 5.-7.5.1958 in Kopenhagen Redeauszüge, Erklärungen und Kommuniqué in: AdG, Jg. 28 (1958), S. 7048f., und Daniel *Kosthorst*, Brentano und die deutsche Einheit, S. 230f., 234f.

10 Zu diesem Gespräch des Bundeskanzlers mit dem Verteidigungsminister keine weiteren Anhaltspunkte in StBKAH.

11 Dieser in einer Rede vom 1.2.1958 vor dem Landesparteitag der CDU Württemberg begründete Vorschlag des Bundestagspräsidenten war am 5.2.1958 von der »Stuttgarter Zeitung« veröffentlicht worden; Wortlaut: DzD III/4 (1958), S. 478-497. Zur Beurteilung durch den Bundeskanzler Hans-Peter *Schwarz*, a.a.O., S. 358, 415.

12 Ein – wie hier angegeben – am 11.3.1958 mit *Smirnow* geführtes Gespräch ist mit den Terminkalendern oder den Besucherlisten des Bundeskanzlers nicht nachweisbar, wenn auch, weil geheim gehalten, nicht auszuschließen, da sich vor dem Heuss-Adenauer-Termin (ab 17.15 Uhr) nur diese Eintragungen finden: »13.10 Uhr St[aats]S[ekretär] [Georg] Ripken-Abschiedsbesuch« und »16.30 Uhr Herr [Heinz] Kisters [Kunstsammler]«. – Die für seine Deutschland- und Ostpolitik zentrale letzte Unterredung mit dem sowjetischen Botschafter hatte am 7.3.1958 stattgefunden. Zum Gesprächsverlauf wie auch zur anschließenden Aussprache vom 19.3.1958 Adenauers detaillierte Darstellung in den Erinnerungen 1955-1959, S. 369-380: »Ich wollte aus der festgefahrenen Art des Dialogs, aus der Sackgasse, in der wir waren, herauskommen, und um deutscherseits einen konkreten Vorschlag zur Lösung des deutschen Problems zu unterbreiten, nahm ich diesen [zweiten] Besuch Smirnows zum Anlaß, um über ihn an die Sowjetregierung folgende Frage zu richten: Wäre sie bereit, der Sowjetzone den Status Österreichs zu geben?« (S. 377). Zur umfangreichen Literatur seine Teegespräche 1955-1958, S. 462. Dazu ergänzend Daniel *Kosthorst*, a.a.O., S. 222f., und die Krone-Tagebücher, S. 294f., 297.

13 Walter *Ulbricht* (1893-1973), ab 1946 Mitglied der engsten Führungsgremien der SED, 1950-1953 deren Generalsekretär, 1953-1971 Erster Sekretär des Zentralkomitees der SED, 1949-1960 Stellvertretender Vorsitzender des Ministerrats der DDR, 1960-1973 Vorsitzender des Staatsrates.

14 Vgl. Nr. 58 (TOP 1).

15 Gemeint sind Walter *Henkels* (1906-1987; seit 1949 Korrespondent und Feuilletonist verschiedener Zeitungen in Bonn), Max *Nitzsche* (geb. 1915; 1953-1961 Leiter des Bonner Büros der »Rheinischen Post«) und Max *Schulze-Vorberg* (geb. 1919; seit 1948 Bonner Korrespondent des Bayerischen Rundfunks, 1965-1976 MdB für die CSU), die Adenauer in Vence vom 25.-27.2.1958 dreimal zu längeren Gesprächen empfangen hatte (StBKAH 04.09).

16 Vgl. Nr. 62 (Anm. 17).

17 Zum Nachfolgenden die bereits in Nr. 61 (Anm. b) nachgewiesene Ge-

sprächsaufzeichnung Heuss-*von Brentano* vom 10.1.1958: »Aus dem Übertritt Staatssekretärs *Hallstein* zum Gemeinsamen Markt und des Botschafters *Krekeler* zu EURATOM ergebe sich eine ganze Kette personeller Veränderungen im Auswärtigen Dienst. Er habe sich aber noch kein klares Bild hierüber gemacht. Organisatorisch strebe er die Schaffung von zwei Unterstaatssekretär-Stellen unter *einem* Staatssekretär im Auswärtigen Amt an. Das habe den Vorteil, daß bei gleichzeitiger Abwesenheit des Ministers und des Staatssekretärs, die sich nicht immer vermeiden lasse, dann mindestens einer der Unterstaatssekretäre im Amt verfügbar sei. Die Politische Abteilung und die Länderabteilung, zwischen denen eine vernünftige Abgrenzung der Aufgaben nur schwer möglich sei, sollten tunlichst zusammengelegt werden. Daneben solle dann eine kleine Abteilung geschaffen werden, die sich ausschließlich der Ostpolitik widme. Die beiden neuen Abteilungen sollten dem einen der Unterstaatssekretäre, die Personalabteilung, die Rechtsabteilung und Kulturabteilung dem zweiten Unterstaatssekretär unterstellt werden. Über die mit den organisatorischen Änderungen und dem Revirement bei den Auslandsvertretungen verbundenen personellen Fragen werde er zur gegebenen Zeit Vortrag halten. Eine wesentliche personelle Änderung werde auch in der Protokollabteilung notwendig sein. Botschafter *Mohr* solle so bald wie möglich auf einem Auslandsposten verwandt werden [neuer Protokollchef ab 1958: Sigismund *von Braun*]. An eine Hinausschiebung der Altersgrenze für die Vortragende Legationsrätin [Erika] *Pappritz* sei keinesfalls gedacht. Botschafter *Holzapfel* in Bern werde wohl im Zuge des Revirements in den einstweiligen Ruhestand versetzt werden.«

Von weiteren Details der »organisatorischen und personellen Entscheidungen innerhalb des Auswärtigen Amtes« setzte der Außenminister den Bundespräsidenten am 27.1.1958 in Kenntnis (BA, a.a.O., S. 76-80).

18   Herbert *Dittmann* (1904-1965), 1949-1951 in der Verbindungsstelle des Bundeskanzleramtes zur AHK, ab 1951 im Auswärtigen Amt, ab 1953 Generalkonsul in Hongkong, 1958/59 Ministerialdirektor im Auswärtigen Amt (ständiger Vertreter des Staatssekretärs), 1959-1962 Botschafter in Brasilien, ab 1962 in Japan.

19   Vgl. Nr. 13 (Anm. 20).

20   Karl Heinrich *Knappstein* (1906-1989), 1948/49 Leiter der Presseabteilung des Verwaltungsrates des Vereinigten Wirtschaftsgebietes, 1951-1956 Generalkonsul in Chicago, 1956-1958 Botschafter in Madrid, 1958-1960 Stellvertreter des Staatssekretärs im Auswärtigen Amt, 1960-1962 UNO-Beobachter der Bundesrepublik, 1962-1968 Botschafter in Washington.

21   Staatsbesuch des Bundespräsidenten in Nordamerika vom 28.5.-23.6.1958 (erster offizieller Aufenthalt eines deutschen Staatsoberhauptes in Kanada und in den USA; vgl. Nr. 65 (TOP 1). – Zur anschließenden Unterredung Adenauer-Heuss der Vermerk *Wittenberg* (Bundespräsidialamt) vom 5.5.1958: »An der Besprechung Bundespräsident-Bundeskanzler, die am

15. April 1958 stattfand, hat der Chef des Bundespräsidialamtes wegen Urlaubs nicht teilgenommen. Eine Aufzeichnung ist von dem Stellvertretenden Chef des Bundespräsidialamtes nicht gefertigt worden.« Die Lücke schließt ein Hinweis in den Tagebuchbriefen: »... für Dienstag früh war Besuch von Adenauer, vor Englandfahrt, verabredet; der dann auch 1 1/2 Stunden blieb und seine innen- und außenpolitischen Sorgen ausweinte« (S. 322).

Nr. 64

* BA, VS B 122/31269, Bd. A III, Bl. 57-60, Aufzeichnung vom 9.5.1958, gez. *Bleek*.

1   Walter *Hagemann* (1900-1964), Publizist, Zeitungswissenschaftler und Historiker, ab 1946 Lehrtätigkeit an der Universität Münster (bis 1959 Direktor des Instituts für Publizistik), 1958 aus der CDU ausgeschlossen, 1961 in die DDR übergesiedelt.

2   Am 21.4.1958 durch das Ehrengericht des CDU-Kreisverbands Münster-Stadt wegen parteischädigenden Verhaltens; vgl. Ossip K. *Flechtheim* (Hrsg.), Dokumente zur parteipolitischen Entwicklung in Deutschland seit 1945, Bd. 6, T. 1, Berlin 1968, S. 59-81. Dazu auch die Protokolle des CDU-Bundesvorstands 1957-1961, S. 145, 256.

3   Paul Wilhelm *Wenger* (1912-1983), ab 1948 Bonner Korrespondent des »Rheinischen Merkur«. – Zum Nachfolgenden seine eigene Darstellung in: Die Falle. Deutsche Ost-, Russische Westpolitik, Stuttgart ^{2}1972, S. 130-135.

4   Die öffentliche Kritik hatte sich u. a. an diesem Passus entzündet: »Wer die deutsche Situation begriffen hat, wer sich klar macht, daß weder im Westen – auch bei unseren Partnern nicht – noch im Osten die Bereitschaft zu einer nochmaligen strategischen Unitarisierung Deutschlands besteht, dem wird es ein leichtes sein, mit Gottvertrauen die staatsrechtliche Gestaltung Deutschlands für sekundär zu betrachten gegenüber dem Anliegen der Wiederherstellung der Freiheit aller Deutschen und aller Europäer. Und ich glaube, hier liegt ein Weg, wenn es überhaupt einen gibt, um mit den Russen zu sprechen.« Wortlaut der Rede Wengers auf dem Parteitag der CDU Nordbaden in Tauberbischofsheim (19./20.4.1958) in ACDP III-004-074; dazu auch Adenauers Ausführungen in der CDU-Vorstandssitzung vom 25.4.1958 (wie Anm. 2, S. 144f.).

5   Aufgrund der Berichterstattung in der Ausgabe der Wochenzeitung vom 2.5.1958 (Kommentar »Der ›Fall Wenger‹. Die Geschichte einer Campagne« auf S. 1, Redeauszüge unter dem Titel »Mitteleuropa« auf S. 4) bat Adenauer im Spitzengremium seiner Partei »wirklich eindringlich darum, künftig den ›Rheinischen Merkur‹ künftig nicht mehr als eine Art Parteiorgan zu akzeptieren« (a.a.O.).

6   Der ehemalige Botschafter in London hatte in einem am 29.4.1958 von der »Welt« veröffentlichten offenen Brief an Adenauer dessen Distanzierung von den Erklärungen Wengers gefordert und verlangt, den Ausschluß Hage-

manns rückgängig zu machen. Seine Schlußsätze: »Oder, Herr Bundeskanzler, wollen Sie mich nun vielleicht aus der Partei ausschließen? Tun Sie, was Ihnen gefällt! Deutschland, Deutschland über alles!« Zu diesem Vorgang die Belege bei Ossip K. *Flechtheim* (Hrsg.), a.a.O., S. 82-84, und in BA, NL Schlange-Schöningen, Nr. 28; dort u. a. auch ein vorab an den CDU-Vorsitzenden Adenauer gerichtetes Schreiben vom 28.4.1958: »Aus Gründen der Loyalität und meiner persönlichen Hochachtung Ihnen gegenüber möchte ich Ihnen auf diesem Wege mitteilen, daß ich in der ›Welt‹ einen offenen Brief an Sie gerichtet habe, ... Ich kann Ihnen gar nicht sagen, wie sehr mich diese Ausführungen erregt haben. Herr Wenger hat nicht nur unserem Lande geschadet, sondern auch unserer Partei. Ich habe mich daher verpflichtet gefühlt, als Ostdeutscher zu diesem Vorgang Stellung zu nehmen.«

7   Eine zu diesem Vorgang veröffentlichte Stellungnahme des Bundeskanzlers konnte nicht nachgewiesen werden; am 7.5.1958 berichtete aber »Die Welt« über seine am 6.5. vor der CDU/CSU-Bundestagsfraktion erneut an Wenger geübte Kritik: »Die Ziele der deutschen Politik könnten nicht von den Äußerungen eines Publizisten betroffen werden, der nicht Mitglied der CDU sei und dessen Äußerungen zur Wiedervereinigung im scharfen Gegensatz zur Auffassung und ständigen Politik der CDU ständen.«

8   Zum Besuch des Bundeskanzlers in Großbritannien (16.-19.4.1958) sein Informationsgespräch vom 14.5.1958 in den Teegesprächen 1955-1958, S. 271. Vgl. a. Hanns Jürgen *Küsters*, Die Europapolitik der Bundesrepublik Deutschland, S. 224f., und Daniel *Kosthorst*, Brentano und die deutsche Einheit, S. 229f.

9   Hierzu, unter Verwendung dieser Gesprächsaufzeichnung, Hans-Peter *Schwarz*, Adenauer. Der Staatsmann, S. 370. Vgl. a. den Tagebuchbrief vom 5.5.1958: »Der Bu[ndes]Ka[nzler] war nach 6 Uhr 1 1/2 Stunden da, Macmillan, Mikojan, mit einer geradezu großartigen Frische und Munterkeit erzählend. Er gestand mir, daß er sein Anti-England-Komplex, den ich ihm ja immer etwas wegzumassieren suchte, jetzt weg sei [sic!]. Natürlich weiß ich nicht, wann er wiederkommt« (S. 328); zur letzten Bemerkung Nr. 69 (TOP 1).

10   Nach dem Scheitern der 1958 geführten Verhandlungen zur Schaffung eines Freihandelsabkommens zwischen den 17 europäischen OEEC-Ländern kam es 1960 zur Gründung der Europäischen Freihandelszone (EFTA). Der am 4.1.1960 von Dänemark, Großbritannien, Norwegen, Österreich, Portugal, Schweden und der Schweiz geschlossene Vertrag trat am 3.5.1960 in Kraft; vgl. Nr. 65 (TOP 2), 68 (TOP 2).

11   Alfred *Müller-Armack* (1901-1978), Ordinarius für Nationalökonomie und Soziologie an der Universität Münster (1938-1950), für Wirtschaftliche Staatswissenschaft an der Universität Köln (ab 1950), 1952-1958 kommissarischer Leiter der Abteilung I (Wirtschaftspolitik) im Bundeswirtschaftsministerium, 1958-1963 dort Staatssekretär, 1964 Stadtverordneter in Köln (CDU).

12   Eigene Angaben Müller-Armacks zu den 1958/59 geführten Verhandlungen im Kapitel »Die Bemühungen um eine Erweiterung der Europäischen Wirtschaftsgemeinschaft« seiner Erinnerungen: Auf dem Weg nach Europa, S. 205-224. Vgl. a. Gabriele *Brenke*, Europakonzeptionen im Widerstreit, S. 615.

13   Zum Gespräch mit dem britischen Schattenkabinett am 18.4.1958 (»16.10 Uhr Mr. [Hugh] Gaitskell, Lord [Arthur] Henderson, Mr. [Georg] Brown, Mr. [Kenneth] Younger, Mr. Noel Baker«; StBKAH 04.09) Adenauers Informationen vom 25.4.1958 (s. oben Anm. 4, S. 128) und seine Rückblicke in den Teegesprächen 1961-1963, S. 87, 256, 258.

14   Aneurin *Bevan* (1897-1960), 1945-1950 britischer Gesundheitsminister, 1951 Arbeitsminister, 1958 stellvertretender Vorsitzender der Labour-Partei.

15   Bezieht sich auf den Labour-Parteitag vom 30.9.-4.10.1957; vgl. AdG, Jg. 27 (1957), S. 6673f.

16   Bei den nächsten britischen Unterhauswahlen vom 8.10.1959 erreichte die Konservative Partei mit 366 Mandaten die absolute Mehrheit (Labour-Partei 258, Liberale Partei 6); Harold *Macmillan* blieb als Premierminister bis zum Herbst 1963 im Amt.

17   Bei einem am 16.4.1958 (ab 20.15 Uhr) in Windsor Castle von Königin *Elisabeth II.* gegebenen Abendessen, einem Empfang durch Premierminister Macmillan am 17.4. (ab 22 Uhr) im Lancaster House, einem am 18.4. (ab 13.15 Uhr) vom Lord Mayor der City of London gegebenen Frühstück und – am gleichen Tag ab 18 Uhr – dem Empfang der Anglo-German-Association; vgl. StBKAH 04.09.

18   Elisabeth Angela Marguerite *Bowes-Lyon* (geb. 1900), 1920 Heirat mit dem britischen Thronfolger *Albert* (1936-1952 König *Georg VI.*).

19   *Philipp* (geb. 1921; seit 1947 *Herzog von Edinburgh*), 1947 Heirat mit der britischen Thronfolgerin *Elisabeth II.*

20   Anastas I. *Mikojan* (1895-1978), 1955-1964 einer der Ersten Stellvertretenden Ministerpräsidenten der Sowjetunion, 1964/65 als Vorsitzender des Präsidiums des Obersten Sowjets Staatsoberhaupt. – Mikojan hatte sich vom 25.-29.4.1958 zur Unterzeichnung des deutsch-sowjetischen Handelsabkommens und eines Konsularvertrages in Bonn aufgehalten (Inkrafttreten beider Vereinbarungen am 24.4.1959). Dazu die Unterlagen in BA, B 136/2068; vgl. a. Adenauers Teegespräche 1955-1958, S. 263, 463 (die dort nachgewiesene Literatur ergänzt Daniel *Kosthorst*, a.a.O., S. 163f.).

21   Abschrift der »*Aufzeichnung* über die Besprechung mit Herrn Mikojan am 26.4.1958, 11 Uhr« (BA, B 122/31269, Bd. A III, Bl. 62-68). Adenauer gibt den wesentlichen Inhalt des »Geheim«-gestempelten Dokuments in seinen Erinnerungen 1955-1959 wieder (S. 381-390).

22   Dazu Daniel *Kosthorst*, a.a.O., S. 164. – Druck der Tischreden *von Brentanos* und Mikojans (u. a.): Die Auswärtige Politik, S. 380-384.

23   Zum Nachfolgenden die vergleichbare Memoiren-Darstellung Adenauers

(a.a.O., S. 390) wie auch Felix *von Eckardt*, Ein unordentliches Leben, S. 532f.

24 Hinweise auf die Spionage-Affäre um den Wirtschaftsattaché an der dänischen Botschaft in Bonn, Einar *Blechingberg*, in der Ausgabe des »Spiegel« vom 4.6.1958
(S. 18f.).

25 Bezieht sich auf den Artikel »Umwege über Afrika« (a.a.O., Ausgabe vom 23.4.1958, S. 15f.) und den dortigen Hinweis: »... hat Verteidigungsminister Franz Josef Strauß Mitte letzter Woche eilfertig betont, daß es noch geraume Zeit dauern werde, bis die Bundeswehr Waffen erhält, mit denen Atom-Sprengköpfe verschossen werden können. Auch die Matador-Raketen, die er zu Trainingszwecken in den Vereinigten Staaten eingekauft hat, sollen vorläufig nicht nach Westdeutschland kommen. Die deutschen Soldaten sollen an diesen Waffen auf dem schwarzen Kontinent, im fernen Libyen, ausgebildet werden, bis sich die Bevölkerung der Bundesrepublik an den Gedanken der Atombewaffnung gewöhnt hat.« Zu den damals entwickelten und auch öffentlich bekanntgewordenen Plänen, unter NATO-Kommando Luftabwehr-Raketenbasen in der Bundesrepublik zu errichten, auch der Hinweis in: AdG, Jg. 28 (1958), S. 7060.

26 Die im April 1958 eröffnete Brüsseler Weltausstellung stand unter dem Motto »Für eine menschlichere Welt«; vor Beendigung (20.10.1958) stattete ihr auch der Bundeskanzler einen Besuch ab (6./7.10.1958; StBKAH 04.09).

Nr. 65

* BA, VS B 122/31269, Bd. A III, Bl. 50-56, Aufzeichnung vom 9.7.1958, gez. *Bleek*.

a ‹ › Hierzu die eigenhändige Randbemerkung Bleeks vom 9.7.1958 »Nach einer Mitteilung von Staatssekretär *Rust* ist diese ›bindende Anweisung‹ bei einem Telefongespräch zwischen B[undes]K[anzler] und Minister *Strauß* kurz vor der Abreise des Ministers nach Paris zurückgenommen worden«.

1 Zu diesem Staatsbesuch des Bundespräsidenten (vgl. Nr. 63 [Anm. 21]) sein anschließendes Schreiben an John J. *McCloy*: »Auf der Amerikafahrt habe ich so viel Freundlichkeit erleben dürfen, daß ich die Reise nicht nur für einen persönlichen sachlichen Gewinn halten darf, sondern auch für eine seelische Politik, die in den letzten 10-12 Jahren in den Beziehungen zwischen unseren beiden Nationen den Rhythmus abgegeben hat« (4.7.1958; Original in den Amherst College Archives, NL McCloy, Box GY 1 Folder 34).

2 Während der Begegnungen der beiden Präsidenten am 4.6.1958. Zum Gesamtverlauf und zu den Details der Reise die anschauliche Schilderung in den Tagebuchbriefen, S. 332-337.

3 Am 5.6.1958. – Als Begleiter des Bundespräsidenten bei diesem Staatsbesuch wurde auch Außenminister *von Brentano* von *Dulles* empfangen; dazu Daniel *Kosthorst*, Brentano und die deutsche Einheit, S. 236.

4 Zur Rückführung bzw. Einziehung des im Zweiten Weltkrieg in den USA

beschlagnahmten deutschen Privatvermögens Adenauers Schreiben vom 17.7.1954 an Präsident *Eisenhower* in den Briefen 1953-1955, S. 119f., und die Gesamtdarstellung von Hans-Dieter *Kreikamp*, Deutsches Vermögen in den Vereinigten Staaten. Die Auseinandersetzung um seine Rückführung als Aspekt der deutsch-amerikanischen Beziehungen 1952-1962, Stuttgart 1979 (mit den Details der 1958/59 geführten Diskussion auf S. 165-191.

5   Die Verhandlungen dieses Zeitraums wurden mit der Anfang August 1958 gemeinsam von den USA, der OEEC und dem Internationalen Währungsfonds gewährten Wirtschaftsförderung und Finanzhilfe erfolgreich abgeschlossen; zum Umfang der Leistungen und den damit verknüpften Konditionen die Informationen in: AdG, Jg. 28 (1958), S. 7220.

6   Hierzu, unter Verwendung dieser Gesprächsaufzeichnung, Hans-Peter *Schwarz*, Adenauer. Der Staatsmann, S. 45.

7   Zu den damaligen Kontakten und Konflikten Adenauer-Dulles Detlef *Felken*, Dulles und Deutschland, S. 474-476. Vgl. a. Daniel *Kosthorst*, a.a.O., S. 234-239.

8   Vgl. Nr. 62 (Anm. 1).

9   Vgl. Nr. 63 (Anm. 9).

10   Vgl. Nr. 55 (Anm. 15).

11   Vgl. ebd., Anm. 10.

12   Adlai E. *Stevenson* (1900-1965), 1948-1952 demokratischer Gouverneur von Illinois, 1952 und 1956 Präsidentschaftskandidat, 1961-1965 Vertreter bei der UNO. – Die Unterredung datiert vom 11.6.1958 (Tagebuchbriefe, S. 356).

13   Charles *de Gaulle* hatte am 1.6.1958 das Amt des französischen Ministerpräsidenten übernommen (vor seiner Wahl zum Präsidenten der V. Republik am 21.12.1958; Beginn der Amtszeit am 8.1.1959). Zu dieser entscheidenden Wende in der französischen Nachkriegsentwicklung Adenauers Informationsgespräch vom 23.6.1958 (Teegespräche 1955-1958, S. 290-294) und sein Lagebericht in der CDU-Vorstandssitzung vom 11.7.1958 (Protokolle des CDU-Bundesvorstands 1957-1961, S. 177-181).

14   Vgl. Nr. 64 (Anm. 10), 68 (TOP 2).

15   Vgl. Nr. 60 (Anm. 26).

16   Dazu das Kapitel »Gegensätze zu de Gaulle« bei Hans *Speidel*, Aus unserer Zeit, S. 403-429.

17   Die auf de Gaulle zugeschnittene neue Verfassung für Frankreich (mit der die Wahl des Präsidenten der Republik durch ein Wahlkollegium für sieben Jahre eingeführt wurde) trat nach Annahme durch eine Volksabstimmung am 28.9.1958 (85 %) am 4.10.1958 in Kraft.

18   Vgl. Nr. 48 (Anm. 8). – Der Algerienkrieg wurde durch das Abkommen von Evian-les-Bains vom 18.3.1962 beendet, das den Übergang zur Unabhängigkeit Algeriens und seine zukünftige Zusammenarbeit mit Frankreich regelte. Zum Waffenstillstand am 19.3.1962 und zur Anerkennung der algerischen

Unabhängigkeit durch Frankreich am 3.7.1962 Jérôme *Hélie*, Les accords d'Evian – Histoire de la paix en Algérie, Paris 1992.

19   Vgl. Nr. 64 (TOP 2).

20   Gaetano *Martino* (1900-1967), seit 1946 Abgeordneter der liberalen Partei in der italienischen Kammer, 1954 Minister für Unterrichtswesen, 1954-1957 Außenminister, seit 1958 Mitglied des Europäischen Parlaments, 1962-1964 dessen Präsident.

21   Pietro *Quaroni* (1898-1971), italienischer Botschafter in Moskau (ab 1945), Paris (ab 1947), Bonn (ab 1958) und London (ab 1961).

22   Das Gespräch mit dem ehemaligen italienischen Außenminister datiert vom 27.6.1958 (ab 13.15 Uhr; StBKAH 04.09).

23   Der neu ernannte Botschafter der Vereinigten Arabischen Republik, Farid *Zein-Eddine*, hatte dem Bundeskanzler am 24.5.1958 seinen Antrittsbesuch abgestattet, nachdem die Bundesrepublik und die Vereinigte Arabische Republik am 7.5.1958 mehrere Vereinbarungen, u. a. über wirtschaftliche Entwicklungshilfe und gegenseitige technische Hilfeleistungen, unterzeichnet hatten; vgl. AdG, a.a.O., S. 7050.

24   Zum Nachfolgenden, unter Verwendung dieser Gesprächsaufzeichnung, Hans-Peter *Schwarz*, a.a.O., S. 375.

25   Bezieht sich auf Georg *Schröders* Kommentar »Brentano ohne Glück« in der »Welt« vom 10.6.1958 und den Artikel »Rauche. Staune. Gute Laune. Außenminister Heinrich von Brentano«, den »Der Spiegel« in seiner Ausgabe vom 25.6.1958 (S. 19-27) veröffentlicht hatte.

26   Wortlaut der nach der Kabinettssitzung vom 11.6.1958 herausgegebenen Erklärung: »Bundeskanzler Adenauer hat in der Kabinettssitzung nachdrücklichst die in einem Teil der deutschen Presse und des deutschen Rundfunks erhobenen Angriffe gegen Bundesaußenminister von Brentano zurückgewiesen und erklärt, daß Herr von Brentano sein volles Vertrauen genießt. Der Bundeskanzler bedauert im übrigen die Angriffe um so mehr, als sie geeignet sind, das persönliche Ansehen Brentanos zu schädigen, seine Verhandlungsmöglichkeiten im Ausland zu beeinträchtigen und damit deutsche Interessen zu schädigen. Die Bundesregierung stimmte dem zu« (»Die Welt« vom 12.6.1958).

27   Dazu die in Nr. 19 (Anm. 30) nachgewiesene Denkschrift *von Maltzans* vom 16.7.1952.

28   Als Botschafter in Paris wurde Vollrath Freiherr von Maltzan im September 1958 von Herbert *Blankenhorn* abgelöst.

29   Hans *Kroll* hatte im Frühjahr 1958 Wilhelm *Haas* als Botschafter in Moskau abgelöst, Haas ihn seinerseits als Botschafter in Tokio. – Krolls Nachfolger in Moskau ab September 1962 (-1966): Horst *Groepper* (geb. 1909), später Botschafter in Ankara (1966-1968) und Dublin (1972/73).

30   Nach Erschießung von Imre *Nagy* (ungarischer Ministerpräsident während des Volksaufstandes 1956) und Pál *Maléter* (Verteidigungsminister im Kabinett Nagy) war es am 20.6.1958 zu Protestdemonstrationen ungari-

scher und deutscher Studenten vor der sowjetischen Botschaft in Rolandseck und kurz darauf auch zu sowjetischen Gegenaktionen vor der Botschaft in Moskau gekommen; vgl. Hans *Kroll*, Lebenserinnerungen eines Botschafters, S. 378-383. Zum Vorgang auch die Schreiben des Bundesaußenministers vom 24.6. und 5.7.1958 an den Bundeskanzler in BA, NL von Brentano, Nr. 157.

31   Am 7.7.1958 (ab 11.45 Uhr), im Beisein von Heinrich *von Brentano* (StBKAH 04.09). – Kroll dazu a.a.O., S. 382f.: »Es war das einzige Mal während meiner viereinhalbjährigen Tätigkeit in Moskau, daß ich eine Besprechung bei Dr. Ad[enauer] verließ, ohne daß wir uns gegenseitig die Hand reichten.«

32   Rolf *Lahr* (1908-1985), 1953-1961 Referatsleiter Westeuropa im Auswärtigen Amt, 1956 Delegationsleiter bei den französisch-deutschen Saarverhandlungen, 1957-1960 Gesandter bzw. Botschafter z. b. V. bei den Verhandlungen mit der Sowjetunion und den Niederlanden, 1960/61 Vertreter bei den Europäischen Gemeinschaften in Brüssel, 1961-1969 Staatssekretär im Auswärtigen Amt, 1969-1974 Botschafter in Rom.

33   Vgl. Nr. 60 (Anm. 22), 64 (Anm. 20).

34   Am 20.6.1958 zur Beantwortung einer kurzen Mitteilung des Bundesverteidigungsministers vom 18.6.1958, in der Strauß – wie auch ausführlicher in einer Pressekonferenz vom 19.6.1958 – eine ›grundlegende Änderung im Aufbau der Bundeswehr‹ angekündigt hatte. Die entscheidenden Sätze aus der Zurechtweisung des Kanzlers:»Ihr Verhalten nötigt mich, Ihnen folgendes mitzuteilen: Den Artikel 65 GG kennen Sie. Danach hat jeder Bundesminister innerhalb der Richtlinien seinen Geschäftsbereich selbst zu verwalten. ... Ihr Verhalten, das Überschreiten Ihrer Zuständigkeit in dem Interview über die Abrüstungspolitik, Ihre Mißachtung des Verteidigungsrates, des Kabinetts und des Bundeskanzlers nötigt mich, Sie mit allem Ernst und mit allem Nachdruck zu ersuchen, in Zukunft derartige Verstöße zu vermeiden. Ich sehe mich sonst gezwungen, von dem nach Art. 64 GG mir zustehenden Rechte, beim Herrn Bundespräsidenten Ihre Entlassung zu beantragen, Gebrauch zu machen« (Krone Tagebücher, S. 306f.). Zu diesem Vorgang auch Hans-Peter *Schwarz*, a.a.O., S. 356f.

35   Die Unterredung, an der neben den Bundesministern auch Botschafter *Krekeler* und Staatssekretär *Globke* teilnahmen, datiert vom 7.7.1958 (ab 16 Uhr; StBKAH 04.09).

36   Zu diesen Beratungen mit seinem französischen Amtskollegen Pierre *Guillaumat* (geb. 1909; 1958/59 Armeeminister, während Ministerpräsident de Gaulle das Verteidigungsressort selbst wahrnahm) Franz Josef *Strauß* in seinen Erinnerungen, S. 315-317.

37   Zur ersten persönlichen Begegnung de Gaulle-Adenauer Nr. 66.

38   Gemeint ist der Paris-Aufenthalt vom 6.11.1956; vgl. Nr. 52 (TOP 2).

39   Vgl. Nr. 56 (Anm. 16).

40   Wilhelm *Johnen* (1902-1980), 1945-1971 Landrat des Kreises Jülich,

1950/51 Geschäftsführender Vorsitzender, 1951-1963 Vorsitzender des CDU-Landesverbandes Rheinland.

41   Josef Hermann *Dufhues* (1908-1971), 1946/47 und 1950-1971 MdL (CDU) in Nordrhein-Westfalen, dort 1958-1962 Innenminister, 1959-1971 Vorsitzender des CDU-Landesverbandes Westfalen, 1962-1966 erster Geschäftsführender Vorsitzender der Bundespartei, 1967-1969 stellvertretender Bundesvorsitzender.

42   Josef *Gockeln* (1900-1958), 1946/47 Sozialminister, 1946-1958 MdL (CDU) in Nordrhein-Westfalen, 1947-1958 Landtagspräsident, 1947-1956 Oberbürgermeister von Düsseldorf.

43   Werner *Schütz* (1900-1975), 1954-1956 und 1958-1962 nordrhein-westfälischer Kultusminister, 1956-1966 MdL (CDU).

44   Der von Sozialdemokraten, Gewerkschaftern, evangelischen Theologen, Schriftstellern und Universitätsprofessoren gebildete Ausschuß »Kampf dem Atomtod« hatte sich am 22.2.1958 mit einem Aufruf gegen die deutsche Beteiligung am atomaren Wettrüsten an die Öffentlichkeit gewandt; eines der Ergebnisse der von dort aus betriebenen außerparlamentarische Aktionen: der von der SPD-Bundestagsfraktion eingebrachte Entwurf eines Gesetzes zur Volksbefragung wegen einer atomaren Ausrüstung der Bundeswehr (Bundestagsdrucksache Nr. 303 vom 25.3.1958), der in der Bundestagssitzung vom 24.4.1958 behandelt wurde (Stenographische Berichte, 3. Wahlperiode, Bd. 40, S. 1412-1456). Dazu Adenauers ausführliche Stellungnahme in der CDU-Vorstandssitzung vom 25.4.1958 (Protokolle des CDU-Bundesvorstands 1957-1961, S. 112-119).

45   Alexander *Elbrächter* (geb. 1908), 1953-1969 MdB (DP; wechselte 1957 zur DP/FVP, 1958 zur CDU).

46   Die DP verlor ihren Fraktionsstatus am 1.7.1960 durch den Fraktionswechsel von neun Abgeordneten (einschließlich der Bundesminister *von Merkatz* und *Seebohm*) zur CDU/CSU, die daraufhin konstituierte Gruppe der DP löste sich nach weiteren Übertritten am 3.5.1961 auf; dazu das Datenhandbuch, S. 254, 265, 1065.

47   Gemeint ist besonders das FDP-Verhalten in der Bundestagsdebatte vom 23./24.1.1958; vgl. Nr. 62 (Anm. 17). – Zur Oppositionsstrategie der FDP in der 3. Wahlperiode des Deutschen Bundestages Friedrich *Klingl*, »Das ganze Deutschland soll es sein!«, S. 303-319. Dort (S. 319) auch die Hinweise auf die Auswirkungen des nordrhein-westfälischen Wahlergebnisses auf den liberalen Richtungsstreit. Vgl. a. Wolfgang *Schollwer*, Liberale Opposition gegen Adenauer. Aufzeichnungen 1957-1961, hrsg. von Monika *Faßbender*, München 1990, passim.

Nr. 66

* BA, VS B 122/31269, Bd. A III, Bl. 46-48, Aufzeichnung o. D., gez. *Bott*.

1   Die weiteren Termine des Bundeskanzlers am 16.9.1958, nach dem um

10.30 Uhr begonnenen Gespräch mit dem Bundespräsidenten: »11.30 Uhr Pressekonferenz ... im Bundeshaus – 12.50 Uhr St. S. Globke – 16.15 Uhr Minister Erhard – 16.35 Uhr dazu Minister von Brentano – 17.15 Uhr Minister Erhard allein – 17.30 Uhr Ministerpräsident Hellwege – 18 Uhr Botschafter Bruce, Dolmetscher Freudenstein – 19 Uhr St. S. Globke – 20.30 Uhr Empfang des Herrn Bundeskanzlers in der Redoute für die UNESCO« (StBKAH 04.09).

2   Beim ersten Zusammentreffen mit dem neuen französischen Ministerpräsidenten und zukünftigen Staatspräsidenten am 14./15.9.1958 in Colombey-les-Deux-Églises; dazu die Abb. auf S. 277. Die in der »Rhöndorfer Ausgabe« bereits nachgewiesene Literatur (Teegespräche 1955-1958, S. 476) ergänzen Hans-Peter *Schwarz*, Adenauer. Der Staatsmann, S. 452-457; Karl *Carstens*, Erinnerungen und Erfahrungen, S. 242-245; Henning *Köhler*, Adenauer, S. 999-1010, und Eckart *Conze*, Die gaullistische Herausforderung, S. 72-77. – Zum Vergleich mit dem Nachfolgenden ist vor allem das entsprechende Kapitel in Adenauers Erinnerungen 1955-1959 (S. 424-436) heranzuziehen, bei dem er sich auf das in StBKAH III/71 erhaltene Dolmetscherprotokoll stützt. Dazu die französische Überlieferung (›Procès-verbal‹ der Unterredung vom 14.9.1958) in den Documents Diplomatiques Français 1958, Tome II, S. 341-344 (dort auf S. 345-351 auch die Niederschrift zu den Beratungen der beiden Außenminister, Couve de Murville und von Brentano).

3   Zu den ersten Eindrücken, unter Verwendung dieser Gesprächsaufzeichnung, Hans-Peter *Schwarz*, a.a.O., S. 452.

4   Dazu Adenauers eigene Angaben in Nr. 65 (TOP 2). – Ähnlich auch die Heuss-Notizen im Tagebuchbrief vom 16.9.1958: »Heute früh Ad[enauer] eine Stunde bei mir, anschaulicher Bericht über Zusammensein mit de Gaulle. Von seiner Art ziemlich stark beeindruckt – ganz anders als das frühere Bild, das man sich über ihn gemacht habe« (S. 339).

5   Vgl. Jean *Lacouture*, De Gaulle – 1. Le Rebelle 1890-1944, Paris 1984, passim.

6   Jean *Meyer* (1914-1969), langjähriger Dolmetscher im französischen Außenministerium und Mitglied der »Association Internationale des Interprètes de Conférence«; vgl. die zahlreichen Angaben bei Hermann *Kusterer*, Der Kanzler und der General.

7   Hierzu gibt der Memoiren-Autor Adenauer die Äußerungen *de Gaulles* wörtlich wieder: »Man weiß nicht, durch welches Mittel Sie die Wiedervereinigung Ihres Landes, der wir übrigens gewogen sind, erhalten können. Aber bedarf es dazu eines universalen Krieges? Wir sind dessen nicht sicher. ... Ich wünsche mit Deutschland ständige Kontakte zu errichten. Ich werde hierzu bereit sein, der Zukunft Europas wegen, also für die Ihrige wie für die unsrige. Es handelt sich jetzt darum, ganz Europa zu gestalten, oder es wird kein Europa geben« (Erinnerungen 1955-1959, S. 430).

8   Aus der nach der ersten Begegnung einsetzenden Korrespondenz Adenauer-de Gaulle sind in StBKAH III/2 als erste Belege erhalten: das Schreiben

des Bundeskanzlers vom 10.10.1958 zu de Gaulles »Memorandum über Änderungen in der politischen Struktur der NATO« (vgl. Nr. 67 [Anm. 14]) – »Ich fürchte sehr ..., daß durch dieses offenbar als Grundlage für eine Diskussion gedachte Memorandum, wenn es bekannt wird, eine sehr störende und unliebsame öffentliche Erörterung kommen könnte, deren Ausmaß gar nicht abzusehen ist« – und dazu die Antwort vom 15.10.1958: »Die Tatsache, daß ein im Pazifischen oder im Indischen Ozean sich ereignender Streitfall Europa aufgrund der westlichen Bündnisverpflichtungen in einen Weltkonflikt hineinstürzen könnte, ohne daß es praktisch selbst darüber entscheiden könnte, sollte nicht hingenommen werden. Die Tatsache schließlich, daß die Entscheidung darüber, ob im Kriegsfalle Atomwaffen mit allen Konsequenzen, die daraus für Europa entstehen könnten, angewandt werden oder nicht, den Vereinigten Staaten überlassen ist, scheint mir berichtigungsbedürftig zu sein.« (Zur französischen Gegenüberlieferung die Documents Diplomatiques Français, a.a.O., S. 503f., 517f.).

9   Vgl. Nr. 65 (Anm. 17). – Beim zweiten Wahlgang der Wahlen zur französischen Nationalversammlung am 30.11.1958 erhielt de Gaulles »Union für die neue Republik« 189 Sitze – die Gemäßigten erreichten 130, MRP und Christliche Demokraten 57, Sozialisten 40, Linkes Zentrum 22, Radikalsozialisten und Kommunisten 10 Sitze.

10   Gemeint ist Jacques *de Matignon* (1689-1751; nahm nach seiner Heirat mit Louise-Hippolyte *Grimaldi* deren Namen an), französischer Adliger, ab 1723 erster Hausherr des Hôtel de Matignon, das nach 1935 Sitz des Président du Conseil, dann des Ministerpräsidenten wurde.

11   Vgl. Nr. 65 (Anm. 28).

12   Maurice *Couve de Murville* (geb. 1907), ab 1945 Generaldirektor der Politischen Abteilung des französischen Außenministeriums, 1950-1955 Botschafter in Kairo, 1955-1956 in Washington, 1956-1958 in Bonn, 1958-1968 Außenminister, 1968-1969 zunächst Finanzminister, dann Ministerpräsident.

13   François *Seydoux Fornier de Clausonne* (1905-1981), 1949-1955 Leiter der Europa-Abteilung im Quai d'Orsay, zugleich Experte für Deutschlandfragen, 1955-1958 Botschafter in Wien, 1958-1962 und 1965-1970 in Bonn, 1962-1965 Ständiger Vertreter bei der NATO.

14   Ria *Reiners* (geb. 1912; heiratete 1937 Walter Reiners) – Lotte *Multhaupt* (geb. 1925; heiratete 1954 Heribert Multhaupt) – Libet *Werhahn* (vgl. Nr. 47 [Anm. 22]).

15   Vom 20.-29.8.1958, zum Besuch der französischen Überseegebiete; vgl. AdG, Jg. 58 (1958), S. 7258-7261.

16   Vgl. Nr. 65 (Anm. 18).

17   Der »Deutschland-Union-Dienst« hatte am 21.8.1958 über ein im Bundesverteidigungsministerium erarbeitetes »Rahmenprogramm für die psychologische Verteidigung« berichtet und dazu auch die Erläuterungen des Ministers wiedergegeben: »Psychologische Verteidigung bedeute nicht nur Im-

munisierung gegen kommunistische Ideologien, sondern auch Abwehr jeder die Moral der Soldaten und der Zivilbevölkerung untergrabenden Taktik durch den Gegner. … In der Praxis werde die psychologische Verteidigung im Zusammenhang stehen mit dem Kampf gegen die Infiltrations- und Störversuche der kommunistischen Tarnorganisation in der Bundesrepublik.«

18   Adenauer hatte sich vom 9.8.-13.9.1958 in Cadenabbia aufgehalten und dort am 16.8.1958 Antoine *Pinay,* den stellvertretenden Ministerpräsidenten und Finanzminister der neuen Regierung de Gaulle, empfangen; dazu die ausführliche Gesprächswiedergabe (nach der Aufzeichnung in StBKAH III/87) bei Konrad *Adenauer,* a.a.O., S. 421-423.

19   Amintore *Fanfani* (seit dem 2.7.1958 erneut italienischer Ministerpräsident) hatte den Bundeskanzler in Begleitung des Botschafters in Rom, Manfred *Klaiber,* am 31.8.1958 in Cadenabbia besucht (StBKAH 04.09).

20   Zu der von *Strauß* auch noch in seinen Erinnerungen (S. 313) genannten Kostenverteilung »im Verhältnis 45:45:10 zwischen Frankreich, der Bundesrepublik Deutschland und Italien« eine am 11.9.1958 angefertigte Notiz Adenauers über das Fanfani-Gespräch: »… stellte nach wie vor in Abrede, daß er jemals für Italien Frankreich zugesagt oder auch nur in Aussicht gestellt habe, 10 % der Kosten einer nuklearen Bombe zu übernehmen« (StBKAH III/56).

21   In der neuen italienischen Koalitionsregierung hatte Antonio *Segni* dieses Ressort übernommen.

22   Vgl. Nr. 64 (Anm. 10).

23   Dazu de Gaulles Ausführungen vom 13.9.1958 bei Konrad *Adenauer,* a.a.O., S. 433.

24   Zu diesem Teil der Unterredungen in Colombey-les-Deux-Églises die Angaben a.a.O., S. 430, 432.

Nr. 67

* BA, VS B 122/31269, Bd. A III, Bl. 41-45, Aufzeichnung vom 30.10.1958, gez. *Bleek.*

1   Staatsbesuch des Bundespräsidenten in Großbritannien vom 20.-24.10.1958; dazu die detaillierten Angaben – die im nachfolgenden eine ausführlichere Kommentierung erübrigen – in den Tagebuchbriefen, S. 354-357 (mit den Hintergrundinformationen auf S. 595). Vgl. a. die Belege (Ansprachen, Tagesprogramme, Gästelisten etc.) in BA, B 122/543f.

2   Hans *Holbein* d. J. (1497/98-1545), in Augsburg geborener, in London gestorbener Maler (wurde 1536 Hofmaler *Heinrichs VIII.*).

3   Albrecht *Dürer* (1471-1528), Maler, Graphiker und Kunstschriftsteller.

4   John Selwyn Brooke *Lloyd,* Lord *Selwyn-Lloyd of Wirral* (1904-1978), 1951-1954 Staatsminister im britischen Außenministerium, 1954-1955 Versorgungs-, 1955 Verteidigungs-, 1955-1960 Außenminister, 1960-1962 Schatzkanzler, 1963-1964 Lordsiegelbewahrer, 1964-1970 in der Wirtschaft tätig. 1971-1976 Speaker des Unterhauses, 1976-1978 Mitglied des Oberhauses.

5   Duncan Edwin *Sandys* (1908-1987; Schwiegersohn von Winston L. S. *Churchill*), 1947-1950 Präsident des Exekutivausschusses der Europäischen Bewegung, britischer Minister für Versorgung (1951-1954), für Wohnungsbau und Kommunale Selbstverwaltung (1954), Verteidigung (1957), Luftfahrt (1959) und Commonwealth-Beziehungen (1960).

6   Sir David *Maxwell-Fyfe*, 1. *Viscount Kilmuir of Creich* (geb. 1900), 1951-1954 britischer Innenminister, 1954/55 und 1957-1962 Lordkanzler.

7   Hugh Todd *Gaitskell* (1906-1963), 1947-1950 britischer Minister für Brenn- und Kraftstoffversorgung, 1950 Wirtschaftsminister, 1950-1951 Schatzkanzler, 1955-1963 Vorsitzender der Labour-Partei und Oppositionsführer im Unterhaus.

8   Clement *Attlee* (1883-1967), 1935-1955 Vorsitzender der Labour-Partei, 1940-1942 Stellvertretender Premierminister und Lordsiegelbewahrer, 1945-1951 Premierminister.

9   Zum Staatsbesuch *von Herwarths* eigene Erinnerungen: Von Adenauer zu Brandt, S. 233-236.

10   Sir Denis *Truscott* (1908-1989), 1957/58 Lord Mayor von London.

11   Edward *Wood*, 1. *Earl of Halifax* (1881-1959), 1926-1931 Vizekönig in Indien, 1938-1940 britischer Außenminister, 1941-1946 Botschafter in den USA, seit 1933 Kanzler der Universität Oxford.

12   Das Gespräch Adenauers mit *Joxe*, im Beisein von Botschafter *Seydoux*, Außenminister *von Brentano*, Staatssekretär *Globke* und Dolmetscher *Kusterer,* datiert vom 27.10.1958 (ab 17 Uhr); dazu die Aufzeichnung in StBKAH III/86.

13   Zur Entscheidung für den amerikanischen »Starfighter« bzw. gegen das französische Kampfflugzeug »Mirage III« und zu den deswegen in diesem Zeitraum geführten Diskussionen (in denen sich Adenauer – wie auch in der Unterredung mit Joxe – aus politischen Gründen für die Erteilung des Auftrags nach Frankreich aussprach) Verteidigungsminister *Strauß* in seinen Erinnerungen, S. 315f. Vgl. a. die Berichte, die Seydoux am 26. und 28.10.1958 Außenminister *Couve de Murville* übermittelte, in den Documents Diplomatiques Français 1958, Tome II, S. 578-580, 594-597.

14   De Gaulle hatte am 17.9.1958 in Botschaften an Präsident *Eisenhower* und Premierminister *Macmillan* die Schaffung einer »dreiseitigen Organisation« vorgeschlagen (vgl. Nr. 66 [Anm. 8]); mit dem amerikanisch-britisch-französischen Dreierdirektorium sollte im Rahmen der NATO und ergänzend zu ihren Möglichkeiten eine globale Verteidigungsstrategie entwickelt werden; vgl. Charles *de Gaulle*, Lettres, Notes et Carnets, 1958-1960, S. 82-84, und die Documents Diplomatiques Français 1958, Tome II, S. 376f., 383f. – S. unten Anm. 21.

15   Beim Besuch des britischen Premierministers in Bonn am 8./9.10.1958; dazu die Gesprächsaufzeichnungen in PRO, PREM 11/2328. Vgl. a. Victor *Mauer*, Macmillan und die Berlin-Krise 1958/59, S. 241.

16 Diese Überlegung bezieht sich auf die nach der Übernahme des Präsidentenamtes durch *de Gaulle* am 8.1.1959 erforderliche Neubildung der französischen Regierung: das Amt des Ministerpräsidenten übernahm Michel *Debré* (vgl. Nr. 70 [Anm. 2]), *Couve de Murville* blieb Außenminister.

17 Vgl. Nr. 55 (TOP 3), 57 (TOP 3), 58 (TOP 9), 60 (TOP 2), 61 (TOP 2), 65 (TOP 5).

18 Josef *Rust* (geb. 1907), 1949-1952 erst Regierungsrat, dann Ministerialrat im Bundeskanzleramt (Referent für Finanz- und Wirtschaftsfragen), 1952-1955 Ministerialdirektor im Bundeswirtschaftsministerium, 1955-1959 Staatssekretär im Bundesverteidigungsministerium, 1959-1978 Vorstands- und Aufsichtsratsvorsitzender der Wintershall AG.

19 Volkmar *Hopf* (geb. 1906), 1951-1955 im Bundesinnenministerium, 1955-1959 Leiter der Finanz- und Haushaltsabteilung des Bundesministeriums der Verteidigung, 1959-1964 dessen Staatssekretär, 1964-1971 Präsident des Bundesrechnungshofes.

20 Karl *Gumbel* (1909-1984), 1949-1955 im Bundeskanzleramt (1950 Ministerialrat), 1955-1966 im Bundesverteidigungsministerium (Ministerialdirektor, 1964-1966 Staatssekretär), 1967-1969 Staatssekretär im Bundesinnenministerium.

21 Zu den weiteren deutschen Reaktionen Herbert *Blankenhorn*, Verständnis und Verständigung, S. 324-329. Vgl. a. den Bericht »Die Mysterien«, den »Der Spiegel« in seiner Ausgabe vom 5.11.1958 (S. 17f.) veröffentlichte.

22 Vgl. Nr. 55 (TOP 4), 58 (TOP 1), 62 (TOP 3), 63 (TOP 3), 65 (TOP 4).

23 Gemeint ist die in ihrer endgültigen Fassung am 17.11.1958 überreichte deutsche Antwort auf die sowjetische Note vom 18.9.1958 über die Bildung eines Vier-Mächte-Gremiums zur Vorbereitung eines Friedensvertrages mit Deutschland; Druck: DzD IV/1 (1958/59), S. 91f. – Zum langwierigen und schwierigen Abstimmungsprozeß vor Fertigstellung der Note Daniel *Kosthorst*, Brentano und die deutsche Einheit, S. 240-246.

24 Nach dem Tod von Papst *Pius XII.* am 9.10.1958. – Zu dieser Gesprächspassage der Tagebuchbrief vom 29.10.1958: »Gestern war Ad[enauer] 1 1/2 Stunden bei mir – England-Eindrücke, de Gaulle Vorstoß, Papstwahl (deren Ergebnis während seines Besuches mitgeteilt wurde). Der neue Papst wird als Zwischenfigur angenommen, der das Kardinalskollegium zunächst ergänzen muß« (S. 358f.).

25 *Johannes XXIII.*, vorher Angelo Giuseppe *Roncalli* (1881-1963), 1944-1952 Nuntius in Paris, 1952-1958 Ständiger Beobachter des Vatikans bei der UNESCO, 1953 Kardinal und Patriarch von Venedig und Aquileja, 1958-1963 Papst.

26 Aus Anlaß der Inthronisation von Johannes XXIII. nahm Adenauer am 4.11.1958 am Te Deum im Bonner Münster, anschließend an einem Empfang in der Apostolischen Nuntiatur teil (StBKAH 04.09).

27 Wahlen zum Repräsentantenhaus und zum Senat, die am 4.11.1958 zu Stimmenverlusten der Republikaner führten.

28 Über die Ergebnisse seiner Gespräche in Washington berichtete *Bruce* dem Bundeskanzler in einer am 31.10.1958 (ab 12.25 Uhr) geführten Unterredung (StBKAH 04.09).

29 Vgl. Nr. 55 (Anm. 15).

30 *Tschiang Kai-schek* (1887-1975), 1950-1975 Staatspräsident von Taiwan. – Seine Besprechungen mit dem amerikanischen Außenministers datieren vom 21./22.10.1958; dazu das Kommuniqué in: AdG, Jg. 28 (1958), S. 7358.

31 Ein Hinweis auf die Beschießung der zu Taiwan gehörenden Inseln Quemoy und Matsu durch die Volksrepublik China in Heinrich *von Brentanos* Ausführungen in der Sitzung der CDU/CSU-Bundestagsfraktion vom 30.9.1958: »Es gehe hier weniger um diese Inseln, sondern vielmehr darum, ob das Wort des größten demokratischen Landes der Welt noch gilt« (vgl. Daniel *Kosthorst*, a.a.O., S. 239); vgl. a. Adenauers Stellungnahme in der CDU-Vorstandssitzung vom 11.3.1959 (Protokolle des CDU-Bundesvorstands 1957-1961, S. 382).

32 Otto *Schumacher-Hellmold* (geb. 1912), ab 1946 Vorstandsmitglied und Landesgeschäftsführer der nordrhein-westfälischen FDP, 1946-1952 Fraktionsvorsitzender im Bonner Stadtrat, 1948-1951 erster, bis 1952 zweiter Bürgermeister von Bonn, 1948-1977 Redakteur beim NWDR/WDR.

33 Zur Erläuterung die Informationen des Journalisten und FDP-Politikers: »Meine damalige Aufgabe bestand darin, den Bundeskanzler wissen zu lassen, daß Reinhold Maier, Thomas Dehler und Erich Mende übereinstimmend gegen eine damals in der Öffentlichkeit diskutierte und von Adenauer ins Gespräch gebrachte dritte Amtsperiode des Bundespräsidenten Heuss seien. Gleichzeitig sollte ich den Bundeskanzler bitten bzw. veranlassen, diesen seinen Plan, zu dessen Durchführung eine Grundgesetzänderung erforderlich gewesen wäre, fallen zu lassen. Als dann Heuss selbst in der Folge diesen Plan – sicherlich *auch* aus gesundheitlichen Gründen – ablehnte, hatte sich das vorgesehene Gespräch erübrigt. Wahrscheinlich habe ich das Vorzimmer von Adenauer telefonisch darüber unterrichtet« (aus einem Schreiben Otto Schumacher-Hellmolds an den Bearb. vom 19.8.1996).

34 Vgl. Nr. 65 (Anm. 13).

35 René *Coty* (1882-1962), 1947/48 französischer Minister für Wiederaufbau, ab 1948 Mitglied, 1949-1953 Vizepräsident des Rates der Republik, 1954-1959 Staatspräsident.

36 Damit setzt in den Unterredungen Heuss-Adenauer ihre Erörterung der mit dem Ende der zweiten Amtsperiode des Bundespräsidenten am 12.9.1959 verbundenen Probleme ein; vgl. Nr. 69 (TOP 2), 70 (TOP 3), 71 (TOP 6), 72, 73, 74 (TOP 1). – Die dazu in »Unserem Vaterlande zugute« (in Einführung, Dokumentation und Kommentar; S. 1f., 262-283, 457-463) enthaltenen Angaben ergänzen Hans-Peter *Schwarz*, Adenauer. Der Staatsmann, S. 502-526; die Protokolle des CDU-Bundesvorstands 1957-1961, S. 349-358, 365-378; Henning *Köhler*, Adenauer, S. 1025-1049; die Krone-Tagebücher, S. 311, 313f.,

316f., 319, 322f., 328f., 332-369, 378f., 383, 402, und Rudolf *Morsey*, Auf der Suche nach dem Ersatzmann, passim.

37　Das Gespräch mit dem CDU/CSU-Fraktionsvorsitzenden datiert vom 27.10.1958 (Krone-Tagebücher, S. 316 – *ohne* Bestätigung für die hier behauptete Erklärung). – Die Krone-Kandidatur war bereits am Rande der Begegnung vom 16.9.1958 (Nr. 66) angesprochen worden: »Bei dem Weggang frug Bott ihn, ob es stimme, daß er den (langweilig redlichen) Dr. Krone … als Bu[ndes]-Präs[ident] nun sehe, was in Zeitungen stand. Er wies das von sich. Bott sagte ihm, die Frage müsse bald einmal besprochen werden, weil wir hier immerzu darauf angeredet werden« (Tagebuchbriefe, S. 340; dort dazu auch die Eintragung vom 4.10.1958 auf S. 347). Vgl. Nr. 69 (TOP 2).

38　Am 23.11.1958 in Bayern (vgl. Nr. 56 [Anm. 26]) und Hessen: SPD 46.9 %, CDU 32 %, FDP 9.5 %, GB/BHE 7.4 %, DP 3.5 %; danach bildete Georg-August *Zinn* eine Koalitionsregierung SPD-GB/BHE. – Am 7.12.1958 in Berlin: SPD 52.6 %, CDU 37.7 %, FDP 3.8 %, SED 1.9 %; die große Senatskoalition unter Willy *Brandt* hatte weiterhin Bestand.

39　Der Bundesversammlung (1.7.1959 in Berlin) gehörten an: insgesamt 517 Mitglieder der CDU und CSU (1954: 431), 386 der SPD (347), 82 der FDP (112), 24 der DP (15), 20 des GB/BHE (61), 6 der BP (15), 3 der DPS.

40　Dazu die bereits in Nr. 57 (Anm. 2) nachgewiesenen »Bemerkungen zur Bundespräsidenten-Frage«.

41　Zu diesen beiden Vorschlägen auch die Tagebuchbrief-Notizen zu diesem Gespräch (S. 359) sowie die Eintragung vom 7.11.1958 (S. 363f.). Die zahlreichen anderen ins Gespräch gebrachten Persönlichkeiten nennt Wolfgang *Wagner*, Die Bundespräsidentenwahl 1959, passim.

Nr. 68

* BA, VS B 122/31269, Bd. A III, Bl. 37-40, Aufzeichnung vom 26.11.1958, gez. *Bleek*.

1　Im Anschluß an eine am 10.11.1958 im Moskauer Sportpalast gehaltene Rede Chruschtschows (Wortlaut. DzD IV/1 [1958/59], S. 3 24) kündigte die Sowjetregierung am 27.11.1958 in Noten an die drei Westmächte, die Bundesrepublik und die DDR ihre Besatzungsverpflichtungen in Berlin und damit den Viermächtestatus der geteilten Stadt auf; damit verband sie ultimativ die Forderung, innerhalb von sechs Monaten für Berlin den Status einer entmilitarisierten Freien Stadt zu vereinbaren, andernfalls werde sie ihre Berlin-Rechte an die DDR übertragen. Wortlaut der Noten: a.a.O., S. 151-201. – Von den sowjetischen Intentionen hatte Adenauer am 20.11.1958 erfahren: »Heute morgen hat mich der Botschafter der Sowjetunion, Herr Smirnow, aufgesucht, um mir offiziell mitzuteilen, daß die Regierung der Sowjetunion die Absicht habe, in den nächsten Tagen das ›Besatzungsstatut‹ für die Stadt Berlin aufzukündigen«; aus dem in Anm. 8 nachgewiesenen Schreiben an *Dulles*.

Die zum Ausbruch und Verlauf der Berlinkrise in der »Rhöndorfer Ausgabe«

bereits nachgewiesene Literatur (Teegespräche 1955-1958, S. 474f.) ergänzen Hans-Peter *Schwarz*, Adenauer. Der Staatsmann, S. 467-502, 550-562, 651-671; Hanns Jürgen *Küsters*, Adenauer und Brandt in der Berlin-Krise 1958-1963, passim; Daniel *Kosthorst*, Brentano und die deutsche Einheit, S. 247-334; Die Protokolle des CDU-Bundesvorstands 1957-1961 (mit Adenauers Lagebericht vom 27.11.1958 auf S. 263-275); Michael *Lemke*, Die Berlinkrise 1958-1963, passim, und Victor *Mauer*, Macmillan und die Berlin-Krise 1958/59, passim.

2   Georgij M. *Malenkow* (1902-1988), ab 1946 Mitglied des Politbüros der KPdSU, 1946-1953 Stellvertretender Vorsitzender des Ministerrats, nach Stalins Tod 1953 kurzfristig Vorsitzender des Ministerrats und Erster Sekretär des Parteisekretariats, 1955 zum Rücktritt gezwungen, danach Kraftwerksleiter in Kasachstan, 1961 Ausschluß der KPdSU.

3   1958 zunächst als Vorsitzender des Ministerrats (Ministerpräsident) amtsenthoben und dann aus dem Politbüro entfernt, wurde Bulganin 1961 auch aus dem ZK und anschließend als Mitglied einer »parteifeindlichen Gruppe« aus der KPdSU ausgeschlossen.

4   Hierzu und zur nachfolgenden Gesprächspassage, unter Verwendung dieser Aufzeichnung, Hans-Peter *Schwarz*, Adenauer. Der Staatsmann, S. 471f.

5   Wortlaut des Antrags der SPD-Bundestagsfraktion »betreffend Schaffung eines Amtes für innerdeutsche Regelungen« (30.9.1958): DzD III/4 (1958), S. 1661f. Vgl. a. die Angaben in: Die SPD-Fraktion im Deutschen Bundestag. Sitzungsprotokolle 1957-1961, S. 86-89, 93, und bei Kurt *Klotzbach*, Der Weg zur Staatspartei, S. 485.

6   Zu den damaligen DDR-Kontakten führender FDP-Politiker die Hinweise von Roger *Engelmann*/Paul *Erker*, Annäherung und Abgrenzung, S. 65-68.

7   Konkrete Anhaltspunkte für die hier (wie bereits in Nr. 63 [TOP 1]) geübte Kritik ließen sich nicht ermitteln. – Gerichtet gegen *Kiesinger* (1954-1959 Vorsitzender des Bundestagsausschusses für auswärtige Angelegenheiten), griff Adenauer in seinem Lagebericht vom 27.11.1958 in der Presse kolportierte Meldungen auf, der spätere Bundeskanzler der Großen Koalition habe in Berlin erklärt, »die Wiedervereinigung sei ohne Zusammenarbeit mit der SPD unmöglich« (wie Anm. 1, S. 267f.).

8   Adenauers Schreiben vom 20.11.1958 in StBKAH III/2, III/5, 10.36, 10.38.
Zur politisch-diplomatischen Korrespondenz dieser Tage die detaillierten Angaben bei Daniel *Kosthorst*, a.a.O., S. 248f.; vgl. a. Victor *Mauer*, a.a.O., S. 239.

9   Patrick *Reilly* (geb. 1909), 1950-1953 und 1960-1965 erneut stellvertretender Unterstaatssekretär im Foreign Office, 1953-1956 Gesandter in Paris, 1956-1960 Botschafter in Moskau, 1965-1968 Botschafter in Paris.

10   Diese Mitteilung des britischen Premierministers konnte nicht nachgewiesen werden.

11   Vgl. Nr. 65 (TOP 4). – Dazu *Kroll* in seinen Lebenserinnerungen eines Botschafters, S. 389-400.

12   Vgl. Nr. 60 (Anm. 22), 64 (Anm. 20).

13   Heinz *Goeschel* (1906-1974), seit 1953 stellvertretendes Vorstandsmitglied der Siemens-Schuckertwerke bzw. (seit 1966) der Siemens AG, 1958-1967 Mitglied des Wissenschaftsrates. – Zur Begegnung Heuss-Goeschel vom 22.11.1958 die Tagebuchbriefe, S. 368.

14   Der nächste (21.) Parteitag der KPdSU fand vom 21.1.-5.2.1959 statt.

15   23.1.1959: »Herr Direktor Goeschel (Siemens) – Bericht über Reise nach Moskau und Leningrad« (StBKAH 04.10).

16   Am 26.11.1958 erwiderte der französische Ministerpräsident den Besuch Adenauers vom 14./15.9.1958 in Colombey-les-Deux-Églises; zu den in Bad Kreuznach geführten Verhandlungen die Aufzeichnung in den Documents Diplomatiques Français 1958, Tome II, S. 759-763. Vgl. a. die Teegespräche 1955-1958, S. 301f.; die dort auf S. 476 nachgewiesene Literatur ergänzen Hans-Peter *Schwarz*, a.a.O., S. 463-467; Henning *Köhler,* Adenauer, S. 1010; Hermann *Kusterer,* Der Kanzler und der General, S. 63-74, und Eckart *Conze,* Die gaullistische Herausforderung, S. 79-83.

17   Vgl. Nr. 64 (Anm. 10), 65 (TOP 2); s. unten Anm. 21.

18   Vgl. Nr. 60 (Anm. 10), 74 (TOP 4).

19   Reginald *Maudling* (1917-1979), ab 1950 Mitglied des britischen Unterhauses (Konservative Partei), Minister für Versorgung (1955-1957), für Handel (1959-1961) und für Kolonien (1961/62), 1962-1964 Schatzkanzler, 1970-1972 Innenminister.

20   Zur Unterbrechung der seit Oktober 1957 in Paris geführten Verhandlungen am 14./15.11.1958 Adenauers Informationsgespräche vom 1. und 16.12.1958 in den Teegesprächen 1955-1958, S. 299, 313.

21   Informationen zu den am 3.12.1958 vom EWG-Ministerrat gefaßten Beschlüssen und zur anschließenden OEEC-Ministerratssitzung vom 15.12.1958 a.a.O., S. 480.

Dazu auch in den Tagebuchbriefen die Hinweise auf zwei im Dezember 1958 geführte, *nicht* protokollierte Gespräche Heuss-Adenauer: (14.12.) »Einige Sorge gegenüber England, daß ein Junktim zwischen Freihandelszone und Berlin-Haltung gemacht werde« (S. 376); (18.12.) »... in den Abendstunden war Adenauer noch einmal da, mit Paris im Ganzen zufrieden ..., ist aber natürlich ziemlich unfroh, wegen der Schärfe des Zusammenstoßes von Frankreich und England in der Frage der Freihandelszone« (S. 377).

22   Vgl. Nr. 56 (TOP 3), 58 (TOP 6), 62 (TOP 3).

23   Zu dieser Gesprächspassage auch der Tagebuchbrief vom 24.11.1958: »... – jetzt kriegte auch Erhard etwas weg, weil er dem AA die Verhandlungsführung in den Freihandelszonen-Dingen entriß, aber seine Vertreter (angeblich) nur professoral und nicht eigentlich politisch befanden« (S. 369).

24   Vgl. Nr. 39 (TOP 2), 56 (TOP 2). – Der von Hanns Jürgen *Küsters* doku-

mentierte Vorgang (Wiedervereinigung durch Konföderation?, passim) wird mit Eintragungen aus diesem Zeitraum auch in den Tagebuchbriefen (S. 365) und in den Krone-Tagebüchern (S. 315, 317f.) erwähnt; vgl. a. Christoph *Henzler*, Fritz Schäffer, S. 535-544.

25 Zur Richtigstellung Adenauers eigene, »*Streng Geheim*!«-klassifizierte Aufzeichnung vom 30.6.1955: »Einige Zeit vor meiner Reise nach Washington [13.-19.6.1955] kam Herr Bundesfinanzminister Schäffer zu mir und sagte mir, daß der frühere deutsche General, jetzt Kommandeur der Volkspolizei, Vinzenz Müller, sich durch einen deutschen Großkaufmann, der zuverlässig sei, an ihn gewandt habe mit der Frage, ob eine Verhandlung zwischen der Bundesrepublik Deutschland und Sowjetrußland nicht möglich sei. ... Er, Schäffer, habe dem Mittelsmann geantwortet, er würde mir von der Anfrage Mitteilung machen. Ich habe Herrn Schäffer gesagt, Verhandlungen seien natürlich immer möglich, aber es komme auf den Inhalt der Verhandlungen an. Herr Schäffer kam wenige Tage vor meiner am 12. Juni erfolgten Abreise von neuem zu mir und sagte mir, Vinzenz Müller habe sich durch denselben Kaufmann wieder an ihn gewendet und ihn gebeten, doch in Berlin mit ihm zusammenzutreffen. Ob ich damit nicht einverstanden sei? Ich habe Bedenken geäußert gegen das Zusammentreffen zwischen Herrn Minister Schäffer und dem Herrn Vinzenz Müller. Schließlich sagte Schäffer, er sei der Auffassung, er ... solle es doch riskieren, diese Verbindung aufzunehmen. Vielleicht sei doch ein Ergebnis möglich. Ich habe ihm erwidert, ich könne ihn schließlich verstehen, wenn er der Überzeugung sei, daß eine, wenn auch sehr geringe Möglichkeit vorhanden sei, die schwierige Situation zu entspannen, er sich im Gewissen verpflichtet fühle, von dieser Möglichkeit Gebrauch zu machen« (StBKAH III/40; Druck: Hanns Jürgen *Küsters*, a.a.O., S. 138f.).

26 Vincenz *Müller* (1894-1961), 1949-1953 stellvertretender Vorsitzender der NDP, 1949-1953 am Aufbau der Kasernierten Volkspartei (KVP) beteiligt, 1952 KVP-Generalinspektor, 1953 Generalleutnant, bis 1956 KVP-Stabschef und Stellvertreter von DDR-Innenminister Stoph, 1956/57 Generalstabschef der Nationalen Volksarmee und stellvertretender Verteidigungsminister. – Ausführliche biographische Angaben, besonders auch zu seinen jahrzehntelangen Verbindungen mit Fritz Schäffer (seit der gemeinsamen Schulzeit in Metten/Niederbayern), bei Hanns Jürgen *Küsters*, a.a.O., S. 116-133.

27 Vgl. Nr. 56 (Anm. 26).

28 Vgl. Nr. 67 (Anm. 38).

Nr. 69

* BA, VS B 122/31269, Bd. A III, Bl. 22-26, Aufzeichnung vom 6.2.1959, gez. *Bleek*.

a ‹ ... › Hier ein Satz aus personenrechtlichen Gründen ausgelassen.

1 *Macmillans* Moskau-Besuch kam vom 21.2.-3.3.1959 zustande; zu Vorgeschichte, Verlauf, Bewertung durch den Bundeskanzler und dazu vorliegen-

der Literatur Adenauers Teegespräche 1959-1961, S. 31f., 602. Den neuesten Forschungsstand dokumentiert Victor *Mauer*, Macmillan und die Berlin-Krise 1958/59, passim. Vgl. Nr. 70 (TOP 1).

2   Zur Unterredung des Bundeskanzlers mit dem britischen Botschafter, im Beisein von Staatssekretär Hilger *van Scherpenberg* und des Persönlichen Adenauer-Referenten Franz Josef *Bach*, Adenauers eigene Darstellung in den Erinnerungen 1955-1959, S. 468-471, und der Hinweis von Hans-Peter *Schwarz*, Adenauer. Der Staatsmann, S. 488.

3   Wortlaut des in Übersetzung in StBKAH III/5 überlieferten Schreibens vom 2.2.1959 bei Harold *Macmillan*, Riding the Storm, S. 585f.

4   Vgl. Nr. 52 (TOP 1).

5   Zu dieser Gesprächspassage auch der Tagebuchbrief vom folgenden Tag: »Gestern Nachmittag war Adenauer 2 Stunden da, spürbar beunruhigt, daß Macmillan, ohne daß dies vorher jemand wußte, nach Moskau fährt und daß er angeblich 7 Tage dort bleibt. Man vermutet, wesentlich aus innenpolitischen Gründen: Gallup läßt Labour etwas steigen und Teile der Partei fordern die Anerkennung der DDR« (S. 392). – Zu den nächsten britischen Unterhauswahlen Nr. 64 (Anm. 16).

6, 7   Zur letzten Europa-Reise des amerikanischen Außenministers, die ihn vom 2.-8.2.1959 nach London, Paris und Bonn führte, Adenauers Teegespräche 1959-1961, S. 59, 155-160, 613, und Hanns Jürgen *Küsters*, Kanzler in der Krise, S. 754. – Die Begegnung mit *Dulles* in Bonn (7./8.2.1959) schildert Adenauer besonders eingehend a.a.O., S. 471-478.

8   Vgl. Nr. 55 (Anm. 15).

9   Druck dieser »Streng geheim«-gestempelten Niederschrift Adenauers vom 30.1.1959 (BA, a.a.O., B. 27-36) in seinen Erinnerungen 1955-1959, S. 463-468 (auch in: Die Auswärtige Politik, S. 395-398). – Einzige Auslassung: »Die fortdauernden Auseinandersetzungen mit der ›Verrätergruppe‹ um Malenkow, Bulganin, Molotow u. a. sowie die Diskussionen über die sogenannte Schulreform zeigen, daß auch der Kommunismus vor internen Problemen steht. Eine Entspannung könnte diese Auseinandersetzung begünstigen« (bei Punkt 11, S. 466f.).

10   James William *Fulbright* (1905-1995), 1944-1974 demokratischer Senator von Arkansas, 1945-1974 Mitglied des amerikanischen Senats, 1959-1974 Vorsitzender des Außenpolitischen Senats-Ausschusses.

11   Theodore F. *Green* (1867-1966), 1933-1936 Gouverneur, 1936-1960 demokratischer Senator von Rhode Island, 1957/58 Vorsitzender des Außenpolitischen Senats-Ausschusses.

12   Vom 10.1.1959; Wortlaut: DzD IV/1 (1958/59), S. 537-577; dazu die ausführlichen Informationen von Michael *Lemke*, Die Berlin-Krise 1958-1963, S. 114-117. Zur Reaktion Adenauers seine Teegespräche 1959-1961, S. 5-9, 593f.; Hanns Jürgen *Küsters*, a.a.O., S. 733, und Daniel *Kosthorst*, Brentano und die deutsche Einheit, S. 257-264.

13   Diese Botschaft *de Gaulles* hatte der französische Botschafter François
Seydoux Adenauer am 3.1.1959 übermittelt: »Wir haben schon zusammen
große Angelegenheiten erledigt, und ich bin überzeugt, daß wir auf diesem
Wege fortfahren werden; ein Weg, der die Hoffnung für Europa und für unsere
beiden Länder bedeutet« (StBKAH III/2).

14   Ähnlich die Notiz im Tagebuchbrief vom 5.2.1959: »Langes Gespräch
über BuPrä-Frage, er wollte die Teilnahme an meinem Geburtstag als eine Art
von Plebiszit deuten. Er hat sich im Bundeskanzleramt ein (von mir noch nicht
gelesenes, von Bleek in der Anlage gekanntes) Rechtsgutachten machen lassen,
das offenbar ganz zweckhaft gedacht war [s. unten Anm. 23]. Bleek machte
ihm deutlich, daß es so nicht gehe. Vermutlich hat er es gar nicht gelesen, sondern nur angeordnet, was herauskommen solle. Seine Taktik ist und bleibt:
nichts übereilen, wohl in der Meinung, [daß er] mit einem Zustand der Verle-
genheit einen patriotischen Druck auf mich ausüben könne« (S. 392f.). – Zum
75. Geburtstag des Bundespräsidenten (31.1.1959) Adenauers Glückwunsch-
brief in »Unserem Vaterlande zugute«, S. 269, 273.

15   Vgl. Nr. 57 (Anm. 2).

16   Am 3.2.1959 (ab 17.35 Uhr, zeitweise im Beisein der Staatssekretäre *von
Eckardt*, *Globke* und *van Scherpenberg*; StBKAH 04.10); vgl. die Krone-Tagebücher, S. 328f. – Zur hier angesprochenen Krone-Kandidatur Nr. 67 (Anm.
37).

17   Adolf *Cillien* (1893-1960), 1946-1951 MdL (CDU) in Niedersachsen, ab
1949 dort CDU-Landesvorsitzender, 1953-1960 MdB. – Adenauer bezieht sich
hier auf ein am 2.2.1959 (ab 17.05 Uhr) geführtes Gespräch (StBKAH 04.10).

18   Die Nominierung Carlo *Schmids* durch die Führungsgremien der SPD erfolgte am 12.2.1959; dazu seine Erinnerungen, S. 667f. Vgl. a. Wolfgang *Wagner*, Die Bundespräsidentenwahl 1959, S. 8-12.

19   Dazu und zum Verzicht *Erhards* auf die ihm in diesen Tagen angetragene
Kandidatur am 3.3.1959 die Krone-Tagebücher, S. 329, 336; vgl. a. Daniel
Koerfer, Kampf ums Kanzleramt, S. 227-277. S. unten Anm. 22.

20   Hierzu und zum Nachfolgenden die Kontroverse Adenauer-Erhard in der
CDU-Vorstandssitzung vom 27.11.1958 (Protokolle des CDU-Bundesvorstands 1957-1961, S. 298-303); vgl. a. Daniel *Koerfer*, a.a.O., S. 220-226.

21   Mehrere Hinweise auf die Kandidatur des deutschen Delegationsleiters
bei den Wiedergutmachungsverhandlungen mit Israel (1952) bei Wolfgang
Wagner, a.a.O., S. 23, 81, 84, 89. Vgl. a. Nr. 70 (TOP 3), 73.

22   Zur Zusammensetzung des CDU/CSU-Gremiums und zu seiner Zusam-
menkunft am 24.2.1959 Adenauers eigene Darstellung in den Erinnerungen
1955-1959, S. 492-495; dort das abschließend vereinbarte Kommuniqué: »...
Die Anwesenden haben einhellig beschlossen, den zuständigen Gremien die
Wahl von Bundeswirtschaftsminister Prof. Erhard als Kandidaten der
CDU/CSU für die Wahl des Bundespräsidenten vorzuschlagen« (dazu Nr. 70
[Anm. 18]). Vgl. a. Wolfgang *Wagner*, a.a.O., S. 11, 17-22; Hans-Peter *Schwarz*,

a.a.O., S. 502-526; die deswegen am 11.3.1959 geführte CDU-Vorstandsdiskussion (wie Anm. 20, S. 352-358) und die Krone-Tagebücher, S. 334f.

23　S. oben Anm. 14. – Gemeint ist eine von Reinhold *Mercker* (geb. 1903; 1956-1966 Ministerialdirigent bzw. Ministerialdirektor und Abteilungsleiter im Bundeskanzleramt) im Auftrag von Staatssekretär *Globke* erarbeitete »Aufzeichnung über die verfassungsmäßigen Rechte des Bundespräsidenten«; dazu sein eigener Hinweis in: Das Bundeskanzleramt aus der Sicht eines Abteilungsleiters, in: Klaus *Gotto* (Hrsg.), Der Staatssekretär Adenauers, S. 127-143, hier S. 129. Zum »Grundgesetz-Katalog Merckers« und zu den Spekulationen um die im Umfeld Adenauers angestellten verfassungsrechtlichen Überlegungen auch Wolfgang *Wagner*, a.a.O., S. 26-29, 31.

Nr. 70

* BA, VS B 122/31269, Bd. A III, Bl. 16-19, Aufzeichnung vom 9.3.1959, gez. *Bleek*.

a　‹ › Hierzu die eigenhändige Randbemerkung des Bundespräsidenten »ist, glaube ich, falsch verstanden«. Gemeint sind die Kontakte zu *de Gaulle*, die *Macmillan* während seiner Tätigkeit als britischer Minister im Hauptquartier der Alliierten in Nordwestafrika (Sitz: Algier) anknüpfte; dazu seine Memoiren: The Blast of War, 1939-1945, London 1967.

1　Am 4./5.3.1959 in Paris; dazu Adenauers Informationsgespräch vom 17.3.1959 mit Helen und Walter *Lippmann* in seinen Teegesprächen 1959-1961, S. 26, 601. Die dort nachgewiesene Literatur ergänzen Hans-Peter *Schwarz*, Adenauer. Der Staatsmann, S. 496; Hermann *Kusterer*, Der Kanzler und der General, S. 74, 80, und Eckart *Conze*, Die gaullistische Herausforderung, S. 87, 107, 128.

2　Michel *Debré* (geb. 1912), 1948-1958 Senator (Indre-et-Loire), enger Vertrauter de Gaulles, 1958/59 Justizminister, 1959-1962 Ministerpräsident, 1966-1968 Wirtschafts- und Finanz-, 1968/69 Außen-, 1969-1973 Verteidigungsminister.

3　Vgl. Nr. 65 (TOP 2), 66.

4　Die für den Zeitraum 9.-20.8.1959 vorgesehene Skandinavienreise *Chruschtschows* wurde auf unbestimmte Zeit verschoben; dazu das sowjetische Memorandum vom 19.7.1959 und die am 19./20.7. von den nordeuropäischen Staaten veröffentlichten Erklärungen in: AdG, Jg. 29 (1959), S. 7846-7848.

5　Das zum 15.2.1959 neu gebildete christlich-demokratische Kabinett Antonio *Segnis* hatte bis zum 24.2.1960 Bestand.

6　Am 9./10.3.1959; vgl. Harold *Macmillan*, Riding the Storm, S. 636-638, und Hanns Jürgen *Küsters*, Kanzler in der Krise, S. 764.

7　Der Besuch des britischen Premierministers in Bonn kam am 12./13.3.1959 zustande; dazu die Gesprächsaufzeichnungen in PRO, PREM 11/2676. Vgl. a. Adenauers Teegespräche 1959-1961, S. 31, 602, mit den weiterführenden Hinweisen bei Hanns Jürgen *Küsters*, a.a.O., S. 764f.; Hans-Peter *Schwarz*, a.a.O., S. 496f.; Daniel *Kosthorst*, Brentano und die deutsche Einheit, S. 272f.; Hermann *Kusterer*, a.a.O., S. 68, und Victor *Mauer*, Macmillan und die Berlin-Krise, S. 255f. Vgl. a. Nr. 71 (TOP 1).

8   Vgl. Nr. 69 (TOP 1).

9   Wortlaut: DzD IV/1 (1958/59), S. 1011-1013.

10   Vgl. Victor *Mauer*, a.a.O., S. 254.

11   Vgl. Nr. 43.

12   Johann Conrad *Adenauer* (1833-1906), ab 1851 im Militärdienst, 1860 Sergeant, 1861 Feldwebel, nahm 1866 und 1870/71 an den Kriegen gegen Österreich und Frankreich teil, 1867 Secondo-Leutnant, danach in Köln mittlerer Beamter in der Justizverwaltung, 1873 Appellationsgerichts-Sekretär, 1883-1906 Kanzleirat. – Zur Biographie des jungen Adenauer Hans-Peter *Schwarz*, Adenauer. Der Aufstieg, S. 51-129.

13   Zu dieser Unterredung vom 9.3.1959 in der sowjetischen Botschaft in Ost-Berlin die Belege in: DzD, a.a.O., S. 1100f., 1132-1142; vgl. a. die Hinweise in Adenauers Informationsgespräch vom 17.3.1959 (s. oben Anm. 1, S. 30); Michael *Lemke*, Die Berlin-Krise 1958-1963, S. 118, und Nr. 71 (Anm. 25).

14   Zum Moskau-Aufenthalt der beiden SPD-Politiker (11.-17.3.1959) Carlo *Schmids* ausführliche Darstellung in seinen Erinnerungen, S. 647-656, und Hanns Jürgen *Küsters*, a.a.O., S. 763.

15   Der Vorsitzende des Ministerrats der UdSSR hatte am 4./5.3.1959 Leipzig und die dortige Frühjahrsmesse besucht; Auszüge aus seinen dort abgegebenen Erklärungen (u. a. der Drohung mit dem Abschluß eines separaten Friedensvertrages mit der DDR) in: AdG, a.a.O., S. 7592f.

16   Zur USA- und Ostasien-Reise Willy *Brandts* (7.2.-5.3.1959) seine eigene Schilderung in: Begegnungen und Einsichten, S. 83-86, 210, 212f.; vgl. a. den Tagebuchbrief des Bundespräsidenten vom 17.2.1959: »Grewes Berichte sind *sehr* für Brandt und seine Wirkung – schade, wenn Ad[enauer] dies liest, wird er wieder eifersüchtig wie gegenüber Reuter« (S. 397).

17   Adenauer gab am 11.3.1959 (ab 20 Uhr) ein Abendessen für den Regierenden Bürgermeister von Berlin (StBKAH 04.10). Auf seine Kontakte zum Kanzler in diesem Zeitraum verweist Brandt in seinen Erinnerungen, S. 57; vgl. a. Hanns Jürgen *Küsters*, Adenauer und Brandt, S. 495f.

18   Vgl. Nr. 69 (Anm. 22). – Hierzu liegt der Gesprächsaufzeichnung der Vermerk von Staatssekretär Bleek über ein am 3.3.1959 geführtes Telefonat mit Staatssekretär *Globke* bei: »Staatssekretär Dr. Globke gab mir heute über die Kandidatur Erhard folgende Schilderung: Der Bundeskanzler habe schon vor längerer Zeit einmal an eine Kandidatur Erhards ernstlich gedacht. Erhard habe aber damals in einer Unterhaltung mit dem Bundeskanzler die Kandidatur abgelehnt. Darauf habe der Bundeskanzler diesen Gedanken nicht mehr weiterverfolgt. Als dann Bundesminister Schröder von sich aus den Gedanken

einer Kandidatur Erhards aufgebracht habe, sei der Kanzler zunächst ›ernstlich böse‹ auf Schröder gewesen. In einer Unterhaltung mit Schröder habe B[undes]K[anzler] sich dann aber davon überzeugen lassen, daß Erhard derjenige Kandidat der CDU sein werde, der die besten Aussichten habe, Carlo Schmid zu überrunden. Auch Minister von Brentano und andere führende CDU-Politiker seien für Erhard eingetreten. Dieser habe dann grundsätzlich ›ja‹ gesagt, ohne wesentliche Bedingungen für die Art der Nominierung zu stellen. Als der Kanzler nach dem Beschluß des von ihm einberufenen CDU[/CSU]-Gremiums am Dienstag, dem 24. Februar, Erhard in Glotterbad angerufen habe, sei dieser nach einigem Überlegen und vor allem nach einer Rücksprache mit seiner Frau bei diesem grundsätzlichen ›ja‹ geblieben. Schon in Glotterbad, vor allem aber nach seiner Rückkehr nach Bonn sei dann Erhard den verschiedensten Pressionen aus Kreisen der Wirtschaft, namentlich aber aus der CDU[/CSU]-Fraktion (Gerstenmaier), ausgesetzt gewesen. Das habe ihn schwankend gemacht, und bei seiner ersten Unterhaltung mit Dr. Krone habe er gesagt, er wolle sich die Sache noch einmal überlegen, glaube aber nicht, daß er zur Übernahme der Kandidatur bereit sein werde. Im gleichen Sinne habe er sich auch in seiner Unterredung beim Bundeskanzler am 28. Februar geäußert. In einem Brief an B[undes]K[anzler] habe sich Erhard dann noch weiter zurückgezogen und erklärt, er habe sich inzwischen davon überzeugt, wie notwendig sein Verbleiben in der aktiven Politik und besonders im Wirtschaftsministerium sei. Er ›glaube‹ daher kaum, daß er die Kandidatur übernehmen könne. Nachdem am 2. März der Fraktionsvorstand der CDU[/CSU] sich für die Kandidatur Erhards ausgesprochen habe, sei dieser ganz überraschend wiederum umgeschwenkt und habe dem Kanzler sein Einverständnis mitgeteilt, allerdings mit dem Zusatz, daß er sich noch nicht endgültig entschließen möchte. Der Kanzler habe eine gewisse Überlegungsfrist zugestanden und deshalb die für den 3. März vorgesehene Erörterung in der CDU[/CSU]-Fraktion vertagen wollen. Um so überraschter sei er daher über die heute gegen Mittag herausgekommene Pressemitteilung von dpa über den Verzicht Erhards gewesen. Diese Mitteilung sei vom Pressereferenten des Wirtschaftsministeriums Dr. Hohmann eigenmächtig und ohne Abstimmung mit Erhard herausgegeben worden. Hohmann habe anscheinend ein fait accompli schaffen wollen. Unter dem Eindruck dieses Vorkommnisses habe Erhard dann aber wohl seinen endgültigen Verzicht bekanntgegeben« (BA, a.a.O., Bl. 20f.). Dazu die Hintergrundinformationen bei Daniel *Koerfer*, Kampf ums Kanzleramt, S. 240-253.

19 Vgl. Nr. 69 (Anm. 18). – Zur Kandidatur *Schmids* auch der Briefwechsel *Gerstenmaier* (9.3.1959) – Adenauer (23.3.) in StBKAH III/18 und die Kontroverse in der CDU-Vorstandssitzung vom 11.3.1959 (Protokolle des CDU-Bundesvorstands 1959-1961, S. 351, 353, 355f., 357, 366f., 373f.).

20 Vgl. Wolfgang *Wagner*, Die Bundespräsidentenwahl 1959, S. 23, 89.

21 Vgl. Nr. 67 (TOP 3), 69 (TOP 2).

22   Vgl. Nr. 57 (Anm. 2).

23   Wahlmännergremium für die Wahl des CDU/CSU-Kandidaten für die Heuss-Nachfolge im Präsidentenamt (bzw. »Komitee der CDU/CSU Deutschlands zur Vorbereitung der Bundespräsidentenwahl«); vgl. Konrad *Adenauer*, S. 496f., und Wolfgang *Wagner*, a.a.O., S. 23-25.

24   Vgl. Nr. 69 (TOP 2). – Zur Kandidatur Böhms (»... ist *mein* Kandidat ... etwas im Wachsen«; Tagebuchbriefe, S. 413) auch die Krone-Tagebücher, S. 344, und die Angaben in Nr. 73.

25   Theodor *Litt* (1880-1962), Ordinarius für Philosophie an den Universitäten Leipzig (ab 1920, 1937 suspendiert, 1946 wieder eingesetzt) und Bonn (ab 1949).

26   Carl Friedrich *Freiherr von Weizsäcker* (geb. 1912), Physiker und Philosoph, ab 1946 Abteilungsleiter am Max-Planck-Institut für Physik und Honorarprofessor an der Universität Göttingen, ab 1957 Ordinarius und Direktor des Philosophischen Seminars der Universität Hamburg, ab 1970 Direktor des Max-Planck-Instituts zur Erforschung der Lebensbedingungen in der technisch-wissenschaftlichen Welt; erhielt 1963 den Friedenspreis des Deutschen Buchhandels.

27   Dazu vgl. Rainer *Eisfeld*, »Nationale« Politikwissenschaft, S. 251-256.

Nr. 71

* BA, VS B 122/31269, Bd. A III, Bl. 10-15, Aufzeichnung vom 7.4.1959, gez. *Bleek*.

1   Über die in Washington geführten Verhandlungen (dazu Daniel *Kosthorst*, Brentano und die deutsche Einheit, S. 277-280) berichtete der Außenminister dem Bundespräsidenten am 7.4.1959 (ab 18.35 Uhr; BA, NL Heuss, Nr. 482a).

2   Vgl. Nr. 62 (Anm. 1).

3   Vgl. Konrad *Adenauer*, Erinnerungen 1955-1959, S. 499f.; die weitere im April/Mai 1959 mit Dulles geführte Korrespondenz (nach den Vorlagen in StBKAH III/2) in seinen Teegesprächen 1959-1961, S. 159f., 642f.

4   Vgl. Nr. 55 (Anm. 15).

5   Christian Archibald *Herter* (1895-1966), 1956-1959 Unterstaatssekretär im amerikanischen Außenministerium, 1959-1961 Außenminister, 1962-1966 Sonderberater der Präsidenten Kennedy und Johnson für Handelsfragen.

6   Mitte März 1959 durch Pressemeldungen lanciert: ein »US-Geheimplan« zur »Konföderation deutscher Länder« (»Die Welt« vom 19.3.1959); vgl. DzD IV/1 (1958/59), S. 1203-1205, und Daniel *Kosthorst*, a.a.O., S. 278.

7   Durch das am 23.7.1952 ergangene Gesetz »über die weitere Demokratisierung der staatlichen Organe«, das die DDR durch Auflösung der fünf Länder Brandenburg, Mecklenburg, Sachsen, Sachsen-Anhalt und Thüringen bzw. durch ihre Umwandlung in 14 Bezirke zum Einheitsstaat machte.
Zu dieser Gesprächspassage auch der Tagebuchbrief vom 6.4.1959: »Das State

Department scheint einen alten, sachlich sinnlos gewordenen Arbeitsplan aus den Schubladen geholt zu haben, wonach Vertreter der ›Länder‹ der Sowjetzone und der Bundesrepublik ein Besprechungsorgan bilden sollten, so wie 1948 der ›Parlamentarische Rat‹ – aber in der DDR gibt es diese ›Länder‹ mit Parlamenten und Kabinetten schon seit vielen Jahren nicht mehr« (S. 419).

8   Die Aussprache datiert vom 28.3.1959 (ab 10 Uhr; StBKAH 04.10); dazu die beiden am folgenden Tag an den Bundesaußenminister gerichteten Adenauer-Briefe in BA, NL von Brentano, Nr. 157. Vgl. a. Hans-Peter *Schwarz*, Adenauer. Der Staatsmann, S. 498f.

9   Georg *Graf von Baudissin* (1910-1992), ab 1955 im Auswärtigen Dienst, 1955-1957 NATO-Referent, 1958-1960 Ministerialdirigent der Abteilung West II im Auswärtigen Amt, 1958/59 Delegationsleiter in der Viermächte-Arbeitsgruppe Deutschland/Berlin, maßgeblich an der Vorbereitung der Genfer Gipfelkonferenz beteiligt, 1960 an die Vertretung bei der NATO in Paris versetzt, dort 1960 (Juni-Oktober) ständiger Vertreter des Botschafters. Zum Bericht der Arbeitsgruppe vom 21.3.1959 und der durch Prozedere und Inhalt ausgelösten Kontroverse der Briefwechsel Adenauer-*von Brentano* bei Arnulf *Baring*, Sehr verehrter Herr Bundeskanzler!, S. 239-245, und die Darstellung von Daniel *Kosthorst*, a.a.O., S. 275-282. Vgl. a. Eckart *Conze*, Die gaullistische Herausforderung, S. 97-102.

10   »Berechtigte Sorgen um das Arbeitstempo im A.A. – auch er kriegt wichtige Dokumente nur mit Verspätung« (wie Anm. 7)..

11   Karl *Carstens* (1914-1992), 1954/55 Leiter der Ständigen Vertretung der Bundesrepublik beim Europarat, 1955-1958 der Europa-Abteilung im Auswärtigen Amt, 1958-1960 der Politischen Abteilung, 1960-1966 Staatssekretär, 1967 in gleicher Funktion im Bundesministerium der Verteidigung, 1968/69 Chef des Bundeskanzleramtes, 1972-1979 MdB (CDU), 1973-1976 Vorsitzender der CDU/CSU-Bundestagsfraktion, 1976-1979 Bundestagspräsident, 1979-1984 Bundespräsident.

12   Nicht nachgewiesen. – Zur besonderen Bedeutung der »Beziehungen zu Frankreich ... während meiner Zugehörigkeit zum Auswärtigen Amt« Carstens' eigene Darstellung in seinen Erinnerungen und Erfahrungen, S. 241-261.

13   *Friedrich II.*, »*der Große*« (1712-1786), 1740-1786 König von Preußen.

14   Am 23.3.1959 vor dem »Centro Italiano di Studi per la riconciliazione internazionale«; Auszüge mit dem anschließenden Briefwechsel des Kanzlers (24.3.1959) mit dem Wirtschaftsminister (2.4.) in Adenauers Erinnerungen 1955-1959, S. 518-524. Dazu die Darstellung des Konflikts – mit der Richtigstellung der Memoiren-Version – bei Daniel *Koerfer*, Kampf ums Kanzleramt, S. 257f.

15   Die Unterredung, im Beisein von Staatssekretär *Globke* und des CDU/CSU-Fraktionsvorsitzenden *Krone*, hatte am 6.4.1959 (ab 16 Uhr) stattgefunden, vor einem anschließenden Pressetee des Bundeskanzlers (ab 17.50 Uhr) und dem Gespräch mit dem Bundespräsidenten (ab 18.35 Uhr); vgl. StBKAH 04.10 sowie den Hinweis in den Krone-Tagebüchern, S. 348.

16   Vgl. Nr. 69 (TOP 1), 70 (TOP 1).

17   Vgl. Nr. 70 (Anm. 7).

18   Vgl. Nr. 64 (Anm. 16).

19   »Er trug mir ganz ernsthaft seine Sorgen vor, daß Macmillan in solcher Zeit wesentlich an Wahlparolen und an Wahltermine denke. Als ich trocken meinte, daß M[acmillan] ungefähr das gleich von ihm sagen könnte, lachte er über seinen Anklage-Eifer – das ist ja in unserem Verhältnis das Angenehme, daß er solche Antworten um ihrer Pointiertheit willen eigentlich schätzt« (wie Anm. 7).

20   Am 25.3.1959; das Schreiben ist mit der Antwort Adenauers vom 1.4.1959 in PRO, PREM 11/2713 überliefert. Zu diesem Vorgang auch Daniel *Kosthorst*, a.a.O., S. 276f.

21   Zum nächsten Aufenthalt des Bundeskanzlers in Großbritannien vom 17.-19.11.1959 die Materialien in PRO, PREM 11/2714. Vgl. a. die Informationen im Adenauer-Brief vom 20.4.1960 an Heuss in »Unserem Vaterlande zugute«, S. 301.

22   Vom 18.3.1959; Wortlaut: DzD, a.a.O., S. 1207-1222. – Zur Beurteilung durch Adenauer und zur umfangreichen Literatur die Teegespräche 1959-1961, S. 43, 54, 606, 656, 686. Dazu ergänzend Michael *Lemke*, a.a.O., S. 118f., und die Krone-Tagebücher, S. 343-346, 352, 385.

23   Die für die Zusammensetzung der Bundesversammlung (vgl. Nr. 67 [Anm. 39]) ausschlaggebenden nächsten Landtagswahlen fanden am 19.4.1959 in Niedersachsen und Rheinland-Pfalz statt: Dabei entfielen auf die CDU 30.8 % bzw. 48.4 %, die SPD 39.5 % bzw. 34.8 %, die DP 12.3 %/–, den GB/BHE 8.3 % bzw. 1.4 %, die FDP 5,2 % bzw. 9.7 %. Anschließend bildete Hinrich Wilhelm *Kopf* in Hannover eine Koalitionsregierung aus SPD, GB/BHE und FDP – Peter *Altmeier* in Mainz ein CDU-FDP-Kabinett.

24   Vgl. Nr. 70 (Anm. 13, 14). – Zu einer Unterredung mit den genannten SPD-Politikern war es bereits am 23.3.1959 gekommen (ab 10.15 Uhr; StBKAH 04.10).

25   So Adenauer auch in seinem Informationsgespräch vom 17.3.1958: »Wenn Ollenhauer zu Chruschtschow geht nach Ostberlin, mutterseelenallein, ohne Dolmetscher, und sitzt da den Russen gegenüber, die ja ein Kommuniqué fertiggemacht haben, dann ist das doch grauenvoll, daran zu denken, daß der Führer einer so großen Partei so dumm ist« (Teegespräche 1959-1961, S. 30).

26   Vgl. Nr. 55 (Anm. 4).

27   Bezieht sich auf eine Pressekonferenz des französischen Staatspräsidenten vom 25.3.1959. Vgl. DzD, a.a.O., S. 1266-1269; Hans-Peter *Schwarz*, a.a.O., S. 551, und Eckart *Conze*, a.a.O., S. 107.

28   Am 14.9.1958 in Colombey-les-Deux-Églises (vgl. Nr. 66 [TOP 1]); dazu Adenauers Erinnerungen 1955-1959, S. 430, 432. – Adenauer und *de Gaulle* hatten dieses Thema vermutlich auch Anfang März 1959 in Paris erörtert (vgl. Nr. 70 [Anm. 1]); da zu diesem Treffen aber weder eine Dolmetscheraufzeich-

nung überliefert ist noch ein Kommuniqué erging, läßt sich dies nicht verifizieren.

29   Wladyslaw *Gomulka* (1905-1982), 1956-1970 Erster Sekretär des ZK der Vereinigten Polnischen Arbeiterpartei, 1957-1971 Mitglied des Staatsrates, 1971 Ausschluß aus dem ZK.

30   Adenauer war mit dem Vorsitzenden des im Dezember 1958 gegründeten Bundes der Vertriebenen (Vereinigte Landsmannschaften und Landesverbände, BdV), *Krüger*, am 11.2.1959 (ab 11.35 Uhr) zusammengekommen; vgl. StBKAH 04.10. – Hans *Krüger* (1902-1971), 1957-1965 MdB (CDU), 1958-1964 in der genannten BdV-Funktion, 1963/64 Bundesminister für Vertriebene, Flüchtlinge und Kriegsgeschädigte. Für die nachfolgend angestellte Überlegung des Bundeskanzlers (»... gemeinsame Verwaltung der strittigen Gebiete ...«) kein Beleg in anderen Überlieferungen dieses Zeitraums.

31   Der Vizekanzler in den ersten beiden Kabinetten Adenauer war am 26.3.1959 verstorben. – Neues deutsches Mitglied der Hohen Behörde der EGKS ab 15.9.1959: Fritz *Hellwig* (geb. 1912; 1953-1959 MdB für die CDU, 1956-1959 Vorsitzender des Bundestagsausschusses für Wirtschaftspolitik, bis 1967 in genanntem Amt bei der Montanunion).

32   Fritz *Burgbacher* (1900-1978), 1952-1967 Schatzmeister des CDU-Landesverbandes Rheinland, 1957-1976 MdB, 1960-1967 Bundesschatzmeister der CDU.

33   Willi *Richter* (1894-1972), ab 1950 Mitglied des Geschäftsführenden Bundesvorstandes, 1956-1962 Vorsitzender des DGB, 1949-1957 MdB (SPD).

34, 35   Am 22.3.1959; dazu der Tagebuchbrief vom 21.3.1959 (S. 409) mit der Erläuterung: »... ein Urteil des obersten Arbeitsgerichtes in Kassel [vom 30.10.1958] hat die Gewerkschaften zu Millionen von Entschädigung an die schleswig-holsteinische Metallindustrie verurteilt, und es sieht so aus, als ob die freie Schlichtungsordnung, für deren Zustandekommen ich vor Jahren die Initiative erneuert hatte, zum Platzen käme.« Zu diesem Vorgang auch Eberhard *Pikart*, Theodor Heuss und Konrad Adenauer, S. 65f.; zur Schlichtungsvereinbarung vom 7.9.1954 die Angaben in: Regierung Adenauer 1949-1963, S. 627f., und bei Gerhard *Beier*, Willi Richter. Ein Leben für die soziale Neuordnung, Köln 1978, S. 381-384, 631-633.

36   Vom 24.10.1956-14.2.1957; vgl. AdG, Jg. 27 (1957), S. 6266.

37   Vom 12.3.1959; vgl. Nr. 33 (Anm. 19).

38   Martin *Niemöller* (1892-1984), 1947-1964 Präsident der evangelischen Landeskirche von Hessen und Nassau, 1948-1955 EKD-Ratsmitglied.

39   Zur Auseinandersetzung mit Niemöller die Tagebuchbriefe vom 15., 17., 22., 25., 27.3.; 3., 7., 10., 14., 21., 25.4.; 7., 13.5.1959 (S. 407f., 411-413, 416, 421f., 424, 426, 428, 430f.).

40   Vgl. Nr. 70 (Anm. 23).

41   Vgl. Nr. 70 (Anm. 18).

42   Kai-Uwe *von Hassel* (geb. 1913), 1953/54 und 1965-1980 MdB (CDU), 1954-1962 schleswig-holsteinischer Ministerpräsident (1955/56 Bundesrats-präsident), Bundesminister der Verteidigung (1962-1966) und für Vertriebene, Flüchtlinge und Kriegsgeschädigte (1966-1969), 1969-1972 Präsident, 1972-1976 Vizepräsident des Deutschen Bundestages.

43   Am 6.4.1959, ab 11.05 Uhr, auch im Beisein von Hans Globke (StBKAH 04.10); dazu Adenauers Erinnerungen 1955-1959, S. 497-500, und die Krone-Tagebücher, S. 348. – An diese Gesprächspassage erinnerte Heuss auch in seinem am 9.4.1959 an Adenauer gerichteten Schreiben: »… als Sie am Montag abend, den 6. April, bei mir gewesen, erzählten Sie, wie ahnungslos der Aus-schuß des ›Kurvereins‹ – so nannten wir unter uns das Parteigremium der CDU/CSU – über die rechtliche und politische Stellung des Bundespräsidenten gewesen sei (Krone, Höcherl, Meyers, von Hassell [sic!]) –; die Kür selber soll-te erst im Mai sein« (»Unserem Vaterlande zugute«, S. 274).

44   In der Sitzung des CDU/CSU-Wahlmännergremiums vom 7.4.1959 (ab 10 Uhr; StBKAH 04.10) erklärte Adenauer seinerseits, nach einem einleitenden Referat über die Kompetenzen des Bundespräsidenten (dazu die Erinnerungen 1955-1958, S. 500-508), seine Bereitschaft zur Kandidatur für die Heuss-Nachfolge; vgl. die stenographische Niederschrift in ACDP I-070-052/1 (davon die Abschrift in StBKAH, Unterlagen für die »Erinnerungen«) sowie die Rundfunk- und Fernsehansprache des Bundeskanzlers vom 8.4.1959: »Die Stellung, die Aufgabe und die Arbeit des Bundespräsidenten werden in der deutschen Öffentlichkeit und damit auch in der internationalen Öffentlichkeit zu gering eingeschätzt. Sie ist viel größer, als man schlechthin glaubt« (Erinne-rungen 1955-1959, S. 515).

Zu dieser überraschenden Wende in der Präsidentschaftsdiskussion die Doku-mente und Literaturangaben in »Unserem Vaterlande zugute«, S. 1f., 273-283 (dort die anschließende heftige briefliche Auseinandersetzung Heuss [9. und 14.4.1959] – Adenauer [13.4.]), 460-463 – seit dem Erscheinen der Edition er-gänzt durch Hans-Peter *Schwarz*, a.a.O., S. 515-526; Henning *Köhler*, Ade-nauer, S. 1030-1049; die Krone-Tagebücher, S. 348-368; Rudolf *Morsey*, Auf der Suche nach dem Ersatzmann, passim; *ders.*, Heinrich Lübke, S. 254-277, und Hermann *Kusterer*, Der Kanzler und der General, S. 35 (zum Gespräch mit dem französischen Botschafter *Seydoux* am Nachmittag des 7.4.1959: Adenauer »war sichtlich erregt, hochrot im Gesicht. Sofort sagte er zu Sey-doux, er habe sich soeben bereit erklärt, für das Amt des Bundespräsidenten zu kandidieren. … die Vollmachten des Bundespräsidenten gingen ja viel weiter, als man gemeinhin meine und als Heuss sie ausgeübt habe«). Vgl. a. Nr. 73 (Anm. 1).

45   Bezieht sich auf die Ankündigung des Bundestagspräsidenten vom 14.10.1958 im Ältestenrat des Deutschen Bundestages, der dann am 19.6.1959 die Einberufung der Bundesversammlung (vgl. Nr. 67 [Anm. 39]) nach Berlin folgte; zur deswegen entstandenen Kontroverse die Schreiben

Heinrich von Brentanos vom 12. und 14.6.1959 in BA, a.a.O., sowie *Gersten-maiers* Lebensbericht: Streit und Friede hat seine Zeit, S. 392f. – Hinweise auf ein dazu im Februar 1959 geführtes Gespräch Adenauer-Gerstenmaier-Heuss bei Hanns Jürgen *Küsters*, Kanzler in der Krise, S. 761f.

46   Gegen Bedenken der Bundesregierung hielt Gerstenmaier an seiner Ent-scheidung für das Stimmrecht der Berliner Delegierten fest; vgl. Wolfgang *Wagner*, Die Bundespräsidentenwahl 1959, S. 90f.

47   »Ad[enauer] bat mich, an dem Abend, da er mich zum Narren hielt, ich möchte G[erstenmaier] doch zu mir kommen lassen, wegen ›Bundesversamm-lung‹ in Berlin. Ich lasse das aber nach dem Vorgefallenen noch etwas auf sich beruhen« (Tagebuchbriefe, S. 423; dort – S. 425 – auch der Hinweis auf das am 15.4.1959 zustandegekommene Gespräch mit dem Bundestagspräsiden-ten).

Nr. 72

* BA, VS B 122/31269, Bd. A III, Bl. 8f., Aufzeichnung vom 4.6.1959, gez. *Bleek*.

1   Vgl. Nr. 55 (Anm. 15). – Zum Aufenthalt in Washington (26.-30.5.1959) Adenauers Erinnerungen 1955-1959, S. 539f., und seine Teegespräche 1959-1961, S. 58. Vgl. a. Hanns Jürgen *Küsters*, Kanzler in der Krise, S. 766f., und Hans-Peter *Schwarz*, Adenauer. Der Staatsmann, S. 520.

2   Den Auftakt und die erste Verhandlungsphase der Genfer Außenminister-konferenz (vgl. Nr. 62 [Anm. 1]) analysiert Daniel *Kosthorst*, Brentano und die deutsche Einheit, S. 269-297.

3   Hubert H. *Humphrey* (1911-1978), 1949-1968 und seit 1970 demokra-tischer Senator von Minnesota, 1965-1969 Vizepräsident der USA.

4   Zur Unterredung mit *McCloy* (27.5.1959, ab 17.30 Uhr) die Aufzeich-nung in StBKAH III/57.

5   *Erhards* Verzicht auf die Präsidentschaftskandidatur (vgl. Nr. 70 [Anm. 18]) und Adenauers eigene Kandidatur (vgl. Nr. 71 [Anm. 44]) hatten in den Wochen und Monaten zuvor naturgemäß auch intensive Diskussionen um die Kanzlernachfolge ausgelöst; vgl. Daniel *Koerfer*, Kampf ums Kanzleramt, S. 278-366, und Hans-Peter *Schwarz*, a.a.O., S. 517-526.

6   31.5.-5.6.1958; dazu der Hinweis im Bulletin, Nr. 98 vom 31.5.1958, S. 991.

7   Damals in diesem Amt: Sinclair *Weeks* (1893-1972), 1953-1958 ameri-kanischer Handelsminister. – Demnach liegt hier wahrscheinlich eine Ver-wechslung vor; denn in der vergleichbaren Passage seiner Erinnerungen 1955-1959 (S. 540: »… ausschließlich einen Vortrag gehalten, was die USA zu tun hätten, damit ihre Wirtschaft wieder in die Höhe komme. Man habe in Wa-shington über Erhard nur den Kopf geschüttelt«) bezieht sich Adenauer auf eine Besprechung Erhards mit dem amerikanischen Finanz- bzw. Schatzmini-ster Robert B. *Anderson* (geb. 1910; 1957-1961 im genannten Amt). Hinweise

auf die Kontakte Erhard-Anderson bei Daniel *Koerfer*, a.a.O., S. 190f., und in FRUS 1958-1960, Vol. VII, S. 120-125.

8   »Ad[enauer] behauptet, wesentliche Männer der Regierungsschicht lehnen Erhard persönlich ab, weil er bei seinem letzten Besuch einem führenden Handelsminister (oder sonst jemand) mitgeteilt habe, was bei Euch falsch gemacht wurde und wie man das besser machen könne« (Tagebuchbrief vom 2.6.1959, S. 438).

9   »Adenauer hat offenbar vor der CDU[/CSU]-Fraktion die von ihm still verbreitete Drohung, er werde seine Bu[ndes]Prä[sidenten-] Kandidatur zurückziehen, fallen lassen (müssen)« (a.a.O., S. 437).

10   Hierzu, unter Verwendung dieser Gesprächsaufzeichnung, Hans-Peter *Schwarz*, a.a.O., S. 522.

Nr. 73

* BA, VS B 122/31269, Bd. A III, Bl. 7, Aufzeichnung vom 14.6.1959, gez. *Bleek*.

1   Adenauer erneuerte die früher mehrfach geäußerte Bitte (vgl. Nr. 67 [TOP 7], 69 [TOP 2], 70 [TOP 3]), nachdem er am 4./5.6.1959 auf seine Kandidatur für die Präsidentenwahl verzichtet hatte; Durchschlag seines deswegen am 4.6.1959 an Hermann *Höcherl* und Heinrich *Krone* gerichteten Schreibens (Druck: Konrad *Adenauer*, Erinnerungen 1955-1959, S. 544f.) hatte er am 5.6.1959 durch seinen persönlichen Referenten *Bach* Staatssekretär *Bleek* im Bundespräsidialamt übermitteln lassen (BA, VS B 122/16). Dazu und zu der nun erneut einsetzenden Kandidatensuche (die am 15.6.1959 zur Nominierung Heinrich *Lübkes* durch das CDU/CSU-Wahlmännergremium führte; vgl. Nr. 74 [Anm. 7]) die in Nr. 71 (Anm. 44) nachgewiesene Literatur.

2   Vgl. Nr. 57 (Anm. 2).

3   Vgl. Nr. 69 (TOP 2), 70 (TOP 3).

Nr. 74

* BA, VS B 122/31269, Bd. A III, Bl. 1-6, Aufzeichnung vom 10.8.1959, gez. *Bleek*.

1   Adenauer hatte deswegen im Zeitraum 1.-5.8.1959 alle offiziellen Termine abgesagt. Zur Lagebeurteilung des Bundeskanzlers in diesem Zeitraum seine am 31.7. und 6.8.1959 geführten Informationsgespräche in den Teegesprächen 1959-1961, S. 97-124. – Zur Vorbereitung dieser letzten amtlichen Unterredung mit Heuss die Tagebuchbriefe vom 15.7. (»Adenauer habe ich seit Wochen zum 1. Mal gesehen, er ging aber gleich wieder, frug, ob er mich einmal aufsuchen könne«, S. 454) und 31.7.1959 (»Adenauer hat sich nun doch ein Herz genommen und sich für nächsten Dienstag angesagt – es sind 2 Monate her, seit er mich ge- und enttäuscht hat. Zwischendurch kein Sachgespräch, nur kurze Begegnung beim Essen, als der Japaner [Ministerpräsident Nobosuke *Kishi* am 16./17.7.1959] da war«, S. 459).

2   Vgl. Nr. 72.

3   Vgl. Nr. 73 (Anm. 1).

4   So auch der Hinweis Adenauers in seinen Erinnerungen 1955-1959, S. 526; dazu die Angaben von Wolfgang *Wagner*, Die Bundespräsidentenwahl 1959, S. 53f.

5   Bezieht sich auf die 3. Lesung des Kanzlerhaushalts in der Bundestagsdebatte vom 11.6.1959 (Stenographische Berichte, 3. Wahlperiode, Bd. 43, S. 4005-4050 – mit dem umstrittenen Detail auf der unten genannten Seite); vgl. Wolfgang *Wagner*, a.a.O., S. 75-79.

6   Detlev *Struve* (1903-1987), ab 1947 Vorsitzender des schleswig-holsteinischen Bauernverbandes, langjähriges Präsidialmitglied des Deutschen Bauernverbandes, 1949-1972 MdB (CDU).

7   *Lübke* war am 1.7.1959 von der Bundesversammlung im zweiten Wahlgang mit 526 Stimmen zum neuen Bundespräsidenten gewählt worden. Sein Nachfolger als Bundesminister für Ernährung, Landwirtschaft und Forsten ab 14.10.1959: Werner *Schwarz* (1900-1982), 1953-1965 MdB (CDU), 1959-1969 im genannten Amt.

8   Hans August *Lücker* (geb. 1915), 1953-1980 MdB (CSU), 1958-1984 Mitglied des Europäischen Parlaments (1969-1975 Vorsitzender der Christlich-Demokratischen Fraktion, 1975-1979 Vizepräsident).

9   Der amerikanische Präsident hatte am 3.8.1959 die Einladung *Chruschtschows* zu einem offiziellen Besuch der USA bekanntgegeben, der vom 15.-27.9.1959 stattfand; vgl. Adenauers Teegespräche 1959-1961, S. 629, und die zahlreichen Angaben bei Michael *Jochum*, Eisenhower und Chruschtschow. Gipfeldiplomatie im Kalten Krieg 1955-1960, Paderborn 1996. – Die vorherige briefliche Abstimmung Adenauer-Eisenhower weist Daniel *Kosthorst* nach: Brentano und die deutsche Einheit, S. 304.

10   Vgl. Nr. 72 (TOP 1). – Zum Nachfolgenden, unter Verwendung dieser Gesprächsaufzeichnung, Hans-Peter *Schwarz*, Adenauer. Der Staatsmann, S. 534.

11   Aus diesem Zeitraum in StBKAI I nur nachweisbar: die anschließende Begegnung des Bundeskanzlers mit dem italienischen Ministerpräsidenten am 22.8.1959 in Cadenabbia (während des Adenauer-Urlaubs in Norditalien vom 10.8.-25.8., 29.8.-12.9.1959; StBKAH 04.10).

12, 14   Das Schreiben des britischen Premierministers vom 5.8.1959 mit der Antwort des Bundeskanzlers vom 7.8. in StBKAH III/5; dazu die Gegenüberlieferung in PRO/PREM 11/2714. – Aus dem dort im Original erhaltenen Adenauer-Brief: »Inzwischen sind gegen die Abhaltung eines Vierergesprächs zwischen den USA, Großbritannien, Frankreich und der Bundesrepublik Bedenken aufgekommen. Die Auflösung des ursprünglich von Ihnen vorgeschlagenen Vierergesprächs in Zweier- und Dreiergespräche in Paris und London wird in der Weltöffentlichkeit den Eindruck hervorrufen, daß die Differenzen zwischen den NATO-Verbündeten so erheblich sind, daß eine gemeinsame

Konferenz ausgeschlossen erscheint und die Schwierigkeiten nur in bilateralen Gesprächen gelöst werden können. Dazu kommt, daß die Italienische und die Belgische Regierung auch von anderer Seite geteilte Bedenken geäußert haben, die Besprechungen auf nur einige Mitgliedstaaten der NATO zu beschränken. Es wäre daher zu begrüßen, wenn ein Weg für die Besprechungen mit Präsident Eisenhower gefunden werden könnte, der diesen Bedenken möglichst Rechnung tragen würde.«

13   Vgl. Nr. 71 (Anm. 21).

15   Zum Besuch *Eisenhowers* in Bonn am 26./27.8.1959 die Belege in: DzD IV/3 (1959), S. 63-73; »Unserem Vaterlande zugute«, S. 288f.; Hans-Peter *Schwarz*, a.a.O., S. 535f., und die Krone-Tagebücher, S. 374.

16   Die Gipfelkonferenz der drei Westmächte kam – mit deutscher Beteiligung – vom 19.-21.12.1959 in Paris zustande; vgl. Konrad *Adenauer*, Erinnerungen 1959-1963, S. 23-28, und »Unserem Vaterlande zugute«, S. 295f.

17   Bezieht sich auf die Aussprache und Abstimmung in der UNO-Vollversammlung am 13.12.1958 (AdG, Jg. 28 [1958], S. 7306, 7441); dazu Adenauers Teegespräche 1959-1961, S. 19, 600.

18   Nach Abstimmungsboykott Frankreichs erreicht die entsprechende UNO-Resolution am 14.12.1959 nicht die erforderliche Zweidrittelmehrheit; vgl. a.a.O., Jg. 29 (1959), S. 8111.

19   Anfang Januar 1959; vgl. Hugh *Thomas*, Castros Cuba, Berlin 1984, S. 229-231.

20   Fidel *Castro Ruz* (geb. 1927), seit 1959 Ministerpräsident Kubas.

21   Vom 23.7.-2.8.1959; zu dieser Reise des amerikanischen Vizepräsidenten seine Memoiren, Frankfurt/Main–Berlin–Wien 1981, S. 211-222.

22   Vgl. Nr. 55 (Anm. 10).

23   Zur Beurteilung des Bruders von Dwight D. Eisenhower auch Nr. 39 (TOP 1), 60 (TOP 2).

24   Das »Projekt der Gewaltverzichtsabkommen mit Polen und der Tschechoslowakei«, um das sich Außenminister *von Brentano* während der 2. Session der Genfer Deutschlandkonferenz bemühte, konnte nach anfänglicher Unterstützung und dann verstärktem Widerstand Adenauers nicht realisiert werden; vgl. Daniel *Kosthorst*, a.a.O., S. 301-304, 314. Zu den Bedenken des Bundeskanzlers auch sein Informationsgespräch vom 31.7.1959 (s. oben Anm. 1, S. 114).

25   Ähnlich die energiewirtschaftlichen Überlegungen Adenauers in den CDU-Vorstandssitzungen vom 17.1. und 27.1.1958, 16.9.1959 und 29.1.1960 (Protokolle des CDU-Bundesvorstands 1959-1961, S. 78f., 263-265, 298, 302, 395-397, 597).

26   Dazu auch die Hinweise Adenauers in seinen Teegesprächen 1955-1958 (S. 184).

27   Zur Berücksichtigung der französischen Wünsche übernahm am 15.9.1959 Pierre Olivier *Lapie* (geb. 1901; 1959-1967 Mitglied der Hohen

Behörde der EGKS) den Vorsitz in der Arbeitsgruppe »Energiepolitik« der Montanunion; er legte am 7.12.1959 einen Bericht über die Koordinierung der Energiepolitik der europäischen Gemeinschaften vor. Vgl. AdG, Jg. 29 (1959), S. 8095; dazu das Kapitel »Towards a common energy policy« bei Dirk *Spierenburg*/Raymond *Poidevin*, The History of the High Authority of the European Coal and Steel Community. Supranationality in Operation, London 1994, S. 503-508.

28   Vgl. Nr. 60 (Anm. 10), 68 (TOP 2).

Anmerkungen
zum Anhang

Nr. 1

* StBKAH 02.02, auf Kopfbogen »THEODOR HEUSS«.

1   Alfred Joachim *Fischer* (geb. 1909), Journalist, 1930-1933 Mitgründer und Vorsitzender der liberalen »Diskussionsgemeinschaft politisch Andersdenkender« (der auch Heuss angehörte), 1931-1933 Redakteur der »Mitteilungsblätter der Staatsbürgerlichen Jugend«, 1933 nach Prag geflohen, danach längere Aufenthalte u. a. in den skandinavischen Staaten, 1938 wieder in Prag, 1939 Flucht nach Polen, dann Emigration nach Großbritannien (dort u. a. Mitarbeiter der BBC und für verschiedene Exilzeitschriften tätig), 1948-1953 Mitarbeiter (u. a.) des »Tages-Anzeiger« (Zürich) und der »Neuen Zeitung« in München und Berlin, 1951 in die Schweiz übergesiedelt. – Weitere biographische Angaben im Biographischen Handbuch der deutschsprachigen Emigration nach 1933, Bd. 1, S. 175.
Aus Fischers Schreiben vom 29.7.1949: »In wenigen Tagen werde ich eine neue Deutschlandreise antreten. Bei dieser Gelegenheit würde ich gern Herrn Dr. Konrad Adenauer interviewen. Da ich noch keinen direkten Kontakt mit ihm habe, wäre ich Ihnen … für ein Einführungsschreiben außerordentlich dankbar.«

2   Neben der in Anm. 1 nachgewiesenen biographischen Gemeinsamkeit dürften sich die beiden bereits an der Deutschen Hochschule für Politik kennengelernt haben, an der Fischer ab 1929 studierte.

3   Während der Englandreise vom Frühjahr 1947; dazu der Artikel »Impressionen eines Wiedersehens mit der britischen Insel«, den Heuss am 3.5.1947 in der »Rhein-Neckar-Zeitung« veröffentlichte. Vgl. a. die Essays »Reisen in England« und »Wiedersehen mit Oxford« in: Theodor Heuss. Von Ort zu Ort. Wanderungen mit Stift und Feder, hrsg. von Friedrich *Kaufmann* und Hermann *Leins*, Tübingen ⁵1959, S. 217-227.

4   Zur Zusammenarbeit Adenauer-Heuss im Parlamentarischen Rat Eberhard *Pikart*, Theodor Heuss und Konrad Adenauer, S. 21-27, und »Unserem Vaterlande zugute«, S. 21-25, 169-172, 351-353, 416f. Die dortigen Belege ergänzt der erst kürzlich in BA, NL Blankenhorn, Bd. 241 nachgewiesene, auf S. 324 abgebildete »Entwurf für ein Kommuniqué«, mit dem der Ältestenrat des Parlamentarischen Rates zum Vorschlag des Deutschen Volksrates (der Verfassunggebenden Versammlung der SBZ) vom 21.3.1949 Stellung nahm, »um die Einheit Deutschlands zu erhalten und Sicherungen für die friedliche Entwicklung in Deutschland durch die Demokratisierung des öffentlichen Lebens zu schaffen«, gemeinsame Beratungen durchzuführen. Dazu Adenauers Briefe 1947-1949, S. 425, 655f.
Transkription der in den Entwurf eigenhändig von Heuss eingefügten Veränderung: »*Der Parlamentarische Rat weiß sich mit der deutschen Bevölkerung der*

Ostzone einig in dem Willen zur Rückgewinnung der deutschen Einheit, er wird aber ...«; darunter Adenauer: »*Genehmigt gegen die Stimme des Herrn* [Heinz] *Renner* [1892-1964; KPD-Vertreter im Parlamentarischen Rat] *am 5.4.49.«*

5   »Bonn – ein Fortschritt gegenüber Weimar« in der »Neuen Zeitung« vom 4.7.1949 (in der Ausgabe vom 13.9.1949 das Interview »Theodor Heuss berichtet aus seinem Leben«). Weitere Veröffentlichungen Fischers über Heuss in BA, NL Heuss, Nr. 615. Dort auch das Schreiben des Bundespräsidenten vom 17.11.1949: »Es ist sehr nett, wie Sie innerhalb Europas zu meinem Herold geworden sind.«

6   Im Auftrag Adenauers antwortete am 4.8.1949 Herbert *Blankenhorn*: »... ist gern bereit, Herrn Fischer bei seiner Anwesenheit in Bonn zu empfangen. Dr. Adenauer hat mich ferner beauftragt, Ihre freundlichen Grüße auf das Beste zu erwidern.« – Ein erstes Interview kam am 31.8.1949 zustande (Fischer am 4.9.1949 an Blankenhorn: »Erstaunlicherweise wirkt Herr Dr. Adenauer nicht so kühl und unaufgeschlossen, wie man ihn allgemein schildert«) – ein zweites, das daraufhin vom »Wiener Kurier« veröffentlicht wurde, am 17.9.1949: »›Ich glaube, Geduld ist die stärkste Waffe des Besiegten. Und ich habe sehr viel Geduld. Ich kann warten‹, mit diesen Worten umreißt Dr. Adenauer allgemein seine Einstellung. Die vordringlichsten Ziele und Aufgaben der ersten deutschen Bundesregierung? Ausarbeitung der Gesetze, so erklärt Dr. Adenauer, so wie es die Verfassung vorsieht, schließlich Herstellung der Rechtsgleichheit in den verschiedenen Zonen und Ländern und schließlich mit Zustimmung der Alliierten Durchsicht der Gesetzgebung und des Verordnungswesens der Besatzungsmächte unter Angleichung an die heutige Rechtslage. Bezüglich des Inneren und des Aufbauprogramms, so meint der Regierungschef, liege ihm Wohnbau besonders am Herzen, der weiterhin das Problem Nr. 1 sei. Die Frage nach der Außenpolitik der deutschen Bundesregierung beantwortet Dr. Adenauer mit der Bemerkung, man wolle sich nirgends vordrängen. Die erste deutsche Bundesregierung werde vom Ausland mit Argusaugen betrachtet werden, vor allem, ob sie einen nationalistischen Kurs steuere. ›Bei uns wird der Nationalismus keinen Raum haben‹, meint der Bundeskanzler, ›denn die Dinge werden sich aus sich selbst entwickeln‹.«

7   Zum Wahlkampf vor den Wahlen zum 1. Deutschen Bundestag (14.8.1949; s. oben Nr. 1 [Anm. 3, 4]) Adenauers Briefe 1949-1951, S. 33-84. – Heuss nahm in diesem Zeitraum an FDP-Veranstaltungen in Köln (29.7.), München (2.8.), Nürnberg (4.8.) und Heidelberg (5.8.) teil; zu der dort gehaltenen Rede eine DENA-Meldung vom 6.8.1949: »Alle Hoffnungen, die die SPD auf das sozialistische Großbritannien gesetzt habe, müsse sie heute begraben, erklärte der Erste Vorsitzende der FDP ... . Ein Sozialismus, der wie der britische vom Staate komme, müsse sich am Ende national auswirken. Das Anwachsen der liberalen Parteien lege von der zunehmenden Sehnsucht der Menschen nach Befreiung vom Staate ein beredtes Zeugnis ab.« Weitere Belege

für die Heuss-Aktivitäten und seine politische Korrespondenz dieses Zeitraums bei Udo *Wengst* (Bearb.), Auftakt zur Ära Adenauer. Koalitionsverhandlungen und Regierungsbildung 1949, Düsseldorf 1985, S. 3-12.

Nr. 2

* BA, B 122/441, »Durchschlag« mit Diktatzeichen »H/Hr« und ms. Notiz »abges[andt] am 27.10.1949«.

8   »Meine Absicht, schon frühzeitig ein Staatssekretariat für Auswärtige Angelegenheiten einzurichten, hat sich bis jetzt leider aus den verschiedensten Gründen nicht durchführen lassen« (Adenauer am 15.11.1949 an den bayerischen Staatsminister Anton *Pfeiffer*; Briefe 1949-1951, S. 136). Zur Diskussion um die Schaffung des Auswärtigen Amtes (s. oben Nr. 3 [TOP II, 4], 6 [TOP I, 3]) Udo *Wengst*, Staatsaufbau und Regierungspraxis, S. 183-185.

9   Heuss übernahm diese Aufgabe 1925 und behielt sie bis zum Herbst 1932 bei (1. Vorsitzender: Heinrich *Schnee* [1871-1949]; 1912-1918/19 Gouverneur von Deutsch-Ostafrika, 1924-1932 MdR für die DVP); dazu seine Erinnerungen 1905-1933, S. 306-310. Vgl. a. Jürgen C. *Heß*, Theodor Heuss vor 1933, S. 19, und *ders.* »Das ganze Deutschland soll es sein«, S. 233. – Dem Ehrenpräsidium des »Bundes der Auslandsdeutschen« gehörte, neben u. a. Moritz Julius *Bonn*, Otto *Hoetzsch* und Gustav *Stresemann*, auch Adenauer an; dafür der Beleg in BA, B 122/456, abgebildet auf S. 326f.

10   Heuss stützt sich auf ein Schreiben des geschäftsführenden Vorstandsmitglieds des »Ostasiatischen Vereins Hamburg-Bremen e.V.«, A. *Glathe*, vom 17.10.1949, das in BA, B 122/454 überliefert ist. – Aus der Antwort des Bundespräsidenten vom 25.10.1949: »Die Schwierigkeit des Augenblicks ist die, daß das geplante Bundesamt für Auswärtige Angelegenheiten noch nicht konstituiert ist. Ich hoffe sehr, daß der Herr Bundeskanzler bald einen geeigneten Mann gefunden haben wird, der es ihm aufbaut, damit eine Reihe wartender Probleme amtlich in eine feste Hand genommen werden können.«
Zum Sachverhalt teilte Herbert Blankenhorn am 23.12.1949 Manfred *Klaiber* mit: »Das Bundesfinanzministerium ist gebeten worden, Mittel für die Rückführung der China-Deutschen zur Verfügung zu stellen, soweit diese mittellos sind. Sobald die Entscheidung des Bundesfinanzministeriums vorliegt, werden in dieser Angelegenheit Schritte bei der Hohen Kommission unternommen werden.«

11   Hierzu ist dem Brief Blankenhorns (wie Anm. 10) Adenauers Note vom 13.12.1949 an den Geschäftsführenden AHK-Vorsitzenden *François-Poncet* in Abschrift beigefügt: »Der Bundesregierung ist bekannt, daß in Spanien gegenwärtig noch eine größere Anzahl von deutschen Staatsangehörigen interniert ist; ihre Zahl wird auf etwa 400 geschätzt. Es handelt sich zum größten Teil um ehemalige Angehörige der deutschen Wehrmacht, die im Verlauf des Kriegs nach Spanien übergetreten sind. Die spanische Regierung ist bereit, der Rückführung dieser Personen nach Deutschland sofort zuzustimmen. Ihre beschleu-

nigte Heimschaffung ist bisher daran gescheitert, daß das alliierte Permit Office in Madrid vor Erteilung der Einreisegenehmigung die Vorlage von individuellen Zuzugsgenehmigungen in jedem einzelnen Falle verlangt hat. Um diese Schwierigkeiten zu beseitigen, habe ich die Ehre, Euerer Exzellenz namens der Bundesregierung folgendes zu erklären: Die Bundesregierung ist bereit, die in Frage stehenden deutschen Staatsangehörigen aufzunehmen, soweit sie berechtigt sind, in das Gebiet der Bundesrepublik aufgenommen zu werden. Sie ist ferner bereit, diejenigen deutschen Staatsangehörigen im Gebiet der Bundesrepublik aufzunehmen, die an sich in die sowjetische Besatzungszone zu entlassen wären, jedoch dorthin nicht zurückkehren wollen. Die Bundesregierung ist bereit, die entstehenden Transportkosten zu übernehmen. Sie ist weiterhin bereit, mit der Eisenbahnverwaltung Frankreichs geeignete Vereinbarungen über die Durchführung des Bahntransportes durch Frankreich zu treffen, sowie gegebenenfalls einen Sonderzug durch Frankreich nach Spanien zu entsenden. Die Bundesregierung ist schließlich gegebenenfalls auch bereit, den Seetransport mittels deutscher Schiffe in die Wege zu leiten.« (Diese Frage war ebenfalls am 13.12.1949 auch von der Bundesregierung erörtert worden; vgl. Kabinettsprotokolle 1949, S. 266.)

12   »Was das Problem der deutschen Kulturinstitute im Ausland angeht, so ist darüber schon mehrfach mit der Hohen Kommission gesprochen worden. Im kommenden Jahr wird raschestens an die Bildung einer Kulturabteilung herangegangen werden, die sich dieser wichtigen Frage annehmen soll« (Blankenhorn am 23.12.1949; wie Anm. 10).

13   Vermutlich gemeint: die »Gesellschaft der Freunde des Deutschen Archäologischen Instituts« (ab 1960: »Theodor-Wiegand-Gesellschaft«), für deren Belange sich Heuss auch als Bundespräsident einsetzte, wie u. a. aus einer Aktennotiz des Präsidenten des Deutschen Archäologischen Instituts, Carl *Weickert*, über seine im Zeitraum 16.2.-8.3.1950 in Bonn geführten Verhandlungen hervorgeht: »4) Bundespräsident: Jovial, freundlich, vorsichtig. Über Institut usw. im Ausland orientiert … Bestätigt Interesse an Sicherung des Institutes … Ressortfragen berührt. Präsident spricht vom Innenministerium…«; schriftl. Mitteilung von Dr. Walter Trillmich (Deutsches Archäologisches Institut, Berlin-Dahlem) an den Bearb. vom 26.9.1996.

14   Auch hier aufgrund biographischer Erfahrungen: »Im Frühsommer 1914 nahm ich an der Besprechung teil, da Italiener und Deutsche in Rom einen engeren Zusammenschluß für die Pflege der gemeinsamen geistigen Überlieferungen und Güter vorbereiteten. Es war eine Begegnung voll reicher Lebendigkeit. Die Vereinigung sollte den Namen tragen: La casa di Goethe. Ein paar Monate später lag Europa im Krieg – der Versuch des guten Willens mußte in ihm untergehen« (aus dem Geleitwort des Bundespräsidenten zur Festschrift »anläßlich der Eröffnung der Deutsch-Italienischen Gesellschaft«, o. D., am 20.2.1951 von Regierungsdirektor Luitpold *Werz* dem Kulturreferat des Bundeskanzleramtes zugeleitet; BA, B 122/453). – Zu dieser Italien-Reise Heuss auch in seinen Erinnerungen 1905-1933, S. 143-147.

15 S. oben Nr. 16 (Anm. 14), 29 (TOP 7), 32 (TOP 3), 36 (TOP 4).

16 In seinem Schriftverkehr mit der Alliierten Hohen Kommission bemühte sich Adenauer nun häufiger um Lösung der von Heuss benannten Probleme; dazu seine Noten vom 19.12.1949 zur Situation der in Olevano Romano lebenden deutschen Künstler (»Es wäre in hohem Maße zu bedauern, wenn die deutsche Künstlertradition in Olevano Romano durch eine Versteigerung der ›Casa Baldi‹ und der ›Villa Serpentara‹ nicht mehr fortgeführt werden könnte. Damit würde ein wertvolles deutsches Kulturzentrum in Italien verloren gehen«) und vom 14.11.1950, 11.6. und 30.11.1951 zur »gefährdeten Lage der deutschen wissenschaftlichen Institute« in Rom (Deutsches Archäologisches Institut, Deutsches Historisches Institut, Bibliotheca Hertziana) und Florenz (Kunsthistorisches Institut); vgl. PA, AA, Noten an AHK, Bd. 1, 12, 14, 15.

Nr. 3

* BA, B 122/2140, Durchschlag mit Diktatzeichen »H/Hr«, adressiert an die »Christlich Demokratische Union, Bonn, Blücherstr. 14«

17 Gründungsparteitag der CDU-Bundespartei vom 20.-22.10.1950 in Goslar, auf dem Adenauer zum 1. Vorsitzenden gewählt wurde. – Adenauers gedruckte Einladungskarte (»Wir geben uns die Ehre, … freundlichst einzuladen«) war dem Bundespräsidenten mit einem vervielfältigten Schreiben des Generalsekretärs der CDU/CSU-Arbeitsgemeinschaft, Bruno *Dörpinghaus*, übermittelt worden (Abb. auf S. 328).

18 Vor dem 2. FDP-Bundesparteitag (29.-31.4.1950 in Düsseldorf) hatte Heuss – 1948/49 FDP-Vorsitzender – seinem Nachfolger Franz *Blücher* mitgeteilt: »Das Amt, in das ich vom Schicksal gestellt wurde, hat der unmittelbaren Teilnahme an den parteipolitischen Beratungen und Entscheidungen ein Ende gesetzt – das wird von manchem bedauert, von jedem verstanden. Das Amt konnte aber nicht den Sinn und die Wirkung haben – und sollte dies auch gewiß nicht –, ein gewachsenes Menschentum von den geistig-seelischen Kräften, die sein Werden genährt haben, zu lösen. Denn seine ›Neutralität‹ würde dann zu einer beziehungsarmen und unverbindlichen Farblosigkeit, die niemand wünschen kann. Das Amt gehört keiner Partei, sondern dem Staate und der vaterländischen Gemeinschaft. Das Grußwort aber will ein Bekenntnis sein zu der geistigen Herkunft und ein Dank an den Menschenkreis, in dessen Mitte, suchend, ratend und handelnd, das eigene Leben sich gestaltet hat« (BA, NL Heuss, Nr. 63).

Nr. 4

* BA, B 122/2140, Abschrift des Telegramms

19 2. CDU-Bundesparteitag vom 18.-21.10.1951 in Karlsruhe. – Am 20.10.1951 hatte Adenauer Heuss gemeinsam mit seinen Stellvertretern im Parteivorsitz, Friedrich *Holzapfel* und Jakob *Kaiser*, telegraphiert: »In ernster

Arbeit für den Aufbau eines sozial gesicherten Staates und eines geeinten Europas ... grüßen 1500 Delegierte Sie, Herr Bundespräsident, als das Staatsoberhaupt des freien Deutschlands« (Abb. auf S. 328).

Nr. 5

* BA, NL Heuss, Bd. 308, »Abschrift eines handschriftlichen Briefes des Bundespräsidenten«.

20 Paul *Reusch* (1868-1956), Industrieller, ab 1905 Vorstandsmitglied, 1909-1942 Vorstandsvorsitzender und Generaldirektor der Gutehoffnungshütte AG (Oberhausen). – Zu den Kontakten Heuss-Reusch (seit der ersten Begegnung 1931) die Angaben in den Tagebuchbriefen, u. a. S. 41, 44, 172, 228, 272.

21 Zum 85. Geburtstag des Industriellen am 9.2.1953: »Ich wollte gerne am Montag einige Stunden bei Ihnen sein, mit vielen guten Wünschen und in herzlicher Dankbarkeit für die Freundschaft, die Sie mich spüren ließen, seit wir uns begegnet sind. ... Als ich mir überlegte, was ich Ihnen als kleine Gabe mitbringen könnte, war ich unsicher. Denn ich glaube, meine Bücher sind Ihnen alle einmal zugesandt. Da fiel mir ein, daß ich vor ein paar Jahren von dem Hügel über Murrhardt [Stadt im Rems-Murr-Kreis, Baden-Württemberg] den Blick ins Tal gezeichnet habe – anch' io sono pittore! –. Die Skizze ist kein Kunstwerk und will es nicht sein, aber sie gibt ein Stück Heimat und bittet um freundliche Aufnahme. Mehr Freude mag und soll Ihnen das Erinnerungsbuch meiner Frau bringen [Elly *Heuss-Knapp*, Ausblick vom Münsterturm. Erlebtes aus dem Elsaß und dem Reich, Berlin-Tempelhof 1934, Tübingen ²1953], das nach längerer Pause neu gedruckt worden ist; Sie werden in ihm auch einigen Ihnen vertrauten Figuren begegnen.«

22 Aus Anlaß des 69. Heuss-Geburtstages am 31.1.1953; vgl. »Unserem Vaterlande zugute«, S. 129, 396.

23 »Ihre Geburtstagsgabe hat meinen Respekt vor den Weinen Ihrer Heimat weiter erhöht«; Adenauer am 13.1.1953 (a.a.O., S. 128. Dort, S. 127, auch die Photos zur Begegnung beim 77. Geburtstag des Bundeskanzlers am 5.1.1953).

24 August Graf Neidhardt *von Gneisenau* (1760-1831), preußischer Heerführer, 1825 Generalfeldmarschall.

25 *Napoleon I.* (1769-1821), 1804-1814/15 Kaiser der Franzosen.

26 Klemens Lothar *Fürst von Metternich* (1773-1859), 1809-1848 österreichischer Außenminister, ab 1822 auch Haus-, Hof- und Staatskanzler; erhielt 1816 das hier erwähnte Schloß Johannisberg im Rheingau als Staatsgeschenk.

Nr. 6

* BA, B 122/15, eigenhändig

27 »Sie hatten die Freundlichkeit, mir die Ansichten vom Rhein zu senden, die mich als graphische Leistung wie kulturgeschichtlich interessierten. ... Ich

habe Ihren Brief als das Echo empfunden auf Worte, die noch gar nicht gesprochen waren, auf die Empfindungen, denen ich am 30. Januar in unserer ersten Begegnung Ausdruck zu geben versuchte«; Heuss in seinem Dankschreiben vom 7.2.1954; »Unserem Vaterlande zugute«, S. 155. – Die letzte Bemerkung bezieht sich auf ein Gespräch vor der Verleihung der Sonderstufe des Großkreuzes des Verdienstordens der Bundesrepublik; dazu oben Nr. 26 (Anm. 18).

28   Ähnlich der Duktus eines weiteren Heuss-Briefes dieser Tage: »Das empfinde ich als sehr freundschaftlich, daß Sie Botts unbefangener Aufforderung, in das Orchester mit einzutreten, das er für eine Festgabe zu meinem 70. Geburtstag zusammengestellt hat, trotz des Übermaßes an Arbeit und Verpflichtungen Folge leisten konnten. Dafür möchte ich Ihnen herzlich danken« (5.2.1954; a.a.O., S. 154). Gemeint ist Adenauers Beitrag in: Hans *Bott*/Hermann *Leins* (Hrsg.), Begegnungen mit Theodor Heuss, S. 157-161.

Nr. 7

* ACDP, NL Globke, Nr. 070-053/1, auf Kopfbogen »Theodor Heuss«.

29   S. oben Nr. 47 (Anm. 36).

30   Zur Wiederwahl des Bundespräsidenten am 17.7.1954 oben Nr. 29 (TOP 4), 30 (TOP 1). Zum Vorgang insgesamt Eberhard *Pikart*, a.a.O., S. 115-119.

31   Die »Wahl des Bundespräsidenten in Berlin« wurde in der Kabinettssitzung vom 23.6.1954 als erster Tagesordnungspunkt behandelt; vgl. Kabinettsprotokolle 1954, S. 260f. Dort auch die vorherigen Erörterungen in den Sitzungen vom 5.5. (S. 191f.), 1.6. (S. 251f.), 15.6. (S. 256: »Das Kabinett bleibt bei seiner bisherigen Auffassung, daß es angebracht sei, die Bundesversammlung nicht nach Berlin, sondern nach Bonn einzuberufen. Darüber habe indessen allein der Präsident des Bundestages zu befinden.«)

32   Seine Entscheidung für Berlin hatte Ehlers bereits in der Bundestagssitzung vom 18.6.1954 mitgeteilt (Stenographische Berichte, 2. Wahlperiode, Bd. 20, S. 1548).

33   Erstmals begangener Staatsakt zur Erinnerung an die Volkserhebung in Ost-Berlin und in der DDR am 16./17.6.1953.

34   Zur Berlin-Diskussion vor der Präsidentenwahl vom 1.7.1959 oben Nr. 71 (TOP 6).

35   Wortlaut der Reden: 2. Bundesversammlung der Bundesrepublik Deutschland. Berlin, Sonnabend, den 17. Juli 1954 [Bonn 1954], S. 5-7 (Heuss), 7-9 (Ehlers).

36   17.7.1954, ab 20.15 Uhr: »Empfang und Essen des Senats und des Abgeordnetenhauses für die Ehrengäste in der Brandenburghalle, darunter die anwesenden Herren des Diplomatischen Corps« (aus dem Programm in BA, B 122/622).

Nr. 8

* Privatbesitz Dr. Klaus-Peter Klaiber, auf Kopfbogen »Bundesrepublik Deutschland. Der Bundeskanzler«.

37   Am 5.5.1955; s. oben Nr. 37 (TOP 3). Vgl. a. das unter diesem Datum an Heuss gerichtete Adenauer-Telegramm (»Das Besatzungsregime ist damit beendet. Die Bundesrepublik ist souverän«) in »Unserem Vaterlande zugute«, S. 176.

38   »Abgesehen von der Würdigung der Verdienste, die sich Herr Klaiber seit der Errichtung der Bundesregierung als Chef des Bundespräsidialamtes erworben hat, halte ich gerade seine Auszeichnung im Hinblick auf den ständigen Verkehr mit den Vertretern fremder Staaten und ausländischen Gästen für besonders zweckmäßig«; aus den in BA, B 136/3011 überlieferten Entwurf eines Adenauer-Schreibens an Heuss vom 11.6.1955. – Die Stellungnahme des Bundespräsidenten vom 11.5.1955 a.a.O., S. 176, 178 (»Diese Frage ist ja, wie Sie wohl annehmen können, von mir schon wiederholt in Erwägung gezogen und auch besprochen worden … . Ich habe erst vor ein paar Wochen mit Klaiber die Frage wieder angeschnitten, und damals hatten wir die Idee, den nächsten September abzuwarten und auch hier einige andere Herren mit zu ›bedenken‹: Bott! Die Stiftungen müssen mit einiger Diplomatie angefaßt werden.«).

Nr. 9

* BA, B 122/628, Durchschlag mit ms. Briefkopf »Th. Heuss« und Diktatzeichen »H/Sch«.

39   Heuss hatte am 29.9.1955 in Bad Boll den Vortrag »Der deutsche Weg – Rückfall und Fortschritt« gehalten (dazu Eberhard *Pikart*, a.a.O., S. 25, 53f., 104) und am 30.9. in Stuttgart an der Hundertjahrfeier der Papierfabrik Scheufelen teilgenommen; vgl. die Hinweise in den Tagebuchbriefen, S. 69f., 533.

40   S. oben Nr. 6 (TOP I, 2).

41   Gemeint ist der Bundesverteidigungsrat, dessen Bildung die Bundesregierung am 6.10.1955 beschloß; s. oben Nr. 38 (Anm. 8).

42   Dafür oben die Belege in Nr. 33 (TOP 4), 46 (TOP 2, 4, 5).

Nr. 10

* BA, B 122/628, auf Kopfbogen »Bundesrepublik Deutschland. Der Bundeskanzler«, Tagesdatum eigenhändig eingefügt.

Nr. 11

* BA, NL Heuss, Bd. 334, Durchschlag mit ms. Briefkopf »THEODOR HEUSS« und Diktatzeichen »H/A«.

43   Nicht nachgewiesen.

44   Die Reise *Gronchis* (s. oben Nr. 50 [Anm. 10]) kam vom 3.-9.12.1956 zustande; die Einladung des Bundespräsidenten überbrachte der Bundeskanz-

ler während seines Italien-Aufenthaltes vom Juli 1956 (a.a.O. [TOP 1]). Zur Erörterung der anderen in diesem Zeitraum anstehenden oder beabsichtigten Staatsbesuche in der Bundesrepublik das grundsätzliche Heuss-Schreiben vom 8.10.1956 in »Unserem Vaterlande zugute«, S. 222f. Vgl. a. oben Nr. 51 (TOP 4).

45   Der Staatsbesuch von *Paul I.* und *Friederike Luise* (s. oben Nr. 23 [Anm. 22]) datiert vom 16.-23.9.1956.

46   William Vacanarat *Tubman* (1895-1971; ab 1944 Staats- und Ministerpräsident von Liberia) besuchte Anfang Oktober 1956 die Bundesrepublik und wurde am 8.10. von Heuss empfangen; dazu das Photo a.a.O., S. 221, und die Abb. in dieser Edition auf S. 207f.

47   Wegen mehrerer Wechsel im Amt des pakistanischen Ministerpräsidenten kam dieser Besuch nicht zustande; vgl. a.a.O., S. 441.

Nr. 12

* StBKAH 10.45, auf Kopfbogen »THEODOR HEUSS«.

48   Druck des Telegramms vom 31.1.1962: a.a.O., S. 323; dazu die Abb. auf S. 335.

49   Adenauer hatte sich nach seinem ersten Herzinfarkt vom 22.1.-2.2.1962 in Rhöndorf aufgehalten; vgl. Hans-Peter *Schwarz,* Adenauer. Der Staatsmann, S. 710f.

Abkürzungen

AA	Auswärtiges Amt
a.a.O.	am angegebenen Ort
Abb.	Abbildung
ABC-Waffen	Atomare, biologische, chemische Waffen
Abs.	Absatz
ACDP	Archiv für Christlich-Demokratische Politik der Konrad-Adenauer-Stiftung
AdG	Keesing's Archiv der Gegenwart
AdL	Archiv des deutschen Liberalismus
AdsD	Archiv der sozialen Demokratie
AG	Aktiengesellschaft
AHK	Alliierte Hohe Kommission
Anm.	Anmerkung
AP	Associated Press
Art.	Artikel
B (122)	Akten des Bundespräsidialamtes
B (136)	Akten des Bundeskanzleramtes
B (145)	Akten des Presse- und Informationsamtes der Bundesregierung
BA	Bundesarchiv
BBC	British Broadcasting Corporation
Bd/Bde.	Band/Bände
BDI	Bundesverband der Deutschen Industrie
Bearb./bearb.	Bearbeiter/bearbeitet
BGBl.	Bundesgesetzblatt
BHE	Block der Heimatvertriebenen und Entrechteten
Bl.	Blatt
BMF	Bundesministerium der Finanzen
BP	Bayernpartei
BvD	Bund vertriebener Deutscher
BVG	Bundesverfassungsgericht
CDU	Christlich-Demokratische Union Deutschlands
CDUD	Christlich Demokratische Union Deutschlands
CSU	Christlich-Soziale Union
DDR	Deutsche Demokratische Republik
DEFA	Deutsche Film AG
DENA	Deutsche Nachrichtenagentur
ders.	derselbe
DG	Deutsche Gemeinschaft
DGB	Deutscher Gewerkschaftsbund

Dok.	Dokument
DP	Deutsche Partei
dpa	Deutsche Presse-Agentur
DPS	Demokratische Partei Saar
DRK	Deutsches Rotes Kreuz
DRP	Deutsche Reichspartei/Deutsche Rechtspartei
DVP	Deutsche Volkspartei
DzD	Dokumente zur Deutschlandpolitik
EA	Europa-Archiv
ebd.	ebenda
EGKS	Europäische Gemeinschaft für Kohle und Stahl
EKD	Evangelische Kirche in Deutschland
EMNID	Erforschung der öffentlichen Meinung, Marktforschung, Nachrichten- und Informations-Dienst
ERP	European Recovery Program (Europäisches Wiederaufbau-Programm/Marshall-Plan)
EURATOM	Europäische Atomgemeinschaft
EVG	Europäische Verteidigungsgemeinschaft
EWG	Europäische Wirtschaftsgemeinschaft
FDP	Freie Demokratische Partei
FRUS	Foreign Relations of the United States
FVP	Freie Volkspartei
GB	Gesamtdeutscher Block
gez.	gezeichnet
GG	Grundgesetz
HPM	Historisch-Politische Mitteilungen
Hrsg./hrsg.	Herausgeber/herausgegeben
hs.	handschriftlich
IG	Industriegewerkschaft
Jg.	Jahrgang
KPD	Kommunistische Partei Deutschlands
KPdSU	Kommunistische Partei der Sowjetunion
KZ	Konzentrationslager
LES	Ludwig-Erhard-Stiftung
MdB	Mitglied des Bundestages
MdL	Mitglied des Landtages
MdR	Mitglied des Reichstages
MRP	Mouvement Républicain Populaire
ms.	maschinenschriftlich
NATO	North Atlantic Treaty Organization
NL	Nachlaß
NSDAP	Nationalsozialistische Deutsche Arbeiterpartei
o. D.	ohne Datum

o. J.	ohne Jahr
o. O.	ohne Ort
OEEC	Organization for European Economic Cooperation
PPP	Parlamentarisch-Politischer Pressedienst
PREM	Prime Minister's Office
PRO	Public Record Office
SACEUR	Supreme Allied Commander Europe
SBZ	Sowjetisch Besetzte Zone
SED	Sozialistische Einheitspartei Deutschlands
SHAPE	Supreme Headquarter of the Allied Powers in Europe
SPD	Sozialdemokratische Partei Deutschlands
SPÖ	Sozialistische Partei Österreichs
SRP	Sozialistische Reichspartei
SS	Schutzstaffeln der NSDAP
SSW	Südschleswigscher Wählerverband
StBKAH	Stiftung Bundeskanzler-Adenauer-Haus
StGB	Strafgesetzbuch
TOP	Tagungsordnungspunkt
UdSSR	Union der Sozialistischen Sowjet-Republiken
UNESCO	United Nations Educational, Scientific and Cultural Organization
UN[O]	United Nations [Organization]
UP	United Press
USA	United States of America
VfZ	Vierteljahrshefte für Zeitgeschichte
vgl.	vergleiche
Vol.	Volume
VS	Verschlußsache
WAV	Wirtschaftliche Aufbauvereinigung
WEU	Westeuropäische Union
z. b. V.	zur besonderen Verwendung
ZfG	Zeitschrift für Geschichtswissenschaft
ZK	Zentralkomitee
< >	Textvarianten und Auslassungen
[ ]	Ergänzungen und Korrekturen des Bearbeiters

Quellen- und Literaturverzeichnis

Ungedruckte Quellen:

Bundesarchiv Koblenz
  Akten des Bundeskanzleramtes
  Akten des Bundespräsidialamtes
  Akten des Presse- und Informationsamtes der Bundesregierung
  Nachlaß Theodor Heuss
  Nachlaß Herbert Blankenhorn
  Nachlaß Heinrich von Brentano
  Nachlaß Hans Schlange-Schöningen

Stiftung Bundeskanzler-Adenauer-Haus, Bad Honnef-Rhöndorf
  Nachlaß Konrad Adenauer

Amherst College Archives, Amherst/Massachusetts
  John J. McCloy Papers

Archiv für Christlich-demokratische Politik der Konrad-Adenauer-Stiftung, Sankt Augustin
  Nachlaß Hans Globke

Archiv des Deutschen Liberalismus, Gummersbach
  Nachlaß Thomas Dehler

Archiv der sozialen Demokratie der Friedrich-Ebert-Stiftung, Bonn
  Nachlaß Adolf Arndt jun.

Dwight D. Eisenhower Library, Abilene/Kansas
  Ann Whitman File:
  International Series; International Trips and Meetings Series

Public Record Office, London
  Prime Minister's Office

Schriftliche und mündliche Auskünfte:

Dr. Ludwig Biewer, Politisches Archiv des Auswärtigen Amtes, Bonn
Archivdirektor Dr. Gerold Bönnen, Stadtarchiv Worms

Botschaft der Französischen Republik (Presseabteilung), Bonn
Michael von Brentano, London
Dr. Günter Buchstab, Archiv für Christlich-Demokratische Politik der Konrad-Adenauer-Stiftung, Sankt Augustin
Deutscher Bundestag (Wissenschaftliche Dienste), Bonn
Dr. Monika Faßbender, Archiv des Deutschen Liberalismus, Gummersbach
Generalkonsulin Christiane Geißler-Kuß, Istanbul
Detlef Gräfingholt, Bundesbildstelle, Bonn
Prof. Dr. Jürgen C. Heß, Amsterdam
Dr. Ludwig Theodor Heuss, Basel
Ursula Heuss-Wolff, Basel
Brigitte James, Amerika Haus – Reference Service, Berlin
Botschafter Dr. Klaus-Peter Klaiber, Auswärtiges Amt, Bonn
Botschaftsrat Ilan Mor, Botschaft des Staates Israel, Bonn
Dr. Lotte Multhaupt, Bonn
Dr. Carsten Nicolaisen, Evangelische Arbeitsgemeinschaft für kirchliche Zeitgeschichte, München
Dr. Heinz Jürgen Real, Bundesarchiv Koblenz
Günther Rüb, Presse- und Informationsamt der Bundesregierung, Bonn
Ria Reiners, Mönchengladbach
Thomas Schirp, Bad Honnef
Dr. Klaus Schmedt auf der Günne, Landesrechnungshof Speyer
Otto Schumacher-Hellmold, Bonn
»Der Spiegel« (Archiv), Hamburg
Dr. Walter Trillmich, Deutsches Archäologisches Institut, Berlin-Dahlem
Dr. Dominique Trimbur, Metz
Dr. Ralph Uhlig, Historisches Seminar der Universität Kiel
Dr. Rüdiger Wenzel, Landeszentrale für Politische Bildung Schleswig-Holstein, Kiel
Libet und Hermann-Josef Weihahn, Neuss
Dr. Wolfram Werner, Bundesarchiv, Koblenz
Dr. Horst Wuttke, Wissenschaftliche Dienste des Schleswig-Holsteinischen Landtages, Kiel

Gedruckte Quellen und Literatur:

Adenauer, Konrad: Erinnerungen, Bd. 1: 1945-1953; Bd. 2: 1953-1955; Bd. 3: 1955-1959; Bd. 4: 1959-1963. Fragmente, Stuttgart 1965-1968.
Adenauer, Briefe 1945-1947; 1947-1949; 1949-1951; 1951-1953; 1953-1955; Heuss-Adenauer. »Unserem Vaterlande zugute«: Der Briefwechsel 1948-1963, hrsg. von *Rudolf Morsey* und *Hans-Peter Schwarz*, bearb. von *Hans Peter Mensing*, Berlin 1983, 1984, 1985, 1987, 1989 und 1995.

Adenauer im Dritten Reich, hrsg. von *Rudolf Morsey* und *Hans-Peter Schwarz*, bearb. von *Hans Peter Mensing*, Berlin 1991.

Adenauer, Teegespräche 1950-1954; 1955-1958; 1959-1961, hrsg. von *Rudolf Morsey* und *Hans-Peter Schwarz*, bearb. von *Hanns Jürgen Küsters*; Teegespräche 1961-1963, bearb. von *Hans Peter Mensing*, Berlin 1984, 1986, 1988 und 1992.

Adenauer: »Es mußte alles neu gemacht werden.« Die Protokolle des CDU-Bundesvorstands 1950-1953, bearb. von *Günter Buchstab*, Stuttgart 1986.

Adenauer: »Wir haben wirklich etwas geschaffen.« Die Protokolle des CDU-Bundesvorstands 1953-1957, bearb. von *Günter Buchstab*, Düsseldorf 1990.

Adenauer: »... um den Frieden zu gewinnen.« Die Protokolle des CDU-Bundesvorstands 1957-1961, bearb. von *Günter Buchstab*, Düsseldorf 1994.

Adenauer-Studien I-V, hrsg. von *Rudolf Morsey* und *Konrad Repgen*, Mainz 1971, 1972, 1974, 1977 und 1986.

Konrad Adenauer. Dokumente aus vier Epochen deutscher Geschichte. Führer durch Ausstellung und Wohnhaus in Rhöndorf, Bad Honnef-Rhöndorf ⁵1986.

Konrad Adenauer. Reden 1917-1967. Eine Auswahl, hrsg. von *Hans-Peter Schwarz*, Stuttgart 1975.

Konrad Adenauer und seine Zeit. Politik und Persönlichkeit des ersten Bundeskanzlers, Bd. 1: Beiträge von Weg- und Zeitgenossen; Bd. 2: Beiträge der Wissenschaft, hrsg. von *Dieter Blumenwitz, Klaus Gotto, Hans Maier, Konrad Repgen* und *Hans-Peter Schwarz*, Stuttgart 1976.

Adenauer und die Hohen Kommissare s. Akten zur Auswärtigen Politik der Bundesrepublik Deutschland.

Aders, Thomas: Die Utopie vom Staat über den Parteien. Biographische Annäherung an Hermann Höpker Aschoff (1883-1954), Frankfurt/Main 1994.

Akten zur Auswärtigen Politik der Bundesrepublik Deutschland, Bd. 1: Adenauer und die Hohen Kommissare 1949-1951; Bd. 2: Adenauer und die Hohen Kommissare 1952, hrsg. von *Hans-Peter Schwarz* in Verbindung mit *Reiner Pommerin*, bearb. von *Frank-Lothar Kroll* und *Manfred Nebelin*, München 1989 und 1990.

Alexander, Edgar: Adenauer und das neue Deutschland. Einführung in das Wesen und Wirken des Staatsmannes. Mit einem Anhang Bonn und Moskau. Dokumente der Moskauer Konferenz und zur Wiedervereinigung Deutschlands, Recklinghausen 1956.

Altmann, Normen: Konrad Adenauer im Kalten Krieg: Wahrnehmung und Politik 1945-1956, Mannheim 1993.

Anfänge westdeutscher Sicherheitspolitik 1945-1956, Bd. 1: Von der Kapitulation zum Pleven-Plan; Bd. 2: Die EVG-Phase; Bd. 3: Die NATO-Option, hrsg. vom *Militärgeschichtlichen Forschungsamt*, München-Wien 1982, 1990 und 1993.

Archiv der Gegenwart, Jg. 19-29 (1949-1959).

Die Auswärtige Politik der Bundesrepublik Deutschland, hrsg. vom *Auswärtigen Amt* unter Mitwirkung eines wissenschaftlichen Beirats, Köln 1972.

Baring, Arnulf: Außenpolitik in Adenauers Kanzlerdemokratie. Bonns Beitrag zur Europäischen Verteidigungsgemeinschaft, München-Wien 1969.

Baring, Arnulf: Sehr verehrter Herr Bundeskanzler! Heinrich von Brentano im Briefwechsel mit Konrad Adenauer 1949-1964, Hamburg 1974.

Benz, Wolfgang/Graml, Hermann (Hrsg.): Aspekte deutscher Außenpolitik im 20. Jahrhundert, Stuttgart 1976.

Bernecker, Walter L./Dotterweich, Volker (Hrsg.): Persönlichkeit und Politik in der Bundesrepublik Deutschland. Politische Porträts, 2 Bde., Göttingen 1982.

Bibliographie zur Geschichte der CDU und CSU 1945-1980, erstellt von *Gerhard Hahn*, Stuttgart 1982.

Biographien zur Zeitgeschichte seit 1945, hrsg. von *Wolf-Rüdiger Baumann* und *Gustav Fochler-Hauke*, Frankfurt/Main ²1985.

Biographisches Handbuch der deutschsprachigen Emigration nach 1933, Bd. 1: Politik, Wirtschaft, Öffentliches Leben; Bd. 2: The Arts, Science and Literature; Bd. 3: Gesamtregister, hrsg. vom *Institut für Zeitgeschichte* (München) und von der *Research Foundation for Jewish Immigration, Inc.*(New York), München-New York-London-Paris 1980 und 1983.

Blankenhorn, Herbert: Verständnis und Verständigung. Blätter eines politischen Tagebuchs 1949 bis 1979, Frankfurt/Main–Berlin–Wien 1980.

Bock, Hans Manfred: Zur Perzeption der frühen Bundesrepublik Deutschland in der französischen Diplomatie: Die Bonner Monatsberichte des Hochkommissars André François-Poncet 1949 bis 1955, in: Francia, Bd. 15 (1987), S. 579-658.

Bott, Hans/Hermann Leins (Hrsg.): Begegnungen mit Theodor Heuss, Tübingen 1954.

Brenke, Gabriele: Europakonzeptionen im Widerstreit. Die Freihandelszonen Verhandlungen 1956-1958, in: VfZ, Jg. 42 (1994), S. 595-633.

Buchheim, Hans (Hrsg.): Konrad Adenauer und der Deutsche Bundestag. Rhöndorfer Gespräche, Bd. 8, Bonn 1986.

Buchheim, Hans: Die Richtlinienkompetenz unter der Kanzlerschaft Konrad Adenauers, in: Konrad Adenauer und seine Zeit, Bd. 2, S. 339-351.

Bulletin des Presse- und Informationsamtes der Bundesregierung, Jg. 1951-1959.

Bundesgesetzblatt, hrsg. vom *Bundesminister der Justiz*, 1950-1959.

Carstens, Karl: Erinnerungen und Erfahrungen, hrsg. von *Kai von Jena* und *Reinhard Schmoeckel*, Boppard/Rhein 1993.

Chronologie zur Finanzgeschichte 1945-1969. Daten und Erläuterungen, hrsg. vom *Bundesministerium der Finanzen*, Bonn 1993.

Conze, Eckardt: Die gaullistische Herausforderung. Die deutsch-französischen Beziehungen in der amerikanischen Europapolitik 1958-1963, München 1995.

Datenhandbuch zur Geschichte des Deutschen Bundestages 1949 bis 1982, hrsg. vom *Presse- und Informationszentrum des Deutschen Bundestages,* Bonn [3]1984.

Datenhandbuch zur Geschichte des Deutschen Bundestages 1980 bis 1984. Fortschreibungs- und Ergänzungsband zum Datenhandbuch zur Geschichte des Deutschen Bundestages 1949 bis 1982, hrsg. von der *Verwaltung des Deutschen Bundestages, Abteilung Wissenschaftliche Dokumentation,* Baden-Baden 1986.

Deutsche Auslandsschulden. Dokumente zu den internationalen Verhandlungen Oktober 1950 bis Juli 1951, hrsg. vom *Auswärtigen Amt, Bundesminister der Finanzen, Bundesministerium für Wirtschaft* und *Bundesministerium für den Marshallplan,* [Bonn 1951].

Diehl, Günter: Zwischen Politik und Presse. Bonner Erinnerungen 1949-1969, Frankfurt 1994.

Documents Diplomatiques Français 1958, Tome I: 1er janvier-30 juin; Tome II: 1er juillet-31 décembre, hrsg. vom *Ministère des Affaires Étrangères. Commission de Publication des Documents Diplomatiques Français,* Paris 1983.

Doering-Manteuffel, Anselm (Hrsg.): Adenauerzeit. Stand, Perspektiven und methodische Aufgaben der Zeitgeschichtsforschung (1945-1967). Rhöndorfer Gespräche, Bd. 13, Bonn 1992.

Doering-Manteuffel, Anselm: Die Bundesrepublik Deutschland in der Ära Adenauer. Außenpolitik und innere Entwicklung 1949-1963, Darmstadt 1983.

Doering-Manteuffel, Anselm: Katholizismus und Wiederbewaffnung. Die Haltung der deutschen Katholiken gegenüber der Wehrfrage 1948-1955, Mainz 1981.

Döscher, Hans-Jürgen: Das Auswärtige Amt im Dritten Reich. Diplomatie im Schatten der »Endlösung«, Berlin 1987.

Döscher, Hans-Jürgen: Verschworene Gesellschaft. Das Auswärtige Amt unter Adenauer zwischen Neubeginn und Kontinuität, Berlin 1995.

Dokumente zur Deutschlandpolitik, hrsg. vom *Bundesministerium des Innern* unter Mitwirkung des *Bundesarchivs,* II. Reihe/ Bd. 2: Die Konstituierung der Bundesrepublik Deutschland und der Deutschen Demokratischen Republik. 7.9. bis 31.12.1949; bearb. von *Hanns Jürgen Küsters* unter Mitarbeit von *Daniel Hofmann,* München 1996.

Dokumente zur Deutschlandpolitik, hrsg. vom *Bundesministerium für gesamtdeutsche Fragen,* III. Reihe/
Bd. 1: 5.5. bis 31.12.1955, bearb. von *Ernst Deuerlein* unter Mitwirkung von *Hansjürgen Schierbaum,* Frankfurt/Main-Berlin 1961.

Bd. 2: 1.1. bis 31.12.1956. Erster Halbbd. (1.1.-28.6.1956); Zweiter Halbbd. (28.6.-14.1.1957); beide bearb. von *Ernst Deuerlein/Hansjürgen Schierbaum*, Frankfurt/Main-Berlin 1963.
Bd. 3: 1.1. bis 31.12.1957. Erster Drittelbd. (1.1.-30.4.1957); Zweiter Drittelbd. (1.5.-30.8.1957), Dritter Drittelbd. (1.9.-31.12.1957); alle bearb. von *Ernst Deuerlein/Gisela Biewer/Hansjürgen Schierbaum*, Frankfurt/Main-Berlin 1967.
Bd. 4: 1.1. bis 9.11.1958. Erster Drittelbd. (1.1.-20.3.1958); Zweiter Drittelbd. (20.3.-31.7.1958); Dritter Drittelbd. (1.8.-9.11.1959); alle bearb. von *Ernst Deuerlein/Gisela Biewer*, Frankfurt/Main-Berlin 1969.
Dokumente zur Deutschlandpolitik, hrsg. vom *Bundesministerium für innerdeutsche Beziehungen*, IV. Reihe/
Bd. 1: 10.11.1958 bis 9.5.1959. Erster Halbbd. (10.11.1958-31.1.1959); Zweiter Halbbd. (1.2.-9.5.1959), beide bearb. von *Ernst Deuerlein/Hannelore Nathan*, Frankfurt/Main-Berlin 1971.
Bd. 2: 9.5. bis 10.8.1959. Erster Halbbd. (9.5.-20.6.1959); Zweiter Halbbd. (21.6.-10.8.1959), beide bearb. von *Ernst Deuerlein/Werner John*, Frankfurt/Main-Berlin 1971.

Domes, Jürgen: Mehrheitsfraktion und Bundesregierung. Aspekte des Verhältnisses der Fraktion der CDU/CSU im zweiten und dritten Deutschen Bundestag zum Kabinett Adenauer, Köln-Opladen 1964.

Eckardt, Felix von: Ein unordentliches Leben. Lebenserinnerungen, Düsseldorf–Wien 1967.

Eckert, Michael: Kernenergie und Westintegration: Die Zähmung des westdeutschen Nuklearnationalismus, in: Vom Marshallplan zur EWG, S. 313-334.

Eden, Anthony: Memoiren 1945-1957, Köln-Berlin 1960.

Ehlert, Hans: Innenpolitische Auseinandersetzungen um die Pariser Verträge und die Wehrverfassung 1954-1956, in: Anfänge westdeutscher Sicherheitspolitik, Bd. 3, S. 235-560.

Eisfeld, Rainer: »Nationale« Politikwissenschaft von der Weimarer Republik zum Dritten Reich, in: Politische Vierteljahresschrift, Jg. 31 (1990), H. 2, S. 238-264.

Engelmann, Roger/Erker, Paul: Annäherung und Abgrenzung. Aspekte deutsch-deutscher Beziehungen 1956-1969, München 1993.

Ludwig Erhard. Gedanken aus fünf Jahrzehnten. Reden und Schriften, hrsg. von *Karl Hohmann*, Düsseldorf-Wien-New York 1988.

Europa-Archiv, Jg. 4-14 (1949-1959).

FDP-Bundesvorstand. Die Liberalen unter dem Vorsitz von Theodor Heuss und Franz Blücher. Sitzungsprotokolle 1949-1954, bearb. von *Udo Wengst*, zwei Halbbände, Düsseldorf 1990.

FDP-Bundesvorstand. Die Liberalen unter dem Vorsitz von Thomas Dehler und Reinhold Maier, Sitzungsprotokolle 1954-1960, bearb. von *Udo Wengst*, Düsseldorf 1991.

Felken, Detlef: Dulles und Deutschland. Die amerikanische Deutschlandpolitik 1953-1959, Bonn-Berlin 1993.

Fischer, Peter: Die Bundesrepublik und das Projekt einer Europäischen Politischen Gemeinschaft, in: Vom Marshallplan zur EWG, S. 279-299.

Foreign Relations of the United States. Diplomatic Papers:
1951, Vol. III (Pt. 1-2): European Security and the German Question. 1952-1954, Vol. V (Pt. 1-2): Westen European Security; Vol. VI (Pt. 1-2): Westen Europe and Canada; Vol. VII (Pt. 1-2): Germany and Austria. 1955-1957, Vol. IV: Westen European Security and Integration; Vol. V: Austrian State Treaty, Summit and Foreign Ministers Meeting 1955. 1958-1960, Vol. VII (Pt. 1): Western European Integration and Security, Canada; Vol. VIII: Berlin Crisis 1958-1959; Vol. IX: Berlin Crisis. 1959-1960, Germany, Austria, Washington D.C. 1981, 1983, 1986, 1988 und 1993.

Foschepoth, Josef (Hrsg.): Adenauer und die Deutsche Frage, Göttingen 1988.

»Frankfurter Allgemeine. Zeitung für Deutschland«, Jg. 1949-1959.

Frei, Norbert: Vergangenheitspolitik. Die Anfänge der Bundesrepublik und die NS-Vergangenheit, München 1996.

Gaulle, Charles de: Lettres, Notes et Carnets, Juin 1958-Décembre 1960, Paris 1985; Janvier 1961-Décembre 1963, Paris 1986.

Gehlen, Reinhard: Der Dienst. Erinnerungen 1942-1971, Mainz-Wiesbaden 1971.

Gelberg, Karl-Ulrich: Hans Ehard. Die föderalistische Politik des bayerischen Ministerpräsidenten 1946-1954, Düsseldorf 1992.

Gersdorff, Gero von: Adenauers Außenpolitik gegenüber den Siegermächten 1954. Westdeutsche Bewaffnung und internationale Politik, München 1994.

Gerstenmaier, Eugen: Streit und Friede hat seine Zeit. Ein Lebensbericht, Frankfurt/Main-Berlin-Wien 1981.

Görtemaker, Manfred: Adenauer und die amerikanische Deutschlandpolitik, in: *Klaus Schwabe* (Hrsg.): Adenauer und die USA, S. 75-101.

Gotto, Klaus: Adenauer, die CDU und die Wahl des Bundespräsidenten 1959, in: *Konrad-Adenauer-Stiftung* (Hrsg.), Konrad Adenauer – Ziele und Wege, Mainz 1972, S. 97-144.

Gotto, Klaus: Adenauers Deutschland- und Ostpolitik 1954-1963, in: Adenauer-Studien III, S. 3-91.

Gotto, Klaus (Hrsg.): Der Staatssekretär Adenauers. Persönlichkeit und politisches Wirken Hans Globkes, Stuttgart 1980.

Greiner, Christian: Die militärische Eingliederung der Bundesrepublik Deutschland in die WEU und die NATO 1954-1957, in: Anfänge westdeutscher Sicherheitspolitik, Bd. 3, S. 561-850.

Grewe, Wilhelm G.: Rückblenden 1976-1951. Aufzeichnungen eines Augenzeugen deutscher Außenpolitik von Adenauer bis Schmidt, Frankfurt/Main-Berlin-Wien 1979.

Haas, Wilhelm: Beitrag zur Geschichte der Entstehung des Auswärtigen Dienstes der Bundesrepublik Deutschland, Bremen 1969.

Hase, Karl-Günther von (Hrsg.): Konrad Adenauer und die Presse. Rhöndorfer Gespräche, Bd. 9, Bonn 1988.

Hehl, Ulrich von: Der Beamte im Reichsinnenministerium: Die Beurteilung Globkes in der Diskussion der Nachkriegszeit. Eine Dokumentation, in: *Klaus Gotto* (Hrsg.), Der Staatssekretär Adenauers, S. 230-282.

Henzler, Christoph: Fritz Schäffer 1945-1967. Eine biographische Studie zum ersten bayerischen Nachkriegs-Ministerpräsidenten und ersten Finanzminister der Bundesrepublik Deutschland, München 1994.

Herwarth, Hans von: Von Adenauer zu Brandt. Erinnerungen, Frankfurt/Main 1990.

Heß, Jürgen C.: »Das ganze Deutschland soll es sein«. Demokratischer Nationalismus in der Weimarer Republik am Beispiel der Deutschen Demokratischen Partei, Stuttgart 1978.

Heß, Jürgen C.: Theodor Heuss vor 1933. Ein Beitrag zur Geschichte des demokratischen Denkens in Deutschland, Stuttgart 1973.

Heß, Jürgen C.: »Erste Wege durch das Ruinenfeld«. Theodor Heuss und der Neubeginn liberaler Rhetorik 1945/46, in: Heidelberg 1945, hrsg. von *Jürgen C. Heß, Hartmut Lehmann* und *Volker Sellin*, Stuttgart 1996, S. 348-386.

Heß, Jürgen C.: »Machtlos inmitten des Mächtespiels der anderen ...«. Theodor Heuss und die deutsche Frage 1945-1949, in: VfZ, Jg. 33 (1985), S. 88-135.

Heß, Jürgen C./Steensel van der Aa, E. van: Bibliographie zum deutschen Liberalismus, Göttigen 1981.

Heuss, Theodor: Erinnerungen 1905-1933, Tübingen [5]1964.

Theodor Heuss. An und über Juden. Aus Schriften und Reden (1906-1933), hrsg. von *Hans Lamm*, Düsseldorf-Wien [2]1964.

Theodor Heuss. Der Mann, das Werk, die Zeit. [Katalog zu einer] Sonderausstellung des Schiller Nationalmuseums, bearb. von *Eberhard Pikart* unter Mitarbeit von *Dirk Mende*, Stuttgart 1967.

Theodor Heuss. Die großen Reden, München 1967 (Taschenbuchausgabe).

Theodor Heuss: Lieber Dehler! Briefwechsel mit Thomas Dehler, hrsg. von *Friedrich Henning*, München-Wien 1983.

Theodor Heuss. Politik durch Kultur 1949-1959. [Katalog zu einer] Ausstellung des *Arbeitskreises selbständiger Kultur-Institute (ASKI)*, bearb. von *Michael Kienzle/Dirk Mende*, Stuttgart 1984.

Theodor Heuss. Politiker und Publizist. Aufsätze und Reden, hrsg. von *Ralf Dahrendorf* und *Martin Vogt*, Tübingen 1984.

Theodor Heuss. Tagebuchbriefe 1955/1963. Eine Auswahl aus Briefen an Toni Stolper, hrsg. von *Eberhard Pikart*, Tübingen-Stuttgart 1970.

Theodor Heuss. Würdigungen. Reden, Aufsätze und Briefe aus den Jahren 1949-1955, hrsg. von *Hans Bott*, Tübingen 1955.

Hockerts, Hans Günter: Konrad Adenauer und die Rentenreform von 1957, in: *Konrad Repgen* (Hrsg.), Die dynamische Rente in der Ära Adenauer und heute. Rhöndorfer Gespräche, Bd. 1, Stuttgart-Zürich 1978, S. 11-29.

Hockerts, Hans Günter (Hrsg.): Das Adenauer-Bild in der DDR. Rhöndorfer Gespräche, Bd. 15, Bonn 1996.

Hockerts, Hans Günter: Sozialpolitische Entscheidungen im Nachkriegsdeutschland. Alliierte und deutsche Sozialversicherungspolitik 1945 bis 1957, Stuttgart 1980.

Holzweißig, Gunter: Konrad Adenauer in den Medien der DDR: Kampagnen der SED-Agitationsbürokratie, in: *Hans Günter Hockerts* (Hrsg.), Das Adenauer-Bild in der DDR, S. 75-93.

Hüwel, Detlev: Karl Arnold. Eine politische Biographie, Wuppertal 1980.

Im Zentrum der Macht. Das Tagebuch von Staatssekretär Otto Lenz 1951-1953, bearb. von *Klaus Gotto, Hans Otto Kleinmann* und *Reinhard Schreiner*, Düsseldorf 1989.

The International Who's who, 19.-47. Ausg., London 1955-1983.

Jesse, Eckhard: Wahlrecht zwischen Kontinuität und Reform. Eine Analyse der Wahlsystemdiskussion und der Wahlrechtsänderungen in der Bundesrepublik Deutschland 1949-1983, Düsseldorf 1985.

Die Kabinettsprotokolle der Bundesregierung, hrsg. für das Bundesarchiv von *Hans Booms* und (ab Bd. 7) *Friedrich P. Kahlenberg*, Bd. 1: 1949; Bd. 2: 1950; Bd. 3: 1950 – Wortprotokolle, bearb. von *Ulrich Enders* und *Konrad Reiser*; Bd. 4: 1951, bearb. von *Ursula Hüllbüsch*; Bd. 5: 1952, bearb. von *Kai von Jena*; Bd. 6: 1953, bearb. von *Ulrich Enders* und *Konrad Reiser*; Bd. 7: 1954, bearb. von *Ursula Hüllbüsch* und *Thomas Trumpp*, Boppard/Rhein 1982, 1984, 1986, 1988, 1989 und 1993.

Der Kampf um den Wehrbeitrag. 1. Halbbd.: Die Feststellungsklage; 2. Halbbd.: Das Gutachtenverfahren (30.7.-15.12.1952); Ergänzungsbd., München 1952, 1953 und 1958.

Kleinmann, Hans-Otto: Die Geschichte der CDU 1945-1982, Stuttgart 1993.

Klingl, Friedrich: »Das ganze Deutschland soll es sein!« Thomas Dehler und die außenpolitischen Weichenstellungen der fünfziger Jahre. Eine Analyse der außenpolitischen Konzeption und des außenpolitischen Verhaltens Thomas Dehlers, München 1987.

Klotzbach, Kurt: Der Weg zur Staatspartei. Programmatik, praktische Politik und Organisation der deutschen Sozialdemokratie 1945 bis 1965, Berlin-Bonn 1982.

Köhler, Albert (Hrsg.): Europäische Profile. Bd. II: Bundesrepublik Deutschland. Biographie führender Männer der Politik, Wirtschaft und Kultur, Mailand 1954.

Köhler, Henning: Adenauer. Eine politische Biographie, Frankfurt/Main-Berlin 1994.

Koerfer, Daniel: Kampf ums Kanzleramt. Erhard und Adenauer, Stuttgart 1987.

Kosthorst, Daniel: Brentano und die deutsche Einheit. Die Deutschland- und Ostpolitik des Außenministers im Kabinett Adenauer 1955-1961, Düsseldorf 1993.

Kreikamp, Hans-Dieter: Deutsches Vermögen in den Vereinigten Staaten. Die Auseinandersetzung um seine Rückführung als Aspekt der deutsch-amerikanischen Beziehungen 1952-1962, Stuttgart 1979.

Kroll, Hans: Lebenserinnerungen eines Botschafters, Köln [7]1968.

Krone, Heinrich: Aufzeichnung zur Deutschland- und Ostpolitik 1954-1969, in: Adenauer-Studien III, S. 134-201.

Heinrich Krone. Tagebücher, Bd. 1: 1945-1961, bearb. von *Hans-Otto Kleinmann*, Düsseldorf 1995.

Küsters, Hanns Jürgen: Konrad Adenauer und Willy Brandt in der Berlin-Krise 1958-1963, in: VfZ, Jg. 40 (1992), S. 483-542.

Küsters, Hanns Jürgen: Konrad Adenauer, die Presse, der Rundfunk und das Fernsehen, in: *Karl-Günther von Hase* (Hrsg.), Konrad Adenauer und die Presse, S. 13-31.

Küsters, Hanns Jürgen: Die Gründung der Europäischen Wirtschaftsgemeinschaft, Baden-Baden 1982.

Küsters, Hanns Jürgen: Kanzler in der Krise. Journalistenberichte über Adenauers Hintergrundgespräche zwischen Berlin-Ultimatum und Bundespräsidentenwahl 1959, in: VfZ, Jg. 36 (1988), S. 733-768.

Küsters, Hanns Jürgen: Der Streit um Kompetenzen und Konzeptionen deutscher Europapolitik 1949-1958, in: Vom Marshallplan zur EWG, S. 335-370.

Küsters, Hanns Jürgen: Souveränität und ABC-Waffen-Verzicht. Deutsche Diplomatie auf der Londoner Neunmächte-Konferenz 1954, in: VfZ, Jg. 42 (1994), S. 499-536.

Küsters, Hanns Jürgen: Wiedervereinigung durch Konföderation? Die informellen Unterredungen zwischen Bundesminister Fritz Schäffer, NVA-General Vincenz Müller und Sowjetbotschafter Georgij Maksimowitsch Puschkin 1955/56, in: VfZ, Jg. 40 (1992), S. 107-153.

Kusterer, Hermann: Der Kanzler und der General, Stuttgart 1995.

Lacouture, Jean: De Gaulle – Bd. 1: Le Rebelle 1890-1944, Paris 1984; Bd. 2: Le politique 1944-1959, Paris 1985.

Lange, Erhard H. M.: Wahlrecht und Innenpolitik, Meisenheim/Glan 1975.

Lehmann, Hans Georg: Deutschland-Chronik 1945 bis 1995, Bonn 1995.

Lemke, Michael: Die Berlinkrise 1958 bis 1963. Interessen und Handlungsspielräume der SED im Ost-West-Konflikt, Berlin 1995.

Lenz-Tagebücher s. Im Zentrum der Macht.

Macmillan, Harold: Riding the Storm 1956-1959, London 1971.

Maier, Klaus A.: Die internationalen Auseinandersetzungen um die Westintegration der Bundesrepublik Deutschland und um ihre Bewaffnung im Rahmen der Europäischen Verteidigungsgemeinschaft, in: Anfänge westdeutscher Sicherheitspolitik, Bd. 2, S. 1-234.

Maier, Reinhold: Erinnerungen 1948-1953, Tübingen 1966.

Matz, Klaus-Jürgen: Reinhold Maier (1889-1971). Eine politische Biographie, Düsseldorf 1989.

Mauer, Victor: Macmillan und die Berlin-Krise 1958/59, in: VfZ, Jg. 44 (1996), S. 229-256.

Mayer, Tilman (Hrsg.): Jakob Kaiser: Gewerkschafter und Patriot. Eine Werkauswahl, Köln 1988.

Meissner, Boris (Hrsg.): Moskau Bonn. Die Beziehungen zwischen der Sowjetunion und der Bundesrepublik Deutschland 1955-1973. Dokumentation, 2 Bde., Köln 1975.

Mende, Erich: Die neue Freiheit 1945-1961, München-Berlin 1984.

Mensing, Hans Peter: Nachkriegskontakte Konrad Adenauers mit Bürgern der SBZ/DDR, in: *Hans Günter Hockerts* (Hrsg:), Das Adenauer-Bild in der DDR, S. 165-185.

Mensing, Hans Peter: Quellenforschung zur Adenauerzeit – Schwerpunkte, Resultate, Defizite, in: *Anselm Doering-Manteuffel* (Hrsg.), Adenauerzeit, S. 31-46.

Meyer, Georg: Zur inneren Entwicklung der Bundeswehr bis 1960/61, in: Anfänge westdeutscher Sicherheitspolitik, Bd. 3, S. 851-1162.

Mitteilungen des Presse- und Informationsamtes der Bundesregierung, Dezember 1950 - Dezember 1952.

Monnet, Jean: Erinnerungen eines Europäers, München-Wien 1978.

Morsey, Rudolf: Auf der Suche nach dem Ersatzmann. Die Nominierung Heinrich Lübkes für die Wahl zum Bundespräsidenten am 15. Juni 1959, in: HPM, Jg. 2 (1995), S. 247-281.

Morsey, Rudolf: Die Bundesrepublik Deutschland. Entstehung und Entwicklung bis 1969, München ³1995.

Morsey, Rudolf: Konrad Adenauer und der Deutsche Bundestag, in: *Hans Buchheim* (Hrsg.), Konrad Adenauer und der Deutsche Bundestag, S. 14-40.

Morsey, Rudolf: Heinrich Lübke. Eine politische Biographie, Paderborn 1996.

Mühlhausen, Walter/Regin, Cornelia (Hrsg.): Treuhänder des deutschen Volkes. Die Ministerpräsidenten der westlichen Besatzungszonen nach den ersten freien Landtagswahlen. Politische Porträts, Melsungen 1991.

Munzinger Archiv, Internatinales Biographisches Archiv, Ravensburg.

Nikel, Ulrike (Hrsg.): Politiker der Bundesrepublik Deutschland. Persönlichkeiten des politischen Lebens seit 1949 von A bis Z, Düsseldorf 1985.

Parteien-Handbuch. Die Parteien der Bundesrepublik Deutschland 1945-1980. Bd. I und II, hrsg. von *Richard Stöss*, Opladen 1983 und 1984.

Piontkowitz, Heribert: Anfänge westdeutscher Außenpolitik 1946-1949. Das Deutsche Büro für Friedensfragen, Stuttgart 1978.

Pikart, Eberhard: Theodor Heuss und Konrad Adenauer. Die Rolle des Bundespräsidenten in der Kanzlerdemokratie, Stuttgart 1976.

Protokolle des CDU-Bundesvorstands 1950-1953, 1953-1957, 1957-1961 s. Adenauer.

Regenten und Regierungen der Welt. Minister-Ploetz, T. II, Bd. 4: Neueste Zeit 1917/18-1964, bearb. von *Bertold Spuler*, Würzburg ²1964.

Regierung Adenauer 1949-1963, hrsg. vom *Presse- und Informationsamt der Bundesregierung*, Bonn 1963.

»Rheinischer Merkur«, Jg. 1950-1959.

Ritter, Gerhard A./Niehuss, Merith: Wahlen in der Bundesrepublik Deutschland. Bundestags- und Landtagswahlen 1946-1987, München 1987.

Schiffers, Reinhard: Grundlegung der Verfassungsgerichtsbarkeit. Das Gesetz über das Bundesverfassungsgericht vom 12. März 1951, Düsseldorf 1984.

Schiffers, Reinhard: Weniger Länder – mehr Föderalismus? Die Neugliederung des Bundesgebietes im Widerstreit der Meinungen 1948/49-1990. Eine Dokumentation, Düsseldorf 1996.

Schmid, Carlo: Erinnerungen, Bern–München–Wien 1979.

Schmidt, Robert H.: Saarpolitik 1945-1957, Bd. 2: Entfaltung der Saarpolitik zwischen »Wirtschaftsanschluß« und »Europäisierung«, Berlin 1960.

Schneider, Heinrich: Das Wunder an der Saar. Ein Erfolg politischer Gemeinsamkeit, Stuttgart 1974.

Schollwer, Wolfgang: Liberale Opposition gegen Adenauer. Aufzeichnungen 1957-1961, hrsg. von *Monika Faßbender*, München 1990.

Schubert, Klaus von (Hrsg.): Sicherheitspolitik der Bundesrepublik Deutschland. Dokumentation 1945-1977, T. I und II, Bonn 1977 und 1978.

Kurt Schumacher. Reden-Schriften-Korrespondenzen 1945-1952, hrsg. von *Willy Albrecht*, Berlin-Bonn 1985.

Schuster, Dieter: Die deutschen Gewerkschaften seit 1945, Stuttgart 1973.

Schwabe, Klaus (Hrsg.): Adenauer und die USA. Rhöndorfer Gespräche, Bd. 14, Bonn 1994.

Schwarz, Hans-Peter: Adenauer. Der Aufstieg: 1876-1952, Stuttgart 1986.

Schwarz, Hans-Peter: Adenauer. Der Staatsmann: 1952-1967, Stuttgart 1991.

Schwarz, Hans-Peter: Die Ära Adenauer. Gründerjahre der Republik 1949-1957; Epochenwechsel 1957-1963, Stuttgart-Wiesbaden 1981 und 1983.

Schwarz, Hans-Peter (Hrsg.): Entspannung und Wiedervereinigung. Deutschlandpolitische Vorstellungen Konrad Adenauers 1955-1958. Rhöndorfer Gespräche, Bd. 2, Stuttgart-Zürich 1979.

Schwarz, Hans-Peter (Hrsg.): Die Wiederherstellung des deutschen Kredits. Das Londoner Schuldenabkommen. Rhöndorfer Gespräche, Bd. 4, Stuttgart-Zürich 1982.

Die SPD-Fraktion im Deutschen Bundestag. Sitzungsprotokolle 1949-1957, bearb. von *Petra Weber*, zwei Halbbände, Düsseldorf 1993.

Die SPD-Fraktion im Deutschen Bundestag. Sitzungsprotokolle 1957-1961, bearb. von *Wolfgang Hölscher*, Düsseldorf 1993.

»Der Spiegel«, Jg. 1950-1959.

Speidel, Hans: Aus unserer Zeit. Erinnerungen, Berlin-Frankfurt/Main-Wien 1977.

Spierenburg,Dirk /Poidevin, Raymon: The History of the High Authority of the European Coal and Steel Community. Supranationality in Operation, London 1994.

Stenographische Berichte s. Verhandlungen des Deutschen Bundestages.

Stockhorst, Erich: Fünftausend Köpfe. Wer war was im Dritten Reich, Rheinhausen 1967.

Storbeck, Anna Christine: Die Regierungen des Bundes und der Länder seit 1945, München-Wien 1970.

Strauß, Franz Josef: Die Erinnerungen, Berlin 1989.

Tagebuchbriefe s. Heuss

Thoß, Bruno: Der Beitritt der Bundesrepublik Deutschland zur WEU und NATO im Spannungsfeld von Blockbildung und Entspannung (1954-1956), in: Anfänge westdeutscher Sicherheitspolitik, Bd. 3, S. 1-234.

»Unserem Vaterlande zugute« s. Adenauer, Briefe.

Verhandlungen des Deutschen Bundestages. 1.-3. Wahlperiode 1949, 1953, 1957. Stenographische Berichte, Bonn 1949-1953, 1953-1957, 1957-1959.

Die Vertragswerke von Bonn und Paris vom Mai 1952. Dokumente und Berichte des Europa-Archivs, Bd. 10, Frankfurt/Main 1952.

Volkmann, Hans-Erich: Die innenpolitische Dimension Adenauerscher Sicherheitspolitik in der EVG-Phase, in: Anfänge westdeutscher Sicherheitspolitik, Bd. 2, S. 235-604.

Vom Kalten Krieg zur deutschen Einheit. Analysen und Zeitzeugenberichte zur deutschen Militärgeschichte 1945-1995, hrsg. vom *Militärgeschichtlichen Forschungsamt*, München 1995.

Vom Marshallplan zur EWG. Die Eingliederung der Bundesrepublik Deutschland in die westliche Welt, hrsg. von *Ludolf Herbst*, *Werner Bührer* und *Hanno Sowade*, München 1990.

Wagner, Wolfgang: Die Bundespräsidentenwahl 1959. Adenauer-Studien II, Mainz 1972.

Walker, Horst O.: Das Presse- und Informationsamt der Bundesregierung. Eine Untersuchung zu Fragen der Organisation, Koordination und Kontrolle der Presse- und Öffentlichkeitsarbeit der Bundesregierung, Frankfurt/Main 1982.

»Die Welt«, Jg. 1950-1959.

Wengst, Udo (Bearb.), Auftakt zur Ära Adenauer. Koalitionsverhandlungen und Regierungsbildung 1949, Düsseldorf 1985.

Wengst, Udo: Staatsaufbau und Regierungspraxis 1948-1953. Zur Geschichte der Verfassungsorgane der Bundesrepublik Deutschland, Düsseldorf 1984.

Wer ist wer? Das deutsche Who's who, XII.-XXX. Ausgabe von Degeners Wer ist's?, Berlin-Frankfurt/Main-Lübeck 1951-1991.

Weymar, Paul: Adenauer. Die autorisierte Biographie, München 1955.

Who's who 1951-1987, hrsg. von *Adam Black* und *Charles Black*, London 1951-1987.

Who's who in America, 27.-45. Ausgabe, Chicago 1952-1986.

Who's who in France. Qui est qui en France, 1.-18. Ausgabe, hrsg. von *Jaques Lafitte*, Paris 1953-1985.

Who's who in World Jewry, hrsg. von *Harry Schmeidermann* und *Itzhan J. Carmin*, New York 1955.

Wistrich, Robert: Wer war wer im Dritten Reich. Anhänger, Mitläufer, Gegner aus Politik, Wirtschaft, Militär, Kunst und Wissenschaft, München 1983.

Zeitgeschichte in Lebensbildern. Aus dem deutschen Katholizismus des 19. und 20. Jahrhunderts, Bd. 1 und 2, hrsg. von *Rudolf Morsey*, Mainz 1973 und 1975; Bd. 3-7, hrsg. von *Jürgen Aretz, Rudolf Morsey* und *Anton Rauscher*, Mainz 1979, 1980, 1982, 1984 und 1994.

Nachweis der Abbildungen

Mit freundlicher Genehmigung stellten Bilder und andere Materialien für den Abdruck zur Verfügung bzw. wurden entnommen aus:

Associated Press (Frankfurt/Main): 40, 334
»Bild am Sonntag« (Hamburg): 304
Bundesarchiv (Koblenz), Bildarchiv: 24
    Akten des Bundespräsidialamtes: 100, 129-131, 182, 326-328
    Nachlaß Herbert Blankenhorn: 324
    Nachlaß Theodor Heuss: 51, 280
Europäische Profile, Bd. II: Bundesrepublik Deutschland. Biographie führen-
    der Männer der Politik, Wirtschaft und Kultur, hrsg. von *Albert Köhler*,
    Mailand 1954: 316 (Herwarth von Bittenfeld), 318-320
»Frankfurter Nachtausgabe«: 305
Handbuch des Deutschen Bundestages, hrsg. von *Fritz Sänger*, Stuttgart
    ²1952: 319 (Kaiser)
Keystone Pressedienst GmbH (Hamburg): 134, 277
»Der Mittag« (Düsseldorf): 211
»Münchner Illustrierte«: 79
Presse- und Informationsamt der Bundesregierung, Bundesbildstelle (Bonn):
    23, 59, 90, 98, 109, 111, 121f., 139f., 151, 163, 180, 199, 202f., 213,
    220, 252f., 266, 271, 287, 289, 293f., 313-315, 316 (Bleek, Bott), 317
Stiftung Bundeskanzler-Adenauer-Haus (Bad Honnef-Rhöndorf): 42, 108,
    175, 207f., 235-242, 335
»Die Welt« (Hamburg): 251
»Die Zeit« (Hamburg): 145
Privatbesitz Dr. Georg Adenauer (Schleiden): 200
Privatbesitz Notar Konrad Adenauer (Köln): 177
Privatbesitz Dr. Klaus-Peter Klaiber (Bonn): 316

Personenregister

Fett gedruckte Seitenzahlen weisen auf die biographischen Angaben im Kommentar hin.
Ursula Pinkus und Ursula Raths waren an der Erstellung des Registers beteiligt.

CIP-Kurztitelaufnahme der Deutschen Bibliothek

Adenauer, Konrad:
Adenauer / Stiftung Bundeskanzler-Adenauer-Haus.
Hrsg. Rudolf Morsey u. Hans-Peter Schwarz. –
Rhöndorfer Ausg. – Berlin: Siedler

NE: Adenauer, Konrad [Sammlung]; HST

Unter vier Augen : Gespräche aus den Gründerjahren /
Konrad Adenauer ; Theodor Heuss.
Hrsg. Rudolf Morsey und Hans-Peter Schwarz. – 1. Aufl. –
Berlin : Siedler, 1997
ISBN 3-88680-614-6

NE: Heuss, Theodor

NE: Mensing, Hans Peter [Bearb.]

Der Siedler Verlag ist ein Unternehmen
der Verlagsgruppe Bertelsmann

© 1997 by Wolf Jobst Siedler Verlag GmbH, Berlin

Schutzumschlag: Brigitte und Hans-Peter Willberg
Umschlagphoto aus dem Bildbestand der
Stiftung Bundeskanzler-Adenauer-Haus,
Bad Honnef-Rhöndorf
Satz: Bongé + Partner, Berlin
Reproduktionen: fotocomp, Berlin
Druck: Bosch Druck, Landshut
Buchbinder: Lüderitz & Bauer, Berlin
Printed in Germany 1997
ISBN 3-88680-614-6

Bisher erschienene Bände der »Rhöndorfer Ausgabe«

Im Auftrag
der Stiftung Bundeskanzler-Adenauer-Haus
Herausgegeben von
Rudolf Morsey und Hans-Peter Schwarz
Bearbeitet von
Hans Peter Mensing und Hans Jürgen Küsters

Adenauer im Dritten Reich

Briefe 1945-1947
Briefe 1947-1949
Briefe 1949-1951
Briefe 1951-1953
Briefe 1953-1955

Teegespräche 1950-1954
Teegespräche 1955-1958
Teegespräche 1959-1961
Teegespräche 1961-1963

Heuss – Adenauer
Der Briefwechsel 1948-1963

im
Siedler Verlag